汽车维修资料速查丛书

图解新款汽车熔断器与继电器速查大全（2013—2017）

主编　蔡永红

机械工业出版社

本书根据原厂维修资料对汽车熔断器和继电器的技术资料做了收集与整理，详细介绍了主流车型熔断器与继电器的安装位置、规格和功能等，部分车型还给出了电控单元的位置分布图。书中按照大众/奥迪、上汽通用、北京现代、丰田、本田、东风日产、奔驰、长安福特、东风雪铁龙、东风悦达起亚、长城、吉利、长安、其他车系（奇瑞、比亚迪、长安马自达、东风标致、北汽幻速、荣威）分章编写，资料准确，易查易找。

本书可供汽车维修专业人员使用，也可供汽车维修专业师生阅读参考。

图书在版编目（CIP）数据

图解新款汽车熔断器与继电器速查大全：2013-2017/蔡永红主编.-3版.-北京：机械工业出版社，2018.1
（汽车维修资料速查丛书）
ISBN 978-7-111-58688-3

Ⅰ.①图… Ⅱ.①蔡… Ⅲ.①汽车-熔断器-图解②汽车-继电器-图解Ⅳ.①U472.41-64

中国版本图书馆CIP数据核字（2017）第307707号

机械工业出版社（北京市百万庄大街22号 邮政编码100037）
策划编辑：母云红 责任编辑：母云红
责任校对：李云霞 封面设计：马精明
责任印制：张 博
河北鑫兆源印刷有限公司印刷
2018年1月第3版第1次印刷
184mm×260mm·24.5印张·599千字
0001—3000册
标准书号：ISBN 978-7-111-58688-3
定价：89.00元

凡购本书，如有缺页、倒页、脱页，由本社发行部调换
电话服务 网络服务
服务咨询热线：010-88361066 机工官网：www.cmpbook.com
读者购书热线：010-88326294 机工官博：weibo.com/cmp1952
010-88379203 金书网：www.golden-book.com
封面无防伪标均为盗版 教育服务网：www.cmpedu.com

前　言

在汽车电路中，熔断器和继电器是必不可少的，也是易出故障的元器件。电路中设置熔断器的目的是为了确保电路安全运行。当电路出现短路故障或异常时，电流会瞬间升高或不断升高，当电流异常升高到一定程度时，熔断器自身会熔断以切断电流，防止电路中的重要器件被损坏，同时也防止火灾的发生。汽车电路中的继电器利用分/合其动作线圈的小电流，控制一个（或一组）触点，进而控制大电流（或高电压）的分/合，对线路和开关也起保护作用。

对任何电路来说，要正常工作，必须要有供电。供电电路不正常，电气元件的工作也会不正常，汽车电路也不例外。由此可见检查熔断器和继电器在汽车电路维修中的重要性。

《最新汽车熔断器与继电器速查手册》《最新汽车熔断器与继电器速查手册（2014版）》出版后，受到广大读者朋友们的喜爱，为此，特对以上两版图书进行了再次修订，删除了已淘汰车型，增加了新晋主流车型。本书收集了近几年来主流车型，包括大众/奥迪、上汽通用、北京现代、丰田、本田、东风日产、奔驰、长安福特、东风雪铁龙、东风悦达起亚、长城、吉利、长安、奇瑞、比亚迪等，并根据原厂维修资料对汽车熔断器和继电器的安装位置、规格和功能等进行了整理，对主要电控单元安装位置进行了介绍。本书以图片和表格的形式进行讲解，通俗易懂。书中内容准确可靠、易查易找、实用性强。

本书由蔡永红主编，参加编写的还有肖良军、王挺、曾凡彬、唐先桂、宋秋虹、王家富、陈天岚、黄富君、肖新庆、兰燕琼、陈正莲、肖翠英、蔡永飞、肖永波、李莹、程远东、朱万海。由于编者水平有限，书中难免有疏漏或不妥之处，恳请读者批评指正。

编　者

缩略语释义

缩略语	释义
ABS	防抱死制动系统
ACC	附件
	自适应巡航控制
ACIS	进气惯性增压控制系统
ACG	交流发电机自动控制装置
ACU	安全气囊系统控制单元
ACT	进气温度
ADAS	高级驾驶辅助系统
AEB	自动紧急制动系统
ALS	自动车身水平系统
AMS	电源管理系统
ASCD	自动车速控制装置
ASR	驱动防滑系统
AWD	全轮驱动
A/C	空调系统
A/T	自动变速器
BCM	车身控制模块
BMCS	爆胎监测与安全控制系统
BSM	并线盲区辅助功能
CAN	控制器局域网络
CCS	巡航控制系统
CDC	连续减振控制系统
CPS	凸轮轴位置传感器
CNG	压缩天然气
CVT	无级变速器
DBW	线控节气门驱动装置
DCU	尿素喷射控制单元
DEF	除霜装置
DLC	数据插接器
DPS	双泵系统
DRL	日间行车灯
DSG	双离合器变速器
EBD	电子制动力分配
ECM	发动机控制模块
ECP	电子电路保护器
ECT	电子控制变速器
ECU	电子控制单元
EDU	电子控制模块
EFI	电子燃油喷射
EGR	废气再循环
EPB	电子驻车制动系统
EPS	电动助力转向系统
ESP	车身电子稳定系统
ESC	电子稳定控制系统
ESS	电控悬架系统
ETACS	信息和时间报警控制系统
EVAP	燃油蒸气排放控制系统
FSR	失效保护继电器
GRA	定速巡航系统
HEGO	加热型氧传感器
HVAC	空调系统
ICM	点火控制模块
IG 或IGN	点火
IGP	内部网关协议
IPDM	智能配电模块
INJ	喷射
ISG	集成起动/发电一体化电动机
LAF	线性空气流量
LDA	车道偏离预警系统
LED	发光二极管
MDPS	电子助力转向系统
MICU	多路集成控制单元
M/T	手动变速器
NATS	日产防盗系统
OBD	车上诊断
PATS	被动防盗系统
PCB	印刷电路板
PCM	动力控制模块
PCU	功率控制单元
PDC	驻车距离报警系统
PEPS	无钥匙进入及起动系统
PTC	正温度系数
RPAS	后驻车辅助系统
SAS	安全辅助系统
SDM	气囊控制模块
SMK	智能钥匙模块
SRS	安全气囊系统
TCM	变速器控制模块
TCU	自动变速器控制单元
TDC	上止点
TPMS	胎压监控系统
TRC	牵引力控制系统
VGT	可变截面涡轮增压系统
VDC	车辆动态控制系统
VSA	车辆稳定性辅助系统
VSC	车身稳定控制系统

目 录 CONTENTS

第一章 大众/奥迪车系

第一节 一汽-大众车系

一、全新宝来（2016年起）

1. 熔断器

（1）熔断器SA

全新宝来轿车熔断器SA在蓄电池上面的熔断器架内，熔断器SA和SB位置分布如图1-1所示，熔断器SA相关说明见表1-1。

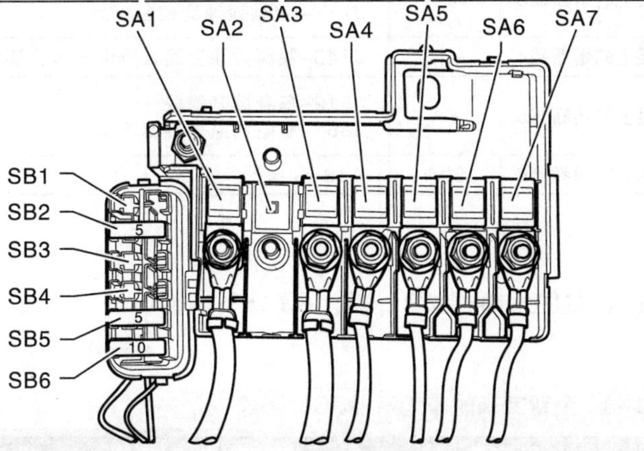

熔断器颜色	
30A	绿色
25A	白色
20A	黄色
15A	蓝色
10A	红色
7.5A	棕色
5A	米色
3A	紫色

图1-1 全新宝来轿车熔断器SA、SB位置分布图

表1-1 全新宝来轿车熔断器SA说明表

编号	电路图中名称	额定值	保护的电路/部件	端子
1	SA1-蓄电池上面熔断器架上的熔断器1	175A	C-三相交流发电机	30
2	SA2-蓄电池上面熔断器架上的熔断器2	–	未使用	–
3	SA3-蓄电池上面熔断器架上的熔断器3	110A	E1-车灯开关 EX19-左侧转向柱开关 J217-总线端30供电继电器 仪表板左侧熔断器架上的熔断器： SC12、SC13、SC14、SC15、SC16、SC17、SC29、SC30、SC31、SC32、SC33、SC34、SC35、SC36、SC37、SC40、SC41、SC42、SC45、SC46	30
4	SA4-蓄电池上面熔断器架上的熔断器4	80A	D-点火起动开关 J694-端子75x供电继电器 J906-起动机继电器1 J907-起动机继电器2 J940-继电器，用于端子15	30

表1-1 全新宝来轿车熔断器SA说明表 （续）

编号	电路图中名称	额定值	保护的电路/部件	端子
5	SA5–蓄电池上面熔断器架上的熔断器5	40A	J104–ABS控制单元	30
6	SA6–蓄电池上面熔断器架上的熔断器6	50A	VX57–散热器风扇	30
7	SA7–蓄电池上面熔断器架上的熔断器7	60A	J500–转向辅助控制单元	30

（2）熔断器SB

全新宝来轿车熔断器SB在蓄电池上面右侧的熔断器架内，其位置分布如图1–1所示，熔断器SB相关说明见表1–2。

表1–2 全新宝来轿车熔断器SB说明表

编号	电路图中名称	额定值	保护的电路/部件	端子
1	SB1–蓄电池上面右侧熔断器架上的熔断器1	20A	J104–ABS控制单元	30
2	SB2–蓄电池上面右侧熔断器架上的熔断器2	5A	J623–发动机控制单元	30
3	SB3–蓄电池上面右侧熔断器架上的熔断器3	30A	J743–双离合器变速器机电一体化装置 J217–自动变速器控制单元	30
4	SB4–蓄电池上面右侧熔断器架上的熔断器4	15A	J743–双离合器变速器机电一体化装置	30
5	SB5–蓄电池上面右侧熔断器架上的熔断器5	5A	J519–车身控制模块 J367–蓄电池监控控制单元	30
6	SB6–蓄电池上面右侧熔断器架上的熔断器6	30A	A19–变压器	30

（3）熔断器SC

全新宝来轿车熔断器SC在仪表左侧熔断器架上，其位置分布如图1–2所示，SC相关说明见表1–3。

表1–3 全新宝来轿车熔断器SC说明表

编号	电路图中名称	额定值	保护的电路/部件	端子
1	SC1–熔断器架上的熔断器1	10A	U31–诊断接口 E1–车灯开关 EX19–左侧转向柱开关	15
2	SC2–熔断器架上的熔断器2	5A	EX19–左侧转向柱开关 EX22–中部仪表板开关模块 F–制动灯开关 G476–离合器位置传感器 J217–自动变速器控制单元 J587–变速杆传感器控制单元 J623–发动机控制单元 J17–燃油泵继电器 J104–ABS 控制单元 J285–仪表板控制单元 J519–车身控制模块 J538–燃油泵控制单元 J743–双离合器变速器机电一体化装置	15
3	SC3–熔断器架上的熔断器3	5A	J234–安全气囊控制单元	15
4	SC4–熔断器架上的熔断器4	10A	F4–倒车灯开关 J255–自动空调控制单元 J301–空调器控制单元	15

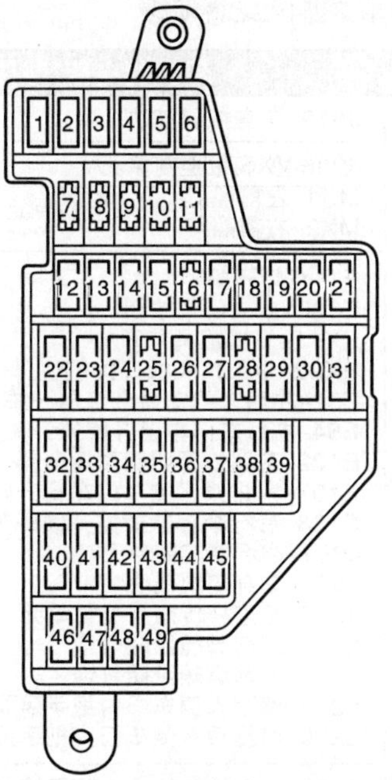

熔断器颜色	
30A	绿色
25A	白色
20A	黄色
15A	蓝色
10A	红色
7.5A	棕色
5A	米色
3A	紫色

图1-2 全新宝来轿车熔断器SC位置分布图

表1-3 全新宝来轿车熔断器SC说明表 （续）

编号	电路图中名称	额定值	保护的电路/部件	端子
5	SC5-熔断器架上的熔断器5	10A	MX1-左前照灯 MX2-右前照灯 J267-后视镜记忆功能控制单元 J446-驻车辅助控制单元 R-收音机 EX5-自动防眩目车内后视镜 E102-前照灯照明距离调节器	15
6	SC6-熔断器架上的熔断器6	15A	EX20-右侧转向柱开关	15
7	SC7-熔断器架上的熔断器7	5A	J519-车载网络控制单元	75
8	SC8-熔断器架上的熔断器8	20A	E1-车灯开关	75
9	SC9-熔断器架上的熔断器9	15A	J267-后视镜记忆功能控制单元	75
10	SC10-熔断器架上的熔断器10	–	未使用	–
11	SC11-熔断器架上的熔断器11	15A	U31-诊断接口	75
12	SC12-熔断器架上的熔断器12	20A	J519-车身控制模块	30
13	SC13-熔断器架上的熔断器13	5A	J587-变速杆传感器控制单元	30
14	SC14-熔断器架上的熔断器14	10A	F138-安全气囊卷簧和带滑环的复位环 E1-车灯开关 G397-雨水与光线识别传感器 J255-自动空调控制单元 J518-进入及起动许可控制单元 J764-电子转向助力控制单元 J935-转换器盒 U31-诊断接口	30
15	SC15-熔断器架上的熔断器15	15A	J519-车身控制模块	30
16	SC16-熔断器架上的熔断器16	15A	J519-车身控制模块	30

表1-3 全新宝来轿车熔断器SC说明表 （续）

编号	电路图中名称	额定值	保护的电路/部件	端子
17	SC17-熔断器架上的熔断器17	7.5A	J519-车身控制模块	30
18	SC18-熔断器架上的熔断器18	15A	J285-仪表板控制单元 MX1-左前照灯 MX2-右前照灯	56a
19	SC19-熔断器架上的熔断器19	5A	E1-车灯开关 E600-中央门锁按钮 EX11-后视镜调节开关 EX22-中部仪表板开关模块 E52-左后车门车窗升降器开关 E54-右后车门车窗升降器开关 E102-前照灯照明距离调节器 E107-前排乘客侧车门车窗升降器开关 E188-后行李箱盖遥控开锁开关 J301-空调器控制单元 J519-车身控制模块 J587-变速杆传感器控制单元 L151-左前脚舱照明灯泡 L152-右前脚舱照明灯泡 L219-驾驶人侧车门内把手照明 L220-前排乘客侧车门内把手照明	58a
20	SC20-熔断器架上的熔断器20	5A	J764-电子转向柱锁止装置控制单元 R-收音机 J519-车载网络控制单元	86s
21	SC21-熔断器架上的熔断器21	5A	G65-高压传感器 J44-空调器继电器 J293-散热器风扇控制单元 V55-循环泵	87
22	SC22-熔断器架上的熔断器22	15A	N30-气缸1喷油器[*1] N31-气缸2喷油器[*1] N32-气缸3喷油器[*1] N33-气缸4喷油器[*1]	87
23	SC23-熔断器架上的熔断器23	25A	GX7-尾气催化转化器后的氧传感器1 GX10-尾气催化转化器前的氧传感器1	87
24	SC24-熔断器架上的熔断器24	20A	N70-带功率输出级的点火线圈1 N127-带功率输出级的点火线圈2 N291-带功率输出级的点火线圈3 N292-带功率输出级的点火线圈4	87
25	SC25-熔断器架上的熔断器25	10A	J623-发动机控制单元	87
26	SC26-熔断器架上的熔断器26	10A	N80-炭罐电磁阀 N205-凸轮轴调节阀1 N318-排气凸轮轴调节阀 1 N428-机油压力调节阀	87
27	SC27-熔断器架上的熔断器27	10A	J44-空调器继电器	87
28	SC28-熔断器架上的熔断器28	–	未使用	–
29	SC29-熔断器架上的熔断器29	20A	R-收音机	30
30	SC30-熔断器架上的熔断器30	5A	J285-仪表板控制单元	30
31	SC31-熔断器架上的熔断器31	30A	R189-倒车摄像头	30
32	SC32-熔断器架上的熔断器32	30A	J519-车身控制模块	30
33	SC33-熔断器架上的熔断器33	30A	J519-车身控制模块	30

表1-3 全新宝来轿车熔断器SC说明表 （续）

编号	电路图中名称	额定值	保护的电路/部件	端子
34	SC34-熔断器架上的熔断器34	25A	J519-车身控制模块	30
35	SC35-熔断器架上的熔断器35	30A	J774-可加热前座椅控制单元	30
36	SC36-熔断器架上的熔断器36	30A	J519-车身控制模块	30
37	SC37-熔断器架上的熔断器37	20A	V1-滑动天窗电动机	30
38	SC38-熔断器架上的熔断器38	5A	J519-车身控制模块	50
39	SC39-熔断器架上的熔断器39	30A	J255-自动空调控制单元 J301-空调器控制单元 V2-新鲜空气鼓风机	30
40	SC40-熔断器架上的熔断器40	30A	V26-左后车窗升降器电动机 V27-右后车窗升降器电动机	75
41	SC41-熔断器架上的熔断器41	30A	V14-左侧车窗升降器电动机	75
42	SC42-熔断器架上的熔断器42	30A	V15-右侧车窗升降器电动机	75
43	SC43-熔断器架上的熔断器43	10A	V5-车窗玻璃清洗泵	86s
44	SC44-熔断器架上的熔断器44	–	未使用	–
45	SC45-熔断器架上的熔断器45	15A	J17-燃油泵继电器 J538-燃油泵控制单元	87
46	SC46-熔断器架上的熔断器46	10A	MX1-左前照灯 J519-车身控制模块	56
47	SC47-熔断器架上的熔断器47	10A	MX2-右前照灯 J519-车身控制模块	56
48	SC48-熔断器架上的熔断器48	5A	M1-左侧停车灯灯泡 M4-左侧尾灯灯泡 M21-左侧制动灯和尾灯灯泡	58L
49	SC49-熔断器架上的熔断器49	5A	M2-右侧尾灯灯泡 M3-右侧停车灯灯泡 M22-右侧制动灯和尾灯灯泡	58R
备注	*1：适用于1.6L 4气门81kW发动机汽车			

2. 继电器

全新宝来轿车仪表板左下方继电器支架上的继电器位置分布如图1-3所示，相关说明见表1-4。

注意：用于汽车电路的继电器其触点分/合是由直流电流/电压控制的，因此不可以用交流继电器替代汽车电路中的继电器，否则继电器的触点很容易损坏。

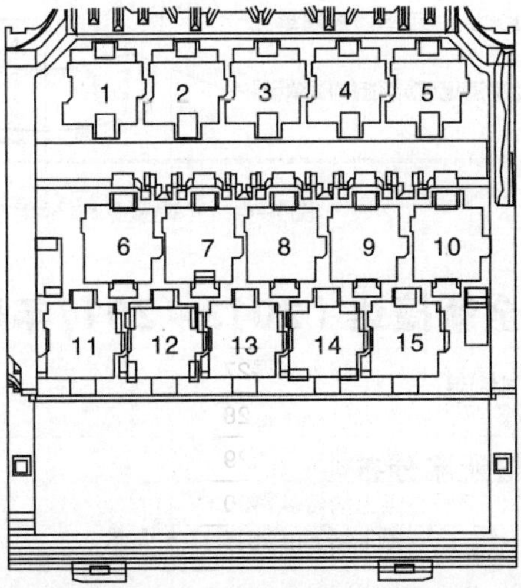

图1-3 全新宝来轿车仪表板左下方继电器支架上的继电器位置图

表1-4 全新宝来轿车仪表板左下方继电器支架上的继电器说明表

编号	说明	编号	说明
1~5	未使用	12	J271-主继电器
6	J935-转换盒（500继电器）*1	13	J694-供电继电器1，端子75（100继电器）
7	未使用	14	J44-空调继电器
8	J940-端子15供电继电器（100继电器）*1	15	J906-起动机继电器1（100继电器）*4
9	J17-燃油泵继电器*2	备注	*1：仅用于装备进入及起动许可的汽车 *2：仅用于1.6L发动机的汽车 *3：仅用于不装备进入及起动许可的汽车 *4：仅用于装备自动起停系统的汽车
10	J906-起动机继电器1（100 继电器）*3 J906-起动机继电器1（433 继电器）*1		
11	J907-起动机继电器2（433 继电器）*4		

3. 电控单元位置图

全新宝来轿车电控单元位置分布如图1-4所示。

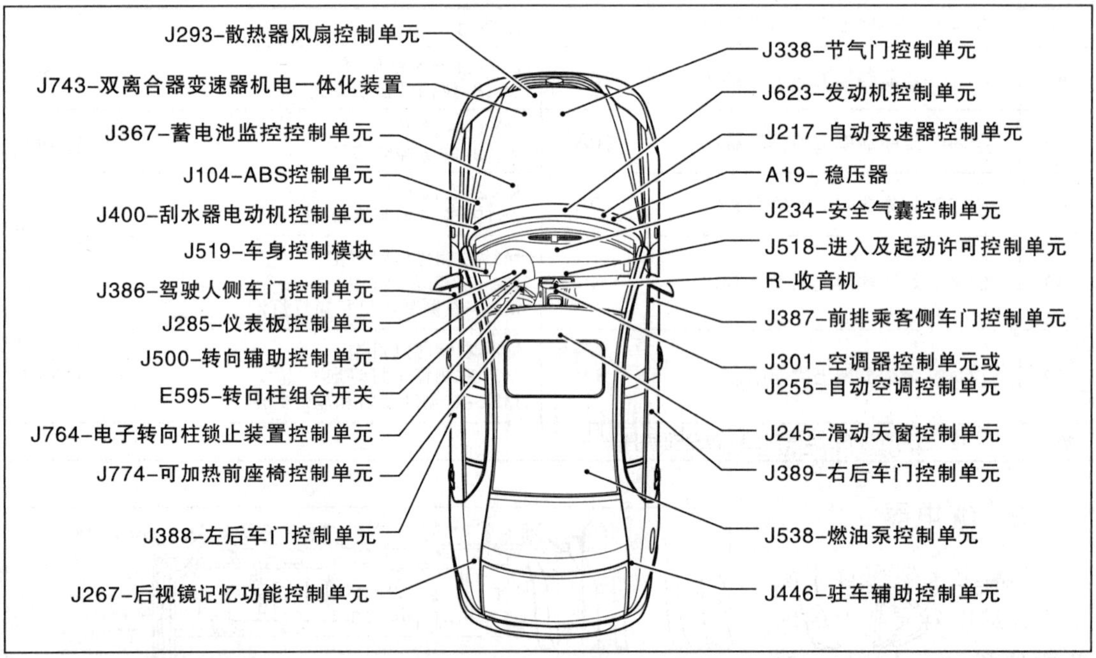

图1-4 全新宝来轿车电控单元位置分布图

二、全新捷达（2013～2017年款）

1. 熔断器

（1）熔断器分布

全新捷达轿车熔断器分布如图1-5所示。

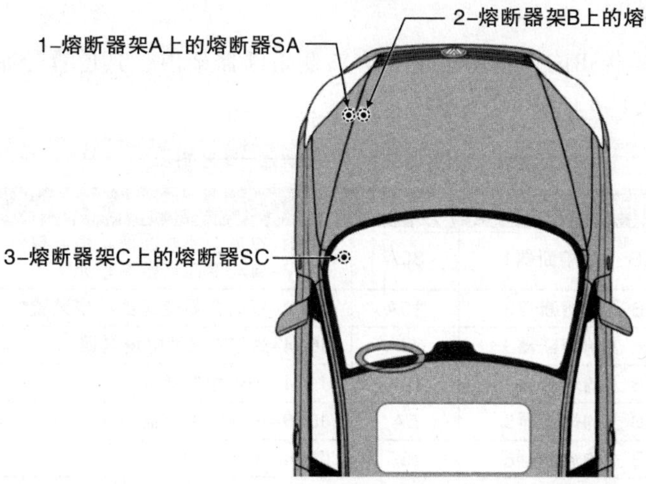

图1–5 全新捷达轿车熔断器分布图

（2）熔断器SA

全新捷达轿车熔断器SA位于蓄电池左上方熔断器架内，熔断器SA、SB位置分布如图1–6所示，熔断器SA相关说明见表1–5。

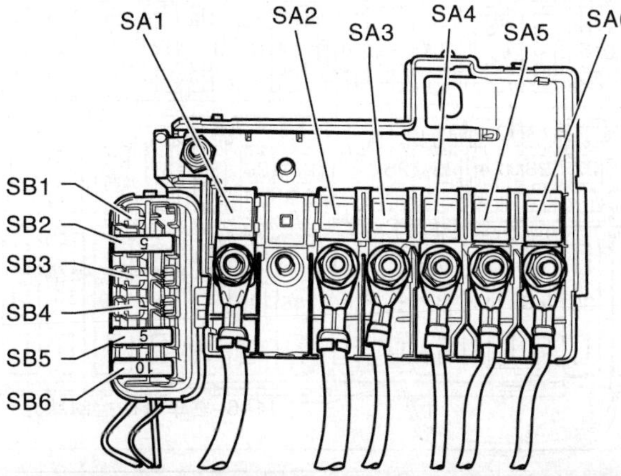

熔断器颜色	
40A	橙色
30A	浅绿色
25A	纯白色
20A	黄色
15A	浅蓝色
10A	红色
7.5A	棕色
5A	浅棕色
3A	紫色
1A	浅黑色

图1–6 全新捷达轿车熔断器SA、SB位置分布图

表1–5 全新捷达轿车熔断器SA说明表

编号	电路图中名称	额定值	保护的电路/部件	端子
SA1	SA1–熔断器架A上的熔断器1	150A	C–交流发电机	30a
SA2	SA2–熔断器架A上的熔断器2	110A	SC–车内接线端30的供电熔断器 D–点火起动开关	30a
SA3	SA3–熔断器架A上的熔断器3	50A	J500–转向辅助控制单元	30a
SA4	SA4–熔断器架A上的熔断器4	40A	J104–ABS 控制单元	30a
SA5	SA5–熔断器架A上的熔断器5	40A	J293–散热器风扇控制单元	30a
SA6	SA6–熔断器架A上的熔断器6	50A	J59–X触点卸载继电器	30a

（3）熔断器SB

全新捷达轿车熔断器SB位于左蓄电池上方右侧熔断器架内，其位置分布如图1-6所示，熔断器SB相关说明见表1-6。

表1-6 全新捷达轿车熔断器SB说明表

编号	电路图中名称	额定值	保护的电路/部件	端子
SB1	SB1-熔断器架B 上的熔断器1	30A	J743-双离合器变速器机电装置* J217-自动变速器控制单元*	30a
SB2	SB2-熔断器架B 上的熔断器2	15A	J743-双离合器变速器机电装置*	30a
SB3	SB3-熔断器架B 上的熔断器3	25A	J694-端子75X供电继电器	30a
SB4	SB4-熔断器架B 上的熔断器4	10A	J104-ABS控制单元	30a
SB5	SB5-熔断器架B 上的熔断器5	5A	J519-车载网络控制单元	30a
SB6	SB6-熔断器架B 上的熔断器6	25A	J104-ABS控制单元	30a
备注	*：自2014年7月起			

（4）熔断器SC

全新捷达轿车熔断器SC位置分布如图1-7所示，熔断器SC相关说明见表1-7。

熔断器颜色	
40A	橙色
30A	浅绿色
25A	纯白色
20A	黄色
15A	浅蓝色
10A	红色
7.5A	棕色
5A	浅棕色

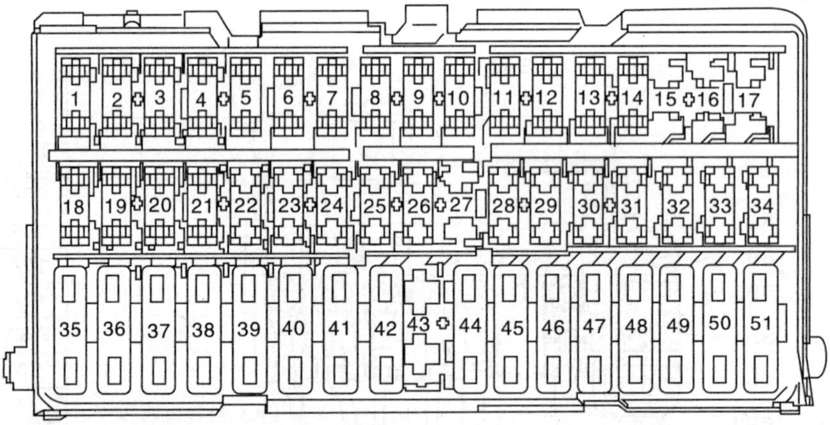

图1-7 全新捷达轿车熔断器SC位置分布图

表1-7 全新捷达轿车熔断器SC说明表

编号	电路图中名称	额定值	保护的电路/部件	端子
1	SC1-熔断器架C上的熔断器1	5A	MX1-左前照灯 MX3-左侧尾灯 MX5-左侧尾灯2	58
2	SC2-熔断器架C上的熔断器2	10A	E22-间歇式刮水器运行开关	15
3	SC3-熔断器架C上的熔断器3	5A	J623-发动机控制单元	15
4	SC4-熔断器架C上的熔断器4	15A	J17-燃油泵继电器 J623-发动机控制单元	30
5	SC5-熔断器架C上的熔断器5	15A	L22-左侧前雾灯灯泡 L23-右侧前雾灯灯泡	NL

表1-7 全新捷达轿车熔断器SC说明表 （续）

编号	电路图中名称	额定值	保护的电路/部件	端子
6	SC6-熔断器架C上的熔断器6	7.5A	J446-驻车辅助控制单元[*1] G65-高压传感器 R-收音机 J285-仪表板控制单元 J519-车载网络控制单元 J293-散热器风扇控制单元 U31-诊断接口 E45-定速巡航装置开关 F138-安全气囊卷簧和带滑环的复位环[*1]	15
7	SC7-熔断器架C上的熔断器7	7.5A	R-收音机 E189-驾驶人车门中的车窗升降器中央开关 EX28-右后车门中的车窗升降器操纵单元 EX29-左后车门中的车窗升降器操纵单元 X-牌照灯 L101-变速杆档位指示照明灯 J519-车载网络控制单元 E1-车灯开关 EX27-前排乘客车门车窗升降器开关 E102-前照灯照明距离调节器 U1-点烟器 E43-后视镜调节开关 E165- 行李箱开锁开关[*2] J301-空调器控制单元[*3] E382-汽油/天然气运行模式转换开关[*7] E95-可加热前排乘客座椅调节器[*8] E94-可加热驾驶人座椅调节器[*8]	58
8	SC8-熔断器架C上的熔断器8	5A	MX2-右前照灯 MX6-右侧尾灯2 MX4-右侧尾灯	58
9	SC9-熔断器架C上的熔断器9	5A	J104-ABS 控制单元	15
10	SC10-熔断器架C上的熔断器10	15A	J519-车载网络控制单元（AW1）	30
11	SC11-熔断器架C上的熔断器11	5A	E102-前照灯照明距离调节器 MX1-左前照灯 MX2-右前照灯	15
12	SC12-熔断器架C上的熔断器12	5A	Ex27-前排乘客车门车窗升降器开关 E43-后视镜调节开关 J295-左前车窗升降器控制单元 J297-左后车窗升降器控制单元 J298-右后车窗升降器控制单元 E189-驾驶人车门中的车窗升降器中央开关[*6] J743-双离合器变速器机电装置[*8]	15
13	SC13-熔断器架C上的熔断器13	15A	J217-自动变速器控制单元 F4-倒车灯开关 F125-多功能开关	15
14	SC14-熔断器架C上的熔断器14	7.5A	J234-安全气囊控制单元	15
15	SC15-熔断器架C上的熔断器15	10A[*6]	J621-里程记录器控制单元[*6] J843-车辆定位系统接口控制单元[*6]	30
16	SC16-熔断器架C上的熔断器16	5A[*6]	K222-出租车车顶标志指示灯[*6] J843-车辆定位系统接口控制单元[*6]	15
17	SC17-熔断器架C上的熔断器17	10A[*6]	K222-出租车车顶标志指示灯[*6]	58

表1-7　全新捷达轿车熔断器SC说明表　（续）

编号	电路图中名称	额定值	保护的电路/部件	端子
18	SC18-熔断器架C上的熔断器18	5A	MX5-左侧尾灯2 J285-仪表板控制单元	NSL
19	SC19-熔断器架C上的熔断器19	5A	R-收音机 J519-车载网络控制单元	S
20	SC20-熔断器架C上的熔断器20	10A	U31-诊断接口 J285-仪表板控制单元 J217-自动变速器控制单元*1 N376-点火钥匙拔出锁止电磁铁*8 J317-端子30供电继电器 F138-安全气囊卷簧和带滑环的复位环*8 J255-全自动空调控制单元 E313-变速杆*8	30
21	SC21-熔断器架C上的熔断器21	5A	WX1-前部车内照明灯*1 J519-车载网络控制单元（AW1）	30
22	SC22-熔断器架C上的熔断器22	15A	J519-车载网络控制单元	30
23	SC23-熔断器架C上的熔断器23	7.5A	V5-车窗玻璃清洗泵 J519-车载网络控制单元	53C
24	SC24-熔断器架C上的熔断器24	10A	VX4-驾驶人侧后视镜 VX5-前排乘客侧后视镜 J538-燃油泵控制单元*8	15a
25	SC25-熔断器架C上的熔断器25	10A	J32-空调器继电器 J301-空调器控制单元	15
26	SC26-熔断器架C上的熔断器26	5A	J500-转向辅助控制单元 J255-全自动空调控制单元*8 G85-转向角传感器*1	15
27	SC27-熔断器架C上的熔断器27	10A	V192-制动真空泵*1	15
28	SC28-熔断器架C上的熔断器28	15A	G39-氧传感器 G130-尾气催化转化器下游的氧传感器	87
29	SC29-熔断器架C上的熔断器29	15A	J519-车载网络控制单元	30
30	SC30-熔断器架C上的熔断器30	10A	N80-炭罐电磁阀1 N205-凸轮轴调节阀1 N372-天然气运行模式的高压阀*7 J651-断流阀继电器*7	87
31	SC31-熔断器架C上的熔断器31	10A	N30-气缸1喷油阀 N31- 气缸2喷油阀 N32-气缸3喷油阀 N33-气缸4喷油阀 N366-气体喷射阀1*7 N367-气体喷射阀2*7 N368-气体喷射阀3*7 N369-气体喷射阀4*7	87
32	SC32-熔断器架C上的熔断器32	20A	J623-发动机控制单元	87
33	SC33-熔断器架C上的熔断器33	5A	F-制动信号灯开关 F36-离合器踏板开关*5 J32-空调器继电器*3	87
34	SC34-熔断器架C上的熔断器34	15A	E1-车灯开关	75X
35	SC35-熔断器架C上的熔断器35	30A	J297-左后车窗升降器控制单元 J298-右后车窗升降器控制单元	30

表1-7 全新捷达轿车熔断器SC说明表 （续）

编号	电路图中名称	额定值	保护的电路/部件	端子
36	SC36-熔断器架C上的熔断器36	30A	J519-车载网络控制单元	30
37	SC37-熔断器架C上的熔断器37	20A	E1-车灯开关	75X
38	SC38-熔断器架C上的熔断器38	15A	MX1-左前照灯 MX2-右前照灯 J285-仪表板控制单元	56a
39	SC39-熔断器架C上的熔断器39	10A	MX2-右前照灯	56b
40	SC40-熔断器架C上的熔断器40	40A	E9-新鲜空气鼓风机开关*3 J126-新鲜空气鼓风机控制单元*3	75X
41	SC41-熔断器架C上的熔断器41	20A	N70-带功率输出级的点火线圈1 N127-带功率输出级的点火线圈2 N291-带功率输出级的点火线圈3 N292-带功率输出级的点火线圈4	87
42	SC42-熔断器架C上的熔断器42	20A	U1-点烟器	75X
43	SC43-熔断器架C上的熔断器43	15A	E95-可加热前排乘客座椅调节器*8 E94-可加热驾驶人座椅调节器*8	75X
44	SC44-熔断器架C上的熔断器44	10A	MX1-左前照灯	56b
45	SC45-熔断器架C上的熔断器45	20A	R-收音机	30
46	SC46-熔断器架C上的熔断器46	30A	J245-滑动天窗控制单元*9 J519-车载网络控制单元	30
47	SC47-熔断器架C上的熔断器47	30A	J519-车载网络控制单元	30
48	SC48-熔断器架C上的熔断器48	30A	J519-车载网络控制单元	30
49	SC49-熔断器架C上的熔断器49	15A	E2-转向信号灯开关	30
50	SC50-熔断器架C上的熔断器50	25A	J295-左前车窗升降器控制单元	30
51	SC51-熔断器架C上的熔断器51	25A	J296-右前车窗升降器控制单元	30
备注	*1：依车辆装备　*2：仅用于车内开启后行李箱的汽车　*3：仅用于手动空调 *4：仅用于自动变速器　*5：仅用于手动变速器　*6：仅用于出租车 *7：仅用于CNG（压缩天然气）车型　*8：自2014年7月起　*9：自2013年5月起			

2. 继电器

全新捷达轿车继电器支架分布如图1-8所示。

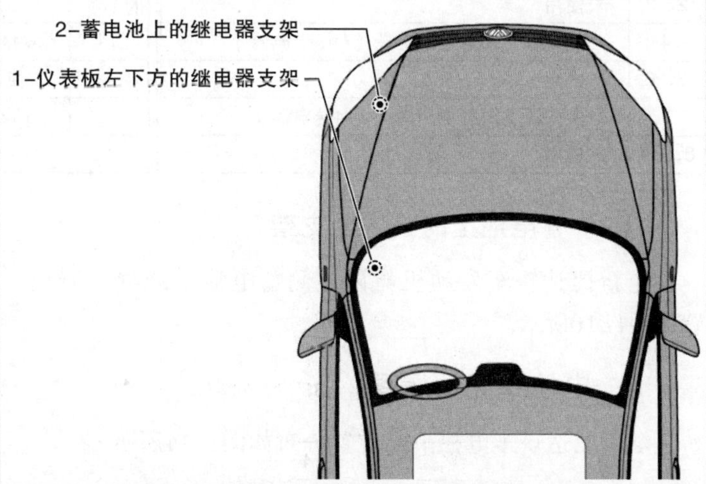

图1-8 全新捷达轿车继电器支架分布图

（1）仪表板左下方继电器支架

全新捷达轿车仪表板左下方继电器架上的继电器分布如图1-9所示。表1-8所示为仅用于带PR编号（AW0）车辆的继电器说明；表1-9所示为仅用于带PR编号（AW1）车辆的继电器说明。

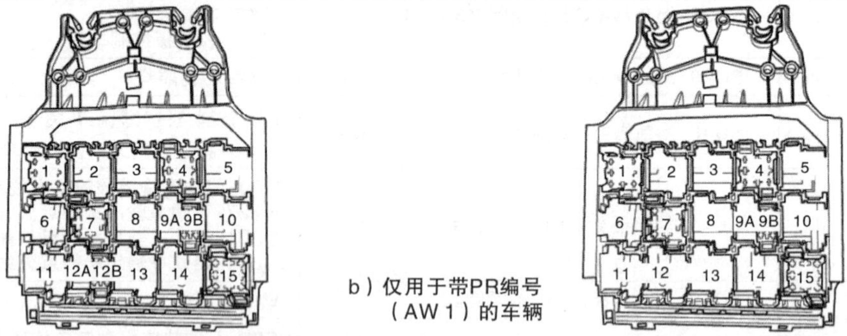

a）仅用于带PR编号（AW 0）的车辆

b）仅用于带PR编号（AW 1）的车辆

图1-9　全新捷达轿车仪表板左下方继电器架上的继电器分布图

表1-8　全新捷达轿车［带PR编号（AW0）］仪表板左下方继电器支架上的继电器说明表

编号	说明	编号	说明
1	J32-空调继电器（645继电器）	8、9A	未使用
2	未使用	9B	J17-燃油泵继电器（646继电器）
3	J99-可加热式车外后视镜继电器（646继电器）	10	未使用
4	J317-端子30供电继电器（645继电器）	12A	未使用
5、6	未使用	12B	J651-断流阀继电器1（646）
7	J59-X触点卸载继电器（644继电器）	13～15	未使用

表1-9　全新捷达轿车［带PR编号（AW1）］仪表板左下方继电器支架上的继电器说明表

编号	说明	编号	说明
1	J32-空调继电器（645继电器）	9B	J17-燃油泵继电器（646继电器）
2、3	未使用	10	未使用
4	J317-端子30供电继电器（645继电器）	11	J694-端子75X供电继电器（645继电器）
5、6	未使用	12～14	未使用
7	J59-X触点卸载继电器（644继电器）	15	J682-供电继电器，总线端50（645）
8、9A	未使用		

（2）蓄电池上的继电器支架

全新捷达轿车发动机舱内左侧蓄电池上的继电器位置如图1-10所示。

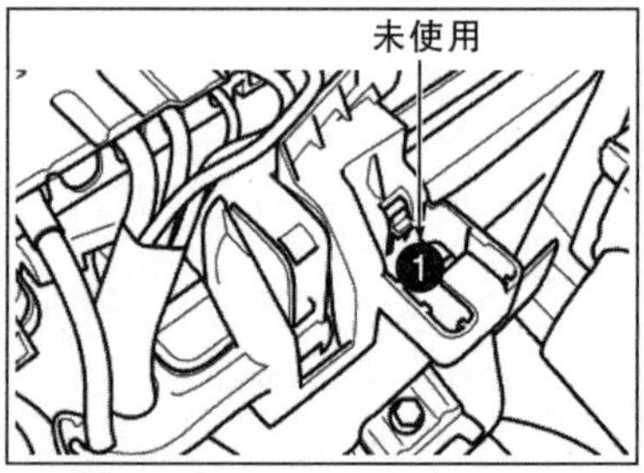

图1-10　全新捷达轿车发动机舱内左侧蓄电池上的继电器位置图

3. 电控单元位置图

全新捷达轿车电控单元位置分布如图1-11所示。

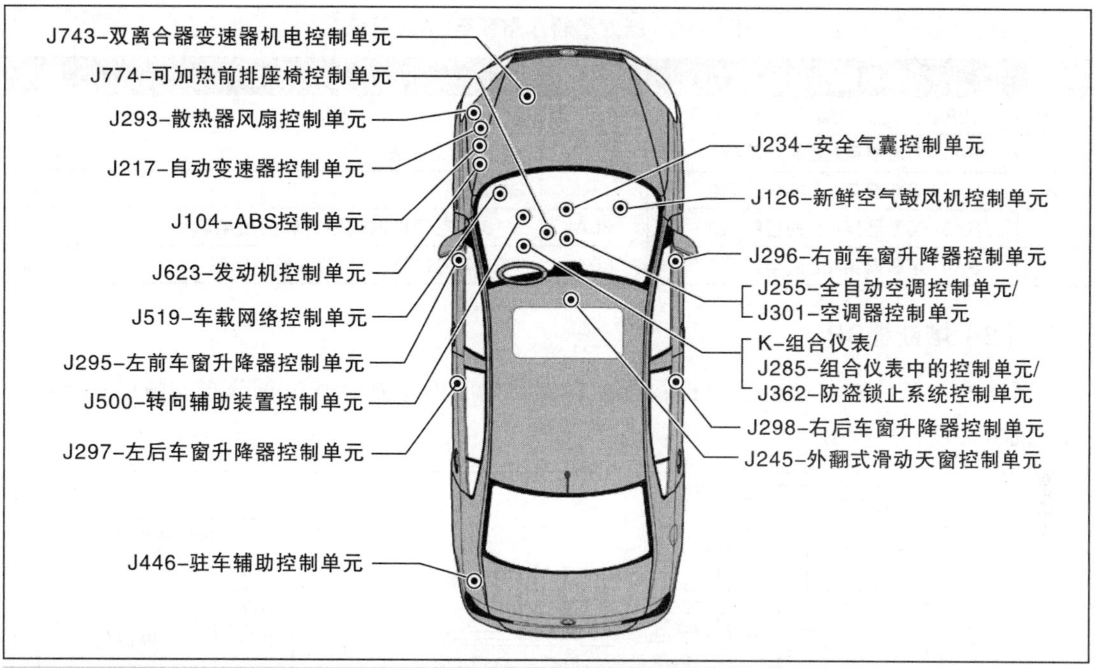

图1-11 全新捷达轿车电控单元位置分布图

三、新速腾（2015~2017年款）

1. 熔断器

（1）熔断器分布

新速腾轿车熔断器分布如图1 -12所示。

（2）熔断器SA

新速腾轿车熔断器SA位于电控箱上，其位置分布如图1-13所示，相关说明见表1-10。

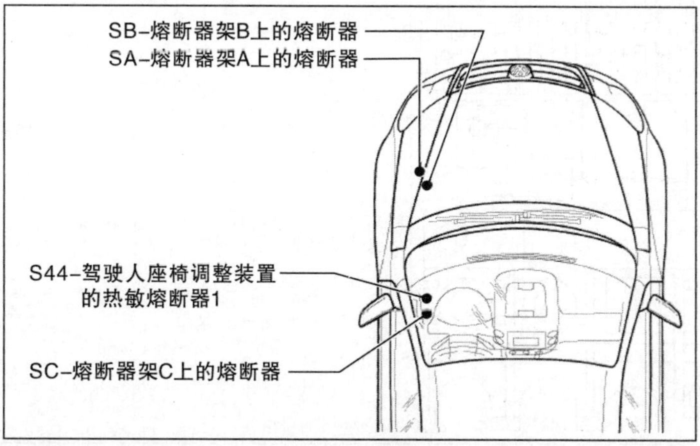

图1-12 新速腾轿车熔断器分布图

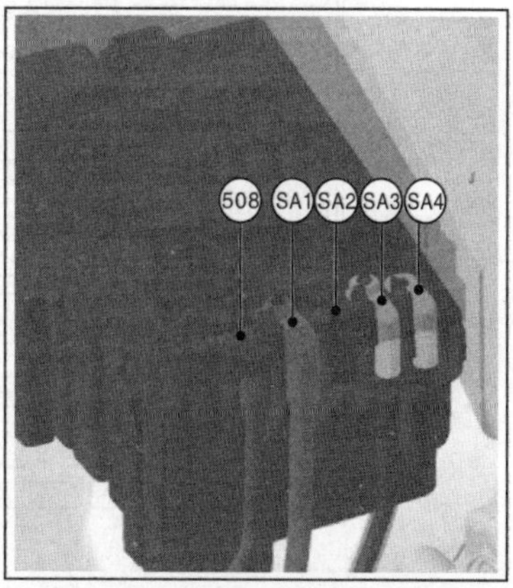

图1-13 新速腾轿车熔断器SA位置分布图

表1-10　新速腾轿车熔断器SA说明表

编号	电路图中名称	额定值	保护的电路/部件	端子
508	508电控箱上的螺栓连接（30）	–		30a
1	SA1–熔断器架A上的熔断器1	200A	C–三相交流发电机	30a
2	SA2–熔断器架A上的熔断器2	–	未使用	30a
3	SA3–熔断器架A上的熔断器3	80A	V187–电子机械式助力转向器电动机	30a
4	SA4–熔断器架A上的熔断器4	80A	SC–车内接线端30 的供电熔断器	30a

（3）熔断器SB

新速腾轿车熔断器SB位于电控箱上，在发动机舱内左侧，其位置分布如图1-14所示，相关说明见表1-11所示。

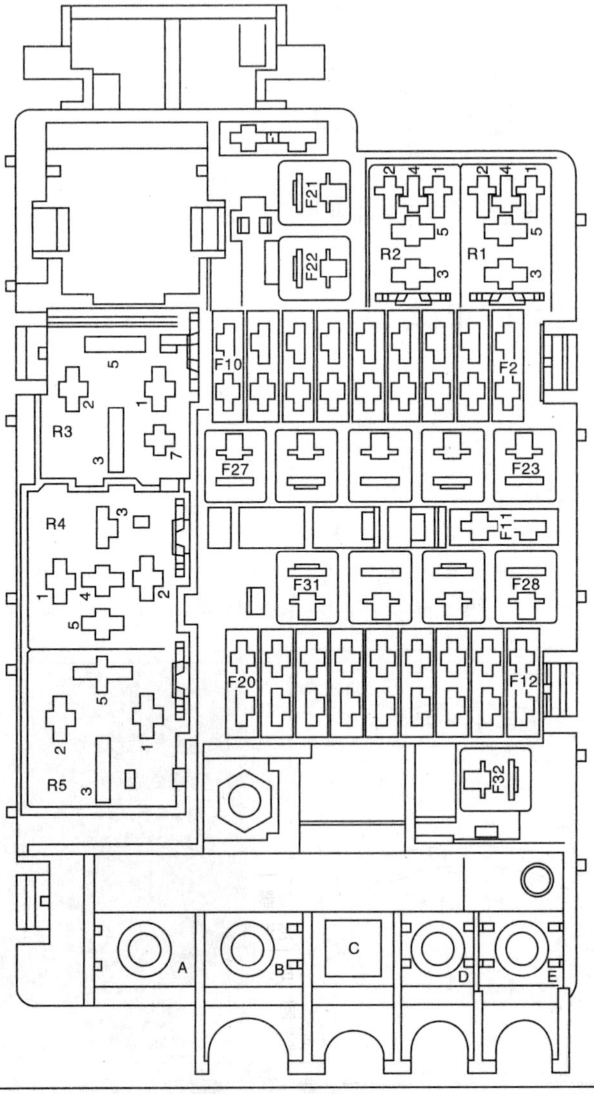

熔断器颜色	
40A	橙色
30A	浅绿色
25A	纯白色
20A	黄色
15A	浅蓝色
10A	红色
7.5A	棕色
5A	浅棕色
3A	紫色
1A	浅黑色

图1-14　新速腾轿车熔断器SB位置分布图

表1-11 新速腾轿车熔断器SB说明表

编号	电路图中名称	额定值	保护的电路/部件	端子
F1	SB1-熔断器架B上的熔断器1	–	未使用	–
F2	SB2-熔断器架B上的熔断器2	20A	J623-发动机控制单元	87a
F3	SB3-熔断器架B上的熔断器3	5A	J293-散热器风扇控制单元	87a
F4	SB4-熔断器架B上的熔断器4	15A	Z19-氧传感器加热装置 Z29-尾气催化转化器后的氧传感器1加热装置	87a
F5	SB5-熔断器架B上的熔断器5	–	未使用	–
F6	SB6-熔断器架B上的熔断器6	10A	N80-炭罐电磁阀1[*4] N205-凸轮轴调节阀1[*4]	87a
F7	SB7-熔断器架B上的熔断器7	20A	N70-带有功率输出级的点火线圈1 N127-带有功率输出级的点火线圈2 N291-带有功率输出级的点火线圈3 N292-带有功率输出级的点火线圈4	87a
F8	SB8-熔断器架B上的熔断器8	10A	N30-气缸1喷油阀[*4] N31-气缸2喷油阀[*4] N32-气缸3喷油阀[*4] N33-气缸4喷油阀[*4] N75-增压压力限制电磁阀[*2] N80-炭罐电磁阀1[*2] N205-凸轮轴调节阀1[*2] N...-喷油阀 N428-机油压力调节阀[*2]	87a
F9	SB9-熔断器架B上的熔断器9	10A	V55-循环泵[*2] J643-燃油供油继电器[*4]	87a
F10	SB10-熔断器架B上的熔断器10	5A	F-制动信号灯开关 G476-离合器位置传感器	87a
F11	SB11-熔断器架B上的熔断器11	–	未使用	–
F12	SB12-熔断器架B上的熔断器12	–	未使用	–
F13	SB13-熔断器架B上的熔断器13	30A	R-收音机 A19-稳压器 J503-收音机及导航系统带显示单元的控制单元	30a
F14	SB14-熔断器架B上的熔断器14	10A	J623-发动机控制单元 J271-主继电器 J368-刮水器电动机转换继电器1[*5] J369-刮水器电动机转换继电器2[*5]	30a
F15	SB15-熔断器架B上的熔断器15	30A	J104-ABS控制单元	30a
F16	SB16-熔断器架B上的熔断器16	–	未使用	–
F17	SB17-熔断器架B上的熔断器17	15A	J743-双离合器变速器机械电子单元[*1] J217-自动变速器控制单元[*6]	30a
F18	SB18-熔断器架B上的熔断器18	30A	J743-双离合器变速器机械电子单元[*1]	30a
F19	SB19-熔断器架B上的熔断器19	5A	J519-车载网络控制单元 J367-蓄电池监控控制单元[*3]	30a
F20	SB20-熔断器架B上的熔断器20	30A	J519-车载网络控制单元（AW0） J369-刮水器电动机的转换继电器2（AW1）	30a

表1-11　新速腾轿车熔断器SB说明表　（续）

编号	电路图中名称	额定值	保护的电路/部件	端子
F21	SB21-熔断器架B上的熔断器21	–	未使用	–
F22	SB22-熔断器架B上的熔断器22	–	未使用	–
F23	SB23-熔断器架B上的熔断器23	40A	J694-端子75x供电继电器	30a
F24	SB24-熔断器架B上的熔断器24	–	未使用	–
F25	SB25-熔断器架B上的熔断器25	40A	J906-起动机继电器1[*3] J907-起动机继电器2[*3] J940-继电器，用于端子15	30a
F26	SB26-熔断器架B上的熔断器26	–	未使用	–
F27	SB27-熔断器架B上的熔断器27	50A	V7-冷却器风扇	30a
F28	SB28-熔断器架B上的熔断器28	30A	J519-车载网络控制单元（AW1）	30a
F29	SB29-熔断器架B上的熔断器29	30A	J519-车载网络控制单元（AW1）	30a
F30	SB30-熔断器架B上的熔断器30	40A	J104-ABS控制单元	30a
F31	SB31-熔断器架B上的熔断器31	–	未使用	–
F32	SB32-熔断器架B上的熔断器32	–	未使用	–
注	*1：仅限配备双离合器变速器（DSG）的汽车 *3：仅用于带起动/停止（Start/Stop）系统的汽车 *5：仅用于高端（AW1）的汽车		*2：仅用于装备1.4 L发动机的汽车 *4：仅用于装备1.6 L发动机的汽车 *6：仅用于装备自动变速器09G的汽车	

（4）熔断器SC

新速腾轿车熔断器SC位置分布如图1-15所示，其相关说明见表1-12。

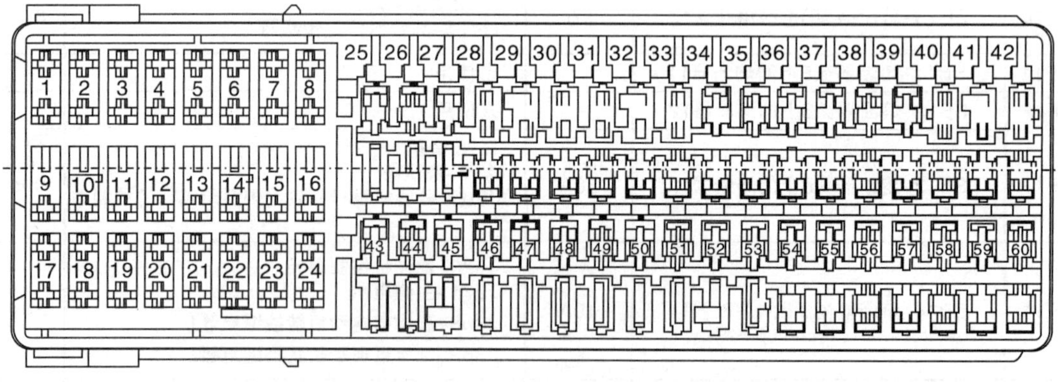

图1-15　新速腾轿车熔断器SC位置分布图

表1-12　新速腾轿车熔断器SC说明表

编号	电路图中名称	额定值	保护的电路/部件	端子
F1	SC1-熔断器架C上的熔断器1	10A	J764-电子转向柱锁止装置控制单元	30
F2	SC2-熔断器架C上的熔断器2	–	未使用	–
F3	SC3-熔断器架C上的熔断器3	10A	J285-组合仪表中的控制单元	30
F4	SC4-熔断器架C上的熔断器4	2A	J412-移动电话操作电子装置控制单元	30

表1-12　新速腾轿车熔断器SC说明表　　（续）

编号	电路图中名称	额定值	保护的电路/部件	端子
F5	SC5-熔断器架C上的熔断器5	-	未使用	-
F6	SC6-熔断器架C上的熔断器6	10A	R189-倒车摄像头	30a
F7	SC7-熔断器架C上的熔断器7	-	未使用	-
F8	SC8-熔断器架C上的熔断器8	10A	J519-车载网络控制单元 V5-车窗玻璃清洗泵（AW0）	53c
F9	SC9-熔断器架C上的熔断器9	5A	J234-安全气囊控制单元	15a
F10	SC10-熔断器架C上的熔断器10	15A	EX20-右侧转向柱开关（仅限 AW0）	15a
F11	SC11-熔断器架C上的熔断器11	-	未使用	-
F12	SC12-熔断器架C上的熔断器12	-	未使用	-
F13	SC13-熔断器架C上的熔断器13	5A	Y7-自动防眩目车内后视镜 E492-轮胎监控显示按钮 J446-驻车辅助控制单元 E43-后视镜调节开关 G65-高压传感器 E231-车外后视镜加热按钮 E263-后视镜内折开关 E693-起动/停止模式按钮 K259-起动/停止运行模式指示灯 F4-倒车灯开关 R-收音机[*2]	15a
F14	SC14-熔断器架C上的熔断器14	10A	EX19-左侧转向柱开关 J104-ABS 控制单元 F138-安全气囊卷簧和带滑环的复位环 J538-燃油泵控制单元[*4] J285-仪表板控制单元 J500-转向辅助控制单元 A19-稳压器[*3] J533-数据总线诊断接口（仅限AW1）	15a
F15	SC15-熔断器架C上的熔断器15	15A	E1-车灯开关 T16-16芯插头连接 E20-开关和仪表照明调节器 MX1-左前照灯 MX2-右前照灯 V48-左侧照明距离调整伺服电动机 V49-右侧照明距离调整伺服电动机	15a
F16	SC16-熔断器架C上的熔断器16	10A	J538-燃油泵控制单元[*1] J623-发动机控制单元 J906-起动机继电器1 J907-起动机继电器2	15a
F17	SC17-熔断器架C上的熔断器17	-	未使用	-
F18	SC18-熔断器架C上的熔断器18	10A	EX19-左侧转向柱开关	56b
F19	SC19-熔断器架C上的熔断器19	-	未使用	-
F20	SC20-熔断器架C上的熔断器20	10A	G213-雨量传感器 J255-全自动空调控制单元 J301-空调器控制单元 U31-诊断接口	30a
F21	SC21-熔断器架C上的熔断器21	15A	E176-驾驶人腰部支撑调节开关	30a
F22	SC22-熔断器架C上的熔断器22	10A	H12-警告喇叭（AW1）	30a

表1-12　新速腾轿车熔断器SC说明表　　（续）

编号	电路图中名称	额定值	保护的电路/部件	端子
F23	SC23-熔断器架C上的熔断器23	10A	E1-车灯开关 F189-Tiptronic开关（AW0） J519-车载网络控制单元（仅限 AW0） J587-变速杆传感器控制单元 N376-点火钥匙拔出锁止电磁铁 U31-诊断接口	30a
F24	SC24-熔断器架C上的熔断器24	10A	J518-进入及起动许可控制单元	30a
F25	SC25-熔断器架C上的熔断器25	10A	J217-自动变速器控制单元 J587-变速杆传感器控制单元 F125-多功能开关 F189-Tiptronic开关 J743-双离合器变速器机械电子单元	15a
F26	SC26-熔断器架C上的熔断器26	-	未使用	-
F27	SC27-熔断器架C上的熔断器27	1A	F138-安全气囊卷簧和带滑环的复位环（AW0）	15a
F28	SC28-熔断器架C上的熔断器28	-	未使用	-
F29	SC29-熔断器架C上的熔断器29	5A	J519-车载网络控制单元（AW0）	-
F30	SC30-熔断器架C上的熔断器30	20A	J519-车载网络控制单元（AW1） U1-点烟器 U5-12V插座 U18-12V插座2 J29-绝缘二极管	75a
F31	SC31-熔断器架C上的熔断器31	30A	J5-前雾灯继电器[*5*6]	-
F32	SC32-熔断器架C上的熔断器32	-	未使用	-
F33	SC33-熔断器架C上的熔断器33	40A	J301-空调器控制单元	75a
F34	SC34-熔断器架C上的熔断器34	-	未使用	-
F35	SC35-熔断器架C上的熔断器35	10A	J519-车载网络控制单元（AW1） J527-转向柱电子装置控制单元（AW1） J533-数据总线诊断接口（AW1）	30a
F36	SC36-熔断器架C上的熔断器36	20A	J4-双音喇叭继电器 J519-车载网络控制单元（AW0）	30a
F37	SC37-熔断器架C上的熔断器37	-	未使用	-
F38	SC38-熔断器架C上的熔断器38	-	未使用	-
F39	SC39-熔断器架C上的熔断器39	-	未使用	-
F40	SC40-熔断器架C上的熔断器40	-	未使用	-
F41	SC41-熔断器架C上的熔断器41	-	未使用	-
F42	SC42-熔断器架C上的熔断器42	-	未使用	-
F43	SC43-熔断器架C上的熔断器43	10A	点火起动开关（AW0） J4-双音喇叭继电器（AW1） J9-可加热后窗玻璃继电器（AW1） J935-转换器盒（AW0）	30a
F44	SC44-熔断器架C上的熔断器44	30A	J9-可加热后窗玻璃继电器（仅限AW1） J519-车载网络控制单元（仅限 AW0）	30a
F45	SC45-熔断器架C上的熔断器45	30A	J386-驾驶人侧车门控制单元 J388-左后车门控制单元	30a
F46	SC46-熔断器架C上的熔断器46	30A	J387-前排乘客侧车门控制单元 J389-右后车门控制单元	30a

表1-12 新速腾轿车熔断器SC说明表 （续）

编号	电路图中名称	额定值	保护的电路/部件	端子
F47	SC47-熔断器架C上的熔断器47	15A	J538-燃油泵控制单元 J17-燃油泵继电器 J643-燃油供油继电器	30a
F48	SC48-熔断器架C上的熔断器48	20A	J519-车载网络控制单元	30a
F49	SC49-熔断器架C上的熔断器49	40A	J126-新鲜空气鼓风机控制单元（AW1）	30
F50	SC50-熔断器架C上的熔断器50	30A	J774-可加热前排座椅控制单元	30a
F51	SC51-熔断器架C上的熔断器51	20A	J245-滑动天窗控制单元	30a
F52	SC52-熔断器架C上的熔断器52	-	未使用	-
F53	SC53-熔断器架C上的熔断器53	30A	J519-车载网络控制单元	30a
F54	SC54-熔断器架C上的熔断器54	30A	L22-左侧前雾灯灯泡[*5] L23-右侧前雾灯灯泡[*5]	75a
F55	SC55-熔断器架C上的熔断器55	-	未使用	-
F56	SC56-熔断器架C上的熔断器56	10A	J519-车载网络控制单元（AW0）	30
F57	SC57-熔断器架C上的熔断器57	20A	J503-带收音机和导航系统显示单元的控制单元	30a
F58	SC58-熔断器架C上的熔断器58	5A[*1] 20A[*1]	J519-车载网络控制单元（AW0）	30
F59	SC59-熔断器架C上的熔断器59	20A	J519-车载网络控制单元（AW0）	30
F60	SC60-熔断器架C上的熔断器60	20A	EX19-左侧转向柱开关	30
注	*1：视装备而定 *3：仅用于装备起动/停止（Start/Stop）系统的汽车 *5：至 2015 年 8 月止		*2：仅用于 MIB-G 收音机 *4：仅用于装备1.4L发动机的汽车 *6：仅用于带低端氙灯的汽车	

2. 继电器

新速腾轿车继电器架分布如图1-16所示。

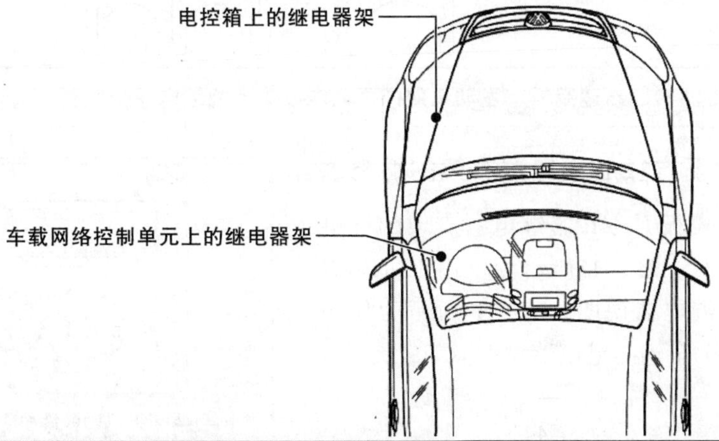

图1-16 新速腾轿车继电器架分布图

（1）发动机舱内左侧电控箱上的继电器（GP1）

新速腾轿车发动机舱内左侧电控箱上的继电器分布如图1-17所示。

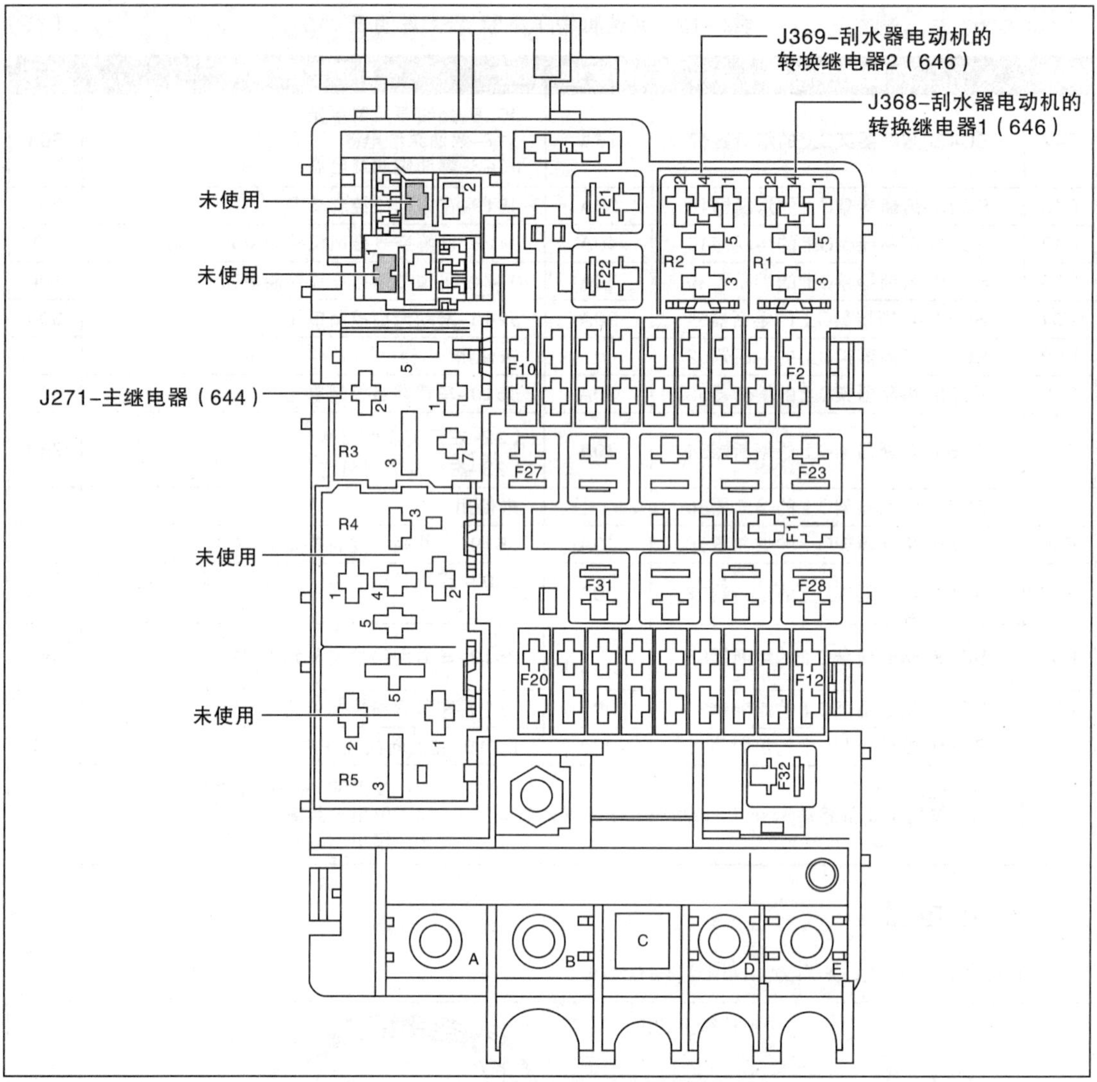

图1-17 新速腾轿车发动机舱内左侧电控箱上的继电器分布图

（2）仪表板下方12芯继电器支架的继电器

新速腾轿车仪表板下方12芯继电器支架的继电器分布如图1-18所示。表1-13所示为仅用于带PR编号（AW0）车辆的继电器说明；表1-14所示为仅用于带PR编号（AW1）车辆的继电器说明。

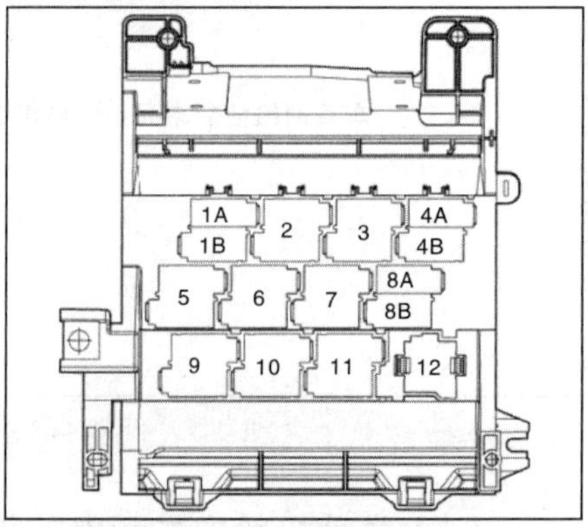

图1-18 新速腾轿车仪表板下方12芯继电器支架的继电器分布图

表1-13 新速腾轿车（带PR编号AW0）仪表板左下方继电器支架上的继电器说明表

编号	说明
4A	J643-燃油供油继电器（646）
4B	J17-燃油泵供电继电器（646）
5	J680-供电继电器1，端子75（645）（到2012年8月止）
6	J682-供电继电器，总线端50（645）
7	J329-端子1供电继电器（645）
8	J331-近光灯继电器（645）
9	J681-供电继电器2，端子15（645）
10	J5-前雾灯继电器（645）（到2012年8月止）
	J680-供电继电器1，端子75（644）（自2012年8月起）
12	J935-转换器盒（499）
注	编号1、2、3、11的继电器未使用

表1-14 新速腾轿车（带PR编号AW1）仪表板左下方继电器支架上的继电器说明表

编号	说明
1A	J4-双音喇叭继电器（646）
1B	J39-前照灯清洗装置继电器（646）
2	J907-起动机继电器2（507）
4A	J151-冷却液继续循环继电器（646）（到2012 年8 月止）
4B	J757-发动机部件供电继电器（646）
5	J680-供电继电器1，端子75（645）（到2012 年8 月止）
6	J682-供电继电器，总线端50（645）（不带起动/停止系统）
	J906-起动机继电器1（645）（带起动/停止系统）
8A	J9-加热或后窗玻璃继电器（646）
9	J681-供电继电器2，端子15（645）
10	J680-供电继电器1，端子75（644）（自2012 年8 月起）
注	编号3、7、8B、11、12的继电器未使用

四、全新迈腾B8L（2016年起）

1. 熔断器

（1）熔断器分布

全新迈腾B8L轿车熔断器分布如图1-19所示。

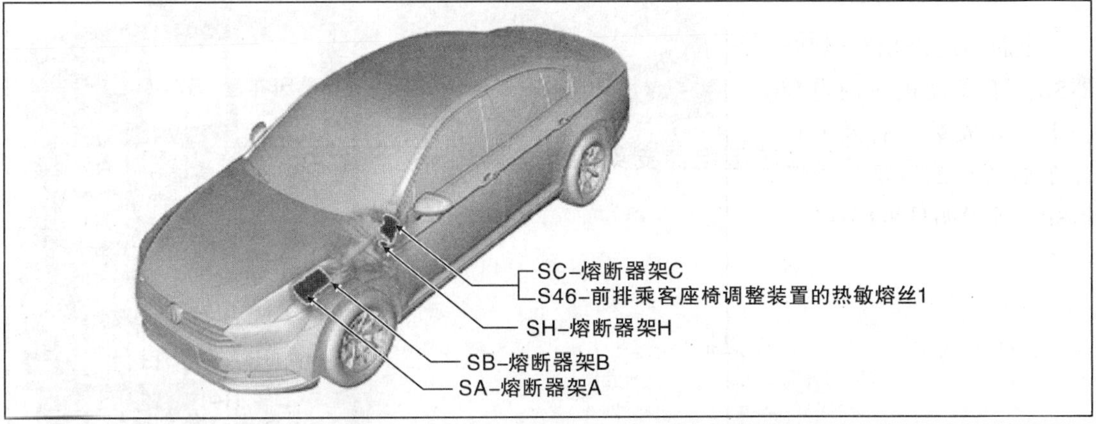

图1-19 全新迈腾B8L轿车熔断器分布图

（2）熔断器SA

全新迈腾B8L轿车熔断器SA安装位置及元件分布如图1-20所示，其相关说明见表1-15。

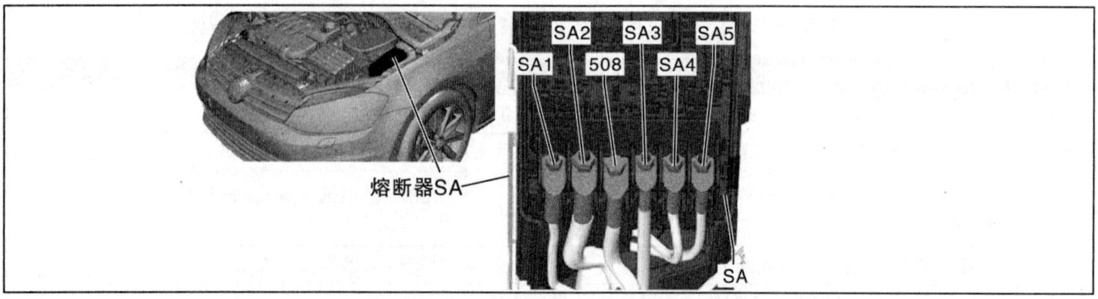

图1-20　全新迈腾B8L轿车熔断器SA安装位置及元件分布图

表1-15　全新迈腾B8L轿车熔断器SA说明表

编号	电路图中名称	额定值	保护的电路/部件	端子
SA1	SA1-熔断器架A上的熔断器1	125A	SC-供电，熔断器架C ◇端子.30_1　◇表示在上一元件ＳＣ的内部，以下同 ◇熔断器架C上的熔断器SC5、SC6、SC7、SC8、SC9、SC10、SC11、SC12、SC13、SC14、SC31、SC38、SC39、SC40、SC41、SC42、SC46、SC51 ◇J807-插座继电器 ◇J329-端子15供电继电器	30
SA2	SA2-熔断器架A上的熔断器2	400A	C-交流发电机	30
SA3	SA3-熔断器架A上的熔断器3	80A	J500-助力转向控制单元	30
SA4	SA4-熔断器架A上的熔断器4	80A	SC-供电，熔断器架C ◇端子.30_2 ◇熔断器架C上的熔断器SC15、SC16、SC17、SC18、SC19、SC23、SC24、SC25、SC26、SC27、SC43、SC45、SC50	30
SA5	SA5-熔断器架A上的熔断器5	50 A	VX57-散热器风扇	30
注：◇表示在上一元件的内部，以下同				

（3）熔断器SB

全新迈腾B8L轿车熔断器SB位于发动机舱内电控箱上，其安装位置及元件分布如图1-21所示，熔断器SB相关说明见表1-16。

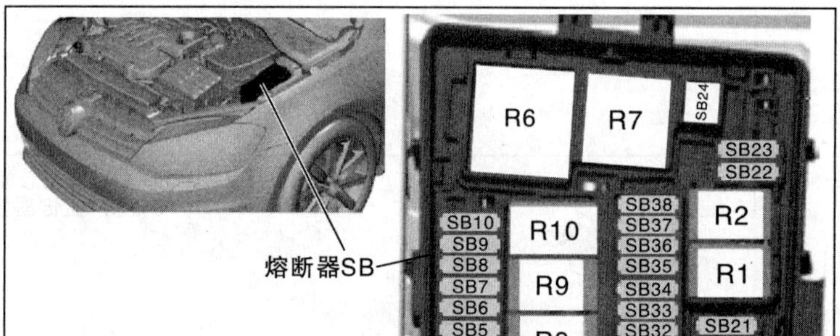

图1-21　全新迈腾B8L轿车熔断器SB安装位置及元件分布图

表1-16 全新迈腾B8L轿车熔断器SB说明表

编号	电路图中名称	额定值	保护的电路/部件	端子
SB1	SB1-熔断器架B上的熔断器1	40A	J104-ABS控制器	30
SB2	SB2-熔断器架B上的熔断器2	40A	J104-ABS控制器 ◇V64-防抱死制动系统（ABS）液压泵	30
SB3	SB3-熔断器架B上的熔断器3	15A	J623-发动机控制器	87
SB4	SB4-熔断器架B上的熔断器4	10A	VX57-散热器风扇 G266-机油油位及温度传感器 N80-炭罐电磁阀1*1 N318-排气凸轮轴调节阀*1 N205-凸轮轴调节阀*1 N428-机油压力调节阀 N316-进气管风门阀*2 N75-增压压力限制电磁阀*1 N249-涡轮增压器循环空气阀*2 N522-活塞冷却喷嘴控制器*2	87
SB5	SB5-熔断器架B上的熔断器5	10A	N580-气缸1排气凸轮调节器A*2 N581- 气缸1排气凸轮调节器B*2 N588-气缸2排气凸轮调节器A*2 N589-气缸2排气凸轮调节器B*2 N596-气缸3排气凸轮调节器A*2 N597-气缸3排气凸轮调节器B*2 N604-气缸4排气凸轮调节器A*2 N605-气缸4排气凸轮调节器A*2 N30-气缸1喷射阀*2 N31-气缸2喷射阀*2 N32-气缸3喷射阀*2 N33-气缸4喷射阀*2 J757-发动机组件供电继电器*2	87
SB6	SB6-熔断器架B上的熔断器6	5A	F-制动信号灯开关	87
SB7	SB7-熔断器架B上的熔断器7	7.5A*2 10A*3	V51-冷却液循环泵*1*2 V188-增压空气冷却泵*2 N488-变速器冷却液阀门*1*2 N82-冷却液截止阀*1*2	87
SB8	SB8-熔断器架B上的熔断器8	15A	GX10-催化转换器上游的氧传感器1 ◇Z19-氧传感器加热装置 GX7-尾气催化转化器下游的氧传感器1 ◇Z29-尾气催化转化器下游的氧传感器1加热装置	87
SB9	SB9-熔断器架B上的熔断器9	10A*2 20A*3	V188-增压空气冷却泵*2 N80-炭罐电磁阀1*2 N318-排气凸轮轴调节阀1*2 N205-凸轮轴调节阀1*2	87
SB10	SB10-熔断器架B上的熔断器10	15A	J538-燃油泵控制器	87
SB13	SB13-熔断器架B上的熔断器13	30A 15A	J743-双离合器变速器机械电子单元*1 ◇双离合器变速器0CW J743-双离合器变速器机械电子单元*1 ◇双离合器变速器0DE	30
SB15	SB15-熔断器架B上的熔断器15	15A	J413-信号喇叭继电器	30

表1-16　全新迈腾B8L轿车熔断器SB说明表　（续）

编号	电路图中名称	额定值	保护的电路/部件	端子
SB16	SB16-熔断器架B上的熔断器16	20A	J757-发动机组件供电继电器*2	30
SB17	SB17-熔断器架B上的熔断器17	7.5A	J271-主继电器 J623-发动机控制器 J104-ABS控制器	30
SB18	SB18-熔断器架B上的熔断器18	5A	J367-蓄电池监控控制单元	30
SB19	SB19-熔断器架B上的熔断器19	30A	J400-刮水器电动机控制单元	30
SB20	SB20-熔断器架B上的熔断器20	10A	H12-警告喇叭	30
SB22	SB22-熔断器架B上的熔断器22	5A	J623-发动机控制器	50
SB23	SB23-熔断器架B上的熔断器23	30A	B-起动机	50
注	编号SB11、SB12、SB14、SB21、SB24、SB25、SB26、SB27、SB28、SB29、SB30、SB31、SB32、SB33、SB34、SB35、SB36、SB37、SB38的熔断器未使用 *1：视设备而定　*2：仅用于装备1.8～2.0L汽油发动机的汽车　*3：仅用于装备1.4L汽油发动机的汽车			

（4）熔断器SC

全新迈腾B8L轿车熔断器SC位于左侧仪表板下，其安装位置及元件分布如图1-22所示，熔断器SC相关说明见表1-17。

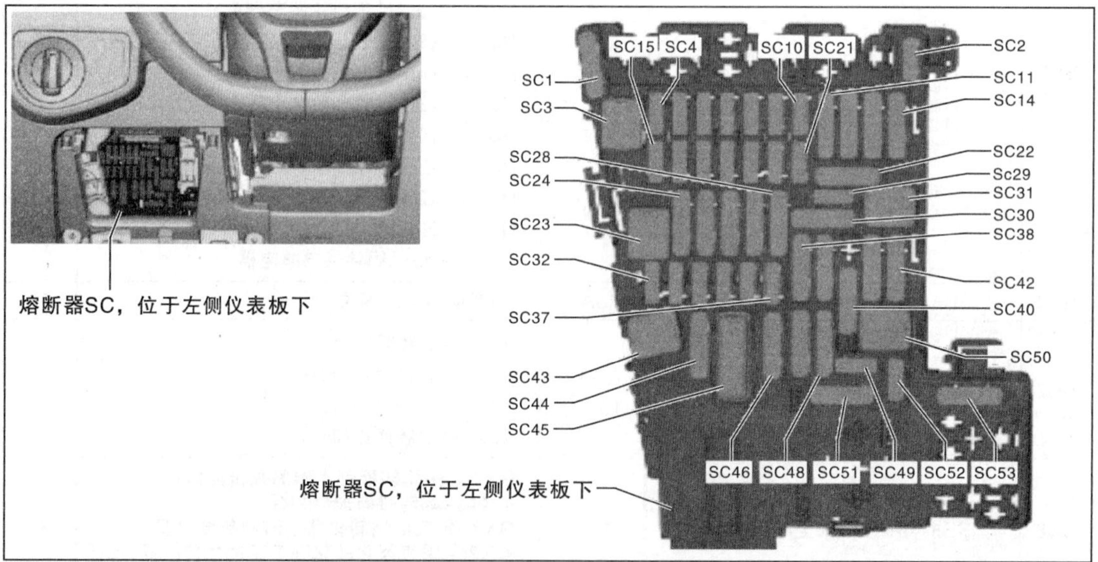

图1-22　全新迈腾B8L轿车熔断器SC安装位置及元件分布图

表1-17　全新迈腾B8L轿车熔断器SC说明表

编号	电路图中名称	额定值	保护的电路/部件	端子
SC5	SC5-熔断器架C上的熔断器5	5A	J533-数据总线诊断接口	30
SC6	SC6-熔断器架C上的熔断器6	5A	E313-变速杆	30
SC7	SC7-熔断器架C上的熔断器7	10A	EX21-暖风/空调操作 J9-可加热后窗玻璃继电器 Y-模拟时钟 E265-后部空调装置操控和显示单元 J502-轮胎压力监控控制器	30

表1-17 全新迈腾B8L轿车熔断器SC说明表 （续）

编号	电路图中名称	额定值	保护的电路/部件	端子
SC8	SC8-熔断器架C上的熔断器8	10A	EX1-车灯旋转开关 E538-电控机械式驻车制动器按钮 G397-雨水和光线识别传感器 U31-诊断接口 WX1-前部车内照明灯*1 L229-仪表板左侧氛围灯*1 L230-仪表板右侧氛围灯*1 L251- 左前车门轮廓照明灯*1 L252-右前车门轮廓照明灯*1 L253-左后车门轮廓照明灯*1 L254-右后车门轮廓照明灯*1 J245-滑动天窗控制单元 J745-弯道灯和前照灯照明距离调节控制单元*1*4	30
SC9	SC9-熔断器架C上的熔断器9	5A	J527-转向柱电子装置控制器	30
SC10	SC10-熔断器架C上的熔断器10	10A	J685-前部信息显示和操作单元控制器的显示单元	30
SC11	SC11-熔断器架C上的熔断器11	25A	J854-前左安全带拉紧器控制器	30
SC12	SC12-熔断器架C上的熔断器12	20A	J794-信息电子装置控制器1	30
SC13	SC13-熔断器架C上的熔断器13	15A	J250-电子调节减振系统控制器	30
SC14	SC14-熔断器架C上的熔断器14	30A	J126-新鲜空气鼓风机控制器	30
SC15	SC15-熔断器架C上的熔断器15	10A	J764-电子转向柱锁止装置控制器	30
SC16	SC16-熔断器架C上的熔断器16	7.5A	R293-USB 分线器 J898-前风窗玻璃投影（平视显示屏）控制器	30
SC17	SC17-熔断器架C上的熔断器17	7.5A	KX2-组合仪表	30
SC18	SC18-熔断器架C上的熔断器18	7.5A	R189-倒车摄像头 E234-行李箱盖把手中的解锁按钮 J928-车周环境摄像头控制器	30
SC19	SC19-熔断器架C上的熔断器19	7.5A	J965-进入及起动系统接口	30
SC23	SC23-熔断器架C上的熔断器23	40A	J519-车载网络控制器 ◇MX2-右前照灯	30
SC24	SC24-熔断器架C上的熔断器24	30A	J245-滑动天窗控制器	30
SC25	SC25-熔断器架C上的熔断器25	30A	J386-驾驶人侧车门控制器 J388-左后车门控制单元 V26-左后车窗升降器电动机	30
SC26	SC26-熔断器架C上的熔断器26	30A	J519-车载网络控制器 ◇座椅加热装置	30
SC27	SC27-熔断器架C上的熔断器27	40A	J525-数码音响套件控制器	30
SC31	SC31-熔断器架C上的熔断器31	40A	J519-车载网络控制器 ◇MX1-左前照灯	30
SC32	SC32-熔断器架C上的熔断器32	7.5A	R242-驾驶人辅助系统前部摄像头 J428-车距调节控制器 J769-行驶换道辅助系统控制单元 J770-行驶换道辅助系统控制单元2 J446-驻车辅助控制单元 J791-驻车转向辅助系统控制器	15
SC33	SC33-熔断器架C上的熔断器33	5A	J234-安全气囊控制单元	15

表1-17　全新迈腾B8L轿车熔断器SC说明表　（续）

编号	电路图中名称	额定值	保护的电路/部件	端子
SC34	SC34-熔断器架C上的熔断器34	7.5A	E538-电控机械式驻车制动器按钮 EX5-车内后视镜 J807-插座继电器 EX22-中部仪表板开关模块 EX30-中控台开关模块2 G805-制冷剂回路压力传感器 G238-空气质量感应器	15
SC35	SC35-熔断器架C上的熔断器35	10A	U31-诊断接口 E102-前照灯距离照明调节器 J745-弯道灯和前照灯照明距离调节控制器[*1] MX1-左前照灯 V48-前照灯距离调节装置左侧伺服电动机 MX2-右前照灯 V49-前照灯距离调节装置右侧伺服电动机	15
SC36	SC36-熔断器架C上的熔断器36	10A	MX2-右前照灯 ◇A27-右侧LED前照灯电源模块1	15
SC37	SC37-熔断器架C上的熔断器37	10A	MX1-左前照灯 ◇A31-左侧 LED前照灯电源模块1	15
SC39	SC39-熔断器架C上的熔断器39	30A	J387-前排乘客侧车门控制单元 J389-右后车门控制单元 V27-右后车窗升降器电动机	30
SC40[*2*3]	SC40-熔断器架C上的熔断器40	20A	U1-点烟器[*1] U5-12V插座[*1] U18-12V插座2 U19-12 V插座3	15[*1]/ 30[*3]
SC41	SC41-熔断器架C上的熔断器41	25A	J855-前右安全带拉紧器控制器	30
SC42	SC42-熔断器架C上的熔断器42	40A	J519-车载网络控制器 ◇中央门锁	30
SC43	SC43-熔断器架C上的熔断器43	30A	J519-车载网络控制器	30
SC45	SC45-熔断器架C上的熔断器45	15A	E176-驾驶人腰部支撑调节开关 J810-驾驶人座椅调节装置控制单元 EX33-左前座椅调节操作单元 V514-前座垫风扇1 V512-左前座椅靠背风扇1	30
SC46	SC46-熔断器架C上的熔断器46	30A	U13-逆变器带插座12V～230V	30
SC47	SC47-熔断器架C上的熔断器47	7.5A	J262-后窗遮阳卷帘控制单元[*1]	15
SC49	SC49-熔断器架C上的熔断器49	5A	J906-起动机继电器1 J907-起动机继电器2	15
SC50	SC50-熔断器架C上的熔断器50	40A	J605-后盖控制器	30
SC51	SC51-熔断器架C上的熔断器51	25A	E265-后部空调装置操控和显示单元	30
SC53	SC53-熔断器架C上的熔断器53	30A	J9-可加热后窗玻璃继电器	15
注	编号SC1、SC2、SC3、SC4、SC20、SC21、SC22、SC28、SC29、SC30、SC38、SC44、SC48、SC52的熔断器未使用 *1：视设备而定　*2：出厂时由端子15供电　*3：可通过端子30供电　*4：2016年款未使用			

（5）熔断器SH

全新迈腾B8L轿车熔断器SH安装位置及元件分布如图1-23所示，其相关说明见表1-18。

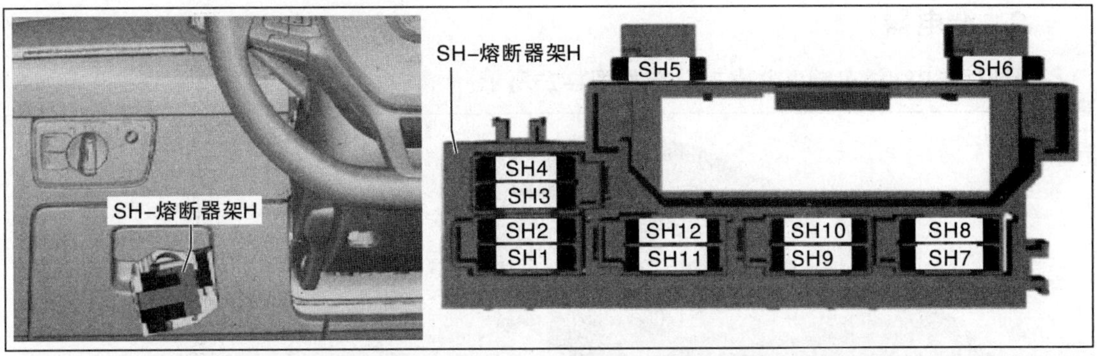

图1-23 全新迈腾B8L轿车熔断器SH安装位置及元件分布图

表1-18 全新迈腾B8L轿车熔断器SH说明表

编号	电路图中名称	额定值	保护的电路/部件	端子
SH5	SH5-熔断器架H上的熔断器5	7.5 A	U22-视频插座 U43-视频插座2	30
注	编号SH1、SH2、SH3、SH4、SH6、SH7、SH8、SH9、SH10、SH11、SH12的熔断器未使用			

（6）热敏熔丝

全新迈腾B8L轿车前排乘客座椅调节装置热敏熔丝S46安装位置及元件分布如图1-24所示，熔丝相关说明见表1-19。

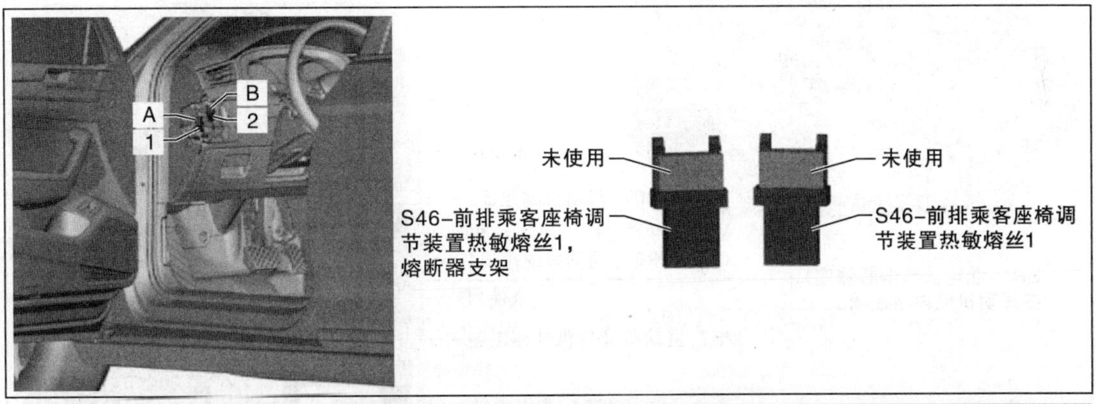

图1-24 全新迈腾B8L轿车前排乘客座椅调节装置热敏熔丝S46安装位置及元件分布图

表1-19 全新迈腾B8L轿车热敏熔丝说明表

编号	电路图中名称	额定值	保护的电路/部件	端子
A	S46-前排乘客座椅调节装置热敏熔丝1	15 A	EX34-右前排座椅调节操作单元 E177-前排乘客腰部支撑调节开关 V518-右前座垫风扇1 V516-右前座椅靠背风扇1 E475-后部扶手中的前排乘客座椅前后位置调节开关 E478-后部扶手中的前排乘客座椅前后位置调节开关	30
B	未使用	–	–	–

2. 继电器

全新迈腾B8L轿车继电器支架分布如图1-25所示。

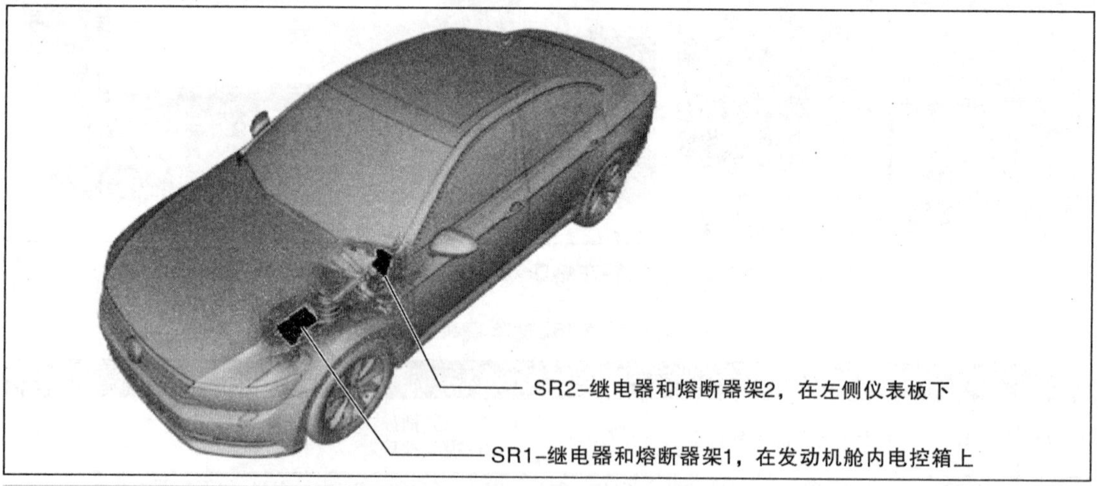

图1-25　全新迈腾B8L轿车继电器架分布图

（1）发动机舱内电控箱上的继电器

全新迈腾B8L轿车发动机舱内电控箱上的继电器分布如图1-26所示。

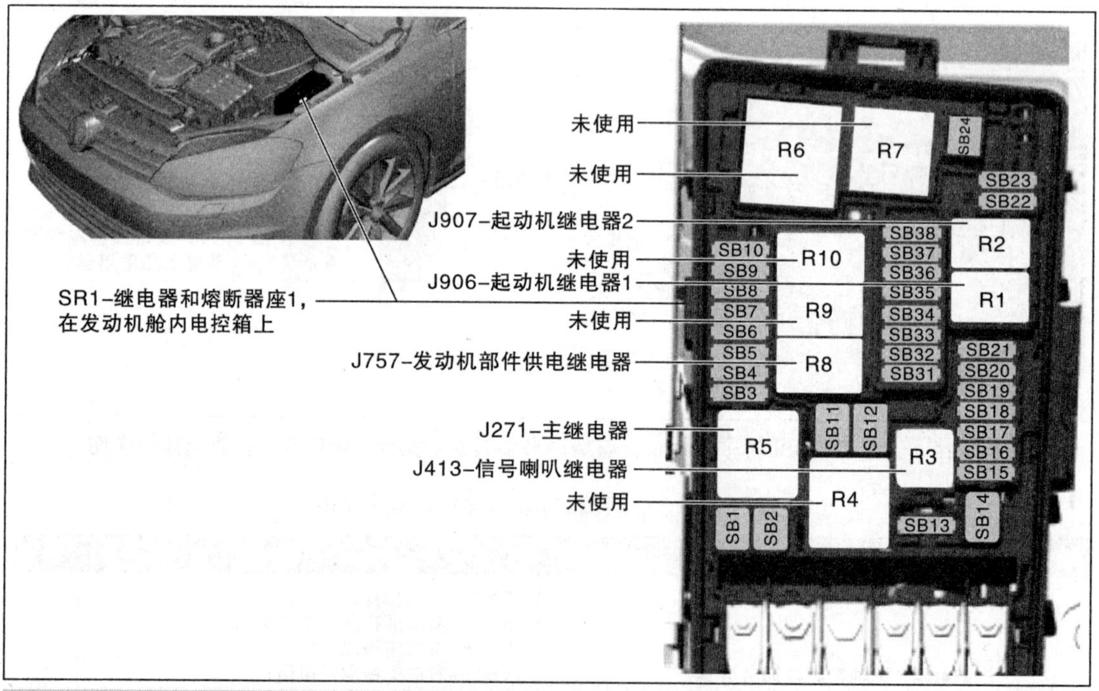

图1-26　全新迈腾B8L轿车发动机舱内电控箱上的继电器分布图

（2）左侧仪表板下的继电器

全新迈腾B8L轿车左侧仪表板下的继电器分布如图1-27所示。

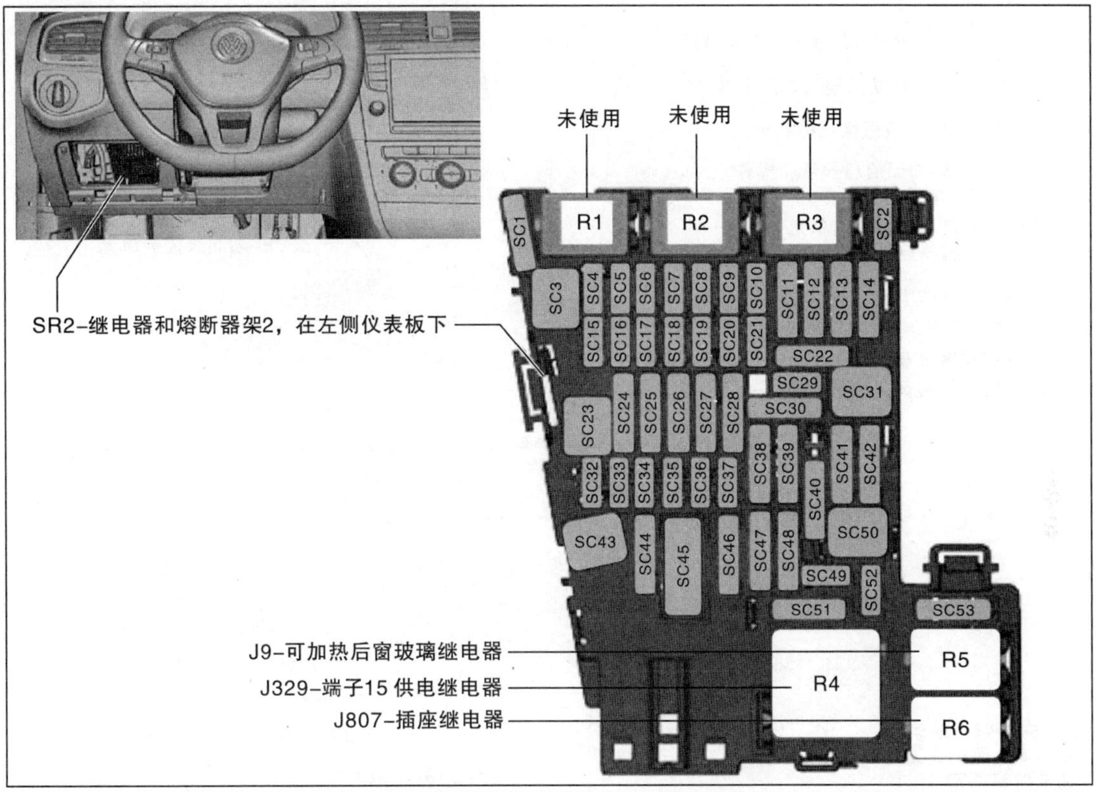

图1-27 全新迈腾B8L轿车左侧仪表板下的继电器分布图

3. 电控单元位置图

全新迈腾B8L轿车电控单元位置分布如图1-28、图1-29和图1-30所示。

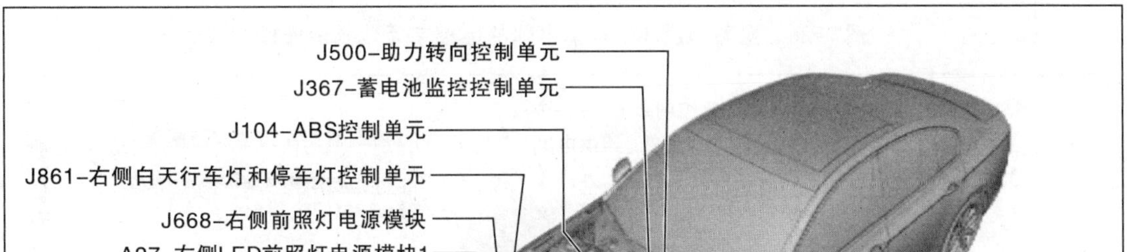

图1-28 全新迈腾B8L轿车前部的电控单元位置分布图

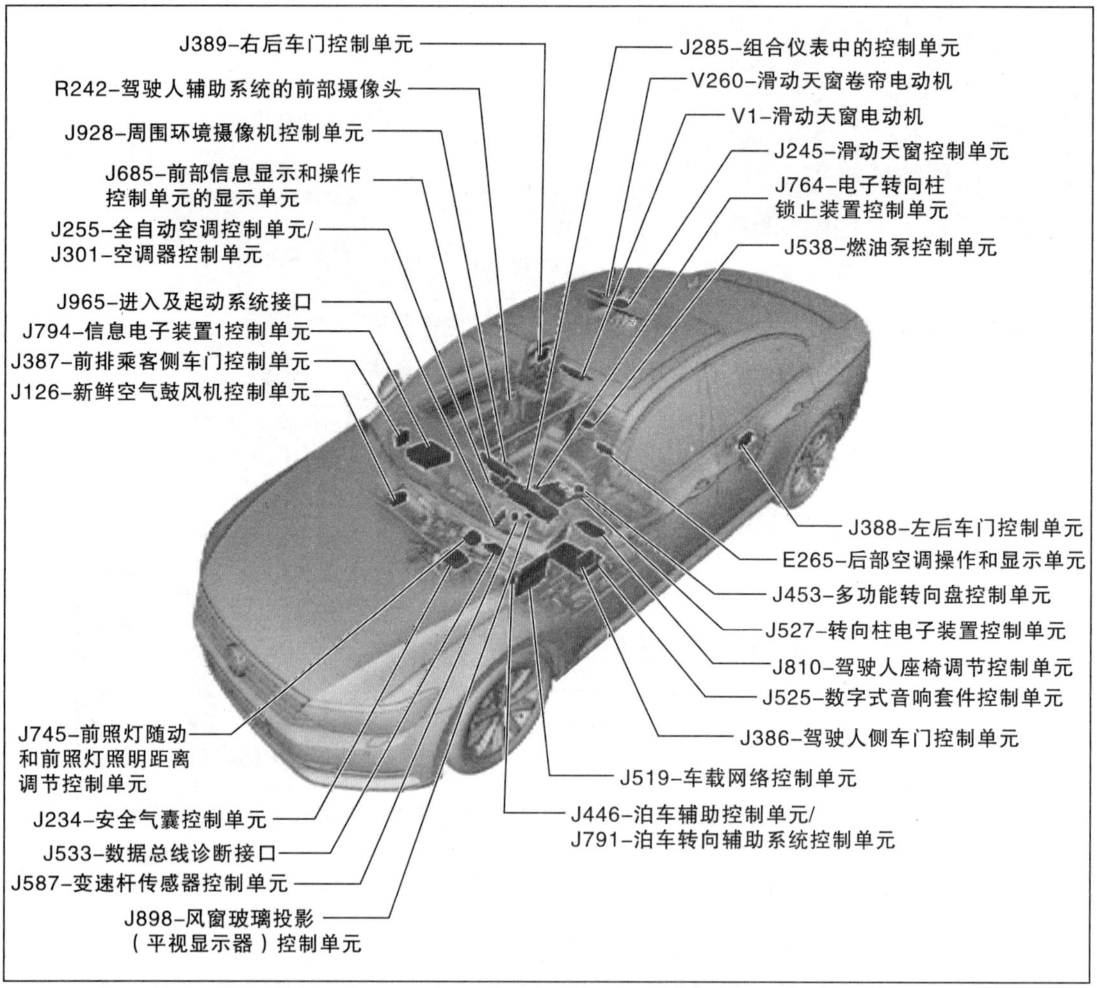

图1-29 全新迈腾B8L轿车中部的电控单元位置分布图

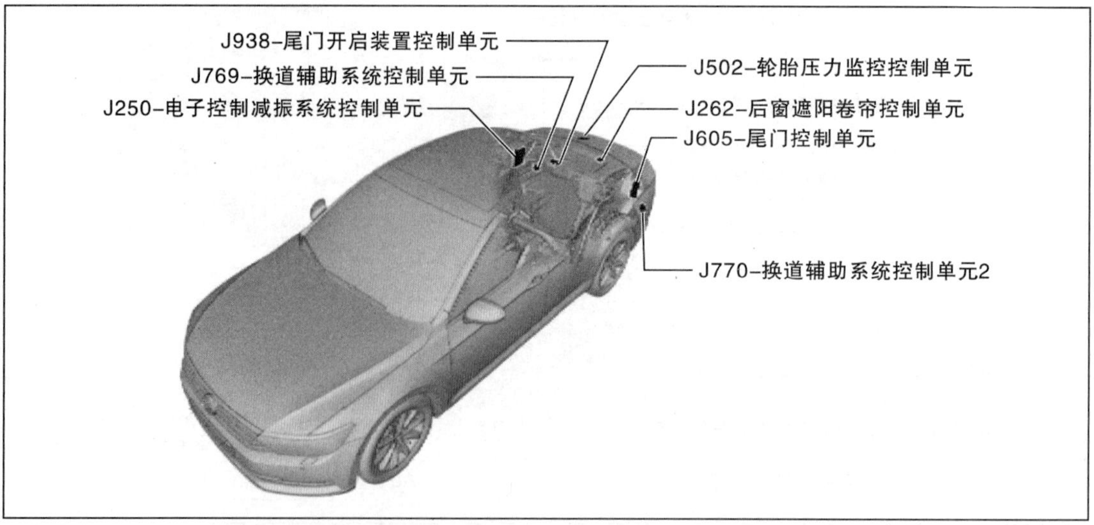

图1-30 全新迈腾B8L轿车后部的电控单元位置分布图

五、高尔夫A7（2014~2017年款）/嘉旅（2016年起）

1. 熔断器

（1）熔断器分布

高尔夫A7/嘉旅轿车熔断器分布如图1-31所示。

（2）熔断器SA

高尔夫A7/嘉旅轿车熔断器SA安装位置及元件分布如图1-32所示，其相关说明见表1-20。

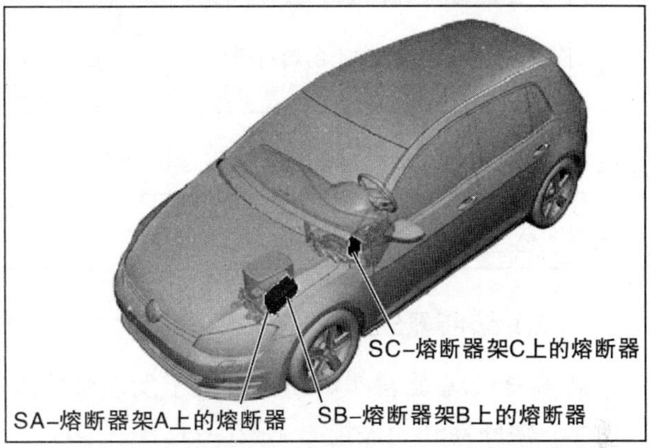

图1-31 高尔夫A7/嘉旅轿车熔断器分布图

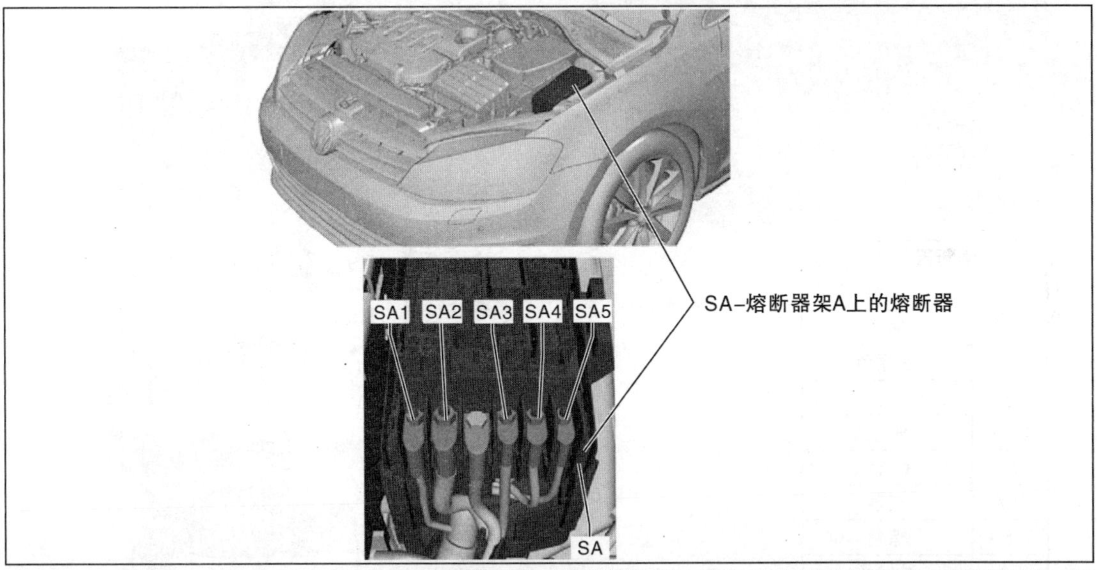

图1-32 高尔夫A7/嘉旅轿车熔断器SA安装位置及元件分布图

表1-20 高尔夫A7/嘉旅轿车熔断器SA说明表

编号	电路图中名称	额定值	保护的电路/部件	端子
J1[*1] J1A[*2]	SA1-熔断器架A上的熔断器1	100A	熔断器电源：SC5[*2]、SC7、SC8、SC9、SC10、SC12、SC13[*2]、SC14、SC31、SC39、SC40、SC41[*1]、SC42、SC53 J807-插座继电器 J329-接线端15的电源继电器 J9-可加热后窗玻璃继电器[*2]	30
G1[*1] G1A[*2]	SA2-熔断器架A上的熔断器2	140A	C-三相交流发电机	30
E1[*1] E1A[*2]	SA3-熔断器架A上的熔断器3	80A	J500-转向辅助控制单元	30

表1-20　高尔夫A7/嘉旅轿车熔断器SA说明表　（续）

编号	电路图中名称	额定值	保护的电路/部件	端子
K1[*1] K2A[*2]	SA4-熔断器架A上的熔断器4	80A	熔断器电源：SC15、SC17、SC18、SC19、SC23、SC24、SC25、SC26、SC27、SC39、SC41[*1]、SB42[*1]、SC43[*2]、SC45[*2]	30
L1[*1] L1A[*2]	SA5-熔断器架A上的熔断器5	80A	VX57-散热器风扇	30
注	*1：仅适用于高尔夫A7轿车 *2：仅适用于高尔夫嘉旅轿车			

（3）熔断器SB

高尔夫A7/嘉旅轿车熔断器SB位于发动机舱内电控箱上，其安装位置及元件分布如图1-33所示，熔断器SB相关说明见表1-21。

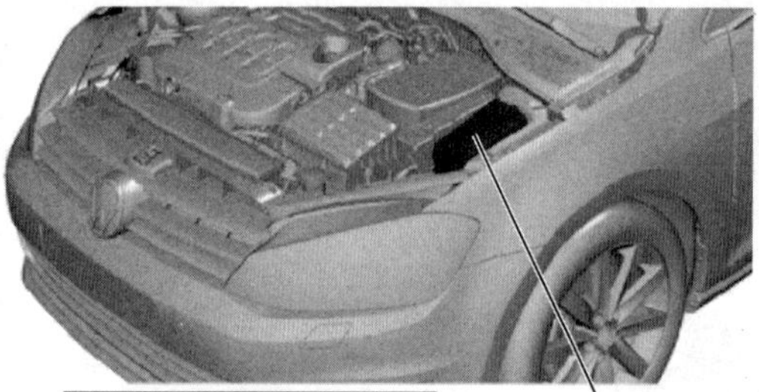

熔断器颜色	
50A	红色
40A	橘色
30A	浅绿色
25A	自然色（白色）
20A	黄色
15A	浅蓝色
10A	红色
7.5A	棕色
5A	浅棕色
3A	紫色

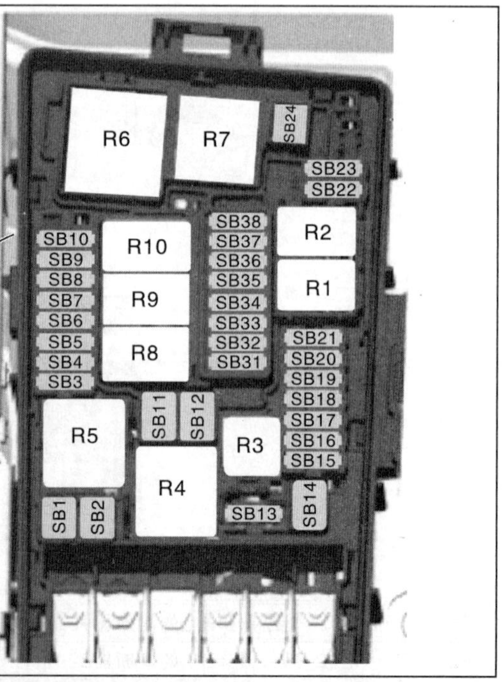

图1-33　高尔夫A7/嘉旅轿车熔断器SB安装位置及元件分布图

表1-21　高尔夫A7/嘉旅轿车熔断器SB说明表

编号	电路图中名称	额定值	保护的电路/部件	端子
F1	SB1-熔断器架B上的熔断器1	40A	J104-ABS控制单元	30
F2	SB2-熔断器架B上的熔断器2	40A	J104-ABS控制单元	30
F3	SB3-熔断器架B上的熔断器3	15A	J623-发动机控制单元	87
F4	SB4-熔断器架B上的熔断器4	10A	J293[*1]/VX57[*2]-散热器风扇控制单元 N80-炭罐电磁阀1 N205-凸轮轴调节阀1 N318-排气凸轮轴调节阀1 N428-机油压力调节阀	87

表1-21　高尔夫A7/嘉旅轿车熔断器SB说明表　（续）

编号	电路图中名称	额定值	保护的电路/部件	端子
F6	SB6-熔断器架B上的熔断器6	5A	F-制动信号灯开关	87
F7	SB7-熔断器架B上的熔断器7[*4]	10A	V188-增压空气冷却系统泵[*5]	87
	未使用[*1*4]	–	–	
F8	SB8-熔断器架B上的熔断器8	10A 15A[*2]	Z19-氧传感器加热装置 GX10-尾气催化转化器前的氧传感器1 N82-冷却液断流阀[*2] Z29-尾气催化转化器后的氧传感器1 GX7-尾气催化转化器后的氧传感器1	87
F9	SB9-熔断器架B上的熔断器9	20A	N70-带功率输出级的点火线圈1 N127-带功率输出级的点火线圈2 N291-带功率输出级的点火线圈3 N292-带功率输出级的点火线圈4	87
F10	SB10-熔断器架B上的熔断器10	15A 10A[*1*3]	J538-燃油泵控制单元 N30-气缸1喷油器[*3] N31- 气缸2喷油器[*3] N32-气缸3喷油器[*3] N33-气缸4喷油器[*3] J757-发动机部件供电继电器[*1*3] J17-燃油泵继电器[*2*3]	87
F13	SB13-熔断器架B上的熔断器13	30A[*4] 15A[*1*4]	J743-双离合器变速器机电控制模块 J217-自动变速器机电控制单元[*2]	30
F15	SB15-熔断器架B上的熔断器15	15A	J413-信号电喇叭继电器	30
F16	SB16-熔断器架B上的熔断器16	15A[*1*3] 15A[*2]	J757-发动机部件供电继电器[*1*3] J17-燃油泵继电器[*2*3]	87
F17	SB17-熔断器架B上的熔断器17	7.5A	J271-主继电器[*1] J623-发动机控制单元[*1] J104-ABS控制单元[*1] J538-燃油泵继电器[*2]	30
F18	SB18-熔断器架B上的熔断器18	5A	J367-蓄电池监控控制单元[*4] J533-数据总线诊断接口[*1] J533-数据总线诊断接口[*2*6]	30
F19	SB19-熔断器架B上的熔断器19	30A	J400-刮水器控制单元	30
F22	SB22-熔断器架B上的熔断器22	5A	J623-发动机控制单元	50
F23	SB23-熔断器架B上的熔断器23	30A	B-起动机	50
注	编号F5、F11、F12、F14、F20、F21、F24、F25、F26、F27、F28、F29、F30、F31、F32、F33、F34、F35、F36、F37、F38的熔断器未使用 *1：仅用于高尔夫A7轿车 *2：仅用于高尔夫嘉旅轿车 *3：仅用于 1.6 L 发动机的汽车 *4：依汽车装备而定 *5：仅用于 1.4 L TSI 发动机的汽车 *6：仅用于不带自动起停的汽车			

（4）熔断器SC

高尔夫A7/嘉旅轿车熔断器SC位于左侧仪表板下，其安装位置及元件分布如图1-34所示，相关说明见表1-22。

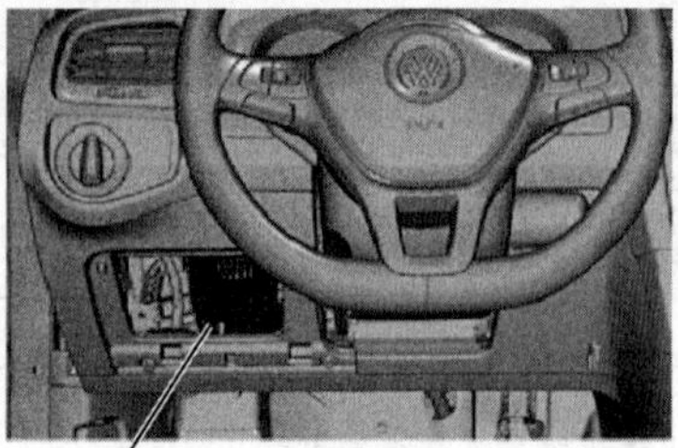

熔断器SC

熔断器颜色	
50A	红色
40A	橘色
30A	浅绿色
25A	自然色（白色）
20A	黄色
15A	浅蓝色
10A	红色
7.5A	棕色
5A	浅棕色
3A	紫色

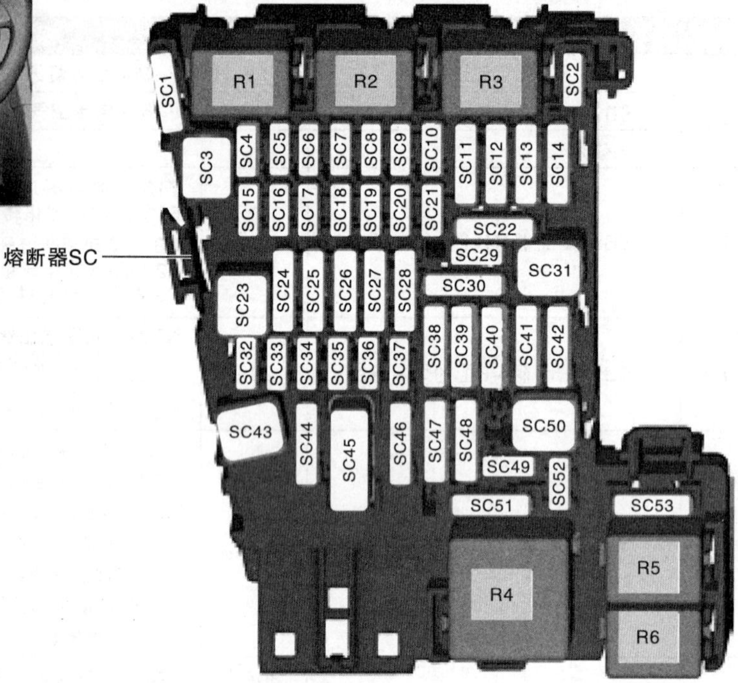

图1-34　高尔夫A7/嘉旅轿车熔断器SC安装位置及元件分布图

表1-22　高尔夫A7/嘉旅轿车熔断器SC说明表

编号	电路图中名称	额定值	保护的电路/部件	端子
F5	SC5–熔断器架C上的熔断器5	5A	J533–数据总线诊断接口	30
F6*2	SC6–熔断器架C上的熔断器6	5A	J587–变速杆传感器控制单元	30
F7	SC7–熔断器架C上的熔断器7	10A	EX21–暖风/空调操作系统 J255–全自动空调控制单元 J301–空调控制单元 E313–变速杆*1 J9–可加热后窗玻璃继电器	30
F8	SC8–熔断器架C上的熔断器8	10A	EX1–车灯开关 E538–电控机械式驻车制动器按键 G823–湿度、雨量和光照识别传感器*1 G397–雨水和光线识别传感器*2 U31–诊断接口	30
F9	SC9–熔断器架C上的熔断器9	10A*1 5A*2	J527–转向柱电子装置控制单元	30
F10	SC10–熔断器架C上的熔断器10	10A	J685–前部信息显示和操作控制单元的显示单元	30
F12	SC12–熔断器架C上的熔断器12	20A	J794–电子通信信息设备1控制单元*3 J685–前部信息显示和操作控制单元的显示单元*3	30
F14	SC14–熔断器架C上的熔断器14	30A	J126–新鲜空气鼓风机控制单元	30
F15	SC15–熔断器架C上的熔断器15	10A	J764–电子转向柱锁止装置控制单元	30

表1-22 高尔夫A7/嘉旅轿车熔断器SC说明表 （续）

编号	电路图中名称	额定值	保护的电路/部件	端子
F17	SC17-熔断器架C上的熔断器17	5A	J285-组合仪表中的控制单元 KX2-组合仪表	30
F18	SC18-熔断器架C上的熔断器18	7.5A	R189-倒车摄像头 E234-尾门把手中的解锁按钮	30
F19	SC19-熔断器架C上的熔断器19	7.5A	J965-进入和起动系统接口	30
F23	SC23-熔断器架C上的熔断器23	40A	J519-车载网络控制单元 ◇MX2-右前照灯	30
F24	SC24-熔断器架C上的熔断器24	30A	J245-滑动天窗控制单元 J394-天窗卷帘控制单元*2	30
F25	SC25-熔断器架C上的熔断器25	30A	J386-驾驶人侧车门控制单元 V26-左后车窗升降器电动机	30
F26	SC26-熔断器架C上的熔断器26	20A*1*3 30A	J519-车载网络控制单元 ◇前部座椅加热装置	30
F27	SC27-熔断器架C上的熔断器27	30A	J525-数字式音响套件控制单元	30
F31	SC31-熔断器架C上的熔断器31	40A	J519-车载网络控制单元 ◇MX1-左前照灯	30
F32	SC32-熔断器架C上的熔断器32	7.5A*1 10A*2	R242-驾驶人辅助系统前部摄像头 J428-车距控制装置控制单元 J446-驻车辅助控制单元 J791-自动泊车辅助系统控制单元	15
F33	SC33-熔断器架C上的熔断器33	5A	J234-安全气囊控制单元	15
F34	SC34-熔断器架C上的熔断器34	7.5A	EX1-车灯开关 EX5-车内后视镜 Y7-自动防眩目车内后视镜 G65*1/G805*2-高压传感器 F4-倒车灯开关 E540-自动驻车（AUTO HOLDE） 538-电控机械式驻车制动器按键 J807-插座继电器*2	15
F35	SC35-熔断器架C上的熔断器35	10A	U31-诊断接口 EX14-前照灯照明距离调节和仪表照明装置调节器 Y7-自动防眩目车内后视镜 V48-左侧前照灯照明距离调节伺服电动机 V49-右侧前照灯照明距离调节伺服电动机 J745-弯道灯和前照灯照明距离调节控制单元*2	15
F36*2	SC36-熔断器架C上的熔断器36	10A	J344-右侧气体放电灯泡控制单元	30
F37*2	SC37-熔断器架C上的熔断器37	10A	J343-左侧气体放电灯泡控制单元	30
F39	SC39-熔断器架C上的熔断器39	30A	J387-前排乘客侧车门控制单元 V27-右后车窗升降器电动机	30
F40	SC40-熔断器架C上的熔断器40	20A	U1-点烟器*1 U5-12V插座*2 U8-外部插座*2 U19-12V插座3*2	15/30*3

表1-22 高尔夫A7/嘉旅轿车熔断器SC说明表 （续）

编号	电路图中名称	额定值	保护的电路/部件	端子
F41*1	SC41-熔断器架C上的熔断器41	7.5A*1*3 1A*1*3	J527-转向柱电子装置控制单元*1	30
F41*2	–	–	J527-转向柱电子装置控制单元*2	30
F42	SC42-熔断器架C上的熔断器42	40A	J519-车载网络控制单元 ◇中央门锁	30
F43	SC43-熔断器架C上的熔断器43	30A	J519-车载网络控制单元	30
F45*1	SC45-熔断器架C上的熔断器45	15A	E424-驾驶人座椅高度调节按钮 E470-驾驶人座椅调整装置操作单元 E418-驾驶人座椅纵向调节按钮 E425-驾驶人座椅靠背调节按钮	30
F45*2	–	–	–	–
F47	SC47-熔断器架C上的熔断器47	15A	V12-后窗玻璃刮水器电动机	15
F49	SC49-熔断器架C上的熔断器49	5A	G476-离合器位置传感器 J906-起动机继电器1 J907-起动机继电器2	15
F53*1	SC53-熔断器架C上的熔断器53	–	–	–
F53*2		30A	J9-可加热式后窗玻璃继电器	30
注	编号F1、F2、F3、F4、F11、F13、F16、F20、F21、F22、F28、F29、F30、F36、F37、F38、F44、F46、F48、F50、F51、F52的熔断器未使用 *1：仅用于高尔夫A7轿车 *2：仅用于高尔夫嘉旅轿车 *3：依车辆装备而定			

2. 继电器

高尔夫A7/嘉旅轿车继电器支架分布如图1-35所示。

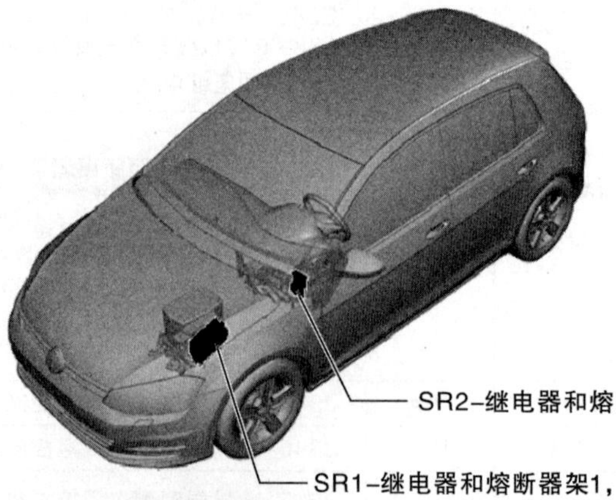

图1-35 高尔夫A7/嘉旅轿车继电器支架分布图

（1）发动机舱内电控箱上的继电器

高尔夫A7/嘉旅轿车发动机舱内电控箱上的继电器分布如图1-36所示。

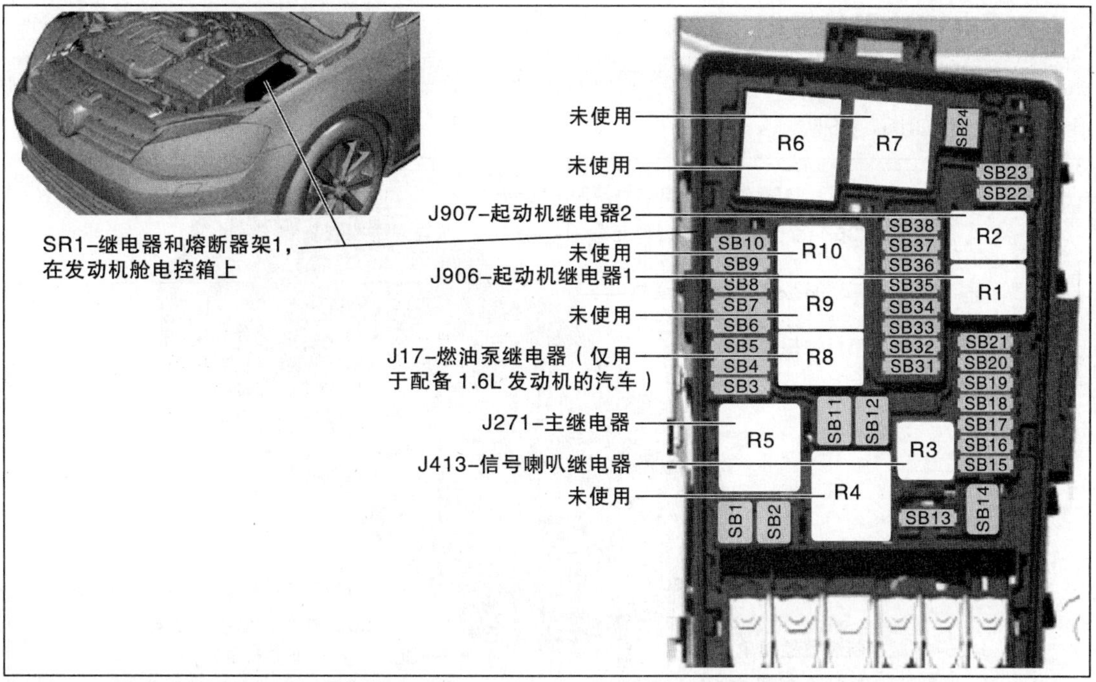

图1-36 高尔夫A7/嘉旅轿车发动机舱内电控箱上的继电器分布图

（2）左侧仪表板下的继电器

高尔夫A7/嘉旅轿车左侧仪表板下的继电器分布如图1-37所示。

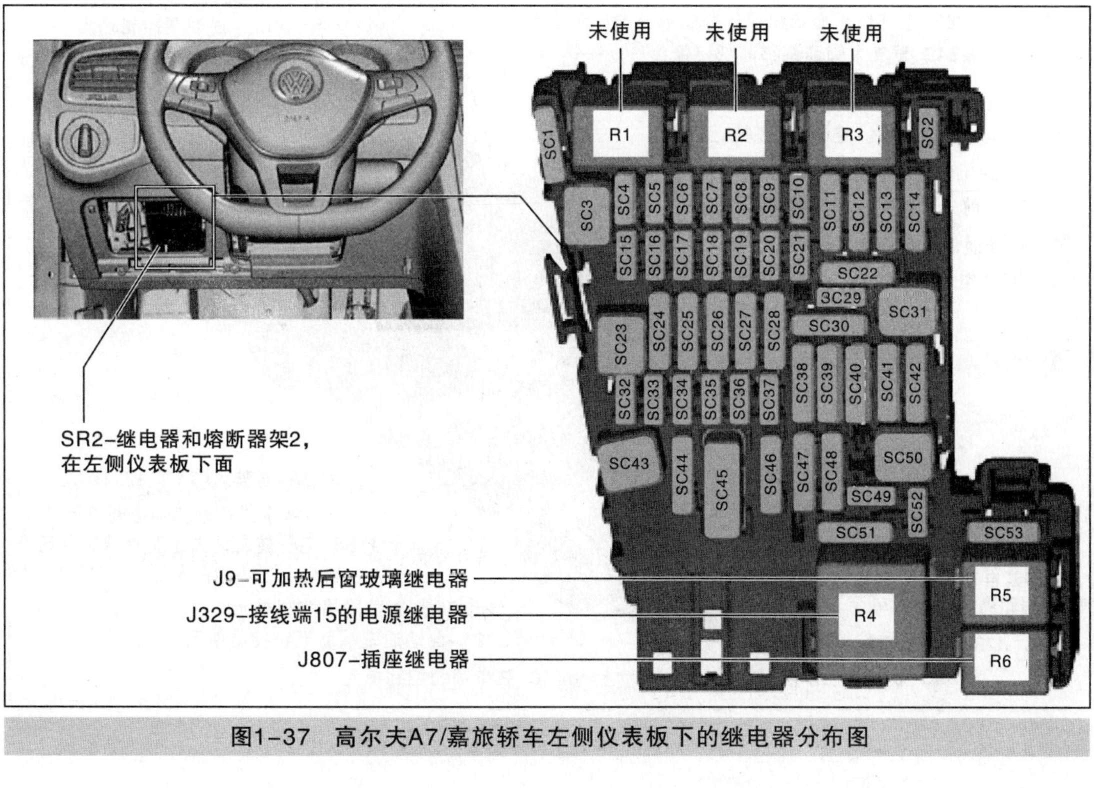

图1-37 高尔夫A7/嘉旅轿车左侧仪表板下的继电器分布图

3. 电控单元位置图

高尔夫A7/嘉旅轿车前部的控制单元位置分布如图1-38所示，高尔夫A7轿车中部的控制单元位置分布如图1-39所示。

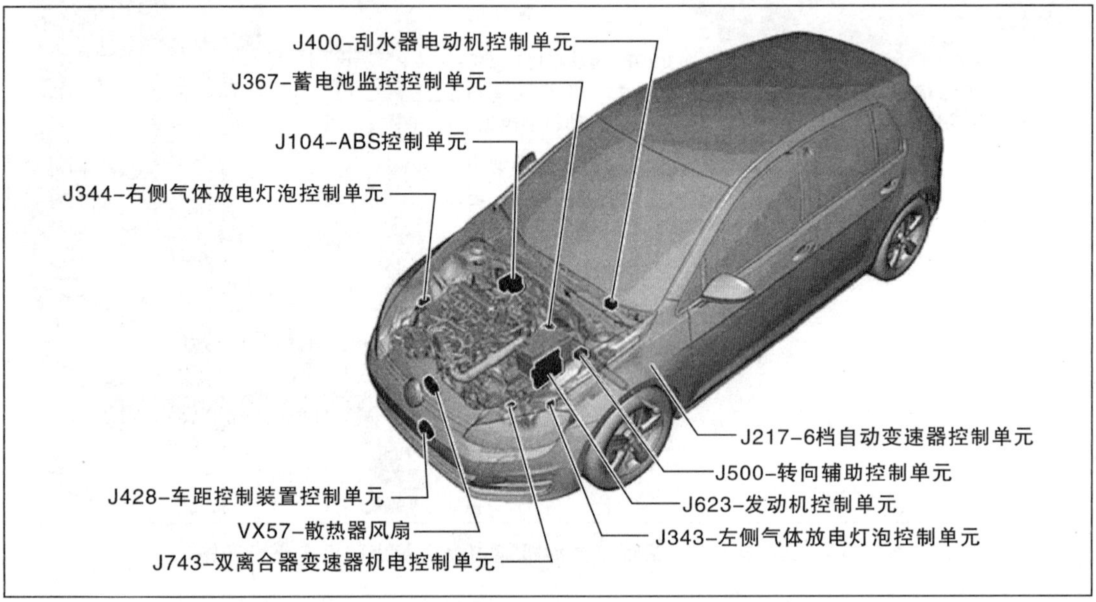

图1-38 高尔夫A7/嘉旅轿车前部的控制单元位置分布图

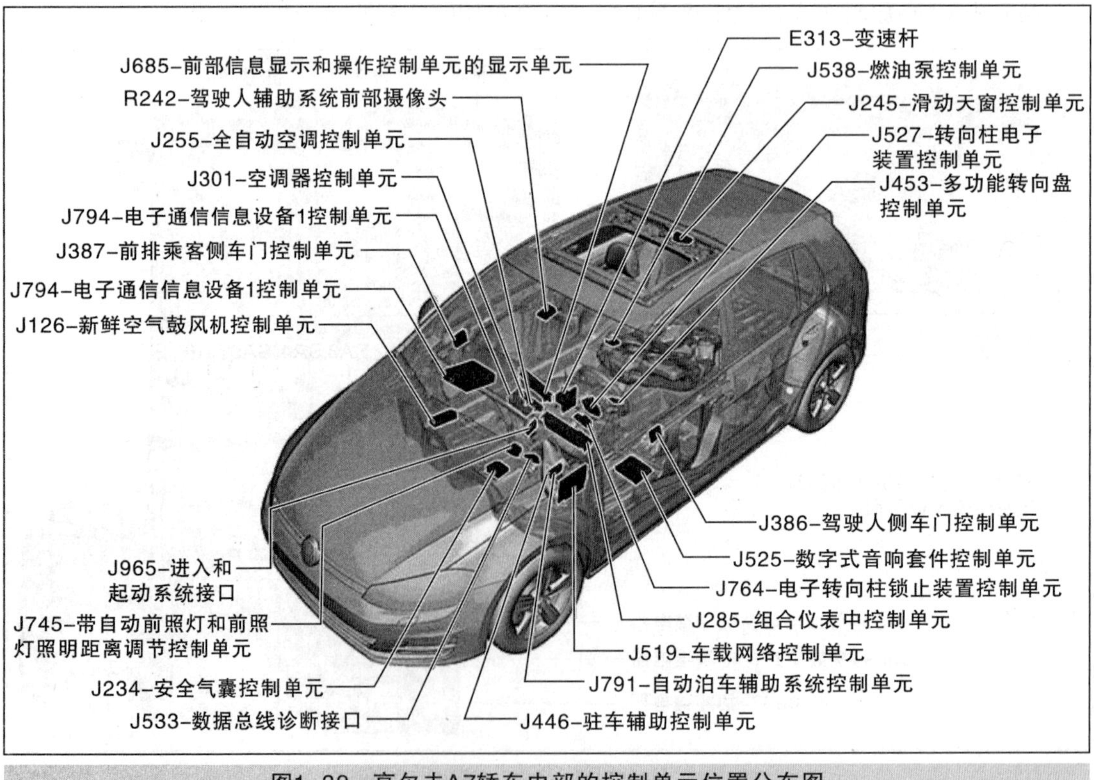

图1-39 高尔夫A7轿车中部的控制单元位置分布图

第二节 上海大众车系

一、新朗逸（2015～2017年款）

1. 熔断器

（1）熔断器分布

新朗逸轿车熔断器位置分布如图1-40所示。

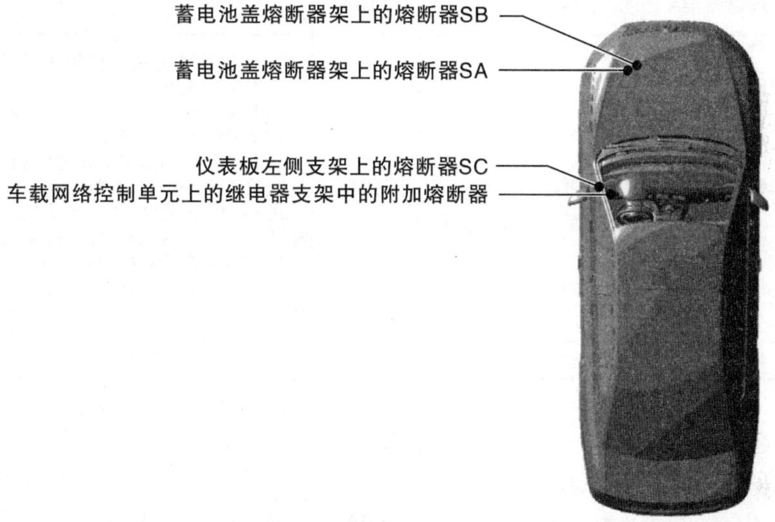

图1-40 新朗逸轿车熔断器位置分布图

（2）熔断器SA

新朗逸轿车蓄电池盖上的熔断器SA在发动机舱内左侧，其分布如图1-41所示，熔断器SA相关说明见表1-23。

熔断器颜色	
40A	橙色
30A	绿色
25A	自然色（白色）
20A	黄色
15A	蓝色
10A	红色
7.5A	棕色
5A	淡棕色
3A	紫色

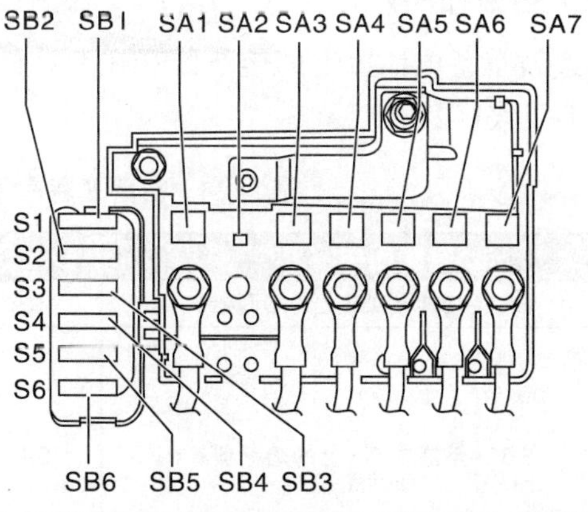

图1-41 新朗逸轿车蓄电池盖上的熔断器SA分布图

表1-23　新朗逸轿车熔断器SA说明表

编号	电路图中名称	额定值	保护的电路/部件	端子
1	SA1-蓄电池上面熔断器架上的熔断器1	150A	C-交流发电机（仅用于发动机编号字母为CPJA的汽车）	30
		175A	C-交流发电机（仅用于发动机编号字母为CFBA的汽车/仅用于发动机编号字母为CSRA的汽车/仅用于发动机编号字母为CSTA的汽车/仅用于1.2L发动机汽车/仅用于双燃料发动机汽车）	
2	未使用	–	–	–
3	SA3-熔断器架A上的熔断器3	110A	仪表板左侧熔断器盒内30号线供电熔断器	30
4	SA4-熔断器架A上的熔断器4	80A	D-点火起动开关（仅用于不装备进入及起动许可的汽车） J329-端子15供电继电器（仅用于装备进入及起动许可的汽车） J329-端子15供电继电器（仅用于装备自动起停系统的汽车/截至2015年3月） J681-供电继电器2，端子15（仅用于装备进入及起动许可的汽车/截至2015年3月） J694-端子75x供电继电器 J906-起动机继电器1（仅用于装备自动起停系统的汽车/自2015年3月起）	30
5	SA5-熔断器架A上的熔断器5	40A	J104-ABS控制单元	30
6	SA6-熔断器架A上的熔断器6	40A	J293-散热器风扇控制单元（仅用于发动机编号字母为CPJA的汽车）	30
		50A	J293-散热器风扇控制单元（仅用于发动机编号字母为CFBA的汽车/仅用于发动机编号字母为CSRA的汽车/仅用于发动机编号字母为CSTA的汽车/仅用于1.2L发动机汽车/仅用于双燃料发动机汽车）	30
7	SA7-熔断器架A上的熔断器7	60A	J500-转向辅助控制单元（自2013年4月起）	30

（2）熔断器SB

新朗逸轿车蓄电池盖上的熔断器SB在发动机舱内左侧，其分布参考图1-41所示，熔断器相关说明见表1-24。

表1-24　新朗逸轿车熔断器SB说明表

编号	电路图中名称	额定值	保护的电路/部件	端子
S1	SB1-熔断器架B上的熔断器1	30A	J271-主继电器	30
S2	SB2-熔断器架B上的熔断器2	5A	J220-Motronic控制单元（仅用于发动机编号字母为CPJA的汽车） J623-发动机控制单元（仅用于发动机编号字母为CFBA的汽车/仅用于发动机编号字母为CSRA的汽车/仅用于发动机编号字母为CSTA的汽车/截至2015年3月/仅用于双燃料发动机汽车）	30

表1-24 新朗逸轿车熔断器SB说明表 （续）

编号	电路图中名称	额定值	保护的电路/部件	端子
S2	SB2-熔断器架B上的熔断器2	10A	J623-发动机控制单元（仅用于发动机编号字母为CSRA的汽车/仅用于发动机编号字母为CSTA的汽车/仅用于1.2L发动机汽车/自2015年3月起）	30
S3	SB3-熔断器架B上的熔断器3	5A	F189-Tiptronic开关（仅用于自动变速器汽车/自2013年4月起/截至2015年3月） J217-自动变速器控制单元（仅用于自动变速器汽车/截至2015年3月）	30
		30A	F189-Tiptronic开关（仅用于自动变速器汽车/自2015年3月起） J217-自动变速器控制单元（仅用于自动变速器汽车/自2015年3月起）	
		30A	J743-双离合器变速器机电装置（仅用于装备双离合器变速器0AM的汽车）	
S4	SB4-熔断器架B上的熔断器4	7.5A	J367-蓄电池监控控制单元（仅用于装备自动起停系统的汽车/截至2015年3月）	30
		10A	J764-电子转向助力控制单元（仅用于装备进入及起动许可的汽车/自2013年4月起/截至2015年3月） J935-转换器盒（仅用于装备进入及起动许可的汽车/自2013年4月起/截至2015年3月）	
		25A	J764-电子转向助力控制单元（仅用于装备进入及起动许可的汽车/截至2013年4月） J935-转换器盒（仅用于装备进入及起动许可的汽车/截至2013年4月）	
		30A	J104-ABS控制单元（自2015年3月起）	
S5	SB5-熔断器架B上的熔断器5	10A	J519-车载网络控制单元（自2015年3月起） J367-蓄电池监控控制单元（仅用于装备自动起停系统的汽车/自2015年3月起）	30
		5A	J519-车载网络控制单元（截至2015年3月）	
S6	SB6-熔断器架B上的熔断器6	15A	J743-双离合器变速器机电装置（仅用于装备双离合器变速器0AM的汽车/截至2013年4月）	30
		30A	J743-双离合器变速器机电装置（仅适用于装备双离合器变速器0AM的汽车/自2013年4月起）	

（4）熔断器SC

新朗逸轿车熔断器SC在仪表板左侧，其分布如图1-42所示，相关说明见表1-25。

熔断器颜色	
40A	橙色
30A	绿色
25A	自然色（白色）
20A	黄色
15A	蓝色
10A	红色
7.5A	棕色
5A	淡棕色
3A	紫色

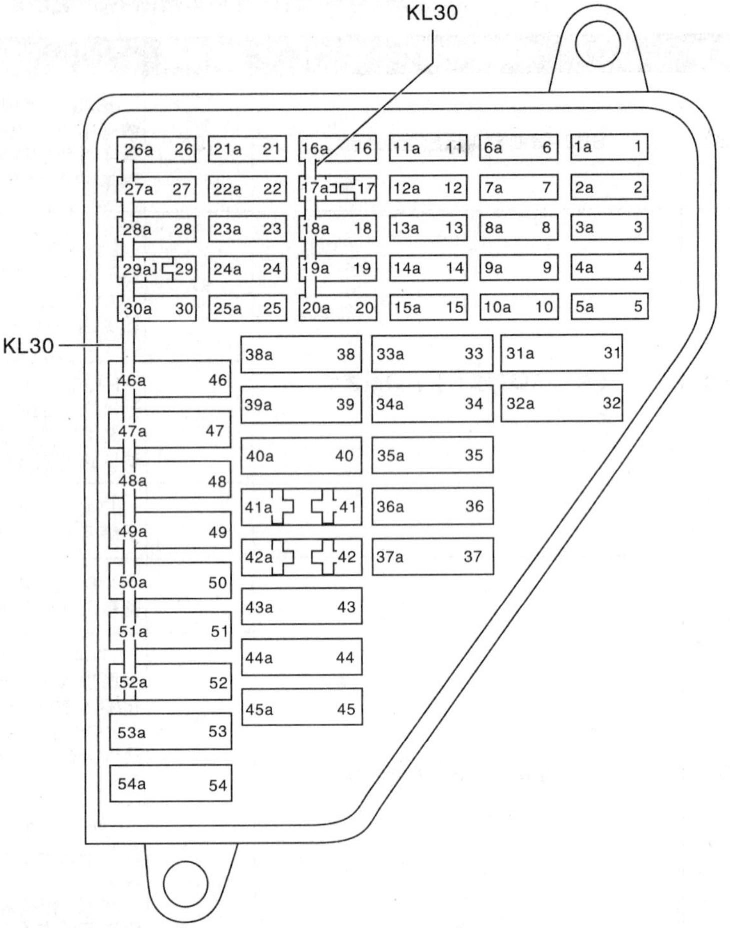

图1-42　新朗逸轿车熔断器SC位置分布图

表1-25　新朗逸轿车熔断器SC说明表

编号	电路图中名称	额定值	保护的电路/部件	端子
1	SC154-熔断器架C上的熔断器1	5A	M1-左侧停车灯灯泡（仅用于不带回家模式的汽车） M21-左侧制动信号灯和尾灯灯泡（尾灯）（仅用于不带回家模式的汽车） M49-左侧尾灯灯泡2（仅用于不带回家模式的汽车）	58L
		20A	J519-车载网络控制单元（仅用于带回家模式的汽车）	30a
2	SC2-熔断器架C上的熔断器2	5A	M3-右侧停车灯灯泡（仅用于不带回家模式的汽车） M22-右侧制动信号灯和尾灯灯泡（尾灯）（仅用于不带回家模式的汽车） M50-右侧尾灯灯泡2（仅用于不带回家模式的汽车）	58r
			J519-车载网络控制单元（仅用于带回家模式的汽车）	30a

表1-25 新朗逸轿车熔断器SC说明表 （续）

编号	电路图中名称	额定值	保护的电路/部件	端子
3	SC3-熔断器架C上的熔断器3	5A	E40-前左车窗升降器（自2013年4月起） E52-左后车门内的车窗升降器开关（自2013年4月起） E54-右后车门车窗升降器（自2013年4月起） E107-前排乘客侧车门中的车窗升降器开关（自2013年4月起） E132-驱动防滑控制开关（仅用于装备防抱死制动系统的汽车） E233-后盖遥控开锁按钮 E256-ASR和ESP按钮（仅用于装备电控行车稳定系统的汽车） E308-驾驶人侧车内上锁的按钮 E395-燃料选择开关（汽油、天然气）（仅用于双燃料发动机汽车） F189-Tiptronic开关（仅用于自动变速器汽车/仅用于装备双离合器变速器0AM的汽车） J301-空调器控制单元（仅用于手动调节空调器汽车） L42-插座照明灯泡 L53-车窗升降器开关照明灯泡（截至2013年4月） L54-前照灯照明距离调节设置器照明灯泡 L78-后视镜调节开关照明灯泡 L133-左后侧车门内把手照明灯泡（仅用于装备氛围灯的汽车/自2015年3月起） L134-右后侧车门内把手照明灯泡（仅用于装备氛围灯的汽车/自2015年3月起） L146-驾驶人侧车门内把手照明灯泡（仅用于装备氛围灯的汽车/自2015年3月起） L147-前排乘客侧车门内把手照明灯泡（仅用于装备氛围灯的汽车/自2015年3月起） L199-左前车门背景照明灯1（仅用于装备氛围灯的汽车/自2015年3月起） L200-右前车门背景照明灯1（仅用于装备氛围灯的汽车/自2015年3月起） L201-左后车门背景照明灯1（仅用于装备氛围灯的汽车/自2015年3月起） L202-右后车门背景照明灯1（仅用于装备氛围灯的汽车/自2015年3月起） R-收音机（仅用于带有RCN110的汽车/仅用于装备收音机MIB-G入门型的汽车/仅用于装备收音机MIB-G1DIN的汽车） W9-左侧脚部空间照明灯（仅用于装备氛围灯的汽车/自2015年3月起） W10-右侧脚部空间照明灯（仅用于装备氛围灯的汽车/自2015年3月起） X4-左侧牌照灯（仅用于不带回家模式的汽车） X5-右侧牌照灯（仅用于不带回家模式的汽车）	58
4	SC4-熔断器架C上的熔断器4	10A	M29-左侧近光灯灯泡（仅用于不带回家模式的汽车） V48-左侧前照灯照明距离调节伺服电动机（截至2015年3月）	56b
5	SC5-熔断器架C上的熔断器5	10A	M31-右侧近光灯灯泡（仅用于不带回家模式的汽车） V49-右侧前照灯照明距离调节伺服电动机（截至2015年3月）	56b

表1-25　新朗逸轿车熔断器SC说明表　（续）

编号	电路图中名称	额定值	保护的电路/部件	端子
6	SC6–熔断器架C上的熔断器6	10A	M30–左侧远光灯灯泡（截至2013年4月）	56a
		15A	M30–左侧远光灯灯泡（自2013年4月起/仅用于不带回家模式的汽车） M32–右侧远光灯灯泡（自2013年4月起/仅用于不带回家模式的汽车）	
7	SC7–熔断器架C上的熔断器7	5A	R–收音机（仅适用于装备有收音机MIB–G入门型的汽车/自2013年4月起）	15a
		15A	E4–手动防眩目功能和远光灯瞬时接通功能开关（仅用于带回家模式的汽车/自2015年3月起）	
		10A	M32–右侧远光灯灯泡（截至2013年4月）	56a
8	SC8–熔断器架C上的熔断器8	15A	L22–左侧前雾灯灯泡（截至2015年3月） L23–右侧前雾灯灯泡（截至2015年3月） L46–左侧后雾灯灯泡（截至2015年3月） L47–右侧后雾灯灯泡（自2013年4月起/截至2015年3月/运动型车尾）	75
		10A	L22–左侧前雾灯灯泡（自2015年3月起） L23–右侧前雾灯灯泡（自2015年3月起） L46–左侧后雾灯灯泡（自2015年3月起）	
9	SC9–熔断器架C上的熔断器9	15A	F4–倒车灯开关（仅适用于手动变速器汽车/仅用于发动机编号字母为CPJA的汽车/仅用于发动机编号字母为CFBA的汽车） M16–左侧倒车灯灯泡 M17–右侧倒车灯灯泡	75（截至2013年4月） 30a（自2013年4月起）
		15A	J908–天然气关闭阀继电器（仅用于双燃料发动机汽车） N364–气压调节器断流阀1（仅用于双燃料发动机汽车） N372–天然气运行模式的高压阀（仅用于双燃料发动机汽车）	87
10	SC10–熔断器架C上的熔断器10	5A	J519–车载网络控制单元 R–收音机（仅用于装备RCN110的车辆/仅用于装备有收音机MIB–G入门型的汽车）	S
11	SC11–熔断器架C上的熔断器11	5A	U31–诊断接口（截至2015年3月）	15a
12	SC12–熔断器架C上的熔断器12	7.5A	J3–停车灯继电器（仅用于不装备进入及起动许可的汽车/截至2015年3月）	P
			J3–停车灯继电器（仅用于装备进入及起动许可的汽车/截至2015年3月）	30a
		10A	J3–停车灯继电器（仅用于不装备进入及起动许可的汽车/自2015年3月起）	p
			J3–停车灯继电器（仅用于装备进入及起动许可的汽车/自2015年3月起）	30a
13	SC13–熔断器架C上的熔断器13	5A	E43–后视镜调节开关 J351–后视镜内折功能控制单元（仅用于装备后视镜折叠机构的汽车）	75

表1-25 新朗逸轿车熔断器SC说明表 （续）

编号	电路图中名称	额定值	保护的电路/部件	端子
14	SC14-熔断器架C上的熔断器14	5A	J446-驻车辅助控制单元（截至2015年3月） Y7-自动防眩目车内后视镜（仅用于装备自动防眩目车内后视镜的汽车/截至2015年3月）	15a
		10A	E1-车灯开关（仅用于带回家模式的汽车/自2015年3月起） E45-定速巡航装置开关（仅用于装备定速巡航装置GRA的汽车/自2015年3月起） J255-全自动空调控制单元（仅用于装备全自动空调的汽车/自2015年3月起） J301-空调器控制单元（仅用于手动调节空调器汽车/自2015年3月起） J446-驻车辅助控制单元（自2015年3月起） R-收音机（仅用于装备收音机MIB-G入门型的汽车/自2015年3月起） U31-诊断接口（自 2015 年 3 月起） Y7-自动防眩目车内后视镜（仅用于装备自动防眩目车内后视镜的汽车（自2015年3月起） G41-出租车计价器（仅用于带全国性出租车装备的汽车）	
		15A	G41-出租车计价器（仅用于带上海出租车装备的汽车）	15a
15	SC15-熔断器架C上的熔断器15	5A	G85-转向角传感器（仅用于不装备进入及起动许可的汽车/截至2015年3月） J527-转向柱电子装置控制单元（自2013年4月起/截至2015年3月）	30a
			G85-转向角传感器（仅用于装备进入及起动许可的汽车/截至2015年3月） J453-多功能转向盘控制单元（仅用于装备多功能转向盘的车辆/截至2015年3月）	
		10A	E102-前照灯照明距离调节（自2015年3月起） F4-倒车灯开关（仅用于手动变速器汽车/自2015年3月起） J532-稳压器（仅用于装备自动起停系统的汽车/自2015年3月起） V48-左侧前照灯照明距离调节伺服电动机（自2015年3月起） V49-右侧前照灯照明距离调节伺服电动机（自2015年3月起）	15a
16	SC16-熔断器架C上的熔断器16	7.5A	J519-车载网络控制单元（截至2015年3月）	30a
		10A	J519-车载网络控制单元（自2015年3月起）	
17	SC17-熔断器架C上的熔断器17	5A	F189-Tiptronic开关（仅用于自动变速器汽车/仅用于装备双离合器变速器0AM的汽车/截至2013年4月） F189-Tiptronic开关（仅用于装备双离合器变速器0AM的汽车/自2013年4月起） J518-进入及起动许可控制单元（仅用于装备进入及起动许可的汽车/自2013年4月起） N376-点火钥匙拔出锁止电磁铁（仅用于装备自动变速器汽车/仅用于装备双离合器变速器0AM的汽车）	30a
18	SC18-熔断器架C上的熔断器18	10A	W1-前部车内照明灯 W13-前排乘客侧阅读灯 W18-左侧行李箱照明灯 W19-驾驶人侧阅读灯 W44-中间后部阅读灯	30a

表1-25　新朗逸轿车熔断器SC说明表　　（续）

编号	电路图中名称	额定值	保护的电路/部件	端子
19	SC19–熔断器架C上的熔断器19	7.5A	G397–雨水与光线识别传感器 R189–倒车摄像头（仅用于装备收音机–导航系统RNS315的车辆/自2013年4月起） Z4–驾驶人侧可加热车外后视镜 Z5–前排乘客侧可加热式车外后视镜	30a
		10A	E1–车灯开关（仅用于带回家模式的汽车/自2015年3月起） G397–雨水与光线识别传感器 J527–转向柱电子装置控制单元（仅用于装备多功能转向盘的汽车/自2015年3月起） R189–倒车摄像头（仅用于装备收音机导航系统RNS315的汽车） U31–诊断接口（自2015年3月起） Z4–驾驶人侧可加热车外后视镜 Z5–前排乘客侧可加热式车外后视镜	
20	SC20–熔断器架C上的熔断器20	5A	J255–全自动空调控制单元（仅用于装备全自动空调的汽车） J453–多功能转向盘控制单元（仅适用于装备多功能转向盘的车辆/截至2013年4月）	30a
21	SC21–熔断器架C上的熔断器21	5A	J285–仪表板控制单元	15a
22	SC22–熔断器架C上的熔断器22	5A	F36–离合器踏板开关（仅用于手动变速器的汽车/仅用于发动机编号字母为CPJA的汽车/仅用于发动机编号字母为CFBA的汽车） G476–离合器位置传感器（仅用于手动变速器的汽车/自2013年4月起） J17–燃油泵继电器（仅用于1.6L发动机汽车/仅用于双燃料发动机汽车） J220–Motronic控制单元（仅用于发动机编号字母为CPJA的汽车） J538–燃油泵控制单元（仅用于1.4L发动机汽车/仅用于1.2L发动机汽车） J623–发动机控制单元（仅用于1.4L发动机汽车/仅用于1.2L发动机汽车/仅用于双燃料发动机汽车）	15a
23	SC23–熔断器架C上的熔断器23	10A	E45–定速巡航装置开关（仅用于装备定速巡航装置GRA的汽车/自2013年7月起/仅用于发动机编号字母为CSTA的汽车/截至2015年3月） E132–驱动防滑控制开关（仅用于装备防抱死制动系统的汽车） E256–ASR和ESP按钮（仅用于装备电控行车稳定系统的汽车） E492–轮胎监控显示按钮（仅用于装备电控行车稳定系统的汽车） E693–起动/停止模式按钮（仅用于装备自动起停系统的汽车） F–制动信号灯开关（截至2015年3月） G85–转向角传感器（仅用于装备电控行车稳定系统的汽车/截至2015年3月） J104–ABS控制单元	15a
24	SC24–熔断器架C上的熔断器24	5A	J234–安全气囊控制单元（截至2015年3月）	15a
		10A	J234–安全气囊控制单元（自2015年3月起）	

表1-25　新朗逸轿车熔断器SC说明表　（续）

编号	电路图中名称	额定值	保护的电路/部件	端子
25	SC25-熔断器架C上的熔断器25	5A	J285-仪表板控制单元（自2015年3月起）	30a
		10A	J255-全自动空调控制单元（仅用于全自动空调汽车/截至2015年3月） J301-空调器控制单元（仅用于手动调节空调器汽车/截至2015年3月）	15a
26	SC26-熔断器架C上的熔断器26	5A	J285-仪表板控制单元（仅用于不装备发动机自动起停系统的汽车/截至2015年3月）	15a
		10A	J764-电子转向柱锁止装置控制单元（仅用于装备进入及起动许可的汽车/自2015年3月起） J935-转换器盒（仅用于装备进入及起动许可的汽车/自2015年3月起）	30a
		20A	J519-车载网络控制单元（仅用于装备自动起停系统的汽车/截至2015年3月）	
27	SC27-熔断器架C上的熔断器27	5A	U31-诊断接口（截至2015年3月）	30a
28	SC28-熔断器架C上的熔断器28	15A	J17-燃油泵继电器（仅用于发动机编号字母为CPJA的汽车/仅用于发动机编号字母为CSRA的汽车/仅用于双燃料发动机汽车） J538-燃油泵控制单元（仅用于发动机编号字母为CFBA的汽车/仅适用于发动机编号字母为CSTA的汽车/仅用于1.2L发动机汽车）	30a
29	SC29-熔断器架C上的熔断器29	10A	J496-冷却液辅助泵继电器（仅用于带发动机编号字母为CFBA的汽车）	30a
		15A	E1-车灯开关（自2013年4月起/仅用于不带回家模式的汽车） E4-手动防眩目功能和远光灯瞬时接通功能开关（自2013年4月起）	
30	SC30-熔断器架C上的熔断器30	10A	N25-空调器电磁离合器（截至2015年3月）	30a
		15A	N25-空调器电磁离合器（自2015年3月起）	
31	SC31-熔断器架C上的熔断器31	30A	M29-左侧近光灯灯泡（仅用于不带回家模式的汽车） M30-左侧远光灯灯泡（仅用于不带回家模式的汽车） M31-右侧近光灯灯泡（仅用于不带回家模式的汽车） M32-右侧远光灯灯泡（仅用于不带回家模式的汽车）	75
32	SC32-熔断器架C上的熔断器32	7.5A	V5-车窗玻璃清洗泵（自2013年4月起/截至2015年3月）	53c
		10A	V5-车窗玻璃清洗泵（自2015年3月起）	
		15A	E1-车灯开关（截至2013年4月） E4-手动防眩目功能和远光灯瞬时接通功能开关（截至2013年4月）	30a
33	SC33-熔断器架C上的熔断器33	10A	U1-点烟器（截至2015年3月）	75
		15A	U1-点烟器（自2015年3月起）	
34	SC34-熔断器架C上的熔断器34	5A	R-收音机（仅用于带有RCN110的汽车）	15a
		10A	J1065-出租车车顶标志继电器（仅用于带上海出租车装备的汽车） L36-出租车车顶标志灯泡（仅用于带全国性出租车装备的汽车）	58

表1-25　新朗逸车熔断器SC说明表　（续）

编号	电路图中名称	额定值	保护的电路/部件	端子
34	SC34-熔断器架C上的熔断器34	20A	J503-收音机及导航系统带显示单元的控制单元（仅用于装备收音机导航系统RNS315的汽车/仅用于装备自动起停系统的汽车/自2015年3月起） R-收音机（仅用于装备有收音机MIB-G入门型的汽车/仅用于装备有收音机MIB-G标准型的汽车/仅用于装备自动起停系统的汽车/自2015年3月起/仅用于装备有收音机MIB-G第2代标准型增强版的汽车）	15a
		40A	J682-供电继电器，总线端50（仅用于装备进入及起动许可的汽车/自2013年4月起/截至2015年3月）	
35	SC35-熔断器架C上的熔断器35	20A	J386-驾驶人侧车门控制单元（截至2015年3月）	30a
		30A	J386-驾驶人侧车门控制单元（自2015年3月起） J388-左后车门控制单元（自2015年3月起）	
36	SC36-熔断器架C上的熔断器36	20A	J387-前排乘客侧车门控制单元（截至2015年3月）	30a
		30A	J387-前排乘客侧车门控制单元（自2015年3月起） J389-右后车门控制单元（自2015年3月起）	
37	SC37-熔断器架C上的熔断器37	20A	J245-滑动天窗控制单元（仅用于装备折叠式滑动天窗的汽车） J518-进入及起动许可控制单元（仅用于带进入及起动许可的汽车/截至2013年4月） J1066-出租车车顶标志（仅用于带上海出租车装备的汽车） 防盗报警器插座（仅用于带出租车装备的汽车） GPS终端（仅用于带出租车装备的汽车）	30a
38	SC38-熔断器架C上的熔断器38	30A	E9-新鲜空气鼓风机开关（仅用于手动调节空调器汽车） J255-全自动空调控制单元（仅用于全自动空调汽车） J301-空调器控制单元（仅用于手动调节空调器汽车） V2-新鲜空气鼓风机（仅用于全自动空调汽车）	75
39	SC39-熔断器架C上的熔断器39	20A	J774-可加热前排座椅控制单元（仅用于装备座椅加热的汽车/截至2013年4月）	30a
		30A	J774-可加热前座椅控制单元（仅用于装备座椅加热的汽车/自2013年4月起）	
		20A	J519-车载网络控制单元（仅用于装备自动起停系统的汽车/截至2015年3月）	
		15A	J1065-出租车车顶标志（仅用于带出租车装备的汽车）	
40	SC40-熔断器架C上的熔断器40	7.5A	E38-车窗玻璃刮水器间歇运行调节器（截至2013年4月）	15a
		10A	E38-车窗玻璃刮水器间歇运行调节器（自2013年4月起）	

表1-25 新朗逸轿车熔断器SC说明表 （续）

编号	电路图中名称	额定值	保护的电路/部件	端子
41	SC41-熔断器架C上的熔断器41	15A	F4-倒车灯开关（仅用于手动变速器汽车/自2013年4月起/截至2015年3月）	15a
		7.5A	J532-稳压器（仅用于装备自动起停系统的汽车/截至2015年3月） J906-起动机继电器1（仅用于装备自动起停系统的汽车/截至2015年3月） J907-起动机继电器2（仅用于装备自动起停系统的汽车/截至2015年3月）	
		10A	J906-起动机继电器1（仅用于装备自动起停系统的汽车/自2015年3月起） J907-起动机继电器2（仅用于装备自动起停系统的汽车/自2015年3月起）	
42	SC42-熔断器架C上的熔断器42	20A	J104-ABS控制单元（仅用于装备电控行车稳定系统的汽车/截至2015年3月）	30a
		10A	E138-出租车标志开关（仅用于带出租车装备的汽车） G41-出租车计价器（仅用于带出租车装备的汽车） L74-出租车标志开关照明灯泡（仅用于带上海出租车装备的汽车）	
43	SC43-熔断器架C上的熔断器43	15A	N75-增压压力限制电磁阀（仅用于发动机编号字母为CFBA的汽车） N80-炭罐电磁阀1（仅用于发动机编号字母为CPJA的汽车/仅用于发动机编号字母为CFBA的汽车） N80-炭罐电磁阀1（仅用于发动机编号字母为CSRA的汽车/截至2015年3月） N80-炭罐电磁阀1（仅用于双燃料发动机汽车） N205-凸轮轴调节阀1（仅用于发动机编号字母为CFBA的汽车） N205-凸轮轴调节阀1（仅用于发动机编号字母为CSRA的汽车/截至2015年3月） N205-凸轮轴调节阀1（仅用于双燃料发动机汽车） N249-涡轮增压器循环空气阀（仅用于发动机编号字母为CFBA的汽车） N276-燃油压力调节阀（仅用于发动机编号字母为CFBA的汽车） Z19-氧传感器加热 Z29-尾气催化转化器后的氧传感器1加热装置	87
44	SC44-熔断器架C上的熔断器44	5A	E45-定速巡航装置开关（仅用于装备定速巡航装置GRA的汽车/截至2013年4月） G65-高压传感器（截至2013年4月） J32-空调器继电器（截至2013年4月） J293-散热器风扇控制单元（截至2013年4月） J496-冷却液辅助泵继电器（仅用于发动机编号字母为CFBA的汽车/截至2013年4月） V50-冷却液循环泵（仅用于发动机编号字母为CSTA的汽车/截至2013年4月）	87

表1-25　新朗逸轿车熔断器SC说明表　（续）

编号	电路图中名称	额定值	保护的电路/部件	端子
44	SC44–熔断器架C上的熔断器44	7.5A	E45–定速巡航装置开关（仅用于装备定速巡航装置GRA的汽车/自2013年4月起/截至2015年3月） G65–高压传感器（自2013年4月起/截至2015年3月） J32–空调器继电器（自2013年4月起/截至2015年3月） J293–散热器风扇控制单元（自2013年4月起/截至2015年3月） V50–冷却液循环泵（仅用于发动机编号字母为CSTA的汽车/自2013年4月起/截至2015年3月）	87
		10A	F–制动信号灯开关（自2015年3月起） G65–高压传感器（自2015年3月起） J32–空调器继电器（自2015年3月起） J293–散热器风扇控制单元（自2015年3月起） V50–冷却液循环泵（仅用于发动机编号字母为CSTA的汽车/仅用于1.2L发动机汽车/自2015年3月起）	
45	SC45–熔断器架C上的熔断器45	5A	F189–Tiptronic开关（仅用于装备双离合器变速器0AM的汽车/截至2015年3月） J743–双离合器变速器机电装置（仅用于装备双离合器变速器0AM的汽车/截至2015年3月）	15a
		10A	F125–多功能开关（仅用于自动变速器的汽车/自2015年3月起） F189–Tiptronic开关（仅用于自动变速器的汽车/仅用于装备双离合器变速器0AM的汽车/自2015年3月起） J217–自动变速器控制单元（仅用于自动变速器汽车/自2015年3月起） J743–双离合器变速器机电装置（仅用于装备双离合器变速器0AM的汽车/自2015年3月起）	
		15A	F125–多功能开关（仅用于自动变速器汽车/截至2015年3月） F189–Tiptronic开关（仅用于自动变速器汽车/截至2015年3月） J217–自动变速器控制单元（仅用于自动变速器汽车/截至2015年3月） 防盗报警器插座（仅用于带出租车装备的汽车） GPS终端（仅用于带出租车装备的汽车）	
46	SC46–熔断器架C上的熔断器46	25A	M5–左前转向信号灯灯泡 M6–左后转向信号灯灯泡 M7–右前转向信号灯灯泡 M8–右后转向信号灯灯泡 M9–左侧制动信号灯灯泡（运动型车尾） M10–右侧制动信号灯灯泡（运动型车尾） M21–左侧制动信号灯和尾灯灯泡（制动灯） M22–右侧制动信号灯和尾灯灯泡（制动灯） M25–高位制动信号灯灯泡 L131–驾驶人侧外后视镜警告灯泡 L132–前排乘客侧外后视镜警告灯泡	30a

表1-25 新朗逸轿车熔断器SC说明表 （续）

编号	电路图中名称	额定值	保护的电路/部件	端子
47	SC47-熔断器架C上的熔断器47	25A	J400-刮水器电动机控制单元	30a
48	SC48-熔断器架C上的熔断器48	25A	Z1-可加热式后窗玻璃（截至2015年3月）	30a
		30A	Z1-可加热式后窗玻璃（自2015年3月起）	
49	SC49-熔断器架C上的熔断器49	20A	F220-驾驶人侧中央门锁上锁单元 F221-前排乘客侧中央门锁上锁单元 F222-左后中央门锁上锁单元 F223-右后中央门锁上锁单元 V53-后盖中央门锁电动机 V155-油箱盖锁止装置电动机	30a
50	SC50-熔断器架C上的熔断器50	20A	H7-高音喇叭 H2-低音喇叭	30a
51	SC51-熔断器架C上的熔断器51	20A	J503-收音机及导航系统带显示单元的控制单元（仅用于装备收音机-导航系统RNS315的汽车/仅用于不装备发动机自动起停系统的汽车） R-收音机（仅用于不装备发动机自动起停系统的汽车/仅用于装备收音机MIB-G第2代标准型增强版的汽车） R189-倒车摄像头（仅用于装备收音机-导航系统RNS315的汽车/截至2013年4月）	30a
		30A	J532-稳压器（仅用于装备汽车自动起停系统的汽车）	
52	SC52-熔断器架C上的熔断器52	30A	J388-左后车门控制单元（截至2015年3月） J389-右后车门控制单元（截至2015年3月）	30a
53	SC53-熔断器架C上的熔断器53	10A	N30-气缸1喷油阀（仅用于发动机编号字母为CPJA的汽车/仅用于发动机编号字母为CSRA的汽车/截至2015年3月） N30-气缸1喷油阀（仅用于双燃料发动机汽车） N31-气缸2喷油阀（仅用于发动机编号字母为CPJA的汽车/仅用于发动机编号字母为CSRA的汽车/截至2015年3月） N31-气缸2喷油阀（仅用于双燃料发动机汽车） N32-气缸3喷油阀（仅用于发动机编号字母为CPJA的汽车/仅用于发动机编号字母为CSRA的汽车/截至2015年3月） N32-气缸3喷油阀（仅用于双燃料发动机汽车） N33-气缸4喷油阀（仅用于发动机编号字母为CPJA的汽车/仅用于发动机编号字母为CSRA的汽车/截至2015年3月） N33-气缸4喷油阀（仅用于双燃料发动机汽车） N80-炭罐电磁阀1（仅用于发动机编号字母为CSTA的汽车/仅用于1.2L发动机汽车） N205-凸轮轴调节阀1（仅用于发动机编号字母为CSTA的汽车/仅用于1.2L发动机的汽车） N318-排气门凸轮轴调节阀1（仅用于发动机编号字母为CSTA的汽车/仅用于1.2L发动机汽车） N366-气体喷射阀1（仅用于双燃料发动机汽车） N367-气体喷射阀2（仅用于双燃料发动机汽车） N368-气体喷射阀3（仅用于双燃料发动机汽车）	87

表1-25 新朗逸轿车熔断器SC说明表 （续）

编号	电路图中名称	额定值	保护的电路/部件	端子
53	SC53-熔断器架C上的熔断器53	10A	N369-气体喷射阀4（仅用于双燃料发动机汽车） N428-机油压力调节阀（仅用于发动机编号字母为CSTA的汽车/仅用于带1.2L发动机汽车）	87
		15A	N30-气缸1喷油阀（仅用于发动机编号字母为CSRA的汽车/自2015年3月起） N31-气缸2喷油阀（仅用于发动机编号字母为CSRA的汽车/自2015年3月起） N32-气缸3喷油阀（仅用于发动机编号字母为CSRA的汽车/自2015年3月起） N33-气缸4喷油阀（仅用于发动机编号字母为CSRA的汽车/自2015年3月起）	
54	SC54-熔断器架C上的熔断器54	15A	N70-带功率输出级的点火线圈1（仅用于发动机编号字母为CPJA的汽车） N127-带功率输出级的点火线圈2（仅用于发动机编号字母为CPJA的汽车） N291-带功率输出级的点火线圈3（仅用于发动机编号字母为CPJA的汽车） N292-带功率输出级的点火线圈4（仅用于发动机编号字母为CPJA的汽车）	87
		25A	N70-带功率输出级的点火线圈1（仅用于发动机编号字母为CFBA的汽车） N127-带功率输出级的点火线圈2（仅用于发动机编号字母为CFBA的汽车） N291-带功率输出级的点火线圈3（仅用于发动机编号字母为CFBA的汽车） N292-带功率输出级的点火线圈4（仅用于发动机编号字母为CFBA的汽车）	
		20A	N70-带功率输出级的点火线圈1（仅用于发动机编号字母为CSRA的汽车/仅用于发动机编号字母为CSTA的汽车/仅用于1.2L发动机汽车/仅用于双燃料发动机汽车） N127-带功率输出级的点火线圈2（仅用于发动机编号字母为CSRA的汽车/仅用于发动机编号字母为CSTA的汽车/仅用于1.2L发动机汽车/仅用于双燃料发动机汽车） N291-带功率输出级的点火线圈3（仅用于发动机编号字母为CSRA的汽车/仅用于发动机编号字母为CSTA的汽车/仅用于1.2L发动机汽车/仅用于双燃料发动机汽车） N292-带功率输出级的点火线圈4（仅用于发动机编号字母为CSRA的汽车/仅用于发动机编号字母为CSTA的汽车/仅用于带1.2L发动机的汽车/仅用于双燃料发动机汽车）	

（5）车载网络控制单元上的继电器支架中的附加熔断器

新朗逸车载网络控制单元上的继电器支架中的附加熔断器分布如图1-43所示，熔断器相关说明见表1-26。

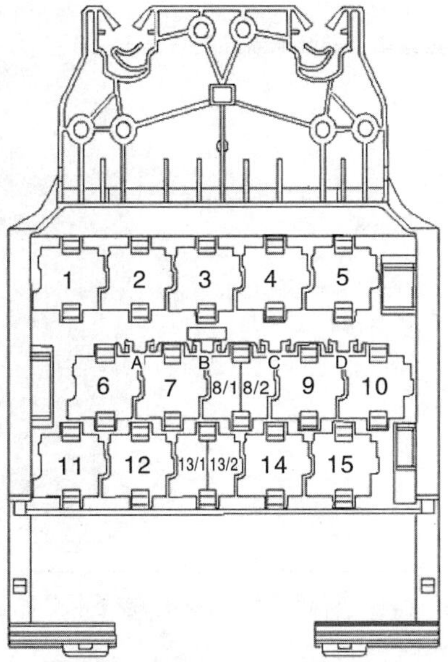

图1-43 新朗逸车载网络控制单元上的继电器支架中的附加熔断器分布图

表1-26 新朗逸车载网络控制单元上的继电器支架中的附加熔断器说明表

编号	电路图中名称	额定值	保护的电路/部件	端子
A	未使用	–	–	–
B	S190–电源熔断器，端子30	5A	J285–仪表板控制单元（仅用于装备自动起停系统的汽车/截至2015年3月）	30a
B	S44–驾驶人座椅调节装置的热敏熔断器1	20A	E96–驾驶人座椅靠背调节开关（仅用于装备驾驶人侧电动座椅调节的汽车/自2015年3月起） E210–驾驶人座椅的后部高度上调按钮（仅用于装备驾驶人侧电动座椅调节的汽车/自2015年3月起） E211–驾驶人座椅的后部高度下调按钮（仅用于装备驾驶人侧电动座椅调节的汽车/自2015年3月起） E212–驾驶人座椅前后位置的前调按钮（仅用于装备驾驶人侧电动座椅调节的汽车/自2015年3月起） E213–驾驶人座椅前后位置的后调按钮（仅用于装备驾驶人侧电动座椅调节的汽车/自2015年3月起）	30a
C	S29–收音机熔断器	30A	J503–收音机及导航系统带显示单元的控制单元（仅用于装备自动起停系统的汽车/仅用于装备收音机–导航系统RNS315的汽车/截至2015年3月） R–收音机（仅用于装备自动起停系统的汽车/截至2015年3月）	30a
D	S211–熔断器1（X）	40A	J680–供电继电器1，端子75	30a

2. 继电器

（1）继电器位置图

新朗逸轿车继电器位置分布如图1-44所示。

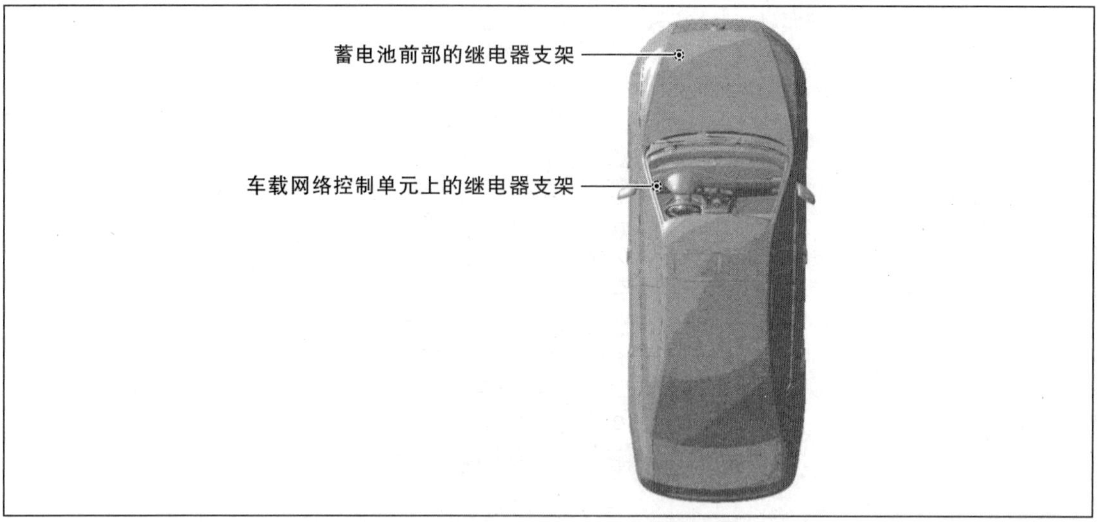

图1-44　新朗逸轿车继电器位置分布图

（2）蓄电池前部的继电器

新朗逸轿车在蓄电池前部的继电器位置分布如图1-45所示（注：仅用于发动机编号字母为CFBA 的汽车）。

图1-45　新朗逸轿车在蓄电池前部的继电器位置分布图

（3）在车载网络控制单元上的继电器

新朗逸轿车车载网络控制单元上的继电器位置分布如图1-46所示。

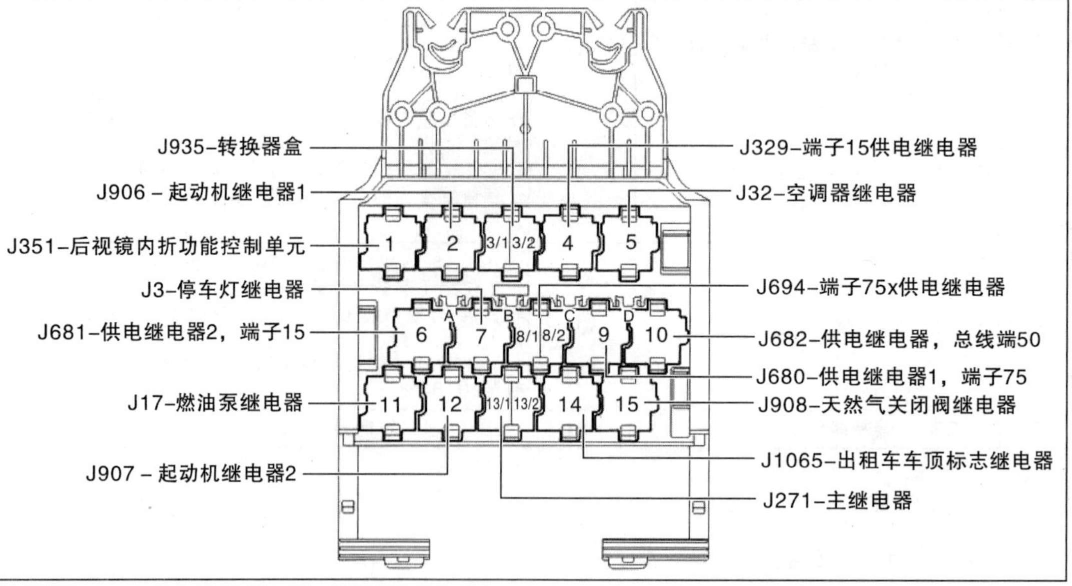

图1-46　新朗逸轿车车载网络控制单元上的继电器位置分布图

3. 电控单元位置图

新朗逸轿车电控单元位置分布如图1-47所示。

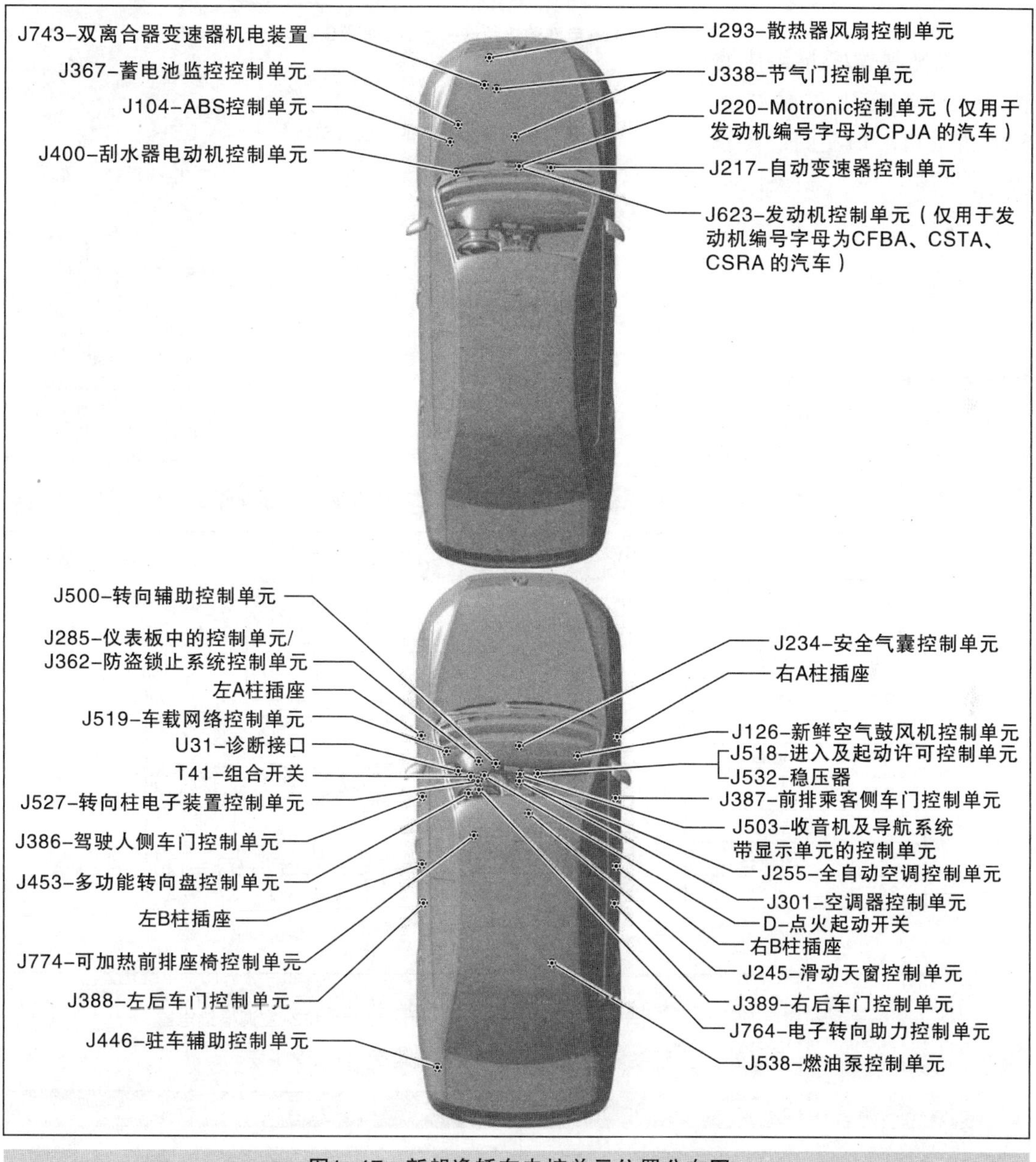

图1-47 新朗逸轿车电控单元位置分布图

二、全新桑塔纳（2013～2016年款）/桑塔纳浩纳（2015～2017年款）

1. 熔断器

（1）熔断器分布

全新桑塔纳/桑塔纳浩纳轿车熔断器位置分布如图1-48所示。

（2）熔断器SA

全新桑塔纳/桑塔纳浩纳轿车蓄电池盖上的熔断器SA在发动机舱内左侧，其分布如图1-49所示，相关说明见表1-27所示。

（3）熔断器SB

全新桑塔纳/桑塔纳浩纳轿车蓄电池盖上的熔断器SB在发动机舱内左侧，其分布参考图1-49，相关说明见表1-28所示。

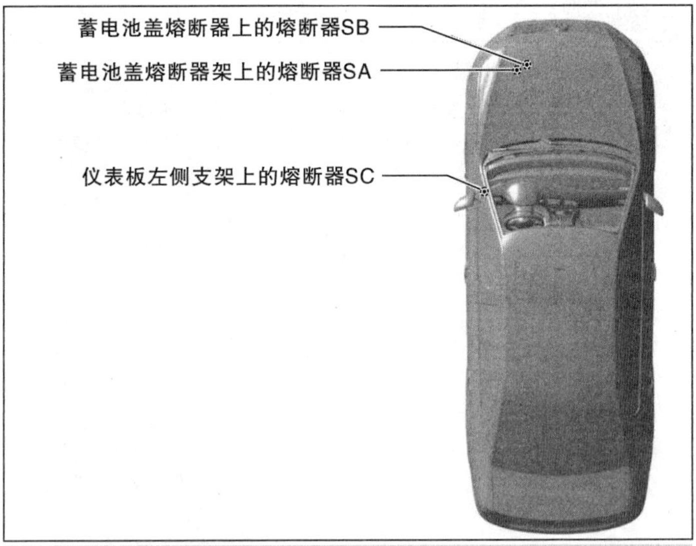

图1-48　全新桑塔纳/桑塔纳浩纳轿车熔断器位置分布图

熔断器颜色	
40A	橙色
30A	绿色
25A	自然色（白色）
20A	黄色
15A	蓝色
10A	红色
7.5A	棕色
5A	淡棕色
3A	紫色

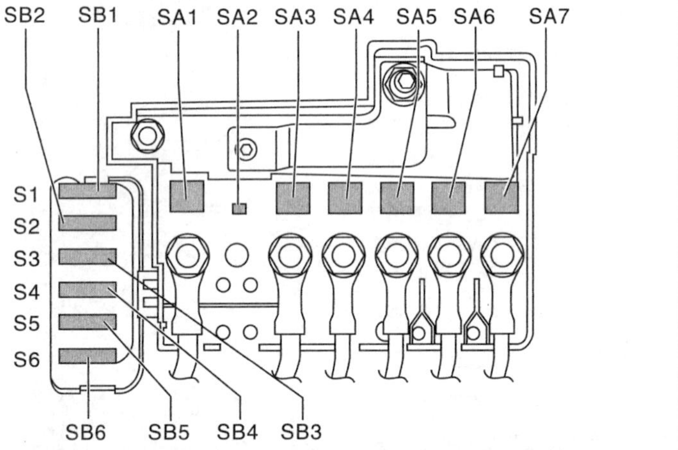

图1-49　全新桑塔纳/桑塔纳浩纳轿车熔断器SA和SB位置分布图

表1-27　全新桑塔纳/桑塔纳浩纳轿车熔断器SA说明表

编号	电路图中名称	额定值	保护的电路/部件	端子
C	SA1-熔断器架A上的熔断器1	150A*1*2	C-交流发电机*1	30a
			C-交流发电机（仅用于1.6L发动机汽车）*2	
		175A*2	C-交流发电机（仅用于发动机编号字母为CSTA的汽车）*2	
D	SA3-熔断器架A上的熔断器3	110A	仪表板左侧熔断器盒内30号线供电熔断器 D-点火起动开关 E1-车灯开关*1 E1-车灯开关（仅用于不带回家模式的汽车）*2 J271-主继电器	30a

表1-27 全新桑塔纳/桑塔纳浩纳轿车熔断器SA说明表 （续）

编号	电路图中名称	额定值	保护的电路/部件	端子
E	SA4-熔断器架A上的熔断器4	50A	J500-转向辅助控制单元	30a
F	SA5-熔断器架A上的熔断器5	40A	J104-ABS控制单元	30a
G	SA6-熔断器架A上的熔断器6	40A	J293-散热器风扇控制单元	30a
H	SA7-熔断器架A上的熔断器7	50A*1	J680-供电继电器1，端子75	30a
		40A*2	J680-供电继电器1，端子75	
注	*1：仅用于全新桑塔纳 *2：仅用于桑塔纳浩纳			

表1-28 全新桑塔纳/桑塔纳浩纳轿车熔断器SB说明表

编号	电路图中名称	额定值	保护的电路/部件	端子
1	SB1-熔断器架B上的熔断器1	30A	J217-自动变速器控制单元（仅用于自动变速器汽车/自2014年1月起） J743-双离合器变速器机电装置（仅用于带双离合器变速器0AM的汽车）	30a
2	SB2-熔断器架B上的熔断器2	15A	J743-双离合器变速器机电装置（仅用于带双离合器变速器0AM的汽车）	30a
3	SB3-熔断器架B上的熔断器3	25A	J694-端子75x供电继电器（仅用于装备座椅加热的汽车）	30a
4	SB4-熔断器架B上的熔断器4	10A	J104-ABS控制单元	30a
5	SB5-熔断器架B上的熔断器5	5A	J519-车载网络控制单元	30a
6	SB6-熔断器架B上的熔断器6	25A	J104-ABS控制单元	30a

（4）熔断器SC

全新桑塔纳/桑塔纳浩纳轿车熔断器SC在仪表板左侧下方，其分布如图1-50所示，全新桑塔纳轿车熔断器SC说明见表1-29。

熔断器颜色	
40A	橙色
30A	绿色
25A	自然色（白色）
20A	黄色
15A	蓝色
10A	红色
7.5A	棕色
5A	淡棕色
3A	紫色

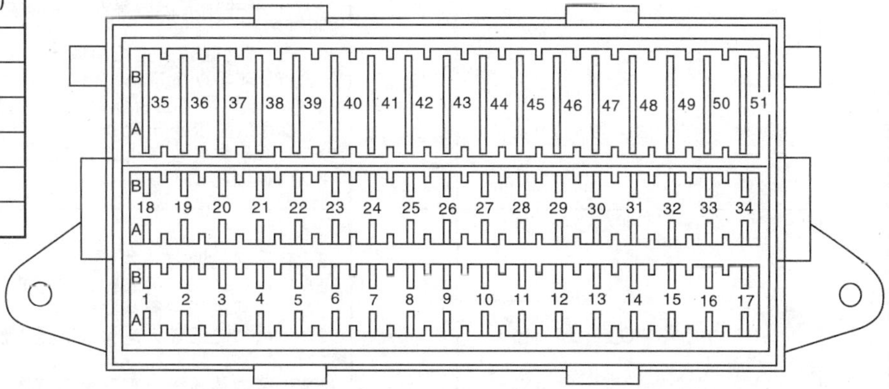

图1-50 全新桑塔纳/桑塔纳浩纳轿车熔断器SC位置分布图

表1-29　全新桑塔纳轿车熔断器SC说明表

编号	电路图中名称	额定值	保护的电路/部件	端子
1	SC1-熔断器架C上的熔断器1	5A	M1-左侧停车灯灯泡 M21-左侧制动信号灯和尾灯灯泡 M49-左侧尾灯灯泡2	58L
2	SC2-熔断器架C上的熔断器2	10A	E38-车窗玻璃刮水器间歇运行调节器 E44-车窗玻璃清洗泵开关（自动刮水/清洗装置和前照灯清洗装置）	15a
3	SC3-熔断器架C上的熔断器3	5A	J220-Motronic控制单元（仅用于1.6L发动机汽车/仅用于1.4L发动机汽车） J623-发动机控制单元（仅用于双燃料发动机汽车/仅用于发动机编号字母为CSTA的汽车） J538-燃油泵控制单元（仅用于发动机编号字母为CSTA的汽车）	15a
4	SC4-熔断器架C上的熔断器4	15A	G6-预供给燃油泵（仅用于1.4L发动机汽车/仅用于1.6L发动机汽车/仅用于双燃料发动机汽车） J17-燃油泵继电器（仅用于1.4L发动机汽车/仅用于1.6L发动机汽车/仅用于双燃料发动机汽车） J220-Motronic控制单元（仅用于1.6L发动机汽车/仅用于1.4L发动机汽车） J538-燃油泵控制单元（仅用于发动机编号字母为CSTA的汽车） J623-发动机控制单元（仅用于双燃料发动机汽车/仅用于发动机编号字母为CSTA的汽车）	30a
5	未使用	–	–	–
6	SC6-熔断器架C上的熔断器6	7.5A	E45-定速巡航装置开关（仅用于装备定速巡航装置的汽车） E227-GRA设置按钮（仅用于装备定速巡航装置的汽车） F125-多功能开关（仅用于自动变速器汽车/截止2014年1月止） G65-高压传感器 G85-转向角传感器（仅用于装备电控行车稳定系统的汽车） J285-仪表板控制单元 J293-散热器风扇控制单元 J446-驻车辅助控制单元（仅用于装备驻车距离报警PDC的汽车） J453-多功能转向盘控制单元（仅适用于装备多功能转向盘的汽车） J519-车载网络控制单元 R-收音机（仅用于装备收音机MIB-G1DIN的汽车/仅用于装备收音机MIB-G入门型的汽车） U31-诊断接口	15a
7	SC7-熔断器架C上的熔断器7	7.5A	E1-车灯开关 E43-后视镜调节开关 E52-左后车门内的车窗升降器开关 E54-右后车门车窗升降器 E94-可加热驾驶人座椅调节器（仅用于装备座椅加热的汽车/截至2014年7月） E95-可加热前排乘客座椅调节器（仅用于装备座椅加热的汽车） E102-前照灯照明距离调节器	58d

表1-29 全新桑塔纳轿车熔断器SC说明表 （续）

编号	电路图中名称	额定值	保护的电路/部件	端子
7	SC7-熔断器架C上的熔断器7	7.5A	E107-前排乘客车门中的车窗升降器开关 E165-行李箱盖开锁开关（仅用于装备后行李箱盖开锁开关的汽车） E395-燃料选择开关（汽油、天然气）（仅用于双燃料发动机汽车） F189-Tiptronic开关（仅用于装备双离合器变速器0AM的汽车） J301-空调器控制单元（仅用于手动调节空调器汽车） J519-车载网络控制单元 J1065-出租车车顶标志继电器（仅用于带上海出租车装备的汽车） L36-出租车车顶标志灯泡（仅用于带全国性出租车装备的汽车） L53-车窗升降器开关照明灯泡 L101-变速杆档位指示照明灯（仅用于自动变速器汽车） R-收音机（仅用于装备收音机MIB-G1DIN的汽车/仅用于装备收音机MIB-G入门型的汽车） U1-点烟器 X-牌照灯	58d
8	SC8-熔断器架C上的熔断器8	5A	M3-右侧停车灯灯泡 M22-右侧制动信号灯和尾灯灯泡 M50-右侧尾灯灯泡2	58R
9	SC9-熔断器架C上的熔断器9	5A	J104-ABS控制单元	15a
10	SC10-熔断器架C上的熔断器10	15A	J519-车载网络控制单元	30a
11	SC11-熔断器架C上的熔断器11	5A	E102-前照灯照明距离调节器 V48-左侧前照灯照明距离调节伺服电动机 V49-右侧前照灯照明距离调节伺服电动机	15a
12	SC12-熔断器架C上的熔断器12	5A	E43-后视镜调节开关（仅用于装备电动调节式车外后视镜的汽车） E107-前排乘客车门中的车窗升降器开关 J386-驾驶人侧车门控制单元 J388-左后车门控制单元（依汽车装备而定） J389-右后车门控制单元（依汽车装备而定）	15a
13	SC13-熔断器架C上的熔断器13	10A	F4-倒车灯开关（仅用于手动变速器汽车）	15a
		15A	J217-自动变速器控制单元（仅用于自动变速器汽车/截止2014年1月止）	
		5A	J217-自动变速器控制单元（仅用于自动变速器汽车/自2014年1月起/截至2014年7月） F125-多功能开关（仅用于自动变速器汽车/自2014年1月起/截至2014年7月）	
		10A	F125-多功能开关（仅用于自动变速器汽车/自2014年7月起） J217-自动变速器控制单元（仅用于自动变速器汽车/自2014年7月起）	
		5A	F189-Tiptronic开关（仅用于装备双离合器变速器0AM的汽车） J743-双离合器变速器机电装置（仅用于装备双离合器变速器0AM的汽车）	

表1-29　全新桑塔纳轿车熔断器SC说明表　（续）

编号	电路图中名称	额定值	保护的电路/部件	端子
14	SC14-熔断器架C上的熔断器14	7.5A	J234-安全气囊控制单元	15a
15	SC15-熔断器架C上的熔断器15	10A	E138-出租车标志开关（仅用于带全国性出租车装备的汽车） G41-出租车器（仅用于带上海出租车装备的汽车/仅用于带全国性出租车装备的汽车） L74-出租车标志开关照明灯泡（仅用于带上海出租车装备的汽车）	30a
16	SC16-熔断器架C上的熔断器16	10A	G41-出租车器（仅用于带上海出租车装备的汽车/仅用于带全国性出租车装备的汽车）	15a
17	SC17-熔断器架C上的熔断器17	20A	J1066-出租车车顶标志（仅用于带上海出租车装备的汽车） R94-导航系统接口（仅用于带上海出租车装备的汽车/仅用于带全国性出租车装备的汽车）	30a
18	SC18-熔断器架C上的熔断器18	5A	J285-仪表板控制单元 L46-左侧后灯灯泡	NSL
19	SC19-熔断器架C上的熔断器19	5A	J519-车载网络控制单元 R-收音机（仅用于装备收音机MIB-G1DIN的汽车/仅用于装备收音机MIB-G入门型的汽车）	86s
20	SC20-熔断器架C上的熔断器20	10A	G85-转向角传感器（仅用于装备电控行车稳定系统ESP的汽车） F189-Tiptronic开关（仅用于装备双离合器变速器0AM的汽车） J217-自动变速器控制单元（仅用于自动变速器汽车/截止2014年1月止） J255-全自动空调控制单元（仅用于装备全自动空调的汽车） J271-主继电器 J285-仪表板控制单元 N376-点火钥匙拔出锁止电磁铁（仅用于自动变速器汽车/仅用于装备双离合器变速器0AM的汽车） U31-诊断接口	30a
21	SC21-熔断器架C上的熔断器21	5A	J519-车载网络控制单元	30a
22	SC22-熔断器架C上的熔断器22	15A	J99-可加热式车外后视镜继电器（仅用于带车载网络控制单元BFM的汽车/自2014年7月起） J519-车载网络控制单元	30a
23	SC23-熔断器架C上的熔断器23	7.5A	V5-车窗玻璃清洗泵	53c
24	SC24-熔断器架C上的熔断器24	15A	R94-导航系统接口（仅用于带上海出租车装备的汽车/仅适用于带全国性出租车装备的汽车）	15a
25	SC25-熔断器架C上的熔断器25	10A	J301-空调器控制单元（仅用于装备有手动调节空调器的汽车） N25-空调器电磁离合器	15a
26	SC26-熔断器架C上的熔断器26	5A	J500-转向辅助控制单元	15a
27	SC27-熔断器架C上的熔断器27	10A	V192-制动器真空泵（仅用于装备双离合器变速器0AM的汽车）	87a
28	SC28-熔断器架C上的熔断器28	15A	Z19- 氧传感器加热 Z29-尾气催化转化器后的氧传感器1加热装置	87a

表1-29 全新桑塔纳轿车熔断器SC说明表 （续）

编号	电路图中名称	额定值	保护的电路/部件	端子
29	SC29-熔断器架C上的熔断器29	15A	J519-车载网络控制单元	30a
30	SC30-熔断器架C上的熔断器30	10A	J908-天然气关闭阀继电器（仅用于双燃料发动机汽车） N80-炭罐电磁阀1（仅用于发动机编号字母为CSTA的汽车/仅用于1.6L发动机汽车/仅用于双燃料发动机汽车） N205-凸轮轴调节阀1（仅用于发动机编号字母为CSTA的汽车/仅用于1.6 L发动机汽车/仅用于双燃料发动机汽车） N318-排气门凸轮轴调节阀1（仅用于发动机编号字母为CSTA的汽车） N364-气压调节器断流阀1（仅用于双燃料发动机汽车） N372-天然气运行模式的高压阀（仅用于双燃料发动机汽车） N428-机油压力调节阀（仅用于发动机编号字母为CSTA的汽车）	87a
31	SC31-熔断器架C上的熔断器31	10A	N30- 气缸1喷油阀 N31-气缸2喷油阀 N32- 气缸3喷油阀 N33-气缸4喷油阀 N366-气体喷射阀1（仅用于双燃料发动机汽车） N367-气体喷射阀2（仅用于双燃料发动机汽车） N368-气体喷射阀3（仅用于双燃料发动机汽车） N369-气体喷射阀4（仅用于双燃料发动机汽车） V50-冷却液循环泵（仅用于发动机编号字母为CSTA的汽车）	87a
32	SC32-熔断器架C上的熔断器32	20A	J220-Motronic 控制单元（仅用于1.6 L发动机汽车/仅用于1.4L发动机汽车） J623-发动机控制单元（仅用于双燃料发动机汽车/仅用于发动机编号字母为CSTA的汽车）	87a
33	SC33-熔断器架C上的熔断器33	5A	F-制动信号灯开关 F36-离合器踏板开关（仅用于手动变速器汽车） F47-制动踏板开关 J32-空调器继电器（仅用于带手动调节空调器的汽车）	87a
34	SC34-熔断器架C上的熔断器34	15A	E7-前雾灯开关	75a
35	SC35-熔断器架C上的熔断器35	30A	J388-左后车门控制单元 J389-右后车门控制单元	30a
36	SC36-熔断器架C上的熔断器36	30A	J519-车载网络控制单元	30a
37	SC37-熔断器架C上的熔断器37	15A	E1-车灯开关	75a
38	SC38-熔断器架C上的熔断器38	15A	J285-仪表板控制单元 L1-左侧前照灯双灯丝灯泡 L2-右侧前照灯双灯丝灯泡	56a
39	SC39-熔断器架C上的熔断器39	10A	L2-右侧前照灯双灯丝灯泡	56b

表1-29　全新桑塔纳轿车熔断器SC说明表　（续）

编号	电路图中名称	额定值	保护的电路/部件	端子
40	SC40-熔断器架C上的熔断器40	40A	E9-新鲜空气鼓风机开关（仅用于装备手动调节空调器的汽车） J126-新鲜空气鼓风机控制单元（仅用于全自动空调汽车）	75a
41	SC41-熔断器架C上的熔断器41	20A	N70-带功率输出级的点火线圈1 N127-带功率输出级的点火线圈2 N291-带功率输出级的点火线圈3 N292-带功率输出级的点火线圈4	87a
42	SC42-熔断器架C上的熔断器42	20A	U1-点烟器	75a
43	SC43-熔断器架C上的熔断器43	15A	E94-可加热驾驶人座椅调节器（仅用于装备加热座椅的汽车） E95-可加热前排乘客座椅调节器（仅用于装备加热座椅的汽车） E226-轮胎压力监控按钮（仅用于装备轮胎充气压力监控的汽车/仅用于装备加热座椅的汽车） J774-可加热前座椅控制单元（仅用于装备加热座椅的汽车）	75a
			L36-出租车车顶标志灯泡（仅用于带上海出租车装备的汽车）	30a
		5A	E226-轮胎压力监控按钮（仅用于装备轮胎充气压力监控的汽车）	75a
44	SC44-熔断器架C上的熔断器44	10A	L1-左侧前照灯双灯丝灯泡	56b
45	SC45-熔断器架C上的熔断器45	20A	R-收音机	30a
46	SC46-熔断器架C上的熔断器46	30A	J245-滑动天窗控制单元（仅用于装备折叠式滑动天窗的汽车） J519-车载网络控制单元	30a
47	SC47-熔断器架C上的熔断器47	30A	J519-车载网络控制单元	30a
48	SC48-熔断器架C上的熔断器48	30A	J519-车载网络控制单元	30a
49	SC49-熔断器架C上的熔断器49	15A	E4-手动防眩目功能和远光灯瞬时接通功能开关	30a
50	SC50-熔断器架C上的熔断器50	25A	J386-驾驶人侧车门控制单元	30a
51	SC51-熔断器架C上的熔断器51	25A	J387-前排乘客侧车门控制单元	30a

2. 继电器

全新桑塔纳轿车车载网络控制单元上的继电器支架位置分布如图1-51所示，桑塔纳浩纳轿车车载网络控制单元上的继电器支架位置分布如图1-52所示。

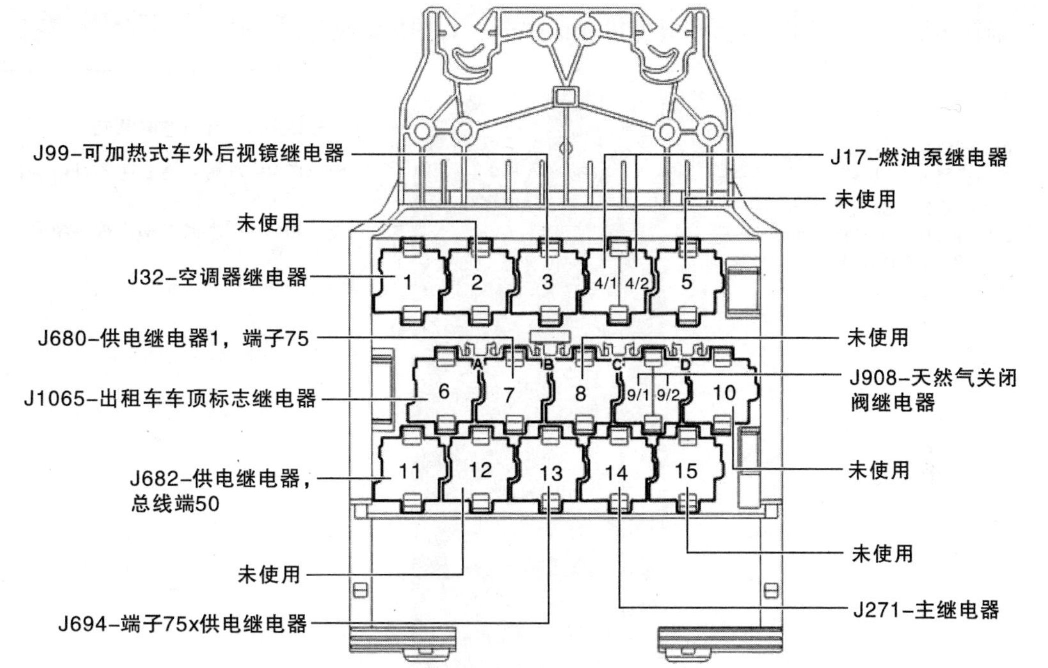

图1-51　全新桑塔纳轿车车载网络控制单元上的继电器支架位置分布图

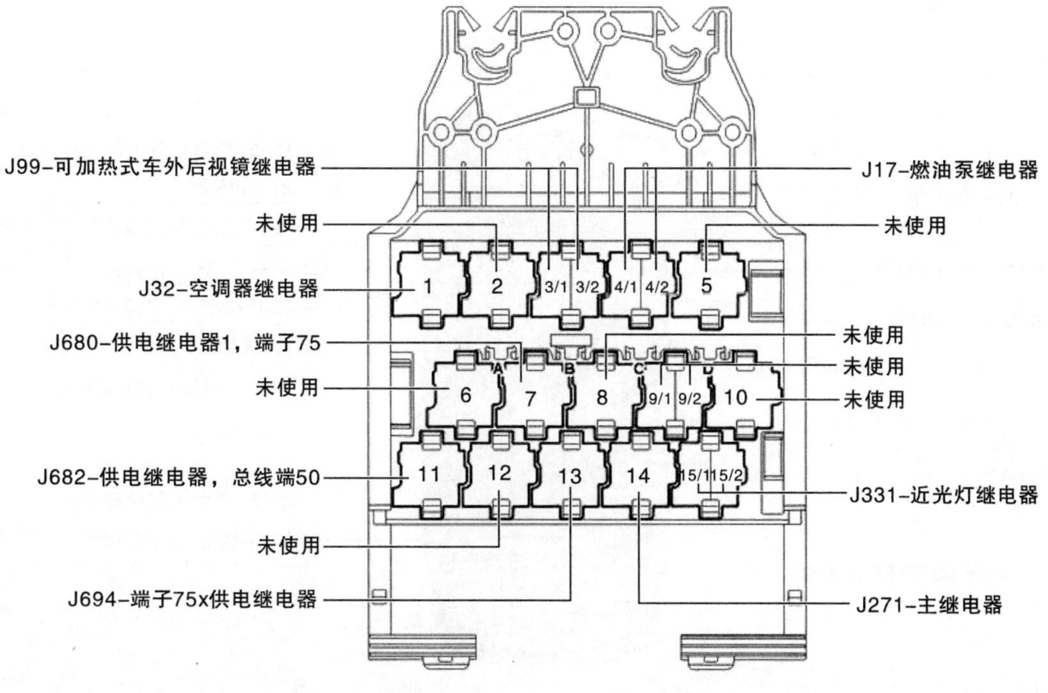

图1-52　桑塔纳浩纳轿车车载网络控制单元上的继电器支架位置分布图

3. 电控单元位置图

全新桑塔纳/桑塔纳浩纳轿车电控单元位置分布如图1-53所示。

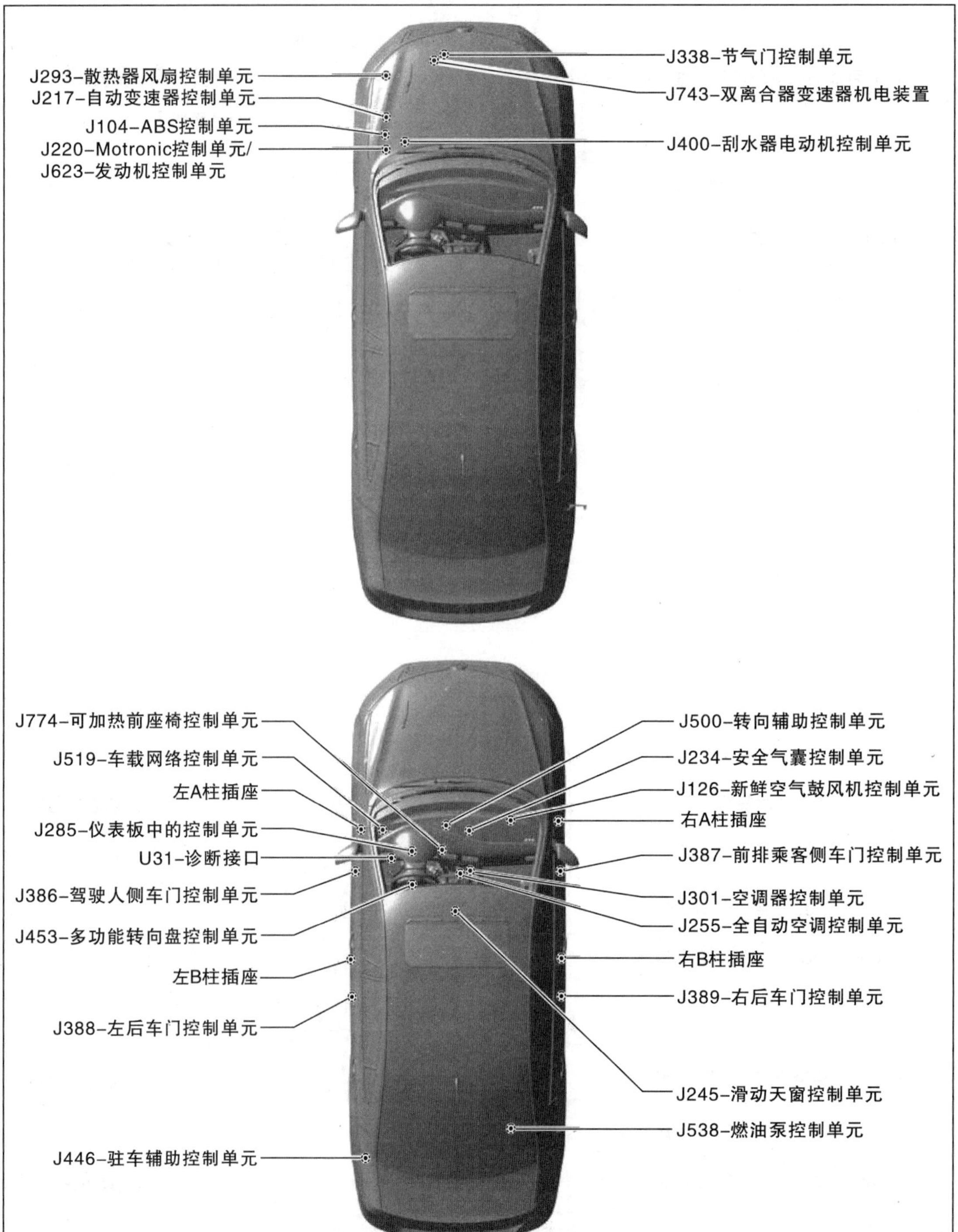

图1-53 全新桑塔纳/桑塔纳浩纳轿车电控单元位置分布图

三、全新途观（2013～2017年款）

1. 熔断器

（1）熔断器分布

全新途观轿车熔断器位置分布如图1-54所示

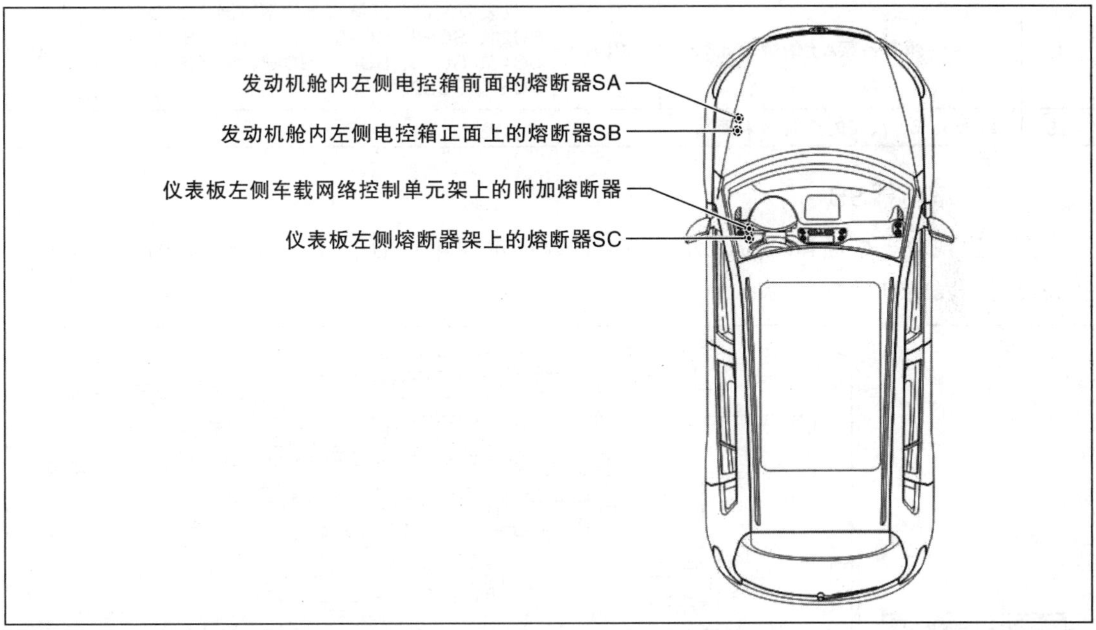

图1-54 全新途观轿车熔断器位置分布图

（2）熔断器SA

全新途观轿车熔断器SA位于发动机舱内左侧电控箱的前面，其分布如图1-55所示，相关说明见表1-30。

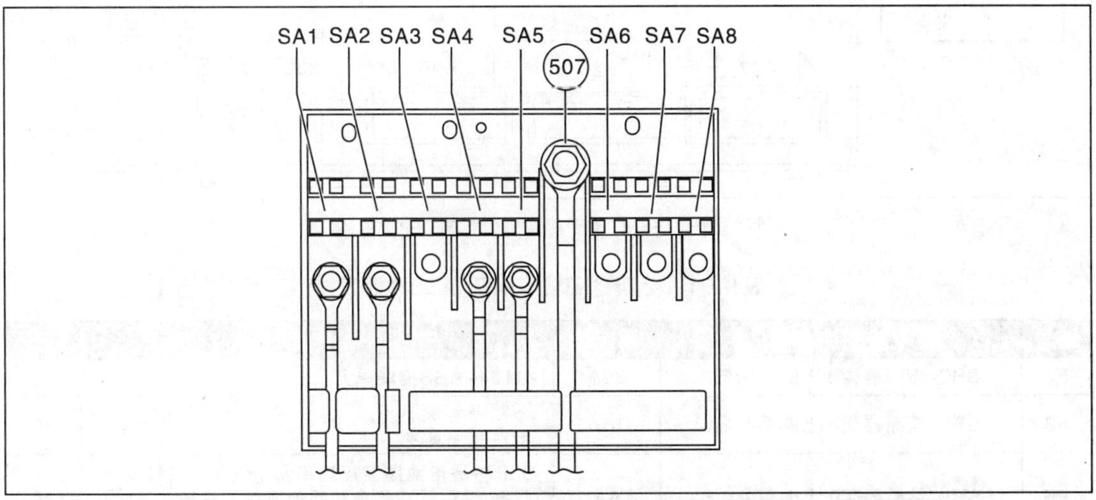

图1-55 全新途观轿车熔断器SA分布图

表1-30　全新途观轿车熔断器SA说明表

编号	电路图中名称	额定值	保护的电路/部件	端子
1	SA1-熔断器架A上的熔断器1	200A	C-交流发电机	30
2	SA2-熔断器架A上的熔断器2	80A	J500-转向辅助控制单元	30
4	SA4-熔断器架A上的熔断器4	50A	J293-散热器风扇控制单元	30
5	SA5-熔断器架A上的熔断器5	80A	仪表板左侧熔断器架上的熔断器：SC20、SC21、SC22、SC23、SC24、SC43、SC44、SC45、SC46、SC47、SC48、SC49、SC50、SC51、SC52、SC53	30
注	编号3、6、7、8的熔断器未使用			

（3）熔断器SB

全新途观轿车熔断器SB位于发动机舱内左侧电控箱正面上方，其分布如图1-56所示，相关说明见表1-31。

熔断器颜色	
50A	红色
40A	橙色
30A	绿色
20A	黄色
15A	蓝色
10A	红色
5A	米色

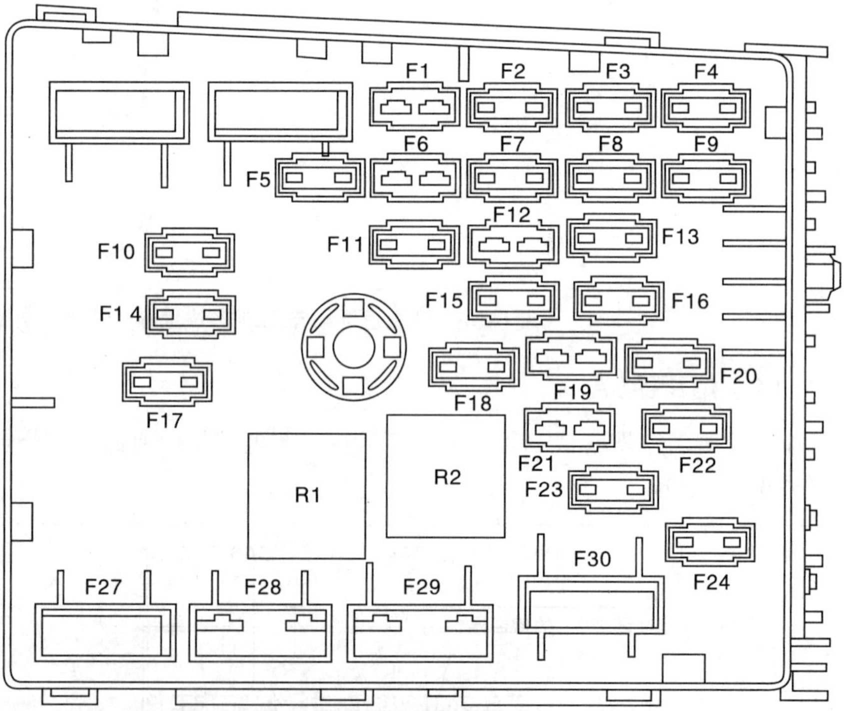

图1-56　全新途观轿车熔断器SB分布图

表1-31　全新途观轿车熔断器SB说明表

编号	电路图中名称	额定值	保护的电路/部件	端子
F2	SB2-熔断器架B 上的熔断器2	30A	J104-ABS控制单元	30
F3	SB3-熔断器架B 上的熔断器3	15A	H2-高音喇叭 H7-低音喇叭	30
F5	SB5-熔断器架B 上的熔断器5	5A	J367-蓄电池监控控制单元（仅用于1.4L发动机汽车/仅用于装备自动起停系统的汽车） J519-车载网络控制单元	30

表1-31 全新途观轿车熔断器SB说明表 （续）

编号	电路图中名称	额定值	保护的电路/部件	端子
F7	SB7-熔断器架B上的熔断器7	25A	J503-收音机及导航系统带显示单元的控制单元（仅用于装备导航系统的汽车） J532-稳压器（仅用于1.4L发动机汽车/仅用于装备自动起停系统的汽车） R-收音机（仅用于不装备导航系统的汽车/仅用于不装备发动机自动起停系统的汽车）	30
F8	SB8-熔断器架B上的熔断器8	40A	B-起动机 仪表板左侧熔断器架上的熔断器：SC9、SC10、SC11、SC12、SC13、SC14、SC15、SC16、SC25	30
F10	SB10-熔断器架B上的熔断器10	5A	Z19-氧传感器加热（仅用于1.4L发动机汽车） Z29-尾气催化转化器后的氧传感器1加热装置（仅用于1.4L发动机汽车）	87
		10A	Z19-氧传感器加热（仅用于1.8L发动机汽车） Z29-尾气催化转化器后的氧传感器1加热装置（仅用于1.8L发动机汽车）	
		10A	Z19-氧传感器加热（仅用于2.0L发动机汽车） Z29-尾气催化转化器后的氧传感器1加热装置（仅用于2.0L发动机汽车）	
F11	SB11-熔断器架B上的熔断器11	5A	J285-仪表板中的控制单元（仅用于不装备发动机自动起停系统的汽车） J527-转向柱电子装置控制单元	30
F13	SB13-熔断器架B上的熔断器13	5A	J271-主继电器（仅用于1.4L发动机汽车） J623-发动机控制单元（仅用于1.4L发动机汽车）	30
		10A	J271-主继电器（（仅用于1.8L发动机汽车） J623-发动机控制单元（仅用于1.8L发动机汽车）	
		10A	J271-主继电器（仅用于2.0L发动机汽车） J623-发动机控制单元（仅用于2.0L发动机汽车）	
F14	SB14-熔断器架B上的熔断器14	15A	J623-发动机控制单元	87
F15	SB15-熔断器架B上的熔断器15	5A	J533-数据总线诊断接口	30
F16	SB16-熔断器架B上的熔断器16	10A	N276-燃油压力调节阀（仅用于1.4L发动机汽车）	87
F17	SB17-熔断器架B上的熔断器17	10A	V50-冷却液循环泵（仅用于1.4L发动机汽车）	87
		15A	N276-燃油压力调节阀（仅用于1.8L发动机汽车/仅用于2.0L发动机汽车）	
F18	SB18-熔断器架B上的熔断器18	20A	J538-燃油泵控制单元	87
F19	SB19-熔断器架B上的熔断器19	30A	R12-功率放大器（仅用于装备音响系统的汽车）	30
F20	SB20-熔断器架B上的熔断器20	5A	G476-离合器位置传感器（仅用于手动变速器汽车）	87
F22	SB22-熔断器架B上的熔断器22	30A	J400-刮水器电动机控制单元	30

表1-31　全新途观轿车熔断器SB说明表　（续）

编号	电路图中名称	额定值	保护的电路/部件	端子
F23	SB23-熔断器架B上的熔断器23	10A	F-制动信号灯开关 J151-冷却液继续循环继电器（仅用于1.8L发动机汽车/仅用于2.0L发动机汽车） J293-散热器风扇控制单元	87
		10A	J496-冷却液辅助泵继电器（仅用于1.4L发动机汽车） J757-发动机部件供电继电器（仅用于1.8L发动机汽车/仅用于2.0L发动机汽车） N75-增压压力限制电磁阀 N80-炭罐电磁阀1 N205-凸轮轴调节阀1 N249-涡轮增压器循环空气阀 N316-进气管风门阀门（仅用于1.8L发动机汽车/仅用于2.0L发动机汽车） N428-机油压力调节阀（仅用于1.8L发动机汽车/仅用于2.0L发动机汽车） V51-冷却液继续补给泵（仅用于1.8L发动机汽车/仅用于2.0L发动机汽车）	87
F24	SB24-熔断器架B上的熔断器24	20A	N70-带功率输出级的点火线圈1 N127-带功率输出级的点火线圈2 N291-带功率输出级的点火线圈3 N292-带功率输出级的点火线圈4	87
F25	SB25-熔断器架B上的熔断器25	30A	J519-车载网络控制单元	30
F26	SB26-熔断器架B上的熔断器26	30A	J519-车载网络控制单元	30
F27	SB27-熔断器架B上的熔断器27	50A	仪表板左侧熔断器架上的熔断器：SC28、SC29、SC30、SC31	30
F29	SB29-熔断器架B上的熔断器29	50A	S44-驾驶人座椅调节装置的热敏熔丝1 仪表板左侧熔断器架上的熔断器：SC54、SC55、SC57	30
F30	SB30-熔断器架B上的熔断器30	40A	J104-ABS控制单元	30
注	编号F1、F4、F6、F9、F12、F21、F28的熔断器未使用			

（4）熔断器SC

全新途观轿车熔断器SC在仪表板左侧下方，其分布如图1-57所示，相关说明见表1-32。

表1-32　全新途观轿车熔断器SC说明表

编号	电路图中名称	额定值	保护的电路/部件	端子
9	SC9-熔断器架C上的熔断器9	5A	J234-安全气囊控制单元	15a
10	SC10-熔断器架C上的熔断器10	10A	J492-全轮驱动控制单元（仅用于全轮驱动的汽车）	15a
11	SC11-熔断器架C上的熔断器11	5A	J446-驻车辅助控制单元（仅用于其后装备驻车距离报警的汽车） J791-驻车辅助系统控制单元（仅用于前/后装备驻车距离报警的汽车/仅用于装备驻车转向辅助系统的汽车）	15a

熔断器颜色	
40A	橙色
30A	绿色
20A	黄色
15A	蓝色
10A	红色
7.5A	棕色
5A	米色

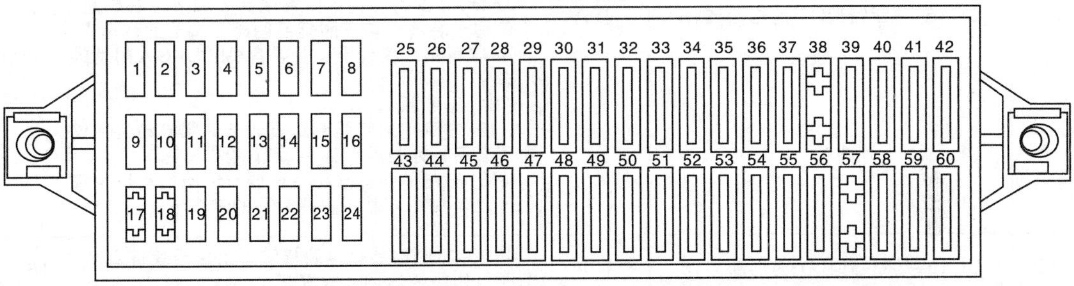

图1-57 全新途观轿车熔断器SC分布图

表1-32 全新途观轿车熔断器SC说明表 （续）

编号	电路图中名称	额定值	保护的电路/部件	端子
12	SC12-熔断器架C上的熔断器12	10A	J667-左侧前照灯电源模块（仅用于装备自动前照灯照明距离调节的汽车）	15a
13	SC13-熔断器架C上的熔断器13	5A	E226-轮胎压力监控按钮（自2014年7月起） E256-ASR和ESP按钮 E540-AUTO HOLD按钮 F41-倒车档开关（仅用于手动变速器汽车） G65-高压传感器 G266-机油油位和机油温度传感器（仅用于1.8L发动机汽车/仅用于2.0L发动机汽车） K237-AUTO HOLD指示灯 R242-驾驶人辅助系统的前部摄像机（仅用于带驾驶辅助特殊装备的汽车） Y7-自动防眩目车内后视镜（仅用于装备自动防眩目车内后视镜的汽车） Z20-左侧喷油器加热电阻（仅用于装备喷油器加热电阻的汽车） Z21-右侧喷油器加热电阻（仅用于装备喷油器加热电阻的汽车）	15a
14	SC14-熔断器架C上的熔断器14	5A	E1-车灯开关 F189-Tiptronic开关（仅用于自动变速器汽车） J104-ABS控制单元 J285-仪表板控制单元 J500-转向辅助控制单元 J533-数据总线诊断接口 J623-发动机控制单元 J906-起动机继电器1（仅用于装备自动起停系统的汽车/仅用于1.4L发动机汽车） J907-起动机继电器2（仅用于装备自动起停系统的汽车/仅用于1.4L发动机汽车）	15a

表1-32　全新途观轿车熔断器SC说明表　（续）

编号	电路图中名称	额定值	保护的电路/部件	端子
15	SC15-熔断器架C上的熔断器15	10A	E102-前照灯照明距离调节器（仅用于装备前照灯照明距离调节的汽车） G70-空气质量传感器（仅用于1.8L发动机汽车/仅用于2.0L发动机汽车） J532-稳压器（仅用于装备自动起停系统的汽车/仅用于1.4L发动机汽车） J540-机电式驻车制动器控制单元 J745-弯道灯和前照灯照明距离调节控制单元（仅用于装备自动前照灯照明距离调节的汽车） R-收音机（仅用于装备收音机MIB-G入门型的汽车） U31-诊断接口 V48-左侧前照灯照明距离调节伺服电动机（仅用于装备前照灯照明距离调节的汽车） V49-右侧前照灯照明距离调节伺服电动机（仅用于装备前照灯照明距离调节的汽车）	15a
16	SC16-熔断器架C上的熔断器16	10A	J668-右侧前照灯电源模块（仅用于装备自动前照灯照明距离调节的汽车）	15a
17	SC17-熔断器架C上的熔断器17	5A	J285-仪表板中的控制单元（仅用于装备自动起停系统的汽车/仅用于1.4L发动机汽车）	30a
20	SC20-熔断器架C上的熔断器20	5A	F189-Tiptronic开关（仅用于自动变速器汽车） J4-双音喇叭继电器 J9-可加热后窗玻璃继电器 J104-ABS控制单元 J217-自动变速器控制单元（仅用于自动变速器汽车） J255-全自动空调控制单元（仅用于装备全自动空调的汽车） J301-空调器控制单元（仅用于装备电动调节风门的空调器）	30a
21	SC21-熔断器架C上的熔断器21	10A	J387-前排乘客侧车门控制单元 J389-右后车门控制单元 J519-车载网络控制单元	30a
23	SC23-熔断器架C上的熔断器23	10A	E1-车灯开关 G397-雨水与光线识别传感器（仅用于装备自动防眩车内后视镜的汽车） J518-进入及起动许可控制单元（仅用于装备进入及起动许可的汽车） J772-倒车摄像系统控制单元（仅用于装备倒车摄像系统的汽车） K213-电控机械式驻车制动器指示灯 U31-诊断接口	30a
24	SC24-熔断器架C上的熔断器24	10A	J386-驾驶人侧车门控制单元 J388-左后车门控制单元	30a
25	SC25-熔断器架C上的熔断器25	20A	F125-多功能开关（仅用于自动变速器汽车） J217-自动变速器控制单元（仅用于自动变速器汽车）	15a
28	SC28-熔断器架C上的熔断器28	40A	E9-新鲜空气鼓风机开关（仅用于装备电动调节风门空调器的汽车）	75a
29	SC29-熔断器架C上的熔断器29	15A	V12-后窗玻璃刮水器电动机	75a

表1-32 全新途观轿车熔断器SC说明表 （续）

编号	电路图中名称	额定值	保护的电路/部件	端子
31	SC31-熔断器架C上的熔断器31	20A	J29-绝缘二极管 U1-点烟器 U5-12V插座	75a
38	SC38-熔断器架C上的熔断器38	10A	J764-电子转向柱锁止装置控制单元（仅用于装备进入及起动许可的汽车）	30a
39	SC39-熔断器架C上的熔断器39	20A	J39-前照灯清洗装置继电器（仅用于装备前照灯清洗装置的汽车） V11-前照灯清洗装置泵（仅用于装备前照灯清洗装置的汽车）	30a
43	SC43-熔断器架C上的熔断器43	25A	J245-滑动天窗控制单元（仅用于装备全景滑动天窗的汽车）	30a
44	SC44-熔断器架C上的熔断器44	25A	J540-机电式驻车制动器控制单元	30a
45	SC45-熔断器架C上的熔断器45	25A	R177-调幅（AM）滤波器 Z1-可加热式后窗玻璃	30a
46	SC46-熔断器架C上的熔断器46	30A	J386-驾驶人侧车门控制单元 J388-左后车门控制单元	30a
47	SC47-熔断器架C上的熔断器47	30A	J387-前排乘客侧车门控制单元 J389-右后车门控制单元	30a
49	SC49-熔断器架C上的熔断器49	20A	J519-车载网络控制单元	30a
50	SC50-熔断器架C上的熔断器50	25A	J540-机电式驻车制动器控制单元	30a
51	SC51-熔断器架C上的熔断器51	40A	J126-新鲜空气鼓风机控制单元（仅用于装备全自动空调的汽车）	30a
52	SC52-熔断器架C上的熔断器52	30A	J774-可加热前排座椅控制单元（仅用于装备加热座椅的汽车）	30a
53	SC53-熔断器架C上的熔断器53	30A	SC38-熔断器架C上的熔断器38 SC39-熔断器架C上的熔断器39	30a
54	SC54-熔断器架C上的熔断器54	30A	E177-前排乘客腰部支撑调节开关（电动可调式驾驶人和前排乘客座椅/仅用于装备电动座椅调节和记忆功能的汽车）	30a
55	SC55-熔断器架C上的熔断器55	15A	E176-驾驶人腰部支撑调节开关（电动可调式驾驶人和前排乘客座椅）	30a
56	SC56-熔断器架C上的熔断器56	30A	U13-带插座的逆变器（12～230V）（仅用于带12～230V/12～115V插座的逆变器的汽车）	30a
57	SC57-熔断器架C上的熔断器57	25A	J394-天窗卷帘控制单元（仅用于装备全景滑动天窗的汽车）	30a
59	SC59-熔断器架C上的熔断器59	20A	R-收音机（仅用于装备自动起停系统的汽车/仅用于1.4L发动机汽车）	30a
注	编号1、2、3、4、5、6、7、8、18、19、22、26、27、30、32、33、34、35、36、37、40、41、42、48、58的熔断器未使用			

（5）车载网络控制单元支架上的附加熔断器

全新途观轿车车载网络控制单元支架上的附加熔断器位于仪表板左侧，其分布如图1-58所示，相关说明见表1-33。

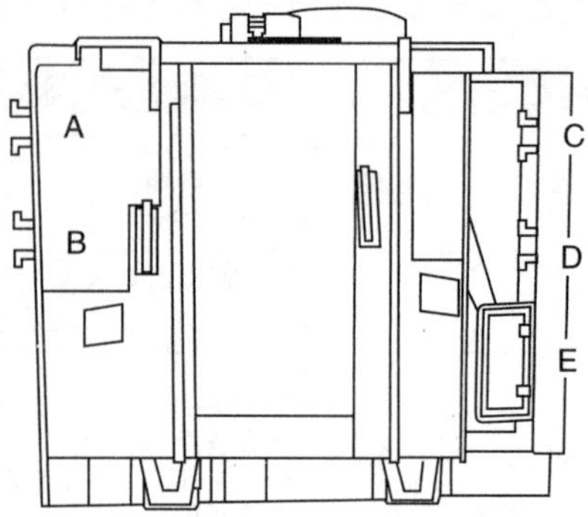

图1-58　全新途观轿车车载网络控制单元支架上的附加熔断器分布图

表1-33　全新途观轿车车载网络控制单元支架上的附加熔断器说明表

编号	电路图中名称	额定值	保护的电路/部件	端子
E	S44-驾驶人座椅调节装置的热敏熔丝1	20A	E64-前排乘客座椅纵向调节开关（电动可调式驾驶人和前排乘客座椅/仅用于装备电动座椅调节和记忆功能的汽车） E65-前排乘客座椅前部高度调节开关（电动可调式驾驶人和前排乘客座椅/仅用于装备电动座椅调节和记忆功能的汽车） E66-前排乘客座椅后部高度调节开关（电动可调式驾驶人和前排乘客座椅/仅用于装备电动座椅调节和记忆功能的汽车） E98-前排乘客座椅靠背调节开关（电动可调式驾驶人和前排乘客座椅/仅用于装备电动座椅调节和记忆功能的汽车） E96-驾驶人座椅靠背调节开关（电动可调式驾驶人和前排乘客座椅） E208-驾驶人座椅前部高度上调按钮（电动可调式驾驶人和前排乘客座椅） E209-驾驶人座椅前部高度下调按钮（电动可调式驾驶人和前排乘客座椅） E210-驾驶人座椅后部高度上调按钮（电动可调式驾驶人和前排乘客座椅） E211-驾驶人座椅后部高度下调按钮（电动可调式驾驶人和前排乘客座椅） E212-驾驶人座椅前后位置前调按钮（电动可调式驾驶人和前排乘客座椅） E213-驾驶人座椅前后位置后调按钮（电动可调式驾驶人和前排乘客座椅） J136-带记忆功能的座椅调节和转向柱调节装置（仅用于装备电动座椅调节和记忆功能的汽车）	30
注	编号A、B、C、D的熔断器未使用			

2. 继电器

（1）继电器位置图

全新途观轿车继电器位置分布如图1-59所示。

（2）发动机舱左侧电控箱上的继电器

全新途观轿车发动机舱左侧电控箱上的继电器分布如图1-60所示。

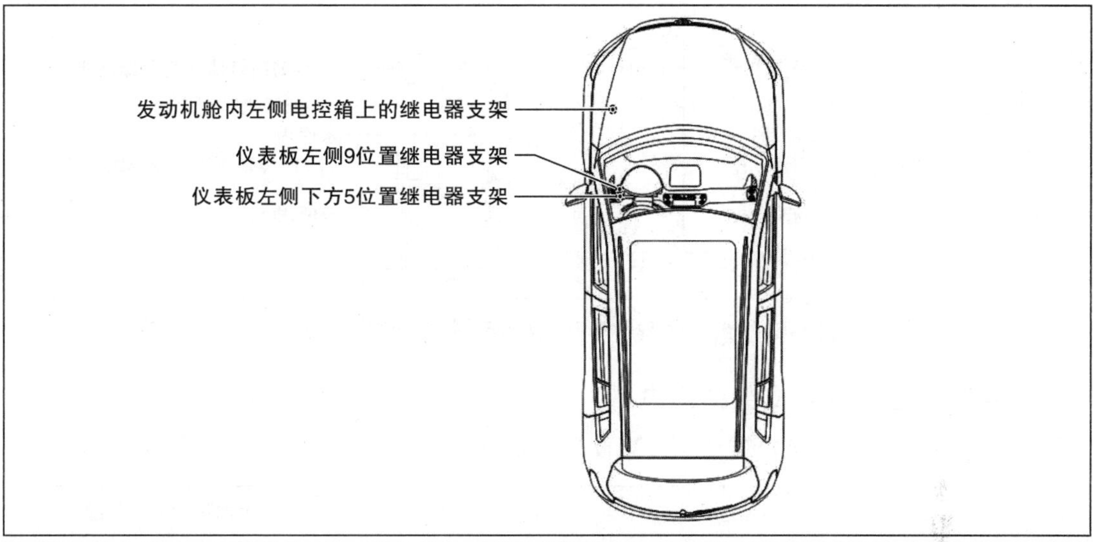

图1-59 全新途观轿车继电器位置分布图

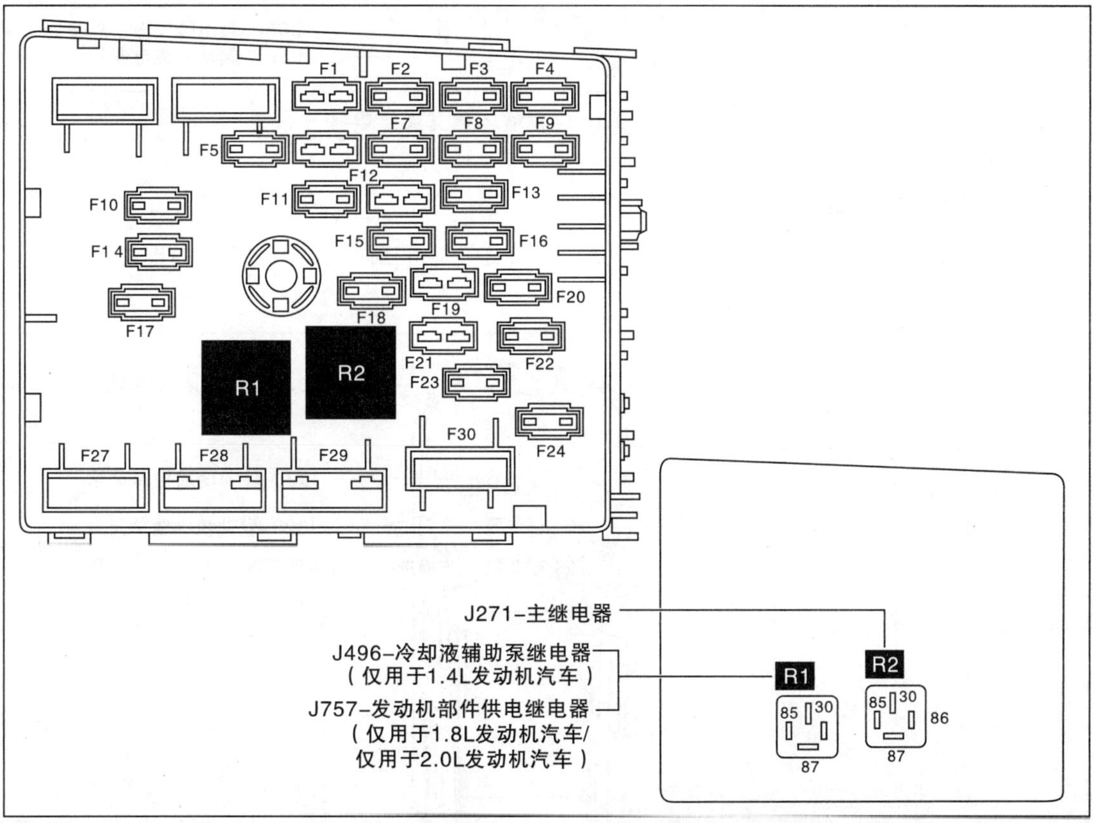

图1-60 全新途观轿车发动机舱左侧电控箱上的继电器分布图

（3）9位置继电器支架的继电器

全新途观轿车9位置继电器支架位于仪表板左侧，其继电器分布如图1-61所示。

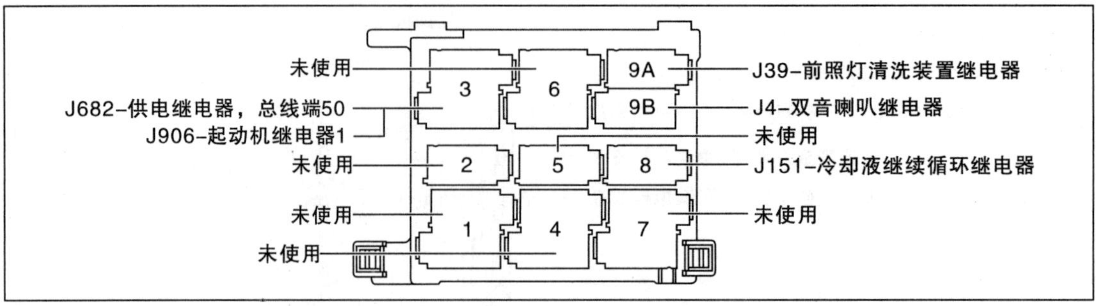

图1-61 全新途观轿车9位置继电器支架继电器分布图

（4）5位置继电器支架的继电器

全新途观轿车5位置继电器支架位于仪表板左侧下方，其继电器分布如图1-62所示。

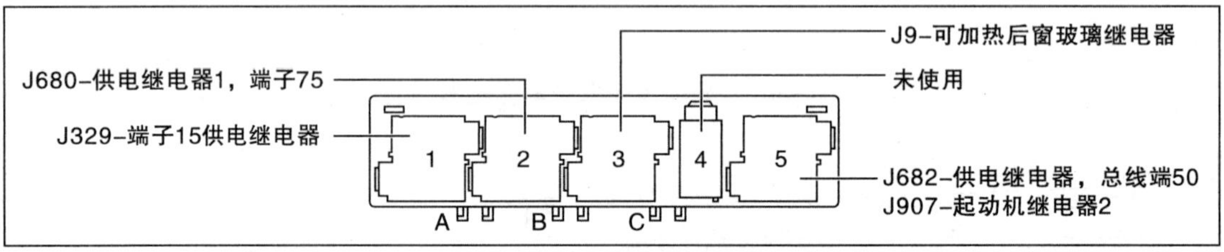

图1-62 全新途观轿车5位置继电器支架继电器分布图

3. 电控单元位置图

全新途观轿车发动机舱内电控单元位置分布如图1-63所示，车内空间内电控单元位置分布如图1-64所示。

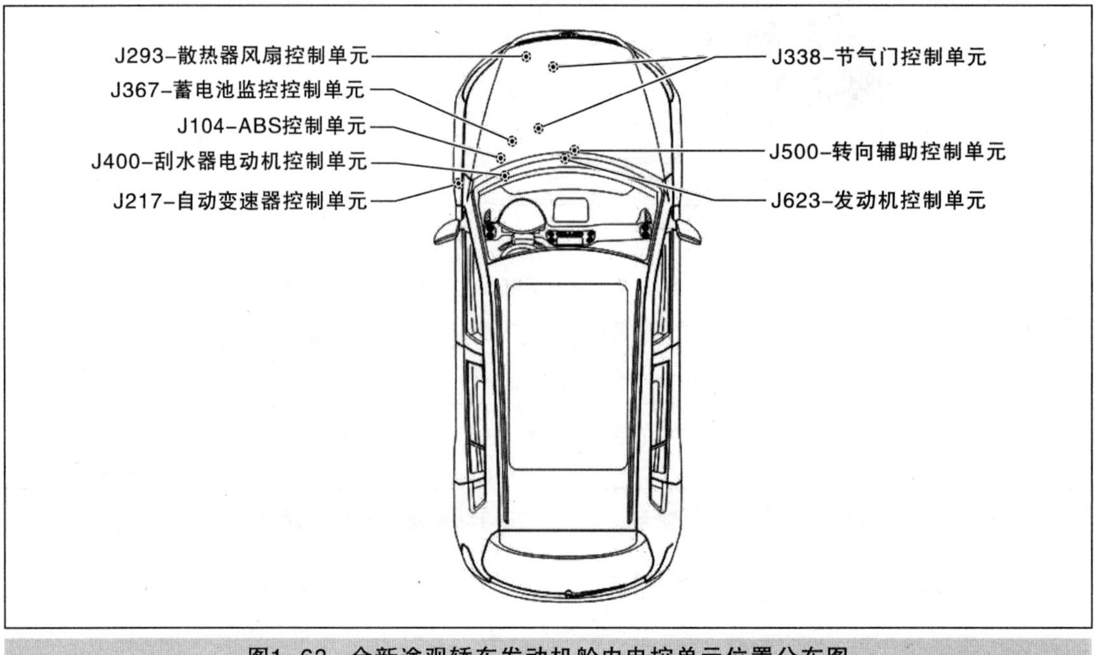

图1-63 全新途观轿车发动机舱内电控单元位置分布图

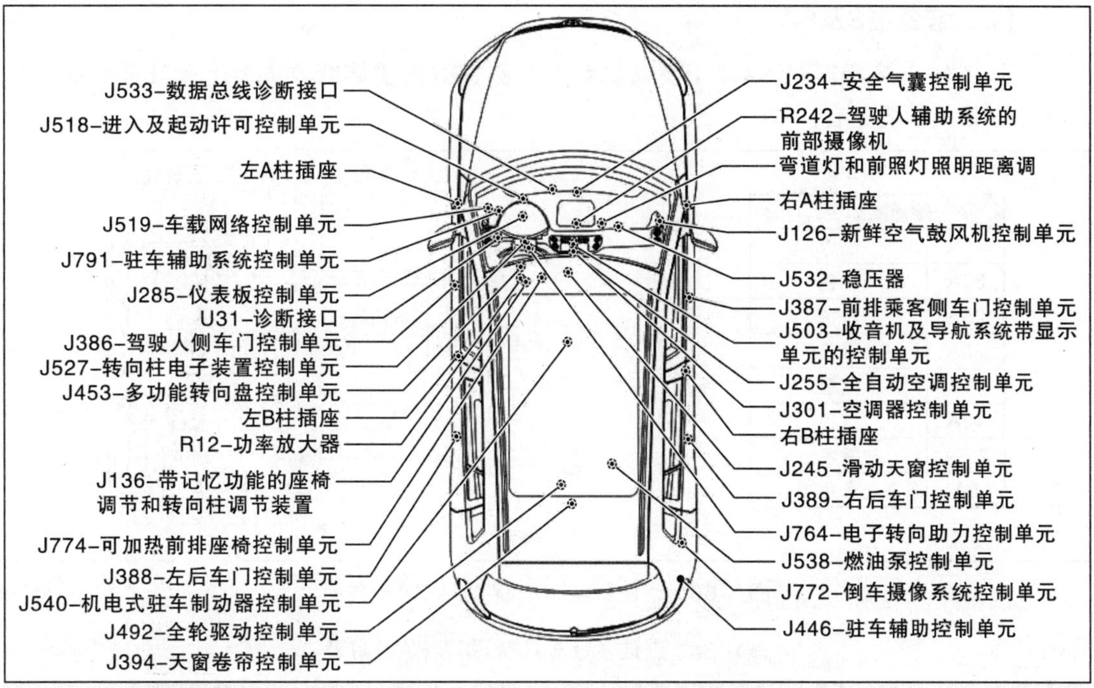

图1-64 全新途观轿车车内空间内电控单元位置分布图

四、新波罗（2015~2017年款）

1. 熔断器

（1）熔断器分布

新波罗轿车熔断器位置分布如图1-65所示。

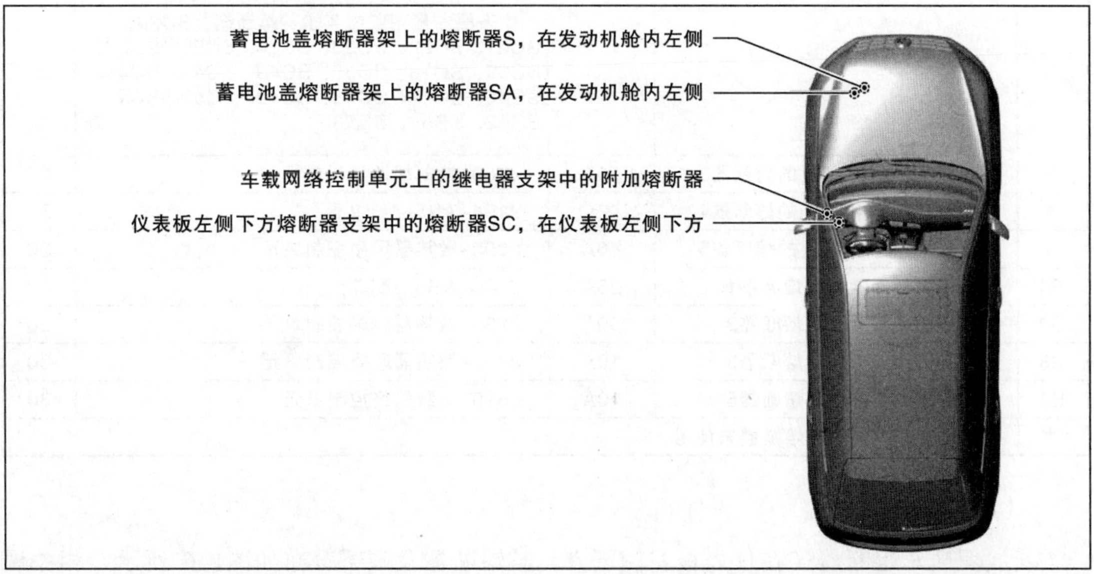

图1-65 新波罗轿车熔断器位置分布图

（2）熔断器S及SA

新波罗轿车熔断器S及SA位于发动机舱内左侧蓄电池盖熔断器支架上，其分布如图1-66所示，相关说明见表1-34。

熔断器颜色	
40A	橙色
30A	绿色
25A	白色
20A	黄色
15A	蓝色
10A	红色
7.5A	棕色
5A	米色

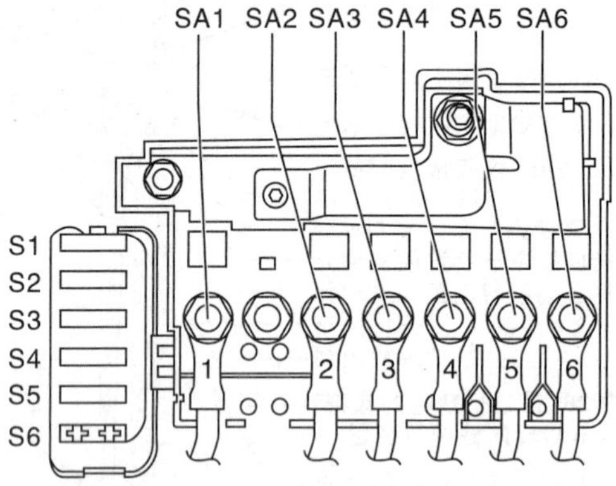

图1-66　新波罗轿车熔断器S及SA分布图

表1-34　新波罗轿车熔断器S及SA说明表

编号	电路图中名称	额定值	保护的电路/部件	端子
1	SA1-熔断器架A上的熔断器1	150A	C-交流发电机	30
2	SA2-熔断器架A上的熔断器2	110A	D-点火起动开关 E1-车灯开关（仅用于不带回家模式的汽车） E4-手动防眩目功能和远光灯瞬时接通功能开关 J271-主继电器 J331-近光灯继电器（仅用于不带回家模式的汽车） J680-供电继电器1，端子75 S83-滑动天窗热敏熔断器 仪表板左侧熔断器架上的熔断器：SC20、SC21、SC22、SC23、SC24、SC35、SC36、SC37、SC38、SC39、SC43、SC44、SC45、SC46、SC47、SC48、SC49、SC50、SC51、SC52、SC53、SC59	30
3	SA3-熔断器架A上的熔断器3	50A	J500-转向辅助控制单元	30
4	SA4-熔断器架A上的熔断器4	40A	J104-ABS控制单元	30
5	SA5-熔断器架A上的熔断器5	40A	J293-散热器风扇控制单元	30
S1	S1-熔断器架内的熔断器1	25A	J104-ABS控制单元	30
S2	S2-熔断器架内的熔断器2	30A	J293-散热器风扇控制单元	30
S3	S3-熔断器架内的熔断器3	10A	J293-散热器风扇控制单元	30
S5	S5-熔断器架内的熔断器5	10A	J519-车载网络控制单元	30
注	编号6、S4、S6的熔断器未使用			

（3）熔断器SC

新波罗轿车熔断器SC在仪表板左侧下方，其熔断器及端子分布如图1-67所示，相关说明见表1-35。

熔断器颜色	
40A	橙色
30A	绿色
25A	白色
20A	黄色
15A	蓝色
10A	红色
7.5A	棕色
5A	米色

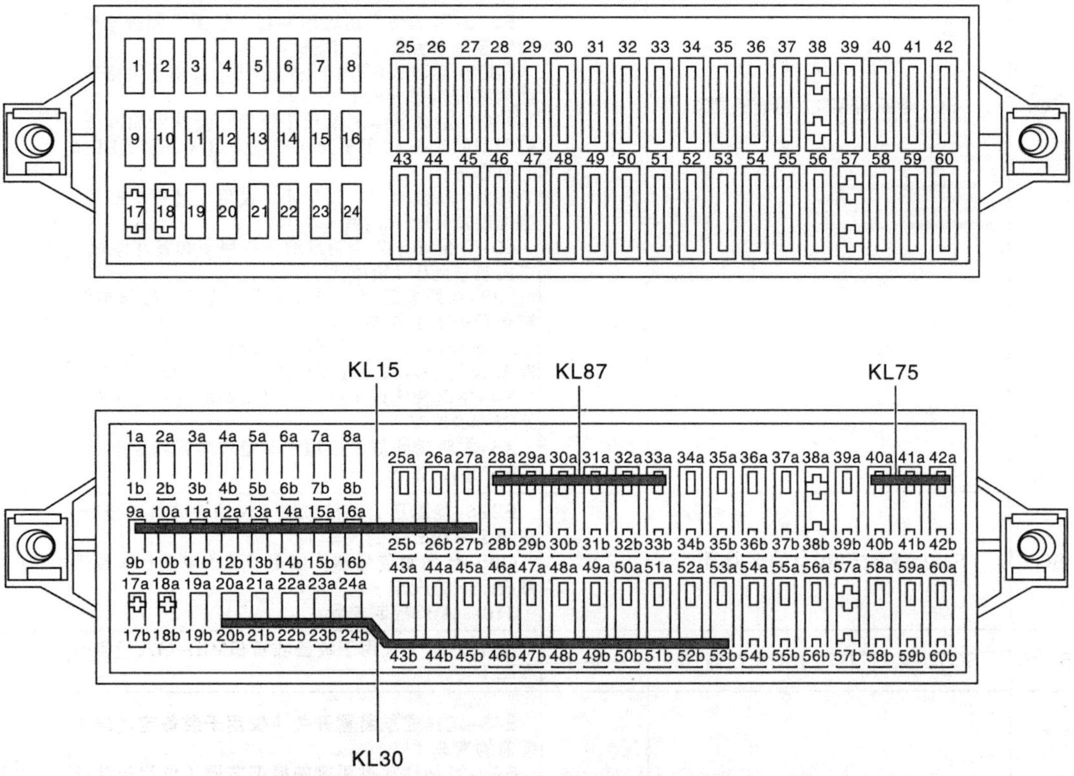

图1-67 新波罗轿车熔断器SC熔断器及端子分布图

表1-35 新波罗轿车熔断器SC说明表

编号	电路图中名称	额定值	保护的电路/部件	端子
SC2	SC2-熔断器架C上的熔断器2	15A	E34-后窗玻璃刮水器开关 E38-车窗玻璃刮水器间歇运行调节器 E44-车窗玻璃清洗泵开关（自动刮水/清洗装置和前照灯清洗装置）	15
SC3	SC3-熔断器架C上的熔断器3	7.5A	J17-燃油泵继电器 J519-车载网络控制单元 J623-发动机控制单元	15
SC4	SC4-熔断器架C上的熔断器4	5A	J453-多功能转向盘控制单元（仅用于装备多功能转向盘的汽车）	15

表1-35　新波罗轿车熔断器SC说明表　　（续）

编号	电路图中名称	额定值	保护的电路/部件	端子
SC7	SC7熔断器架C上的熔断器7	15A	E40-前左车窗升降器（仅用于装备车载网络控制单元BFM的汽车） E43-后视镜调节开关（仅用于装备车载网络控制单元BFM的汽车） E52-左后车门内的车窗升降器开关（仅用于装备车载网络控制单元BFM的汽车） E54-右后车门车窗升降器（仅用于装备车载网络控制单元BFM的汽车） E102-前照灯照明距离调节器（仅用于装备车载网络控制单元BFM的汽车） E107-前排乘客侧车门中的车窗升降器开关（仅用于装备车载网络控制单元BFM的汽车） E230-可加热后窗玻璃按钮（仅用于装备车载网络控制单元BFM的汽车） E308-驾驶人侧车内上锁按钮（仅用于装备车载网络控制单元BFM的汽车） J301-空调器控制单元（仅用于装备手动调节空调器的汽车/仅用于装备车载网络控制单元BFM的汽车） J519-车载网络控制单元（仅用于装备车载网络控制单元BFM的汽车） L9-前照灯开关照明灯泡（仅用于装备车载网络控制单元BFM的汽车） L28-点烟器照明灯泡（仅用于装备车载网络控制单元BFM的汽车） R-收音机（仅用于装备收音机MIB-G入门型的汽车/仅用于装备车载网络控制单元BFM的汽车） X4-左侧牌照灯（仅用于装备车载网络控制单元BFM的汽车） X5-右侧牌照灯（仅用于装备车载网络控制单元BFM的汽车）	58d
SC9	SC9-熔断器架C上的熔断器9	7.5A	E226-轮胎压力监控按钮（仅用于装备电控行车稳定系统ESP的汽车） G85-转向角传感器（仅用于装备电控行车稳定系统ESP的汽车） J104-ABS控制单元	15
SC10	SC10-熔断器架C上的熔断器10	5A	R-收音机（仅用于装备收音机MIB-G入门型的汽车）	15
SC11	SC11-熔断器架C上的熔断器11	10A	E45-定速巡航装置开关（仅用于装备定速巡航装置的汽车） E95-可加热前排乘客座椅调节器（仅用于装备加热座椅的汽车） E102-前照灯照明距离调节器（仅用于装备前照灯照明距离调节的汽车） J285-仪表板控制单元 V48-左侧前照灯照明距离调节伺服电动机（仅用于装备前照灯照明距离调节的汽车） V49-右侧前照灯照明距离调节伺服电动机（仅用于装备前照灯照明距离调节的汽车） J745-弯道灯和前照灯照明距离调节控制单元（仅用于装备自动前照灯照明距离调节的汽车）	15
SC12	SC12-熔断器架C上的熔断器12	5A	E43-后视镜调节开关	15
SC13	SC13-熔断器架C上的熔断器13	10A	F189-Tiptronic开关（仅用于自动变速器汽车） J217-自动变速器控制单元（仅用于自动变速器汽车）	15

表1-35 新波罗轿车熔断器SC说明表 （续）

编号	电路图中名称	额定值	保护的电路/部件	端子
SC14	SC14-熔断器架C上的熔断器14	15A	J234-安全气囊控制单元	15
SC16	SC16-熔断器架C上的熔断器16	10A	J446-驻车辅助控制单元（仅用于装备驻车距离警告PDC的汽车）	15
SC17	SC17-熔断器架C上的熔断器17	15A	V59-前后窗玻璃清洗泵	53c
SC18	SC18-熔断器架C上的熔断器18	7.5A	K13-后雾灯指示灯（仅用于不带回家模式的汽车） L46-左侧后雾灯灯泡（仅用于不带回家模式的汽车）	NSL
SC19	SC19-熔断器架C上的熔断器19	7.5A	J519-车载网络控制单元 R-收音机（仅用于装备收音机MIB-G入门型的汽车）	86s
SC20	SC20-熔断器架C上的熔断器20	10A	E1-车灯开关（仅用于带回家模式的汽车） G85-转向角传感器（仅用于装备电控行车稳定系统ESP的汽车） J271-主继电器 J285-仪表板控制单元	30a
SC21	SC21-熔断器架C上的熔断器21	15A	W1-前部车内照明灯 W13-前排乘客侧阅读灯（仅用于装备阅读灯的汽车/仅用于装备后部阅读灯的汽车） W14-前排乘客侧装备照明功能的化妆镜 W19-驾驶人侧阅读灯（仅用于装备阅读灯的汽车/仅用于装备后部阅读灯的汽车） W20-驾驶人侧装备照明功能的化妆镜 W35-右侧行李箱照明 W44-中间后部阅读灯（仅用于装备阅读灯的汽车/仅用于装备后部阅读灯的汽车）	30a
SC22	SC22-熔断器架C上的熔断器22	10A	G397-雨水与光线识别传感器（仅用于装备雨天与光线识别传感器的汽车） J99-可加热式车外后视镜继电器（仅用于装备车载网络控制单元BFM的汽车） J255-全自动空调控制单元（仅用于装备全自动空调的汽车） N376-点火钥匙拔出锁止电磁铁（仅用于自动变速器汽车） U31-诊断接口	30a
SC23	SC23-熔断器架C上的熔断器23	10A	F189-Tiptronic开关（仅用于自动变速器汽车） J519-车载网络控制单元 J623-发动机控制单元	30a
SC24	SC24-熔断器架C上的熔断器24	15A	Z4-驾驶人侧可加热车外后视镜 Z5-前排乘客侧可加热式车外后视镜	30a
SC25	SC25-熔断器架C上的熔断器25	15A	E1-车灯开关（仅用于带回家模式的汽车） G65-高压传感器 J293-散热器风扇控制单元 J301-空调器控制单元（仅用于装备手动调节空调器的汽车） U31-诊断接口	15
SC26	SC26-熔断器架C上的熔断器26	20A	J32-空调器继电器 J500-转向辅助控制单元	15
SC27	SC27-熔断器架C上的熔断器27	15A	F4-倒车灯开关（仅用于手动变速器汽车）	15

表1-35　新波罗轿车熔断器SC说明表　（续）

编号	电路图中名称	额定值	保护的电路/部件	端子
SC28	SC28-熔断器架C上的熔断器28	15A	N30-气缸1喷油阀 N31-气缸2喷油阀 N32-气缸3喷油阀 N33-气缸4喷油阀 Z19-氧传感器加热 Z29-尾气催化转化器后的氧传感器1加热装置	87
SC29	SC29-熔断器架C上的熔断器29	20A	N70-带功率输出极的点火线圈1 N127-带功率输出极的点火线圈2 N291-带功率输出极的点火线圈3 N292-带功率输出极的点火线圈4	87
SC31	SC31-熔断器架C上的熔断器31	15A	N80-炭罐电磁阀1 N205-凸轮轴调节阀1（仅用于1.6L发动机汽车）	87
SC32	SC32-熔断器架C上的熔断器32	30A	J623-发动机控制单元	87
SC33	SC33-熔断器架C上的熔断器33	10A	F-制动信号灯开关 F36-离合器踏板开关（仅用于手动变速器汽车） F47-制动踏板开关 J32-空调器继电器（仅用于手动调节空调器汽车）	87
SC34	SC34-熔断器架C上的熔断器34	20A	J519-车载网络控制单元（仅用于带回家模式的汽车） K1-远光灯指示灯 M30-左侧远光灯灯泡 M32-右侧远光灯灯泡	56a
SC35	SC35-熔断器架C上的熔断器35	25A	V11-前照灯清洗装置泵（仅用于装备前照灯清洗装置的汽车）	30a
SC36	SC36-熔断器架C上的熔断器36	20A	J17-燃油泵继电器 J643-燃油供应继电器	30a
SC37	SC37-熔断器架C上的熔断器37	30A	E94-可加热驾驶人座椅调节器（仅用于装备加热座椅的汽车） J774-可加热前座椅控制单元（仅用于装备加热座椅的汽车）	75
SC38	SC38-熔断器架C上的熔断器38	30A	J217-自动变速器控制单元（仅用于自动变速器汽车）	30a
SC39	SC39-熔断器架C上的熔断器39	15A	M31-右侧近光灯灯泡（仅用于不带回家模式的汽车）	56b
			J519-车载网络控制单元（仅用于带回家模式的汽车）	30a
SC40	SC40-熔断器架C上的熔断器40	40A	J126-新鲜空气鼓风机控制单元（仅用于全自动空调汽车）	75
		30A	V2-新鲜空气鼓风机（仅用于手动调节空调器汽车）	
SC41	SC41-熔断器架C上的熔断器41	15A	V12-后窗玻璃刮水器电动机	75
SC42	SC42-熔断器架C上的熔断器42	20A	U1-点烟器	75
SC43	SC43-熔断器架C上的熔断器43	20A	J519-车载网络控制单元	30a

表1-35 新波罗轿车熔断器SC说明表 （续）

编号	电路图中名称	额定值	保护的电路/部件	端子
SC45	SC45-熔断器架C上的熔断器45	30A	J503-收音机及导航系统带显示单元的控制单元（仅用于装备收音机及导航系统RNS315的汽车） R-收音机	30a
SC46	SC46-熔断器架C上的熔断器46	30A	H2-高音喇叭	30a
SC47	SC47-熔断器架C上的熔断器47	30A	V-车窗玻璃刮水器电动机	30a
SC48	SC48-熔断器架C上的熔断器48	30A	J519-车载网络控制单元	30a
SC49	SC49-熔断器架C上的熔断器49	15A	J519-车载网络控制单元（仅用于装备车载网络控制单元BCM的汽车）	30a
SC50	SC50-熔断器架C上的熔断器50	30A	J386-驾驶人侧车门控制单元	30a
SC51	SC51-熔断器架C上的熔断器51	30A	J387-前排乘客侧车门控制单元	30a
SC52	SC52-熔断器架C上的熔断器52	30A	J388-左后车门控制单元 J389-右后车门控制单元	30a
SC53	SC53-熔断器架C上的熔断器53	30A	Z1-可加热式后窗玻璃	30a
SC54	SC54-熔断器架C上的熔断器54	20A	L22-左侧前雾灯灯泡（仅用于装备自动前照灯照明距离调节的汽车） L23-右侧前雾灯灯泡（仅用于装备自动前照灯照明距离调节的汽车）	75
SC57	SC57-熔断器架C上的熔断器57	7.5A	M1-左侧停车灯灯泡（仅用于不带回家模式的汽车） M4-左侧尾灯灯泡（仅用于不带回家模式的汽车）	58L
SC58	SC58-熔断器架C上的熔断器58	7.5A	M2-右侧尾灯灯泡（仅用于不带回家模式的汽车） M3-右侧停车灯灯泡（仅用于不带回家模式的汽车）	58R
SC59	SC59-熔断器架C上的熔断器59	15A	M29-左侧近光灯灯泡（仅用于不带回家模式的汽车）	56b
			J519-车载网络控制单元（仅用于带回家模式的汽车）	30a
注	编号SC1、SC5、SC6、SC8、SC15、SC30、SC44、SC55、SC56、SC60的熔断器未使用			

（4）附加熔断器

新波罗轿车车载网络控制单元上的继电器支架中的附加熔断器分布如图1-68所示，熔断器相应说明见表1-36。

表1-36 新波罗轿车熔断器SC说明表

编号	电路图中名称	额定值	保护的电路/部件	端子
A	S83-滑动天窗热敏熔断器	30A	J245-滑动天窗控制单元（仅用于装备折叠式滑动天窗的汽车）	30a
注	编号B、C、D、E、F、G、H的熔断器未使用			

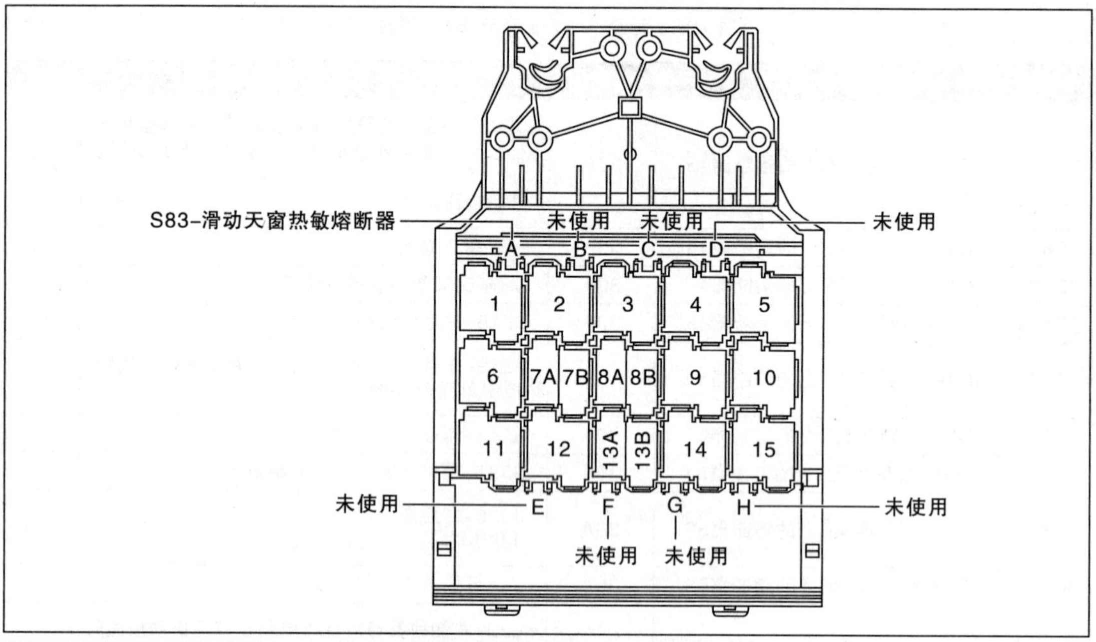

图1-68 新波罗轿车车载网络控制单元上的继电器支架中的附加熔断器分布图

2. 继电器

新波罗轿车车载网络控制单元上的继电器支架位置分布如图1-69所示。

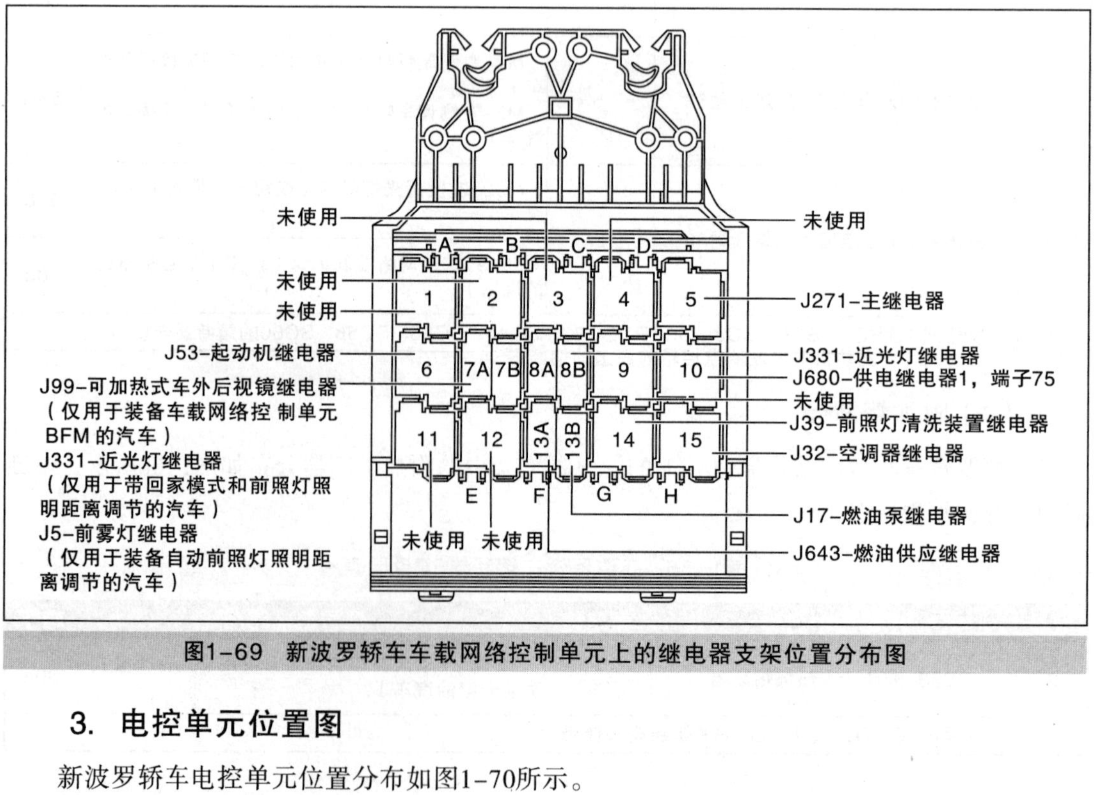

图1-69 新波罗轿车车载网络控制单元上的继电器支架位置分布图

3. 电控单元位置图

新波罗轿车电控单元位置分布如图1-70所示。

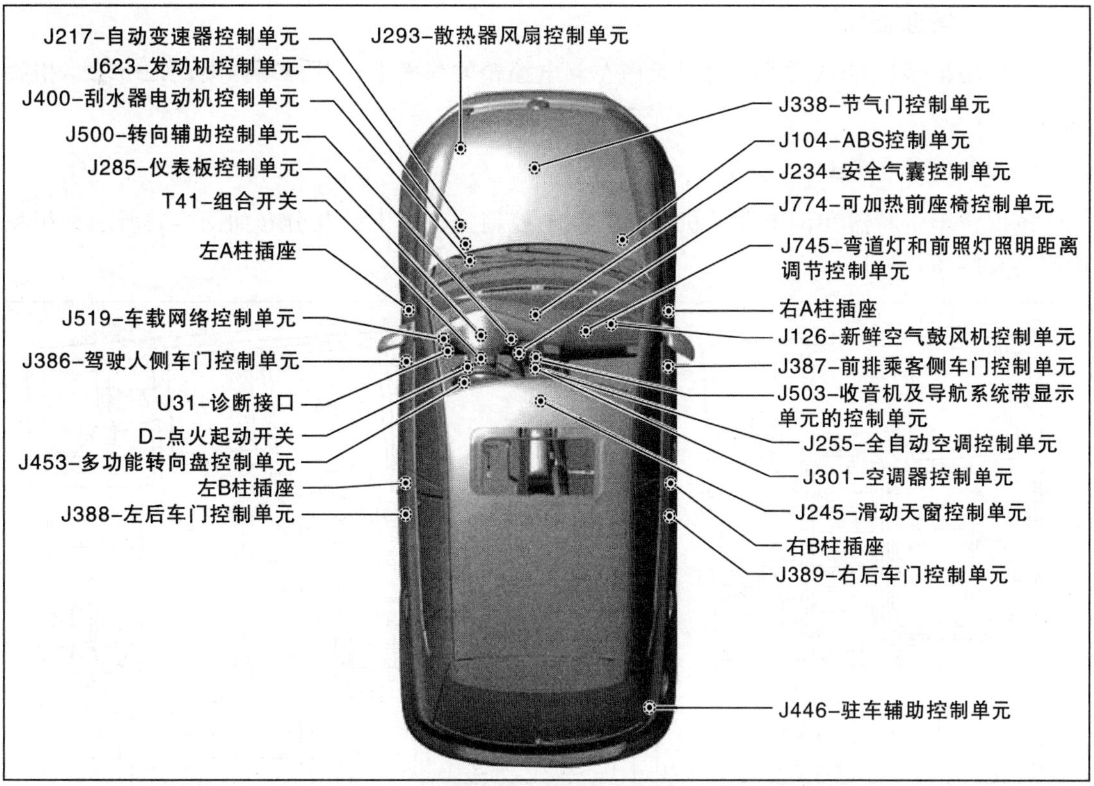

图1-70 新波罗轿车电控单元位置分布图

五、凌度（2015~2017年款）

1. 熔断器

（1）熔断器分布

凌度轿车熔断器位置分布如图1-71所示。

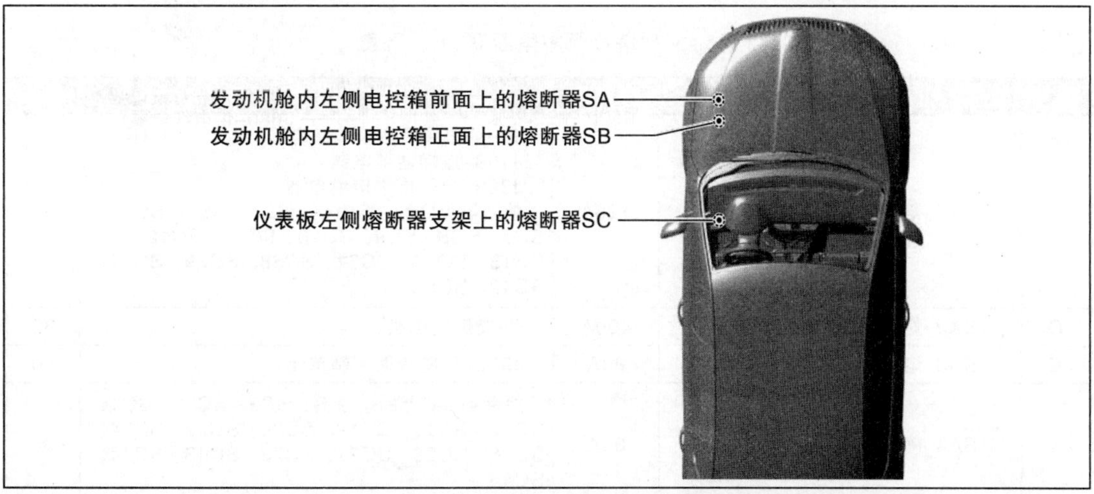

图1-71 凌度轿车熔断器位置分布图

（2）熔断器SA

凌度轿车熔断器SA位于发动机舱内左侧电控箱的前面上，其分布如图1-72所示，相关说明见表1-37。

（3）熔断器SB

凌度轿车熔断器SB位于发动机舱内左侧电控箱的正面上，其分布如图1-73所示，相关说明见表1-38。

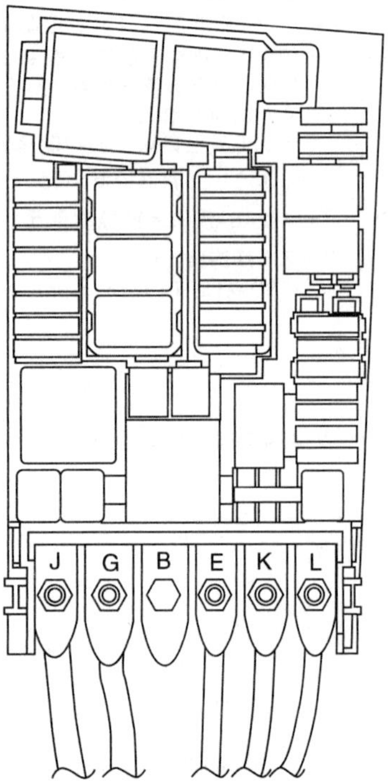

图1-72　凌度轿车熔断器SA分布图

熔断器颜色	
50A	红色
40A	橙色
30A	绿色
20A	黄色
15A	蓝色
10A	红色
5A	米色

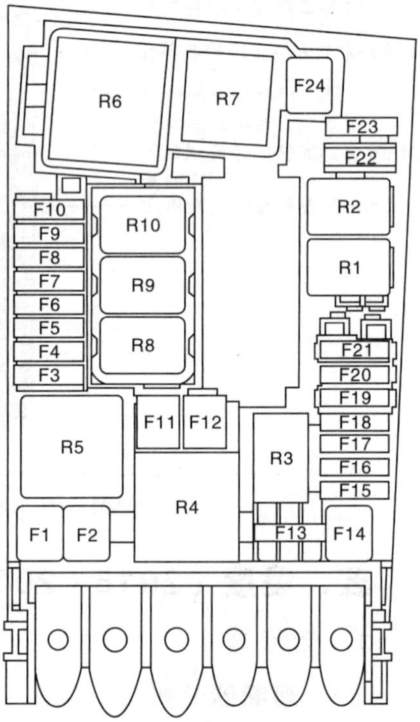

图1-73　凌度轿车熔断器SB分布图

表1-37　凌度轿车熔断器SA说明表

编号	电路图中名称	额定值	保护的电路/部件	端子
J	SA1-熔断器架A上的熔断器1	125A	J9-可加热后窗玻璃继电器 J193-点烟器继电器 J329-端子15供电继电器 熔断器架C上的熔断器：SC4、SC5、SC6、SC7、SC8、SC9、SC10、SC11、SC12、SC13、SC14、SC31、SC38、SC39、SC41、SC42、SC53	30
G	SA2-熔断器架A上的熔断器2	400A	C-交流发电机	30
E	SA3-熔断器架A上的熔断器3	80A	J500-转向辅助控制单元	30
K	SA4-熔断器架A上的熔断器4	80A	熔断器架C上的熔断器：SC3、SC15、SC16、SC17、SC18、SC19、SC20、SC23、SC24、SC25、SC26、SC27、SC28、SC43、SC44、SC45	30
L	SA5-熔断器架A上的熔断器5	50A	J293-散热器风扇控制单元	30

表1-38 凌度轿车熔断器SB说明表

编号	电路图中名称	额定值	保护的电路/部件	端子
F1	SB1-熔断器架B上的熔断器1	40A	J104-ABS控制单元	30
F2	SB2-熔断器架B上的熔断器2	40A	J104-ABS控制单元	30
F3	SB3-熔断器架B上的熔断器3	15A	J623-发动机控制单元	87
F4	SB4-熔断器架B上的熔断器4	5A	J293-散热器风扇控制单元（仅用于1.4L发动机汽车） N80-炭罐电磁阀1（仅用于1.4L发动机汽车） N205-凸轮轴调节阀1（仅用于1.4L发动机汽车） N318-排气门凸轮轴调节阀1（仅用于1.4L发动机汽车） N428-机油压力调节阀（仅用于1.4L发动机汽车）	87
		10A	G266-机油油位和机油温度传感器（仅用于1.8L发动机汽车） J293-散热器风扇控制单元（仅用于1.8L发动机汽车） N249-涡轮增压器循环空气阀（仅用于1.8L发动机汽车） N316-进气管风门阀门（仅用于1.8L发动机汽车） N428-机油压力调节阀（仅用于1.8L发动机汽车） N522-活塞冷却喷嘴控制阀（仅用于1.8L发动机汽车）	
F5	SB5-熔断器架B上的熔断器5	10A	F366-凸轮轴调节元件1（仅用于1.8L发动机汽车） F367-凸轮轴调节元件2（仅用于1.8L发动机汽车） F368-凸轮轴调节元件3（仅用于1.8L发动机汽车） F369-凸轮轴调节元件4（仅用于1.8L发动机汽车） F370-凸轮轴调节元件5（仅用于1.8L发动机汽车） F371-凸轮轴调节元件6（仅用于1.8L发动机汽车） F372-凸轮轴调节元件7（仅用于1.8L发动机汽车） F373-凸轮轴调节元件8（仅用于1.8L发动机汽车） J757-发动机部件供电继电器（仅用于1.8L发动机汽车）	87
F6	SB6-熔断器架B上的熔断器6	5A	F-制动信号灯开关 F47-制动踏板开关	87
F7	SB7-熔断器架B上的熔断器7	10A	V51-冷却液继续补给泵（仅用于1.4L发动机汽车）	87
		7.5A	N82-冷却液断流阀（仅用于1.8L发动机汽车） N488-变速器冷却液阀（仅用于1.8L发动机汽车）	

表1-38　凌度轿车熔断器SB说明表　（续）

编号	电路图中名称	额定值	保护的电路/部件	端子
F8	SB8-熔断器架B上的熔断器8	15A	Z19-氧传感器加热（仅用于1.8L发动机汽车） Z29-尾气催化转化器后的氧传感器1加热装置（仅用于1.8L发动机汽车）	87
		10A	Z19-氧传感器加热（仅用于1.4L发动机汽车） Z29-尾气催化转化器后的氧传感器1加热装置（仅用于1.4L发动机汽车）	
F9	SB9-熔断器架B上的熔断器9	20A	N70-带功率输出级的点火线圈1（仅用于1.4L发动机汽车） N127-带功率输出级的点火线圈2（仅用于1.4L发动机汽车） N291-带功率输出级的点火线圈3（仅用于1.4L发动机汽车） N292-带功率输出级的点火线圈4（仅用于1.4L发动机汽车）	87
		10A	N75-增压压力限制电磁阀（仅用于1.8L发动机汽车） N80-炭罐电磁阀1（仅用于1.8L发动机汽车） N205-凸轮轴调节阀1（仅用于1.8L发动机汽车） N318-排气门凸轮轴调节阀1（仅用于1.8L发动机汽车） V51-冷却液继续补给泵（仅用于1.8L发动机汽车）	
F10	SB10-熔断器架B上的熔断器10	15A	J538-燃油泵控制单元	87
F13	SB13-熔断器架B上的熔断器13	15A	J743-双离合器变速器机电装置（仅用于1.8L发动机和双离合器变速器汽车）	30
		30A	J743-双离合器变速器机电装置（仅用于双离合器变速器和1.4L发动机汽车）	
F15	SB15-熔断器架B上的熔断器15	15A	H2-高音喇叭 H7-低音喇叭 J4-双音喇叭继电器	30
F16	SB16-熔断器架B上的熔断器16	15A	N70-带功率输出级的点火线圈1（仅用于1.8L发动机汽车） N127-带功率输出级的点火线圈2（仅用于1.8L发动机汽车） N291-带功率输出级的点火线圈3（仅用于1.8L发动机汽车） N292-带功率输出级的点火线圈4（仅用于1.8L发动机汽车）	30
F17	SB17-熔断器架B上的熔断器17	7.5A	J104-ABS控制单元 J271-主继电器 J623-发动机控制单元	30
F18	SB18-熔断器架B上的熔断器18	5A	J533-数据总线诊断接口 J367-蓄电池监控控制单元（仅用于装备自动起停系统的汽车）	30
F19	SB19-熔断器架B上的熔断器19	30A	J400-刮水器电动机控制单元	30
F22	SB22-熔断器架B上的熔断器22	5A	J623-发动机控制单元	50

表1-38 凌度轿车熔断器SB说明表 （续）

编号	电路图中名称	额定值	保护的电路/部件	端子
F23	SB23-熔断器架B上的熔断器23	30A	B-起动机	50
注	编号F11、F12、F14、F20、F21的熔断器未使用			

（4）熔断器SC

凌度轿车熔断器SC位于仪表板左侧熔断器支架中，其分布如图1-74所示，相关说明见表1-39。

熔断器颜色	
40A	橙色
30A	绿色
25A	白色
20A	黄色
15A	蓝色
10A	红色
7.5A	棕色
5A	米色

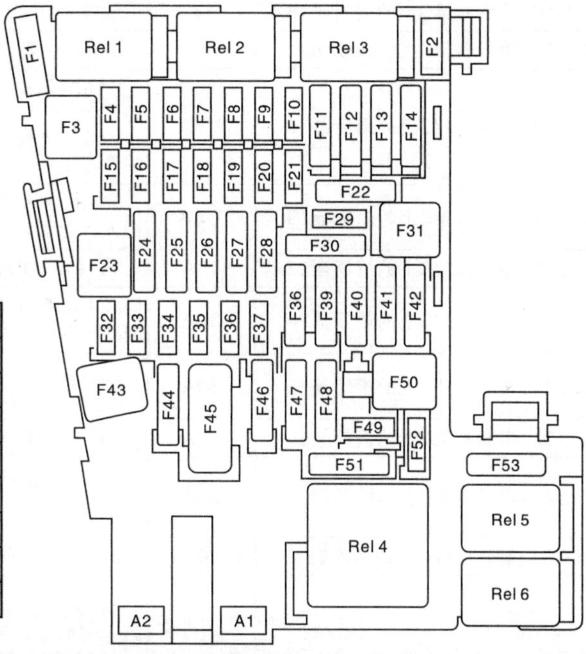

图1-74 凌度轿车熔断器SC分布图

表1-39 凌度轿车熔断器SC说明表

编号	电路图中名称	额定值	保护的电路/部件	端子
F5	SC5-熔断器架C上的熔断器5	5A	J533-数据总线诊断接口	30
F7	SC7-熔断器架C上的熔断器7	10A	F189-Tiptronic开关（仅用于双离合器变速器汽车） J9-可加热后窗玻璃继电器 J255-全自动空调控制单元（仅用于全自动空调汽车） J301-空调器控制单元（仅用于带手动调节空调器汽车）	30
F8	SC8-熔断器架C上的熔断器8	10A	E1-车灯开关 G397-雨水与光线识别传感器（仅用于装备自动防眩车内后视镜的汽车） U31-诊断接口 K213-电控机械式驻车制动器指示灯	30
F9	SC9-熔断器架C上的熔断器9	2A	J527-转向柱电子装置控制单元	30

表1-39 凌度轿车熔断器SC说明表 （续）

编号	电路图中名称	额定值	保护的电路/部件	端子
F10	SC10-熔断器架C上的熔断器10	10A	E380-多媒体系统操作单元（依汽车装备而定）	30
F12	SC12-熔断器架C上的熔断器12	20A	J794-电子通信信息设备1控制单元（依汽车装备而定） R-收音机（依汽车装备而定）	30
F14	SC14-熔断器架C上的熔断器14	30A	J126-新鲜空气鼓风机控制单元	30
F15	SC15-熔断器架C上的熔断器15	10A	J764-电子转向柱锁止装置控制单元（仅用于装备进入及起动许可的汽车）	30
F16	SC16-熔断器架C上的熔断器16	5A	R293-USB分线器（依汽车装备而定）	30
F17	SC17-熔断器架C上的熔断器17	5A	J285-仪表板控制单元	30
F18	SC18-熔断器架C上的熔断器18	7.5A	R189-倒车摄像头（仅用于装备倒车摄像系统的汽车） V432-徽标电动机（仅用于装备倒车摄像系统的汽车）	30
F19	SC19-熔断器架C上的熔断器19	7.5A	J518-进入及起动许可控制单元（仅用于装备进入及起动许可的汽车）	30
F23	SC23-熔断器架C上的熔断器23	40A	J519-车载网络控制单元	30
F24	SC24-熔断器架C上的熔断器24	30A	J245-滑动天窗控制单元（仅用于装备滑动/外翻式天窗的汽车）	30
F25	SC25-熔断器架C上的熔断器25	30A	J386-驾驶人侧车门控制单元 J388-左后车门控制单元	30
F26	SC26-熔断器架C上的熔断器26	30A	J519-车载网络控制单元	30
F27	SC27-熔断器架C上的熔断器27	30A	R12-功率放大器（仅用于装备音响系统的汽车）	30
F31	SC31-熔断器架C上的熔断器31	40A	J519-车载网络控制单元	30
F32	SC32-熔断器架C上的熔断器32	7.5A	J428-车距调节控制单元（仅用于装备自动车距控制ADR的汽车） J446-驻车辅助控制单元（仅用于其后装备驻车距离报警的汽车/仅用于前/后装备驻车距离报警的汽车） J791-驻车辅助系统控制单元（仅用于装备驻车转向辅助系统的汽车） J1086-盲区识别控制单元（仅用于装备车道保持辅助系统的汽车） J1087-盲区识别控制单元2（仅用于装备车道保持辅助系统的汽车） R242-驾驶人辅助系统的前部摄像机（仅用于装备驾驶辅助特殊装备的汽车）	15
F33	SC33-熔断器架C上的熔断器33	5A	J234-安全气囊控制单元	15
F34	SC34-熔断器架C上的熔断器34	7.5A	E1-车灯开关 E226-轮胎压力监控按钮 E540-自动驻车（AUTO HOLD）按钮 F4-倒车灯开关（仅用于手动变速器汽车） G805-冷却液循环管路压力传感器 J193-点烟器继电器 K237-自动驻车（AUTO HOLD）指示灯 Y7-自动防眩的车内后视镜（仅用于装备自动防眩车内后视镜的汽车）	15

表1-39 凌度轿车熔断器SC说明表 （续）

编号	电路图中名称	额定值	保护的电路/部件	端子
F35	SC35-熔断器架C上的熔断器35	10A	E102-前照灯照明距离调节器（仅用于装备前照灯照明距离调节的汽车） J745-弯道灯和前照灯照明距离调节控制单元（仅用于装备自动前照灯照明距离调节的汽车） U31-诊断接口 V48-左侧前照灯照明距离调节伺服电动机（仅用于装备前照灯照明距离调节的汽车） V49-右侧前照灯照明距离调节伺服电动机（仅用于装备前照灯照明距离调节的汽车）	15
F36	SC36-熔断器架C上的熔断器36	10A	J668-右侧前照灯电源模块（仅用于装备自动前照灯照明距离调节的汽车）	15
F37	SC37-熔断器架C上的熔断器37	10A	J667-左侧前照灯电源模块（仅用于装备自动前照灯照明距离调节的汽车）	15
F39	SC39-熔断器架C上的熔断器39	30A	J387-前排乘客侧车门控制单元 J389-右后车门控制单元	30
F40	SC40-熔断器架C上的熔断器40	20A	U1-点烟器	
F42	SC42-熔断器架C上的熔断器42	40A	J519-车载网络控制单元	30
F43	SC43-熔断器架C上的熔断器43	30A	J519-车载网络控制单元	30
F45	SC45-熔断器架C上的熔断器45	15A	E64-前排乘客座椅纵向调节开关（电动可调式驾驶人和前排乘客座椅） E65-前排乘客座椅前部高度调节开关（电动可调式驾驶人和前排乘客座椅） E66-前排乘客座椅后部高度调节开关（电动可调式驾驶人和前排乘客座椅） E96-驾驶人座椅靠背调节开关（电动可调式驾驶人和前排乘客座椅） E98-前排乘客座椅靠背调节开关（电动可调式驾驶人和前排乘客座椅） E176-驾驶人腰部支撑调节开关（电动可调式驾驶人和前排乘客座椅） E177-前排乘客腰部支撑调节开关（电动可调式驾驶人和前排乘客座椅） E208-驾驶人座椅前部高度上调按钮（电动可调式驾驶人和前排乘客座椅） E209-驾驶人座椅前部高度下调按钮（电动可调式驾驶人和前排乘客座椅） E210-驾驶人座椅后部高度上调按钮（电动可调式驾驶人和前排乘客座椅） E211-驾驶人座椅后部高度下调按钮（电动可调式驾驶人和前排乘客座椅） E212-驾驶人座椅前后位置前调按钮（电动可调式驾驶人和前排乘客座椅） E213-驾驶人座椅前后位置后调按钮（电动可调式驾驶人和前排乘客座椅）	30
F49	SC49-熔断器架C上的熔断器49	5A	G476-离合器位置传感器（仅用于手动变速器汽车） J906-起动机继电器1 J907-起动机继电器2	15
F53	SC53-熔断器架C上的熔断器53	30A	Z1-可加热式后窗玻璃	30
注	编号1、2、3、4、6、11、13、20、21、22、28、29、30、38、41、44、46、47、48、50、51、52的熔断器未使用			

2. 继电器

（1）继电器位置图

凌度轿车继电器位置分布如图1-75所示。

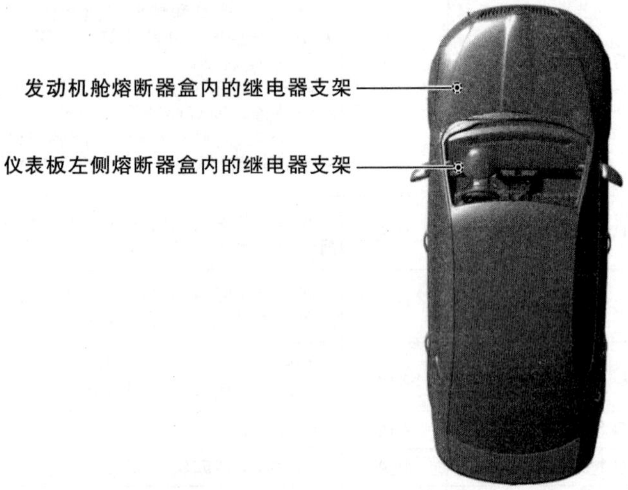

图1-75 凌度轿车继电器位置分布图

（2）发动机舱熔断器盒内的继电器

凌度轿车发动机舱熔断器盒内的继电器分布如图1-76所示。

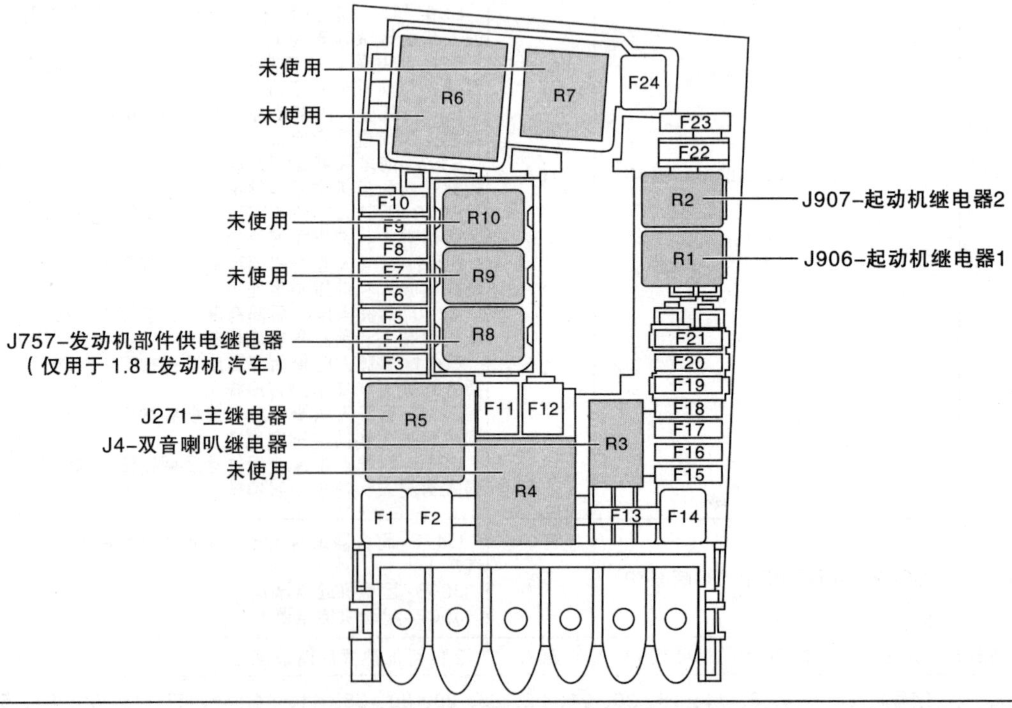

图1-76 凌度轿车发动机舱熔断器盒内的继电器分布图

（3）仪表板左侧熔断器盒内的继电器

凌度轿车仪表板左侧熔断器盒内的继电器分布如图1-77所示。

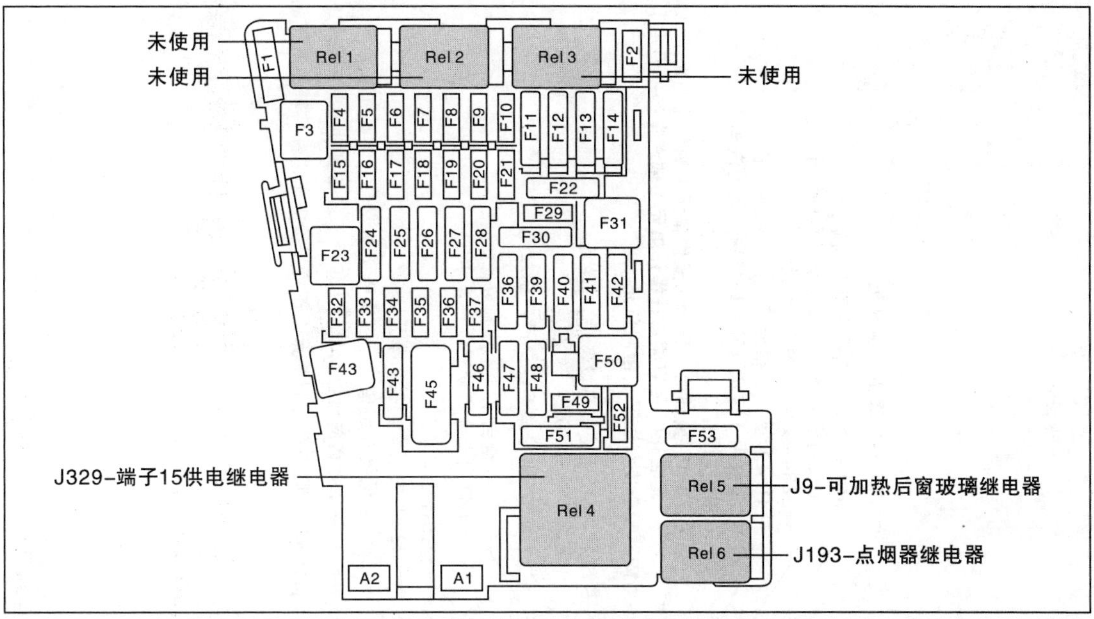

图1-77 凌度轿车仪表板左侧熔断器盒内的继电器分布图

3. 电控单元位置图

凌度轿车发动机舱内电控单元位置分布如图1-78所示，车内空间内的电控单元位置分布如图1-79所示。

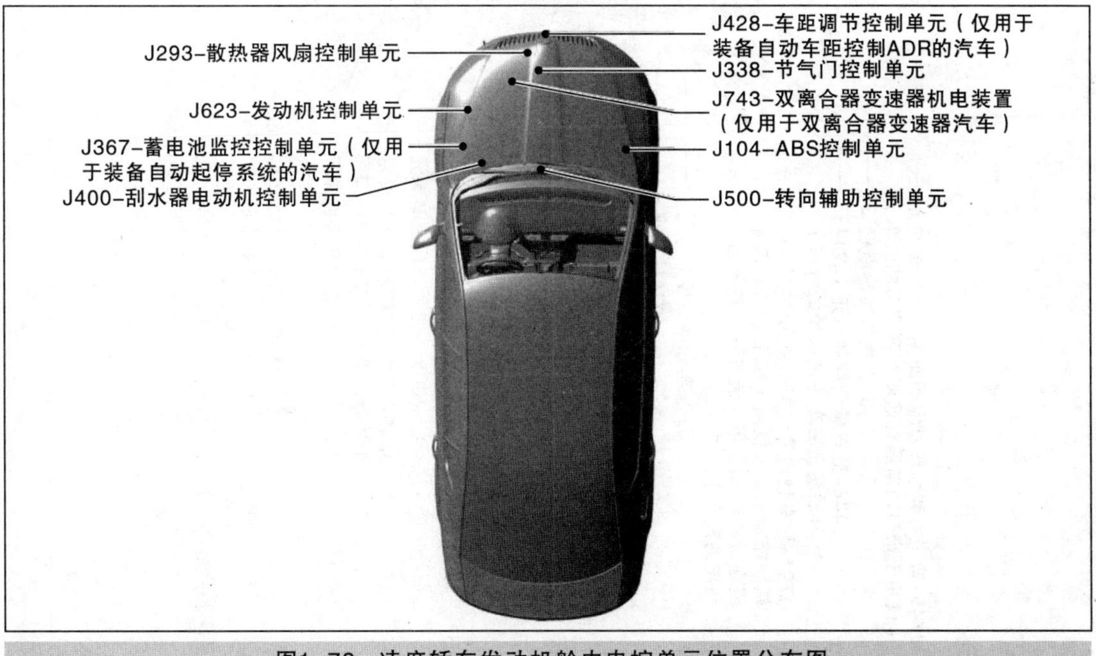

图1-78 凌度轿车发动机舱内电控单元位置分布图

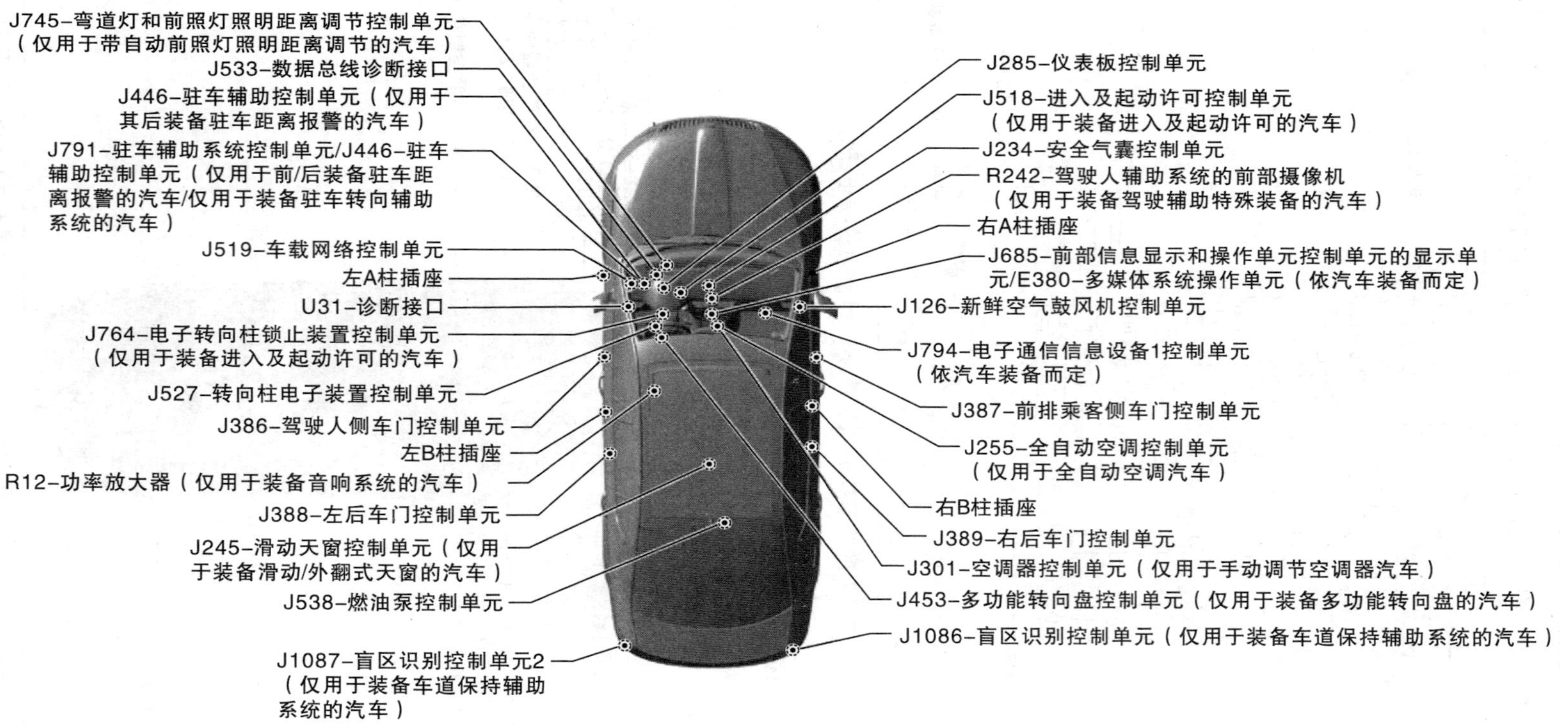

图1–79　凌度轿车车内空间内的电控单元位置分布图

六、全新帕萨特（2016年起）

1. 熔断器

（1）熔断器分布

全新帕萨特轿车熔断器位置分布如图1-80所示。

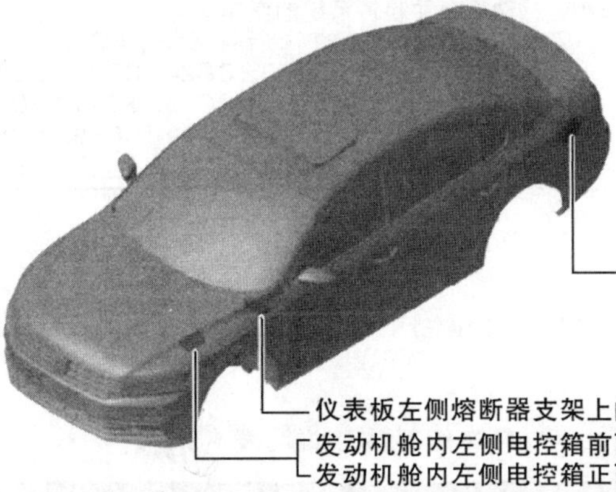

图1-80 全新帕萨特轿车熔断器位置分布图

（2）熔断器SA

全新帕萨特轿车熔断器SA位于发动机舱内左侧电控箱的前面，其分布如图1-81所示，相关说明见表1-40。

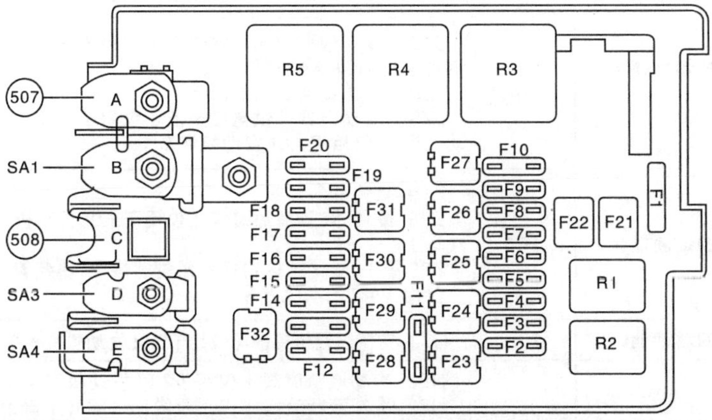

熔断器颜色	
50A	红色
40A	橙色
30A	绿色
20A	黄色
15A	蓝色
10A	红色
5A	米色

图1-81 全新帕萨特轿车熔断器SA、SB分布图

表1-40 全新帕萨特轿车熔断器SA说明表

编号	电路图中名称	额定值	保护的电路/部件	端子
A	508螺栓连接（30）	–	–	30
B	SA1-熔断器架A上的熔断器1	200A	C-交流发电机	30
C	509螺栓连接1（29）	–	–	30
D	SA3-熔断器架A上的熔断器3	50A	J500-转向辅助控制单元	30

表1-40　全新帕萨特轿车熔断器SA说明表　（续）

编号	电路图中名称	额定值	保护的电路/部件	端子
E	SA4-熔断器架A上的熔断器4	80A	S44-驾驶人座椅调节装置的热敏熔丝1 SC1-熔断器架C上的熔断器1 SC3-熔断器架C上的熔断器3（仅用于不装备发动机自动起停系统的汽车） SC4-熔断器架C上的熔断器4（仅用于不装备发动机自动起停系统的汽车） 熔断器架C上的熔断器：SC5、SC6、SC20、SC21、SC22、SC23、SC24、SC34、SC35、SC36、SC37、SC38、SC43、SC44、SC45、SC46、SC47、SC48、SC49、SC50、SC51、SC52、SC53、SC54	30

（3）熔断器SB

全新帕萨特轿车熔断器SB位于发动机舱内左侧电控箱的正面上，其分布如图1-81所示，相关说明见表1-41。

表1-41　全新帕萨特轿车熔断器SB说明表

编号	电路图中名称	额定值	保护的电路/部件	端子
F1	SB1-熔断器架B上的熔断器1	10A	V51-冷却液继续补给泵（仅用于发动机编号字母为CEAA的汽车）	87
F2	SB2-熔断器架B上的熔断器2	30A	J623-发动机控制单元（仅用于6缸发动机汽车）	87
		20A	J623-发动机控制单元（仅用于4缸发动机汽车）	
F3	SB3-熔断器架B上的熔断器3	5A	J160-循环泵继电器（仅用于3.0L发动机汽车）	87
		5A	J151-冷却液继续循环继电器（仅用于发动机编号字母为CEAA的汽车） J293-散热器风扇控制单元 J757-发动机部件供电继电器（仅用于1.8L发动机汽车/仅用于2.0L发动机汽车）	87
F4	SB4-熔断器架B上的熔断器4	15A	Z19-氧传感器加热 Z28-氧传感器2加热装置（仅用于3.0L发动机汽车） Z29-尾气催化转化器后的氧传感器1加热装置（仅用于4缸发动机汽车）	87
F5	SB5-熔断器架B上的熔断器5	10A	G70-空气质量传感器（仅用于3.0L发动机汽车）	87
F6	SB6-熔断器架B上的熔断器6	10A	N82-冷却液断流阀（仅用于2.0L发动机汽车） N82-冷却液断流阀（仅用于发动机编号字母为DBHA的汽车/截至2017年1月） V478-变速器油冷却泵（仅用于2.0L发动机汽车） N488-变速器冷却液阀（仅用于2.0L发动机汽车） N488-变速器冷却液阀（仅用于发动机编号字母为DBHA的汽车/截至2017年1月）	87
		15A	Z29-尾气催化转化器后的氧传感器1加热装置（仅用于3.0L发动机汽车） Z30-尾气催化转化器后的氧传感器2加热装置（仅用于3.0L发动机汽车）	87

表1-41　全新帕萨特轿车熔断器SB说明表　　（续）

编号	电路图中名称	额定值	保护的电路/部件	端子
F7	SB7-熔断器架B上的熔断器7	10A	F366-凸轮轴调节元件1（仅用于发动机编号字母为DBHA的汽车/仅用于2.0L发动机汽车） F367-凸轮轴调节元件2（仅用于发动机编号字母为DBHA的汽车/仅用于2.0L发动机汽车） F368-凸轮轴调节元件3（仅用于发动机编号字母为DBHA的汽车/仅用于2.0L发动机汽车） F369-凸轮轴调节元件4（仅用于发动机编号字母为DBHA的汽车/仅用于2.0L发动机的汽车） F370-凸轮轴调节元件5（仅用于发动机编号字母为DBHA的汽车/仅用于2.0L发动机汽车） F371-凸轮轴调节元件6（仅用于发动机编号字母为DBHA的汽车/仅用于2.0L发动机汽车） F372-凸轮轴调节元件7（仅用于发动机编号字母为DBHA的汽车/仅用于2.0L发动机汽车） F373-凸轮轴调节元件8（仅用于发动机编号字母为DBHA的汽车/仅用于2.0L发动机汽车） N532-气缸1喷油阀2（仅用于2.0L发动机汽车） N533-气缸2喷油阀2（仅用于2.0L发动机汽车） N534-气缸3喷油阀2（仅用于2.0L发动机汽车） N535-气缸4喷油阀2（仅用于2.0L发动机汽车）	87
		20A	N70-带功率输出级的点火线圈1（仅用于1.4L发动机汽车） N127-带功率输出级的点火线圈2（仅用于1.4L发动机汽车） N291-带功率输出级的点火线圈3（仅用于1.4L发动机汽车） N292-带功率输出级的点火线圈4（仅用于1.4L发动机汽车）	87
		30A	N70-带功率输出级的点火线圈1（仅用于发动机编号字母为CEAA的汽车/仅用于3.0L发动机汽车） N127-带功率输出级的点火线圈2（仅用于发动机编号字母为CEAA的汽车/仅用于3.0L发动机汽车） N291-带功率输出级的点火线圈3（仅用于发动机编号字母为CEAA的汽车/仅用于3.0L发动机汽车） N292-带功率输出级的点火线圈4（仅用于发动机编号字母为CEAA的汽车/仅用于3.0L发动机汽车） N323-带功率输出级的点火线圈5（仅用于3.0L发动机汽车） N324-带功率输出级的点火线圈6（仅用于3.0L发动机汽车）	87
F8	SB8-熔断器架B上的熔断器8	10A	N75-增压压力限制电磁阀（仅用于发动机编号字母为DBHA的汽车/仅用于发动机编号字母为CEAA的汽车） N79-曲轴箱排气加热电阻（仅用于3.0L发动机汽车） N80-炭罐电磁阀1（仅用于4缸发动机汽车） N205-凸轮轴调节阀1（仅用于4缸发动机汽车） N249-涡轮增压器循环空气阀（仅用于发动机编号字母为CEAA的汽车）	87

表1-41 全新帕萨特轿车熔断器SB说明表 （续）

编号	电路图中名称	额定值	保护的电路/部件	端子
F8	SB8-熔断器架B上的熔断器8	10A	N276-燃油压力调节阀（仅用于3.0L发动机汽车） N316-进气管风门阀门（仅用于发动机编号字母为CEAA的汽车） N318-排气门凸轮轴调节阀1（仅用于发动机编号字母为DBHA的汽车/仅用于2.0L发动机汽车/仅用于1.4L发动机汽车） N428-机油压力调节阀（仅用于发动机编号字母为CEAA的汽车/仅用于1.4L发动机汽车） V51-冷却液继续补给泵（仅用于发动机编号字母为DBHA的汽车/仅用于2.0L发动机汽车）	87
F9	SB9-熔断器架B上的熔断器9	10A	N80-炭罐电磁阀1（仅用于3.0L发动机汽车） N205-凸轮轴调节阀1（仅用于3.0L发动机汽车） N249-涡轮增压器循环空气阀（仅用于发动机编号字母为DBHA的汽车） N316-进气管风门阀门（仅用于发动机编号字母为DBHA的汽车/仅用于2.0L发动机汽车/仅用于3.0L发动机汽车）	87
			N318-排气门凸轮轴调节阀1（仅用于3.0L发动机汽车） N428-机油压力调节阀（仅用于发动机编号字母为DBHA的汽车/仅用于2.0L发动机汽车） N522-活塞冷却喷嘴控制阀（仅用于发动机编号字母为DBHA的汽车/仅用于2.0L发动机汽车） V51-冷却液继续补给泵（仅用于1.4L发动机汽车）	87
F10	SB10-熔断器架B上的熔断器10	5A	F-制动信号灯开关 F47-制动踏板开关 G476-离合器位置传感器（仅用于手动变速器汽车）	87
F12	SB12-熔断器架B上的熔断器12	15A	N70-带功率输出级的点火线圈1（仅用于发动机编号字母为DBHA的汽车/仅用于2.0L发动机汽车） N127-带功率输出级的点火线圈2（仅用于发动机编号字母为DBHA的汽车/仅用于2.0L发动机汽车） N276-燃油压力调节阀（仅用于发动机编号字母为CEAA的汽车） N291-带功率输出级的点火线圈3（仅用于发动机编号字母为DBHA的汽车/仅用于2.0L发动机汽车） N292-带功率输出级的点火线圈4（仅用于发动机编号字母为DBHA的汽车/仅用于2.0L发动机汽车） V51-冷却液继续补给泵（仅用于3.0L发动机汽车）	87
F13	SB13-熔断器架B上的熔断器13	30A	J532-稳压器（仅用于装备自动起停系统的汽车）	30
F14	SB14-熔断器架B上的熔断器14	10A	J271-主继电器 J368-刮水器电动机转换继电器1 J369-刮水器电动机转换继电器2 J623-发动机控制单元	30
F15	SB15-熔断器架B上的熔断器15	30A	J104-ABS控制单元	30

表1-41 全新帕萨特轿车熔断器SB说明表 （续）

编号	电路图中名称	额定值	保护的电路/部件	端子
F17	SB17-熔断器架B上的熔断器17	30A	J743-双离合器变速器机电装置（仅用于装备双离合器变速器0AM的汽车）	30
		15A	J743-双离合器变速器机电装置（仅用于装备双离合器变速器02E的汽车/仅用于装备双离合器变速器0DE的汽车）	
F19	SB19-熔断器架B上的熔断器19	5A	J519-车载网络控制单元（仅用于4缸发动机汽车） J367-蓄电池监控控制单元（仅用于装备自动起停系统的汽车）	30
F20	SB20-熔断器架B上的熔断器20	30A	J400-刮水器电动机控制单元	30
F23	SB23-熔断器架B上的熔断器23	40A	J680-供电继电器1，端子75（仅用于装备全自动空调的汽车）	30
		50A	J680-供电继电器1，端子75（仅用于带手动调节空调器的汽车）	
F24	SB24-熔断器架B上的熔断器24	30A	J540-机电式驻车制动器控制单元	30
F25	SB25-熔断器架B上的熔断器25	40A	J329-端子15供电继电器	30
F26	SB26-熔断器架B上的熔断器26	30A	J540-机电式驻车制动器控制单元	30
F27	SB27-熔断器架B上的熔断器27	50A	J293-散热器风扇控制单元	30
F28	SB28-熔断器架B上的熔断器28	40A	J519-车载网络控制单元	30
F29	SB29-熔断器架B上的熔断器29	40A	J519-车载网络控制单元	30
F30	SB30-熔断器架B上的熔断器30	40A	J104-ABS控制单元	30
F31	SB31-熔断器架B上的熔断器31	40A	R12-功率放大器（仅用于装备音响系统的汽车）	30
注	编号F11、F16、F18、F21、F22、F32的熔断器未使用			

（4）熔断器SC

全新帕萨特轿车熔断器SC位于仪表板左侧熔断器支架中，其分布如图1-82所示，相关说明见表1-42。

熔断器颜色	
40A	橙色
30A	绿色
25A	白色
20A	黄色

熔断器颜色	
15A	蓝色
10A	红色
7.5A	棕色
5A	米色

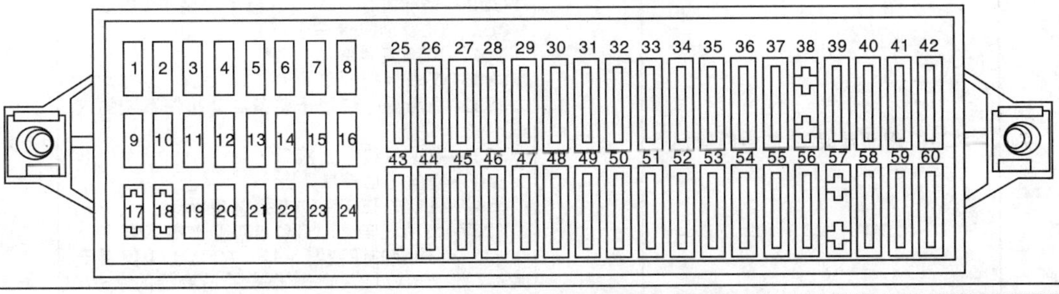

图1-82 全新帕萨特轿车熔断器SC分布图

表1-42 全新帕萨特轿车熔断器SC说明表

编号	电路图中名称	额定值	保护的电路/部件	端子
1	SC1-熔断器架C上的熔断器1	10A	J764-电子转向柱锁止装置控制单元（仅用于装备进入及起动许可的汽车）	30
3	SC3-熔断器架C上的熔断器3	10A	J285-仪表板控制单元	–
4	SC4-熔断器架C上的熔断器4	10A	Y-时钟	–
5	SC5-熔断器架C上的熔断器5	10A	J1124-环境照明控制单元（仅用于装备氛围灯的汽车）	30
6	SC6-熔断器架C上的熔断器6	10A	R189-倒车摄像头（仅用于装备倒车摄像系统的汽车）	30
9	SC9-熔断器架C上的熔断器9	5A	J234-安全气囊控制单元	15
10	SC10-熔断器架C上的熔断器10	15A	J262-后窗遮阳卷帘控制单元（仅用于装备电动后窗遮阳卷帘的汽车）	15
11	SC11-熔断器架C上的熔断器11	10A	J667-左侧前照灯电源模块（仅用于装备自动前照灯照明距离调节的汽车）	15
12	SC12-熔断器架C上的熔断器12	10A	J668-右侧前照灯电源模块（仅用于装备自动前照灯照明距离调节的汽车）	15
13	SC13-熔断器架C上的熔断器13	10A	E149-后窗遮阳卷帘开关（仅用于装备电动后窗遮阳卷帘的汽车） E226-轮胎压力监控按钮 E256-ASR和电子稳定程序按钮 E693-起动/停止模式按钮（仅用于装备自动起停系统的汽车） F4-倒车灯开关（仅用于手动变速器汽车） G65-高压传感器 G238-空气质量传感器（仅用于装备全自动空调的汽车） J428-车距调节控制单元（仅用于装备自动车距控制ADR的汽车） J446-驻车距离报警控制单元（仅用于装备驻车距离报警PDC的汽车） J745-弯道灯和前照灯照明距离调节控制单元（仅用于装备自动前照灯照明距离调节的汽车） J791-驻车辅助系统控制单元（仅用于装备驻车转向辅助系统的汽车） Y7-自动防眩车内后视镜（仅适用于装备自动防眩车内后视镜的汽车）	15
14	SC14-熔断器架C上的熔断器14	10A	E540-自动驻车（AUTO HOLD）按钮 G226-备胎轮胎压力传感器（仅用于3.0L、1.8L、2.0L发动机汽车） J104-ABS控制单元 J285-仪表板控制单元 J532-稳压器（仅用于装备自动起停系统的汽车） J533-数据总线诊断接口 J500-转向辅助控制单元 J540-机电式驻车制动器控制单元 K237-自动驻车（AUTO HOLD）指示灯 U13-带插座的逆变器（12~230V）（仅用于装备12~230V/12~115V插座的逆变器的汽车/仅用于装备自动起停系统的汽车）	15

表1-42 全新帕萨特轿车熔断器SC说明表 （续）

编号	电路图中名称	额定值	保护的电路/部件	端子
15	SC15-熔断器架C上的熔断器15	10A	E1-车灯开关 E102-前照灯照明距离调节器（仅用于装备前照灯照明距离调节的汽车） V48-左侧前照灯照明距离调节伺服电动机（仅用于装备前照灯照明距离调节的汽车） V49-右侧前照灯照明距离调节伺服电动机（仅用于装备前照灯照明距离调节的汽车） U31-诊断接口	15
16	SC16-熔断器架C上的熔断器16	10A	G70-空气质量传感器（仅用于发动机编号字母为CEAA的汽车） J538-燃油泵控制单元 J623-发动机控制单元 J906-起动机继电器1（仅用于装备自动起停系统的汽车） J907-起动机继电器2（仅用于装备自动起停系统的汽车）	15
17	SC17-熔断器架C上的熔断器17	10A	J1086-盲区识别控制单元（仅用于装备盲区识别的汽车） J1087-盲区识别控制单元2（仅用于装备盲区识别的汽车）	15
18	SC18-熔断器架C上的熔断器18	10A	J250-减振电子调节控制单元（仅用于装备电控调节减振系统的汽车） R242-驾驶人辅助系统的前部摄像机（仅用于装备驾驶辅助特殊装备的汽车）	15
20	SC20-熔断器架C上的熔断器20	10A	E265-后部空调操作和显示单元（仅用于全自动空调汽车） G397-雨水与光线识别传感器（仅用于带回家模式的汽车） J301-空调器控制单元（仅用于带手动调节空调器的汽车） J255-全自动空调控制单元（仅用于全自动空调汽车） K213-电控机械式驻车制动器指示灯 T4aa-4芯插头连接（仅用于装备后座区娱乐装置RSE的汽车） T17c-17芯插头连接（仅用于装备后座区娱乐装置RSE的汽车） U31-诊断接口	30
23	SC23-熔断器架C上的熔断器23	10A	E1-车灯开关 F189-Tiptronic开关（仅用于自动变速器汽车/仅用于双离合器变速器汽车） J217-自动变速器控制单元（仅用于自动变速器汽车）	30
24	SC24-熔断器架C上的熔断器24	10A	J518-进入及起动许可控制单元（仅用于装备进入及起动许可的汽车）	30
25	SC25-熔断器架C上的熔断器25	10A	F125-多功能开关（仅用于自动变速器汽车） F189-Tiptronic开关（仅用于自动变速器汽车/仅用于双离合器变速器汽车） J217-自动变速器控制单元（仅用于自动变速器汽车） J743-双离合器变速器机电装置（仅用于双离合器变速器汽车）	15
26	SC26-熔断器架C上的熔断器26	10A	E723-座椅通风开关2（仅用于装备座椅通风的汽车）	15

表1-42　全新帕萨特轿车熔断器SC说明表　（续）

编号	电路图中名称	额定值	保护的电路/部件	端子
27	SC27-熔断器架C上的熔断器27	10A	E655-座椅通风开关（仅用于装备座椅通风的汽车）	15
28	SC28-熔断器架C上的熔断器28	10A	Z20-左侧喷嘴加热电阻（仅用于装备可加热式喷嘴的汽车） Z21-右侧喷嘴加热电阻（仅用于装备可加热式喷嘴的汽车）	75
30	SC30-熔断器架C上的熔断器30	20A	J519-车载网络控制单元 U1-点烟器 U9-后部点烟器（依汽车装备而定）	75
33	SC33-熔断器架C上的熔断器33	40A	E9-新鲜空气鼓风机开关（仅用于手动调节空调器汽车）	75
34	SC34-熔断器架C上的熔断器34	30A	J786-可加热后座椅控制单元（仅用于可加热式前后座椅）	30
35	SC35-熔断器架C上的熔断器35	10A	J527-转向柱电子装置控制单元 J533-数据总线诊断接口	30
36	SC36-熔断器架C上的熔断器36	20A	H2-高音喇叭 H7-低音喇叭	30
37	SC37-熔断器架C上的熔断器37	30A	U13-带插座的逆变器（12～230V）（仅用于装备12～230V/12～115V插座的逆变器的汽车）	30
38	SC38-熔断器架C上的熔断器38	30A	J250-减振电子调节控制单元（仅用于装备电控调节减振系统的汽车）	30
43	SC43-熔断器架C上的熔断器43	10A	J4-双音喇叭继电器 J9-可加热后窗玻璃继电器 J39-前照灯清洗装置继电器（仅用于装备前照灯清洗装置的汽车）	30
44	SC44-熔断器架C上的熔断器44	30A	R179-正导线中的调频频率分滤器 Z1-可加热式后窗玻璃	30
45	SC45-熔断器架C上的熔断器45	30A	J386-驾驶人侧车门控制单元 J388-左后车门控制单元	30
46	SC46-熔断器架C上的熔断器46	30A	J387-前排乘客侧车门控制单元 J389-右后车门控制单元	30
47	SC47-熔断器架C上的熔断器47	15A	J538-燃油泵控制单元	30
48	SC48-熔断器架C上的熔断器48	20A	J519-车载网络控制单元	30
49	SC49-熔断器架C上的熔断器49	40A	J126-新鲜空气鼓风机控制单元（仅用于全自动空调汽车）	30
50	SC50-熔断器架C上的熔断器50	30A	J774-可加热前座椅控制单元（仅用于装备加热座椅的汽车）	30
51	SC51-熔断器架C上的熔断器51	30A	J245-滑动天窗控制单元（仅用于装备折叠式滑动天窗的汽车）	30
52	SC52-熔断器架C上的熔断器52	20A	V11-前照灯清洗装置泵（仅用于装备前照灯清洗装置的汽车）	30
53	SC53-熔断器架C上的熔断器53	30A	J519-车载网络控制单元	30
54	SC54-熔断器架C上的熔断器54	30A	J605-行李箱盖控制单元（仅用于装备行李箱盖关闭辅助功能的汽车）	30

表1-42 全新帕萨特轿车熔断器SC说明表 （续）

编号	电路图中名称	额定值	保护的电路/部件	端子
57	SC57-熔断器架C上的熔断器57	20A	R-收音机（仅用于不装备收音机导航系统的汽车） J503-收音机及导航系统带显示单元的控制单元（仅用于装备导航系统的汽车）	30a
注	编号2、7、8、19、21、22、29、31、32、39、40、41、42、55、56、58、59、60的熔断器未使用			

（5）熔断器SF

全新帕萨特轿车行李箱内左侧后部的熔断器SF（仅用于3.0 L发动机汽车）分布如图1-83所示，相关说明见表1-43。

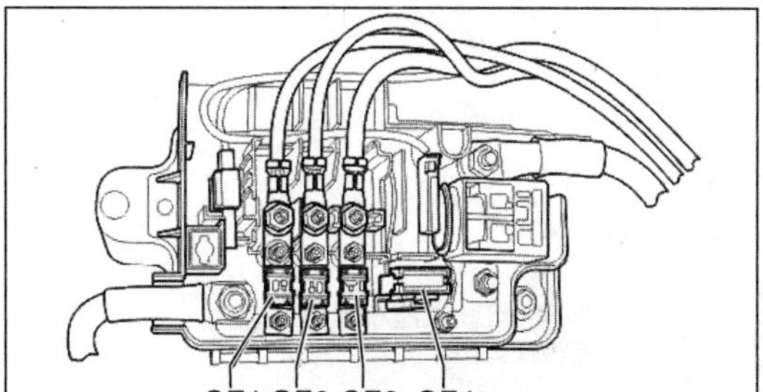

图1-83 全新帕萨特轿车熔断器SF分布图

表1-43 全新帕萨特轿车熔断器SF说明表

编号	电路图中名称	额定值	保护的电路/部件	端子
1	SF1-熔断器架F上的熔断器1	80A	J271-主继电器	30
2	SF2-熔断器架F上的熔断器2	80A	S44-驾驶人座椅调节装置的热敏熔丝1 SC1-熔断器架C上的熔断器1 SC3-熔断器架C上的熔断器3（仅用于不装备发动机自动起停系统的汽车） SC4-熔断器架C上的熔断器4（仅用于不装备发动机自动起停系统的汽车） 熔断器架C上的熔断器：SC5、SC6、SC20、SC21、SC22、SC23、SC24、SC34、SC35、SC36、SC37、SC38、SC43、SC44、SC45、SC46、SC47、SC48、SC49、SC50、SC51、SC52、SC53、SC54	30
3	SF3-熔断器架F上的熔断器3	125A	熔断器架B上的熔断器：SB28、SB29、SB30、SB31	30
4	SF4-熔断器架F上的熔断器4	5A	J519-车载网络控制单元	30

（6）仪表板左侧上部继电器板的熔断器

全新帕萨特轿车仪表板左侧上部继电器板的熔断器位置分布如图1-84所示，相关说明见表1-44。

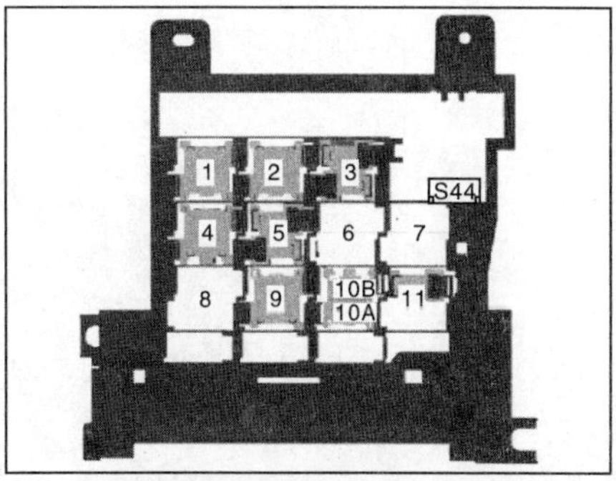

图1-84 全新帕萨特轿车仪表板左侧上部继电器板的熔断器位置分布图

表1-44　全新帕萨特轿车仪表板左侧上部继电器板的熔断器说明表

编号	电路图中名称	额定值	保护的电路/部件	端子
S44	S44-驾驶人座椅调节装置的热敏熔丝1	20A	E62-驾驶人座椅前部高度调节开关（电动可调式驾驶人和前排乘客座椅） E63-驾驶人座椅后部高度调节开关（电动可调式驾驶人和前排乘客座椅） E64-前排乘客座椅纵向调节开关（电动可调式驾驶人和前排乘客座椅/仅用于带电动座椅调节和记忆功能的汽车） E65-前排乘客座椅前部高度调节开关（电动可调式驾驶人和前排乘客座椅/仅用于带电动座椅调节和记忆功能的汽车） E66-前排乘客座椅后部高度调节开关（电动可调式驾驶人和前排乘客座椅/仅用于带电动座椅调节和记忆功能的汽车） E96-驾驶人座椅靠背调节开关（电动可调式驾驶人和前排乘客座椅） E98-前排乘客座椅靠背调节开关（电动可调式驾驶人和前排乘客座椅/仅用于带电动座椅调节和记忆功能的汽车） E176-驾驶人腰部支撑调节开关（电动可调式驾驶人和前排乘客座椅） E177-前排乘客腰部支撑调节开关（电动可调式驾驶人和前排乘客座椅/仅用于带电动座椅调节和记忆功能的汽车） E363-驾驶人座椅纵向调节开关（电动可调式驾驶人和前排乘客座椅） E475-后部扶手中的副驾驶人座椅前后位置调节开关（仅用于带电动座椅调节和记忆功能的汽车/依汽车装备而定） E478-后部扶手中的副驾驶人座椅的靠背调节开关（仅用于带电动座椅调节和记忆功能的汽车/依汽车装备而定） J810-驾驶人座椅调节控制单元（仅用于带电动座椅调节和记忆功能的汽车）	30

2. 继电器

（1）继电器位置图

全新帕萨特轿车继电器位置分布如图1-85所示。

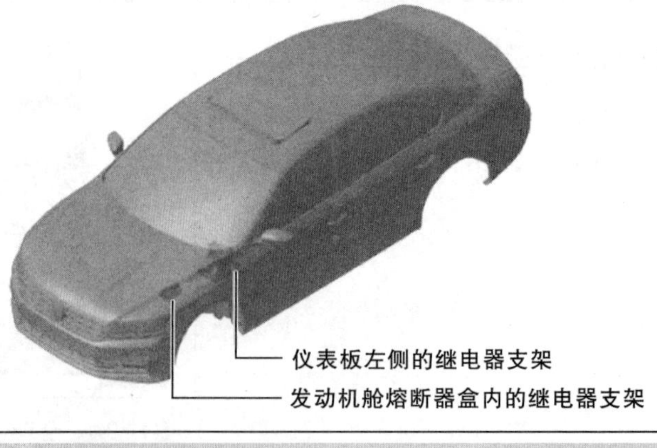

图1-85　全新帕萨特轿车继电器位置分布图

（2）发动机舱熔断器盒内的继电器

全新帕萨特轿车发动机舱熔断器盒内的继电器分布如图1-86所示。

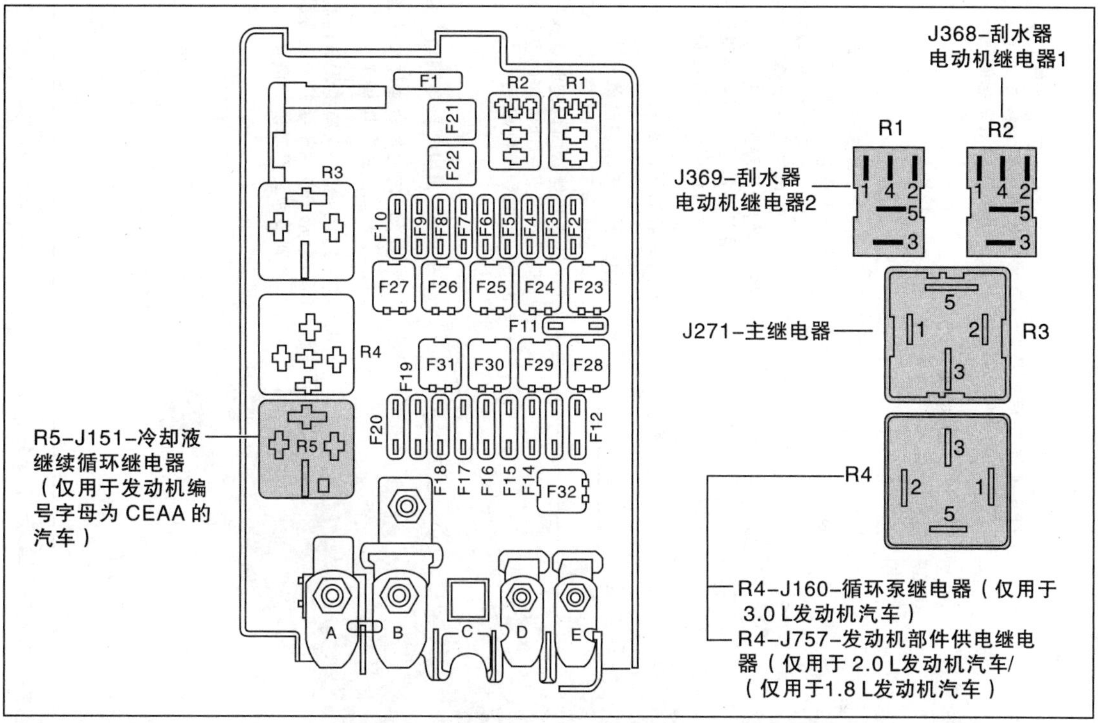

图1-86　全新帕萨特轿车发动机舱熔断器盒内的继电器分布图

（3）仪表板左侧的继电器

全新帕萨特轿车仪表板左侧熔断器盒内的继电器分布如图1-87所示。

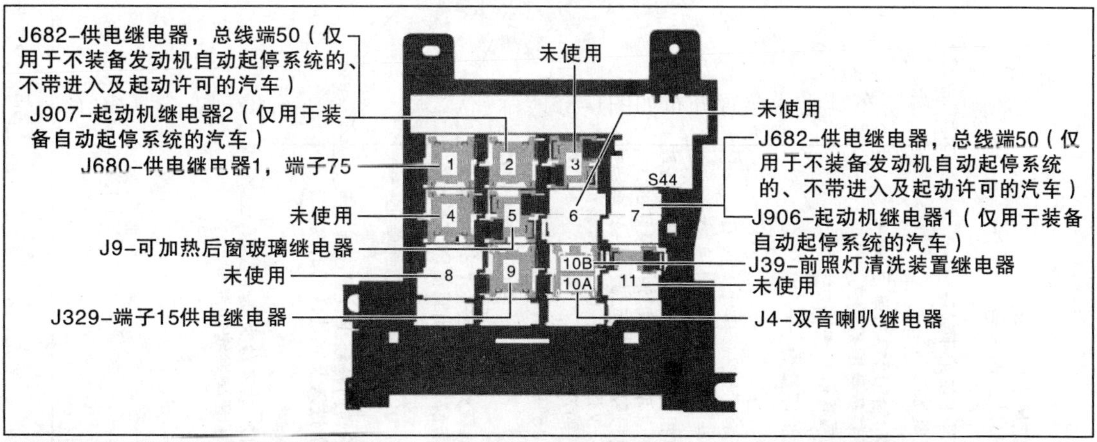

图1-87　全新帕萨特轿车仪表板左侧熔断器盒内的继电器分布图

3. 电控单元位置图

全新帕萨特轿车汽车中部的电控单元位置分布如图1-88所示。

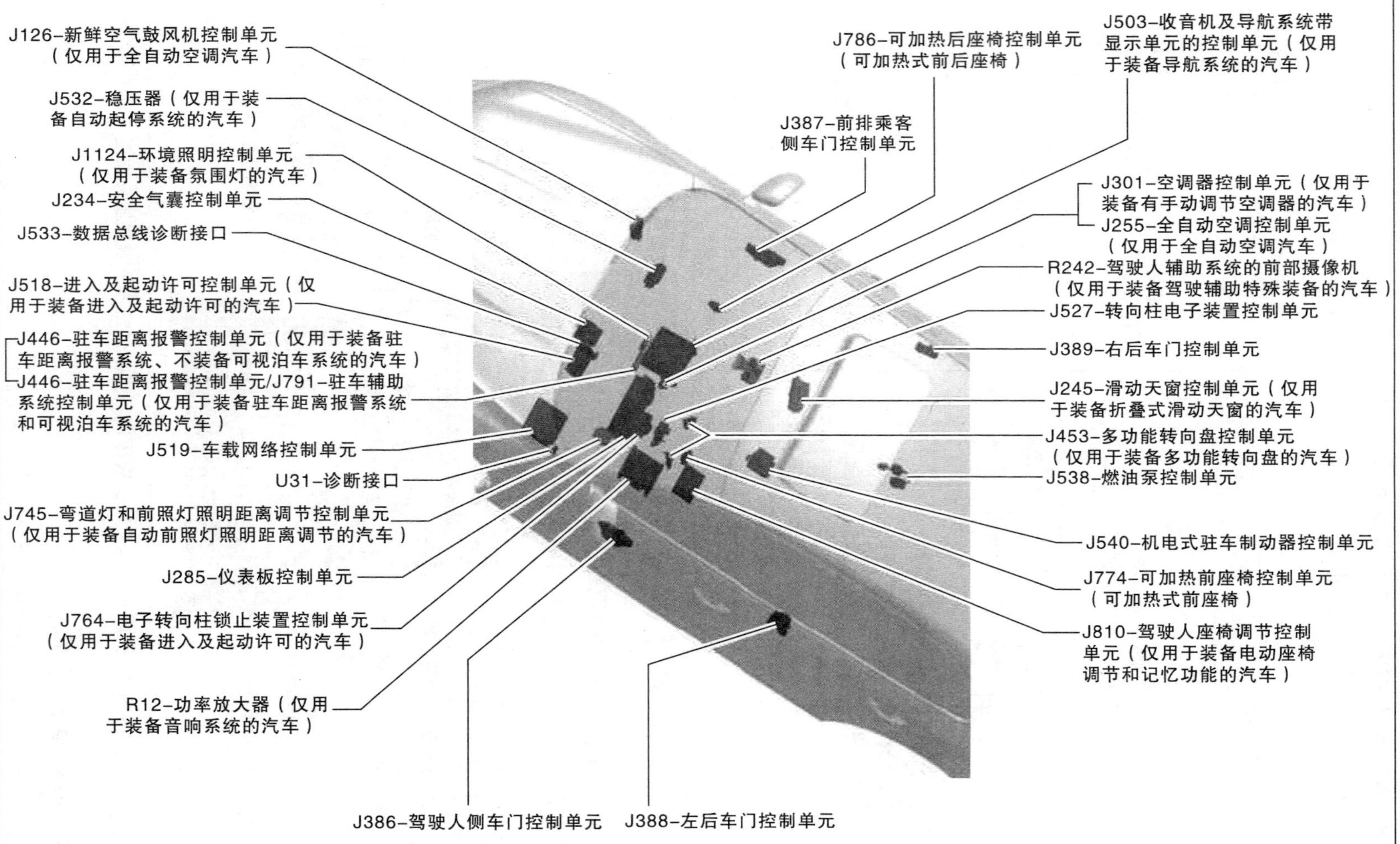

图1–88　全新帕萨特轿车汽车中部的电控单元位置分布图

全新帕萨特轿车前部、后部的电控单元位置分布如图1-89、图1-90所示。

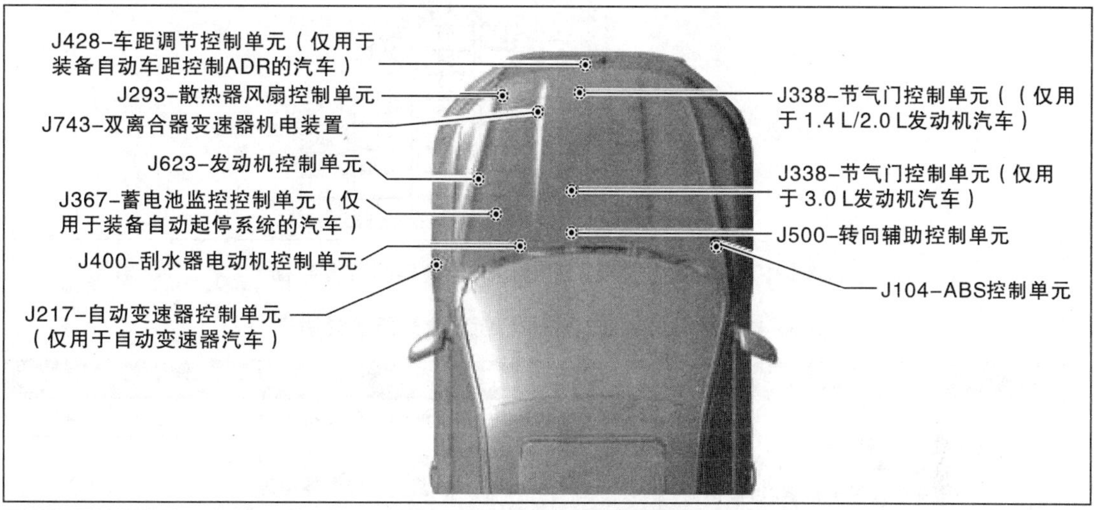

图1-89 全新帕萨特轿车前部的电控单元位置分布图

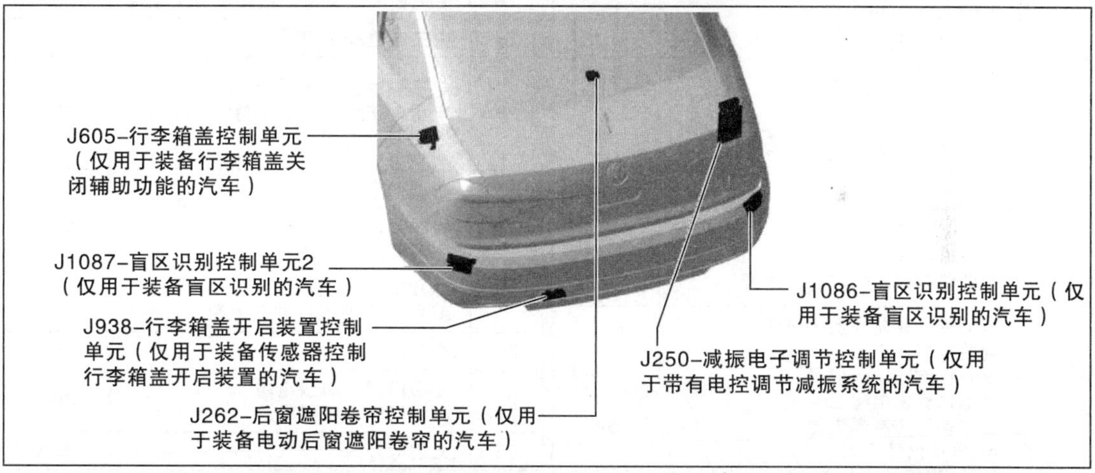

图1-90 全新帕萨特轿车后部的电控单元位置分布图

七、斯柯达全新明锐（2014~2016年款）

斯柯达全新明锐轿车室内熔断器盒位于仪表板左侧的一个盖板内（图1-91），熔断器分布如图1-92所示，相关说明见表1-45。

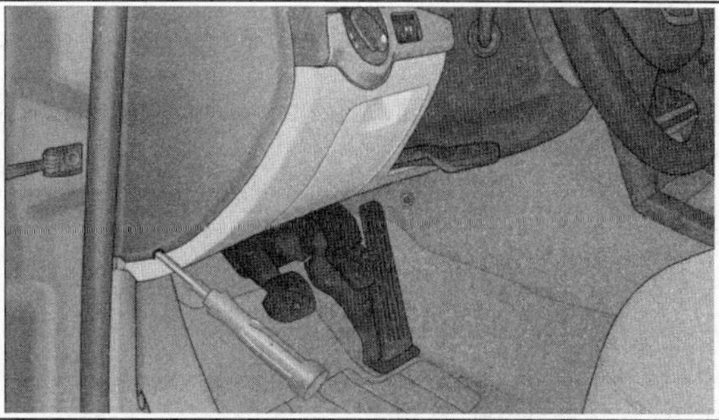

图1-91 全新明锐轿车室内熔断器盒安装位置图

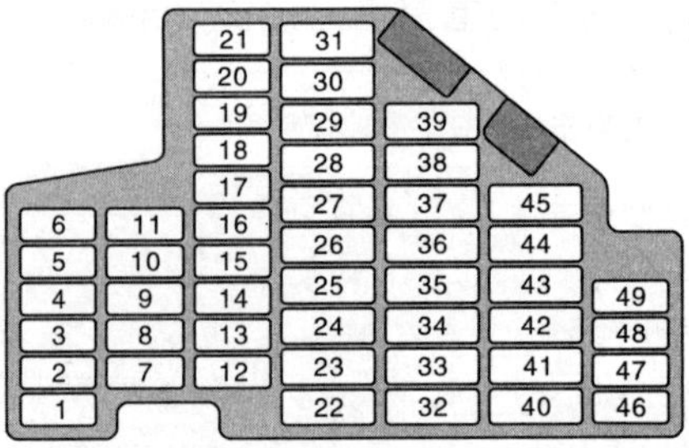

图1-92　全新明锐轿车室内熔断器盒熔断器分布图

表1-45　全新明锐轿车室内熔断器盒熔断器说明表

编号	电路图中名称	额定值
1	诊断接口信号 发动机控制器信号 制动灯传感器 电源电子燃油泵继电器2线圈电源 燃油泵控制器信号	10A
2	ESP控制器电源信号 ESP开关电源 胎压监控开关电源	5A
3	安全气囊控制器电源	5A
4	倒车灯开关电源 自动防眩目内后视镜电源 空调压力传感器电源 Start/Stop开关电源	5A
5	LWR调光器电源 前照灯电源 前照灯随动转向控制器电源	5A
6	电动助力转向控制器电源 网关控制器电源 仪表控制器电源信号 继电器线圈电源 泊车辅助控制器电源 AD排档信号 DQ排档信号 DD变速器控制器信号 DC-DC稳压器信号	5A
7	前门控制器电源	10A
8	诊断接口电源 灯光旋转开关电源 雨量传感器电源	10A
9	AD排档电源 AQ变速器控制器电源 DQ排档电源	5A
10	BCM电源	7.5A
11	自动空调电源 手动空调电源	10A
12	发动机油底壳油位传感器电源	10A
13	收音机电源	5A
14	AFS前照灯电源	10A
15	空调鼓风电动机电源	40A
16	左前门门控制器电源 右前门门控制器电源	30A
17	行李箱220V电源	30A
18	后风窗加热继电器线圈、开关电源	25A
19	中央通道220V电源	30A
20	电子燃油泵继电器1线圈、开关 电源电子燃油泵继电器2开关电源 燃油泵控制器	15A
21	收音机电源	15A
22	通风管加热 空气流量传感器	10A
23	AQ250变速器电源 AQ250变速器控制器电源	20A
24	真空泵电源	20A
25	左后门门控制器电源 右后门门控制器电源	30A
26	天窗电源	25A
27	电源控制器	30A
28	BCM车身控制器电源 左后门门控制器电源 右后门门控制器电源	20A
29	警用设备电源	10A
30	电源控制器	30A
31	前照灯清洗继电器线圈、开关电源	20A
32	右前座椅加热控制器电源	30A
33	仪表电源 转向柱模块电源	5A
34	空调鼓风电机动电源	40A
35	点烟器电源	15A
36	手动空调控制面板电源	5A
37	前照灯旋转开关电源	5A

第三节 一汽奥迪

一、奥迪A6L（2015~2017年款）

1. 熔断器

（1）熔断器位置图

奥迪A6L轿车熔断器位置分布如图1-93所示。

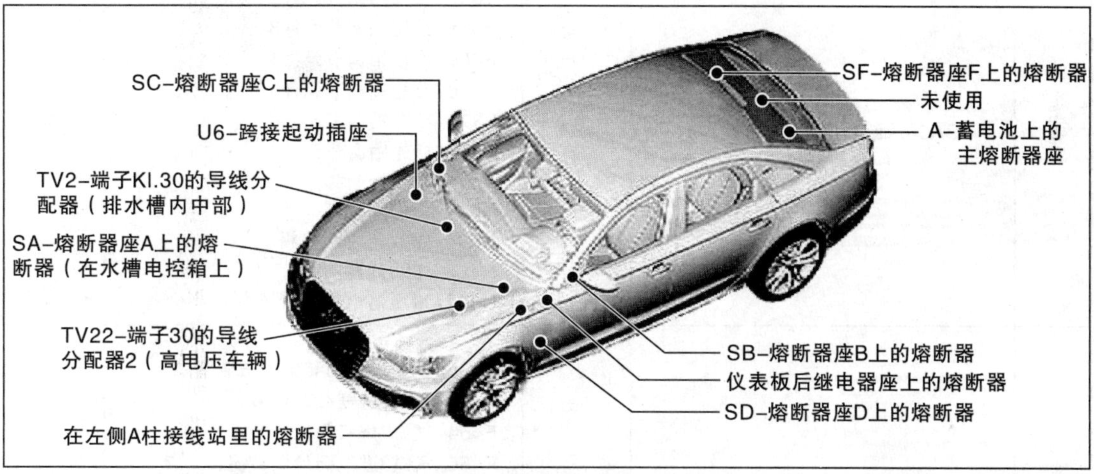

图1-93 奥迪A6L轿车熔断器位置分布图

（2）熔断器SA

奥迪A6L熔断器SA位于左侧排水槽电控箱上，其安装位置及分布如图1-94所示，相关说明见表1-46。

熔断器颜色	
40A	橙色
30A	浅绿
25A	透明
20A	黄色
15A	淡蓝
10A	红色
7.5A	棕色
5A	淡棕色

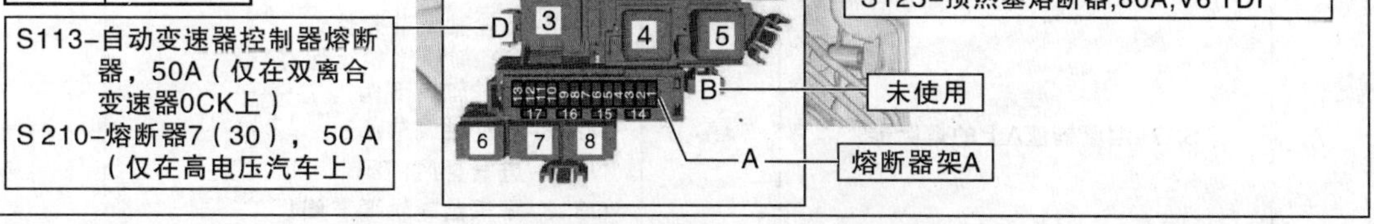

图1-94 奥迪A6L轿车熔断器SA位置及分布图

表1-46　奥迪A6L轿车熔断器SA说明表

编号	电路图中的名称	额定值	保护的电路/部件	接线端
1	SA1-熔断器座A上的熔断器1	10A	J217-自动变速器控制器 V475-变速器油辅助液压泵1[*6*7*9]	30
2	SA2-熔断器座A上的熔断器2	5A	G266-机油油位及温度传感器	15
3	SA3-熔断器座A上的熔断器3	5A	J623-发动机控制器 G70-空气质量流量传感器[*4]	15
4	SA4-熔断器座A上的熔断器4	5A	J623-发动机控制器	30
5	SA5-熔断器座A上的熔断器5	10A	F366-凸轮轴调节元件1[*6*9] F367-凸轮轴调节元件2[*6*9] F368-凸轮轴调节元件3[*6*9] F369-凸轮轴调节元件4[*6*9] F370-凸轮轴调节元件5[*6*9] F371-凸轮轴调节元件6[*6*9] F372-凸轮轴调节元件7[*6*9] F373-凸轮轴调节元件8[*6*9] N290-燃油定量阀 N276-燃油压力调节阀[*4] N402-燃油计量阀2[*3*10*11] N421-增压器电磁离合器[*8]	87
6	SA6-熔断器座A上的熔断器6	15A	J623-发动机控制器 F265-发动机冷却装置的节温器 F452-气缸2进气凸轮调节器1[*10*11] F454-气缸2排气凸轮调节器1[*10*11] F456-气缸3进气凸轮调节器1[*10*11] F458-气缸3排气凸轮调节器1[*10*11] F464-气缸5进气凸轮调节器1[*10*11] F466-气缸5排气凸轮调节器1[*10*11] J299-二次空气泵继电器[*10*11] N112-二次空气吹入阀[*10] N427-涡轮增压器循环空气阀，气缸列2[*10*11] N428-机油压力调节阀[*10] N320-二次空气吹入阀2[*10] N489-缸盖冷却液阀[*10] N522-活塞冷却喷嘴的控制阀[*10] N80-炭罐电磁阀1[*10*11] N249-涡轮增压器循环空气阀[*10*11] N316-进气管风门阀[*10*11] V51-冷却液续流泵[*10*11] V178-冷却液循环泵[*10*11] V188-增压空气冷却泵[*10*11]	87
7	SA7-熔断器座A上的熔断器7	15A	F366-凸轮轴调节元件1[*2*4*5] F377-凸轮轴调节执行元件1[*2*5] N205-凸轮轴调节阀1 N208-凸轮轴调节阀2[*1*2*3*4*5*10*11] N316-进气管风门阀[*1*4] N318-排气凸轮轴调节阀1[*2*3*5*10*11] N319-排气凸轮轴调节阀2[*2*3*5*10*11]	87

表1-46 奥迪A6L轿车熔断器SA说明表 （续）

编号	电路图中的名称	额定值	保护的电路/部件	接线端
7	SA7-熔断器座A上的熔断器7	15A	N75-增压压力限制电磁阀*3*10*11 N428-机油压力调节阀*4 N80-炭罐电磁阀1*4 N249-涡轮增压器循环空气阀*4 V50-冷却液循环泵*1*2*3*4 N144-电动液压发动机支座左侧电磁阀*6*9 N522-活塞冷却喷嘴的控制阀*6*9 N145-电动液压发动机支座右侧电磁阀*6	87
8	SA8-熔断器座A上的熔断器8	15A	N532-气缸1喷射器2*8 N533-气缸2喷射器2*8 N534-气缸3喷射器2*8 N535-气缸4喷射器2*8 N536-气缸5喷射器2*8 N537-气缸6喷射器2*8	87
9	SA9-熔断器座A上的熔断器9	5A	J532-稳压器 J623-发动机控制器*2*3*4*5*8*10*11	50
10	SA10-熔断器座A上的熔断器10 未占用*11	15A	Z19-氧传感器加热 G39-氧传感器 Z28-氧传感器2加热*1*2*3*4*5*7 G108-氧传感器2*1*2*3*4*5*7 N318-排气凸轮轴调节阀1*6*9 N316-进气管风门阀*6*9 N80-炭罐电磁阀1*6*9 N249-涡轮增压器循环空气阀*6*9 N144-电动液压发动机支座左侧电磁阀*6*8*9 N145-电动液压发动机支座右侧电磁阀*6*8 N205-凸轮轴调节阀1*6*9 V50-冷却液循环泵*6 V400-废气再循环冷却液循环泵*8	30
11	SA11-熔断器座A上的熔断器11	5A	J293-散热器风扇控制器*8*10*11 J671-散热器风扇控制器2*1*2*3*4*8*10*11	87
12	SA12-熔断器座A上的熔断器12	5A	J217-自动变速器控制器	15
13	SA13-熔断器座A上的熔断器13	5A	N509-变速器油冷却阀*3*6*9*10*11	15
14	SA14-熔断器座A上的熔断器14	20A 30A*3*11	N70-带功率输出级的点火线圈1 N127-带功率输出级的点火线圈2 N291-带功率输出级的点火线圈3 N292-带功率输出级的点火线圈4 N323-带功率输出级的点火线圈5 N324-带功率输出级的点火线圈6 N325-带功率输出级的点火线圈7*3*10*11 N326-带功率输出级的点火线圈8*3*10*11	30
15	SA15-熔断器座A上的熔断器15	15A 20A	Z19-氧传感器加热*6*7*8*9*10*11 Z28-氧传感器2加热*7*8*9*10*11 J623-发动机控制器	87

表1-46 奥迪A6L轿车熔断器SA说明表（续）

编号	电路图中名称	额定值	保护的电路/部件	端子
16	SA16-熔断器座A上的熔断器16	15A	J299-二次空气泵继电器 J496-冷却液辅助泵继电器[*1*2*3*4] N80-炭罐电磁阀1 N112-二次空气吹入阀[*1*2*3] N144-电动液压发动机支座左侧电磁阀[*1] N145-电动液压发动机支座右侧电磁阀[*1] N156-进气歧管转换阀 N320-二次空气吹入阀2[*1*3] N428-机油压力调节阀 N492-冷却液循环电磁阀 N548-曲轴箱通风截止阀[*2] V188-增压空气冷却泵[*1*3] F452-气缸2进气凸轮调节器1[*3] V178-冷却液循环泵[*3] N522-活塞冷却喷嘴的控制阀[*3] N489-缸盖冷却液阀[*3*5] F265-发动机冷却装置的节温器[*3] N427-涡轮增压器循环空气阀，气缸列2[*3] N249-涡轮增压器循环空气阀[*3] N316-进气管风门阀[*3] 未占用[*4] V51-冷却液续流泵[*3*6] N532-气缸1喷射器2[*6*9] N533-气缸2喷射器2[*6*9] N534-气缸3喷射器2[*6*9] N535-气缸4喷射器2[*6*9] J623-发动机控制器[*6*7*8*9*11] F465-气缸5进气凸轮调节器2[*3]	87
17	SA17-熔断器座A上的熔断器17 未占用[*4]	15A	Z29-尾气催化转化器后的氧传感器1加热装置[*1*2*3*5*9*10*11] Z30-尾气催化转化器后的氧传感器2加热装置[*1*2*3*5*10*11]	87
注	*1：仅用于CGWB、CGXB、CHMA、CGWD、CTUA、CTTA发动机 *2：仅用于CHVA、CNYB发动机 *3：仅用于CEUC、CDRB、CEUD 、CTGE、CRDA、CWUA、CWUB发动机 *4：仅用于CAEB、CDNB、CDZA发动机 *5：仅用于CLXA、CLXB发动机 *6：仅用于CYPA、CYPB、CYNB发动机 *7：仅用于CVPA发动机 *8：仅用于CREC、CTDB发动机 *9：仅用于CYGA、CYYA发动机 *10：仅用于CTGB发动机 *11：仅用于CWUC发动机			

（3）熔断器SB

奥迪A6L轿车熔断器SB位于左侧仪表板上，其安装位置及分布如图1-95所示，相关说明见表1-47。

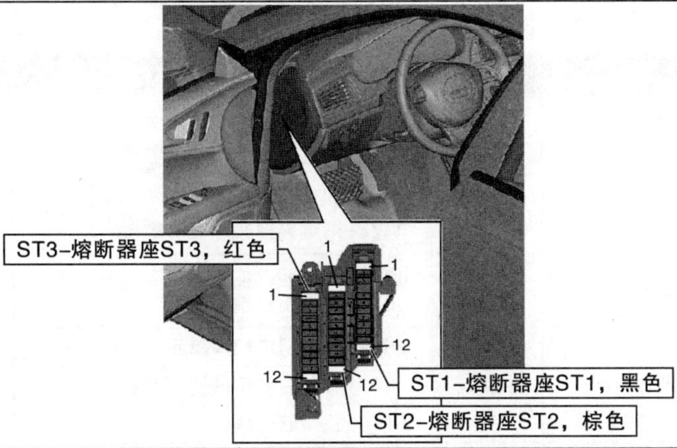

熔断器颜色	
40A	橙色
30A	浅绿
25A	透明
20A	黄色
15A	浅蓝
10A	红色
7.5A	棕色
5A	浅棕色

图1-95　奥迪A6L轿车熔断器SB安装位置及分布图

表1-47　奥迪A6L轿车熔断器SB说明表

编号	电路图中名称	额定值	保护的电路/部件	端子
熔断器座ST1（黑色）上的熔断器				
1	SB1-熔断器座B上的熔断器1	5A	E256-ASR和ESP按钮 J897-空气改善系统控制器 J500-转向辅助控制器 J882-座椅加热控制单元 J345-拖车识别装置控制器 E538-机电式驻车制动器按钮 J360-大加热功率继电器 J431-前照灯照明距离调节控制单元 J931-机组支座控制单元 J359-小加热功率继电器 J604-空气辅助加热器控制单元	15
2	SB2-熔断器座B上的熔断器2	5A	J910-带自动防眩车内后视镜继电器 Y7-自动防眩车内后视镜 G395-制冷剂压力和温度传感器 G657-新鲜空气进气道中的湿度传感器 G238-空气质量传感器 T16-16芯插头连接（诊断插头） G459-电子计费装置传感器[*2]	15
3	未使用		–	–
4	SB4-熔断器座B上的熔断器4	5A	J519-车载网络控制单元 J791-驻车辅助控制单元 J446-驻车距离报警控制单元	15
5	SB5-熔断器座B上的熔断器5	5A	J104-ABS控制器 J849-感应电子装置控制器 J792-主动转向系统控制器	15
6	SB6-熔断器座B上的熔断器6	10A	J519-车载网络控制单元	15
7	SB7-熔断器座B上的熔断器7	10A	J428-车距调节控制器 J850-车距调节控制器2	15
8	SB8-熔断器座B上的熔断器8	5A	J234-安全气囊控制器 J706-座位占用识别功能控制器	15
9	SB9-熔断器座B上的熔断器9	5A	J533-数据总线诊断接口	15

表1-47　奥迪A6L轿车熔断器SB说明表　（续）

编号	电路图中名称	额定值	保护的电路/部件	端子
10	SB10-熔断器座B上的熔断器10	5A 7.5A[*1]	E284-车库门开启操作单元 J530-车库门开启装置控制器 J853-夜视辅助系统控制器 J869-固体声波控制器 J772-倒车摄像头系统控制器[*1]	15
11	SB11-熔断器座B上的熔断器11	10A	J851-图像处理控制器 J852-摄像头控制器	15
12	SB12-熔断器座B上的熔断器12	10A	J519-车载网络控制单元	15
13	SB13-熔断器座B上的熔断器13	5A	J527-转向柱电子装置控制器	15
14	SB14-熔断器座B上的熔断器14	30A	SF-通往熔断器座F	15
15	SB15-熔断器座B上的熔断器15	15A	SA3-熔断器架A上的熔断器3 SA12-熔断器架A上的熔断器12 SA13-熔断器架A上的熔断器13	15
16	SB16-熔断器座B上的熔断器16	40A	J623-发动机控制器 J695-起动机继电器2 J53-起动机继电器	15
注	*1：2015 年6月起 *2：只适用于韩国			
熔断器座ST2（棕色）上的熔断器				
1	SB1-熔断器座B上的熔断器1	5A	R199-外部音源接收器	30
2	SB2-熔断器座B上的熔断器2	5A	R86-移动电话放大器 R126-电话支架	30
3	SB3-熔断器座B上的熔断器3	7.5A	J872-前排乘客侧多形态座椅控制器	30
4	未使用	–	–	–
5	SB5-熔断器座B上的熔断器5	5A	J849-感应电子装置控制器	30
6	SB6-熔断器座B上的熔断器6	5A	G578-防盗器装置传感器 H12-警告喇叭 G273-室内监控传感器 G384-汽车侧倾传感器	30
7	SB7-熔断器座B上的熔断器7	5A	E538-机电式驻车制动按钮 J329-端子15供电继电器	30
8	SB8-熔断器座B上的熔断器8	5A	J528-天窗电子装置控制器	30
9	SB9-熔断器座B上的熔断器9	5A	J519-车载网络控制单元 G397-雨水和光线识别传感器 Z67-用于车道保持辅助系统的风窗玻璃加热装置	30
10	SB10-熔断器座B上的熔断器10	5A	E176-驾驶人腰部支撑调节开关	30
11	SB11-熔断器座B上的熔断器11	7.5A	J873-驾驶人侧前多形态座椅控制器	30
12	SB12-熔断器座B上的熔断器12	10A	J104-ABS控制器	30
13	SB13-熔断器座B上的熔断器13	15A	J413-信号喇叭继电器	30
14	SB14-熔断器座B上的熔断器14	30A	J519-车载网络控制单元	30
15	SB15-熔断器座B上的熔断器15	30A	J519-车载网络控制单元	30
16	SB16-熔断器座B上的熔断器16	35A	J792-主动转向系统控制器	30

表1-47 奥迪A6L轿车熔断器SB说明表 （续）

编号	电路图中名称	额定值	保护的电路/部件	端子
熔断器座ST3（红色）上的熔断器				
1	SB1-熔断器座B上的熔断器1	5A	G476-离合器位置传感器	87
2	SB2-熔断器座B上的熔断器2	25A 5A[*3*4]	J538-燃油泵控制器 J963-还原剂计量系统继电器[*2] J17-燃油泵继电器[*3*4]	87
3	SB3-熔断器座B上的熔断器3	5A	F-制动灯开关 G100-制动踏板位置传感器	87
4	SB4-熔断器座B上的熔断器4	7.5A[*1*3] 5A[*2]	J883-废气风门控制单元[*1*3] J945-废气风门控制单元2[*1*3] J880-还原剂计量系统控制单元[*2]	87
5	SB5-熔断器座B上的熔断器5	30A	J388-左后车门控制器	30
6	SB6-熔断器座B上的熔断器6	30A	J386-驾驶人侧车门控制器	30
7	SB7-熔断器座B上的熔断器7	20A	J104-ABS控制器	30
8	SB8-熔断器座B上的熔断器8	30A	J400-刮水器电动机控制器 V-车窗玻璃刮水器电动机	30
9	SB9-熔断器座B上的熔断器9	35A	J519-车载网络控制单元	30
10	SB10-熔断器座B上的熔断器10	20A	J519-车载网络控制单元	30
11	SB11-熔断器座B上的熔断器11	30A	J519-车载网络控制单元	30
12	SB12-熔断器座B上的熔断器12	20A	J245-滑动天窗控制器 V1-移动天窗电动机	30
注	*1：仅用于CEUC、CEUD、CTGE、CTGB发动机 *2：仅用于具有还原剂计量的汽车 *3：仅用于CRDA、CRDB、CWUA、CWUB、CWUC发动机 *4：仅用于RS车			

（4）熔断器SC

奥迪A6L轿车熔断器SC位于仪表板右侧，其安装位置及分布如图1-96所示，相关说明见表1-48。

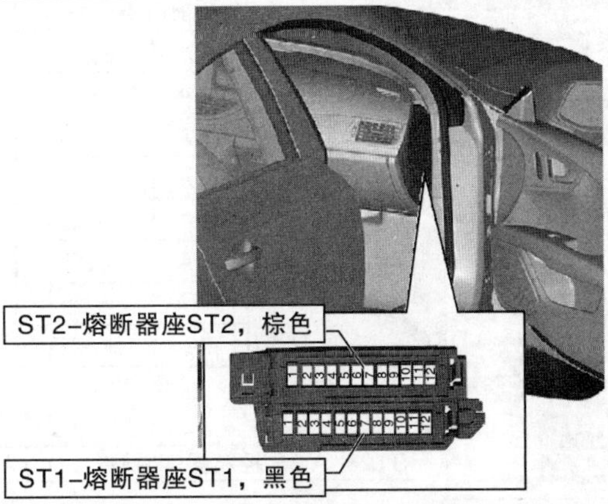

熔断器颜色	
40A	橙色
30A	浅绿
25A	透明
20A	黄色
15A	浅蓝
10A	红色
7.5A	棕色
5A	浅棕色

图1-96 奥迪A6L轿车熔断器SC位置分布图

表1-48　奥迪A6L轿车熔断器SC说明表

编号	电路图中名称	额定值	保护的电路/部件	端子
熔断器座ST1（黑色）上的熔断器				
1	SC1-熔断器座C上的熔断器1	5A	R41-CD换碟机 J676-芯片卡读卡器控制器	30
2	SC2-熔断器座C上的熔断器2	5A	J685-前部信息显示和操作单元控制器的显示单元	30
注	编号3、4、5、6、7、8、9、10、11、12的熔断器未使用			
熔断器座ST2（棕色）上的熔断器				
1	SC1-熔断器架C上的熔断器1	10A	J255-全自动空调控制单元	30
2	SC2-熔断器架C上的熔断器2	40A	J126-新鲜空气鼓风机控制器	30
3	SC3-熔断器架C上的熔断器3	10A	T16-16芯插头连接（诊断插头）	30
4	SC4-熔断器架C上的熔断器4	5A	D2-防盗锁止系统读取线圈	30
5	SC5-熔断器架C上的熔断器5	5A	J764-电子转向助力控制器	30
6	SC6-熔断器架C上的熔断器6	10A	J527-转向柱电子装置控制器	30
7	SC7-熔断器架C上的熔断器7	25A	J866-电动调节的转向柱控制器	30
8	SC8-熔断器架C上的熔断器8	5A	E1-车灯开关	30
9	SC9-熔断器架C上的熔断器9	5A	J898-前风窗玻璃投影（平视显示屏）控制器	30
10	SC10-熔断器架C上的熔断器10	5A	J285-仪表板控制器	30
11	SC11-熔断器架C上的熔断器11	5A	R41-CD换碟机 R161-DVD换碟机	30
12	–	–	–	–

（5）熔断器SD

奥迪A6L轿车熔断器SD位于仪表板下的继电器座上，其安装位置及分布如图1-97所示，相关说明见表1-49。

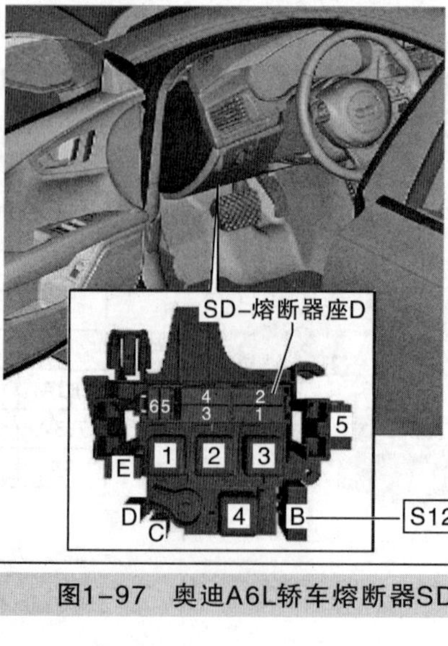

熔断器颜色	
40A	橙色
30A	浅绿
25A	透明
20A	黄色
15A	浅蓝
10A	红色
7.5A	棕色
5A	浅棕色

图1-97　奥迪A6L轿车熔断器SD安装位置及分布图

表1-49 奥迪A6L轿车熔断器SD说明表

编号	电路图中名称	额定值	保护的电路/部件	端子
2	SD2-熔断器架D上的熔断器2	60A	J317-端子30供电继电器 SA-熔断器座，只适用于V6 TDI	30
注	编号1、3、4、5、6的熔断器未使用			

（6）熔断器SF

奥迪A6L轿车熔断器SF位于行李箱内右后位置，2015年款起的车型安装位置及分布如图1-98所示，2016年款起的车型安装位置及分布如图1-99所示，熔断器相关说明见表1-50。

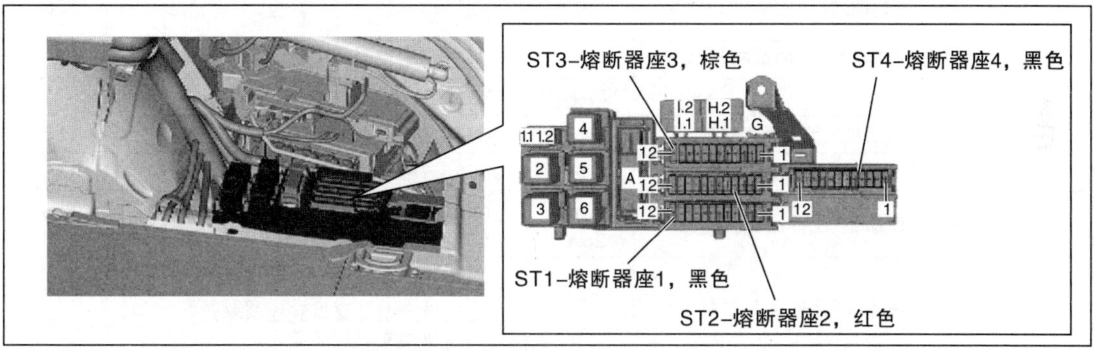

图1-98 奥迪A6L轿车熔断器SF安装位置及分布图（2015年款起）

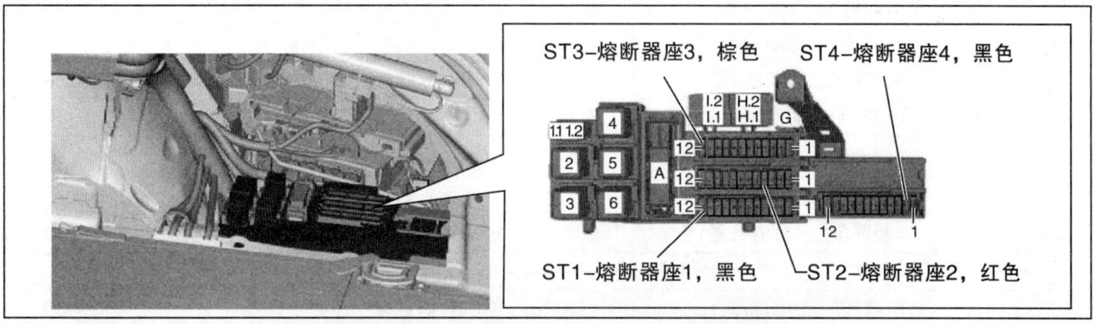

图1-99 奥迪A6L轿车熔断器SF安装位置及分布图（2016年款起）

表1-50 奥迪A6L轿车熔断器SF说明表

编号	电路图中的名称	额定值	保护的电路/部件	接线端
熔断器座ST1（黑色）上的熔断器				
1	SF1-熔断器架F上的熔断器1	15A 25A*1	J345-拖车识别装置控制器 U9-后部点烟器 U13-带插座的逆变器，12~230V*1	30
2	SF2-熔断器架F上的熔断器2	20A 10A*1	J345-拖车识别装置控制器 Z105-带加热和冷却元件的饮料罐托架*1	30
3	SF3-熔断器架F上的熔断器3	20A 5A*1	J345-拖车识别装置控制器 E409-左侧后座按摩功能按钮*1 E410-右侧后座按摩功能按钮*1	30
4	SF4-熔断器架F上的熔断器4	30A	J540-机电式驻车制动器控制器	30

表1-50 奥迪A6L轿车熔断器SF说明表 （续）

编号	电路图中的名称	额定值	保护的电路/部件	接线端
5	SF5-熔断器架F上的熔断器5	30A	J540-机电式驻车制动器控制器	30
6	SF6-熔断器架F上的熔断器6	30A	J387-前排乘客侧车门控制器	30
7	SF7-熔断器架F上的熔断器7	30A	J393-舒适/便捷功能系统中央控制器	30
8	SF8-熔断器架F上的熔断器8	20A	J393-舒适/便捷功能系统中央控制器	30
9	SF9-熔断器架F上的熔断器9	15A	J799-右前座椅通风控制器	30
10	SF10-熔断器架F上的熔断器10	5A	T12o-12芯插头连接（特殊功能连接部位）	30
11	SF11-熔断器架F上的熔断器11	30A	E265-后部空调器操作和显示单元 J882-座椅加热控制单元	30
12	SF12-熔断器架F上的熔断器12	15A	J345-拖车识别装置控制器	30
熔断器座ST2（红色）上的熔断器				
1	SF1-熔断器架F上的熔断器1	25A	J854-左前座椅安全带拉紧器控制器	15
2	SF2-熔断器架F上的熔断器2	25A	J855-右前座椅安全带拉紧器控制器	15
3	SF3-熔断器架F上的熔断器3	30A*2 25A	J880-还原剂计量系统控制单元*2 J538-燃油泵控制器	87
4	SF4-熔断器架F上的熔断器4	10A*2 15A	J963-还原剂计量系统继电器*2 J880-还原剂计量系统控制单元*2 J931-机组支座控制单元	87 30
5	SF5-熔断器架F上的熔断器5	1A	J938-后盖开启控制器	30
6	SF6-熔断器架F上的熔断器6	15A	J197-水平高度调节系统控制器	30
7	SF7-熔断器架F上的熔断器7	30A	J389-右后车门控制器	30
8	SF8-熔断器架F上的熔断器8	30A	J393-舒适系统的中央控制器	30
9	SF9-熔断器架F上的熔断器9	30A	J605-后盖控制器	30
10	SF10-熔断器架F上的熔断器10	15A	多媒体系统*3	30
11	SF11-熔断器架F上的熔断器11	–	未使用	–
12	SF12-熔断器架F上的熔断器12	20A	V1-移动天窗电动机	30
熔断器座ST3（棕色）上的熔断器				
1	SF1-熔断器架F上的熔断器1	5A	E639-信息电子设备遥控器1	30
2	SF2-熔断器架F上的熔断器2	15A	J523-稳压器	30
3	SF3-熔断器架F上的熔断器3	7.5A	J794-电子通信信息设备1控制单元 E380-多媒体系统操作单元 J910-自动防眩车内后视镜继电器	30
4	SF4-熔断器架F上的熔断器4	5A	J772-倒车摄像系统控制器*3 J928-车内环境摄像头控制器	30
5	SF5-熔断器架F上的熔断器5	5A	R78-电视调谐器	30
6	SF6-熔断器架F上的熔断器6	5A	J909-燃油箱渗漏诊断控制器	30
7	SF7-熔断器架F上的熔断器7	20A	J807-插座继电器	30
8	SF8-熔断器架F上的熔断器8	5A	R64-驻车暖风无线电接收器	30
9	SF9-熔断器架F上的熔断器9	–	未使用	–
10	SF10-熔断器架F上的熔断器10	5A	E177-前排乘客腰部支撑调节开关	30
11	SF11-熔断器架F上的熔断器11	–	未使用	–
12	SF12-熔断器架F上的熔断器12	5A	J794-电子通信信息设备1控制单元	30

表1-50 奥迪A6L轿车熔断器SF说明表 （续）

编号	电路图中的名称	额定值	保护的电路/部件	接线端
熔断器座ST4（黑色）上的熔断器				
1	SF1-熔断器架F上的熔断器1	5A	J681-端子15供电继电器2 J523-稳压器 J197-水平高度调节系统控制器 J540-机电式驻车制动器控制器	15
2	SF2-熔断器架F上的熔断器2	5A 7.5A	J393-舒适/便捷功能系统中央控制器 J587-变速杆传感器控制器 G476-离合器位置传感器	15
3	SF3-熔断器架F上的熔断器3	5A	后部区娱乐装置（RSE）的准备装置	15
4	SF4-熔断器架F上的熔断器4	5A	J519-车载网络控制器 V12-后窗玻璃刮水器电动机	15
5	SF5-熔断器架F上的熔断器5	5A	J769-行驶换道辅助系统控制器 J770-换道辅助系统控制器2	15
6	SF6-熔断器架F上的熔断器6	5A	J943-发动机噪声发生器控制器	15
7	SF7-熔断器架F上的熔断器7	30A 30A 20A	J532-电压稳定器 J525-数码音响套件控制器MMI J525-数码音响套件控制器RMC J794-电子通信信息设备1控制单元	30
8	SF8-熔断器架F上的熔断器8	5A	J533-数据总线诊断接口	30
9	SF9-熔断器架F上的熔断器9	35A	J492-四轮驱动控制器	30
10	SF10-熔断器架F上的熔断器10	10A	E265-后部空调装置操控和显示单元	30
11	SF11-熔断器架F上的熔断器11	30A 5A*4	J364-辅助暖风控制器 J502-轮胎压力监控控制单元	30
12	SF12-熔断器架F上的熔断器12	40A	J523-稳压器	30
注	*1：仅用于具有长轴距、K8L的汽车 *3：2015年6月起		*2：仅用于装有还原材料计量系统的汽车 *4：仅用于RS汽车	

（7）左侧A柱上的接线站里的熔断器

奥迪A6L轿车左侧A柱上的接线站里的熔断器位于A柱下部左侧，其安装位置及分布如图1-100所示。

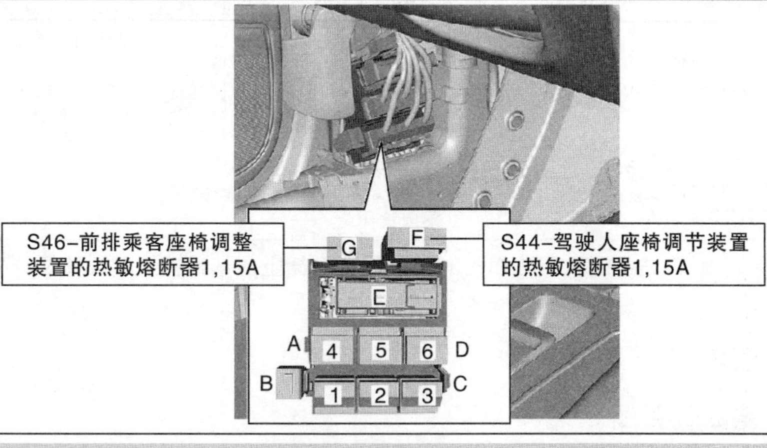

图1-100 奥迪A6L轿车左侧A柱上的接线站里的熔断器安装位置及分布图

（8）主熔断器座上的熔断器

奥迪A6L轿车主熔断器座上的熔断器位于行李箱中蓄电池上，其安装位置及分布如图1-101所示。

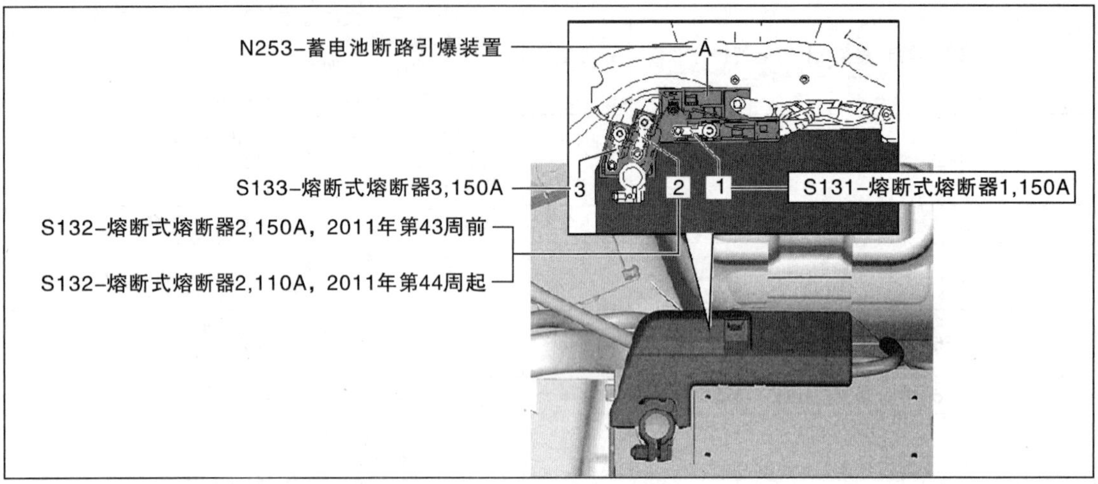

图1-101　奥迪A6L轿车主熔断器座上的熔断器安装位置及分布图

（9）端子Kl.30 的导线分配器上的熔断器

奥迪A6L轿车端子Kl.30的导线分配器上的熔断器位于排水槽内中部，其安装位置及分布如图1-102所示。

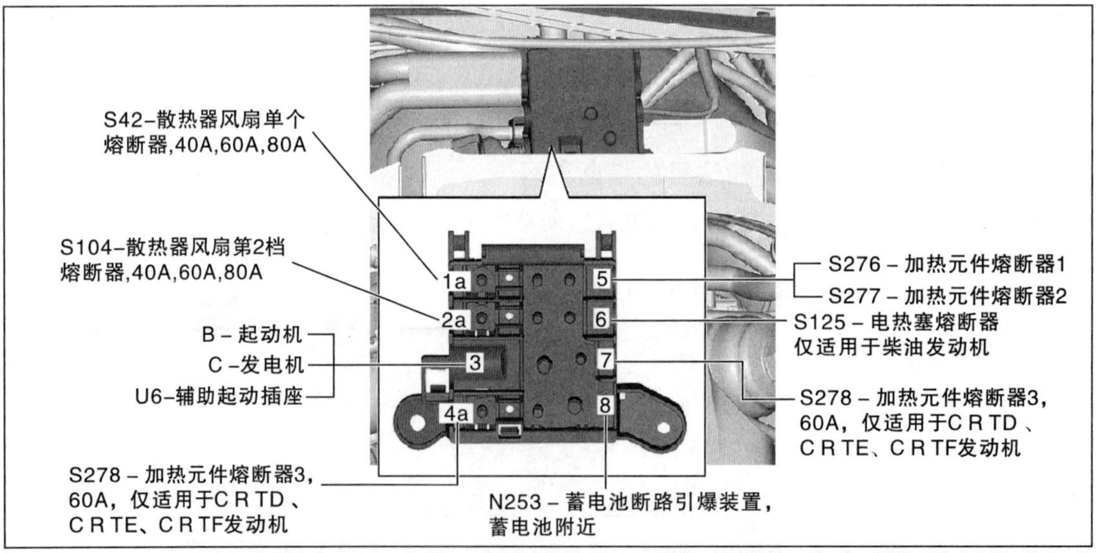

图1-102　奥迪A6L轿车端子Kl.30的导线分配器上的熔断器安装位置及分布图

2. 继电器

（1）继电器位置图

奥迪A6L轿车继电器位置分布如图1-103所示。

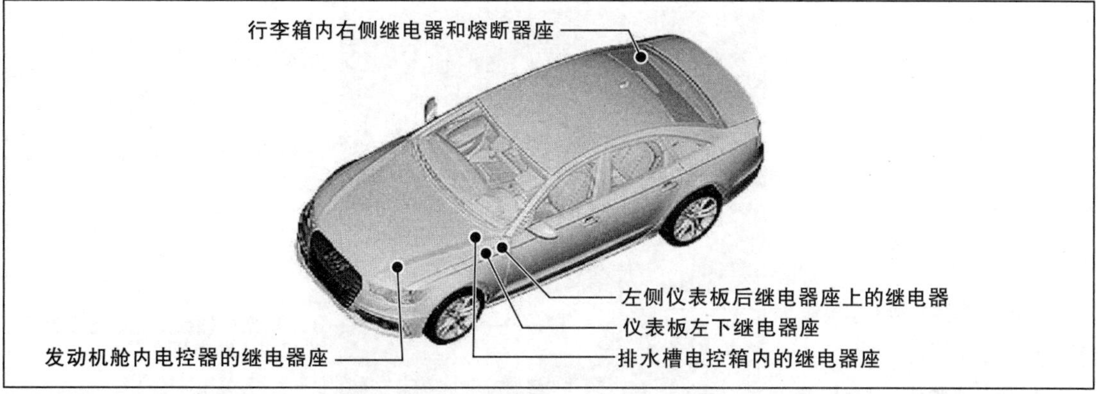

图1-103 奥迪A6L轿车继电器位置分布图

（2）行李箱内右侧继电器和熔断器座

奥迪A6L轿车行李箱内右侧继电器和熔断器座位于行李箱内右后侧，2015年款起的继电器位置分布如图1-104所示，2016年款起的继电器位置分布如图1-105所示。

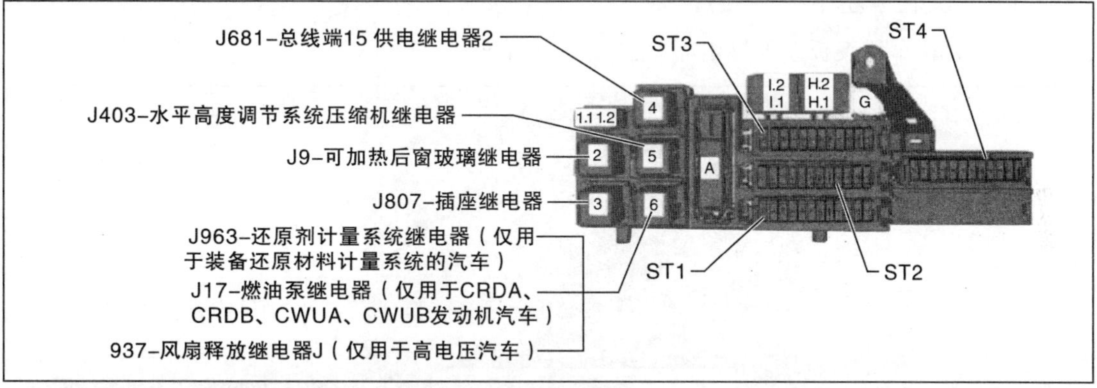

图1-104 奥迪A6L轿车行李箱内右侧继电器和熔断器座的继电器位置分布图（2015年款起）

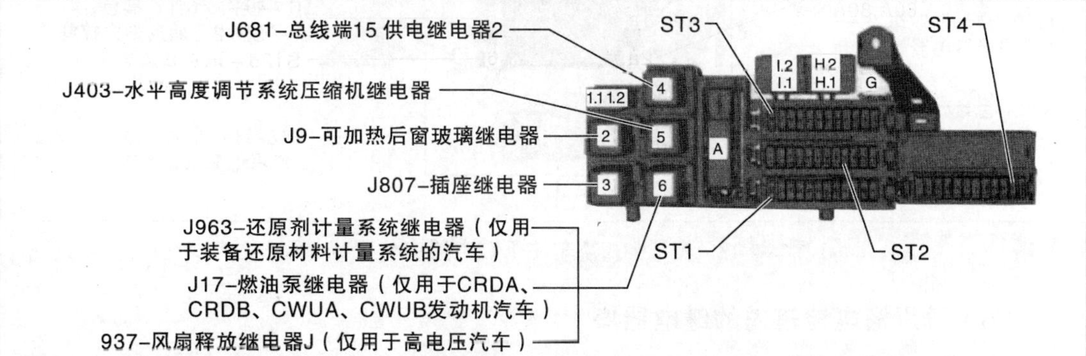

图1-105 奥迪A6L轿车行李箱内右侧继电器和熔断器座的继电器位置分布图（2016年款起）

（3）左侧仪表板后继电器座上的继电器

奥迪A6L轿车左侧仪表板后继电器座上的继电器位置分布如图1-106所示。

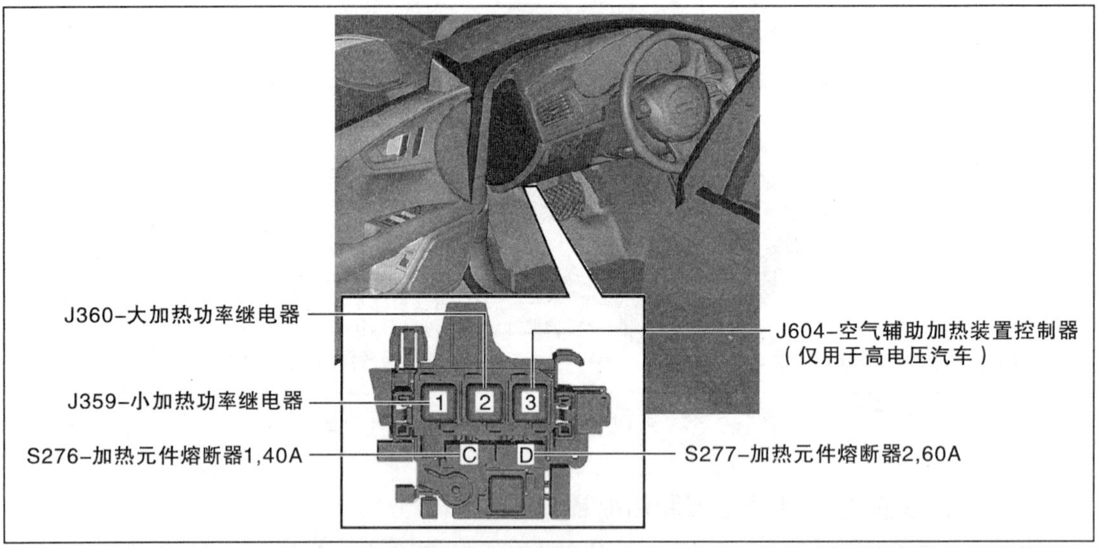

图1-106　奥迪A6L轿车左侧仪表板后继电器座上的继电器位置分布图

（4）仪表板左下继电器座

奥迪A6L轿车仪表板左下继电器座位置分布如图1-107所示。

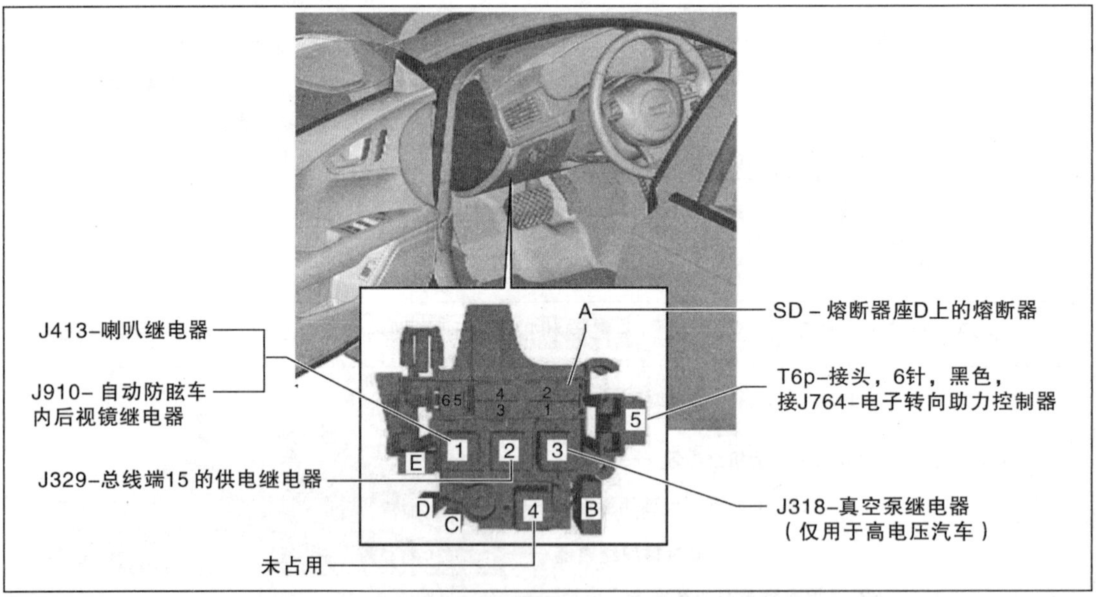

图1-107　奥迪A6L轿车左下继电器座位置分布图

（5）排水槽电控箱内的继电器座

奥迪A6L轿车排水槽电控箱内的继电器座位置分布如图1-108所示。

（6）发动机舱内电控器的继电器座

奥迪A6L（只适用于V6和TDI车型）轿车发动机舱内电控器的继电器座位置分布如图1-109所示。

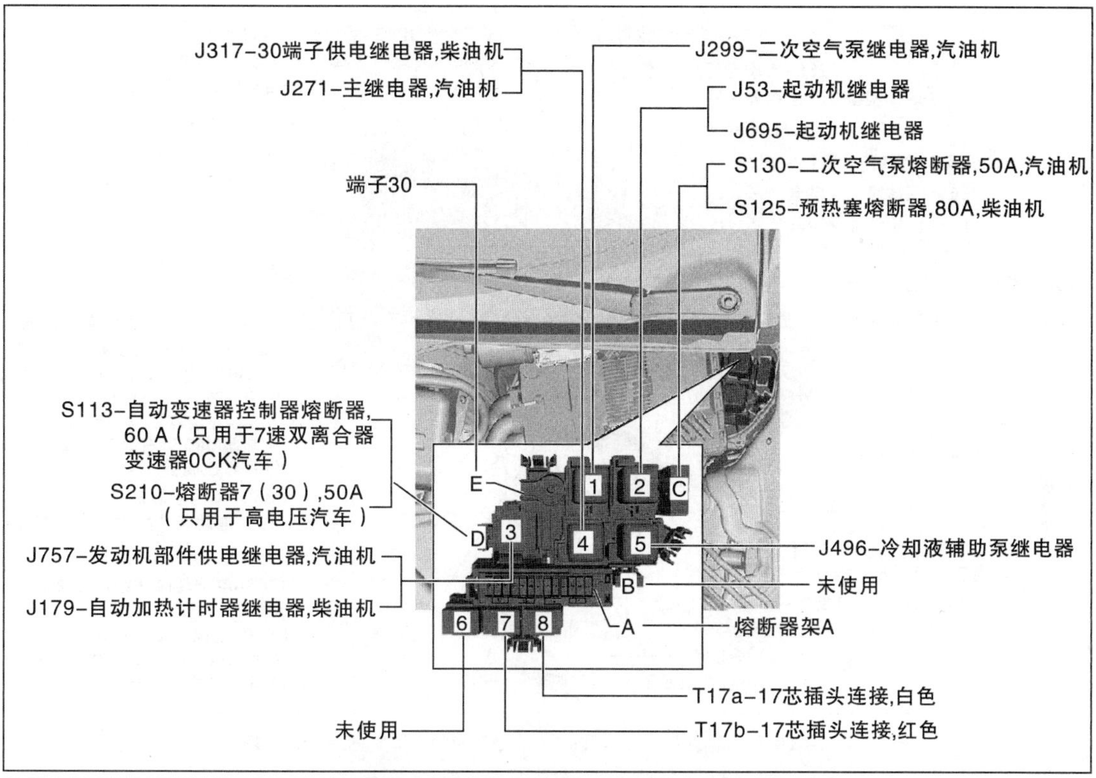

图1–108 奥迪A6L轿车排水槽电控箱内的继电器座位置分布图

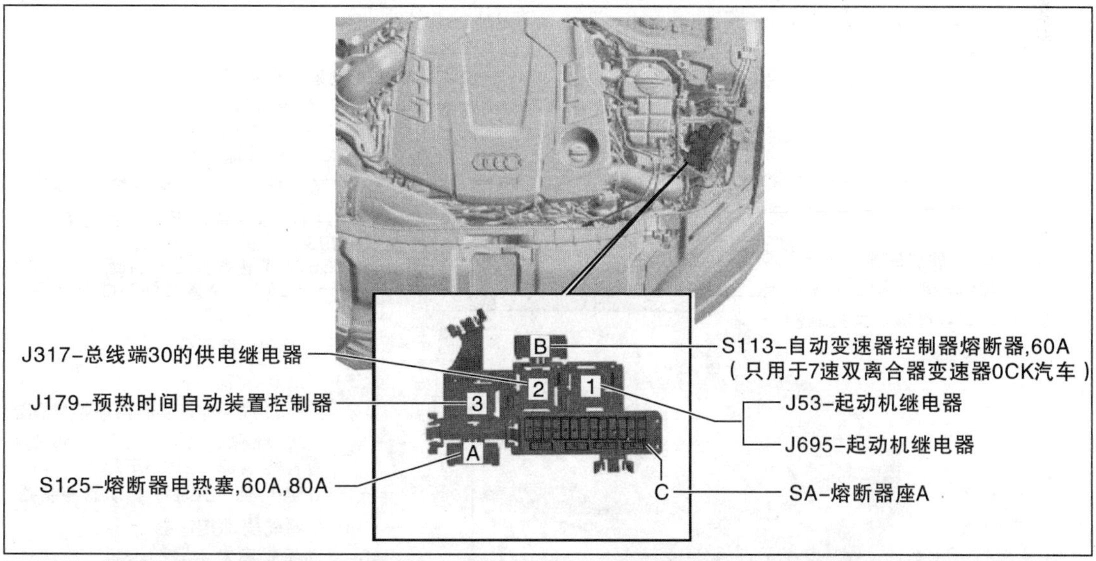

图1–109 奥迪A6L轿车(只用于V6和TDI车型)发动机舱内电控器的继电器座位置分布图

3. 电控单元位置图

(1)车辆前面部分的控制单元

奥迪A6L轿车前面部分的控制单元位置分布如图1–110所示。

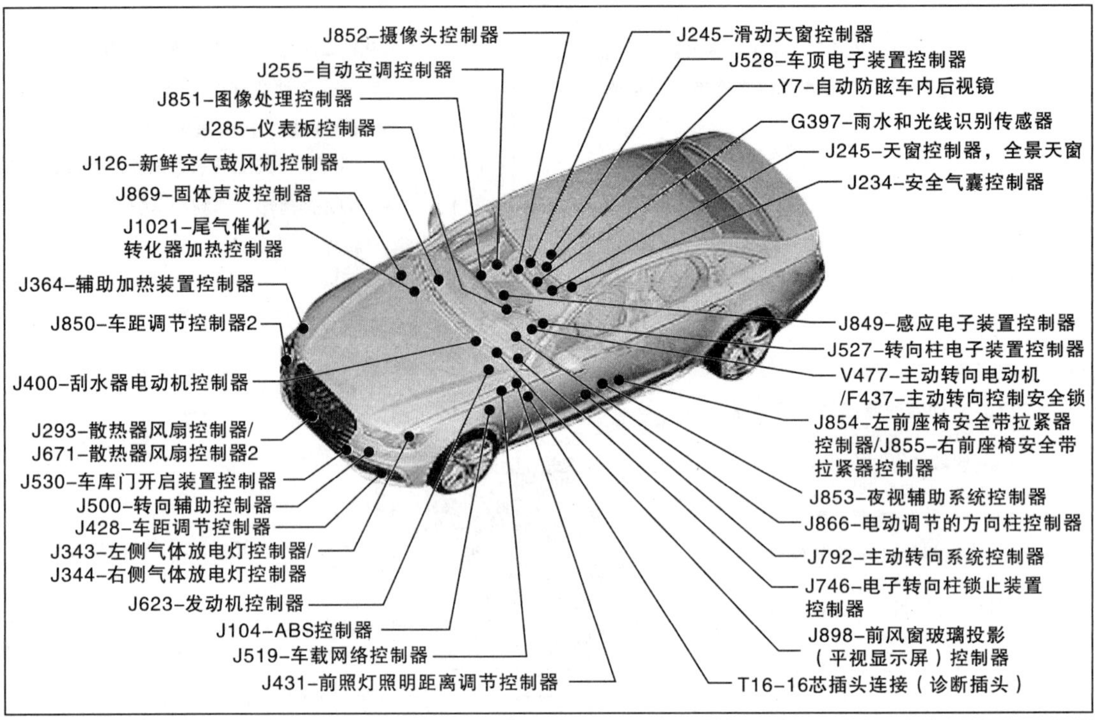

图1-110　奥迪A6L轿车前面部分的控制单元位置分布图

（2）车辆后面部分的控制单元

奥迪A6L车辆后面部分的控制单元位置分布如图1-111所示。

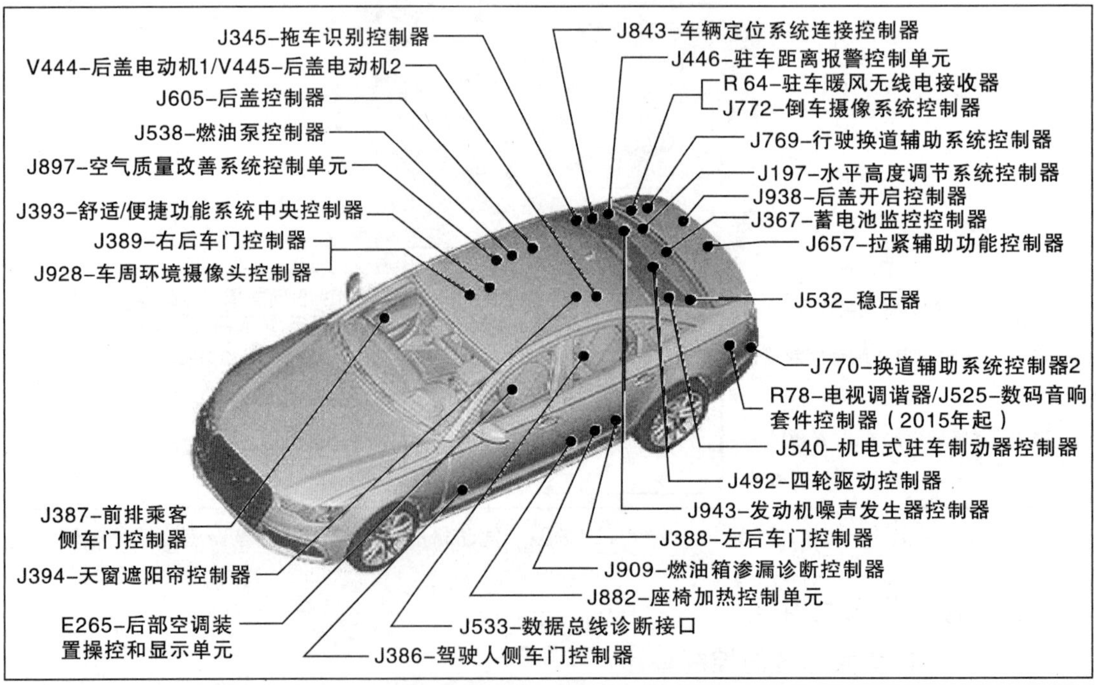

图1-111　奥迪A6L轿车后面部分的控制单元位置分布图

二、奥迪A4L（2012～2017年款）

1. 驾驶人左侧的熔断器

奥迪A4L轿车驾驶人左侧的熔断器元件分布如图1-112所示，熔断器说明见表1-51。

图1-112 奥迪A4L轿车驾驶人左侧的熔断器元件分布图

表1-51 奥迪A4L轿车驾驶人左侧的熔断器说明表

编号	保护的电路/部件	额定值
	熔断器座A（黑色）	
1	动态转向系统	5A
2	电控行车稳定控制单元	5A
3	空调压力传感器、电子驻车制动器、车库门遥控器、后部座椅加热、自动防眩目车内后视镜、空气质量传感器/外部空气传感器	5A
4	LDW（车道偏离警告）摄像头	10A
5	发声器/排气系统声音装置	5/15A
6	前照灯照明距离调节	5A
7	前照灯（随动转向前照灯）	5A
8	控制单元（电子驻车制动器、quattro运动型减振器、挂车挂钩）、直流调节器	5A
9	自适应巡航控制系统	5/7.5A
10	换档滑槽/离合器感应器	5A
11	奥迪侧向辅助系统	5A
12	前照灯照明距离调节、泊车辅助系统	5A
13	安全气囊	5A
14	后窗刮水器（Avant）	15A
15	预熔熔断器（仪表板）	10A
16	预熔熔断器，端子15（发动机范围）	40A
	熔断器座B（棕色）	
2	制动信号灯传感器	5A
3	燃油泵	25A
4	SCR泵/离合器传感器的供电	5/5A
5	左侧座椅加热（空调座椅）/左右座椅加热	15/30A
6	ESC	5A
7	信号喇叭	15A
8	左前车门（车窗升降器、中央门锁、后视镜、开关、照明）	30A
9	刮水器电动机	30A
10	ESC	25A
11	双门车：左后车窗升降器 四门车：左后车门（车窗升降器、中央门锁、开关、照明）	30A
12	雨水及光线感应器	5A
	熔断器座C（红色）	
3	腰部支撑	10A
4	动态转向系统	35A
6	车窗玻璃清洗装置，前照灯清洗装置	35A
7	车载网络控制单元1	20A
8	车载网络控制单元1	30A
9	移动天窗	20A
10	车载网络控制单元1	30A
11	遮阳卷帘电动机	20A
12	防盗警告装置	5A

2. 仪表板右侧的熔断器

奥迪A4L轿车仪表板右侧的熔断器元件分布如图1-113所示，其说明见表1-52。

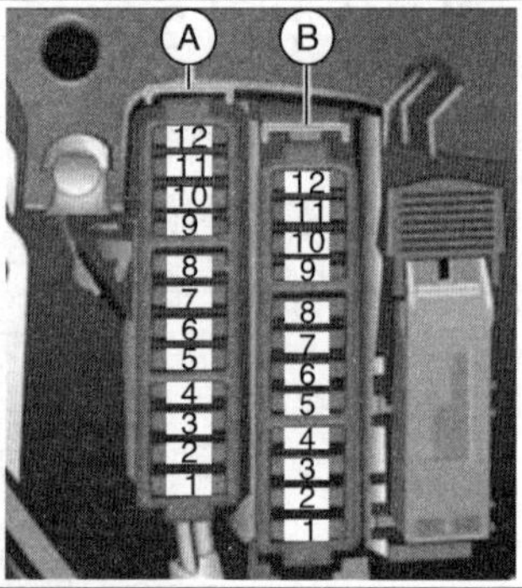

图1-113 奥迪A4L轿车仪表板右侧的熔断器分布图

表1-52 奥迪A4L轿车仪表板右侧的熔断器说明表

编号	保护的电路/部件	额定值	编号	保护的电路/部件	额定值
熔断器座A（黑色）			4	组合仪表	5A
5	转向柱开关模块	5A	5	网关（仪表板控制单元）	5A
6	电控行车稳定系统	5A	6	点火开关	5A
7	诊断插头接线柱15	5A	7	旋转式车灯开关	5A
8	网关（数据导线诊断接口）	5A	8	空调装置鼓风机	40A
9	辅助加热器（柴油机）	5A	9	转向柱锁止装置	5A
熔断器座B（棕色）			10	空调装置	10A
1	CD驱动器	5A	11	诊断插头接线柱30	10A
2	奥迪驾驶模式选择系统开关模块	5A	12	转向柱开关模块	5A
3	MMI/收音机	5/20A			

3. 行李箱右侧的熔断器

奥迪A4L轿车行李箱右侧的熔断器元件分布如图1-114所示，其相关说明见表1-53。

图1-114 奥迪A4L轿车行李箱右侧的熔断器分布图

表1-53 奥迪A4L轿车行李箱右侧的熔断器说明表

编号	保护的电路/部件	额定值	编号	保护的电路/部件	额定值
熔断器座B（黑色）			2	挂车或可伸出式后扰流板控制单元（RS 5）	15或10A
1	折叠式车顶控制单元或电动行李箱盖控制单元（Avant）	10或30A	3	拖车控制单元	20A

表1-53 奥迪A4L轿车行李箱右侧的熔断器说明表（续）

编号	保护的电路/部件	额定值	编号	保护的电路/部件	额定值
4	拖车控制单元	20A	9	右前车门（车窗升降器、中央门锁、后视镜、开关、照明）	30A
5	电控机械式驻车制动器	5A	10	驻车暖风遥控接收器	5A
6	电控减振调节装置	15A	11	双门车：右后车窗升降器 四门车：右后车门(车窗升降器、中央门锁、开关、照明)	30A
7	电控机械式驻车制动器	30A	12	移动电话适配装置	5A
8	后车灯	30A	熔断器座E（黑色）		
9	四轮驱动运动型	35A	1	右前座椅加热（空调座椅）	15A
10	后车灯	30A	2	自动防眩目车内后视镜（仅用于带智能起动/停止系统的汽车）	5A
11	车载网络控制单元	20A	3	仪表板，端子30（仅用于带智能起动/停止系统的汽车）	30A
12	接线柱30	5A	4	MMI	7.5A
熔断器座C（棕色）			5	收音机，电视调谐器	5A
1	行李箱盖控制单元	30A	6	倒车摄像头	5A
2	插座12V、点烟器	20A	7	后窗玻璃加热（Avant）	5A
3	电路1直流电变换器	40A	8	后座区娱乐装置	5A
4	电路2直流电调节器、数码声场处理系统（DSP）放大器、收音机	30A	11	AdBlue加热装置（A4）	30A
5	插座115/230V	25A	12	AdBlue加热继电器（A4）	10/15A
6	驻车暖风	30A			
7	电控机械式驻车制动器	30A			
8	后座椅加热	30A			

三、奥迪A3（2014~2017年款）

1. 熔断器

（1）熔断器位置图

奥迪A3轿车熔断器位置分布如图1-115所示。

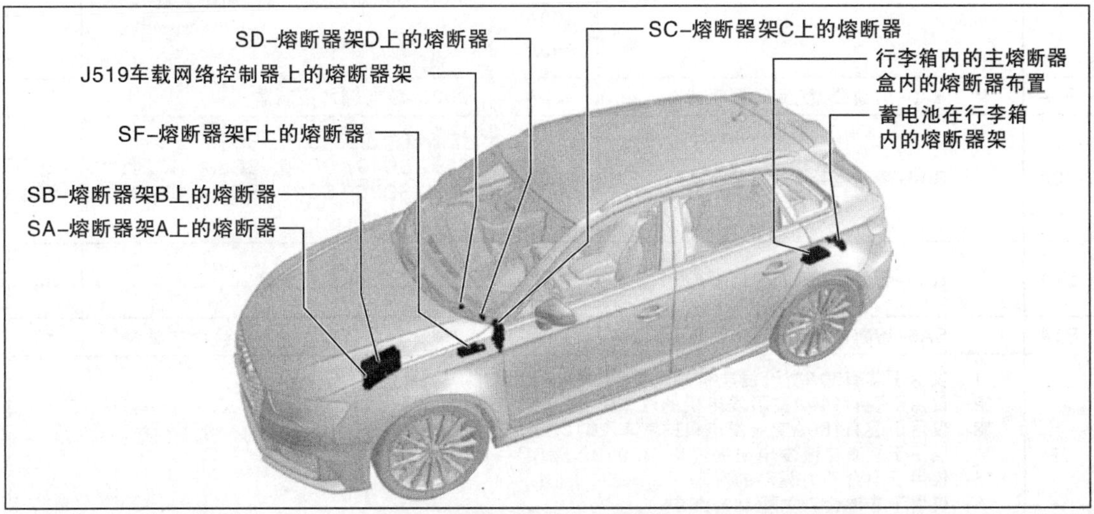

图1-115 奥迪A3轿车熔断器位置分布图

（2）熔断器SA

奥迪A3轿车（不带混合动力驱动的车型）熔断器SA的安装位置及分布如图1-116所示，其相关说明见表1-54。

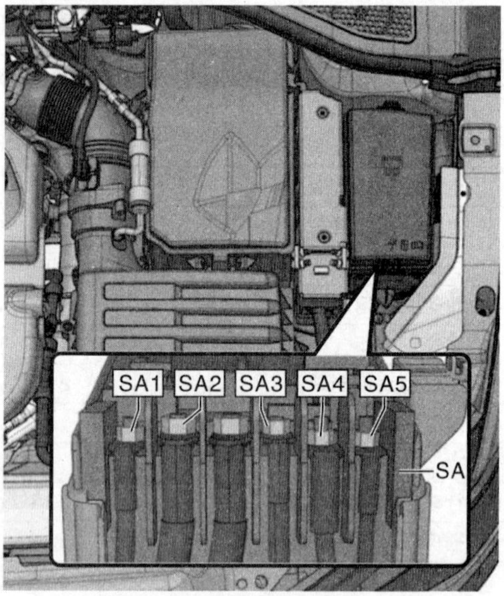

图1-116　奥迪A3轿车熔断器SA的安装位置及分布图

表1-54　奥迪A3轿车熔断器SA说明表

编号	电路图中名称	额定值	保护的电路/部件	端子
J1A	SA1-熔断器架A上的熔断器1	125A	熔断器电源：SC4、SC5、SC6、SC7、SC8、SC9、SC10、SC11、SC12、SC13、SC14、SC30、SC31、SC38、SC39、SC41、SC42、SC53 S46-前排乘客座椅调整装置的热敏熔丝1 J329-总线端15的供电继电器	30
G1A	SA2-熔断器架A上的熔断器2	150A*1 200A*2 250A*3 400A*4 250A*5	C-交流发电机 JX1-电驱动功率和操控电子装置*5	30
E1A	SA3-熔断器架A上的熔断器3	80A	J500-转向辅助控制器	30
K2A	SA4-熔断器架A上的熔断器4	80A	熔断器电源：SC15、SC16、SC17、SC18、SC19、SC20、SC23、SC24、SC25、SC26、SC27、SC28、SB43、SC44、SB45	30
L1A	SA5-熔断器架A上的熔断器5	80A*5 50A*6	J293-散热风扇控制器	30
P1A	SA6-熔断器架A上的熔断器6	50A*5	J743-双离合器变速器机械电子装置*5*7	30
注	*1：仅用于装有90A交流发电机的汽车/2013年4月以前 *2：仅用于装有140A交流发电机的汽车/2013年4月以前 *3：仅用于装有180A交流发电机的汽车/2013年4月以前 *4：仅用于装有交流发电机的汽车/自2013年5月起 *5：仅用于混合动力驱动的汽车 *6：仅用于非混合动力驱动的汽车 *7：仅用于装有6档双离合器变速器0DD的汽车			

(3) 熔断器SB

奥迪A3轿车熔断器SB安装位置及分布如图1-117所示，其相关说明见表1-55。

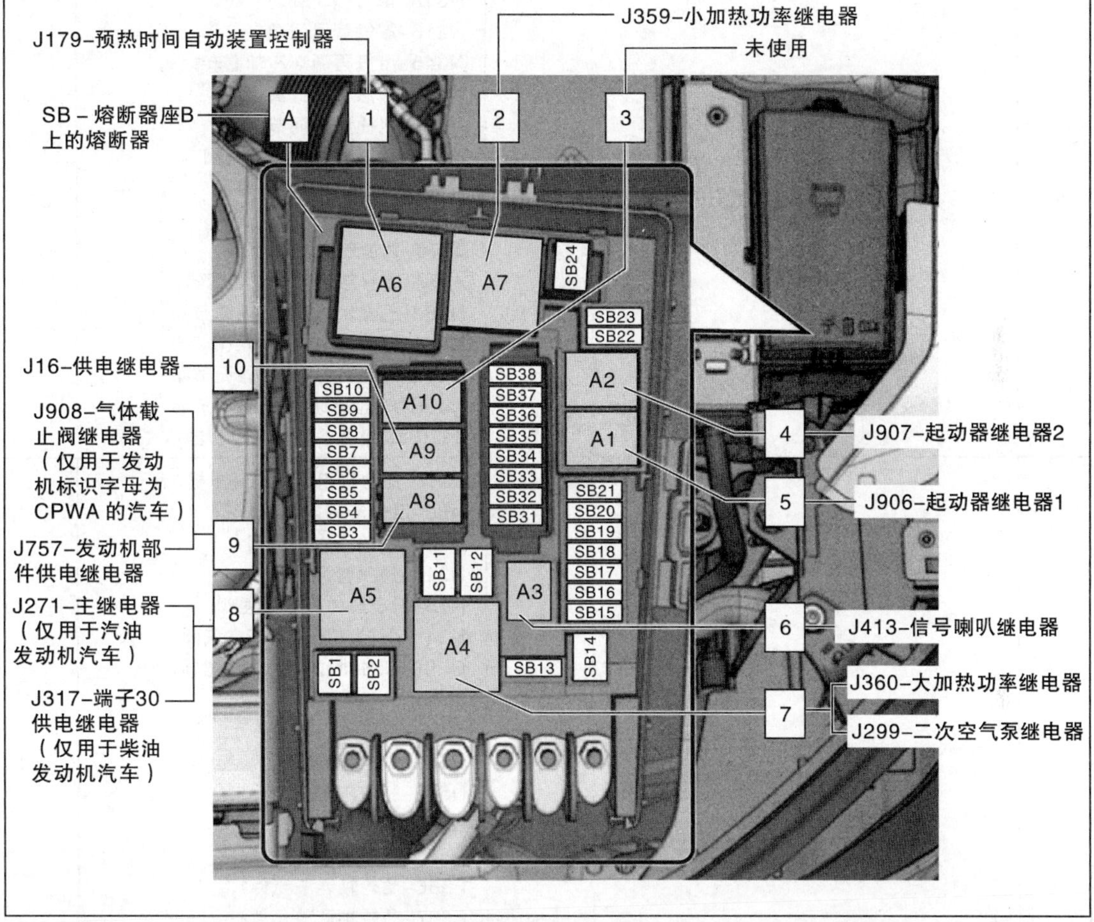

图1-117 奥迪A3轿车熔断器SB安装位置及分布图

表1-55 奥迪A3轿车熔断器SB说明表

编号	电路图中名称	额定值	保护的电路/部件	端子
F1	SB1-熔断器架B上的熔断器1	40A	J104-ABS控制器	30
F2	SB2-熔断器架B上的熔断器2	40A	J104-ABS控制器	30
F3	SB3-熔断器架B上的熔断器3	15A*1 30A*2	J623-发动机控制器	87
F4	SB4-熔断器架B上的熔断器4	5A*2*14 10A*1	G266-机油油位及温度传感器 J757-发动机组件供电继电器*14 J293-散热风扇控制器 N75-增压压力限制电磁阀*2 N80-活性炭罐电磁阀1*3*4 N205-凸轮轴调节阀1*3*4 N208-凸轮轴调节阀2*4	87

表1-55 奥迪A3轿车熔断器SB说明表 （续）

编号	电路图中名称	额定值	保护的电路/部件	端子
F4	SB4-熔断器架B上的熔断器4	5A[*2*14] 10A[*1]	N249-涡轮增压器循环空气阀[*5] N318-排气凸轮轴调节阀1[*4] N316-进气管风门阀[*5] N345-废气再循环冷却器转换阀[*2] N372-天然气运行高压阀[*4*6] N428-机油压力调节阀[*4*5] N522-活塞冷却喷嘴控制阀[*5] G70-空气质量流量传感器[*5] J359-小加热功率继电器[*2] J360-大加热功率继电器[*2] J963-还原剂计量系统继电器1[*9] N583-气缸2的进气凸轮调节器[*4] N587-气缸2的排气凸轮调节器[*4] N591-气缸3的进气凸轮调节器[*4] N595-气缸3的排气凸轮调节器[*4] J120-冷却液不足显示控制器1[*3]	87
F5	SB5-熔断器架B上的熔断器5	10A[*5*2*13] 7.5A[*6] 15A[*14]	J757-发动机组件供电继电器[*5] N80-活性炭罐电磁阀1[*14] N428-机油压力调节阀[*14] N316-进气管风门阀[*14] N75-增压压力限制电磁阀[*14] N249-涡轮增压器循环空气阀[*14] G266-机油油位和温度传感器[*14] J883-废气风门控制单元[*14] J945-废气风门控制单元2[*14] N532-气缸1喷射阀2[*5] N533-气缸2喷射阀2[*5] N534-气缸3喷射阀2[*5] N535-气缸4喷射阀2[*5] F366-凸轮轴调节元件1[*5] F367-凸轮轴调节元件2[*5] F368-凸轮轴调节元件3[*5] F369-凸轮轴调节元件4[*5] F370-凸轮轴调节元件5[*5] F371-凸轮轴调节元件6[*5] F372-凸轮轴调节元件7[*5] F373-凸轮轴调节元件8[*5] N276-燃油压力调节阀2 N290-燃油计量阀[*2] N205-凸轮轴调节阀1[*2] J908-天然气切断阀继电器[*6] N366-天然气喷射阀1[*6] N367-天然气喷射阀2[*6] N368-天然气喷射阀3[*6] N369-天然气喷射阀4[*6] N488-变速器冷却液阀[*13] V467-高温回路冷却液泵[*13] V178-冷却液循环泵2[*13]	87

表1-55 奥迪A3轿车熔断器SB说明表 （续）

编号	电路图中名称	额定值	保护的电路/部件	端子
F6	SB6-熔断器架B上的熔断器6	5A	F-制动信号灯开关 F47-制动踏板开关*14 F63-制动踏板开关	87
F7	SB7-熔断器架B上的熔断器7	10A*2*3*4*18 5A*5*7 7.5A*5*8 15A*13 5A*14	N276-燃油压力调节阀*3*4 N492-冷却液回路电磁阀*14 V50-冷却液循环泵*14 J496-冷却液辅助泵继电器*14 G708-乙醇浓度传感器*18 V51-冷却液循环泵2*3*4*18 N82-冷却液截止阀*5 N488-变速器冷却液阀*5 N428-机油压力调节阀*2 N489-气缸盖冷却液阀*2 V188-增压空气冷却泵*2 V488-暖风辅助泵*2 N632-冷却液转换阀1*13 N633-冷却液转换阀2*13 V468-低温回路冷却液泵*13	87
F8	SB8-熔断器架B上的熔断器8	10A*2*3*4 15A*5*9*13*14	Z19-氧传感器加热装置 Z29-尾气催化转化器下游的氧传感器1加热装置	87
F9	SB9-熔断器架B上的熔断器9	20A*3*4 10A*5*14 5A*2	N70-带功率末级的点火线圈1*3*4 N205-凸轮轴调节阀1*14 N318-排气凸轮轴调节阀1*14 N127-带功率末级的点火线圈2*3*4 N291-带功率末级的点火线圈3*3*4 N292-带功率末级的点火线圈4*3*4 J883-废气风门控制单元*5 N80-活性炭罐电磁阀1*5 N205-凸轮轴调节阀1*5 N318-排气凸轮轴调节阀1*5 V51-冷却液续流泵*5 J179-预热时间自动装置控制器*2 G70-空气质量流量传感器*2 N79-曲轴箱排气加热电阻*2 N288-油箱切断阀1*3	87
F10	SB10-熔断器架B上的熔断器10	15A*1 20A*2*14	J538-燃油泵控制器	87
F11	SB11-熔断器架B上的熔断器11	40A 50A*13	Z35-空气辅助加热装置加热元件*2 V101-二次空气泵电动机*5*13	87
F12	SB12-熔断器架B上的熔断器12	40A	Z35-空气辅助加热装置加热元件*2	87
F13	SB13-熔断器架B上的熔断器13	15A*10*15*16 30A*11*17	J743-双离合器变速器机械电子装置*10*11*15*16 J217-自动变速器控制器*17	30

表1-55　奥迪A3轿车熔断器SB说明表　（续）

编号	电路图中名称	额定值	保护的电路/部件	端子
F14	SB14-熔断器架B上的熔断器14	30A[*14]	N70-带功率输出级的点火线圈1[*14] N127-带功率输出级的点火线圈2[*14] N291-带功率输出级的点火线圈3[*14] N292-带功率输出级的点火线圈4[*14] N323-带功率输出级的点火线圈5[*14]	87
F15	SB15-熔断器架B上的熔断器15	15A	J413-信号喇叭继电器	30
F16	SB16-熔断器架B上的熔断器16	5A[*6] 10A[*13] 20A[*5] 30A[*14]	J908-天然气切断阀继电器[*6] N361-油箱切断阀1[*6] N362-油箱切断阀2[*6] J757-发动机组件供电继电器[*5*14] N70-带功率输出级的点火线圈1[*5] N127-带功率输出级的点火线圈2[*5] N291-带功率输出级的点火线圈3[*5] N292-带功率输出级的点火线圈4[*5] JX1-电驱动功率和操控电子装置[*13] J1050-高电压蓄电池充电器控制器[*13] SB14-熔断器架B上的熔断器14[*14] SB31-熔断器架B上的熔断器31[*14]	30
F17	SB17-熔断器架B上的熔断器17	7.5A	J271-主继电器[*1] J317-总线端30供电继电器[*2] J623-发动机控制器 J104-ABS控制器	30
F18	SB18-熔断器架B上的熔断器18	5A	J367-蓄电池监控控制器 J533-数据总线诊断接口	30
F19	SB19-熔断器架B上的熔断器19	30A	J400-刮水器电动机控制器	30
F20	SB20-熔断器架B上的熔断器20	10A	H12-警告喇叭	30
F22	SB22-熔断器架B上的熔断器22	5A	J623-发动机控制器	50
F23	SB23-熔断器架B上的熔断器23	30A	B-起动机	50
F24	SB24-熔断器架B上的熔断器24	40A	Z35-空气辅助加热装置加热元件[*2] NX6-制动助力器[*13]	87[*2] 30[*13]
F31	SB31-熔断器架B上的熔断器31	5A[*7*12] 7.5A[*13] 15A[*8] 10A[*14]	J667-左侧前照灯电源模块[*7*12] N290-燃油计量阀[*14] J57-真空泵继电器[*8] V192-制动器真空泵[*8] V508-电驱动模式的功率和控制电子装置上游的冷却液循环泵[*13]	87
F32	SB32-熔断器架B上的熔断器32	5A	J668-右侧前照灯电源模块[*12] J667-左侧前照灯电源模块[*8*12]	87
F33	SB33-熔断器架B上的熔断器33	30A	VX70-制动系统蓄压器[*13]	30
F34	SB34-熔断器架B上的熔断器34	5A	NX6-制动助力器[*13]	30
F35	SB35-熔断器架B上的熔断器35	7.5A	J32-空调装置继电器[*13] G805-制冷剂回路压力传感器[*13] G395-制冷剂压力和制冷剂温度传感器[*13]	30

表1-55 奥迪A3轿车熔断器SB说明表 （续）

编号	电路图中名称	额定值	保护的电路/部件	端子
F35	SB35-熔断器架B上的熔断器35	7.5A	J842-空调压缩机控制器*13 J848-高电压加热装置（PTC）的控制器*13	30
F37	SB37-熔断器架B上的熔断器37	20A	J364-辅助暖风控制器	30
F38	SB38-熔断器架B上的熔断器38	20A	J57-真空泵继电器*7	30
注	编号F21、F25、F26、F27、F28、F29、F30、F36的熔断器未使用 *1：仅用于汽油发动机汽车　*2：仅用于柴油发动机汽车 *3：仅用于1.2L发动机汽车　*4：仅用于1.4L发动机汽车 *5：仅用于1.8L或2.0L发动机汽车　*6：仅用于使用天然气的汽车 *7：2013年4月以前　*8：自2013年5月起 *9：仅用于发动机标识字母为CPTA、CZEA的汽车　*10：仅用于装备双离合器变速器0D9的汽车 *11：仅用于装备双离合器变速器0CW的汽车　*12：仅用于装备LED前照灯的汽车 *13：仅用于混合动力驱动汽车　*14：仅用于RS3 *15：仅用于装备双离合器变速器0BH的汽车　*16：仅用于装备双离合器变速器0DE的汽车 *17：仅用于6档自动变速器汽车　*18：仅用于巴西车型 *19：自2015年11月起			

（4）熔断器SC

奥迪A3轿车熔断器SC安装位置及分布如图1-118所示，其相关说明见表1-56。

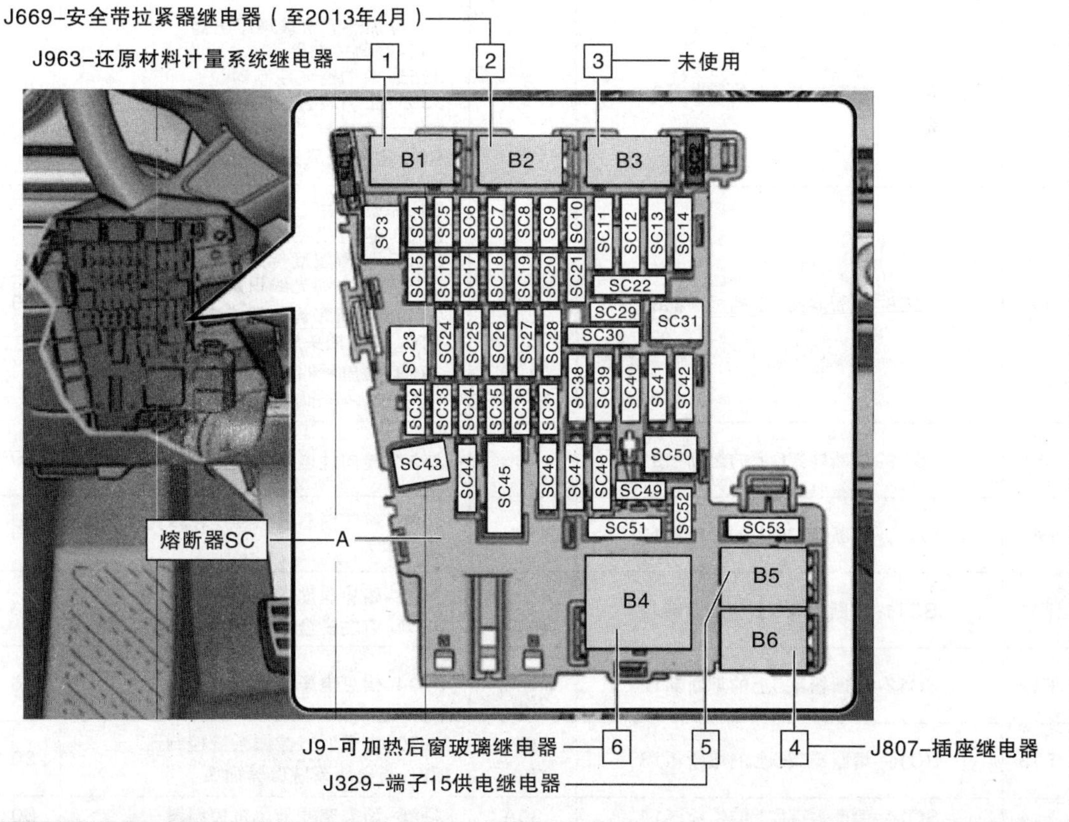

图1-118 奥迪A3轿车熔断器SC安装位置及分布图

表1-56　奥迪A3轿车熔断器SC说明表

编号	电路图中名称	额定值	保护的电路/部件	端子
F1	SC1-熔断器架C上的熔断器1	30A	J880-还原材料计量系统控制器	30
F2	SC2-熔断器架C上的熔断器2	10A[*1]	E176-驾驶人座椅腰部支撑调节开关[*1] E177-前排乘客座椅腰部支撑调节开关[*1] V125-驾驶人座椅腰部支撑纵向调节电动机[*1] V126-前排乘客座椅腰部支撑纵向调节电动机[*1] V129-驾驶人座椅腰部支撑高度调节电动机[*1] V130-前排乘客座椅腰部支撑高度调节电动机[*1]	30
F3	SC3-熔断器架C上的熔断器3	40A	J321-折叠式车顶盖操纵液压泵继电器 J588-折叠式车顶盖操控液压泵继电器2 V118-折叠式车顶盖操控液压泵	30
F4	SC4-熔断器架C上的熔断器4	7.5A	E380-多媒体系统操作单元 J794-电子信息装置控制器1	30
F5	SC5-熔断器架C上的熔断器5	5A	J533-数据总线诊断接口	30
F6	SC6-熔断器架C上的熔断器6	5A	E313-变速杆[*15] G578-防盗警告装置感应器[*16]	30
F7	SC7-熔断器架C上的熔断器7	10A	J9-可加热后窗玻璃继电器 J65-暖风控制器 J255-自动空调控制器 J301-空调装置控制器 E313-变速杆[*16] R64-驻车暖风无线电接收器	30
F8	SC8-熔断器架C上的熔断器8	10A	E1-车灯开关 E538-电控机械式驻车制动器按钮 G355-空气湿度传感器 G397-雨水和光线识别感应器 G578-防盗警告装置感应器[*15] T16-16芯插头连接 J949-紧急呼叫模块和通信单元控制器[*9] WX3-前天窗模块	30
F9	SC9-熔断器架C上的熔断器9	1A[*1] 5A[*15]	J527-转向柱电子装置控制器[*1*15]	30
F10	SC10-熔断器架C上的熔断器10	5A	J685-前部信息显示和操作单元控制器的显示单元	30
F11	SC11-熔断器架C上的熔断器11	15A[*2] 25A[*1]	J492-四轮驱动控制器[*2] J854-前左安全带拉紧器控制器[*1]	30
F12	SC12-熔断器架C上的熔断器12	15A[*4] 20A[*3]	J794-信息电子装置控制器1	30
F13	SC13-熔断器架C上的熔断器13	20A 15A[*9]	J250-电子调节减振系统控制器 TW-高电压系统保养插头[*9]	30
F14	SC14-熔断器架C上的熔断器14	30A	J126-新鲜空气鼓风机控制器	30
F15	SC15-熔断器架C上的熔断器15	10A	J764-电子转向柱锁止装置控制器	30

表1-56 奥迪A3轿车熔断器SC说明表 （续）

编号	电路图中名称	额定值	保护的电路/部件	端子
F16	SC16-熔断器架C上的熔断器16	7.5A	J676-芯片卡读卡器控制器 R78-电视调谐器 R86-移动电话放大器 R126-电话托架 R199-外部音源接口	30
F17	SC17-熔断器架C上的熔断器17	5A	J285-仪表板控制器	30
F18	SC18-熔断器架C上的熔断器18	7.5A	J772-倒车摄像系统控制器	30
F19	SC19-熔断器架C上的熔断器19	7.5A	J518-进入及启动许可控制器 J843-车辆定位系统连接控制器	30
F20	SC20-熔断器架C上的熔断器20	15A*2 7.5A*5*6*7	E176-驾驶人座椅腰部支撑调节开关*2 E177-前排乘客座椅腰部支撑调节开关*2 V125-驾驶人座椅腰部支撑纵向调节电动机*2 V126-前排乘客座椅腰部支撑纵向调节电动机*2 V129-驾驶人座椅腰部支撑高度调节电动机*2 V130-前排乘客座椅腰部支撑高度调节电动机*2 J909-油箱泄漏诊断控制器*5*7 J963-还原剂计量系统继电器*6*7	30
F23	SC23-熔断器架C上的熔断器23	40A	J519-车载网络控制器	30
F24	SC24-熔断器架C上的熔断器24	20A 30A*8	J245-滑动天窗控制器 J256-折叠式车顶操控装置控制器*8	30
F25	SC25-熔断器架C上的熔断器25	30A	J386-驾驶人侧车门控制器 J926-驾驶人侧后车门控制器 J1016-左后窗升降器电动机控制器 V26-左后车窗升降器电动机	30
F26	SC26-熔断器架C上的熔断器26	30A	J519-车载网络控制器 ◆前排座椅加热	30
F27	SC27-熔断器架C上的熔断器27	30A	J525-数码音响套件控制器	30
F28	SC28-熔断器架C上的熔断器28	5A*7*8 20A*2	J256-折叠式车顶操控装置控制器*7*8 J345-挂车识别控制器*2	30
F29	SC29-熔断器架C上的熔断器29	7.5A	E26-杂物箱照明灯开关 F147-驾驶人侧化妆镜接触开关 F148-前排乘客侧化妆镜接触开关 W6-杂物箱照明灯 W14-前排乘客侧带照明的化妆镜 W18-行李箱左侧照明 W20-驾驶人侧带照明的化妆镜 W35-行李箱右侧照明灯 WX3-前天窗模块 WX1-前内灯 J608-特种车辆控制器	30
F30	SC30-熔断器架C上的熔断器30	25A*2	J669-安全拉紧器继电器*2 J854-前左安全带拉紧器控制器*2	30
F31	SC31-熔断器架C上的熔断器31	40A	J519-车载网络控制器	30

表1-56　奥迪A3轿车熔断器SC说明表　（续）

编号	电路图中名称	额定值	保护的电路/部件	端子
F32	SC32-熔断器架C上的熔断器32	7.5A	J428-车距调节控制器 J446-驻车辅助控制器 J791-驻车转向辅助系统控制器 J769-行驶换道辅助系统控制器 J770-换道辅助系统控制器2 R242-驾驶人辅助系统前部摄像头	15
F33	SC33-熔断器架C上的熔断器33	5A	J234-安全气囊控制器 K145-前排乘客侧安全气囊关闭指示灯	15
F34	SC34-熔断器架C上的熔断器34	7.5A	E540-AUTO HOLD按钮 F4-倒车灯开关 G805-制冷剂回路压力传感器 J807-插座继电器 J869-固体声波控制器 J669-安全拉紧器继电器[*2]	15
F35	SC35-熔断器架C上的熔断器35	10A	E102-前照灯照明距离调节器 EX5-车内后视镜 G238-空气质量传感器 G657-新鲜空气进气道内的空气湿度传感器 J745-弯道和前照灯照明距离调节控制器 J431-前照灯照明距离调节控制器 T16-16芯插头连接 V48-前照灯照明距离调节装置左侧伺服电动机 V49-前照灯照明距离调节装置右侧伺服电动机	15
F36	SC36-熔断器架C上的熔断器36	15A	J668-右侧前照灯电源模块 A27-右侧LED前照灯电源模块1	15
F37	SC37-熔断器架C上的熔断器37	15A	J667-左侧前照灯电源模块 A31-左侧LED前照灯电源模块1	15
F38	SC38-熔断器架C上的熔断器38	20A[*2] 15A[*9]	J345-挂车识别控制器[*2] AX1-混合动力系统蓄电池单元[*9]	30
F39	SC39-熔断器架C上的熔断器39	30A	J387-前排乘客侧车门控制器 J927-前排乘客侧后车门控制器 J1017-前排乘客侧后车窗带升降器电动机的控制器 V27-后右车窗升降器电动机	30
F40	SC40-熔断器架C上的熔断器40	20A	U-插座 U1-点烟器 U5-12V插座	87
F41	SC41-熔断器架C上的熔断器41	1A[*2] 25A[*1]	J527-转向柱电子装置控制器[*2] J855-前右安全带拉紧器控制器[*1]	30
F42	SC42-熔断器架C上的熔断器42	40A	J519-车载网络控制器	30
F43	SC43-熔断器架C上的熔断器43	30A	J519-车载网络控制器	30
F44	SC44-熔断器架C上的熔断器44	15A	J345-挂车识别控制器[*2] J492-四轮驱动控制器[*1]	30
F45	SC45-熔断器架C上的熔断器45	15A	E470-驾驶人座椅调节操控单元 E176-驾驶人座椅腰部支撑调节开关	30

表1-56 奥迪A3轿车熔断器SC说明表 （续）

编号	电路图中名称	额定值	保护的电路/部件	端子
F47	SC47-熔断器架C上的熔断器47	15A	V12-后窗玻璃刮水器电动机	15
F48	SC48-熔断器架C上的熔断器48	10A*9 5A*13*14	Mx1-左前前照灯*14 Mx2-右前前照灯*14 J943-发动机声效装置控制器*9	15
F49	SC49-熔断器架C上的熔断器49	5A	G476-离合器位置传感器 J906-起动机继电器1 J907-起动机继电器2 AX1-混合动力系统蓄电池单元*9 JX1-电驱动功率和操控电子装置*9 J16-电源继电器	15
F51	SC51-熔断器架C上的熔断器51	25A*2	J855-右前安全带拉紧器控制器*2	15
F53	SC53-熔断器架C上的熔断器53	30A*10*12 40A*11 20A*8	J9-可加热后窗玻璃继电器 Z1-可加热后窗玻璃	30
注	编号F21、F22、F46、F50、F52的熔断器未使用 *1：自2013年5月起 *2：2013年4月以前 *3：仅用于装备MMI的汽车 *4：仅用于装备收音机的汽车 *5：仅用于汽油发动机汽车 *6：仅用于柴油发动机汽车 *7：自2013年11月起 *8：仅用于Cabriolet汽车 *9：仅用于混合动力驱动汽车 *10：仅用于3门汽车 *11：仅用于4门汽车 *12：仅用于5门汽车 *13：仅用于RS3 *14：仅用于装备LED大灯的汽车 *15：自2015年5月起 *16：2015年4月以前			

（5）熔断器SD

奥迪A3轿车熔断器SD安装位置及分布如图1-119所示，其相关说明见表1-57。

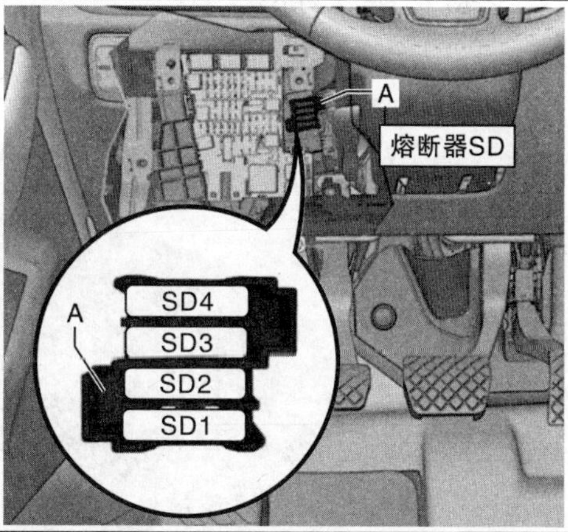

图1-119 奥迪A3轿车熔断器SD安装位置及分布图

表1-57 奥迪A3轿车熔断器SD说明表

编号	电路图中名称	额定值	保护的电路/部件	端子
F1	SD1-熔断器架D上的熔断器1	25A	J345-挂车识别控制器	30
F2	SD2-熔断器架D上的熔断器2	15A	J345-挂车识别控制器	30
F3	SD3-熔断器架D上的熔断器3	25A	J345-挂车识别控制器	30
F4	SD4-熔断器架D上的熔断器4	15A	J345-挂车识别控制器	30

（6）熔断器SF

奥迪A3轿车熔断器SF安装位置及分布如图1-120所示，其相关说明见表1-58。

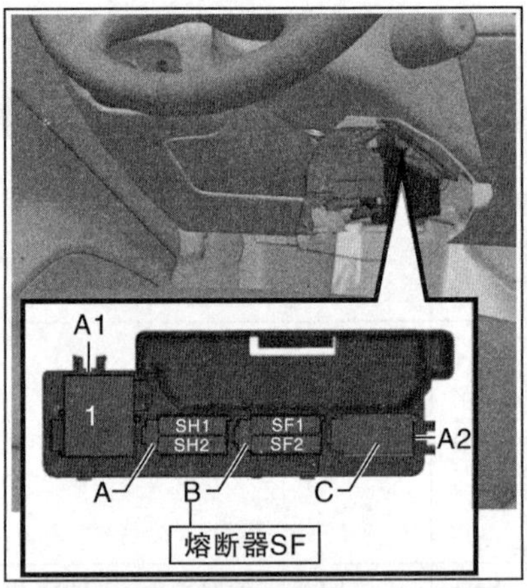

图1-120　奥迪A3轿车熔断器SF安装位置及分布图

表1-58　奥迪A3轿车熔断器SF说明表

编号	电路图中名称	额定值	保护的电路/部件	端子
F1	SF1-熔断器座F上的熔断器1	15A	U-插座*1	15
F2	SF2-熔断器座F上的熔断器2	10A	J608-特种车辆控制器*2	30
注	*1：仅用于驾校用车　　*2：仅用于带驾驶辅助装置的汽车			

2. 继电器

（1）继电器位置图

奥迪A3轿车继电器位置分布如图1-121所示。

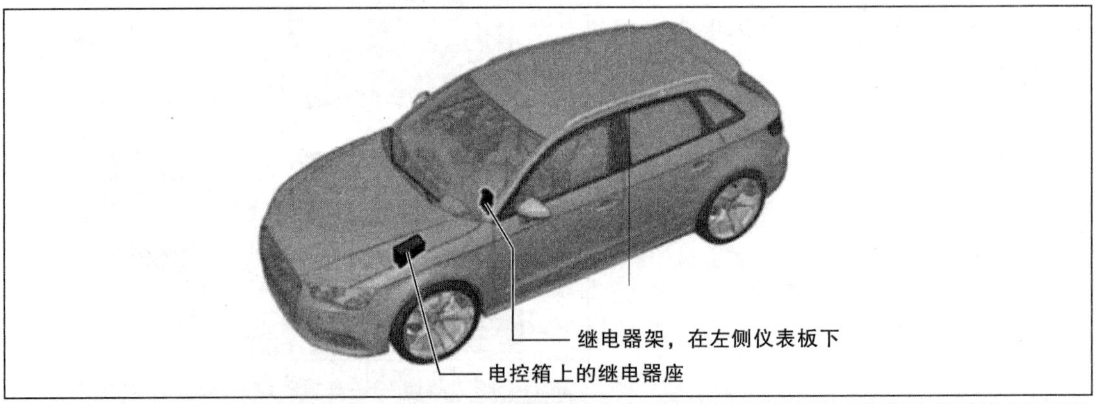

图1-121　奥迪A3轿车继电器位置分布图

（2）电控箱上的继电器

奥迪A3轿车非混合动力驱动汽车电控箱上的继电器位置分布如图1-117所示。

（3）左侧仪表板下继电器

奥迪A3轿车左侧仪表板下继电器位置分布如图1-118所示。

3. 电控单元位置图

奥迪A3轿车前面部分的控制单元位置分布如图1-122所示，车厢内和车辆后面部分的控制单元位置分布如图1-123所示。

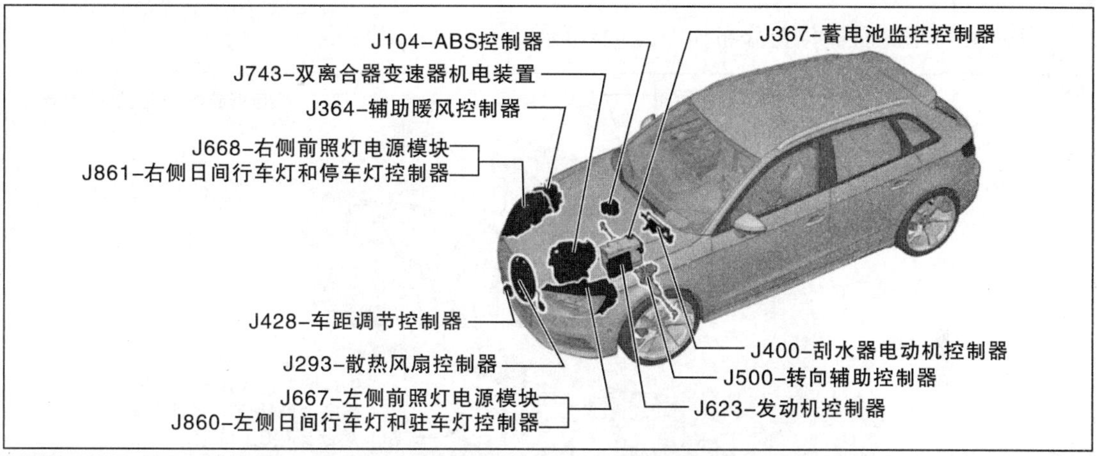

图1-122 奥迪A3轿车前面部分的控制单元位置分布图

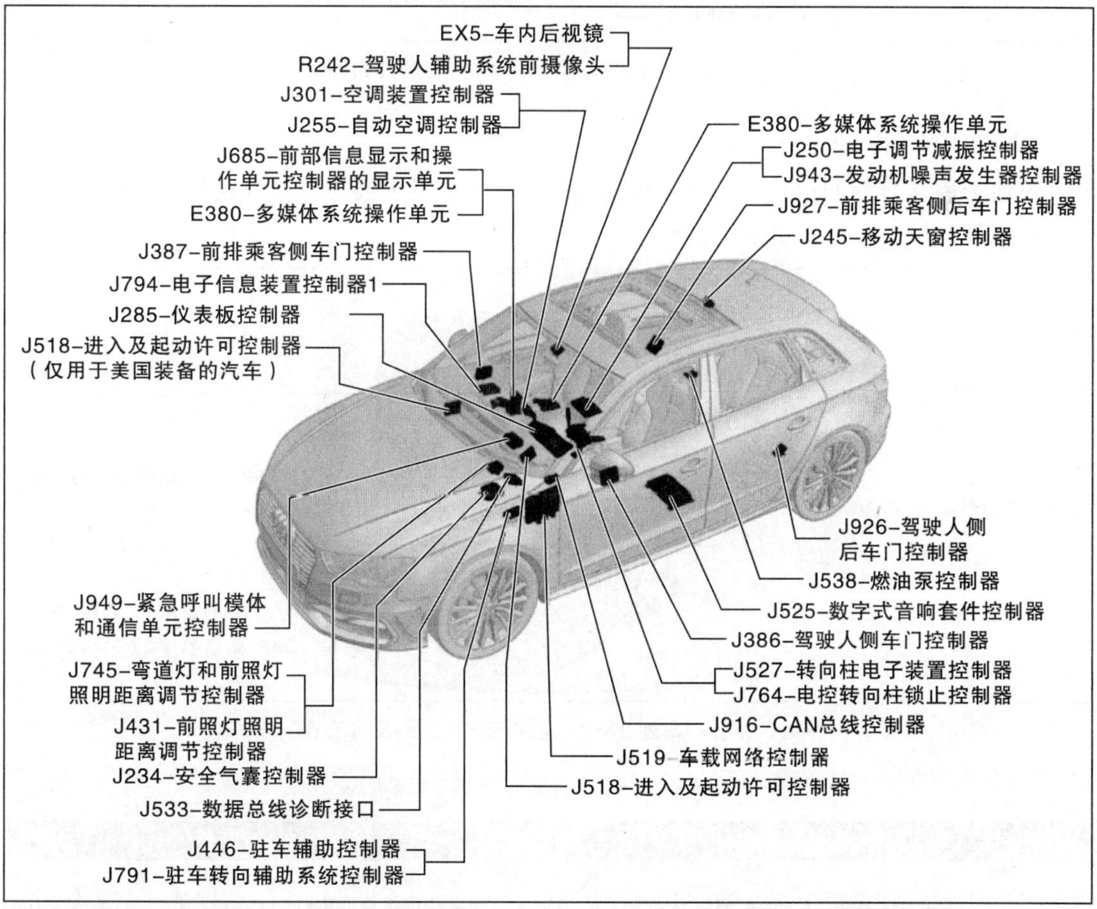

图1-123 奥迪A3轿车车厢内和车辆后面部分的控制单元位置分布图

四、奥迪Q5（2013～2017年款）

1. 熔断器

（1）熔断器位置图

奥迪Q5轿车熔断器位置分布如图1-124所示。

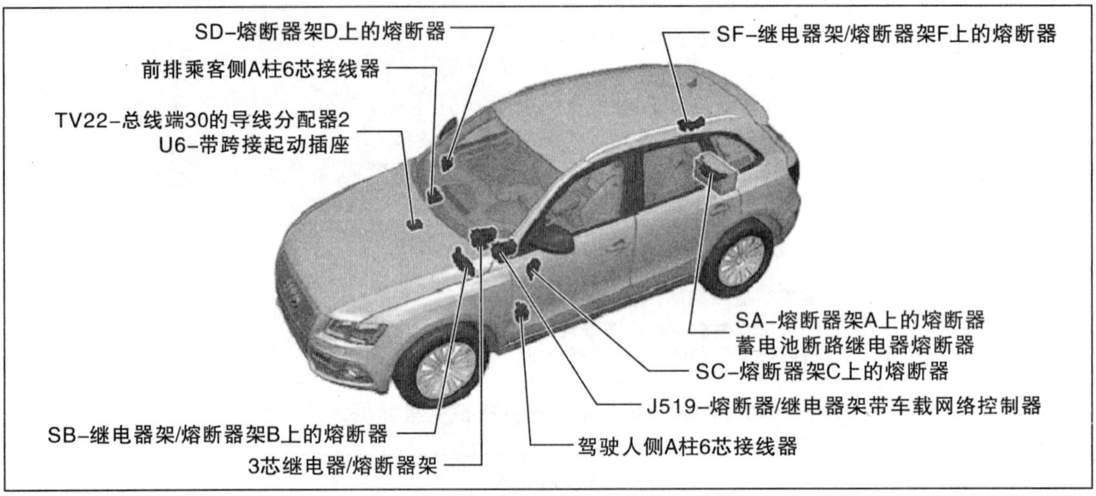

图1-124 奥迪Q5轿车熔断器位置分布图

（2）熔断器SA

奥迪Q5轿车熔断器SA位于行李箱中蓄电池正极上，其安装位置及分布如图1-125所示，相关说明见表1-59。

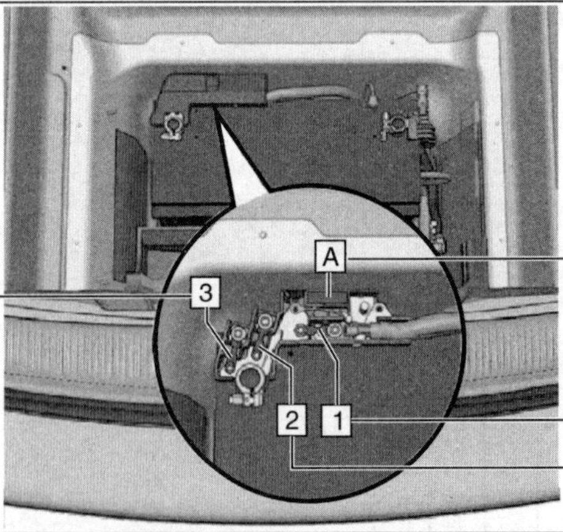

图1-125 奥迪Q5轿车熔断器SA位置及分布图

表1-59 奥迪Q5轿车熔断器SA说明表

编号	电路图中名称	额定值	保护的电路/部件	端子
1	SA1-熔断器架A上的熔断器1[*3]	110A	车载网络供电 发动机组件供电 J963-还原剂计量系统继电器	30

表1-59 奥迪Q5轿车熔断器SA说明表 （续）

编号	电路图中名称	额定值	保护的电路/部件	端子
2	SA2-熔断器架A上的熔断器2*3	110A	车载网络供电 发动机组件供电 S123-ABS控制器熔断器1*1	30
3	SA3-熔断器架A上的熔断器3*3	40A 50A*2*4 110A*5 80A*2	用于驾驶学校的选项 用于租赁车的选项 用于政府机构的选项 J743-双离合器变速器机电装置*4 S123-ABS控制器熔断器1*2 S124-ABS控制器熔断器2*2 S137-ABS控制器熔断器3*2	30
注	*1：仅用于左侧驾驶汽车 *3：不用于有高压电系统的汽车（Hybrid混合动力车） *5：仅用于带刑警和救护车特殊装备的汽车		*2：仅用于右侧驾驶汽车 *4：仅用于7档双离合器变速器汽车	

（3）熔断器SB

奥迪Q5轿车熔断器SB位于驾驶人侧排水槽电控箱，其安装位置及分布如图1-126所示，相关说明见表1-60。

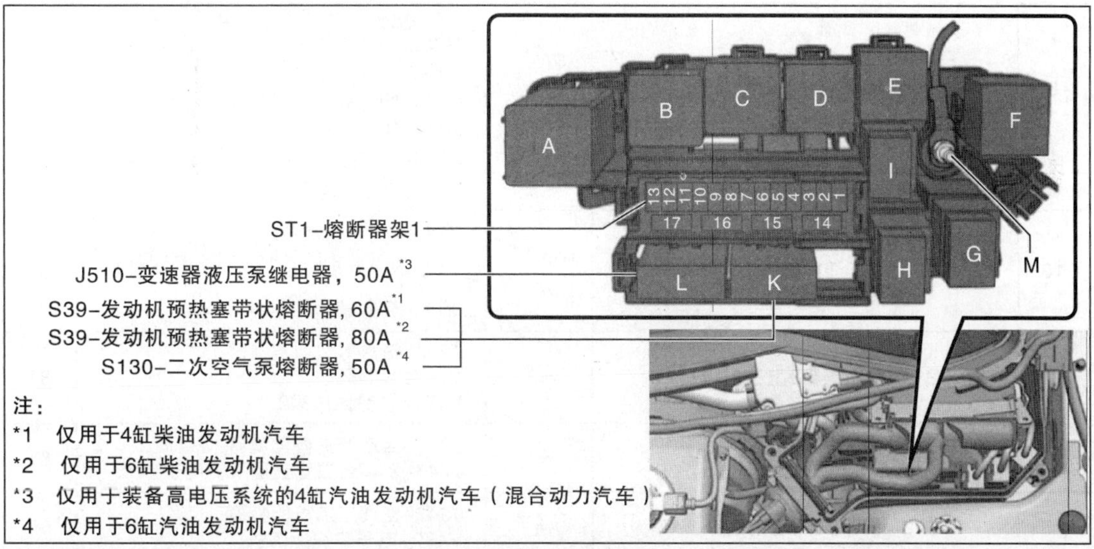

图1-126 奥迪Q5轿车熔断器SB位置及分布图

表1-60 奥迪Q5轿车熔断器SB说明表

编号	电路图中名称	额定值	保护的电路/部件	端子
熔断器架ST1（黑色）上的熔断器				
1	SB1-熔断器架B上的熔断器1	15A	J217-自动变速器控制器 J743-双离合器变速器机械电子单元	30
2	SB2-熔断器架B上的熔断器2	5A	G266-机油油位及温度传感器	87
3	SB3-熔断器架B上的熔断器3	5A	J623-发动机控制器 JX1-电驱动功率和操控电子装置	87

表1-60　奥迪Q5轿车熔断器SB说明表　（续）

编号	电路图中名称	额定值	保护的电路/部件	端子
4	SB4-熔断器架B上的熔断器4	5A	J623-发动机控制器	30
5	SB5-熔断器架B上的熔断器5	5A*4*5 10A*1*2*3	N82-冷却液截止阀 N276-燃油压力调节阀 G70-空气质量传感器	87
6	SB6-熔断器架B上的熔断器6	15A	J623-发动机控制器	87
7	SB7-熔断器架B上的熔断器7	10A*3*4*5 15A*1*2	F366-凸轮轴调节元件1 F373-凸轮轴调节元件8 J299-二次空气泵继电器 N75-增压压力限制电磁阀 N80-活性炭罐电磁阀1 N112-二次空气吹入阀 N144-电子液压发动机支承左电磁阀 N145-电子液压发动机支承右电磁阀 N205-凸轮轴调节阀1 N249-涡轮增压器循环空气阀 N316-进气管风门阀 N321-废气风门阀1 N422-自动空调装置冷却液截止阀 N428-机油压力调节阀 V51-冷却液续流泵 V467-高温循环冷却液泵	87
8	SB8-熔断器架B上的熔断器8	5A*4*5 10A*6 15A*1	JX1-电驱动功率和操控电子装置 G295-NO_x传感器 G687-NO_x传感器2 J583-NO_x感应器控制器 J881-NO_x感应器控制器2 J569-制动助力器继电器	30
9	SB9-熔断器架B上的熔断器9	5A	J623-发动机控制器	87
10	SB10-熔断器架B上的熔断器10	10A*4*5 15A*1*3*2	Z19-氧传感器加热装置 Z29-尾气催化转化器下游的氧传感器1加热装置 J500-转向辅助控制器	87
11	SB11-熔断器架B上的熔断器11	5A	J293-散热器风扇控制器 V7-散热器风扇 V177-散热器风扇2	87
12	SB12-熔断器架B上的熔断器12	5A	J217-自动变速器控制器 J743-双离合器变速器机械电子单元	87
13	SB13-熔断器架B上的熔断器13	5A*2	J842-空调压缩机控制器 V470-电子空调压缩机	87
14	SB14-熔断器架B上的熔断器14	5A*4 20A*1*2*3	J976-发动机组件供电继电器2 N70-带功率末级的点火线圈1 N127-带功率末级的点火线圈2 N291-带功率末级的点火线圈3 N292-带功率末级的点火线圈4 N323-带功率末级的点火线圈5 N324-带功率末级的点火线圈6 N422-自动空调装置冷却液截止阀 V400-废气再循环散热器泵	87
15	SB15-熔断器架B上的熔断器15	5A	J500-转向辅助控制器 Z19-氧传感器2加热装置 Z29-尾气催化转化器下游的氧传感器1加热装置	87

表1-60 奥迪Q5轿车熔断器SB说明表 （续）

编号	电路图中名称	额定值	保护的电路/部件	端子
16	SB16-熔断器架B上的熔断器16	15A	F265-发动机冷却装置热敏开关 J179-预热时间自动装置控制器 J299-二次空气泵继电器 J359-小加热功率继电器 J360-大加热功率继电器 J496-冷却液辅助泵继电器 J696-变速器冷却循环继电器 N75-增压压力限制电磁阀 N79-曲轴箱排风加热电阻 N80-活性炭罐电磁阀1 N112-二次空气吹入阀 N144-电控液压发动机支承左电磁阀 N145-电控液压发动机支承右电磁阀 N275-空气滤清器旁通风门阀 N320-二次空气吹入阀2 N345-废气再循环散热器转换阀 N428-机油压力调节阀 N488-变速器冷却液阀 N489-缸盖冷却液阀 N493-发动机温度调节执行元件 V188-增压空气冷却泵 V546-曲轴箱排风阀	87
17	SB17-熔断器架B上的熔断器17	10A*2 15A*3	V468-低温循环冷却液泵 Z19-氧传感器加热装置 Z29-尾气催化转化器下游的氧传感器1加热装置	50
注	*1：仅用于4 缸汽油发动机汽车（第3 代2.0 L TFSI） *2：仅用于装备高电压系统的4 缸汽油发动机汽车（混合动力汽车） *3：仅用于6 缸汽油发动机汽车（3.0 L TFSI） *4：仅用于4 缸柴油发动机汽车（2.0 L TDI） *5：仅用于6 缸柴油发动机汽车（3.0 L TDI） *6：仅用于6 缸柴油发动机汽车（3.0 L TDI BIN 5）			

（4）熔断器SC

奥迪Q5轿车熔断器SC位于驾驶人侧的仪表板盖下面，其安装位置及分布如图1-127所示，相关说明见表1-61。

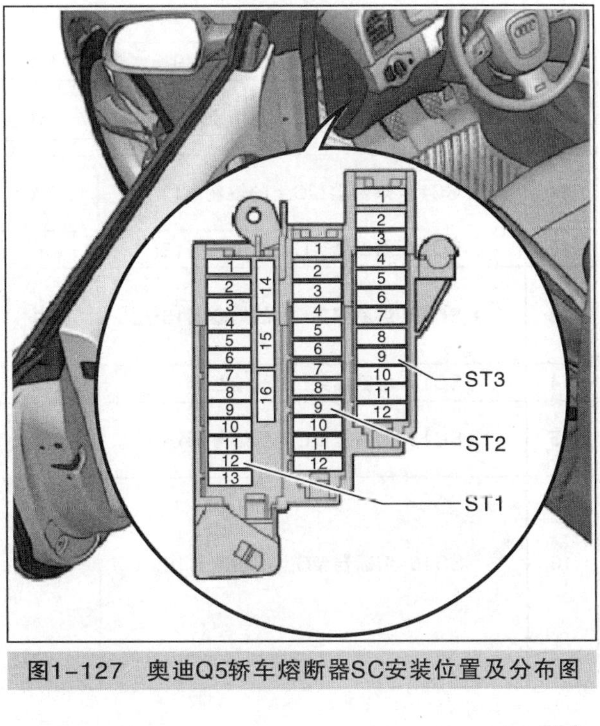

图1-127 奥迪Q5轿车熔断器SC安装位置及分布图

表1-61　奥迪Q5轿车熔断器SC相关说明表

编号	电路图中名称	额定值	保护的电路/部件	端子
熔断器架ST1（黑色）上的熔断器				
1	SC1-熔断器架C上的熔断器1	5A	J792-主动转向系统控制器	15
2	SC2-熔断器架C上的熔断器2	5A	J104-ABS控制器	15
3	SC3-熔断器架C上的熔断器3	5A	E256-ASR和ESP按钮 E266-驻车辅助系统按钮 E284-车库门开启装置操控单元 E538-电控机械式驻车制动器按钮 E540-AUTOHOLD按钮 G238-空气质量传感器 G395-制冷剂压力和制冷剂温度传感器 J530-车库门开启装置控制器 J882-座椅加热控制器 J910-自动防眩目内后视镜继电器 Y7-自动防眩目内后视镜	15
4	SC4-熔断器架C上的熔断器4	10A	J759-车道保持辅助系统控制器	15
5	SC5-熔断器架C上的熔断器5	15A	J869-固体声波控制器 J943-发动机声效控制器	15
6	SC6-熔断器架C上的熔断器6	5A	E102-前照灯照明距离调节调节器 MX1-左前照灯 MX2-右前照灯 V48-前照灯照明距离调节左伺服电动机 V49-前照灯照明距离调节右伺服电动机	15
7	SC7-熔断器架C上的熔断器7	5A	MX1-左前照灯	15
8	SC8-熔断器架C上的熔断器8	5A	J250-电子调节减振装置控制器 J345-挂车识别控制器 J393-舒适系统中央控制器 J492-四轮驱动控制器 J532-稳压器 J540-电控液压驻车制动器控制器	15
9	SC9-熔断器架C上的熔断器9	5A	J428-车距调节控制器	15
10	SC10-熔断器架C上的熔断器10	5A	G476-离合器位置传感器 N110-变速杆锁止电磁铁	15
11	SC11-熔断器架C上的熔断器11	5A	J769-换道辅助系统控制器 J770-换道辅助系统控制器2	15
12	SC12-熔断器架C上的熔断器12	5A	J519-车载网络控制器	15
13	SC13-熔断器架C上的熔断器13	5A	J234-安全气囊控制器 J706-座椅占用识别控制器 K145-前排乘客侧安全气囊关闭指示灯	15
14	SC14-熔断器架C上的熔断器14	15A	V12-后窗玻璃刮水器	15
15	SC15-熔断器架C上的熔断器15	10A	ST1-供电熔断器架1上的熔断器 SD-熔断器架D上的熔断器	15
16	SC16-熔断器架C上的熔断器16	40A	J53-起动机继电器 J695-起动机继电器2 SB3-供电熔断器架1 ST1熔断器架B上的熔断器3 SB12-供电熔断器架1 ST1熔断器架B上的熔断器12 SB15-供电熔断器架1 ST1熔断器架B上的熔断器15	15

表1-61 奥迪Q5轿车熔断器SC相关说明表 （续）

编号	电路图中名称	额定值	保护的电路/部件	端子
熔断器架ST2（棕色）上的熔断器				
1	SC1-熔断器架C上的熔断器1	5A	N220-废气风门阀	87
2	SC2-熔断器架C上的熔断器2	5A	F-制动信号灯开关	87
3	SC3-熔断器架C上的熔断器3	25A	J538-燃油泵控制器	87
4	SC4-熔断器架C上的熔断器4	5A 25A	G476-离合器位置传感器 G686-还原剂计量系统压力传感器 J880-还原剂计量系统控制器 V437-还原剂泵 Z103-还原剂泵加热装置 J318-真空泵继电器	87
5	SC5-熔断器架C上的熔断器5	15A*1 30A*2	J519-车载网络控制器 J800-左前座椅通风控制器	30
6	SC6-熔断器架C上的熔断器6	5A	J104-ABS控制器	30
7	SC7-熔断器架C上的熔断器7	15A	H2-高音喇叭 H7-低音喇叭 J413-信号喇叭继电器	30
8	SC8-熔断器架C上的熔断器8	30A	左前车门	30
9	SC9-熔断器架C上的熔断器9	30A	J400-刮水器电动机控制器	30
10	SC10-熔断器架C上的熔断器10	25A	J104-ABS控制器	30
11	SC11-熔断器架C上的熔断器11	30A	左后车门	30
12	SC12-熔断器架C上的熔断器12	5A	G397-雨水和光线识别感应器	30
注	*1：仅用于没有座椅通风系统的汽车		*2：仅用于装备座椅通风系统的汽车	
熔断器架ST3（红色）上的熔断器				
1	SC1-熔断器架C上的熔断器1	–	未使用	–
2	SC2-熔断器架C上的熔断器2	–	未使用	–
3	SC3-熔断器架C上的熔断器3	10A	E176-驾驶人侧腰部支撑调节开关 E177-前排乘客侧腰部支撑调节开关	30
4	SC4-熔断器架C上的熔断器4	35A	J792-主动转向系统控制器	30
5	SC5-熔断器架C上的熔断器5	10A	Z105-带加热和冷却元件的饮料罐托架	30
6	SC6-熔断器架C上的熔断器6	35A	J519-车载网络控制器	30
7	SC7-熔断器架C上的熔断器7	20A	J519-车载网络控制器	30
8	SC8-熔断器架C上的熔断器8	30A	J519-车载网络控制器	30
9	SC9-熔断器架C上的熔断器9	20A	J245-移动天窗控制器	30
10	SC10-熔断器架C上的熔断器10	30A	J519-车载网络控制器	30
11	SC11-熔断器架C上的熔断器11	20A	J394-天窗遮阳帘控制器	30
12	SC12-熔断器架C上的熔断器12	5A	G578-防盗警告装置感应器 H12-警告喇叭	30

（5）熔断器SD

奥迪Q5轿车熔断器SD位于乘客侧仪表板盖下面，其安装位置及分布如图1-128所示，相关说明见表1-62。

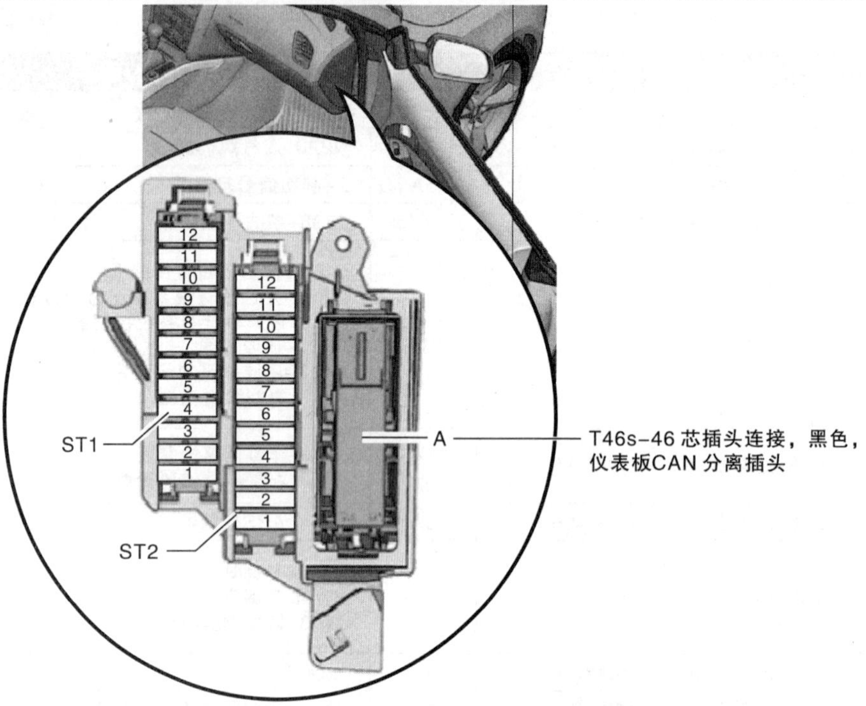

图1-128 奥迪Q5轿车熔断器SD安装位置及分布图

表1-62 奥迪Q5轿车熔断器SD说明表

编号	电路图中名称	额定值	保护的电路/部件	端子
熔断器架ST1（黑色）上的熔断器				
1	SD1-熔断器架D上的熔断器1	–	未使用	–
2	SD2-熔断器架D上的熔断器2	–	未使用	–
3	SD3-熔断器架D上的熔断器3	–	未使用	–
4	SD4-熔断器架D上的熔断器4	–	未使用	–
5	SD5-熔断器架D上的熔断器5	5A	J527-转向柱电子装置控制器	15
6	SD6-熔断器架D上的熔断器6	–	未使用	–
7	SD7-熔断器架D上的熔断器7	5A	T16-未占用16芯插头连接,诊断插头	15
8	SD8-熔断器架D上的熔断器8	5A	J533-数据总线诊断接口	15
9	SD9-熔断器架D上的熔断器9	5A*1	J359-小加热功率继电器*1 J390-冷却液预热塞继电器2*1 J604-空气辅助暖风控制器*1	15
10	SD10-熔断器架D上的熔断器10	–	未使用	–
11	SD11-熔断器架D上的熔断器11	–	未使用	–
12	SD12-熔断器架D上的熔断器12	–	未使用	–
熔断器架ST2（棕色）上的熔断器				
1	SD1-熔断器架D上的熔断器1	5A	R41-CD换碟机 R161-DVD换碟机 R199-外部音源接口	30
2	SD2-熔断器架D上的熔断器2	5A	E592-行驶模式选择开关	30

表1-62 奥迪Q5轿车熔断器SD说明表 （续）

编号	电路图中名称	额定值	保护的电路/部件	端子
3	SD3-熔断器架D上的熔断器3	5A*2 5A*3 20A*4 20A*5	J685-前部信息显示和操控单元控制器显示器 J794-信息电子装置控制器1 R-收音机	30
4	SD4-熔断器架D上的熔断器4	5A	J285-仪表板控制器	30
5	SD5-熔断器架D上的熔断器5	5A	J533-数据总线诊断接口	30
6	SD6-熔断器架D上的熔断器6	5A	E415-进入及起动许可开关	30
7	SD7-熔断器架D上的熔断器7	5A	E1-车灯开关	
8	SD8-熔断器架D上的熔断器8	40A	J126-新鲜空气鼓风机控制器	30
9	SD9-熔断器架D上的熔断器9	5A	J764-电子转向助力控制器	30
10	SD10-熔断器架D上的熔断器10	10A	J255-自动空调控制器	30
11	SD11-熔断器架D上的熔断器11	10A	T16-16芯插头连接，诊断插头	30
12	SD12-熔断器架D上的熔断器12	5A	J527-转向柱电子装置控制器	30
注	*1：仅用于装备高电压系统的4缸汽油发动机汽车（混合动力汽车） *2：仅用于装备配备了外部放大器的收音机（CAN）的汽车 *3：仅用于装备MMI（MOST）的汽车 *4：仅用于装备收音机chorus和基础型音响系统的汽车（自2009 年11月起） *5：仅用于装备收音机chorus/concert/symphony和基础型音响系统 的汽车（自 2010年5月起）			

（6）熔断器SF

奥迪Q5轿车熔断器SF位于行李箱内右后位置，其安装位置及分布如图1-129所示，相关说明见表1-63。

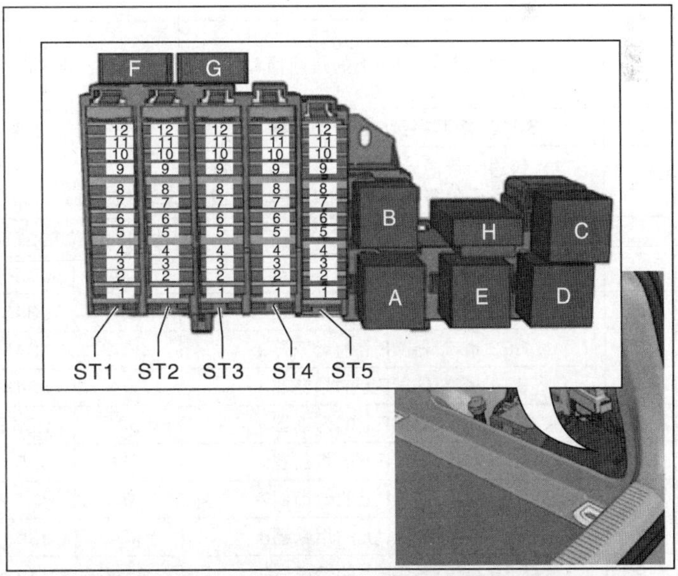

图1-129 奥迪Q5轿车熔断器SF安装位置及分布图

表1-63 奥迪Q5轿车熔断器SF说明表

编号	电路图中名称	额定值	保护的电路/部件	端子
熔断器架ST1（黑色）上的熔断器				
1	SF1-熔断器架F上的熔断器1	10A	R247-数字无线对讲机	30

表1-63　奥迪Q5轿车熔断器SF说明表　（续）

编号	电路图中名称	额定值	保护的电路/部件	端子
熔断器架ST1（黑色）上的熔断器				
2	SF2-熔断器架F上的熔断器2	10A	J84-无线电分离继电器/无线对讲机继电器	30
3	SF3-熔断器架F上的熔断器3	15A*1 25A*2	E295-脚部空间照明灯开关 E296-警告蜂鸣器开关 J608-特种车辆控制器 J616-信号装置控制器	30
4	SF4-熔断器架F上的熔断器4	15A	F349-前排乘客侧警告蜂鸣器踏板开关 H3-蜂鸣器和锣音	30
5	SF5-熔断器架F上的熔断器5	5A*1 15A*2	E507-特殊信号操控单元 J616-特殊信号操控单元控制器	30
6	SF6-熔断器架F上的熔断器6	3A	E507-特殊信号操控单元 J616-特殊信号装置控制器 J621-驾驶记录储存器控制器 T3d-3芯插头连接 J754-事故数据储存器	15
7	SF7-熔断器架F上的熔断器7	20A	J608-特种车辆控制器	30
8	SF8-熔断器架F上的熔断器8	10A	J754-事故数据存储器	30
9	SF9-熔断器架F上的熔断器9	10A	U20-12V插座4	30
10	SF10-熔断器架F上的熔断器10	10A	J84-无线电分离继电器/无线对讲机继电器（截止2013年） J630-转向灯继电器 M47-左转向灯 M48-右转向灯	30
11	SF11-熔断器架F上的熔断器11	10A	J888-无线电分离继电器2/无线对讲机继电器 R8-无线对讲机	30
12	SF12-熔断器架F上的熔断器12	–	未使用	–
注	*1：仅用于普通公务车　急救车（F4Z） *2：仅用于公务车　急救车（F4X）或消防车（F4Q）			
熔断器架ST2（黑色）上的熔断器				
1	SF1-熔断器架F上的熔断器1	30A	J756-后盖控制器2	30
2	SF2-熔断器架F上的熔断器2	15A	J345-挂车识别控制器	30
3	SF3-熔断器架F上的熔断器3	20A	J345-挂车识别控制器	30
4	SF4-熔断器架F上的熔断器4	20A	J345-挂车识别控制器	30
5	SF5-熔断器架F上的熔断器5	5A	E538-电控机械式驻车制动器按钮	30
6	SF6-熔断器架F上的熔断器6	15A	J250-电子调节减振系统控制器	30
7	SF7-熔断器架F上的熔断器7	30A	J540-机电式驻车制动器控制器	30
8	SF8-熔断器架F上的熔断器8	30A	J393-舒适系统的中央控制器	30
9	SF9-熔断器架F上的熔断器9	35A	J492-四轮驱动控制器	30
10	SF10-熔断器架F上的熔断器10	30A	J393-舒适系统的中央控制器	30
11	SF11-熔断器架F上的熔断器11	20A	J393-舒适系统的中央控制器	30
12	SF12-熔断器架F上的熔断器12	5A	J843-车辆定位系统连接控制器 J909-燃油箱渗漏诊断控制器	30
熔断器架ST3（棕色）上的熔断器				
1	SF1-熔断器架F上的熔断器1	30A	J605-后盖控制器	30

表1-63 奥迪Q5轿车熔断器SF说明表（续）

编号	电路图中名称	额定值	保护的电路/部件	端子
2	SF2-熔断器架F上的熔断器2	20A	J807-插座继电器 U1-点烟器 U5-12V插座 U13-连接部位带插座,12～230V U18-12V插座2 U19-12V插座3	30
3	SF3-熔断器架F上的熔断器3	40A	J532-稳压器	30
4	SF4-熔断器架F上的熔断器4	30A	J532-稳压器 R-收音机 J525-数字式音响套件控制器	30
5	SF5-熔断器架F上的熔断器5	25A	U13-逆变器带插座12～230V	30
6	SF6-熔断器架F上的熔断器6	30A	J364-辅助暖风控制器	30
7	SF7-熔断器架F上的熔断器7	30A	J540-机电式驻车制动器控制器	30
8	SF8-熔断器架F上的熔断器8	30A	E128-左侧可加热后座椅调节开关 E129-右侧可加热后座椅调节开关	30
9	SF9-熔断器架F上的熔断器9	30A	右前车门	30
10	SF10-熔断器架F上的熔断器10	5A	R64-驻车暖风无线电接收器	30
11	SF11-熔断器架F上的熔断器11	30A	右后车门	30
12	SF12-熔断器架F上的熔断器12	5A	R36-电话发送和接收器 R86-移动电话放大器 R126-电话托架	30
熔断器架ST4（红色）上的熔断器				
注	熔断器SF1～SF12未使用			
熔断器架ST5（黑色）上的熔断器				
1	SF1-熔断器架F上的熔断器1	15A	J799-右前座椅通风控制器	30
2	SF2-熔断器架F上的熔断器2	5A	J910-自动防眩目内后视镜继电器*1 Y7-自动防眩目内后视镜*1	30
3	SF3-熔断器架F上的熔断器3	30A	ST2-供电熔断器架2 SD1-熔断器架D上的熔断器1 SD4-熔断器架D上的熔断器4*1	30
4	SF4-熔断器架F上的熔断器4	7.5A	J794-信息电子装置控制器1	30
5	SF5-熔断器架F上的熔断器5	5A	J676-芯片卡读卡器控制器 R-收音机 R78-电视调谐器	30
6	SF6-熔断器架F上的熔断器6	5A	J772-倒车摄像系统控制器	30
7	SF7-熔断器架F上的熔断器7	30A	J9-可加热后窗玻璃继电器 Z1-可加热后窗玻璃	30
8	SF8-熔断器架F上的熔断器8	5A	多媒体准备装置： T2dy-2芯插头连接，在驾驶人座椅靠背中 T2dz-2芯插头连接，在前排乘客座椅靠背中	30
11	SF11-熔断器架F上的熔断器11	30A	J880-还原剂计量系统控制器*2	30
12	SF12-熔断器架F上的熔断器12	10A*2 15A*3	J880-还原剂计量系统控制器*2 J840-蓄电池调节控制器*3	30

表1-63　奥迪Q5轿车熔断器SF说明表　（续）

编号	电路图中名称	额定值	保护的电路/部件	端子
注	编号9、10的熔断器未使用 *1：仅用于装备发动机自动起动系统的汽车 *2：仅用于装备SCR系统的汽车　*3：仅用于高电压系统的汽车			
熔断器架SF上的单熔断器				
H	S41-可加热后窗玻璃熔断器	40A	J9-可加热后窗玻璃继电器 Z1-可加热后窗玻璃	30

2. 继电器

（1）继电器位置图

奥迪Q5轿车继电器位置分布如图1-130所示。

（2）继电器座/熔断器座SB

奥迪Q5轿车继电器座/熔断器座SB位于驾驶人侧排水槽电控箱，其安装位置及分布如图1-131所示。

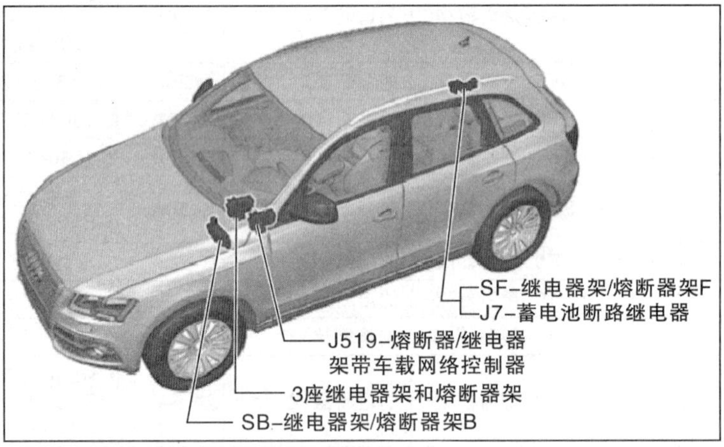

图1-130　奥迪Q5轿车继电器位置分布图

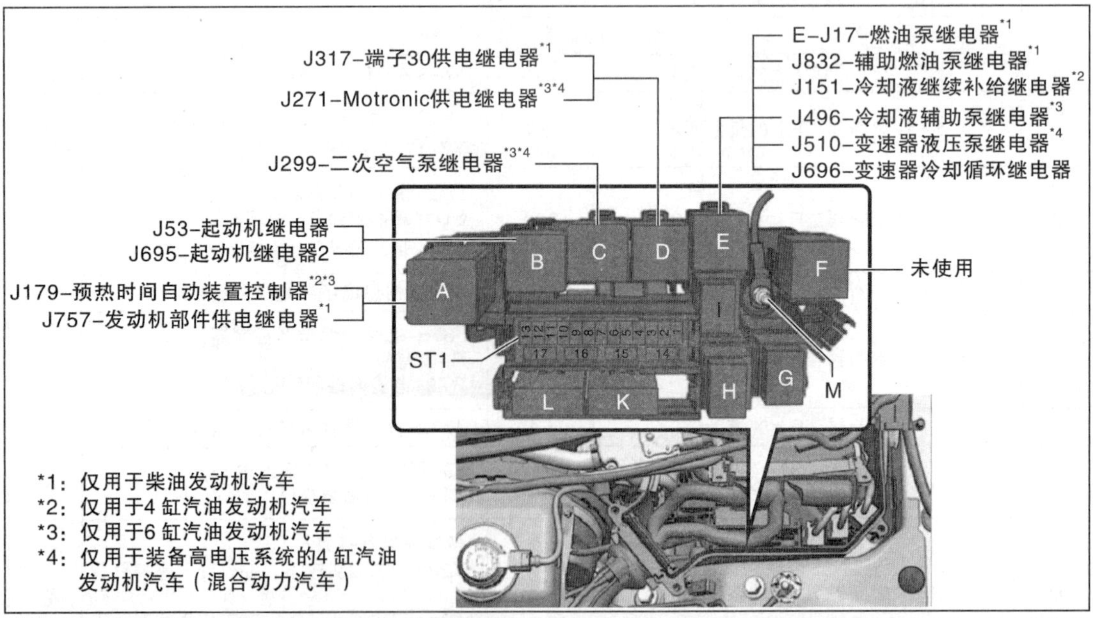

图1-131　奥迪Q5轿车继电器架/熔断器架SB位置分布图

3. 电控单元位置图

（1）车辆前面部分的控制单元

奥迪Q5轿车车辆前面部分的控制单元位置分布如图1-132所示。

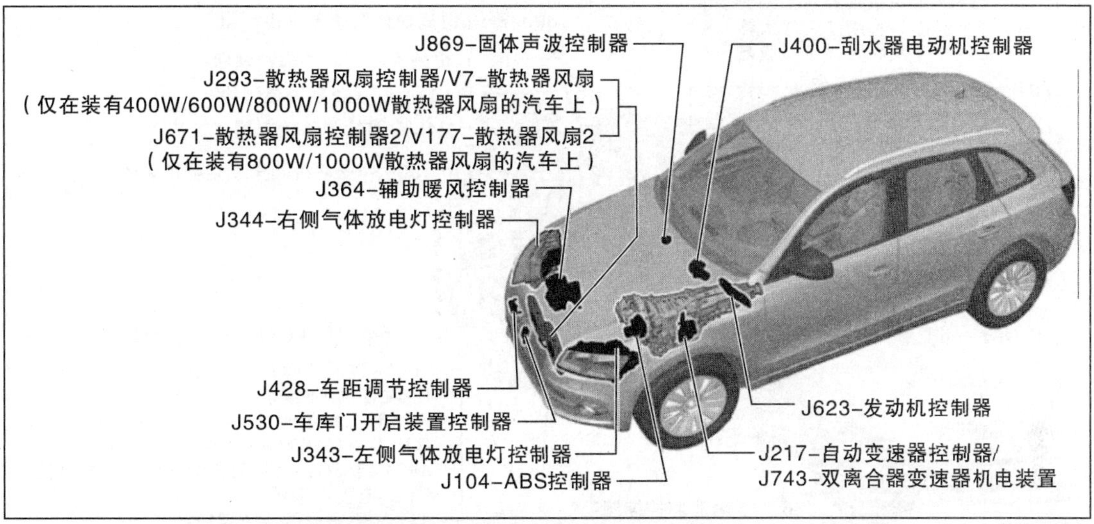

图1-132 奥迪Q5轿车车辆前面部分的控制单元位置分布图

（2）车箱内和车辆后面部分的控制单元

奥迪Q5轿车车箱内和车辆后面部分的控制单元位置分布如图1-133、图1-134所示。

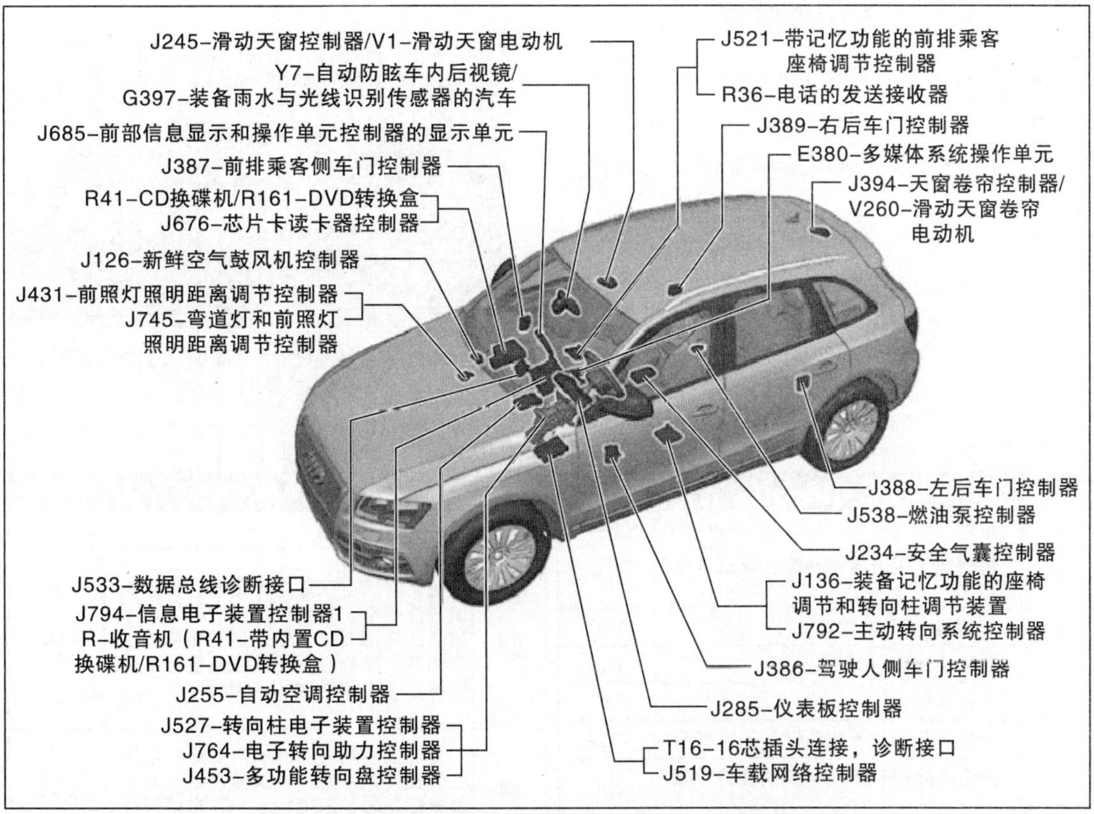

图1-133 奥迪Q5轿车车箱内的控制单元位置分布图

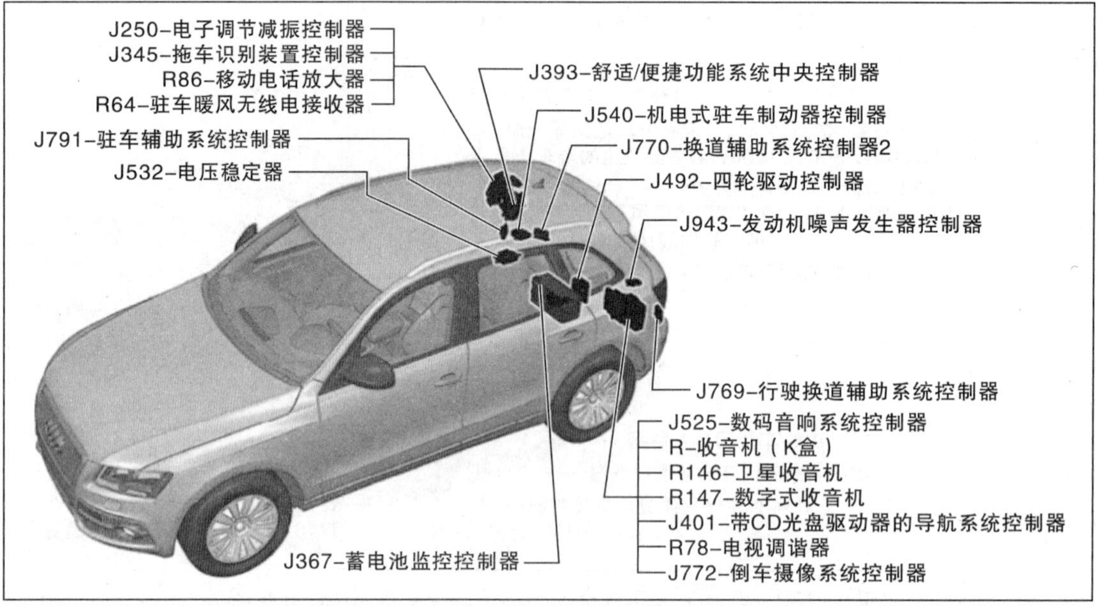

图1-134 奥迪Q5车辆后面部分的控制单元位置分布图

五、奥迪Q3（2013~2016年款）

1. 驾驶人侧的熔断器

奥迪Q3轿车驾驶人侧的熔断器位于驾驶人侧脚部空间中的杂物箱后面，安装位置如图1-135所示，熔断器相关说明见表1-64。

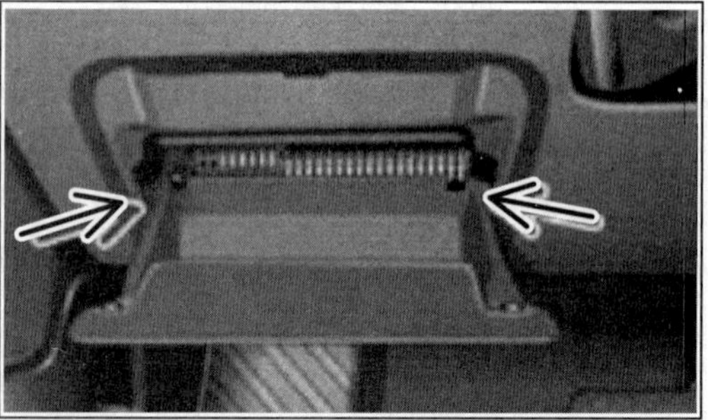

图1-135 奥迪Q3轿车驾驶人侧的熔断器安装位置图

表1-64 奥迪Q3轿车驾驶人侧的熔断器说明表

编号	保护的电路/部件	额定值
3	车内照明	5A
4	摄像头（限速显示功能、车道辅助系统）	5A
5	自适应车灯-左侧前照灯	10A
6	自适应车灯-右侧前照灯	10A
7	转向盘锁	7.5A
8	无钥匙起动和无钥匙进入的控制器	7.5A
9	安全气囊控制器、安全气囊关闭指示灯	5A
10	四轮驱动控制器	10A
12	变速器控制器	5A
13	空调器的空气质量传感器、车窗玻璃清洗喷嘴、按钮[OFF]，倒车灯、座椅加热、按钮Ⓟ、机油油位传感器、空调器、座椅占用识别、中控台中的按钮、可自动防眩的后视镜	5A
14	发动机控制器、制动信号灯、电控机械式转向系统、网关控制器、牵引装置控制器、ESC控制器、车灯开关、减振器控制器	7.5A

表1-64 奥迪Q3轿车驾驶人侧的熔断器说明表 （续）

编号	保护的电路/部件	额定值
15	前照灯照明距离调节、驻车制动器控制器、仪表照明、前照灯、诊断插头、自适应车灯控制器、曲轴箱加热、空气质量流量传感器、插座继电器、直流调节器	10A
16	驻车辅助系统，驻车转向辅助系统	5A
17	驻车辅助系统倒车摄像头	5A
18	TV调谐器	5A
19	发动机起动机控制	5A
20	ESC控制器、空调器操作元件、专用功能接口	5A
22	车内监控	10A
23	按钮 Ⓟ、前部车内照明按钮、诊断插头、车灯开关、光线/雨量传感器、湿度传感器	10A
25	自适应车灯供电	20A
26	后窗玻璃刮水器	15A
27	起动机控制	40A
28	信息娱乐系统	15/7.5A
29	驻车辅助系统倒车摄像头和电视调谐器的供电	15A
30	信息娱乐系统	5A
31	信息娱乐系统	5A
32	组合仪表	5A
33	自动防眩车内后视镜	10A
36	驾驶舱插座、行李箱插座	20A
37	后部插座、驾驶舱点烟器	20A
40	牵引装置控制器	15A
41	牵引装置控制器	20A
42	牵引装置控制器	20A
43	前照灯清洗装置	20A
44	后窗玻璃加热装置	30A
45	驻车制动器控制器	20A
46	后窗升降器	30A
47	前部车窗升降器，驾驶人侧	30A
48	前部车窗升降器，前排乘客侧	30A
49	燃油泵	25A
50	鼓风机	40A
51	驻车制动器控制器	20A
52	BCM	20A
53	前部座椅加热	30A
54	全景玻璃大窗	20A
55	全景玻璃天窗上的遮阳卷帘	20A
56	减振器调节控制器	20A

2. 发动机舱的熔断器

奥迪Q3发动机舱熔断器的安装位置如图1-136所示，相关说明见表1-65。

图1-136 奥迪Q3发动机舱熔断器安装位置图

表1-65 奥迪Q3发动机舱的熔断器说明表

编号	保护的电路/部件	额定值
1	DC/DC转换器	40A
2	座椅腰部支撑调节	10A
3	蓄电池管理	5A
4	ESC	30A
5	变速器	15A

表1-65　奥迪Q3轿车发动机舱的熔断器说明表　（续）

编号	保护的电路/部件	额定值
6	转向柱操纵杆、多功能转向盘操作元件	5A
7	BCM	30A
8	清洗液泵	20A
9	电话控制器	5A
10	发动机组件	5A/10A
12	网关	5A
13	发动机控制器	30A/25A
14	发动机组件	20A
15	预热控制器、发动机组件、氧传感器、燃油泵	5A/10A
16	BCM	30A
17	喇叭	15A
18	音响放大器	30A
19	前部车窗玻璃刮水器	30A
20	发动机组件	20A
21	氧传感器/燃油泵	10A/25A
22	离合器踏板行程传感器	5A
23	发动机组件	10A
24	水循环泵、辅助加热器、散热器风扇、燃油泵继电器线圈、发动机组件	10A
25	ESC	40A
26	中央门锁	30A
27	预热棒控制器	50A
28	自动保险装置，制动助力器	50A
29	电动座椅调节装置	30A
30	端子15供电	50A

第二章 上汽通用车系

第一节 别克车系

一、全新英朗（2016~2017年款）

1. 发动机舱熔断器盒

全新英朗发动机舱熔断器盒位于发动机舱驾驶人侧前部，安装位置及熔断器盒元件分布如图2-1所示，熔断器相关说明见表2-1，继电器相关说明见表2-2。

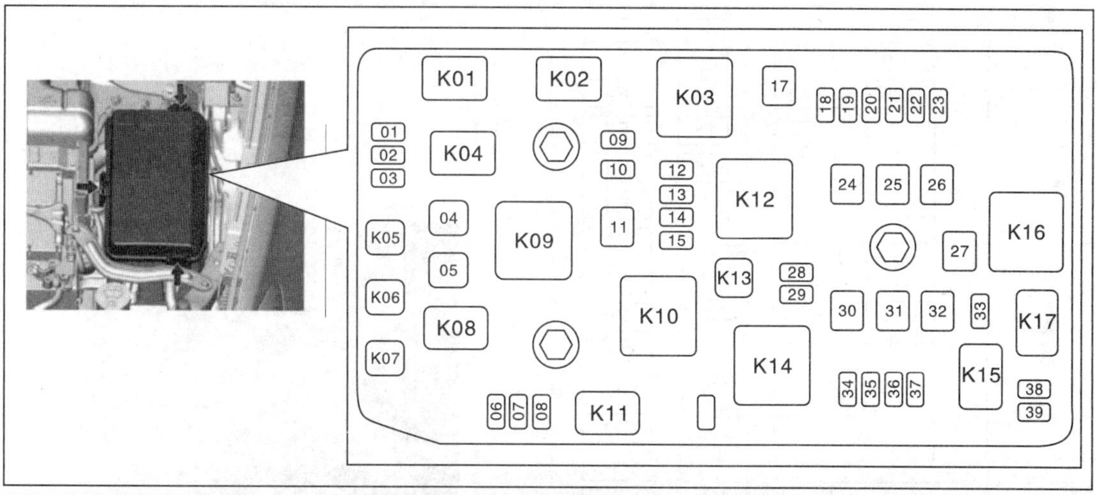

图2-1　全新英朗发动机舱熔断器盒安装位置及元件分布图

表2-1　全新英朗发动机舱熔断器盒熔断器说明表

编号	保护的电路/部件	编号	保护的电路/部件	编号	保护的电路/部件
01	行李箱灯（如装备）	14	喷油/点火	27	双离合器变速器（1.4T）/电动真空泵（1.5AT）
02	发动机控制模块	15	点火电1	28	点火电2
03	空调压缩机离合器	17	起动机1	29	燃油泵
05	冷却风扇	18	远光灯调节	30	乘客室内熔断器盒电源
06	喇叭	19	车身控制模块	31	鼓风机
07	右近光灯	21	点火开关电源	32	防抱死制动系统电动机
08	左近光灯	22	天窗	35	电流传感器
09	起动机2（1.4T/1.5AT）	23	车身控制模块	36	防抱死制动系统阀
10	冷却风扇	24	稳压电源（1.5MT）	37	车身控制模块
11	冷却风扇	25	冷却风扇	38	前风窗刮水器
12	氧传感器	26	乘客室内熔断器盒电源		
13	涡轮增压				

注：编号04、16、20、33、34、39的熔断器未使用

表2-2 全新英朗发动机舱熔断器盒继电器说明表

编号	电路图中名称	编号	电路图中名称	编号	电路图中名称
K01	行李箱灯（如装备）	K07	冷却风扇	K13	燃油泵
K02	起动机2（1.4T/1.5AT）	K08	冷却风扇	K14	点火15
K03	起动机1	K09	冷却风扇	K15	空
K04	空	K10	冷却风扇	K16	双离合器变速器（1.4T）/电动真空泵（1.5AT）
K05	空调压缩机离合器	K11	近光灯		
K06	冷却风扇	K12	发动机控制模块	K17	前刮水器

2. 仪表板熔断器盒

全新英朗仪表板熔断器盒位于驾驶人侧仪表板的端部，安装位置及熔断器盒元件分布如图2-2所示，熔断器相关说明见表2-3，继电器与断路保护器说明见表2-4。

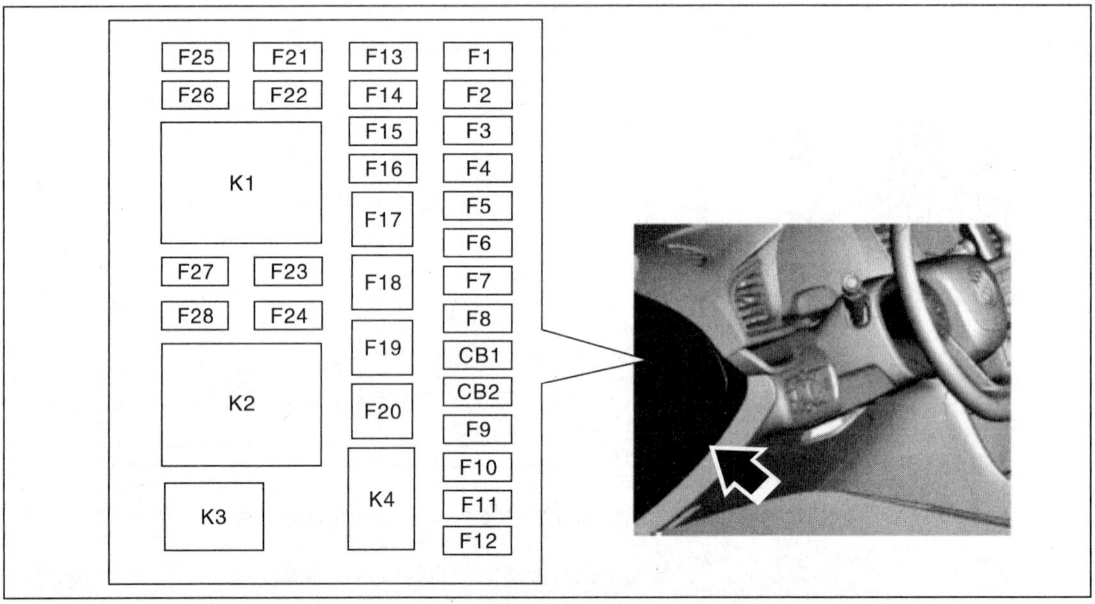

图2-2 全新英朗仪表板熔断器盒的安装位置及元件分布图

表2-3 全新英朗发动机舱熔断器盒熔断器说明表

编号	电路图中名称	编号	电路图中名称	编号	电路图中名称
F1	车身控制模块	F11	外后视镜调节	F22	前排乘客座椅加热
F2	中控显示屏	F12	倒车辅助	F23	ACC唤醒供电
F3	收音机模块	F14	直流稳压模块	F24	ACC唤醒供电
F4	仪表面板	F15	仪表面板	F25	天窗电动机
F5	空调模块	F16	前照灯高度调节	F26	前风窗刮水器
F7	外后视镜加热	F18	后风窗除霜	F27	点烟器
F8	车身控制模块	F19	电动车窗	F28	变速器控制模块
F9	安全诊断模块	F20	电动车窗	注	编号F6、F13、F17的熔断器未使用
F10	内饰/诊断口	F21	驾驶人座椅加热		

表2-4 全新英朗发动机舱熔断器盒继电器与断路保护器说明表

编号	电路图中名称	编号	电路图中名称	编号	电路图中名称
K1	RUN模式供电	K3	点烟器	CB1	备用
K2	电动车窗	K4	后窗除霜	CB2	座椅位置调节

二、昂科威（2015～2017年款）

1. 发动机舱熔断器盒

昂科威发动机舱内熔断器盒元件分布如图2-3所示，熔断器盒相关说明见表2-5，继电器相关说明见表2-6。

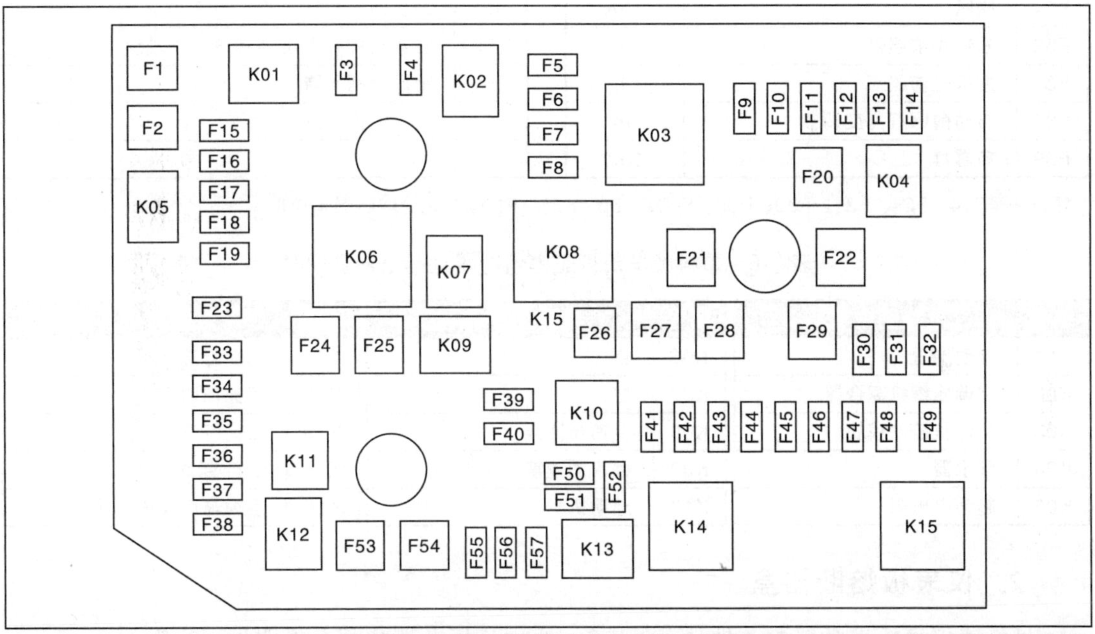

图2-3 昂科威发动机舱内熔断器盒元件分布图

表2-5 昂科威发动机舱内熔断器盒熔断器说明表

编号	保护的电路/部件	额定值	编号	保护的电路/部件	额定值
F1	起动机1	30A	F11	燃油泵	20A
F2	起动机2	40A	F12	加热型座椅	15A
F3	发动机控制模块	15A	F13	发动机冷却液泵	7.5A
F4	发动机控制模块	25A	F15	氧传感器	10A
F5	混合燃油	10A	F16	点火线圈-奇	15A
F6	空调/变速器控制模块	20A	F17	点火线圈-偶	15A
F7	备用	10A	F18	备用	5A
F8	发动机控制模块	10A	F19	备用	10A
F9	空调	10A	F20	直流电源转换器	40A
F10	炭罐通风电磁阀	10A	F21	举升门	30A

表2-5　昂科威发动机舱内熔断器盒熔断器说明表　（续）

编号	保护的电路/部件	额定值	编号	保护的电路/部件	额定值
F22	防抱死制动系统	60A	F40	变速器油泵	5A
F23	清洗器泵	15A	F41	乘客侧通风型座椅	10A
F24	前照灯清洗器	25A	F42	前照灯位置	10A
F26	变速器油泵	40A	F43	备用	20A
F27	防抱死制动系统	30A	F44	内后视镜	10A
F28	备用	30A	F45	备用	15A
F29	后窗除雾器	40A	F46	驾驶人通风型座椅	10A
F30	后视镜除雾器	7.5A	F47	电子转向柱锁	20A
F32	可变/功能	7.5A	F48	后窗刮水器	20A
F34	喇叭	15A	F51	左日间行车灯	15A
F36	右远光前照灯	10A	F52	发动机控制模块/变速器控制模块	7.5A
F37	左远光前照灯	10A	F55	前风窗刮水器	30A
F38	自动前照灯高度调节	5A	F57	左日间行车灯	15A
F39	前雾灯	15A			

注：编号F14、F25、F31、F33、F35、F49、F50、F53、F54、F56的熔断器未使用

表2-6　昂科威发动机舱内熔断器盒继电器说明表

编号	电路图中名称	编号	电路图中名称	编号	电路图中名称
K01	起动/停止	K06	空	K11	前照灯洗涤器
K02	空调压缩机离合器	K07	空	K12	远光前照灯
K03	发动机控制模块	K08	变速器油泵	K13	日间行车灯
K04	刮水器	K09	刮水器速度	K14	运行/起动
K05	起动电磁阀	K10	起动机	K15	后窗与后视镜除雾器

2. 仪表板熔断器盒

昂科威仪表板熔断器盒元件分布如图2-4所示，熔断器盒相关说明见表2-7。

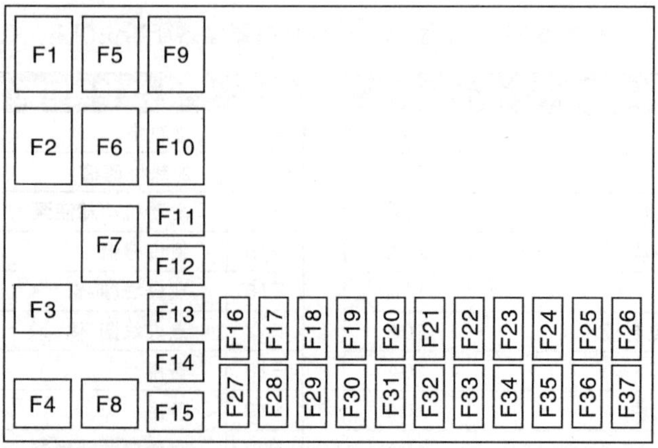

图2-4　昂科威仪表板熔断器盒元件分布图

表2-7 昂科威仪表板熔断器盒熔断器说明表

编号	保护的电路/部件	额定值	编号	保护的电路/部件	额定值
F2	前部暖风、通风与空调鼓风机	40A	F22	举升门开启	7.5A
F3	电动座椅	25A	F23	被动进入/被动起动	7.5A
F4	点烟器	20A	F24	乘客传感器	5A
F6	前电动车窗	30A	F25	转向盘控制装置	2A
F8	附件电源插座	15A	F26	点火	10A
F9	车身控制模块8	30A	F27	车身控制模块4	20A
F10	后电动车窗	30A	F28	变速器控制模块	20A
F12	天窗	25A	F29	车身控制模块2	15A
F13	前排加热型座椅	15A	F30	USB	5A
F14	车外后视镜	7.5A	F31	后部暖风、通风与空调鼓风机	15A
F15	车身控制模块3	20A	F32	车身控制模块1	15A
F17	车身控制模块6	20A	F33	通用车库门开启器	10A
F18	车身控制模块7	20A	F34	驻车辅助	10A
F19	数据链路插接器	10A	F35	安吉星	5A
F20	安全气囊传感诊断模块	10A	F36	显示	10A
F21	暖风、通风与空调	10A	F37	收音机	7.5A

注：编号F1、F5、F7、F11、F16的熔断器未使用

3. 行李箱熔断器盒

昂科威行李箱熔断器盒元件分布如图2-5所示，熔断器盒熔断器相关说明见表2-8，继电器相关说明见表2-9。

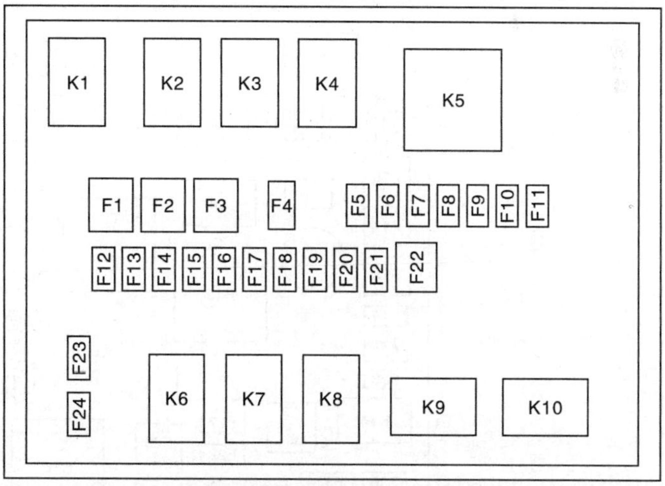

图2-5 昂科威行李箱熔断器盒元件分布图

表2-8 昂科威行李箱熔断器盒熔断器说明表

编号	保护的电路/部件	额定值	编号	保护的电路/部件	额定值
F2	直流/交流	60A	F9	后排加热型座椅	15A
F4	乘客电动座椅	25A	F10	运输模式继电器	30A
F5	记忆座椅模块	10A	F11	后部暖风、通风与空调	10A
F7	放大器	20A	F12	电动举升门半开传感器	15A
F8	后附件电源插座	20A	F13	挂车驻车灯	20A

表2-8 昂科威行李箱熔断器盒熔断器说明表 （续）

编号	保护的电路/部件	额定值	编号	保护的电路/部件	额定值
F14	侧面盲区报警系统	5A	F20	座椅腰部支撑	10A
F15	左驻车灯	15A	F21	后排加热型座椅	15A
F16	右驻车灯	15A	F22	后轮驱动控制模块	40A
F18	加热型转向盘	7.5A	F23	挂车左转	10A
F19	全轮驱动	10A	F24	挂车右转	10A

注：编号F1、F3、F6、F17的熔断器未使用

表2-9 昂科威行李箱熔断器盒继电器说明表

编号	电路图中名称	编号	电路图中名称	编号	电路图中名称
K1	驻车灯	K5	直流/交流	K9	左转
K3	点火	K7	驻车		
K4	运输模式	K8	右转		

注：编号K2、K6、K10的继电器未使用

三、威朗（2015~2017年款）

1. 发动机舱熔断器盒

威朗发动机舱内熔断器盒元件分布如图2-6所示，熔断器盒熔断器与继电器说明见表2-10。

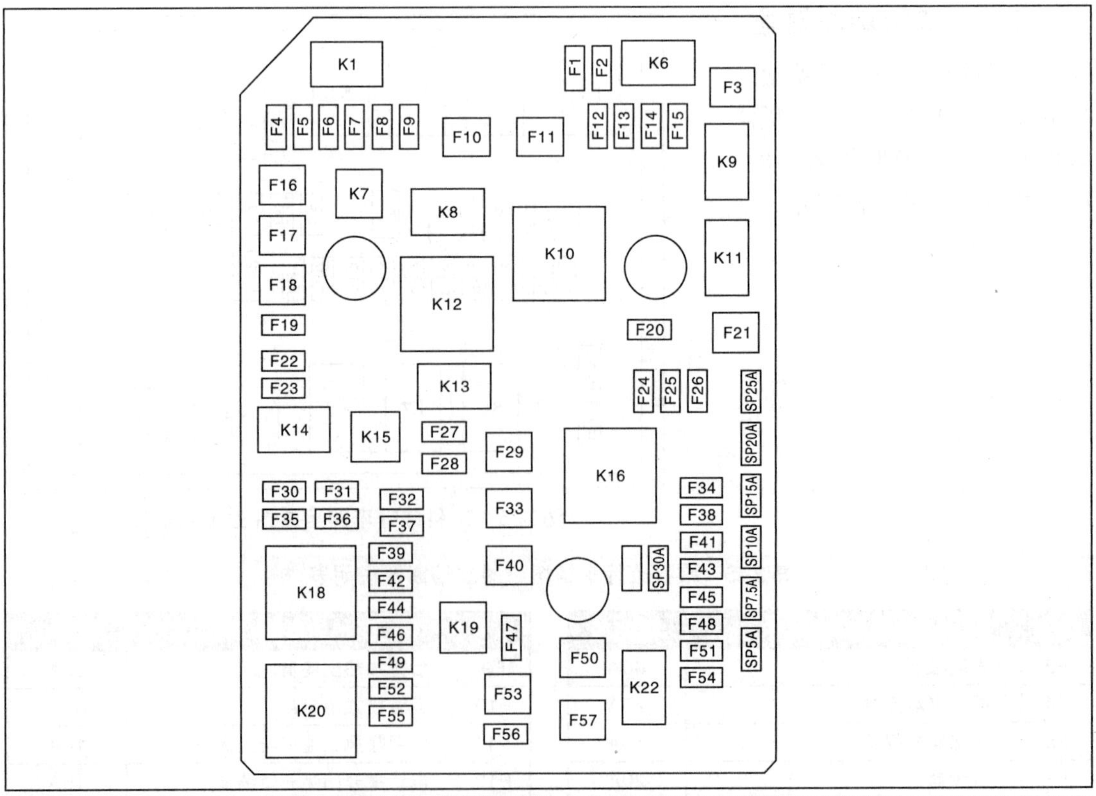

图2-6 威朗发动机舱内熔断器盒元件分布图

表2-10 威朗发动机舱内熔断器盒熔断器与继电器说明表

编号	设备分配名称	额定电流	说明
F1	F1UA	15A	KR11-风窗玻璃清洗器泵继电器
F2	F2UA	10A	KR29-空调压缩机离合器继电器
F3	F3UA	30A	KR27-起动机继电器
F4	F4UA	5A	K26-前照灯控制模块（TR7）
F5	F5UA	10A	E4E-前照灯-左远光灯（T4A） M28L-左远光灯电磁执行器（T4F）
F6	F6UA	10A	E4F-前照灯-右远光灯（T4A） M28R-右远光灯电磁执行器（T4F）
F7	F7UA	20A	未使用
F8	F8UA	15A	P12A-高音喇叭 P12B-低音喇叭
F9	F9UA	30A	未使用
F10	F10UA	40A	KR108-变速器液压油泵继电器(MO5)
F11	F11UA	50A	未使用
F12	F12UA	15A	K20-发动机控制模块
F13	F13UA	15A	K20-发动机控制模块 KR27-起动机继电器（M2A或MO5） T8A-点火线圈1 T8B-点火线圈2 T8C-点火线圈3 T8D-点火线圈4
F14	F14UA	15A	B52B-加热型氧传感器2 B75C-多功能进气传感器 B280-自动变速器蓄能器电磁阀（M2A）
F15	F15UA	15A	B52A-加热型氧传感器1 E41-发动机冷却液节温器加热器 K20-发动机控制模块 Q12-蒸发排放吹洗电磁阀 Q22-进气歧管调节电磁阀（L3G） Q40-涡轮增压器旁通电磁阀（LFV） Q42-涡轮增压器废气门电磁阀（LFV）（LFV） Q44-发动机油压控制电磁阀
F16	F16UA	25A	KR2-前照灯洗涤器泵继电器（T4F）
F17	F17UA	30A	未使用
F18	F18UA	30A	M79-风窗玻璃刮水器电动机模块
F19	F19UA	30A	未使用
F20	F20UA	25A	K20-发动机控制模块
F21	F21UA	40A	KR27C-起动机小齿轮电磁阀执行器继电器（M2A或MO5）
F22	F22UA	15A	T7R-右前照灯镇流器（T4F）
F23	F23UA	15A	T7L-左前照灯镇流器（T4F）
F24	F24UA	10A	未使用
F25	F25UA	10A	未使用
F26	F26UA	20A	未使用
F27	F27UA	15A	未使用

表2-10 威朗发动机舱内熔断器盒熔断器与继电器说明表 （续）

编号	设备分配名称	额定电流	说明
F28	F28UA	5A	KR108-变速器液压油泵继电器（MO5）
F29	F29UA	30A	未使用
F30	F30UA	15A	M29R-右前照灯调平执行器（TR7）
F31	F31UA	7.5A	K20-发动机控制模块 K71-变速器控制模块（MO5） T12-自动变速器总成（M2A）
F32	F32UA	7.5A	未使用
F33	F33UA	40A	未使用
F34	F34UA	10A	未使用
F35	F35UA	7.5A	未使用
F36	F36UA	7.5A	K33-暖风、通风与空调系统（HVAC）控制模块 K111-燃油泵驱动器控制模块 P43-碰撞警告指示器（UEU） T19-电源变压器
F37	F37UA	10A	M29L-左前照灯调平执行器（TR6） M29R-右前照灯调平执行器（TR6） S30-前照灯开关
F38	F38UA	5A	未使用
F39	F39UA	20A	未使用
F40	F40UA	30A	未使用
F41	F41UA	5A	未使用
F42	F42UA	10A	A10-车内后视镜（DD8或UE1） B87-后视摄像头（UVC）
F43	F43UA	5A	未使用
F44	F44UA	15A	M29L-左前照灯调平执行器（TR7）
F45	F45UA	10A	未使用
F46	F46UA	5A	P16-组合仪表
F47	F47UA	15A	未使用
F48	F48UA	20A	未使用
F49	F49UA	15A	K60-转向柱锁模块（N06）
F50	F50UA	40A	未使用
F51	F51UA	10A	未使用
F52	F52UA	7.5A	E17D-驾驶人侧车外后视镜镜片（DWM或DWW） E17P-乘客侧车外后视镜镜片（DWM或DWW）
F53	F53UA	40A	R14L-左后窗除雾器噪声滤波器 E18-后窗除雾器格栅 R14R-右后窗除雾器噪声滤波器
F54	F54UA	15A	未使用
F55	F55UA	7.5A	未使用
F56	F56UA	20A	未使用
F57	F57UA	50A	K17-电子制动控制模块

表2-10 威朗发动机舱内熔断器盒熔断器与继电器说明表 （续）

编号	设备分配名称	说明
K1	KR48-前照灯远光继电器	F5UA和F6UA熔断器
K6	KR29-空调压缩机离合器继电器	Q2-空调压缩机离合器
K7	KR2-前照灯清洗泵继电器	G16-前照灯清洗泵（T4F）
K8	未使用	未使用
K9	KR27-起动机继电器	M64-起动机
K10	未使用	未使用
K11	KR27C-起动机小齿轮电磁阀执行器继电器	M64-起动机（M2A 或MO5）
K12	KR108-变速器液压油泵继电器	K71-变速器控制模块(MO5)
K13	KR42R-右侧日间行车灯继电器	E4D-侧日间行车灯-右（T4A） E4H-前照灯-右近光灯（T4A） F22UA（T4F）和F23UA（T4F）熔断器
K14	KR42L-左侧日间行车灯继电器	E4C-日间行车灯-左侧（T4A） E4G-前照灯-左近光灯（T4A）
K15	未使用	未使用
K16	KR75-发动机控制点火继电器	F12UA、F13UA、F14UA、F15UA、F20UA、F34UA 熔断器 KR27-起动机继电器（M2A 或MO5） KR29-空调压缩机离合器继电器
K18	KR73-点火主继电器	F30UA、F31UA、F32UA、F35UA、F36UA、F37UA、F39UA、F42UA、F44UA、F46UA、F49UA熔断器
K19	未使用	未使用
K20	KR5-后除雾器继电器	F52UA、F53UA、F55UA 熔断器
K22	未使用	未使用

2. 仪表板熔断器盒

威朗仪表板熔断器盒位于空调下的盖板后面，熔断器盒元件分布如图2-7所示，熔断器相关说明见表2-11。

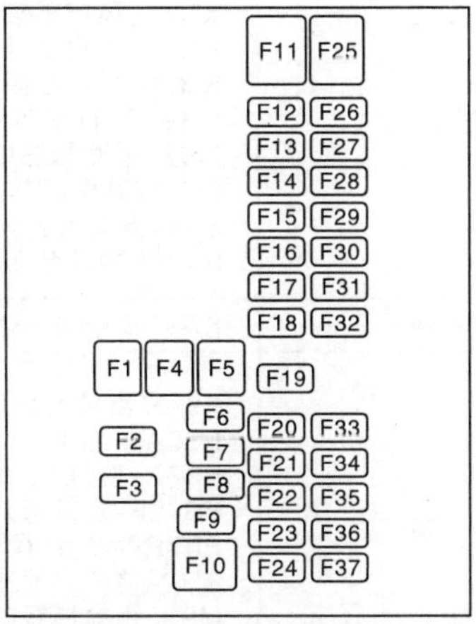

图2-7 威朗仪表板熔断器盒元件分布图

表2-11 威朗仪表板熔断器盒熔断器说明表

编号	设备分配名称	额定电流	说明
F1	F1DA	30A（J69） 40A（J71）	K17-电子制动控制模块
F4	F4DA	40A	K8-鼓风机电动机控制模块
F5	F5DA	30A	M74D-驾驶人侧车窗电动机 M74P-乘客侧车窗电动机（AEF） S79P-乘客侧车窗开关（AED）
F6	F6DA	25A	K61-天窗控制模块（C3U或CF5） K62-天窗遮阳板电动机模块（C3U）
F7	F7DA	15A	K29D-驾驶人座椅加热控制模块（KA1）
F8	F8DA	7.5A	B177-雨量/环境光照传感器模块（CE1或TTW） K109-前视摄像头模块（KSA、TQ5、UE4、UEU、UGN或UHX） S52-车外后视镜开关 S79D-驾驶人侧车窗开关
F9	F9DA	25A	S64D—驾驶人座椅调节器开关（AMM）
F10	F10DA	30A	M74LR—左后车窗电动机（AER） M74RR—右后车窗电动机（AER） S79LR—左后车窗开关（AEQ） S79RR—右后车窗开关（AEQ）
F11	F11DA	30A	K9-车身控制模块 A23D-驾驶人侧车门锁总成 A23P-乘客侧车门锁总成 A23LR-左后车门锁总成 A23RR-右后车门锁总成 M97-燃油加注口门锁执行器
F12	F12DA	7.5A	K84-无钥匙进入控制模块（ATH或BTM）
F13	F13DA	15A	K9-车身控制模块 E6-中央高位制动灯 E7L-左牌照灯 E7R-右牌照灯 K20-发动机控制模块 K111-燃油泵驱动器控制模块 KR11-风窗玻璃洗涤器泵继电器 KR73-点火主继电器 KR76-保持型附件电源继电器 KR95B-行李箱盖释放继电器 M97-燃油加注口门锁执行器 Q8-控制电磁阀总成 S38-点火模式开关（BTM） S48E-中控台多功能开关
F14	F14DA	10A	KR95B-行李箱盖释放继电器
F15	F15DA	15A	K9-车身控制模块 E36AH-顶灯 E37A-顶灯/阅读灯 E37LF-左前顶灯/阅读灯 E37RF-右前顶灯/阅读灯 KR2-前照灯清洗泵继电器 M93-钥匙捕获电磁阀执行器（不带BTM） S2-变速器手动换档开关

表2-11 威朗仪表板熔断器盒熔断器说明表 （续）

编号	设备分配名称	额定电流	说明
F17	F17DA	20A	K9-车身控制模块 E5B-右倒车灯 E31L-左侧遮阳板化妆镜灯 E31R-右侧遮阳板化妆镜灯 E37A-顶灯/阅读灯 E37LF-左前顶灯/阅读灯 E37RF-右前顶灯/阅读灯 S13D-驾驶人侧门锁开关 S30-前照灯开关 S38-点火模式开关（BTM） S43-安全防盗系统传感器停用开关 S48E-中控台多功能开关 S52-车外后视镜开关 S58B-行李箱盖解锁开关（内部） S72-天窗开关 S79LR-左后车窗开关 S79P-乘客侧车窗电动机 S79RR-右后车窗开关 S88-天窗倾斜开关 S90-天窗遮阳板开关 S91-驻车制动控制开关（J71）
F18	F18DA	7.5A	X84-数据链路插接器
F20	F20DA	10A	K36-充气式约束系统传感和诊断模块
F21	F21DA	10A	A26-HVAC控制装置 K33-HVAC控制模块
F23	F23DA	15A	K29P-乘客座椅加热控制模块(KA1)
F24	F24DA	2A（不带ATH或BTM） 15A（NO6）	K60-转向柱锁模块（NO6） S39-点火开关（不带ATH或BTM）
F26	F26DA	10A	K41-前、后驻车辅助控制模块（UD7、UDQ或UFQ）
F28	F28DA	5A	K73-远程通信接口控制模块(UE1)
F29	F29DA	10A	K74-人机界面控制模块（IO5或IO6） P16-组合仪表 P17-信息显示模块 X83-辅助音频输入
F30	F30DA	20A	A11-收音机
F31	F31DA	20A	K9-车身控制模块 E4J-右前驻车灯 E4RF-右前转向信号灯 E4Z-右侧转向信号复示灯（DWK） E5E-左尾灯 E5G-左内尾灯 E5L-左制动灯 KR42R-右侧日间行车灯继电器（T4A，带T3S）
F32	F32DA	20A	K9-车身控制模块 E4K-右前驻车灯 E4LR-左后转向信号灯 E5AB-右尾灯/制动灯 E5F-右尾灯 E5G-左内尾灯 E5R-右制动灯 KR42L-左侧日间行车灯继电器（T4A，带T3S）

表2-11 威朗仪表板熔断器盒熔断器说明表 （续）

编号	设备分配名称	额定电流	说明
F33	F33DA	20A	K9-车身控制模块 E1C强光灯-驾驶人车门把手 E1D-强光灯-驾驶人车门 E1M-强光灯-乘客车门把手 E1P-强光灯-乘客车门 E1Y-强光灯-中控台右侧 E4LF-左前转向信号灯 E4RR-右后转向信号灯 E4Y-左侧转向信号复示灯（DWK） E8S-行李箱门控灯
F34	F34DA	2A	S70L-左侧转向盘控制器开关 S70R-右侧转向盘控制器开关 X85-转向盘安全气囊线圈
F35	F35DA	5A	X929-USB插座
F36	F36DA	20A	E329-点烟器插座
F37	F37DA	20A	K719-变速器控制模块（MO5） T12-自动变速器总成（M2A）

注：熔断器F2、F3、F16、F19、F22、F25、F27未使用

四、新凯越（2014～2016年款）

1. 发动机舱内熔断器盒

新凯越发动机舱内熔断器盒位于冷却液储液罐的旁边，熔断器盒元件分布如图2-8所示。

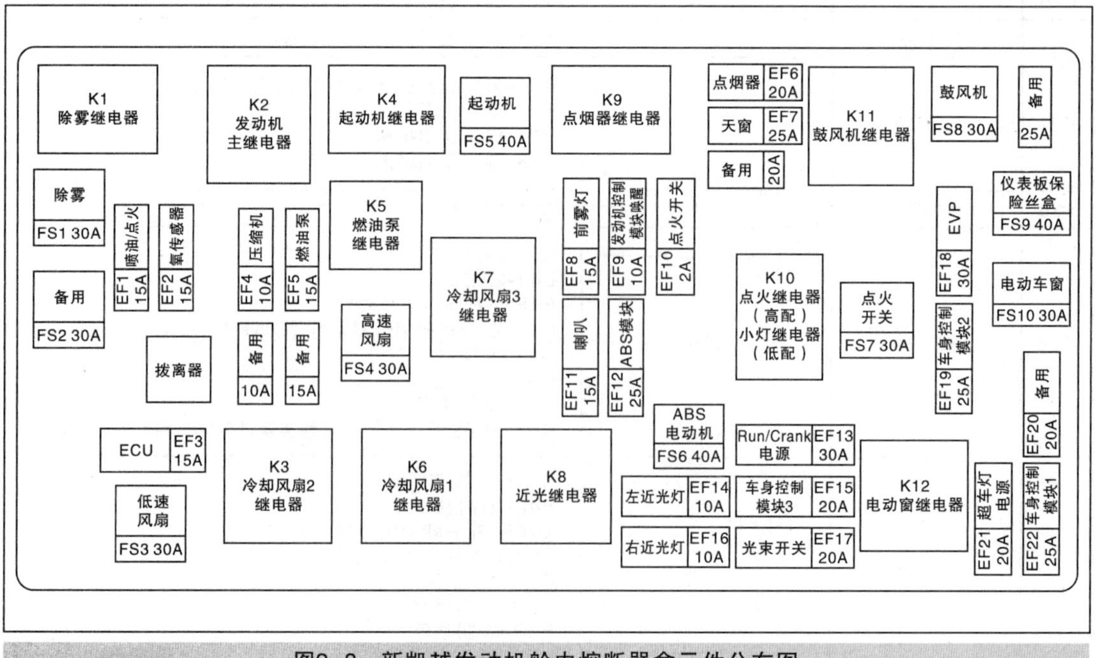

图2-8 新凯越发动机舱内熔断器盒元件分布图

2. 仪表板熔断器盒

新凯越仪表板熔断器盒位于仪表板的左侧，熔断器盒元件分布如图2-9所示，熔断器相关说明见表2-12。

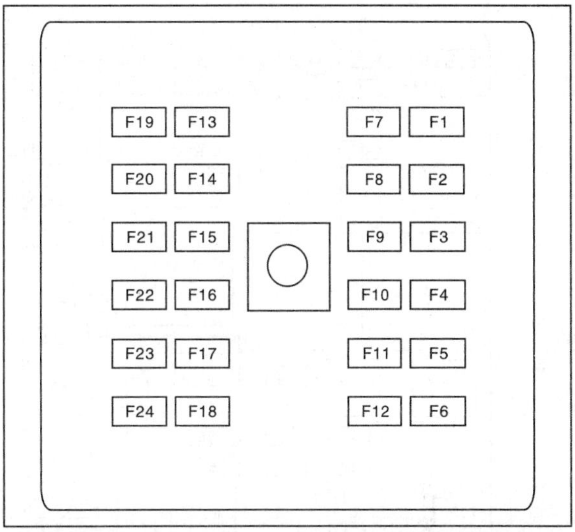

图2-9 新凯越仪表板熔断器盒元件分布图

表2-12 新凯越仪表板熔断器盒熔断器说明表

编号	电路图中名称	额定值	编号	电路图中名称	额定值
F1	收音机激活（AUDIO）	10A	F13	警告灯（HAZARD SW.）	15A
F2	备用（SPARE）	15A	F14	ABS模块（ABS）	10A
F3	发动机控制模块（ECM）	10A	F15	中控门锁（CHIME）	10A
F4	制动开关（BRAKE SW.）	10A	F16	发动机控制模块（ECM）	10A
F5	行李箱锁（TRUNK OPEN）	10A	F17	传感诊断模块（SDM）	10A
F6	后雾灯（REAR FOG）	10A	F18	仪表（CLUSTER）	10A
F7	室内灯（DOME LAMP）	10A	F19	备用（SPARE）	10A
F8	车身控制模块（BCM）	15A	F20	鼓风机（BLOWER）	20A
F9	收音机（AUDIO）	15A	F21	刮水器/洗涤（WIPER/WASH）	25A
F10	空调（HVAC）	10A	F22	近光灯（LOW BEAM)	10A
F11	仪表（CLUSTER）	10A	F23	空调（HAVC）	10A
F12	前雾灯（FRONT FOG LAMP）	10A	F24	制动开关（BRAKE SW.）	10A

五、全新君越（2017年起）

1. 发动机舱内熔断器盒

全新君越发动机舱内熔断器盒位于发动机舱，安装位置如图2-10所示，熔断器盒元件分布如图2-11所示，熔断器相关说明见表2-13，继电器相关说明见表-14。

图2-10 全新君越发动机舱内熔断器盒安装位置图

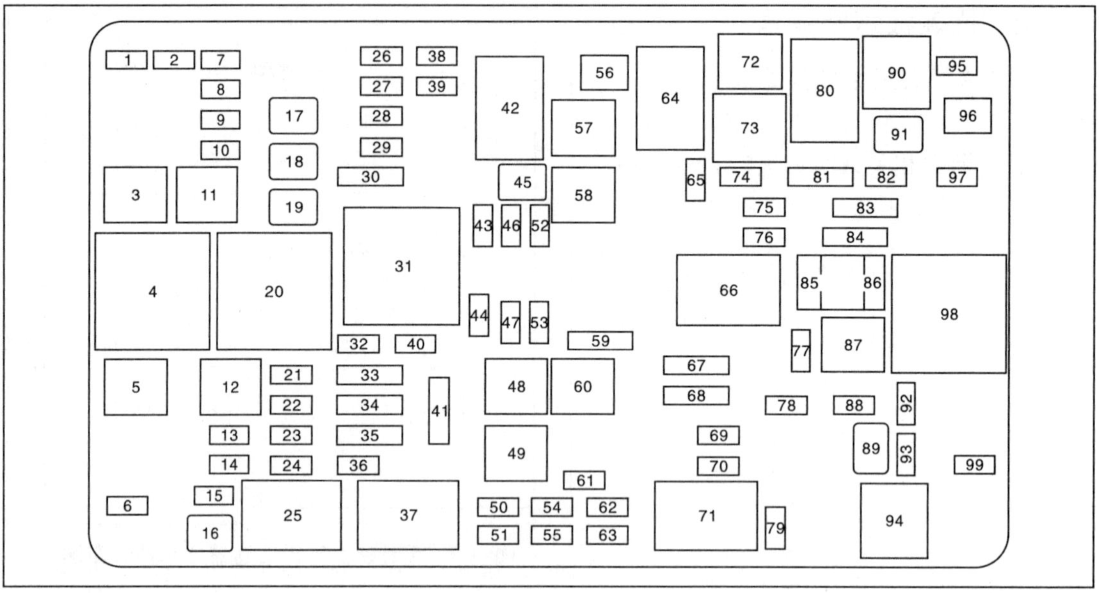

图2-11　全新君越发动机舱内熔断器盒元件分布图

表2-13　全新君越发动机舱内熔断器盒熔断器说明表

编号	电路图中名称
3	防抱死制动系统泵
5	交流/直流逆变器
6	行李箱
7	左侧角灯
8	车窗后视镜底座
9	发动机助力
10	半主动减振系统
11	直流/直流蓄电池1
12	后窗除雾器
13	加热型后视镜
15	被动进入被动起动
16	前风窗刮水器
17	前排乘客侧电动座椅
18	防抱死制动系统阀
19	驾驶人电动座椅
21	天窗
22	右侧角灯
23	前照灯自动调平
26	变速器控制模块点火
27	仪表板点火
28	电子换档模块
29	后视摄像头/通风
30	故障指示灯/换档电磁阀
32	炭罐通风电磁阀
33	前排加热型座椅
34	后排加热型座椅/车身安全模块/储能系统风扇
35	雾灯
36	燃油模块
40	转向柱锁
41	备用
43	加热型转向盘
44	前照灯调平/后座椅风扇
46	发动机控制模块点火
48	发动机助力/左侧冷却风扇
49	直流/直流蓄电池2/全轮驱动
56	变速器辅助泵
57	变速器辅助泵
58	牵引控制模块
59	左侧/右侧远光
60	冷却风扇
65	空调
69	右侧氙气前照灯近光灯
70	左侧氙气前照灯近光灯
72	起动机小齿轮
74	起动机电动机
75	发动机控制模块
76	动力总成关闭发动机
78	喇叭
79	洗涤器泵
81	变速器控制模块/发动机控制模块
83	点火线圈
84	动力总成打开发动机
85	发动机控制模块开关2
86	发动机控制模块开关1
87	二次空气喷射反应泵
88	气动风门
89	前照灯洗涤器
91	变速器辅助泵
92	发动机冷却泵
93	前照灯调平
95	二次空气喷射反应电磁阀
96	燃油加热器
99	冷却液泵

注：编号1、2、14、24、38、39、45、47、50、51、52、53、54、55、61、62、63、67、68、77、82、97的熔断器未使用

表2-14 全新君越发动机舱内熔断器盒继电器说明表

编号	电路图中名称	编号	电路图中名称	编号	电路图中名称
04	交流/直流逆变器	42	变速器辅助泵	80	起动机小齿轮
20	后窗除雾器	64	空调控制装置	90	二次空气喷射反应电磁阀
25	前风窗刮水器控制装置	66	动力总成	94	前照灯清洗器
31	运行/起动	71	氙气前照灯近光灯	98	二次空气喷射反应泵
37	前风窗刮水器速度	73	起动机		

2. 仪表板熔断器盒

全新君越仪表板熔断器盒位于车辆驾驶人侧的仪表板内，安装位置如图2-12所示，元件分布如图2-13所示，熔断器盒熔断器与继电器相关说明见表2-15。

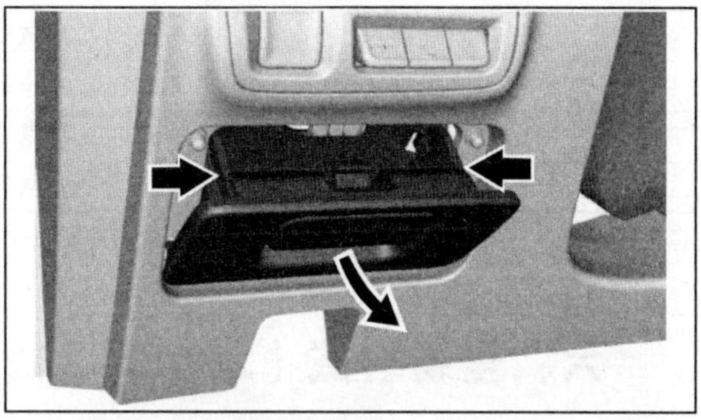

图2-12 全新君越仪表板熔断器盒安装位置图

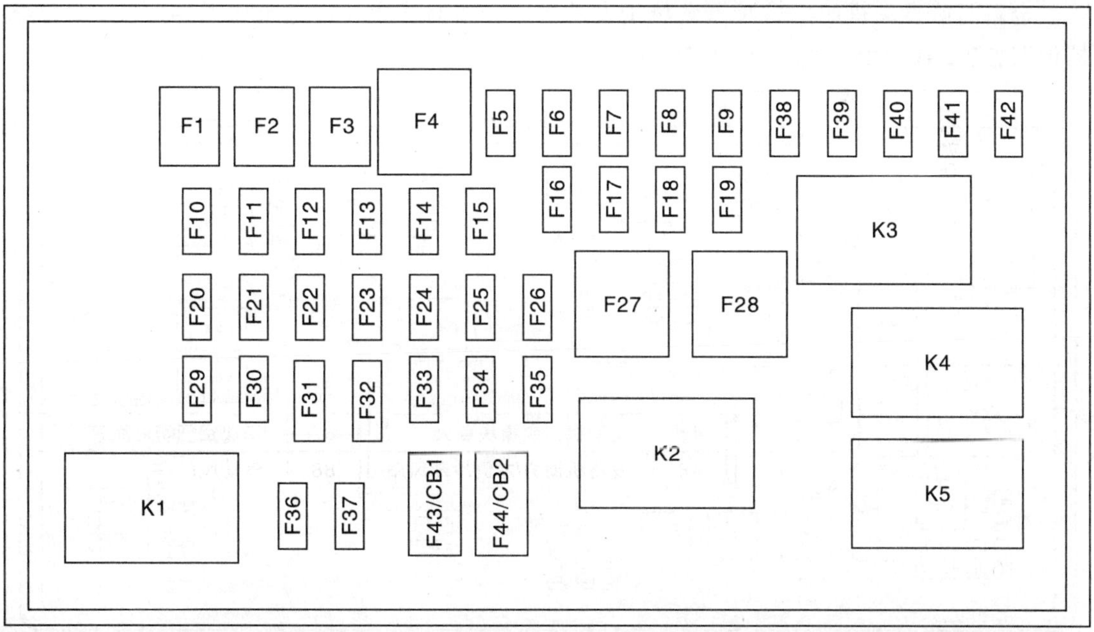

图2-13 全新君越仪表板熔断器盒元件分布图

图2-15 全新君越仪表板熔断器盒熔断器与继电器说明表

编号	电路图中名称	编号	电路图中名称	编号	电路图中名称
F1	左侧车窗开关	F5	BCM电源_2	F9	ECM电源
F2	右侧车窗开关	F6	电动转向柱调节模块	10	BCM电源_2（带起停功能）
F4	空调前鼓风电动机	F8	BCM电源_3	F15	TCM电源（带起停功能）

图2-15 全新君越仪表板熔断器盒熔断器和继电器说明表 （续）

编号	电路图中名称
F16	音响功率放大器（11扬声器配置）噪声消除模块（6或8扬声器配置）
F18	BCM电源7
F20	蓄电池1
F21	蓄电池4
F22	蓄电池6
F23	电子转向柱锁
F24	传感和诊断模块
F25	数据诊断接口
F27	交流直流逆变器

编号	电路图中名称
F29	BCM电源_8
F30	车顶集成开关/车库门遥控装置/雨量传感器
F31	转向盘左右侧开关集成
F33	空调控制模块/光照传感器/离子空气净化器
F34	中央网关模块
F35	集成式底盘控制模块
F36	充电器
F37	辅助电源插座_点烟器
F38	安吉星

编号	电路图中名称
F39	USB充电接口
F40	超声波停车辅助模块/侧盲区报警模块/摄像头/障碍物检测模块/雷达模块
F41	BCM电源1（带起停功能）
F42	收音机
F43	辅助电源接口
F44	辅助电源接口
K2	保持型附件电源/附件继电器
K5	物流继电器

注：编号F3、F7、F11、F12、F13、F14、F17、F19、F26、F28、F32的熔断器和K1、K3、K4的继电器未使用

六、全新君威（2013～2016年款）

1. 发动机舱内熔断器盒

全新君威发动机舱内熔断器盒位于发动机舱，熔断器盒元件分布如图2-14所示，熔断器说明见表2-16，继电器说明见表2-17。

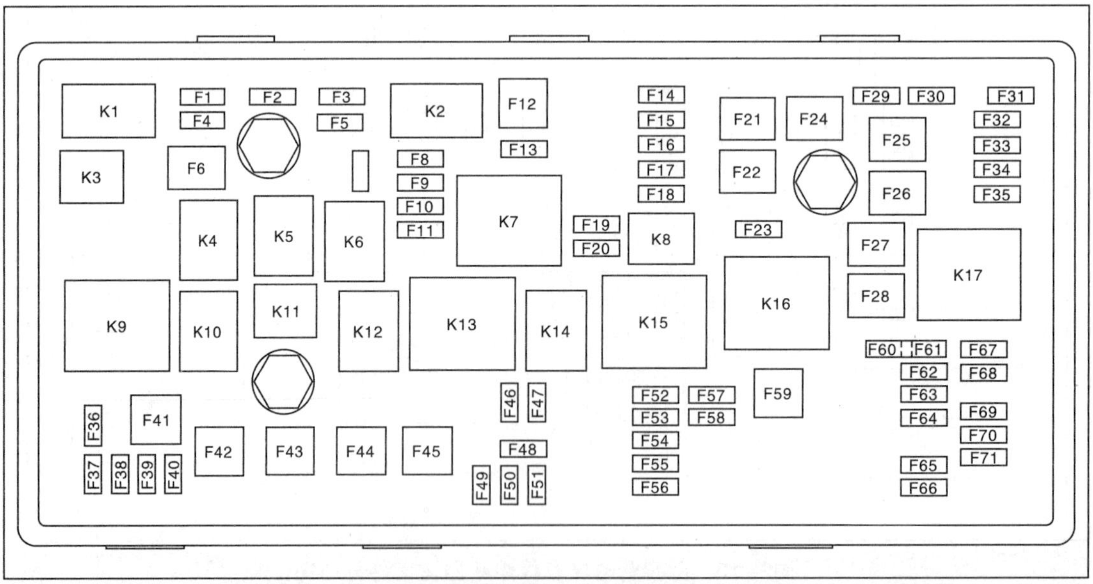

图2-14 全新君威发动机舱内熔断器盒元件分布图

表2-16 全新君威发动机舱内熔断器盒熔断器说明表

编号	保护的电路/部件	额定值
F1	变速器控制模块	15A
F2	发动机控制模块	15A
F5	变速器控制模块、发动机控制模块	15A

表2-16 全新君威发动机舱内熔断器盒熔断器说明表 （续）

编号	保护的电路/部件	额定值	编号	保护的电路/部件	额定值
F6	前风窗玻璃刮水器	30A	F37	右前照灯远光	10A
F8	燃油喷射、起动系统	15A	F38	左前照灯远光	10A
F9	发动机控制模块、喷油	15A	F41	真空泵	30A
F10	发动机控制模块	20A	F42	散热器风扇K2	40A
F11	氧传感器2	10A	F43	无钥匙进入/起动	30A
F12	起动机	30A	F44	前照灯清洗器	25A
F13	燃油系统控制模块	7.5A	F45	散热器风扇K1	60A
F14	右前照灯近光/日间行车灯	15A	F46	端子87、主继电器	10A
F16	真空泵/空气流量传感器/后摄像头	7.5A	F47	氧传感器1	10A
F17	安全气囊	5A	F48	雾灯	15A
F18	自适应前照灯系统/自适应前照灯高度调节P1	10A	F49	右近光灯、高强度气体放电前照灯	15A
F19	自适应前照灯系统/自适应前照灯高度调节P2	10A	F50	左近光灯、高强度气体放电前照灯	15A
F20	燃油泵	20A	F51	喇叭	15A
F21	后电动车窗	30A	F52	组合仪表	5A
F22	防抱死制动系统阀	50A	F53	点火/通风/车内后视镜/胎压监测器/后视摄像头	10A
F23	动力转向	10A	F54	前照灯开关	5A
F24	前电动车窗	30A	F55	电动车窗/后视镜	7.5A
F26	防抱死制动系统泵	60A	F56	前风窗玻璃清洗器	15A
F27	电子驻车制动器	30A	F60	加热型后视镜	7.5A
F28	加热型后车窗	40A	F62	炭罐通风电磁阀	10A
F29	左侧腰垫调节	15A	F64	自适应前照灯系统/自适应前照灯高度调节	5A
F30	右侧腰垫调节	15A	F65	喇叭	15A
F31	空调离合器	10A	F67	燃油系统控制模块	20A
F32	车身控制模块	20A	F69	蓄电池传感器	5A
F33	加热型前排座椅	25A	F70	雨量传感器	5A
F34	天窗	25A	F71	车身电子电源	5A
F35	信息娱乐系统	30A			
F36	附件电源	30A			

注：编号3、4、7、15、25、39、40、57、58、59、61、63、66、68的熔断器未使用

表2-17 全新君威发动机舱内熔断器盒继电器说明表

编号	电路图中名称	编号	电路图中名称	编号	电路图中名称
K1	空调控制	K7	主继电器	K13	散热器风扇K1
K2	起动机	K8	燃油泵	K14	高强度气体放电灯/前照灯近光/日间行车灯
K3	散热器风扇K7	K9	散热器风扇K2		
K4	前风窗刮水器（二级）	K10	散热器风扇K3	K15	点火开关
K5	前风窗刮水器（一级/间歇）	K11	前照灯清洗系统	K16	备用
K6	前照灯近光/日间行车灯	K12	散热器风扇K3	K17	车窗/后视镜除霜

2. 仪表板熔断器盒

全新君威仪表板熔断器盒安装位置如图2-15所示，元件分布如图2-16所示，仪表板熔断器盒熔断器说明见表2-18。

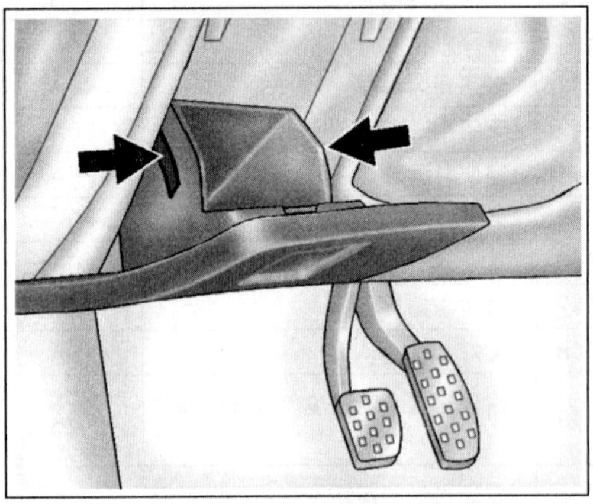

图2-15 全新君威仪表板熔断器盒安装位置

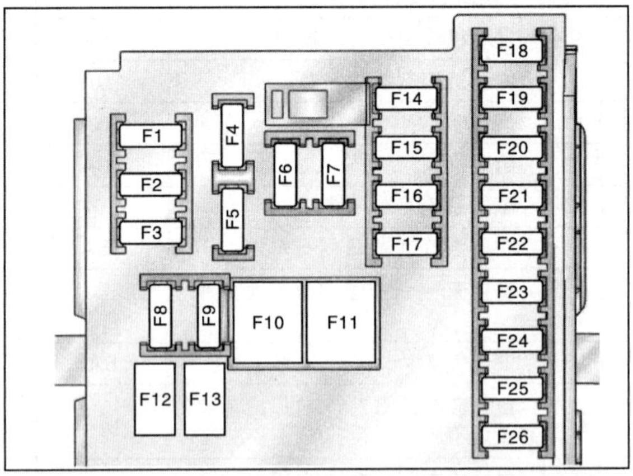

图2-16 全新君威仪表板熔断器盒元件分布图

图2-18 全新君威仪表板熔断器盒熔断器说明表

编号	保护的电路/部件	额定值	编号	保护的电路/部件	额定值
F1	悬挂控制模块	10A	F14	诊断接口	7.5A
F2	车身控制模块7	20A	F15	安全气囊	10A
F3	车身控制模块5	25A	F16	辅助蓄电池	10A
F4	收音机	20A	F17	暖风、通风与空调系统控制器	10A
F5	显示面板	10A	F18	维修熔断器、逻辑继电器	30A
F6	仪表板电源插座	20A	F19	记忆座椅	5A
F7	控制台电源插座	20A	F20	备用	–
F8	车身控制模块3	30A	F21	组合仪表	10A
F9	车身控制模块4	30A	F22	点火开关/无钥匙进入系统	2A
F10	车身控制模块8	30A	F23	车身控制模块1	20A
F11	暖风、通风与空调风机	40A	F24	车身控制模块2	20A
F12	右侧电动前座椅	25A	F25	安吉星	20A
F13	左侧电动前座椅	25A	F26	备用	–

七、GL8（2016年起）

1. 发动机舱内熔断器盒

别克GL8发动机舱内熔断器盒位于发动机舱前排乘客侧，熔断器盒元件分布如图2-17所示，熔断器相关说明见表2-19，继电器相关说明见表2-20。

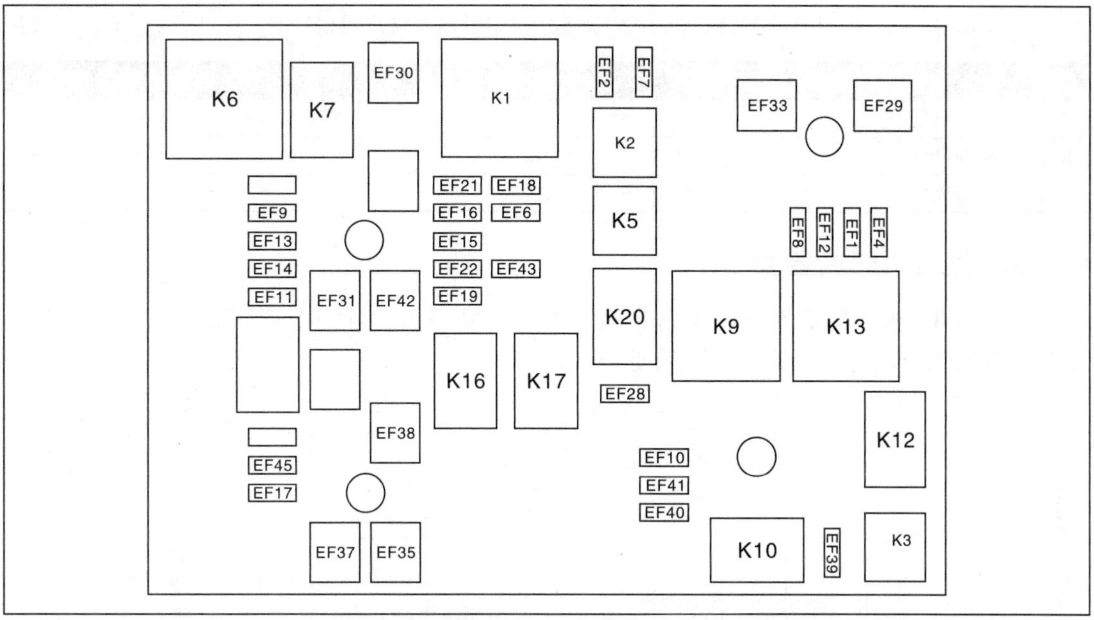

图2-17 别克GL8发动机舱内熔断器盒元件分布图

表2-19 别克GL8发动机舱内熔断器盒熔断器说明表

编号	保护的电路/部件	额定值
EF1	右前远光灯	10A
EF2	制动灯	15A
EF4	左前远光灯	10A
EF6	空调离合器	10A
EF7	喇叭	15A
EF8	左前近光灯	10A
EF9	变速器控制模块/发动机控制模块电源	15A
EF10	安全气囊控制模块	10A
EF11	发动机控制模块	10A
EF12	右前近光灯	10A
EF13	备用	10A
EF14	变速器控制模块	10A
EF15	电子点火	15A
EF16	燃油喷射器	15A
EF17	空调/倒车雷达	10A
EF18	炭罐控制阀	10A

编号	保护的电路/部件	额定值
EF19	氧传感器	10A
EF21	动力总成	20A
EF22	空气流量传感器	10A
EF28	前风窗刮水器	25A
EF29	冷却风扇2	50A
EF30	起动机	40A
EF31	防抱死制动系统电动机	40A
EF33	冷却风扇1	40A
EF35	乘客舱内电气中心电源3	60A
EF37	乘客舱内电气中心电源2	60A
EF38	乘客舱内电气中心电源1	60A
EF39	冷却风扇3	10A
EF40	左前照灯调节	10A
EF41	右前照灯调节	10A
EF42	防抱死制动系统阀	30A
EF43	前雾灯	25A
EF45	备用	10A

表2-20 别克GL8发动机舱内熔断器盒继电器说明表

编号	电路图中名称	编号	电路图中名称	编号	电路图中名称
K1	动力总成	K3	冷却风扇	K6	起动
K2	停车灯	K5	空调离合器	K7	起动机

表2-20　别克GL8发动机舱内熔断器盒继电器说明表　（续）

编号	电路图中名称	编号	电路图中名称	编号	电路图中名称
K9	冷却风扇	K13	冷却风扇	K20	前雾灯
K10	冷却风扇	K16	高速刮水器		
K12	冷却风扇	K17	低速刮水器		

2. 仪表板熔断器盒

别克GL8仪表板熔断器盒位于杂物箱右侧，熔断器盒元件分布如图2-18所示，熔断器相关说明见表2-21，继电器相关说明见表2-22。

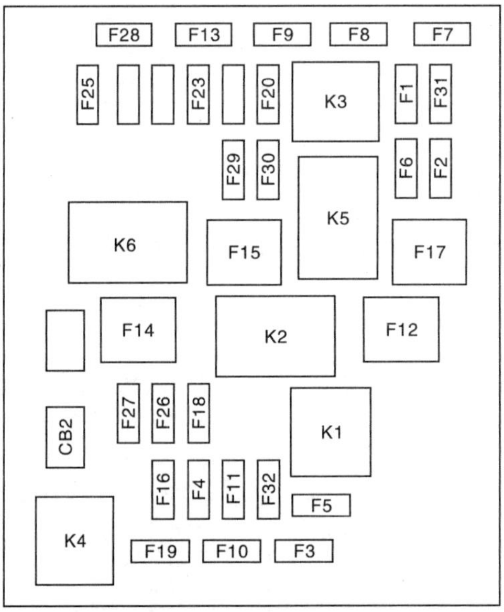

图2-18　别克GL8仪表板熔断器盒元件分布图

表2-21　别克GL8仪表板熔断器盒熔断器说明表

编号	保护的电路/部件	额定值	编号	保护的电路/部件	额定值
F1	内部照明灯	10A	F13	尾灯	10A
F2	诊断接口	10A	F14	备用	20A
F3	组合仪表/空调模块	10A	F15	前鼓风机	40A
F4	备用	15A	F16	网关	10A
F5	燃油泵	15A	F17	备用	40A
F6	收音机	15A	F18	备用	25A
F7	倒车灯	15A	F19	后雾灯	20A
F8	遥控接收模块	10A	F20	点烟器	25A
F9	驻车灯	15A	F23	天窗	20A
F10	备用	2A	F25	门锁电动机	15A
F11	电动后视镜	10A	F26	电动车窗	20A
F12	除霜	40A	F27	前风窗刮水器	20A

表2-21 别克GL8仪表板熔断器盒熔断器说明表 （续）

编号	保护的电路/部件	额定值	编号	保护的电路/部件	额定值
F28	后窗刮水器	15A	F31	巡航开关	2A
F29	后鼓风机	25A	F32	后视镜加热	10A
F30	前鼓风机控制	25A	CB2	电动摇窗	25A

表2-22 别克GL8仪表板熔断器盒继电器说明表

编号	电路图中名称	编号	电路图中名称	编号	电路图中名称
K1	燃油泵	K3	驻车灯	K5	辅助继电器
K2	后窗除霜	K4	后雾灯	K6	鼓风机

八、昂科拉（2015~2017年款）

1. 发动机舱内熔断器盒

别克昂科拉发动机舱内熔断器盒元件分布如图2-19所示，熔断器相关说明见表2-23，继电器相关说明见表2-24。

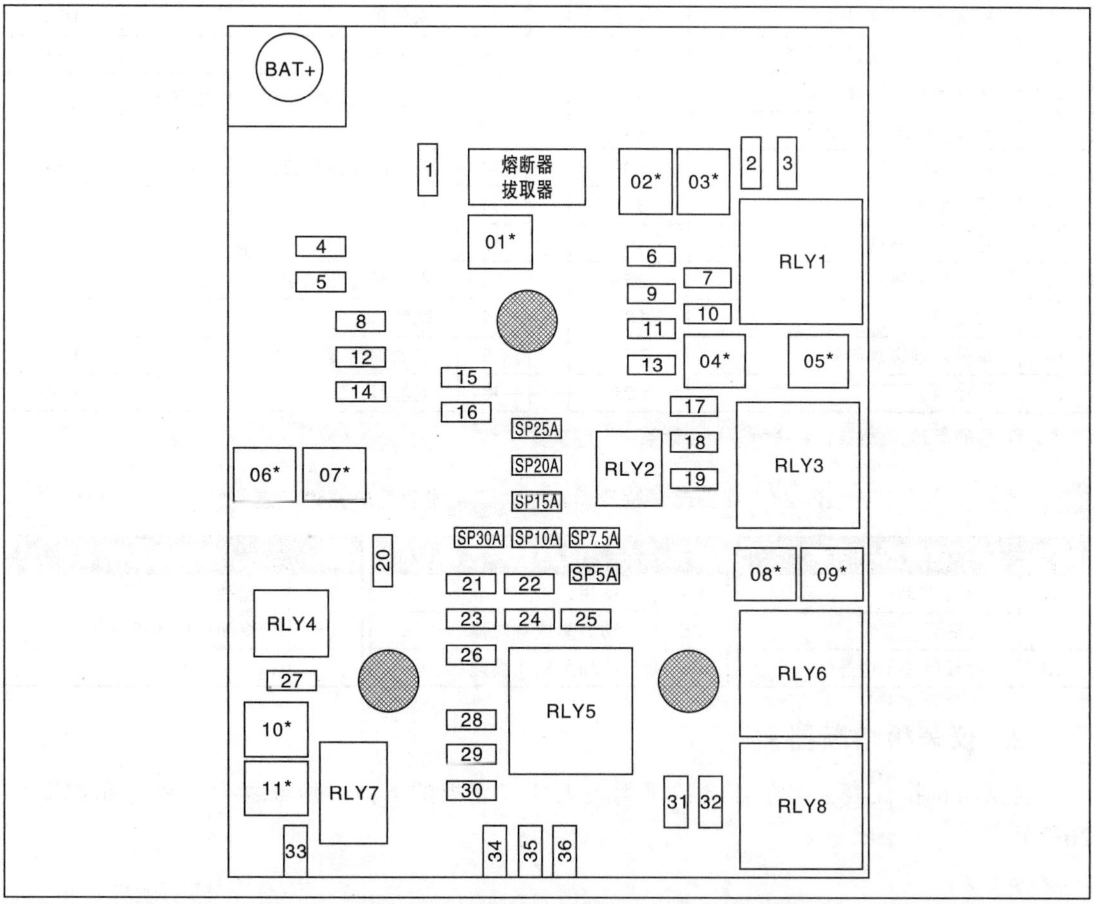

图2-19 别克昂科拉发动机舱内熔断器盒元件分布图

表2-23 别克昂科拉发动机舱内熔断器盒熔断器说明表

编号	保护的电路/部件	额定值	编号	保护的电路/部件	额定值
1	天窗	25A	16	加热型座椅模块	25A
01*	电子制动控制模块泵	40A	17	变速器控制模块运行/起动	5A
2	车外后视镜开关	7.5A	18	发动机控制模块运行/起动	5A
02*	前风窗刮水器	30A	19	燃油泵	20A
3	未使用	5A	20	未使用	15A
03*	线性电源模块	40A	21	风扇继电器（辅助蓄电池能量控制）	15A
4	未使用	25A			
04*	IEC运行/行动	30A	22	未使用	10A
5	电子制动控制模块阀	30A	23	点火线圈/喷油器线圈	15A
05*	未使用	40A	24	洗涤器泵	10A
6	未使用	5A	25	未使用	10A
06*	未使用	30A	26	炭罐吹洗电磁阀 ·水电磁阀 ·涡轮增压器废气门电磁阀 ·涡轮增压器旁通电磁阀	10A
7	未使用	15A			
07*	未使用	40A			
8	变速器控制模块B+	15A			
08*	冷却风扇低速/中速	40A	27	未使用	10A
9	车身控制模块调节阀控制	5A	28	未使用	10A
09*	冷却风扇（高速）	60A	29	发动机控制模块动力总成点火1/点火2	20A
10	左/右前照灯高度调节	10A			
10*	电子真空泵	30A	30	空气质量流量传感器	10A
11	后窗刮水器	30A	31	左侧远光灯	15A
11*	起动机电磁阀	20A	32	右侧远光灯	15A
12	后窗除雾器	25A	33	发动机控制模块B+	15A
13	未使用	10A	34	喇叭	15A
14	车外后视镜加热器	7.5A	35	空调离合器	10A
15	未使用	20A	36	前雾灯	15A

注：带*号的是J型熔断器，其余为微型熔断器

表2-24 别克昂科拉发动机舱内熔断器盒继电器说明表

编号	电路图中名称	编号	电路图中名称	编号	电路图中名称
01	运行/起动	04	备用	07	起动机
02	燃油泵	05	动力总成继电器	08	冷却风扇（低速）
03	冷却风扇（中速）	06	冷却风扇（高速）		

2. 仪表板熔断器盒

别克昂科拉仪表板熔断器盒位于驾驶人侧仪表板的下面，熔断器盒元件分布如图2-20所示。

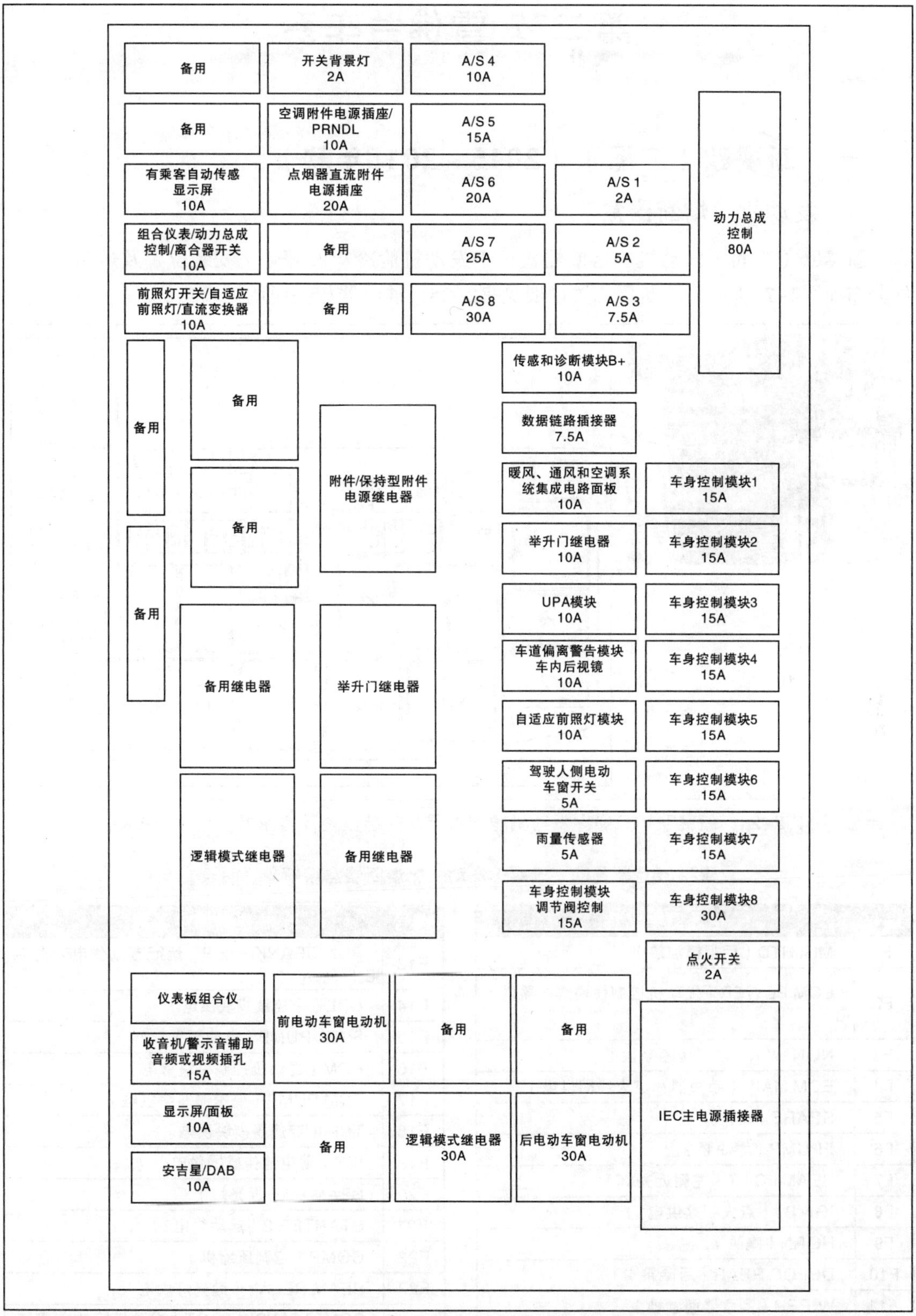

图2-20 别克昂科拉仪表板熔断器盒元件分布图

第二节 雪佛兰车系

一、新赛欧（三厢）（2015~2016年款）

1. 发动机舱熔断器盒

新赛欧（三厢）发动机舱熔断器盒位于发动机舱冷却液罐旁，安装位置及熔断器盒元件分布如图2-21所示，熔断器相关说明见表2-25，继电器相关说明见表2-26。

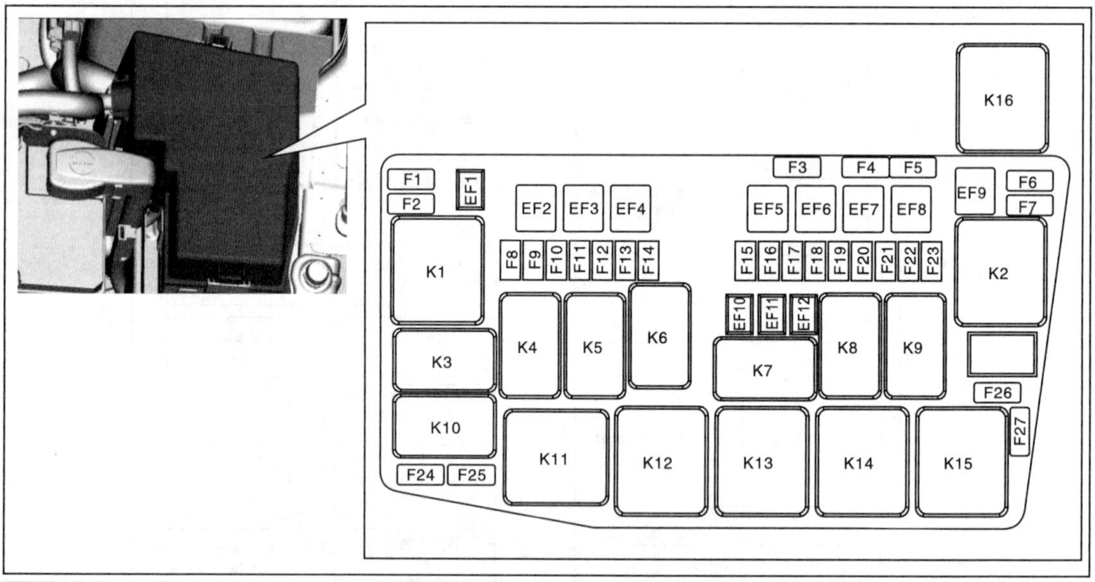

图2-21 新赛欧（三厢）发动机舱熔断器盒安装位置及熔断器盒元件分布图

表2-25 新赛欧（三厢）发动机舱熔断器盒熔断器说明表

编号	电路图中名称
F1	MIR HTD（后视镜加热）
F2	ECM POWER（发动机控制模块继电器供电）
F3	NON WLK（电喷传感器供电）
F4	ECM MAIN（喷油器和点火线圈供电）
F5	SPARE（备用）
F6	FPUMP（燃油泵）
F7	BEAM LO LT（左侧近光灯）
F8	IGN B1（点火钥匙供电1）
F9	HORN（喇叭）
F10	DEFOG REAR（后除霜）
F11	WIPER（刮水器间歇档）
F12	FRONT FOG（前雾灯）
F13	RUN CRANK/PKLP（运行/起动供电/小灯供电）
F14	CDL（中控锁模块供电）
F15	FUEL PUMP（燃油泵）
F16	ECM（发动机控制模块常电）
F17	TCM PUMP（变速器油泵供电）
F18	TCM（变速器模块供电）
F19	IBS（蓄电池传感器供电）
F20	BEAM LO（近光灯）
F21	STARTER 2（起动供电2）
F22	COMP（空调压缩机）
F23	BEAM RELAY（远光灯供电）
F24	ECM_TCM/PKLP_RT（发动机控制或变速器控制模块IG1供电/右侧位置灯）

表2-25　新赛欧（三厢）发动机舱熔断器盒熔断器说明表　（续）

编号	电路图中名称	编号	电路图中名称
F25	IEC BUS/PKLP_LT（乘客舱熔断器盒供电/左侧位置灯）	EF5	ABS MOTOR（防抱死制动系统电动机）
		EF6	BLOWER（鼓风机）
F26	ST SIG（起动信号）	EF7	COOLING FAN HIGH（高速冷却风扇）
F27	BEAM LO RT（右侧近光灯）	EF8	STARTER（起动供电）
EF1	FAN LOW（低速冷却风扇）	EF9	MAIN RELAY FUSE（主继电器熔断器）
EF2	IEC BATT 1（仪表板熔断器盒常电供电1）	EF10	ABS VALVE（防抱死制动系统模块供电）
EF3	IEC ACC IEC（仪表板熔断器盒附件电源）	EF11	EVP（电子真空泵）
EF4	IEC BATT 2（仪表板熔断器盒常电供电2）	EF12	DC DC2 （开关电源）

表2-26　新赛欧（三厢）发动机舱熔断器盒继电器说明表

编号	电路图中名称	编号	电路图中名称
K1	ENGINE CONTROLMODULE（发动机控制模块主继电器）	K9	A/C CONTROL（空调压缩机继电器）
		K10	COOLING FAN LOW（低速冷却风扇）
K2	HEADLAMP LOW BEAM（近光灯继电器）	K11	WIPER CONTROL（低速刮水器/间歇控制继电器）
K3	DEFOG REAR（后窗除霜继电器）		
K4	HORN（喇叭继电器）	K12	HEADLAMP HIGH BEAM（远光灯继电器）
K5	FOG LAMP（前雾灯继电器）	K13	COOLING FAN HIGH（高速冷却风扇）
K6	PARK LAMP/RUN/CRA NK（位置灯/点火15继电器）	K14	STARTER 1（起动继电器1）
		K15	HVAC BLOWER MOTOR（空调鼓风机）
K7	FUEL PUMP（燃油泵继电器）	K16	VACUUM PUMP（电子真空泵继电器）
K8	STARTER 2（起动继电器2）		

2. 仪表板熔断器盒

新赛欧（三厢）仪表板熔断器盒位于仪表板左侧的储物盒后面，拆下储物盒可看到，仪表板熔断器盒元件分布如图2-22所示，熔断器与继电器相关说明见表2-27。

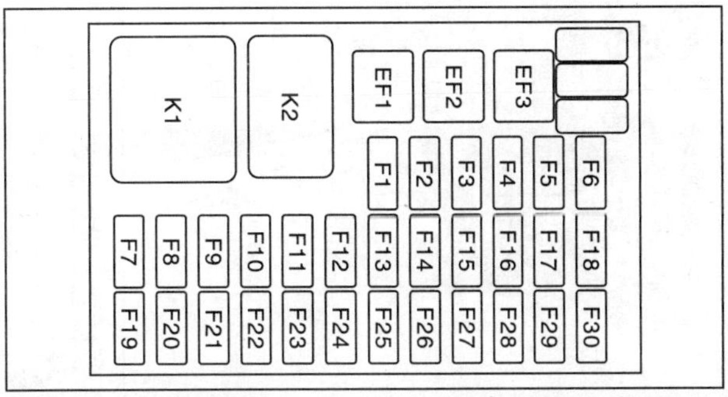

图2-22　新赛欧（三厢）仪表板熔断器盒元件分布图

表2-27　新赛欧（三厢）仪表板熔断器盒熔断器与继电器说明表

编号	电路图中名称	编号	电路图中名称
F1	EPS_IGN（电子助力转向IGN1）	F5	SDMIGN（安全气囊模块IGN1）
F2	IPC（组合仪表）	F6	BRKREVSWEVP（制动/倒车开关/电子真空泵）
F3	HZADCDC（危险警告开关/电源稳压模块）		
F4	ECMSHIFT（发动机控制模块/换档开关）	F9	ECMACC（发动机控制模块ACC）

表2-27　新赛欧（三厢）仪表板熔断器盒熔断器与继电器说明表　（续）

编号	电路图中名称
F10	RADIOSNF（收音机/天窗ACC）
F11	CIGARLIGHT（点烟器）
F12	LOGISTICS（物流）
F14	BCM/HAZARD（车身控制模块/危险警告开关）
F15	BRKSW（制动开关）
F16	KEYINSW（钥匙开关）
F17	SUNROOF（天窗）
F18	DOMEDLC（小功能常电）
F19	STSIG1（点火钥匙起动信号）
F20	SDM（安全气囊模块供电）
F21	BCM1（车身控制模块1）

编号	电路图中名称
F22	BCM2（车身控制模块2）
F23	BCM3（车身控制模块3）
F24	HVACRADIO（空调收音机）
F25	CLUSTER（组合仪表）
F27	BLOSW（鼓风机开关）
F28	HEADLAMP（前照灯控制）
F29	WIPWASH（刮水器清洗）
F30	HVAC（空调）
EF1	WINDOW（车窗控制开关）
K1	RAPACC（附件电源继电器）
K2	LOGISTICS（物流继电器）

注：熔断器F7、F8、F13、F26、EF2、EF3未使用

二、新科鲁兹（2016年起）

1. 发动机舱熔断器盒

新科鲁兹发动机舱熔断器盒位于发动机舱左前部，安装位置及熔断器盒元件分布如图2-23所示，熔断器相关说明见表2-28。

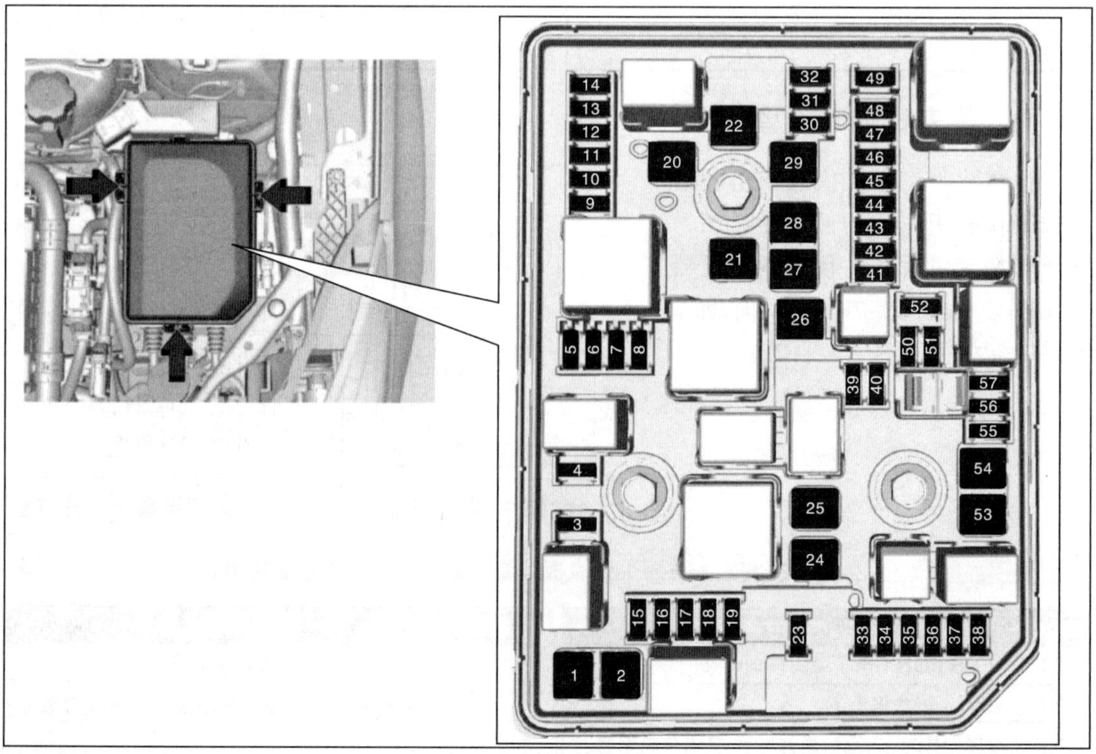

图2-23　新科鲁兹发动机舱熔断器盒安装位置及元件分布图

表2-28 新科鲁兹发动机舱熔断器盒熔断器说明表

编号	保护的电路/部件	编号	保护的电路/部件	编号	保护的电路/部件
1	起动机	17	发动机控制模块	37	左侧远光灯
2	起动机	22	防抱死制动泵	39	前雾灯
3	尾气含氧感应器	23	风窗玻璃清洗	40	燃油水分传感器
4	发动机控制模块	26	变速器控制模块	42	手动前照灯调节
5	弹性燃料传感器	29	后窗除雾	44	后视摄像头
6	变速器控制模块	30	后视镜除雾	46	仪表
8	发动机控制模块	32	直流稳压器	47	电子转向柱锁
9	空调离合器	34	喇叭	52	发动机控制模块 变速器控制模块
11	变速器继电器线圈	36	右侧远光灯（卤素） 右侧近光灯（LED）	54	风窗玻璃刮水器
15	尾气含氧感应器				
16	点火线圈				

注：编号7、10、12、13、14、18、19、20、21、24、25、27、28、31、33、35、38、41、43、45、48、49、50、51、53、55、56、57未使用

2. 仪表板熔断器盒

新科鲁兹仪表板熔断器盒位于空调系统下的盖板后面，仪表板熔断器盒安装位置及元件分布如图2-24所示，熔断器相关说明见表2-29。

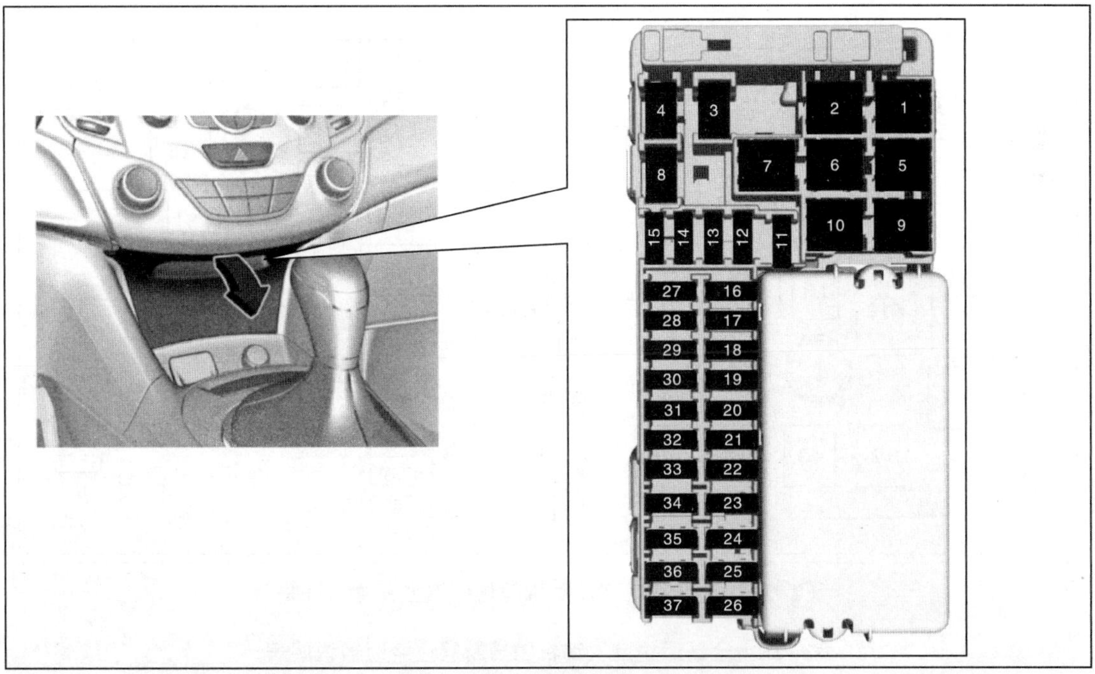

图2-24 新科鲁兹仪表板熔断器盒安装位置及元件分布图

图2-29 新科鲁兹仪表板熔断器盒熔断器说明表

编号	电路图中名称	编号	电路图中名称	编号	电路图中名称
2	鼓风机	4	点烟器	7	防抱死电磁阀
3	电动座椅	6	前电动车窗	8	后置12V电源接口

表2-29 新科鲁兹仪表板熔断器盒熔断器说明表 （续）

编号	电路图中名称	编号	电路图中名称	编号	电路图中名称
9	BCM/车身控制模块	18	BCM/车身控制模块	30	变速杆
10	后电动车窗	19	诊断接口	32	TCM/变速器控制模块
11	天窗	20	气囊控制模块	34	泊车辅助/盲区警告/娱乐信息系统
12	BCM/车身控制模块	21	空调		
13	座椅加热	22	行李箱盖	35	安吉星模块
14	后视镜	23	无钥匙进入系统模块	36	诊断/显示
15	BCM/车身控制模块	25	时钟弹簧	37	收音机
16	BCM/车身控制模块	26	点火开关	注：编号1、5、24、28、29、31、33的熔断器未使用	
17	BCM/车身控制模块	27	BCM/车身控制模块		

三、全新迈锐宝（2016年款）

1. 发动机舱熔断器盒

全新迈锐宝发动机舱熔断器盒位于发动机舱驾驶人侧、蓄电池附近，熔断器盒元件分布如图2-25所示，熔断器相关说明见表2-30，继电器相关说明见表2-31。

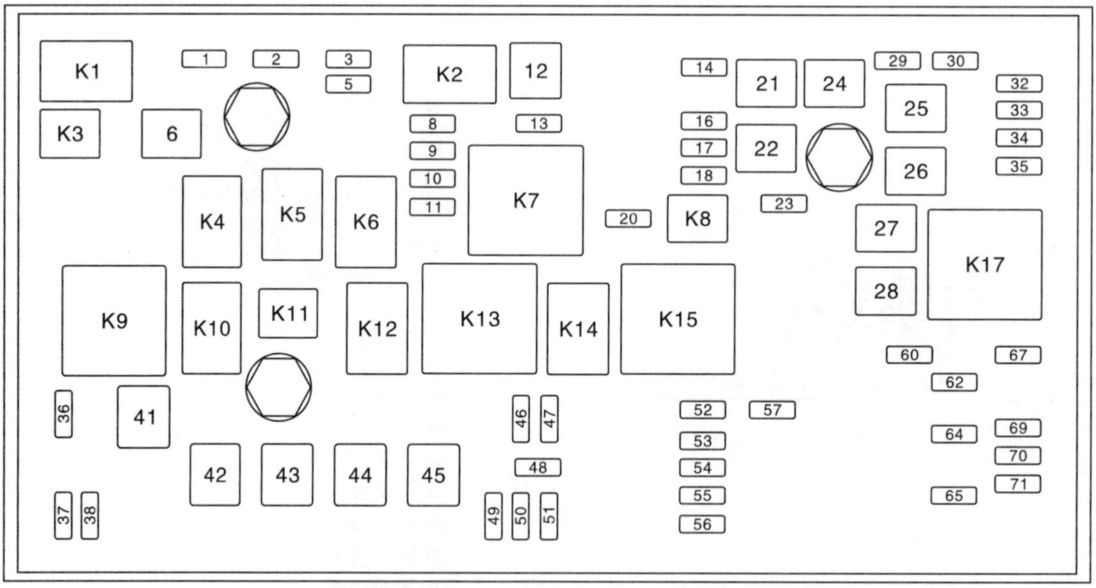

图2-25 全新迈锐宝发动机舱熔断器盒元件分布图

表2-30 全新迈锐宝发动机舱熔断器盒熔断器说明表

编号	电路图中名称	编号	电路图中名称	编号	电路图中名称
1	变速器控制模块电源	6	前风窗刮水器	10	发动机控制模块
2	发动机控制模块电源	8	燃油喷射偶数缸组/点火线圈偶数缸组	11	多功能进气传感器
3	空调压缩机离合器			12	起动机线圈
5	发动机点火控制模块/变速器控制模块	9	燃油喷射奇数缸组/点火线圈奇数缸组	13	点火TC（涡轮增压器）/燃油系统控制模块

表2-30 全新迈锐宝发动机舱熔断器盒熔断器说明表 （续）

编号	电路图中名称	编号	电路图中名称	编号	电路图中名称
14	右近光灯/日间行驶灯	32	车身控制模块电源06	51	喇叭/双喇叭
16	空气流量/进气温度传感器	33	座椅加热	52	点火故障指示器灯
17	点火安全气囊模块	34	防抱死制动阀	62	炭罐蒸发电磁阀
18	乘客舱内空气净化器	35	功放/低音扩音器	64	主动式转向前照灯/行车自动水平调理电器
20	燃油泵	36	主动式转向头灯		
21	后电动车窗	37	右远光灯	65	防盗喇叭
22	天窗玻璃滑动电器	38	左远光灯	67	燃油系统控制模块
23	电子助力转向	41	真空泵	69	蓄电池电压传感器
24	前电动车窗	42	冷却风扇K2	70	雨量传感器
25	被动进入/启动	43	座椅加热（后）	71	被动进入/起动电源
26	防抱死制动泵	44	前照灯清洗器	53	车身起动/运行
27	电子停车制动	45	冷却风扇K1	54	仪表起动/运行
28	后窗除雾	46	冷却风扇速度继电器	55	电动车窗/后视镜折叠
29	座椅控制/电动椅背腰撑调节（左）	47	氧传感器2	56	前风窗清洗器
		48	雾灯	57	电子转向柱锁
30	座椅控制/电动椅背腰撑调节（右）	49	右近光灯	60	后视镜除雾/刮水器加热
		50	左近光灯		

表2-31 全新迈锐宝发动机舱熔断器盒继电器说明表

编号	电路图中名称	编号	电路图中名称	编号	电路图中名称
K1	空调压缩机离合器	K7	动力总成	K13	冷却风扇K1
K2	起动机线圈	K8	燃油泵	K14	近光灯/日间行驶灯
K3	冷却风扇K7	K9	冷却风扇K2	K15	点火
K4	前风窗刮水器刮水速度	K10	冷却风扇K3	K17	车窗/后视镜除雾
K5	前风窗刮水器刮水开/关	K11	前照灯清洗		
K6	近光/日间行车灯	K12	冷却风扇K3		

2. 仪表板熔断器盒

全新迈锐宝仪表板熔断器盒位于仪表板左侧的储物盒后面，仪表板熔断器盒安装位置及元件分布如图2-26所示，熔断器相关说明见表2-32。

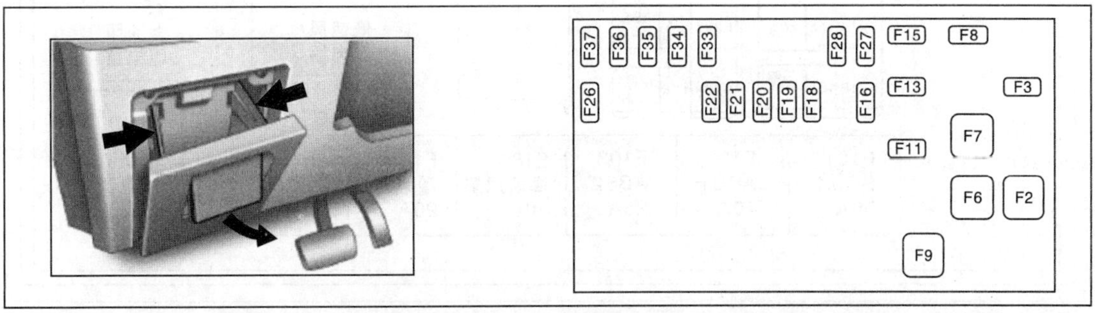

图2-26 全新迈锐宝仪表板熔断器盒安装位置及元件分布图

表2-32 全新迈锐宝仪表板熔断器盒熔断器说明表

编号	电路图中名称	编号	电路图中名称	编号	电路图中名称
F2	鼓风机	F15	车身控制模块电源1	F27	车身控制模块电源2
F3	电动座椅	F16	车身控制模块电源7	F28	开关背光
F6	天窗	F18	车身控制模块电源3	F33	组合仪表
F7	直流稳压模块	F19	数据链路连接器	F34	倒车辅助系统
F8	辅助外接电源	F20	安全气囊模块	F35	安吉星
F9	车身控制模块电源8	F21	空调模块	F36	显示屏
F11	车身控制模块电源4	F22	行李箱锁	F37	收音机
F13	车身控制模块电源5	F26	点火开关		

第三节 五菱车系

一、五菱宏光（2014~2017年款）

1. 发动机舱熔断器盒

五菱宏光（新舒适型、新豪华型）发动机舱熔断器盒位于发动机舱右侧制动液储液罐旁，熔断器盒元件分布如图2-27所示。

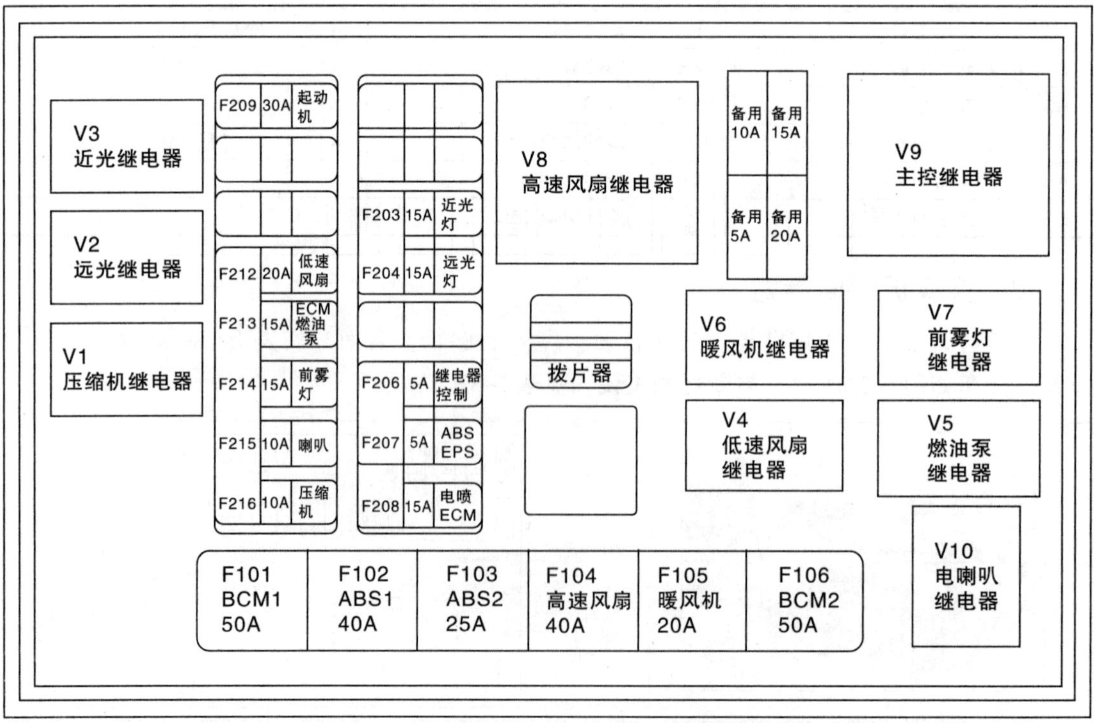

图2-27 五菱宏光（新舒适型、新豪华型）发动机舱熔断器盒元件分布图

2. 仪表板熔断器盒

五菱宏光（新舒适型、新豪华型）仪表板熔断器盒位于驾驶人舱仪表板左侧下部，仪表板熔断器盒元件分布如图2-28所示。

F18 后电动窗 30A	F9 后窗刮水器10A
F17 前电动窗 30A	
F16 中控20A	F7 后视镜、收放机5A
	F6 安全气囊 10A
F14 后窗除霜 15A	F5 组合仪表5A
	F4 空调10A
F12 制动 10A	F3 点烟器15A
F11 组合仪表、空调控制器5A	F2 车载15A
F10 收放机、电子钟15A	F1 前风窗刮水器15A

图2-28 五菱宏光（新舒适型、新豪华型）仪表板熔断器盒元件分布图

二、五菱之光（2013~2017年款）

五菱之光熔断器盒位于转向管柱下部左侧，熔断器盒元件分布如图2-29所示。

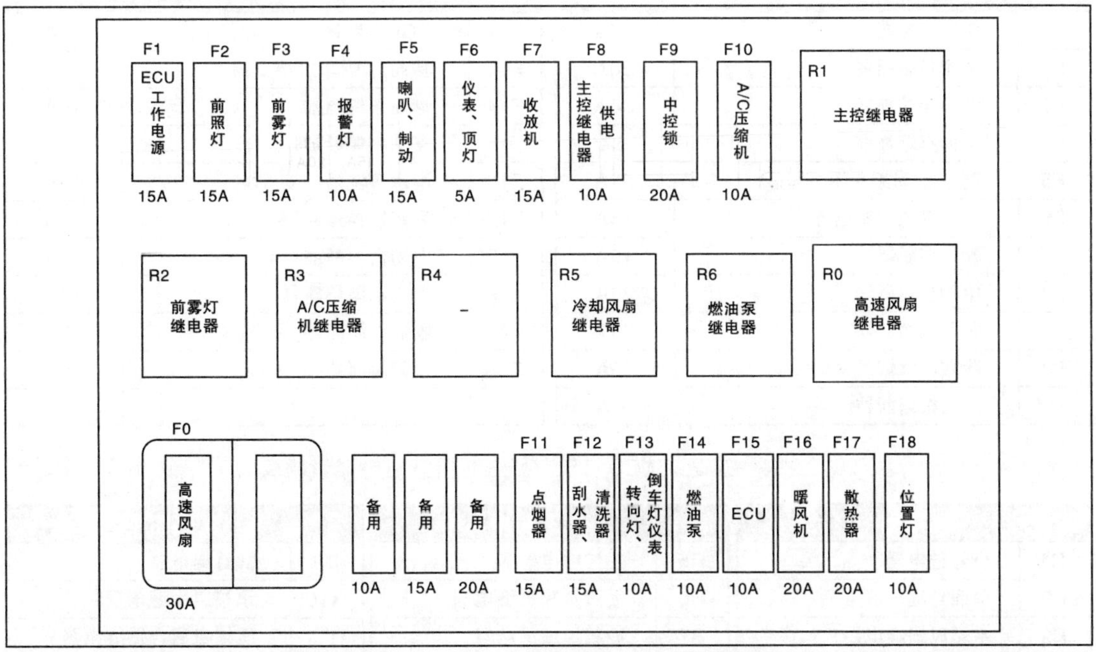

图2-29 五菱之光熔断器盒元件分布图

三、五菱荣光/S（2013~2017年款）

五菱荣光/五菱荣光S熔断器盒位于转向管柱下部右侧。五菱荣光2013年车型熔断器盒元件分布如图2-30所示，熔断器相关说明见表2-33，继电器相关说明见表2-34；五菱荣光S 2015年起车型熔断器盒元件分布如图2-31所示，熔断器相关说明见表2-35，继电器相关说明见表2-36。

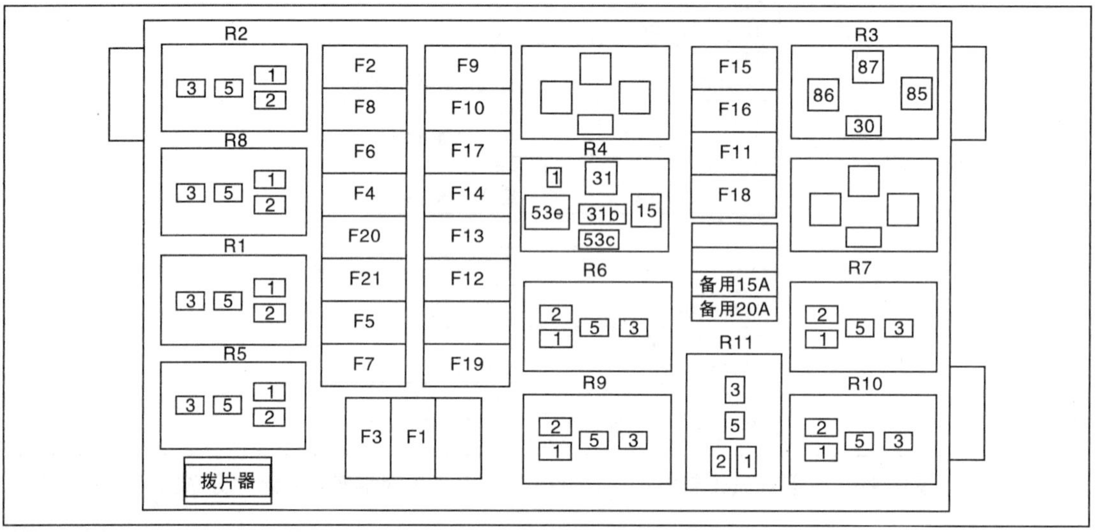

图2-30 五菱荣光2013年车型熔断器盒元件分布图

表2-33 五菱荣光2013年车型熔断器盒熔断器说明表

编号	保护的电路/部件	额定值	编号	保护的电路/部件	额定值
F1	空调熔断器	25A	F12	ECU熔断器	15A
F2	前照灯熔断器	20A	F13	转向灯/倒车灯熔断器	15A
F3	散热器熔断器	30A	F14	燃油泵继电器	15A
F4	室内灯熔断器	5A	F15	点烟器熔断器	15A
F5	喇叭/制动熔断器	20A	F16	刮水清洗熔断器	15A
F6	主控继电器熔断器	15A	F17	后蒸发器熔断器	10A
F7	雾灯熔断器	15A	F18	电动窗熔断器	30A
F8	中控盒熔断器	20A	F19	点火电源熔断器	10A
F9	暖风机熔断器	20A	F20	收放机熔断器	10A
F10	除霜除雾熔断器	20A	F21	报警熔断器	10A
F11	压缩机熔断器	10A			

表2-34 五菱荣光2013年车型熔断器盒继电器说明表

编号	电路图中名称	编号	电路图中名称	编号	电路图中名称
R1	小灯继电器	R5	主控继电器	R9	雾灯继电器
R2	前照灯继电器	R6	后除霜除雾继电器	R10	水箱风扇继电器2
R3	水箱风扇继电器1	R7	冷凝风扇继电器	R11	压缩机离合器继电器
R4	间歇刮水器继电器	R8	燃油泵继电器		

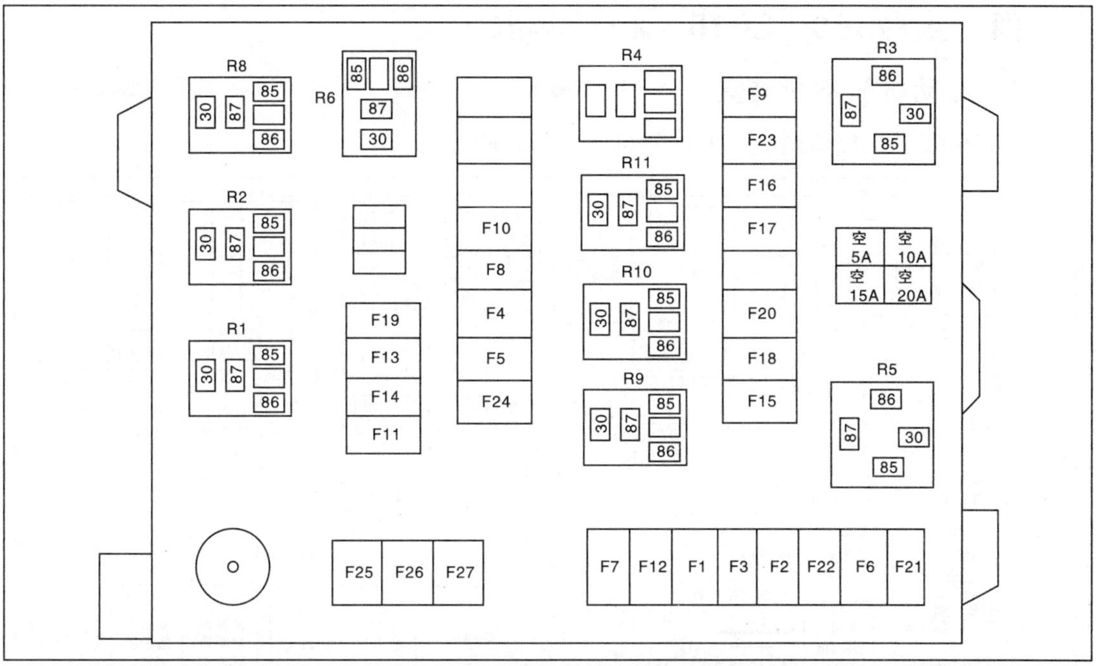

图2-31 五菱荣光S 2015年起车型熔断器盒元件分布图

表2-35 五菱荣光S 2015年起车型熔断器盒熔断器说明表

编号	保护的电路/部件	额定值	编号	保护的电路/部件	额定值
F1	小灯熔断器	10A	F15	点烟器熔断器	15A
F2	前照灯熔断器	20A	F16	前风窗刮水清洗熔断器	15A
F3	低速风扇熔断器	20A	F17	后蒸发器熔断器	10A
F4	室内灯/仪表熔断器	10A	F18	电动窗熔断器	30A
F5	制动熔断器	10A	F19	点火电源熔断器	10A
F6	主控继电器熔断器	15A	F20	收放机熔断器	5A
F7	前雾灯熔断器	15A	F21	危险警告灯开关熔断器	15A
F8	中控模块熔断器	20A	F22	收放机熔断器	15A
F9	暖风机熔断器	20A	F23	清洗、后窗刮水器熔断器	15A
F10	后窗除霜除雾熔断器	20A	F24	喇叭熔断器	10A
F11	压缩机熔断器	10A	F25	ABS熔断器	40A
F12	ECM电源熔断器	15A	F26	ABS熔断器	25A
F13	ABS驱动灯/倒车灯熔断器	15A	F27	高速风扇熔断器	40A
F14	燃油泵熔断器	15A			

表2-36 五菱荣光S 2015年起车型熔断器盒继电器说明表

编号	电路图中名称	编号	电路图中名称	编号	电路图中名称
R1	小灯继电器	R5	主控继电器	R10	低速风扇继电器
R2	前照灯继电器	R6	后窗除霜除雾继电器	R11	压缩机离合器继电器
R3	高速风扇继电器	R8	燃油泵继电器		
R4	预留	R9	前雾灯继电器		

四、宝骏560（2015~2017年款）

1. 发动机舱熔断器盒

宝骏560发动机舱熔断器盒元件分布如图2-32所示。

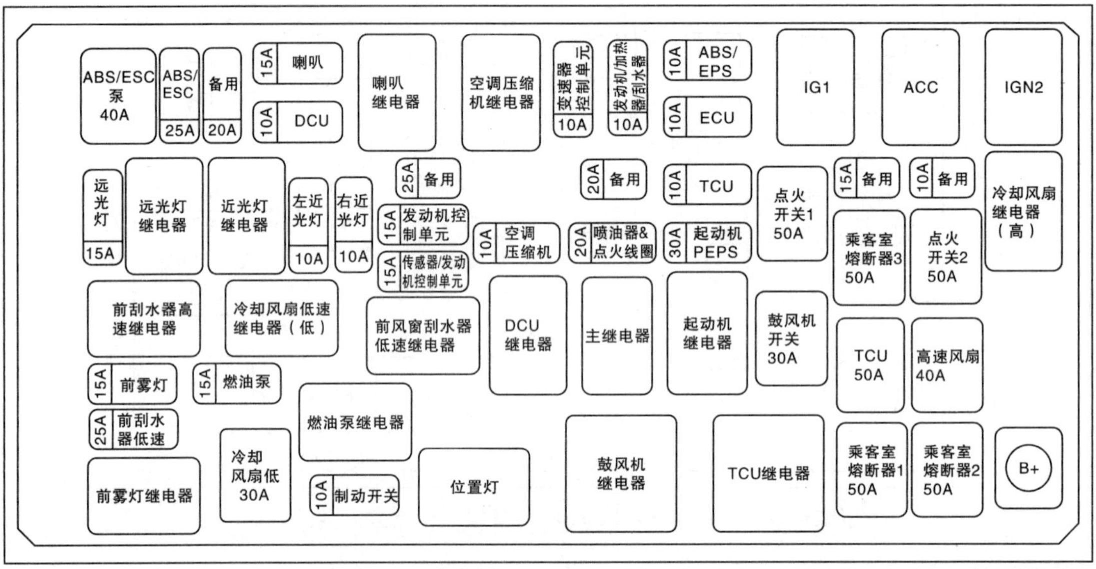

图2-32 宝骏560发动机舱熔断器盒元件分布图

2. 仪表板熔断器盒

宝骏560仪表板熔断器盒元件分布如图2-33所示。

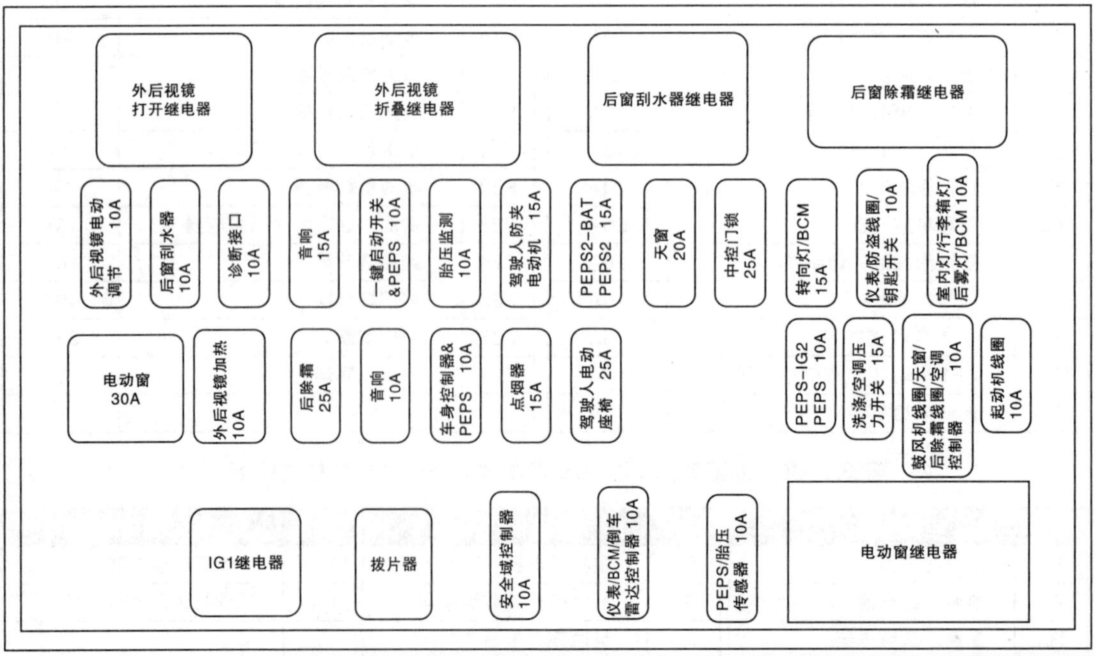

图2-33 宝骏560仪表板熔断器盒元件分布图

五、宝骏730（2014～2017年款）

1. 发动机舱熔断器盒

宝骏730发动机舱熔断器盒元件分布如图2-34所示，熔断器与继电器相关说明见表2-37。

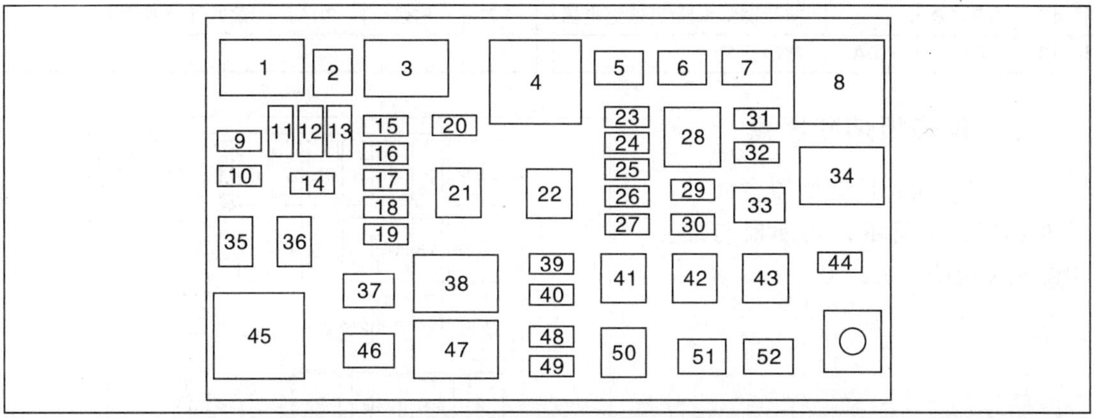

图2-34 宝骏730发动机舱熔断器盒元件分布图

表2-37 宝骏730发动机舱熔断器盒熔断器与继电器说明表

编号	名称	额定值	保护的电路/部件
1	KR73	–	点火主继电器
2	–	–	拔片器
3	KR27	–	起动机继电器
4	K11	–	变速器控制单元继电器
5	F28	40A	点火开关1
6	F29	30A	点火开关2
7	F30	40A	高速风扇
8	K200	–	高速风扇继电器
9	F9	15A	发动机控制单元ECU/传感器
10	F10	20A	点火线圈/喷油器
11	–	25A	备用
12	–	20A	备用
13	–	15A	备用
14	–	10A	备用
15	F2	30A	起动机
16	F12	20A	变速器控制单元TCU
17	F14	25A	发动机控制单元ECU
18	F3	20A	备用
19	F22	25A	前风窗刮水器
20	F20	10A	空调压缩机
21	KR29	–	空调压缩机继电器
22	KR53	–	小灯继电器
23	F1	25A	ABS阀
24	F11	15A	备用
25	F13	15A	备用
26	F17	15A	备用
27	F16	25A	门锁
28	KR48	–	近光灯继电器
29	F5	10A	左远光灯
30	F6	10A	右远光灯
31	F7	10A	右近光灯
32	F8	10A	左近光灯
33	F30	30A	低速风扇
34	KR20C	–	低速风扇继电器
35	F31	30A	鼓风机
36	F26	40A	乘客舱熔断器3
37	F25	30A	乘客舱熔断器2
38	KR12C	–	前风窗刮水器/低速继电器
39	F21	10A	小灯
40	F18	15A	燃油泵
41	KR23A	–	燃油泵继电器
42	KR49	–	远光灯继电器
43	KR3	–	喇叭继电器

表2-37　宝骏730发动机舱熔断器盒熔断器与继电器说明表　　（续）

编号	名称	额定值	保护的电路/部件
44	F4	15A	喇叭
45	KR32E	−	鼓风机继电器
46	F24	−	ABS泵
47	KR128	−	前风窗刮水器/高速继电器
48	F15	10A	制动开关
49	F19	15A	前雾灯
50	KR46	−	前雾灯继电器
51	F27	50A	变速器控制单元
52	F23	30A	乘客舱熔断器1

2. 仪表板熔断器盒

宝骏730仪表板熔断器盒元件分布如图2-35所示，熔断器与继电器相关说明见表2-38。

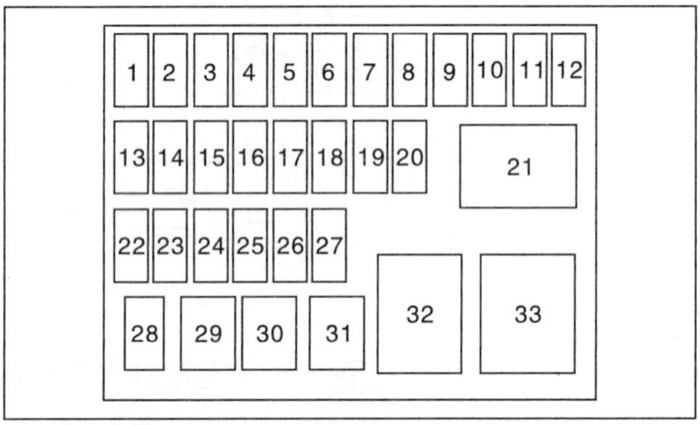

图2-35　宝骏730仪表板熔断器盒元件分布图

表2-38　宝骏730仪表板熔断器盒熔断器与继电器说明表

编号	名称	额定值	保护的电路/部件
1	F15	15A	防夹驾驶门窗
2	F14	10A	诊断接口
3	F13	10A	备用
4	F12	15A	音响
5	F11	15A	后窗刮水器
6	F10	10A	电子助力转向EPS
7	F9	10A	倒车灯/发动机励磁/倒车雷达
8	F8	10A	仪表/车身控制器BCM
9	F7	10A	发动机控制单元ECU
10	F6	10A	变速器控制单元TCU
11	F5	10A	防抱死制动ABS
12	F4	10A	安全气囊SDM
13	F22	10A	电动外后视镜
14	F23	10A	车身控制器BCM/音响
15	F24	15A	车载电源
16	F25	15A	点烟器
17	F26	15A	备用
18	F27	20A	后蒸发器
19	F28	15A	前后洗涤/空调压力开关
20	F29	10A	鼓风机线圈/天窗开关/后窗除霜线圈
21	KR5	−	后窗除霜继电器
22	F16	25A	天窗
23	F17	15A	转向灯/车身控制器
24	F18	10A	仪表/防盗线圈/钥匙提醒开关
25	F19	10A	室内灯/后雾灯/车身控制器
26	F20	10A	起动线圈
27	F21	25A	外后视镜加热
28	−	−	拔片器
29	F1	20A	左电动车窗
30	F2	20A	右电动车窗
31	F3	20A	后窗除霜
32	KR7	−	后窗刮水器继电器
33	KR10	−	电动窗继电器

第三章 北京现代车系

第一节 新朗动（2014~2017年款）

1. 驾驶人侧室内熔断器盒

新朗动驾驶人侧室内熔断器盒元件位置分布如图3-1所示，其相关说明见表3-1。

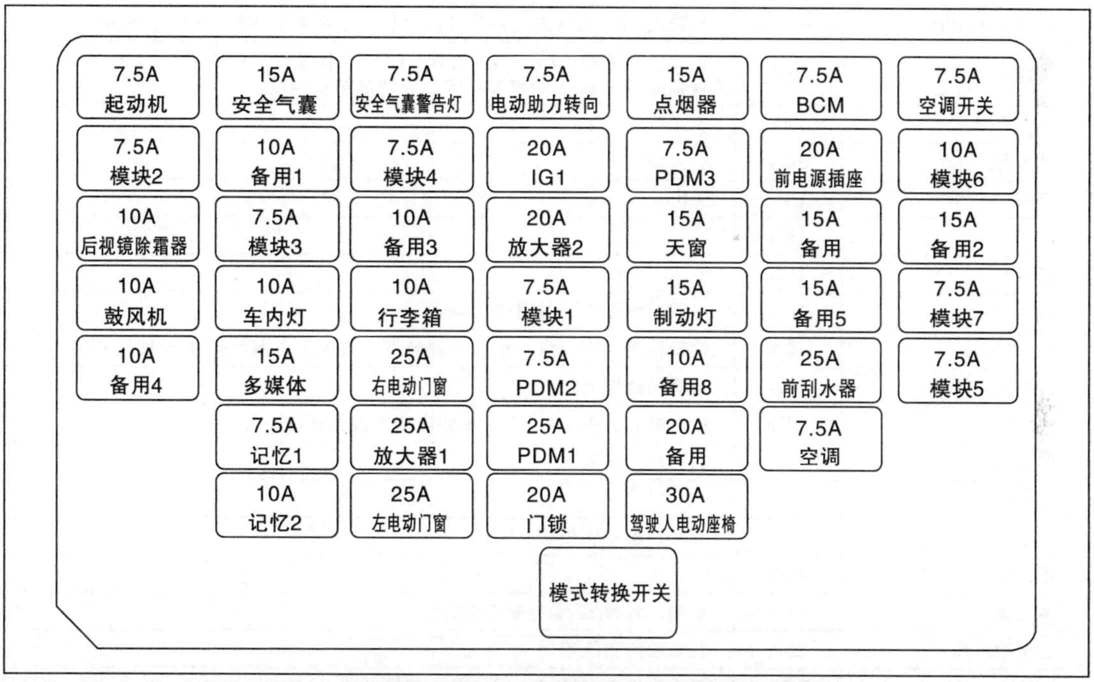

图3-1 新朗动驾驶人侧室内熔断器盒元件位置分布图

表3-1 新朗动驾驶人侧室内熔断器盒熔断器相关说明表

电路图中的名称	额定值	保护的电路/部件
起动机	7.5A	未配备智能钥匙：A/T-变速器档位开关、M/T-点火锁止开关 配备智能钥匙：A/T-变速器档位开关、M/T-ECM、发动机舱熔断器与继电器盒（起动1继电器）、智能钥匙控制模块
安全气囊	15A	SRS控制模块
安全气囊警告灯	7.5A	仪表板
动力助力转向	7.5A	EPS（电控动力转向系统）控制模块
点烟器	15A	点烟器
BCM	7.5A	智能钥匙控制模块、BCM
空调开关	7.5A	空调控制模块、鼓风机电阻器
模块2	7.5A	电动后视镜、前驻车辅助传感器（左/右）、远程信息技术模块

表3-1 新朗动驾驶人侧室内熔断器盒熔断器相关说明表 （续）

电路图中的名称	额定值	保护的电路/部件
备用1	10A	-
模块4	7.5A	空调控制模块，前照灯水平调整执行器（左/右），前照灯水平调整开关，音响，音频/视频及导航控制模块，后驻车辅助传感器左（内/外）/右（内/外）
IG1	20A	发动机舱熔断器与继电器盒（熔断器-TCU 1、模块、倒车灯、ECU 3、ABS 3）
PDM3	7.5A	智能钥匙控制模块
前电源插座	20A	电源插座
模块6	10A	放大器、电动室外后视镜开关、音响、音频/视频及导航控制模块、数字时钟
后视镜除霜器	10A	驾驶人/前排乘客侧电动室外后视镜、空调控制模块、ECM/PCM
模块3	7.5A	轮胎压力监测模块、数字时钟、BCM、仪表板、ESP OFF开关、ATM变速杆指示灯、驾驶人/前排乘客侧座椅加热器模块
备用3	10A	-
放大器2	20A	放大器
天窗	15A	天窗
备用	15A	-
备用2	15A	-
鼓风机	10A	空调控制模块、鼓风机电阻器
车内灯	10A	行李箱灯、室内灯、车顶控制台灯、点火开关照明灯/钥匙插入开关
行李箱	10A	行李箱继电器
模块1	7.5A	运动模式开关（A/T）、车外电动后视镜开关
制动灯	15A	制动灯继电器
备用5	15A	-
模块7	7.5A	智能钥匙控制模块、BCM
备用4	10A	-
多媒体	15A	音响、音频/视频/导航控制模块
右电动门窗	25A	右电动门窗继电器
PDM2	7.5A	智能钥匙控制模块、起动停止按钮开关
备用8	10A	-
前刮水器	25A	组合开关、刮水器电动机、发动机舱熔断器与继电器（刮水器继电器）
模块5	7.5A	组合离子发生器（自动空调）、天窗、电动后视镜
记忆1	7.5A	远程信息技术模块
放大器1	25A	放大器
PDM1	25A	智能钥匙控制模块
备用	20A	-
空调	7.5A	空调控制模块、发动机舱熔断器与继电器盒（鼓风机继电器）
记忆2	10A	轮胎压力监测模块、BCM、自动灯光/光照度传感器、仪表板、诊断插接器、智能接线盒升级插接器、空调控制模块、数字时钟
左电动门窗	25A	左电动门窗继电器、驾驶人安全电动门窗模块
门锁	20A	门锁闭锁继电器、车门开锁继电器
驾驶人电动座椅	30A	驾驶人座椅手动开关

2. 发动机舱熔断器与继电器盒

新朗动发动机舱熔断器与继电器盒元件分布如图3-2所示，其相关说明见表3-2。

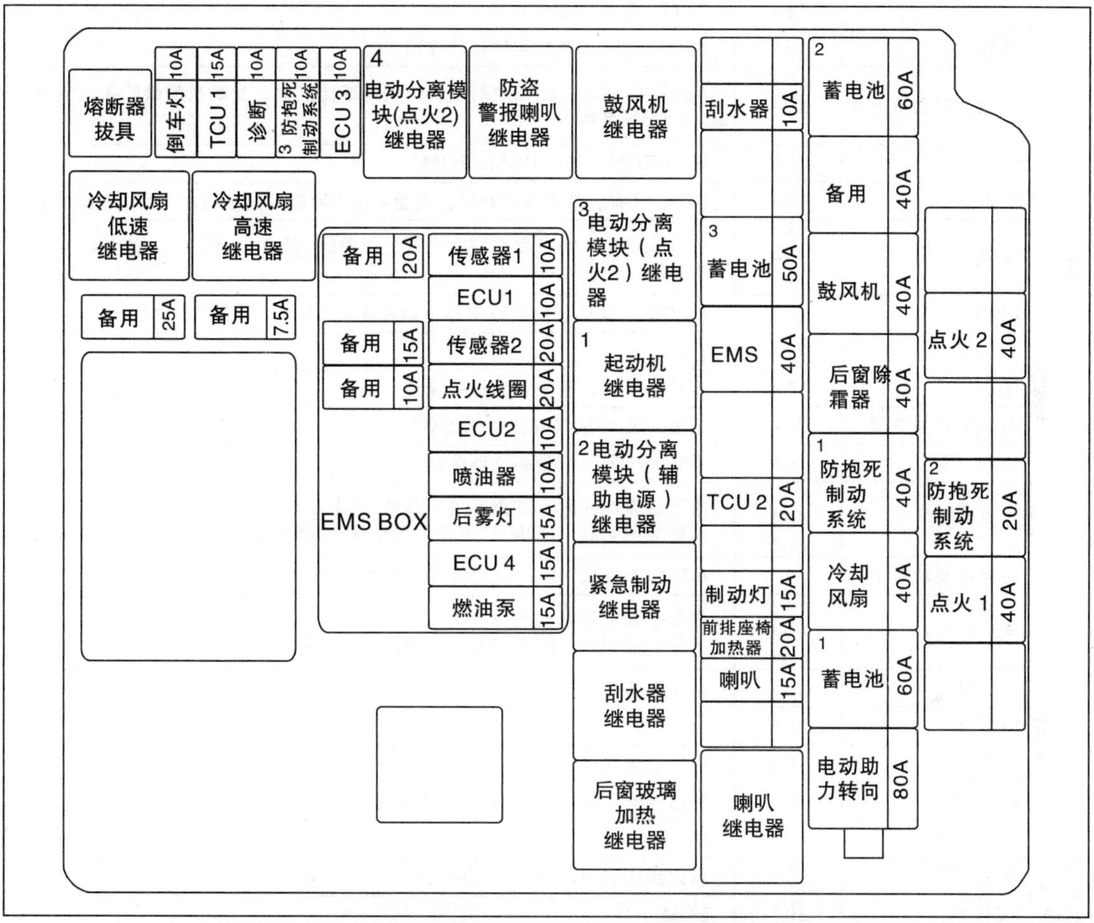

图3-2 新朗动发动机舱熔断器与继电器盒元件分布图

表3-2 新朗动发动机舱熔断器与继电器盒熔断器相关说明表

电路图中的名称		额定值	保护的电路/部件
多功能熔断器	电动助力转向	80A	EPS控制模块
	蓄电池1	60A	智能接线盒（ARISU 1-4CH，IPS 1，熔断器-左电动门窗、右电动门窗，行李箱，放大器1）
	冷却风扇	40A	冷却风扇低速继电器、冷却风扇高速继电器
	防抱死制动系统1	40A	ABS控制模块、ESP控制模块、多功能检查插接器
	后除霜器	40A	后窗除霜器继电器
	鼓风机	40A	鼓风机继电器
	备用	40A	–
	蓄电池2	60A	智能接线盒（转向信号灯声音继电器、ARISU 2-4CH、IPS-1CH、IPS-2CH、熔断器-天窗、驾驶人电动座椅、制动灯）
熔断器	倒车灯	10A	A/T电动后视镜、音频/视频及导航控制模块、后组合灯（内侧）左/右、仪表板、BCM、ATM变速杆指示灯、M/T-倒车灯开关

表3-2 新朗动发动机舱熔断器与继电器盒熔断器相关说明表 （续）

电路图中的名称		额定值	保护的电路/部件
熔断器	TCU 1	15A	TCM、变速器档位开关
	模块	10A	制动灯开关、多功能检查插接器
	防抱死制动系统 3	10A	ABS控制模块、EPS控制模块、横摆率传感器、发动机舱熔断器与继电器盒（ESS继电器）
	ECU 3	10A	M/T-ECM、A/T-PCM、TCM
	刮水器	10A	ECM/PCM、刮水器电动机、发动机舱熔断器与继电器盒（刮水器继电器）
	蓄电池3	50A	智能接线盒（漏电自动切断装置、熔断器-模块1、PDM1、PDM2、门锁、放大器2）
	EMS	40A	EMS盒（发动机控制继电器、熔断器-ECU 4、后雾灯、燃油泵）
	TCU 2	20A	TCM
	制动灯	15A	制动灯开关、智能钥匙控制模块
	前排座椅加热器	20A	驾驶人/前排乘客座椅加热器模块
	喇叭	15A	喇叭继电器、报警喇叭继电器
	点火开关2	40A	未配备智能钥匙：点火开关、起动1继电器 配备智能钥匙：PDM 4（IG2）继电器、起动1继电器
	防抱死制动系统2	30A	ABS控制模块、ESP控制模块、多功能检查插接器
	点火开关1	40A	未配备智能钥匙：点火开关 配备智能钥匙：PDM 3（IG1）继电器、PDM 2（ACC）继电器
EMS BOX熔断器	燃油泵	15A	燃油泵继电器
	ECU 4	15A	-
	后雾灯	15A	后雾灯继电器
	喷油器	10A	喷油器#1/#2/#3/#4、燃油泵继电器
	ECU 2	10A	ECM
	点火线圈	20A	点火线圈#1/#2/#3/#4、电容器
	ECU 1	20A	ECM
	传感器2	10A	钥匙防盗模块、凸轮轴位置传感器#1/#2、冷却风扇低速继电器、冷却风扇高速继电器
	传感器1	10A	氧传感器（上/下）、可变进气电磁阀、机油控制阀#1/#2、净化控制电磁阀
	备用	10A	-
	备用	15A	-
	备用	20A	-

第二节 新悦动（2016年起）

1. 室内接线盒

新悦动室内接线盒元件位置分布如图3-3所示，熔断器相关说明见表3-3。

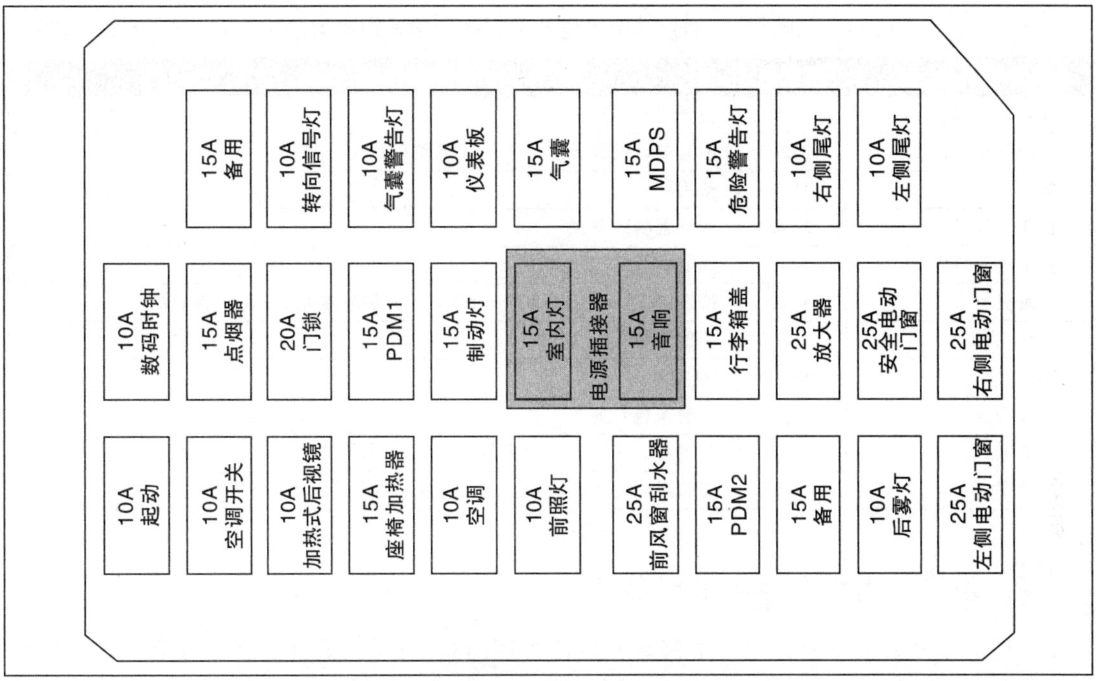

图3-3 新悦动室内接线盒元件位置分布图

表3-3 新悦动室内接线盒熔断器相关说明表

电路图中的名称	额定值	保护的电路/部件
起动	10A	防盗报警、变速器档位开关、起动继电器
空调开关	10A	空调控制模块、鼓风机电动机、SMK模块
加热式后视镜	10A	室外后视镜除霜器电动机、空调控制模块、ECU、ETACS
座椅加热器	15A	座椅加热器开关
空调	10A	鼓风机继电器、空调控制模块、天窗控制模块、ETACS
前照灯	10A	前照灯继电器、HLLD开关
前风窗刮水器	25A	前风窗刮水器继电器、组合开关
PDM2	15A	SMK模块、按钮起动开关
备用	15A	备用
后雾灯	10A	后雾灯继电器
左侧电动门窗	25A	电动门窗主开关、后电动门窗开关（左）
数码时钟	10A	时钟、音响、SMK模块
点烟器	15A	点烟器
门锁	20A	天窗控制模块、门锁闭锁/开锁继电器
PDM1	15A	SMK模块
制动灯	15A	制动灯开关、操纵杆构件ATM
室内灯	15A	行李箱舱内灯、车门灯、室内灯、阅读灯、数字时钟、RPAS蜂鸣器、空调控制模块、仪表板、多功能检查插接器、钥匙插入开关、ETACS
音响	15A	音响
行李箱盖	15A	行李箱盖执行器
放大器	25A	放大器

表3-3　新悦动室内接线盒熔断器相关说明表　（续）

电路图中的名称	额定值	保护的电路/部件
安全电动门窗	25A	安全电动门窗模块
右侧电动门窗	25A	前后电动门窗开关（右）、电动门窗主开关
备用	15A	备用
转向信号灯	10A	危险警告灯开关
安全气囊警告灯	10A	气囊警告灯（仪表板）
仪表板	10A	仪表板、语音报警系统、ETACS、SMK模块、RPAS传感器
安全气囊	15A	气囊模块
MDPS	15A	MPDS_A
危险警告灯	15A	危险警告灯开关
右侧尾灯	10A	前照灯（右）、后组合灯（右）、照明灯
左侧尾灯	10A	前照灯（左）、后组合灯（左）、牌照灯、电动门窗开关

2. 发动机舱熔断器与继电器盒

新悦动发动机舱熔断器与继电器盒安装位置如图3-4所示，元件分布可参看盒盖上的标签，熔断器说明见表3-4。

图3-4　新悦动发动机舱熔断器与继电器盒安装位置图

表3-4　新悦动发动机舱熔断器与继电器盒熔断器相关说明表

电路图中的名称		额定值	保护的电路/部件
多功能熔断器	发电机	125A	发电机
	B+1	50A	仪表板接线盒
	备用	50A	备用
	IGN 1	30A	点火开关
	IGN 2	40A	点火开关、起动继电器
	后窗除霜器	40A	仪表板接线盒
	冷却风扇	40A	冷却风扇#1、2继电器
	鼓风机	40A	鼓风机继电器
多功能熔断器	MDPS	80A	电动机驱动动力转向系统
熔断器	ABS1	40A	ABS控制模块、多功能检查插接器
	ABS2	20A	ABS控制模块、多功能检查插接器
	前雾灯	15A	前雾灯继电器
	AMS	10A	蓄电池传感器
	B+2	15A	仪表板接线盒
	前照灯远光	20A	前照灯远光继电器

表3-4 新悦动发动机舱熔断器与继电器盒熔断器相关说明表 （续）

电路图中的名称		额定值	保护的电路/部件
熔断器	喇叭	15A	喇叭继电器
	前照灯近光-左	10A	前照灯（左）
	前照灯近光-右	10A	前照灯（右）
	备用	10A	备用
	备用	20A	备用
	备用	15A	备用
	倒车灯	10A	倒车灯开关、变速器档位开关
	ECU	10A	ECU、冷凝器、车速传感器、点火线圈
	ABS	10A	ABS控制模块、多功能检查插接器
	传感器	10A	脉冲发生器“A”、脉冲发生器“B”、制动灯开关、车速传感器
EMS	ECU1	30A	主继电器、ECU
	点火线圈	15A	ECU、怠速执行器、CPSV
	ECU2	10A	ECU、钥匙防盗模块
	传感器1	10A	冷凝器风扇继电器、氧传感器、TDC传感器、CPS、凸轮轴位置传感器
	ECU4	20A	ECU
	喷油器	15A	空调继电器、喷油器
	空调	10A	空调继电器
	ECU3	10A	ECU
	燃油泵	15A	燃油泵继电器

第三节 全新途胜（2015~2017年款）

1. 发动机舱熔断器与继电器盒

全新途胜发动机舱熔断器与继电器盒安装位置如图3-5所示，元件位置分布如图3-6所示，熔断器说明见表3-5。

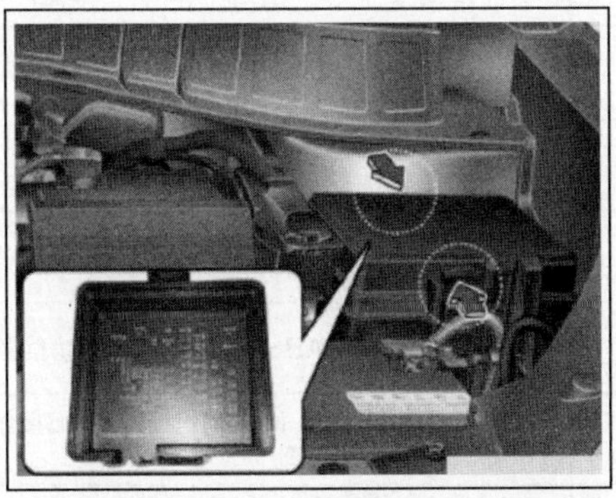

图3-5 全新途胜发动机舱熔断器与继电器盒安装位置图

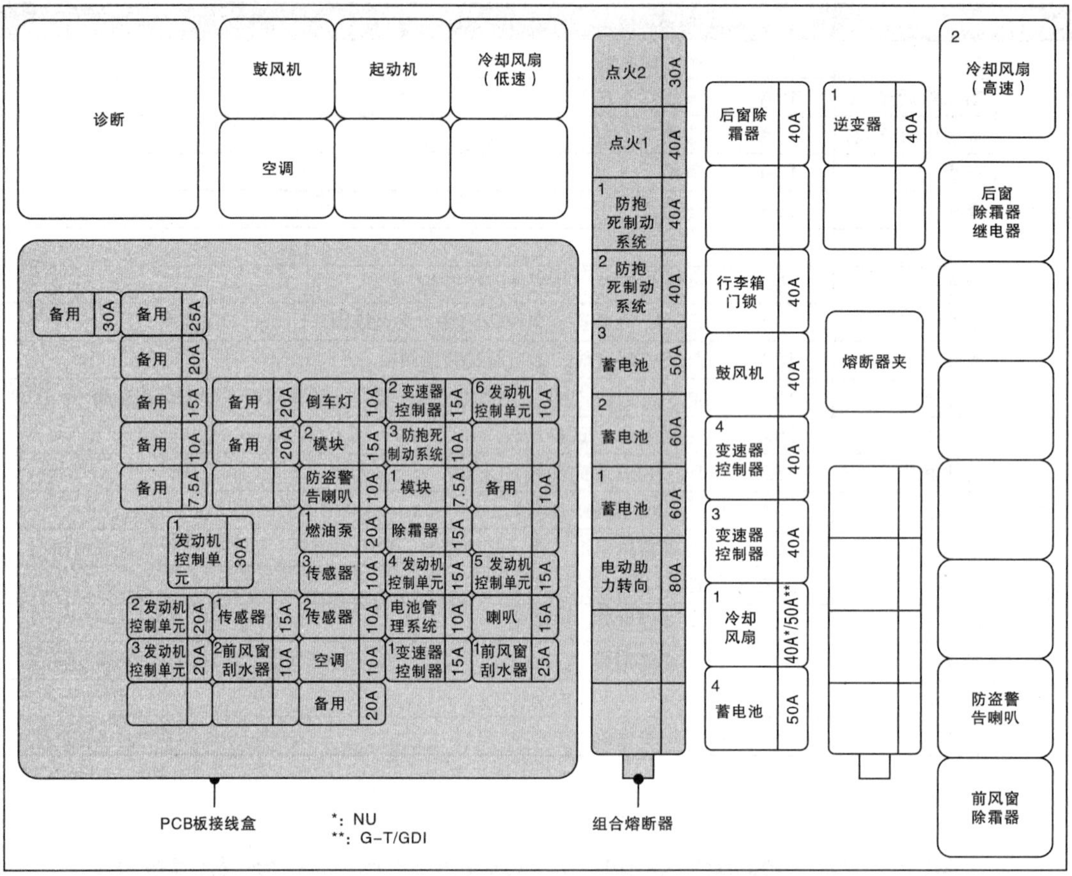

图3-6　全新途胜发动机舱熔断器与继电器盒元件位置分布图

表3-5　全新途胜发动机舱熔断器与继电器盒熔断器说明表

电路图中的名称		额定值	保护的电路/部件
组合熔断器	电动助力转向	80A	电动助力转向模块
	蓄电池1	60A	智能接线盒（ARISU-LT IPS1、IPS2、IPS3、IPS4）
	蓄电池2	60A	智能接线盒（ARISU-LT IPS5、IPS6、IPS7、IPS8、IPS9，熔断器-智能钥匙1、智能钥匙2、智能开关、后雾灯）
	蓄电池3	50A	智能接线盒［熔断器-天窗1、天窗2、前座椅加热器、安全电动门窗，电动门窗继电器（熔断器-左电动门窗、右电动门窗）］
	防抱死制动系统1	40A	EPS控制模块、ABS控制模块、多功能检查插接器
	防抱死制动系统2	40A	EPS控制模块、ABS控制模块、多功能检查插接器
	点火1	40A	点火开关（未配备智能钥匙），PCB接线盒（PDM IG1）/PDM（ACC）继电器-配备智能钥匙
	点火2	30A	起动继电器、点火开关（未配备智能钥匙）、PCB接线盒（PDM IG2继电器-配备智能钥匙）

表3-5 全新途胜发动机舱熔断器与继电器盒熔断器说明表 （续）

电路图中的名称		额定值	保护的电路/部件
熔断器	蓄电池4	50A	智能接线盒（熔断器-模块8、4WD、驾驶人电动座椅、前排乘客电动座椅、行李箱门开启、门锁、暗电流自动切断装置-熔断器开关、室内灯、多媒体、记忆2、记忆1）
	冷却风扇1	40A	（G4NC）冷却风扇高速继电器、冷却风扇低速继电器
		50A	（G4FJ）冷却风扇高速继电器、冷却风扇低速继电器
	变速器控制器3	40A	（G4FJ-7DCT）TCM
	变速器控制器4	40A	（G4FJ-7DCT）TCM
	鼓风机	40A	鼓风机继电器
	行李箱门锁	40A	电动行李箱门模块
	后窗除霜器	40A	后窗除霜继电器
	逆变器1	40A	电动油泵逆变器
PCB板接线盒	前风窗刮水器1	25A	点火开关（未配备智能钥匙）、PDM（IG2）继电器（配备智能钥匙）
	变速器控制器1	15A	（G4FJ）TCM（7DCT）
	前风窗刮水器2	10A	BCM
	发动机控制单元3	20A	ECM/PCM（G4NC）/ECM（G4FJ）
	喇叭	15A	喇叭继电器
	蓄电池管理	10A	蓄电池传感器
	传感器2	10A	（G4NC）机油控制阀#1#2、凸轮轴位置传感器#1/#2、净化控制电磁阀、可变进气电磁阀、燃油泵继电器 （G4FJ）机油控制阀#1#2、净化控制电磁阀、燃油泵继电器
	传感器1	15A	（G4NC）ECM/PCM，氧传感器上/下 （G4FJ）ECM，氧传感器上/下
	发动机控制单元2	20A	点火线圈#1#2#3#4、电容器（G4NC）
	发动机控制单元5	15A	ECM/PCM（G4NC）/ECM（G4FJ）
	发动机控制单元4	15A	ECM/PCM（G4NC）/ECM（G4FJ）
	传感器3	10A	（G4NC）发动机舱接线盒（冷却风扇高速继电器、空调继电器） （G4FJ）制动真空开关、RCV控制电磁阀、发动机舱接线盒（冷却风扇高速继电器、空调继电器）
	除霜器	15A	发动机舱接线盒（前除霜器继电器）（G4FJ）
	燃油泵1	20A	燃油泵继电器
	模块1	7.5A	电动油泵逆变器（G4NC）
	防盗警告喇叭	10A	发动机舱接线盒（防盗警告喇叭继电器）
	防抱死制动系统3	10A	ESP控制模块、ABS控制模块
	模块2	10A	（G4FJ）真空泵
	发动机控制单元6	10A	ECM/PCM（G4NC）/ECM（G4FJ）
	变速器控制器2	15A	变速器档位开关、TCM（G4FJ-7DCT）、ATM变速杆、倒车灯开关
	倒车灯	10A	TCM（G4FJ）、PCM、变速器档位开关、倒车灯开关
	发动机控制单元1	30A	发动机控制继电器

2. 室内熔断器盒

全新途胜室内熔断器盒安装位置如图3-7所示，元件位置分布如图3-8所示，熔断器说明见表3-6。

图3-7 全新途胜室内熔断器盒安装位置图

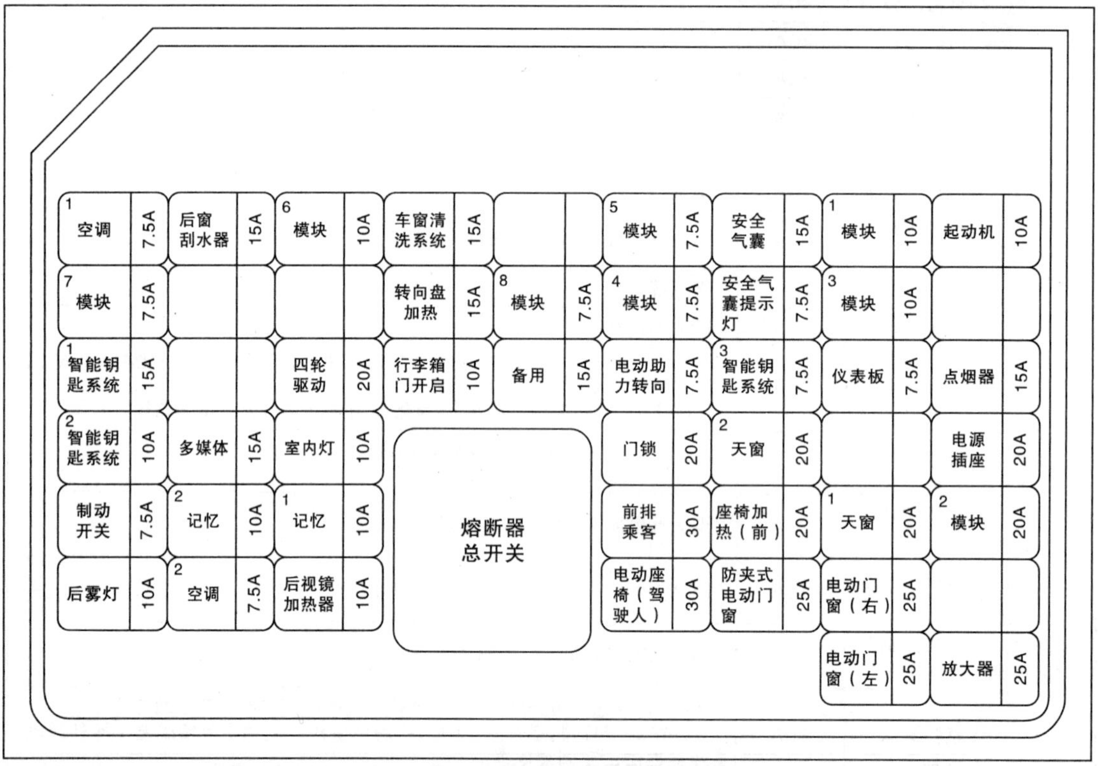

图3-8 全新途胜室内熔断器盒元件位置分布图

表3-6 全新途胜室内熔断器盒熔断器说明表

电路图中的名称	额定值	保护的电路/部件
空调1	7.5A	空调控制器、组合离子发生器（自动空调）、发动机舱接线盒（鼓风机继电器）
后窗刮水器	15A	ICM继电器盒（后窗刮水器继电器）、后窗刮水器电动机
模块6	10A	BCM、智能钥匙控制模块
喷水器	15A	组合开关（喷水器开关）
模块5	7.5A	仪表板开关、后驻车辅助蜂鸣器、BCM、4WD ECM、控制台开关、后左/右侧方盲区检测雷达、车道偏离警告控制模块、智能驻车辅助控制模块
气囊	15A	SRS控制模块

表3-6 全新途胜室内熔断器盒熔断器说明表 （续）

电路图中的名称	额定值	保护的电路/部件
模块1	10A	BCM、智能钥匙控制模块、音响、音频/视频及导航控制器、电动室外后视镜开关
START	10A	变速器档位开关、ECM、点火锁止及离合器开关
模块7	7.5A	前空气通风座椅控制模块、前座椅加热器控制模块
转向盘加热器	15A	BCM
模块8	7.5A	驾驶人/前排乘客智能钥匙车门外侧手柄、中央仪表板开关
模块4	7.5A	诊断插接器、空调控制器、音频/视频及导航控制器、电动室内后视镜、左/右前照灯水平调整执行器、前通风座椅控制模块、前座椅加热器控制模块、仪表板开关、低电压直流/直流转换器（音响）、ATM变速杆位置指示灯、自动前照灯水平调整模块
气囊警告灯	7.5A	仪表板、中央仪表板开关
模块3	10A	BCM、ATM变速杆、制动灯开关
智能钥匙1	15A	智能钥匙控制模块
四轮驱动	20A	4WD ECM
行李箱门开启	10A	行李箱门开启继电器
点烟器	15A	前电源插座/点烟器
电动助力转向	7.5A	电动助力转向模块
智能钥匙3	7.5A	智能钥匙控制模块、钥匙防盗模块
仪表板	7.5A	仪表板（IG1电源）
智能钥匙2	10A	智能钥匙控制模块、起动/停止按钮开关、钥匙防盗模块
多媒体	15A	音响，音频/视频及导航控制器，低电压直流/直流转换器（音响）
室内灯	10A	行李箱灯、车顶控制台灯、室内灯、前左/右化妆灯、后左/右私人灯
门锁	20A	门锁闭锁继电器、门锁开锁继电器
天窗2	20A	全景天窗
电源插座	20A	前电源插座/点烟器，后电源插座
制动开关	7.5A	智能钥匙控制模块、制动灯开关
记忆2	10A	诊断插接器、BCM、仪表板、电动室内后视镜、ICM继电器盒（室内后视镜折叠/展开继电器）
电动座椅（前排乘客）	30A	前排乘客座椅手动开关
前排座椅加热器	20A	前空气通风座椅控制模块、前排座椅加热器控制模块
天窗1	20A	全景天窗、天窗电动机
模块2	20A	PCB接线盒（熔断器-ABS3、ECU6、TCU2、模块1、模块2）
空调2	7.5A	空调控制器
后视镜加热器	10A	驾驶人/前排乘客电动室外后视镜，空调控制器，ECM（G4FJ）
电动座椅（驾驶人）	30A	驾驶人座椅手动开关
防夹式电动门窗	25A	驾驶人安全电动门窗模块
右电动门窗	25A	电动门窗主开关、前排乘客电动门窗开关
左电动门窗	25A	电动门窗主开关
后雾灯	10A	ICM继电器盒（后雾灯继电器）
记忆1	10A	自动灯光/光照度传感器

第四节 名图（2017年起）

1. 发动机舱熔断器与继电器盒

名图发动机舱熔断器与继电器盒安装位置如图3-9所示，元件位置分布如图3-10所示，熔断器说明见表3-7。

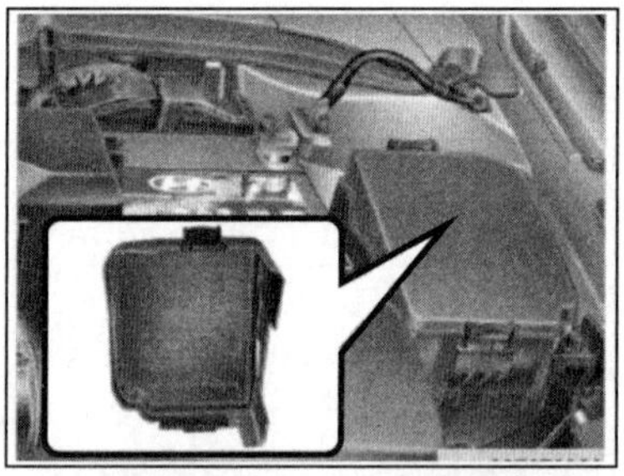

图3-9 名图发动机舱熔断器与继电器盒安装位置图

表3-7 名图发动机舱熔断器与继电器盒熔断器说明表

电路图中的名称		额定值	保护的电路/部件
组合熔断器	电动助力转向	80A	电动助力转向模块
	蓄电池1	60A	智能接线盒（IPS 0、IPS 1、IPS2、IPS 5、IPS6、前排座椅加热器熔断器、模块5、PDM 1、PDM 2、左/右电动门窗）
	防抱死制动系统1	40A	ABS控制模块、ESP控制模块
	后窗除霜器	40A	后窗除霜器继电器
	点火2	40A	起动继电器、PDM 4（IG 2）继电器、点火开关
	鼓风机	40A	鼓风机继电器
	冷却风扇2	60A	（G4FJ）冷却风扇高速继电器
	蓄电池2	60A	智能接线盒（转向信号灯声音继电器、IPS 3、IPS 4、驾驶人电动座椅熔断器）
熔断器	变速器档位开关	15A	（A/T/DCT）-G4NB：倒车灯开关、变速器档位开关 -G4FJ：TCM、变速器档位开关
	倒车灯	10A	（M/T）-G4NB：倒车灯开关、变速器档位开关 -G4FJ：TCM、变速器档位开关
	发动机控制单元3	15A	ECM/PCM
	防抱死制动系统3	10A	ABS控制模块、ESP控制模块
	后视镜加热器	10A	空调控制器、驾驶人/前排乘客电动室外后视镜
	喇叭	15A	喇叭继电器
	变速器控制器3	15A	（G4FJ）TCM
	前照灯洗涤器	20A	前照灯喷水器继电器
	行李箱	10A	行李箱盖继电器
	点火1	40A	配备智能钥匙：PDM 2（ACC）继电器、PDM 3（IG 1）继电器 未配备智能钥匙：点火开关

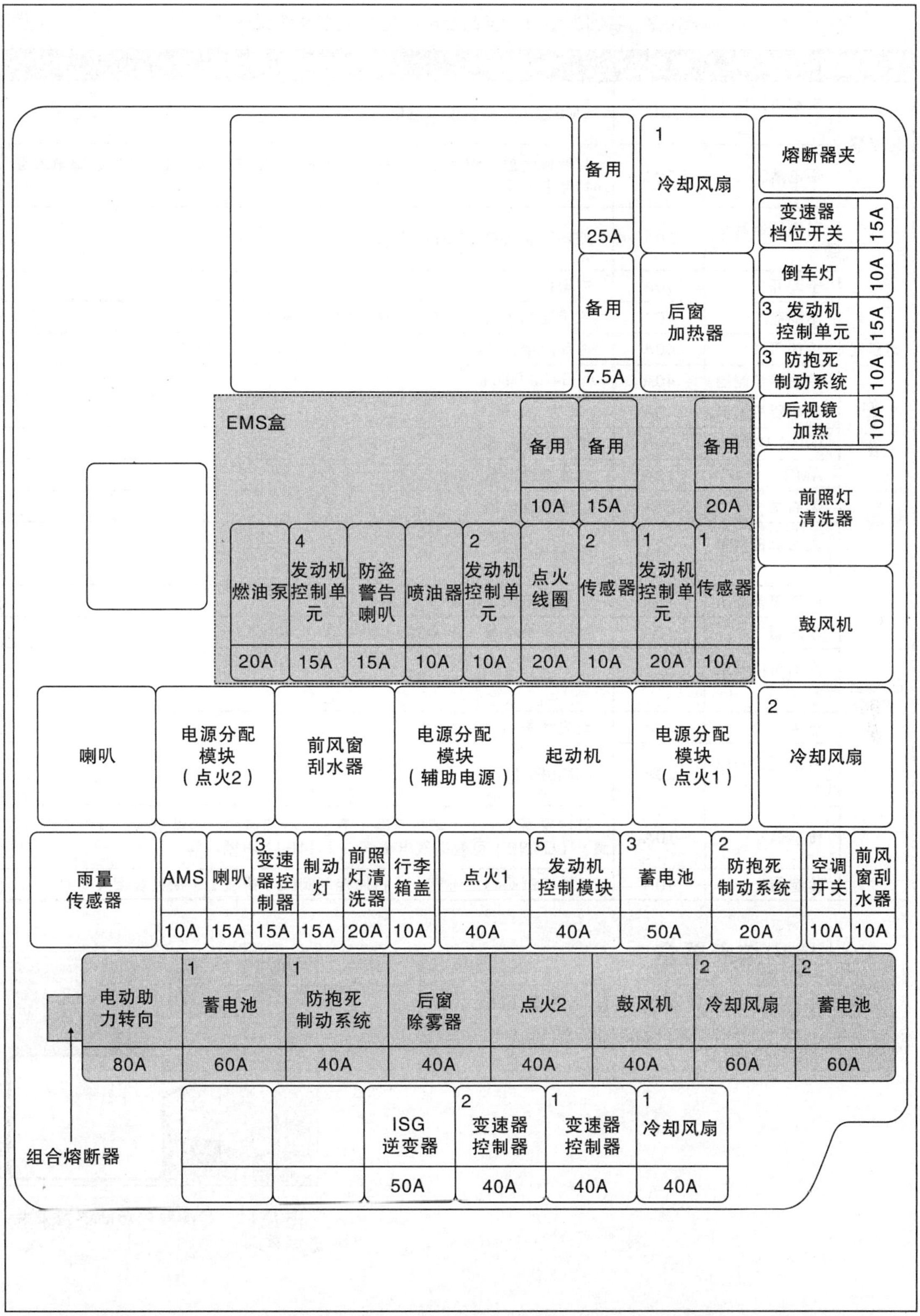

图3-10　名图发动机舱熔断器与继电器盒元件位置分布图

表3-7　名图发动机舱熔断器与继电器盒熔断器说明表　（续）

电路图中的名称		额定值	保护的电路/部件
熔断器	发动机控制单元5	40A	EMS盒（发动机控制继电器、熔断器-ECU 4、燃油泵、防盗警告喇叭）
	蓄电池3	50A	智能接线盒（熔断器-门锁、制动开关、后座椅加热器、天窗、暗电流自动切断装置）
熔断器	防抱死制动系统2	20A	ABS控制模块、ESP控制模块
	空调开关	10A	空调控制器
	雨刮器	10A	前风窗刮水器继电器、前风窗刮水器电动机
	冷却风扇1	40A	冷却风扇低速继电器、（G4NB）冷却风扇高速继电器
	变速器控制器1	40A	（G4FJ）TCM
	变速器控制器2	40A	（G4FJ）TCM
	ISG逆变器	50A	燃油泵逆变器
	AMS	10A	燃油泵逆变器
EMS盒熔断器	燃油泵	20A	燃油泵继电器
	发动机控制单元4	15A	ECM/PCM
	防盗警告喇叭	15A	防盗警告喇叭继电器
	喷油器	10A	燃油泵继电器、（G4NB）喷油器#1/#2/#3/#4
	发动机控制单元2	10A	（G4FJ）ECM
	点火线圈	20A	点火线圈#1/#2/#3/#4
	发动机控制单元1	20A	ECM/PCM
	传感器2	10A	氧传感器（上）、氧传感器（下）、冷却风扇低速继电器、净化控制电磁阀、（G4NB）可变进气电磁阀、（G4FJ）再循环阀
	传感器1	10A	机油控制阀#1（进气）、机油控制阀#2（排气）、活性炭罐关闭阀

2. 室内熔断器盒

名图室内熔断器盒安装位置如图3-11所示，元件位置分布如图3-12所示，熔断器说明见表3-8。

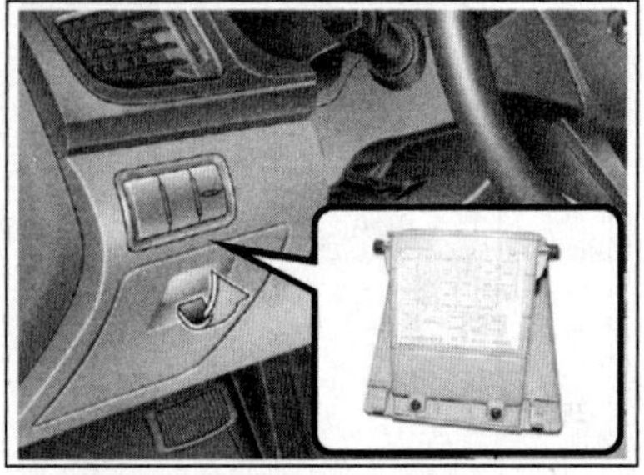

图3-11　名图室内熔断器盒安装位置图

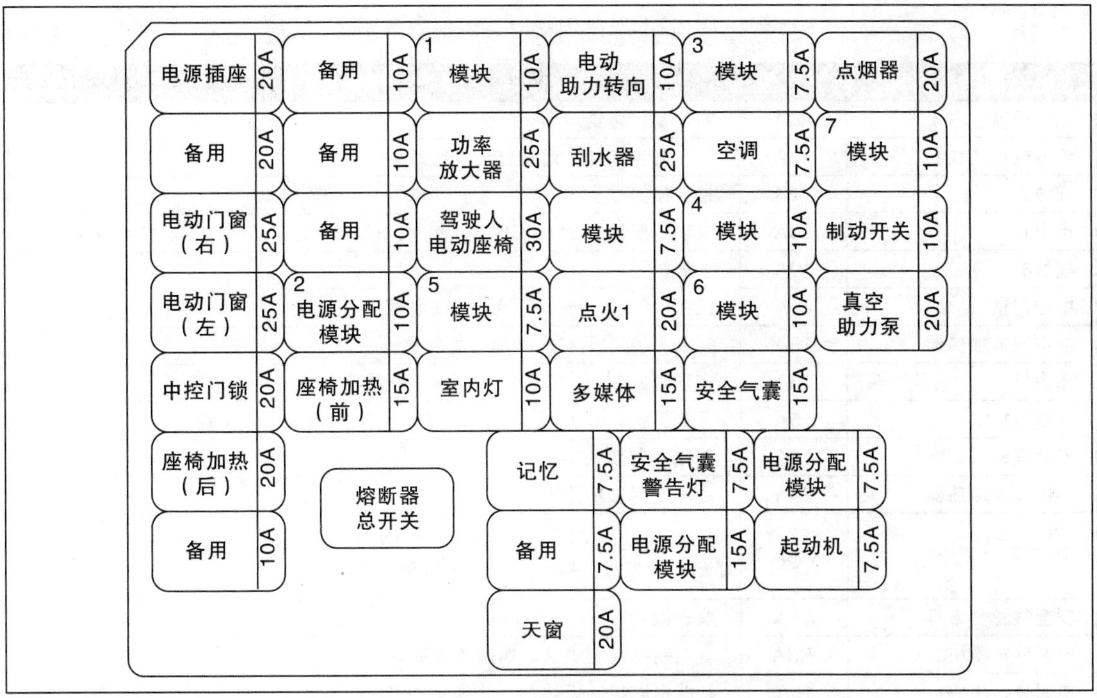

图3-12 名图室内熔断器盒元件位置分布图

表3-8 名图室内熔断器盒熔断器说明表

电路图中的名称	额定值	保护的电路/部件
电源插座	15A	点烟器/电源插座
模块1	10A	音频/视频及导航控制器、音响、后侧方盲区检测模块、BCM、智能钥匙控制模块、电动室外后视镜开关、直流/直流转换器（音响）
电动助力转向	10A	电动助力转向模块
模块3	7.5A	发动机舱接线盒（电动喷水器继电器）、天窗、驾驶人/前排乘客座椅加热器模块、后座椅加热器（左/右）、后侧方盲区检测模块
点烟器	15A	点烟器/电源插座、扶手离子发生器
功率放大器	25A	放大器
刮水器	25A	组合开关、前风窗刮水器电动机、发动机舱接线盒（前风窗刮水器继电器、雨水继电器）
空调	7.5A	发动机舱接线盒（鼓风机继电器）、空调控制器、离子发生器
模块7	10A	BCM、智能钥匙控制模块
电动门窗（左）	25A	左电动门窗继电器、驾驶人安全电动门窗模块
驾驶人电动座椅	30A	驾驶人座椅手动开关
模块2	7.5A	仪表板开关、前照灯水平调整开关、空调控制器、多功能检查插接器、直流/直流转换器（音响）、前照灯水平调整执行器（左/右）、音频/视频及导航控制器、轮胎压力监测模块、后驻车辅助传感器（左/右）、后中央驻车辅助传感器（左/右）、自动前照灯水平调整装置模块、驾驶人/前排乘客车门模块、驾驶人/前排乘客座椅加热器模块、后座椅加热器（左/右）
模块4	10A	BCM、制动灯开关、运动模式开关
制动开关	10A	制动灯开关、智能钥匙控制模块

表3-8　名图室内熔断器盒熔断器说明表　（续）

电路图中的名称	额定值	保护的电路/部件
电动门窗（右）	25A	右电动门窗继电器
电源分配模块2	10A	钥匙防盗模块、起动停止按钮开关
模块5	7.5A	诊断插接器
点火1	20A	发动机舱接线盒（ABS 3 10A、ECU 3 15A、倒车灯10A、档位开关15A）
模块6	10A	仪表板
中控门锁	20A	门锁闭锁继电器、门锁开锁继电器
前排座椅加热器	15A	驾驶人/前排乘客座椅加热器模块
室内灯	10A	车顶灯控制台、室内灯、化妆灯开关（左/右）、行李箱灯
多媒体1	15A	音响、音频/视频及导航控制器、直流−直流转化器（音响）
安全气囊	15A	SRS控制模块
后排座椅加热器	20A	后排座椅加热器（左/右）
记忆	7.5A	仪表板、轮胎压力监测模块、中央仪表板模块、空调控制器、BCM、自动灯光/光照度传感器、驾驶人/前排乘客车门模块
安全气囊警告灯	7.5A	仪表板
电源分布模块3	7.5A	智能钥匙控制模块、钥匙防盗模块
电源分布模块1	15A	智能钥匙控制模块
起动机	7.5A	（A/T或DCT）变速器档位开关/（M/T）点火锁止开关
真空助力泵	20A	制动真空泵
天窗	20A	全景天窗

第五节　领动（2016年起）

1. 发动机舱熔断器与继电器盒

领动发动机舱熔断器与继电器盒安装位置如图3-13所示，元件位置分布如图3-14所示，熔断器相关说明见表3-9。

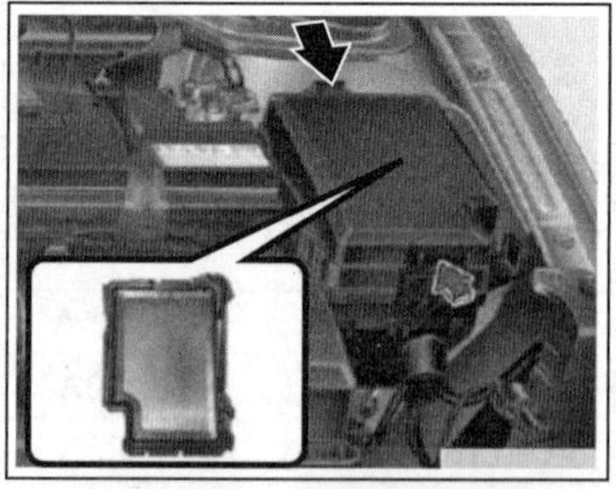

图3-13　领动发动机舱熔断器与继电器盒安装位置图

表3-9　领动发动机舱熔断器与继电器盒熔断器说明表

电路图中的名称		额定值	保护的电路/部件
组合熔断器-1	主	180A	熔断器：ABS1、ABS2、防盗警告喇叭、电源插座、ISG逆变器
	MDPS	80A	MDPS模块

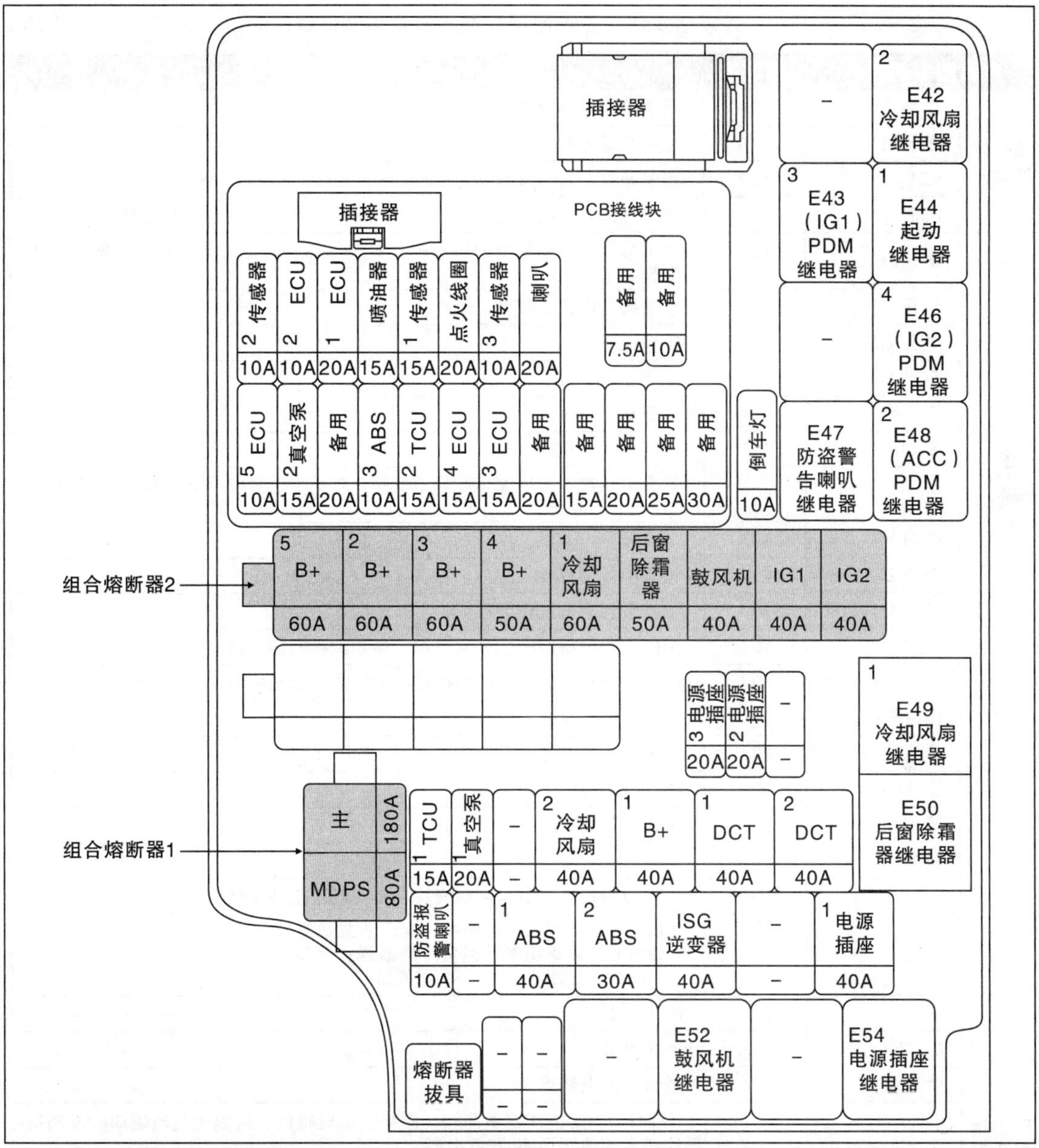

图3-14 领动发动机舱熔断器与继电器盒元件位置分布图

表3-9 领动发动机舱熔断器与继电器盒熔断器说明表 （续）

电路图中的名称		额定值	保护的电路/部件
组合熔断器-2	B+5	60A	PCB接线块（熔断器：ECU3、ECU4、喇叭、发动机控制继电器、燃油泵）
	B+2	60A	智能接线盒（熔断器：前排座椅加热器、ARISU）
	B+3	60A	智能接线盒（熔断器：ARISU、IPS）
	B+4	50A	智能接线盒（熔断器：后座椅加热器、左电动门窗、右电动门窗、驾驶人电动座椅、行李箱、天窗、前排乘客电动座椅）
	冷却风扇1	60A	（G4LD）冷却风扇1继电器

表3-9　领动发动机舱熔断器与继电器盒熔断器说明表　（续）

电路图中的名称		额定值	保护的电路/部件
组合熔断器-2	后加热器	50A	后窗除霜器继电器
	鼓风机	40A	鼓风机继电器
	IG1	40A	点火开关、智能接线盒［PDM#2、#3（ACC/IG1）继电器］
	IG2	40A	点火开关、智能接线盒［PDM#4（IG2）继电器、起动继电器］
熔断器	倒车灯	10A	倒车灯开关、电动室内后视镜、后左/右组合灯（内侧）智能接线盒（IPS控制模块）
	电源插座3	20A	点烟器、电源插座#2
	电源插座2	20A	电源插座#1
	TCU1	15A	（G4LD）TCM
	真空泵1	20A	真空泵
	冷却风扇2	40A	冷却风扇1/2继电器
	B+1	40A	智能接线盒（暗电流自动切断装置，熔断器：制动开关、模块、门锁、PDM1、PDM2）
	DCT1	40A	（G4LD）TCM
	DCT2	40A	（G4LD）TCM
	防盗警告喇叭	10A	防盗警告喇叭继电器
	ABS1	40A	ABS控制模块、EPS控制模块、多功能检查插接器
	ABS2	30A	ABS控制模块、EPS控制模块、多功能检查插接器
	ISG逆变器	40A	电动油泵逆变器
	电源插座1	40A	电源插座继电器
PCB接线块熔断器	ECU 5	10A	PCM/ECM
	真空泵2	15A	（G4LD）真空泵
	备用	20A	–
	ABS 3	10A	ABS控制模块、ESP控制模块、多功能检查插接器
	TCU 2	15A	（G4FD）变速器档位开关、电动油泵逆变器 （G4FG）发动机舱接线盒（熔断器：倒车灯） （G4LD）变速器档位开关、TCM
	ECU 4	15A	PCM/ECM
	ECU 3	15A	PCM/ECM
	燃油泵	20A	燃油泵继电器
	传感器2	10A	（G4FD）活性炭罐关闭阀、净化控制电磁阀、可变进气电磁阀、发动机舱接线盒（冷却风扇1/2继电器） （G4FG）活性炭罐关闭阀、净化控制电磁阀、可变进气电磁阀、凸轮轴位置传感器#1/#2、发动机舱接线盒（冷却风扇1/2继电器） （G4LD）活性炭罐关闭阀、净化控制电磁阀、RCV控制电磁阀、发动机舱接线盒（冷却风扇1继电器）
	ECU2	10A	PCM/ECM
	ECU1	20A	PCM/ECM
	喷油器	15A	（G4FG）喷油器#1/#2/#3/#4
	传感器1	15A	氧传感器（上/下）
	点火线圈	20A	（G4FD/G4FG）点火线圈#1/#2/#3/#4、电容器 （G4LD）点火线圈#1/#2/#3/#4
	传感器3	10A	机油控制阀#1/#2、燃油泵继电器
	喇叭	20A	喇叭继电器

2. 室内熔断器盒

领动室内熔断器盒安装位置如图3-15所示，元件位置分布如图3-16所示，熔断器说明见表3-10。

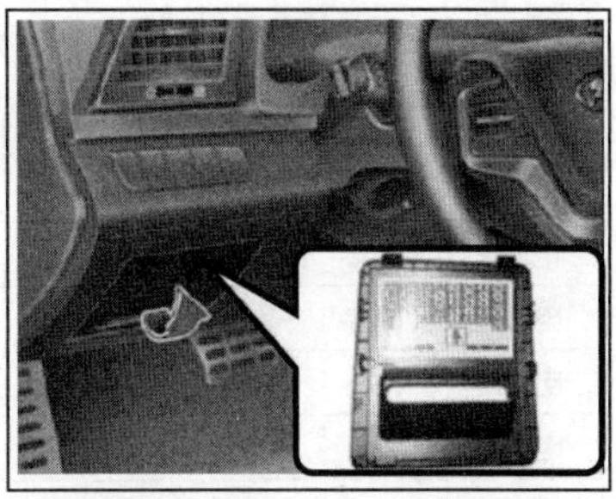

图3-15 领动室内熔断器盒安装位置图

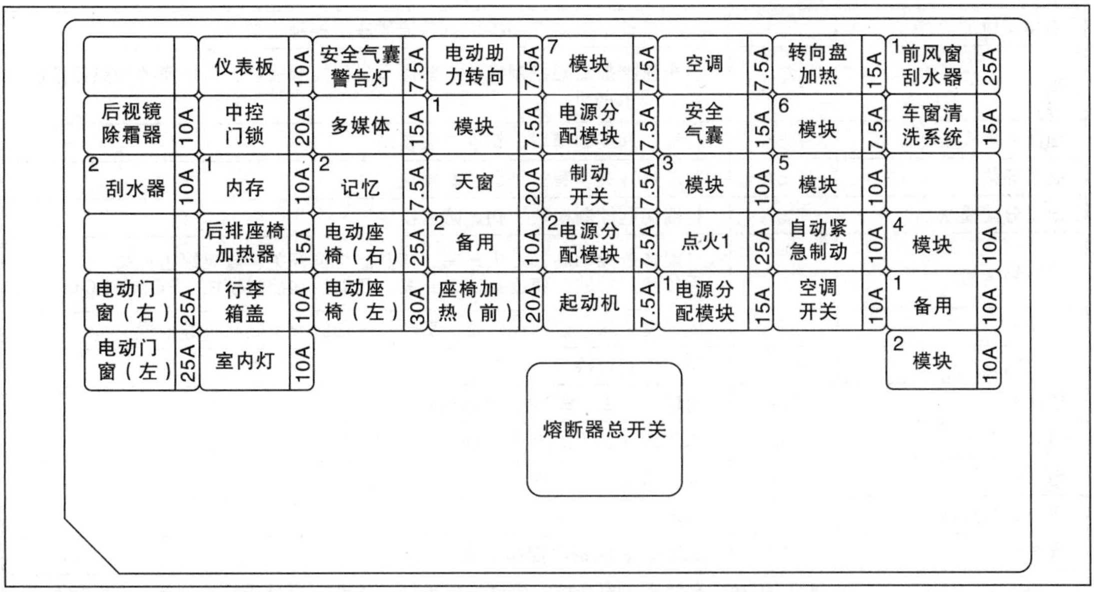

图3-16 领动室内熔断器盒元件位置分布图

表3-10 领动室内熔断器盒熔断器说明表

电路图中的名称	额定值	保护的电路/部件
后视镜除霜器	10A	PCM/ECM、驾驶人/前排乘客电动室外后视镜、空调控制器
刮水器	10A	PCM、BCM
右电动门窗	25A	右电动门窗继电器、前排乘客安全电动门窗模块、右后安全电动门窗模块
左电动门窗	25A	左电动门窗继电器、驾驶人安全电动门窗模块、左后安全电动门窗模块
仪表板	10A	仪表板
中控门锁	20A	门锁闭锁/开锁继电器
记忆1	10A	驾驶人IMS模块、空调控制器、仪表板、自动灯光/光照度传感器、BCM、诊断插接器、ICM继电器盒（室外后视镜折叠/展开继电器）
后排座椅加热器	15A	后排座椅加热器控制模块
行李箱盖	10A	行李箱继电器
室内灯	10A	室内灯、前左/右化妆灯、车顶控制台灯、点火开关照明灯/钥匙插入开关、行李箱灯
安全气囊警告灯	7.5A	仪表板

表3-10 领动室内熔断器盒熔断器说明表 （续）

电路图中的名称	额定值	保护的电路/部件
多媒体	15A	直流/直流转换器（音响）、音响、音频/视频及导航控制器
记忆2	7.5A	未使用
电动座椅（右）	25A	前排乘客座椅手动开关
电动座椅（左）	30A	驾驶人座椅手动开关、驾驶人IMS模块
电动助力转向	7.5A	电动助力转向模块
模块1	7.5A	驾驶人/前排乘客智能钥匙外侧手柄
天窗	20A	天窗电动机
备用1	10A	–
前排座椅加热器	20A	前排座椅加热器控制模块、前通风座椅控制模块
模块7	7.5A	前排座椅加热器控制模块、前通风座椅控制模块、后排座椅加热器控制模块、天窗电动机
电源分配模块3	7.5A	智能钥匙控制模块、钥匙防盗模块
制动开关	7.5A	制动灯开关、智能钥匙控制模块
电源分配模块2	7.5A	智能钥匙控制模块、钥匙防盗模块
起动机	7.5A	未配备智能钥匙：点火开关、变速器档位开关、点火锁止开关 配备智能钥匙：变速器档位开关、智能钥匙控制模块、PCM、ECM
空调	7.5A	离子发生器、空调控制器、发动机舱接线盒（鼓风机继电器）
安全气囊	15A	SRS控制模块
模块3	10A	制动灯开关、BCM、运动模式开关
点火1	25A	PCB接线块（熔断器：ABS 3、ECU 5、TCU 2、真空泵2）
电源分配模块1	15A	智能钥匙控制模块
转向盘加热器	15A	BCM
模块6	7.5A	BCM、智能钥匙控制模块
模块5	10A	电动室内后视镜、变速杆指示灯、音频/视频及导航控制器、空调控制器、左/右控制台开关、直流–直流转换器（音响）、驾驶人IMS模块、左/右前照灯水平调整执行器、前排座椅加热器控制模块、前通风座椅控制模块、后排座椅加热器控制模块
自动紧急制动	10A	AEB模块
空调开关	10A	自动空调：发动机舱接线盒（鼓风机继电器）、鼓风机电动机 手动空调：鼓风机电阻器、空调控制器
前风窗刮水器	25A	刮水器电动机、PCB接线块（前风窗刮水器低速继电器）
车窗洗涤系统	15A	组合开关
模块4	10A	仪表板开关、车道偏离警告系统、驻车辅助蜂鸣器、BCM、后左/右侧方盲区警告雷达
备用2	10A	–
模块2	10A	发动机舱接线盒（电源插座继电器）、智能钥匙控制模块、BCM、音响、音频/视频及导航控制器、直流–直流转换器、电动室外后视镜开关

第四章 丰田车系

第一节 卡罗拉（2013~2015年款）

1. 发动机舱内熔断器

一汽丰田卡罗拉发动机舱内的熔断器分布如图4-1所示，熔断器相关说明见表4-1。

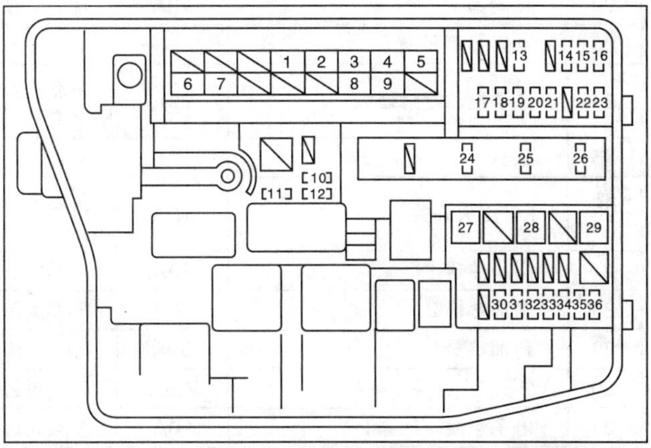

图4-1 一汽丰田卡罗拉发动机舱内的熔断器分布图

表4-1 一汽丰田卡罗拉发动机舱内的熔断器说明表

编号	电路图中名称	额定值	保护的电路/部件
1	前照灯清洗器	–	–
2	散热器风扇	40A	电动冷却风扇
3	防抱死制动系统 3	30A	防抱死制动系统
4	防抱死制动系统1	50A	防抱死制动系统
5	加热器	50A	空调系统
6	发电机	120A	充电系统、散热器风扇、防抱死制动系统1、防抱死制动系统3、加热器、副加热器1、副加热器2、副加热器3、仪表板的所有熔断器
7	电动助力转向	60A	电动转向
8	功率集成	50A	电子燃油喷射器、喇叭、点火开关2、EDU
9	前照灯	50A	左前照灯近光、右前照灯近光、左前照灯远光、右前照灯远光
10	备用	10A	备用熔断器
11	备用	30A	备用熔断器
12	备用	20A	备用熔断器
13	电子控制单元–B NO.2	10A	空调系统
14	电子控制单元–B	10A	主车身ECU、仪表
15	收音机1	15A	音响系统
16	室内灯	10A	车内灯、行李箱灯、梳妆灯、无线遥控、门控灯、发动机开关灯

表4-1　一汽丰田卡罗拉发动机舱内的熔断器说明表　（续）

编号	电路图中名称	额定值	保护的电路/部件
17	AM2 2	7.5A	主车身ECU、多点式燃油喷射系统/顺序多点式燃油喷射系统
18	发电机–感应	7.5A	充电系统
19	转向警告灯	10A	转向信号灯、危险警告灯
20	电子节气门控制系统	10A	电子节气门控制系统
21	AM2	30A	起动系统
22	转向锁	20A	转向器锁定系统
23	点火器/喷油器	–	–
24	电子燃油喷射器	20A	多点式燃油喷射系统/ 顺序多点式燃油喷射系统、电子燃油喷射器1、电子燃油喷射器 2
25	喇叭	10A	喇叭
26	2号点火开关	15A	多点式燃油喷射系统/顺序多点式燃油喷射系统、点火器、仪表
27	副加热器 1	30A	PTC加热器
28	副加热器 2	30A	PTC加热器
29	副加热器 3	30A	PTC加热器
30	2号点火开关	7.5A	起动系统
31	电子燃油喷射器 2	10A	多点式燃油喷射系统/ 顺序多点式燃油喷射系统
32	电子燃油喷射器 1	10A	多点式燃油喷射系统/ 顺序多点式燃油喷射系统
33	前照灯远光（右）	10A	右侧前照灯（远光）
34	前照灯远光（左）	10A	左侧前照灯（远光）
35	前照灯近光（右）	10A	右侧前照灯（近光）
36	前照灯近光（左）	10A	左侧前照灯（近光）

2. 仪表板底部熔断器

（1）A型

卡罗拉仪表板底部（A型）熔断器分布如图4-2所示，其相关说明见表4-2。

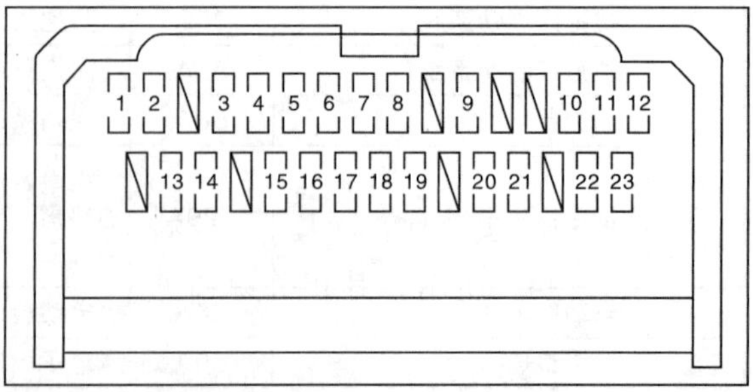

图4-2　卡罗拉仪表板底部（A型）熔断器分布图

表4-2　卡罗拉仪表板底部（A型）熔断器说明表

编号	电路图中名称	额定值	保护的电路/部件
1	尾灯	10A	前示宽灯、尾灯、牌照灯、后雾灯、前雾灯、前照灯光束高度手动调节旋钮、多点式燃油喷射系统/顺序多点式燃油喷射系统、仪表组照明灯
2	仪表板	7.5A	开关照明灯、仪表组照明灯、杂物箱灯、转向盘功能按钮、主车身ECU

表4-2 卡罗拉仪表板底部（A型）熔断器说明表 （续）

编号	电路图中名称	额定值	保护的电路/部件
3	前车门	20A	电动车窗
4	左后车门	20A	电动车窗
5	右后车门	20A	电动车窗
6	天窗	20A	电动天窗
7	点烟器	15A	点烟器
8	电子控制单元附件	7.5A	外后视镜、音响系统、导航系统、主车身ECU
9	后视镜加热器	10A	外后视镜除雾器、多点式燃油喷射系统/顺序多点式燃油喷射系统
10	后雾灯	7.5A	后雾灯
11	点火器	7.5A	SRS气囊系统、多点式燃油喷射系统/顺序多点式燃油喷射系统
12	仪表	7.5A	仪表
13	加热器-点火开关	10A	空调系统
14	刮水器	25A	风窗玻璃刮水器
15	喷洗器	15A	风窗玻璃喷洗器
16	电子控制单元-点火开关1	10A	主车身ECU、电动转向、电动冷却风扇、换档锁止控制系统、防抱死制动系统
17	电子控制单元-点火开关2	10A	倒车灯、充电系统、电动天窗、后窗除雾器、空调系统、前排乘客座椅安全带提示灯
18	车载诊断系统	7.5A	车载诊断系统
19	制动灯	10A	制动灯、高位制动灯、防抱死制动系统、多点式燃油喷射系统/顺序多点式燃油喷射系统、换档锁止控制系统
20	车门	25A	电动门锁系统
21	电子控制单元附件-B	25A	点烟器、电子控制单元附件
22	前雾灯	15A	前雾灯
23	AM1	7.5A	起动系统

（2）B型

卡罗拉仪表板底部（B型）熔断器分布如图4-3所示，其相关说明见表4-3。

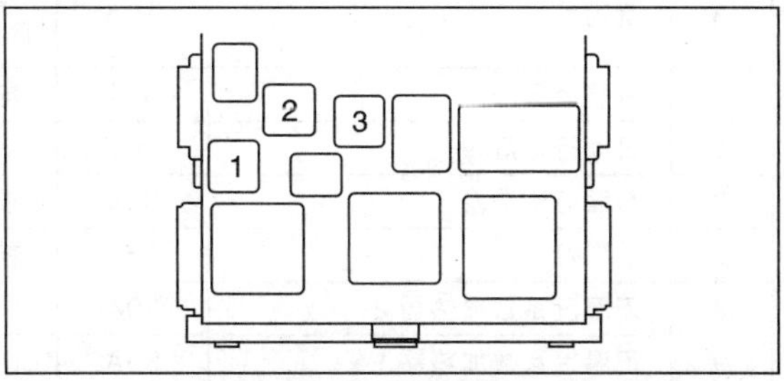

图4-3 卡罗拉仪表板底部（B型）熔断器分布图

表4-3 卡罗拉仪表板底部（B型）熔断器说明表

编号	电路图中名称	额定值	保护的电路/部件
1	电源	30A	电动车窗
2	除雾器	40A	后窗除雾器、后视镜加热器
3	电动座椅	30A	电动座椅

第二节 RAV4（2014～2016年款）

1. 发动机舱熔断器

一汽丰田RAV4发动机舱熔断器分布如图4-4所示，熔断器相关说明见表4-4。

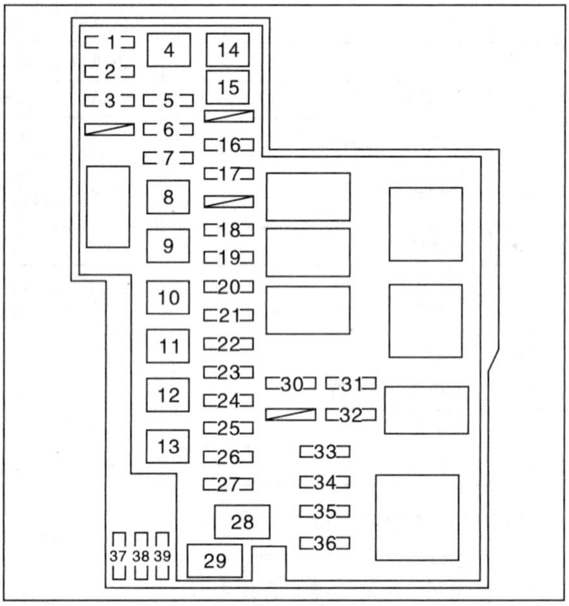

图4-4 一汽丰田RAV4发动机舱熔断器分布图

表4-4 一汽丰田RAV4发动机舱熔断器说明表

编号	电路图中名称	额定值	保护的电路/部件
1	收音机	20A	音响系统
2	电子控制单元蓄电池1	10A	无线遥控、转向传感器、主车身ECU、时钟、电动行李箱门ECU、轮胎气压警告系统
3	室内灯	10A	发动机开关灯、车内照明灯、梳妆灯、行李箱灯、个人用灯
4	冷凝器风扇	30A	电动冷却风扇
5	日间行车灯	5A	日间行车灯
6	前照灯清洗器	30A	前照灯清洗器
7	前雾灯	7.5A	前雾灯、雾灯指示灯
8	正温度系数加热器 2	30A	PTC 加热器
9	正温度系数加热器 1	30A	PTC 加热器
10	后窗除雾器	30A	后窗除雾器、后视镜加热器
11	防抱死制动系统 2	30A	车辆稳定性控制
12	散热器风扇	30A	电动冷却风扇
13	防抱死制动系统1	50A	车辆稳定性控制
14	加热器	50A	空调系统
15	前照灯（主）	50A	右侧近光前照灯、左侧近光前照灯、右侧远光前照灯、左侧远光前照灯

表4-4 一汽丰田RAV4发动机舱熔断器说明表 （续）

编号	电路图中名称	额定值	保护的电路/部件
16	起动机	30A	起动系统
17	电子燃油喷射器（主）1	25A[*1]	多点式燃油喷射系统/顺序多点式燃油喷射系统、电子燃油喷射器1、电子燃油喷射器2、燃油泵
		20A[*2]	多点式燃油喷射系统/顺序多点式燃油喷射系统、电子燃油喷射器1、电子燃油喷射器2
18	2号点火开关	15A	仪表、点火开关、气囊、多点式燃油喷射系统/顺序多点式燃油喷射系统
19	转向灯和危险警告灯	10A	仪表
20	2号电流表	7.5A	IG2、起动系统
21	电子控制单元蓄电池2	10A	空调系统、ECU、仪表、智能进入和起动系统
22	转向器锁	10A	转向器锁ECU
23	暗电流切断	30A	室内灯、电子控制单元蓄电池1、收音机
24	喇叭	10A	喇叭
25	电子节气门控制系统	10A	多点式燃油喷射系统/顺序多点式燃油喷射系统
26	电子燃油喷射器（主）2	15A[*1]	气流传感器、燃油泵、后氧传感器、多点式燃油喷射系统
		20A[*2]	气流传感器、燃油泵、后氧传感器
27	发电机感应	7.5A	电流传感器
28	电子控制动力转向	80A	电动转向
29	发电机	120A	防抱死制动系统1、防抱死制动系统2、正温度系数加热器1、正温度系数加热器2、加热器、散热器风扇、冷凝器风扇、前雾灯、后窗除雾器、日间行车灯
30	后视镜加热器	10A	外后视镜除雾器、多点式燃油喷射系统/顺序多点式燃油喷射系统
31	电子燃油喷射器1	10A[*1]	空气流量传感器、清污控制VSV、ACIS VSV、后氧传感器、多点式燃油喷射系统/顺序多点式燃油喷射系统
		10A[*2]	空气流量传感器、清污控制VSV、ACIS VSV
32	电子燃油喷射器2	10A[*1]	多点式燃油喷射系统/顺序多点式燃油喷射系统、钥匙关闭泵模块
		10A[*2]	气流传感器
33	左侧近光大灯	10A[*1]	左侧前照灯（近光）、手动前照灯光束高度调节旋钮、前照灯光束高度调节系统
		15A[*2]	
34	右侧近光大灯	10A[*1]	右侧前照灯（近光）
		15A[*2]	
35	左侧远光大灯	10A	左侧前照灯（远光）、前照灯远光指示灯
36	右侧远光大灯	10A	右侧前照灯（远光）
37	备用	10A	备用熔断器
38	备用	20A	备用熔断器
39	备用	30A	备用熔断器
注	*1：带6ZR发动机的汽车 *2：带5AR发动机的汽车		

2. 仪表板下方熔断器

RAV4仪表板下方熔断器分布如图4-5所示，熔断器相关说明见表4-5。

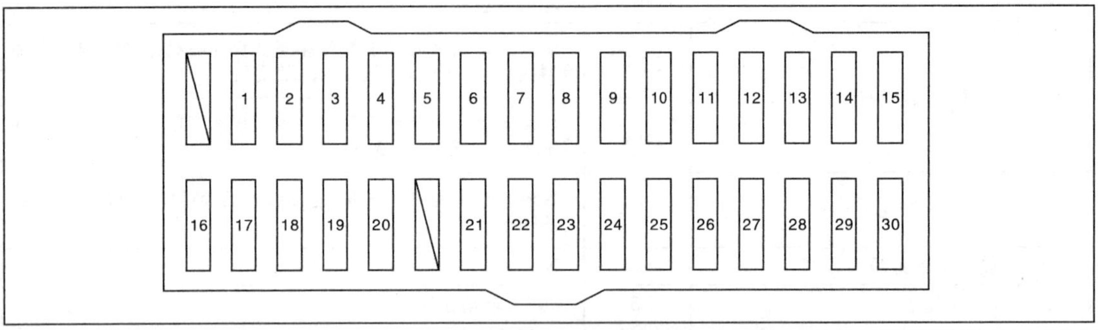

图4-5 RAV4仪表板下方熔断器分布图

表4-5 RAV4仪表板下方熔断器说明表

编号	电路图中名称	额定值	保护的电路/部件
1	停车灯	7.5A	制动灯
2	天窗	10A	天窗
3	1号电流表	5A	IG1 NO.1、IG1 NO.2、IG1 NO.3、ACC
4	车载诊断系统	7.5A	车载诊断系统
5	门锁2	20A	电动门锁系统（侧门）、主车身ECU
6	后雾灯	7.5A	后雾灯
7	行李箱门	10A	电动门锁系统（行李箱门）
8	电源插座1	15A	电源插座
9	左前车门	20A	驾驶人车门电动车窗
10	右后车门	20A	右后车门电动车窗
11	左后车门	20A	左后车门电动车窗
12	后窗刮水器	15A	后窗刮水器
13	车窗喷洗器	15A	风窗玻璃喷洗器、后窗喷洗器
14	电子控制单元点火开关4	7.5A	倒车灯、盲点监控系统、内后视镜
15	前风窗刮水器	25A	风窗玻璃刮水器
16	换档锁止附件	5A	换档锁止系统ECU
17	电源插座2	15A	电源插座
18	附件	7.5A	电源插座、音响系统、外后视镜、主车身ECU、时钟
19	仪表板灯	7.5A	VSC OFF开关、仪表板（指示灯和警告灯）、BSM主开关、四轮驱动锁止开关、多点式燃油喷射系统/顺序多点式燃油喷射系统、丰田驻车辅助传感器ECU、座椅加热器开关、电源插座、电动背门开关、空调系统开关、后窗除雾器开关、音响系统、杯座灯、转向盘功能按钮、驾驶人模块开关、正负离子发生器开关
20	尾灯	10A	前示宽灯、尾灯、前雾灯、后雾灯、牌照灯
21	电子控制动力转向点火开关	5A	电动转向
22	电子控制单元点火开关1	10A	动态转矩控制 4WD系统ECU、转向传感器、仪表板（指示灯和警告灯）、换档控制开关、自动前照灯光束高度调节系统ECU

表4-5 RAV4仪表板下方熔断器说明表 （续）

编号	电路图中名称	额定值	保护的电路/部件
23	电子控制单元点火开关2	5A	主车身 ECU、无线遥控、换档锁止系统ECU、智能进入和起动系统、天窗 ECU、音响系统、电动行李箱门 ECU、轮胎气压警告系统、LDA 系统、盲点监控系统
24	加热器点火开关	7.5A	空调系统 ECU、空调系统开关、后车窗除雾器开关、Plasmacluster™
25	前排左侧座椅加热器	10A	左侧座椅加热器
26	前排右侧座椅加热器	10A	右侧座椅加热器
27	点火开关	7.5A	燃油泵、多点式燃油喷射系统/顺序多点式燃油喷射系统、制动灯、转向器锁系统ECU
28	气囊	7.5A	气囊系统ECU
29	仪表	5A	仪表
30	电子控制单元点火开关3	7.5A	发电机、防抱死制动系统/车辆稳定性控制ECU、前照灯清洗器、FAN NO.1、FAN NO.2、FAN NO.3、HTR、PTC、DEF

3. 仪表板后方熔断器

RAV4仪表板后方熔断器安装位置及元件分布如图4-6所示，熔断器相关说明见表4-6。

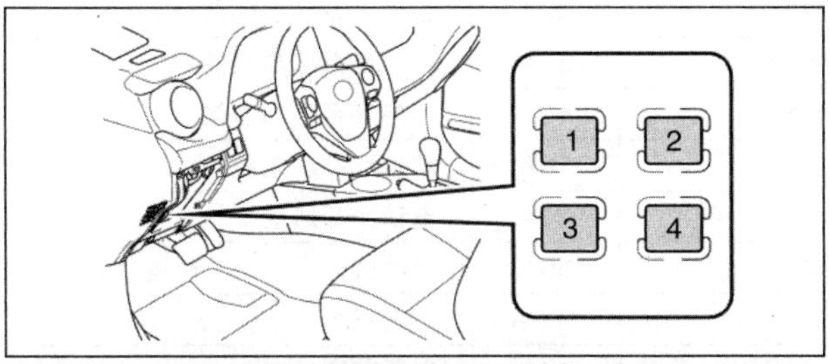

图4-6 RAV4仪表板后方熔断器安装位置及元件分布

表4-6 RAV4仪表板后方熔断器说明表

编号	电路图中名称	额定值	保护的电路/部件
1	P/SEAT F/L	30A	左侧电动座椅
2	P/SEAT F/R	30A	—
3	PBD	30A	电动行李箱门
4	P/W MAIN	30A	前电动车窗、电动车窗主开关

第三节 威驰（2014～2016年款）

1. 发动机舱熔断器

一汽丰田威驰发动机舱熔断器分布如图4-7所示，熔断器相关说明见表4-7。

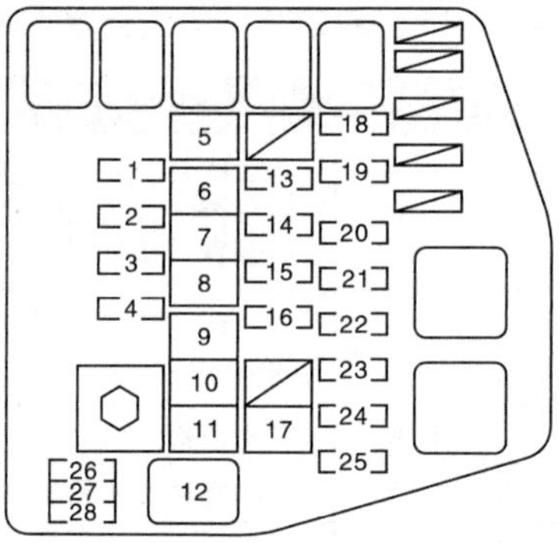

图4-7 一汽丰田威驰发动机舱熔断器分布图

表4-7 一汽丰田威驰发动机舱熔断器说明表

编号	电路图中名称	额定值	保护的电路/部件
1	前雾灯	10A	前雾灯、仪表
2	防抱死制动系统2	30A	防抱死制动系统
3	后雾灯	10A	后雾灯、仪表
4	天窗	20A	天窗
5	后窗除雾器	40A	后窗除雾器
6	正温度系数加热器3	30A	正温度系数加热器
7	正温度系数加热器2	30A	正温度系数加热器
8	正温度系数加热器1	40A	正温度系数加热器
9	防抱死制动系统1	50A	防抱死制动系统
10	风扇	30A	电动冷却风扇
11	电子控制动力转向	50A	电动转向
12	发电机	120A	充电系统
13	右侧前照灯	10A	右侧前照灯
14	转向锁	20A	转向锁止系统
15	左侧前照灯	10A	左侧前照灯、仪表
16	发电机感应	7.5A	无电路
17	主熔断器	50A	2号电流表、电子燃油喷射3 和电子燃油喷射主熔断器
18	收音机	15A	音响系统
19	室内灯	7.5A	车内灯、行李箱灯、智能进入和起动系统、空调系统、仪表、无线遥控
20	2号电流表	7.5A	智能进入和起动系统
21	喇叭	10A	喇叭
22	危险警告	10A	转向信号灯、仪表
23	电子节气门控制系统	10A	多点式燃油喷射系统/ 顺序多点式燃油喷射系统
24	起动机	30A	起动系统
25	直流切断	25A	收音机和室内灯熔丝
26	SPARE	30A	备用熔断器
27	SPARE	20A	备用熔断器
28	SPARE	10A	备用熔断器

2. 仪表板下方熔断器

一汽丰田威驰仪表板下方熔断器分布如图4-8所示，熔断器相关说明见表4-8。

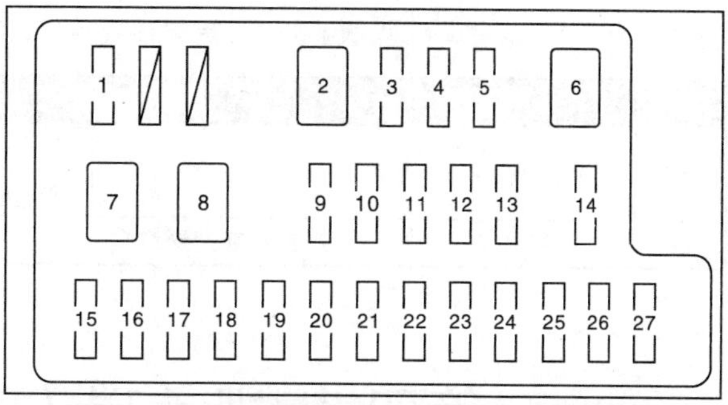

图4-8 一汽丰田威驰仪表板下方熔断器分布图

表4-8 一汽丰田威驰仪表板下方熔断器说明表

编号	电路图中名称	额定值	保护的电路/部件
1	DOOR F/L	25A	无电路
2	POWER	30A	电动车窗
3	SECURITY	7.5A	安全
4	EFI–MAIN	25A	多点式燃油喷射系统/顺序多点式燃油喷射系统、电子燃油喷射2熔断器
5	EFI NO.3	5A	多点式燃油喷射系统/顺序多点式燃油喷射系统
6	AM2	30A	起动系统
7	HTR	30A	空调系统
8	AM1	40A	起动系统
9	D/L NO.1	25A	主车身ECU
10	TAIL	10A	前示宽灯、尾灯、牌照灯
11	STOP	7.5A	多点式燃油喷射系统/顺序多点式燃油喷射系统、换档锁定控制系统、防抱死制动系统、制动灯、高位制动灯[*1]
12	OBD	7.5A	车载诊断系统
13	EFI NO.2	15A	多点式燃油喷射系统/顺序多点式燃油喷射系统、排放控制系统
14	IG2 NO.1	15A	多点式燃油喷射系统/顺序多点式燃油喷射系统
15	METER	7.5A	仪表
16	A/BAG–IG2	7.5A	气囊系统
17	IG2 NO.2	7.5A	转向锁止系统
18	SFT LOCK–ACC[*2]	10A	换档锁定控制系统、外后视镜控制开关
	ECU–ACC[*3]	10A	音响系统、外后视镜控制开关
19	P/OUTLET NO.1	15A	电源插座
20	STA	7.5A	起动系统
21	WIPER	20A	风窗玻璃刮水器
22	IG1 NO.1	5A	充电系统、电动冷却风扇、换档锁定控制系统
23	WIPER RR	15A	无电路
24	EPS–IG	5A	电动转向
25	ECU–IG NO.1	15A	起动系统、空调系统、后窗除雾器、电动车窗、倒车灯、主车身ECU
26	WASHER	15A	风窗玻璃清洗器

表4-8　一汽丰田威驰仪表板下方熔断器说明表　（续）

编号	电路图中名称	额定值	保护的电路/部件
27	IG1 NO.2	7.5A	防抱死制动系统
			变速器转速传感器*1
注	*1: 若装备　*2: 自动变速器汽车　*3: 手动变速器汽车		

第四节 凯美瑞（2015年款）

1. 发动机舱继电器盒总成

凯美瑞发动机舱继电器盒总成元件分布如图4-9、图4-10所示，发动机舱继电器盒内的熔断器说明见表4-9。

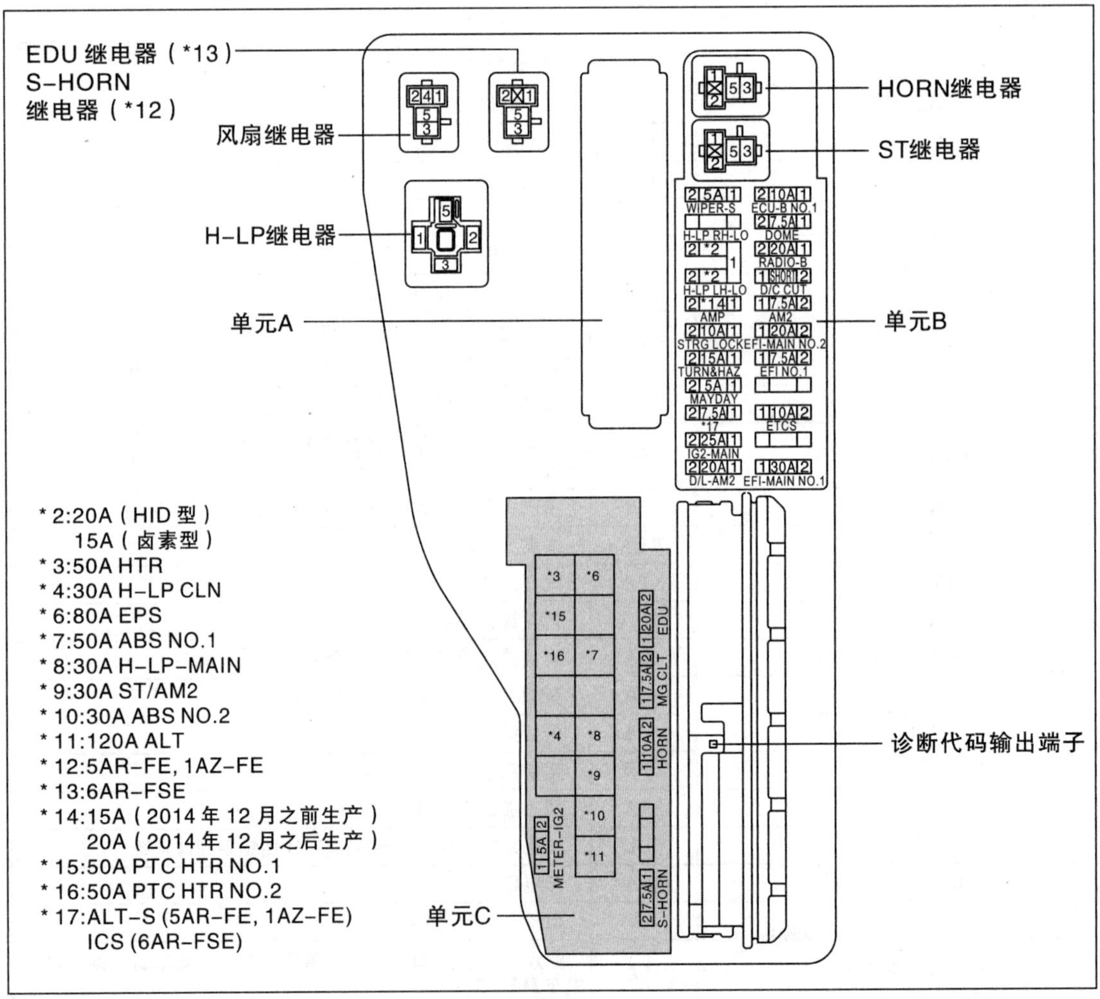

图4-9　凯美瑞发动机舱继电器盒总成元件分布图

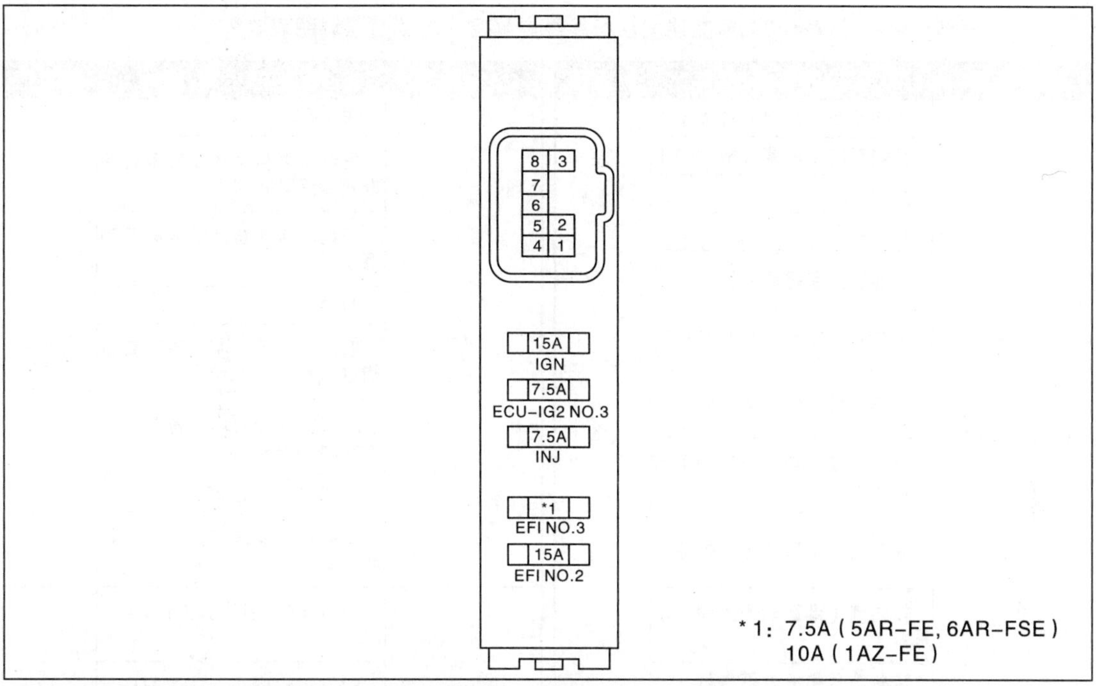

图4-10 凯美瑞发动机舱继电器盒总成内单元A俯视图

表4-9 凯美瑞发动机舱继电器盒内的熔断器说明表

熔断器	保护的电路/部件	额定值
MAYDAY	车载通信系统	5A
METER-IG2	ABS	5A
	EBD	
	ECT和A/T指示灯（1AZ-FE）	
	ECT和A/T指示灯（5AR-FE）	
	ECT和A/T指示灯（6AR-FSE）	
	EPS	
	SRS	
	TRC	
	VSC	
	充电	
	前照灯	
	前照灯光束水平控制（自动）	
	导航系统（分离式放大器）	
	导航系统（内置式放大器）	
	动态雷达巡航控制	
METER-IG2	发动机控制（1AZ-FE）	5A
	发动机控制（5AR-FE）	
	发动机控制（6AR-FSE）	
	发动机停机系统（带智能进入和起动系统）	
	后雾灯	
	滑动天窗	
	空调	
	冷却风扇	
	盲点监视系统	
	门锁控制	
	碰撞预测安全系统	
	起动（带智能进入和起动系统）	
	前雾灯	
	尾灯	
	遥控门锁控制（带智能进入和起动系统）	
	巡航控制	
	钥匙提醒器（不带智能进入和起动系统）	

表4-9 凯美瑞发动机舱继电器盒内的熔断器说明表（续）

熔断器	保护的电路/部件	额定值
METER-IG2	音响系统（分离式放大器）	5A
	音响系统（内置式放大器）	
	照明	
	制动辅助	
	智能进入和起动系统	
	主动式前照灯转向照明系统	
	驻车辅助（倒车监视器）	
	驻车辅助（丰田驻车辅助传感器）	
	驻车辅助（后视野监视器）	
	转向锁（带智能进入和起动系统）	
	转向信号和危险警告灯	
	组合仪表	
	座椅安全带警告	
WIPER-S	ECT和A/T指示灯（6AR-FSE）	5A
	充电	
	发动机控制（6AR-FSE）	
	刮水器和清洗器	
	碰撞预测安全系统	
ALT-S	充电	7.5A
AM2	ECT和A/T 指示灯（5AR-FE）	7.5A
	电动倾斜和电动伸缩	
	动态雷达巡航控制	
	发动机控制（5AR-FE）	
	发动机停机系统（装备智能进入和起动系统）	
	起动（装备智能进入和起动系统）	
	遥控门锁控制（装备智能进入和起动系统）	
	巡航控制	
	智能进入和起动系统	
	转向锁（装备智能进入和起动系统）	
DOME	车内灯	7.5A
	发动机停机系统（装备智能进入和起动系统）	
	起动（装备智能进入和起动系统）	
	时钟	
	遥控线门锁控制（不装备智能进入和起动系统）	
	遥控门锁控制（装备智能进入和起动系统）	
	智能进入和起动系统	
	转向锁（装备智能进入和起动系统）	
ECU-IG2 NO.3	ECT和A/T指示灯（1AZ-FE）	7.5A
	ECT和A/T指示灯（5AR-FE）	
	ECT和A/T指示灯（6AR-FSE）	
	动态雷达巡航控制	
	发动机控制（1AZ-FE）	
	发动机控制（5AR-FE）	
	发动机控制（6AR-FSE）	
	发动机停机系统（装备智能进入和起动系统）	
	起动（装备智能进入和起动系统）	
	遥控门锁控制（装备智能进入和起动系统）	
	巡航控制	
	智能进入和起动系统	
	转向锁（装备智能进入和起动系统）	
EFI NO.1	ECT和A/T指示灯（1AZ-FE）	7.5A
	ECT和A/T指示灯（5AR-FE）	
	ECT和A/T指示灯（6AR-FSE）	
	动态雷达巡航控制	

表4-9 凯美瑞发动机舱继电器盒内的熔断器说明表 （续）

熔断器	保护的电路/部件	额定值
EFI NO.1	发动机控制（1AZ-FE）	7.5A
	发动机控制（5AR-FE）	
	发动机控制（6AR-FSE）	
	巡航控制	
EFI NO.3	ECT和A/T指示灯（5AR-FE）	7.5A
	ECT和A/T指示灯（6AR-FSE）	
	动态雷达巡航控制	
	发动机控制（5AR-FE）	
	发动机控制（6AR-FSE）	
	巡航控制	
ICS	充电	7.5A
INJ	ECT和A/T指示灯（1AZ-FE）	7.5A
	ECT和A/T指示灯（5AR-FE）	
	ECT和A/T指示灯（6AR-FSE）	
	动态雷达巡航控制	
	发动机控制（1AZ-FE）	
	发动机控制（5AR-FE）	
	发动机控制（6AR-FSE）	
	巡航控制	
	组合仪表	
MG CLT	空调	7.5A
S-HORN	防盗	7.5A
ECU-B NO.1	ABS	10A
	EBD	
	ECT和A/T指示灯（1AZ-FE）	
	ECT和A/T指示灯（5AR-FE）	
	ECT和A/T指示灯（6AR-FSE）	
	EPS	
	SRS	
	TRC	
	VSC	
	车内灯	
ECU-B NO.1	充电	10A
	前照灯	
	前照灯光束水平控制（手动）	
	前照灯光束水平控制（自动）	
	前照灯清洁器	
	导航系统（分离式放大器）	
	导航系统（内置式放大器）	
	灯光自动熄灭系统	
	电动窗	
	电动倾斜和电动伸缩	
	电动座椅（装备座椅位置存储器的驾驶人座椅）	
	动态雷达巡航控制	
	多路通信系统（CAN）	
	发动机控制（1AZ-FE）	
	发动机控制（5AR-FE）	
	发动机控制（6AR-FSE）	
	发动机停机系统（不装备智能进入和起动系统）	
	发动机停机系统（装备智能进入和起动系统）	
	防盗	
	后窗除雾器	
	后视镜加热器	
	后雾灯	
	后遮阳帘	
	滑动天窗	
	空调	
	冷却风扇	
	盲点监视系统	
	门锁控制	
	碰撞预测安全系统	
	起动（装备智能进入和起动系统）	
	前雾灯	
	尾灯	
	遥控门锁控制（不装备智能进入和起动系统）	
	遥控门锁控制（装备智能进入和起动系统）	

表4-9 凯美瑞发动机舱继电器盒内的熔断器说明表 （续）

熔断器	保护的电路/部件	额定值
ECU-B NO.1	巡航控制	10A
	遥控后视镜（装备座椅位置存储器）	
	钥匙提醒器（不装备智能进入和起动系统）	
	音响系统（分离式放大器）	
	音响系统（内置式放大器）	
	照明	
	制动辅助	
	智能进入和起动系统	
	智能驻车辅助	
	主动式前照灯转向照明系统	
	驻车辅助（倒车监视器）	
	驻车辅助（丰田驻车辅助传感器）	
	驻车辅助（后视野监视器）	
	转向锁（装备智能进入和起动系统）	
	转向信号和危险警告灯	
	自动灯光控制	
	组合仪表	
	座椅安全带警告	
EFI NO.3	ECT和A/T指示灯（1AZ-FE）	10A
	发动机控制（1AZ-FE）	
ETCS	ECT和A/T指示灯（1AZ-FE）	10A
	ECT和A/T指示灯（5AR-FE）	
	ECT和A/T指示灯（6AR-FSE）	
	动态雷达巡航控制	
	发动机控制（1AZ-FE）	
	发动机控制（5AR-FE）	
	发动机控制（6AR-FSE）	
	巡航控制	
HORN	防盗	10A
	喇叭	
STRG LOCK	发动机停机系统（装备智能进入和起动系统）	10A
	起动（装备智能进入和起动系统）	
	遥控门锁控制（装备智能进入和起动系统）	
	智能进入和起动系统	
	转向锁（装备智能进入和起动系统）	
AMP	导航系统（分离式放大器）	15A
	音响系统（分离式放大器）	
	驻车辅助（倒车监视器）	
EFI NO.2	ECT和A/T指示灯（1AZ-FE）	15A
	ECT和A/T指示灯（5AR-FE）	
	ECT和A/T指示灯（6AR-FSE）	
	动态雷达巡航控制	
	发动机控制（1AZ-FE）	
	发动机控制（5AR-FE）	
	发动机控制（6AR-FSE）	
	巡航控制	
H-LP LH-LO	前照灯	15A
	前照灯光束水平控制(手动)	
H-LP RH-LO	前照灯	15A
	前照灯光束水平控制(手动)	
IGN	点火（1AZ-FE）	15A
	点火（5AR-FE）	
	点火（6AR-FSE）	
TURN&HAZ	ABS	15A
	EBD	
	TRC	
	VSC	
	发动机停机系统（装备智能进入和起动系统）	
	起动（装备智能进入和起动系统）	
	遥控门锁控制（不装备智能进入和起动系统）	
	遥控门锁控制（装备智能进入和起动系统）	

表4-9 凯美瑞发动机舱继电器盒内的熔断器说明表 （续）

熔断器	保护的电路/部件	额定值
TURN&HAZ	制动辅助	15A
	智能进入和起动系统	
	转向锁（装备智能进入和起动系统）	
	转向信号和危险警告灯	
	组合仪表	
AMP	导航系统（分离式放大器）	20A
	音响系统（分离式放大器）	
	驻车辅助（倒车监视器）	
D/L-AM2	发动机停机系统（装备智能进入和起动系统）	20A
	门锁控制	
	起动（装备智能进入和起动系统）	
	遥控门锁控制（不装备智能进入和起动系统）	
	遥控门锁控制（装备智能进入和起动系统）	
	智能进入和起动系统	
	转向锁（装备智能进入和起动系统）	
EDU	ECT和A/T指示灯（6AR-FSE）	20A
	发动机控制（6AR-FSE）	
EFI-MAIN NO.2	ECT和A/T指示灯（5AR-FE）	20A
	ECT和A/T指示灯（6AR-FSE）	
	动态雷达巡航控制	
	发动机控制（5AR-FE）	
	发动机控制（6AR-FSE）	
	巡航控制	
H-LP LH-LO	前照灯	20A
H-LP RH-LO	前照灯	20A
RADIO-B	导航系统（分离式放大器）	20A
	导航系统（内置式放大器）	
	音响系统（分离式放大器）	
	音响系统（内置式放大器）	
	驻车辅助（倒车监视器）	
	驻车辅助（后视野监视器）	
IG2-MAIN	ECT和A/T指示灯（1AZ-FE）	25A
	ECT和A/T指示灯（5AR-FE）	
	ECT和A/T指示灯（6AR-FSE）	
	动态雷达巡航控制	
	发动机控制（1AZ-FE）	
	发动机控制（5AR-FE）	
	发动机控制（6AR-FSE）	
	发动机停机系统（装备智能进入和起动系统）	
	起动（装备智能进入和起动系统）	
	遥控门锁控制（装备智能进入和起动系统）	
	巡航控制	
	智能进入和起动系统	
	转向锁（装备智能进入和起动系统）	
ABS NO.2	ABS	30A
	EBD	
	TRC	
	VSC	
	制动辅助	
EFI-MAIN NO.1	ECT和A/T指示灯（1AZ-FE）	30A
	ECT和A/T指示灯（5AR-FE）	
	ECT和A/T指示灯（6AR-FSE）	
	动态雷达巡航控制	
	发动机控制（1AZ-FE）	
	发动机控制（5AR-FE）	
	发动机控制（6AR-FSE）	
	巡航控制	
H-LP CLN	前照灯清洁器	30A
H-LP-MAIN	前照灯	30A
	前照灯光束水平控制（手动）	

表4-9　凯美瑞发动机舱继电器盒内的熔断器说明表　（续）

熔断器	保护的电路/部件	额定值
H-LP-MAIN	前照灯光束水平控制(自动)	30A
	前照灯清洁器	
	灯光自动熄灭系统	
	后雾灯	
	前雾灯	
	自动灯光控制	
ST/AM2	发动机停机系统（装备智能进入和起动系统）	30A
	起动（不装备智能进入和起动系统）	
	起动（装备智能进入和起动系统）	
	遥控门锁控制（装备智能进入和起动系统）	
	智能进入和起动系统	
	转向锁（装备智能进入和起动系统）	
ABS NO.1	ABS	50A
	EBD	
	TRC	
	VSC	
	制动辅助	
HTR	充电	50A
	空调	

熔断器	保护的电路/部件	额定值
PTC HTR NO.1	空调	50A
PTC HTR NO.2	空调	50A
EPS	EPS	80A
ALT	充电	120A
	前照灯	
	灯光自动熄灭系统	
	电动窗	
	发动机停机系统（装备智能进入和起动系统）	
	后窗除雾器	
	后视镜加热器	
	后雾灯	
	冷却风扇	
	起动（装备智能进入和起动系统）	
	前雾灯	
	尾灯	
	遥控门锁控制（装备智能进入和起动系统）	
	照明	
	智能进入和起动系统	
	转向锁（装备智能进入和起动系统）	
	自动灯光控制	

2. 仪表接线器盒总成

凯美瑞仪表接线器盒总成元件分布如图4-11所示，熔断器相关说明见表4-10。

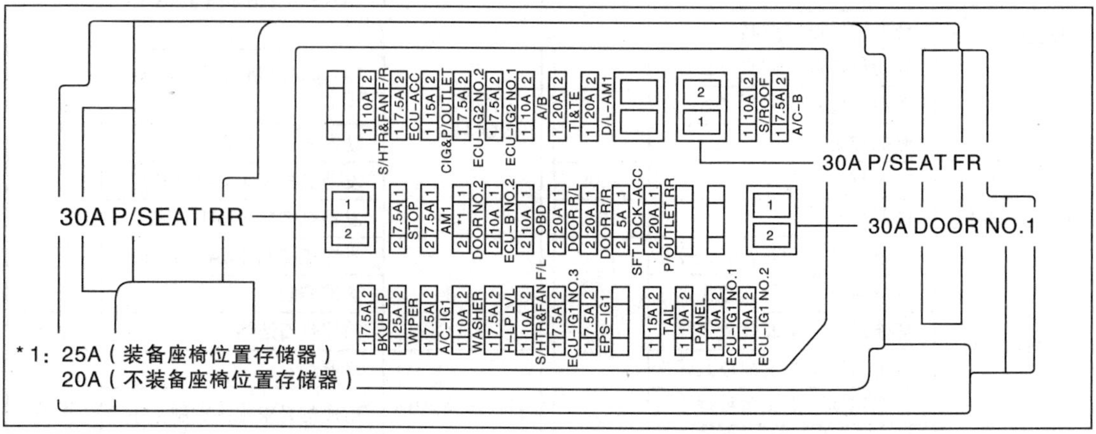

图4-11　凯美瑞仪表接线器盒总成元件分布图

表4-10 凯美瑞仪表接线器盒总成内的熔断器说明表

熔断器	保护的电路/部件	额定值
SFT LOCK-ACC	换档锁止	5A
A/C-B	空调	7.5A
A/C-IG1	后窗除雾器	7.5A
	后视镜加热器	
	空调	
	冷却风扇	
	温度控制座椅	
	座椅加热器（装备座椅温度控制）	
AM1	起动（不装备智能进入和起动系统）	7.5A
BKUP LP	ABS	7.5A
	EBD	
	ECT和A/T指示灯（1AZ-FE）	
	ECT和A/T指示灯（5AR-FE）	
	ECT和A/T指示灯（6AR-FSE）	
	TRC	
	VSC	
	充电	
	导航系统(分离式放大器)	
	导航系统(内置式放大器)	
	倒车灯	
	电动倾斜和电动伸缩	
	电动座椅（装备座椅位置存储器的驾驶人座椅）	
	动态雷达巡航控制	
	发动机控制（1AZ-FE）	
	发动机控制（5AR-FE）	
	发动机控制（6AR-FSE）	
	发动机停机系统（装备智能进入和起动系统）	
	后遮阳帘	
	盲点监视系统	
	起动（装备智能进入和起动系统）	
	遥控门锁控制（装备智能进入和起动系统）	

熔断器	保护的电路/部件	额定值
BKUP LP	巡航控制	7.5A
	遥控后视镜（装备座椅位置存储器）	
	音响系统(分离式放大器)	
	音响系统(内置式放大器)	
	制动辅助	
	智能进入和起动系统	
	驻车辅助（倒车监视器）	
	驻车辅助（丰田驻车辅助传感器）	
	驻车辅助（后视野监视器）	
	转向锁（装备智能进入和起动系统）	
	组合仪表	
ECU-ACC	ABS	7.5A
	EBD	
	TRC	
	VSC	
	车内灯	
	车载通信系统	
	充电	
	前照灯	
	前照灯光束水平控制（手动）	
	前照灯光束水平控制（自动）	
	前照灯清洁器	
	导航系统(分离式放大器)	
	导航系统(内置式放大器)	
	灯光自动熄灭系统	
	电动窗	
	电动倾斜和电动伸缩	
	电动座椅（装备座椅位置存储器的驾驶人座椅）	
	电动座椅（后乘客座椅）	
	发动机停机系统（装备智能进入和起动系统）	
	防盗	
	后雾灯	
	后遮阳帘	
	滑动天窗	
	空调	

表4-10 凯美瑞仪表接线器盒总成内的熔断器说明表 （续）

熔断器	保护的电路/部件	额定值
ECU-ACC	门锁控制	7.5A
ECU-ACC	起动（装备智能进入和起动系统）	7.5A
ECU-ACC	前雾灯	7.5A
ECU-ACC	时钟	7.5A
ECU-ACC	尾灯	7.5A
ECU-ACC	遥控门锁控制（不装备智能进入和起动系统）	7.5A
ECU-ACC	遥控门锁控制（装备智能进入和起动系统）	7.5A
ECU-ACC	遥控后视镜（不装备座椅位置存储器）	7.5A
ECU-ACC	遥控后视镜（装备座椅位置存储器）	7.5A
ECU-ACC	钥匙提醒器（不装备智能进入和起动系统）	7.5A
ECU-ACC	音响系统(分离式放大器)	7.5A
ECU-ACC	音响系统(内置式放大器)	7.5A
ECU-ACC	照明	7.5A
ECU-ACC	制动辅助	7.5A
ECU-ACC	智能进入和起动系统	7.5A
ECU-ACC	智能驻车辅助	7.5A
ECU-ACC	主动前照灯转向照明系统	7.5A
ECU-ACC	驻车辅助（倒车监视器）	7.5A
ECU-ACC	驻车辅助（后视野监视器）	7.5A
ECU-ACC	转向锁（装备智能进入和起动系统）	7.5A
ECU-ACC	自动灯光控制	7.5A
ECU-ACC	组合仪表	7.5A
ECU-ACC	座椅安全带警告	7.5A
ECU-IG1 NO.3	盲点监视系统	7.5A
ECU-IG1 NO.3	碰撞预测安全系统	7.5A
ECU-IG2 NO.1	ECT和A/T指示灯（1AZ-FE）	7.5A
ECU-IG2 NO.1	ECT和A/T指示灯（5AR-FE）	7.5A
ECU-IG2 NO.1	ECT和A/T指示灯（6AR-FSE）	7.5A
ECU-IG2 NO.1	动态雷达巡航控制	7.5A
ECU-IG2 NO.1	发动机控制（1AZ-FE）	7.5A

熔断器	保护的电路/部件	额定值
ECU-IG2 NO.1	发动机控制（5AR-FE）	7.5A
ECU-IG2 NO.1	发动机控制（6AR-FSE）	7.5A
ECU-IG2 NO.1	巡航控制	7.5A
ECU-IG2 NO.2	车载通信系统	7.5A
ECU-IG2 NO.2	多路通信系统（CAN）	7.5A
ECU-IG2 NO.2	发动机停机系统（不装备智能进入和起动系统）	7.5A
ECU-IG2 NO.2	发动机停机系统（装备智能进入和起动系统）	7.5A
ECU-IG2 NO.2	起动（装备智能进入和起动系统）	7.5A
ECU-IG2 NO.2	遥控门锁控制（装备智能进入和起动系统）	7.5A
ECU-IG2 NO.2	智能进入和起动系统	7.5A
ECU-IG2 NO.2	转向锁（装备智能进入和起动系统）	7.5A
EPS-IG1	EPS	7.5A
H-LP LVL	前照灯光束水平控制（自动）	7.5A
H-LP LVL	主动前照灯转向照明系统	7.5A
STOP	ABS	7.5A
STOP	EBD	7.5A
STOP	ECT和A/T指示灯（1AZ-FE）	7.5A
STOP	ECT和A/T指示灯（5AR-FE）	7.5A
STOP	ECT和A/T指示灯（6AR-FSE）	7.5A
STOP	TRC	7.5A
STOP	VSC	7.5A
STOP	制动灯	7.5A
STOP	动态雷达巡航控制	7.5A
STOP	发动机控制（1AZ-FE）	7.5A
STOP	发动机控制（5AR-FE）	7.5A
STOP	发动机控制（6AR-FSE）	7.5A
STOP	发动机停机系统（装备智能进入和起动系统）	7.5A
STOP	换档锁止	7.5A
STOP	起动（装备智能进入和起动系统）	7.5A
STOP	遥控门锁控制（装备智能进入和起动系统）	7.5A

表4-10 凯美瑞仪表接线器盒总成内的熔断器说明表 （续）

熔断器	保护的电路/部件	额定值
STOP	巡航控制	7.5A
	制动辅助	
	智能进入和起动系统	
	转向锁（装备智能进入和起动系统）	
A/B	SRS	10A
ECU-B NO.2	导航系统、音响系统（分离式放大器）	10A
	导航系统、音响系统（内置式放大器）	
	电动座椅（后乘客座椅）	
	后遮阳帘	
	空调	
	驻车辅助（倒车监视器）	
	驻车辅助（后视野监视器）	
ECU-IG1 NO.1	ABS	10A
	EBD	
	ECT和A/T指示灯（1AZ-FE）	
	ECT和A/T指示灯（5AR-FE）	
	ECT和A/T指示灯（6AR-FSE）	
	TRC	
	VSC	
	充电	
	前照灯	
	动态雷达巡航控制	
	多路通信系统（CAN）	
	发动机控制（1AZ-FE）	
	发动机控制（5AR-FE）	
	发动机控制（6AR-FSE）	
	后窗除雾器	
	后视镜加热器	
	后雾灯	
	冷却风扇	
	前雾灯	
	巡航控制	
	制动辅助	
	主动前照灯转向照明系统	
ECU-IG1 NO.2	ABS	10A
	EBD	
	TRC	
	VSC	
	车内灯	
	充电	
	前照灯	
	前照灯光束水平控制	
	前照灯清洁器	
	导航系统（分离式放大器/内置式放大器）	
	灯光自动熄灭系统	
	电动窗	
	电动倾斜和电动伸缩	
	电动座椅（装备座椅位置存储器的驾驶人座椅）	
	电动座椅（后排乘客座椅）	
	发动机停机系统（装备智能进入和起动系统）	
	防盗	
	后窗除雾器	
	后视镜加热器	
	后雾灯	
	后遮阳帘	
	滑动天窗	
	换档锁止	
	空调	
	门锁控制	
	起动（装备智能进入和起动系统）	
	前雾灯	
	尾灯	
	遥控门锁控制（不装备智能进入和起动系统）	
	遥控门锁控制（装备智能进入和起动系统）	
	遥控后视镜（装备座椅位置存储器）	
	钥匙提醒器（不装备智能进入和起动系统）	

表4-10　凯美瑞仪表接线器盒总成内的熔断器说明表　（续）

熔断器	保护的电路/部件	额定值
ECU-IG1 NO.2	音响系统（分离式放大器/内置式放大器）	10A
	照明	
	制动辅助	
	智能进入和起动系统	
	智能驻车辅助	
	主动前照灯转向照明系统	
	驻车辅助（倒车监视器）	
	驻车辅助（丰田驻车辅助传感器）	
	驻车辅助（后视野监视器）	
	转向锁（装备智能进入和起动系统）	
	自动灯光控制	
	组合仪表	
	座椅安全带警告	
	座椅加热器（不装备温度控制座椅）	
OBD	DLC3	10A
PANEL	尾灯	10A
	照明	
S/HTR&FAN F/L	温度控制座椅	10A
	座椅加热器（不装备温度控制座椅）	
	座椅加热器（装备座椅温度控制）	
S/HTR&FAN F/R	温度控制座椅	10A
	座椅加热器（不装备温度控制座椅）	
	座椅加热器（装备座椅温度控制座椅）	
S/ROOF	滑动天窗	10A
WASHER	前照灯清洁器	10A
	刮水器和清洗器	
CIG&P/OUTLET	点烟器	15A
TAIL	后雾灯	15A
	前雾灯	
	尾灯	
	照明	

熔断器	保护的电路/部件	额定值
D/L-AM1	ABS	20A
	EBD	
	TRC	
	VSC	
	车内灯	
	前照灯	
	前照灯光束水平控制	
	前照灯清洁器	
	灯光自动熄灭系统	
	电动窗	
	电动倾斜和电动伸缩	
	电动座椅（装备座椅位置存储器的驾驶人座椅）	
	发动机停机系统（装备智能进入和起动系统）	
	防盗	
	后雾灯	
	后遮阳帘	
	滑动天窗	
	空调	
	门锁控制	
	起动（装备智能进入和起动系统）	
	前雾灯	
	尾灯	
	遥控门锁控制（不装备智能进入和起动系统）	
	遥控门锁控制（装备智能进入和起动系统）	
	遥控后视镜（装备座椅位置存储器）	
	钥匙提醒器（不装备智能进入和起动系统）	
	照明	
	制动辅助	
	智能进入和起动系统	
	主动前照灯转向照明系统	
	转向锁（装备智能进入和起动系统）	
	自动灯光控制	

表4-10 凯美瑞仪表接线器盒总成内的熔断器说明表 （续）

熔断器	保护的电路/部件	额定值	熔断器	保护的电路/部件	额定值
D/L-AM1	组合仪表	20A	WIPER	ECT和A/T指示灯（6AR-FSE）	25A
	座椅安全带警告			充电	
DOOR NO.2	电动窗	20A		发动机控制（6AR-FSE）	
DOOR R/L	电动窗	20A		刮水器和清洗器	
DOOR R/R	电动窗	20A		碰撞预测安全系统	
P/OUTLET RR	电源插座	20A	DOOR NO.1	电动窗	30A
TI&TE	电动倾斜和电动伸缩	20A	P/SEAT FR	电动座椅（不装备座椅位置存储器的驾驶人座椅）	30A
DOOR NO.2	车内灯	25A		电动座椅（装备座椅位置存储器的驾驶人座椅）	
	电动窗			电动座椅（前排乘客座椅）	
	电动座椅（装备座椅位置存储器的驾驶人座椅）		P/SEAT RR	电动座椅（后排乘客座椅）	30A
	后窗除雾器				
	后视镜加热器				
	遥控后视镜（装备座椅位置存储器）				

3. 发动机舱2号继电器盒总成

凯美瑞发动机舱2号继电器盒总成元件分布如图4-12所示。

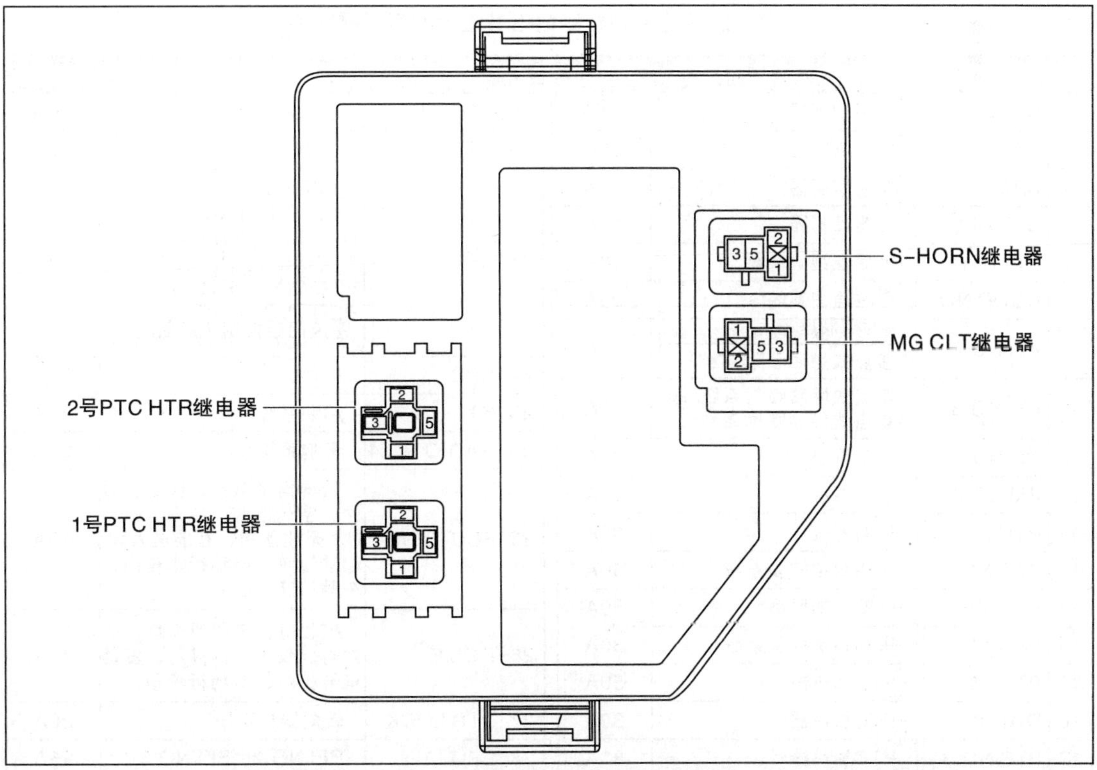

图4-12 凯美瑞发动机舱2号继电器盒总成元件分布图

第五节 汉兰达（2013~2015年款）

1. 发动机舱内熔断器

（1）A型

广汽丰田汉兰达发动机舱内A型熔断器分布如图4-13所示，熔断器相关说明见表4-11。

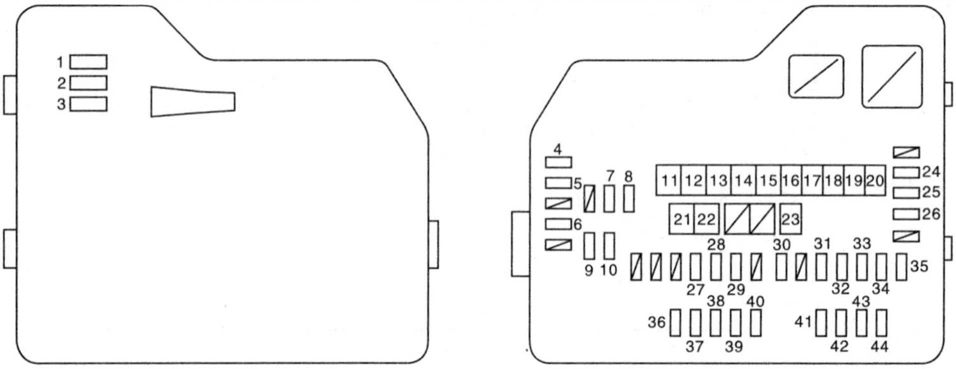

a）熔断器盒盖背面　　b）熔断器盒正面

图4-13　汉兰达发动机舱内的A型熔断器分布

表4-11　汉兰达发动机舱继电器盒内的熔断器说明表

	熔断器	保护的电路/部件	额定值
1	SPARE	备用熔断器	7.5A
2	SPARE	备用熔断器	15A
3	SPARE	备用熔断器	25A
4	DEF RLY	后窗除雾器	10A
5	MIR HTR	外后视镜除雾器	10A
6	DOOR NO.1	多路通信系统	25A
7	EFI NO.2	多点式燃油喷射系统/顺序多点式燃油喷射系统	10A
8	EFI NO.3	多点式燃油喷射系统/顺序多点式燃油喷射系统	10A
9	INJ NO.1	起动系统	15A
10	INJ NO.2	起动系统	10A
11	HTR	空调系统	50A
12	VSC NO.1	车辆稳定控制系统	50A
13	FAN MAIN	电动冷却风扇	50A
14	VSC NO.2	车辆稳定控制系统	30A
15	PTC NO.1	PTC加热器	50A
16	PTC NO.2	PTC加热器	30A
17	PTC NO.3	PTC加热器	30A
18	RR CLR	空调系统	40A
19	RR DEF	后窗除雾器	30A
20	PBD	电动行李箱门	30A
21	ALT	MIR HTR、DOOR NO.1、HTR NO.1、RR DEF、FAN MAIN、PTC NO.1、RR CLR、PTC NO.2、PTC NO.3、PBD、VSC- NO.1、VSC NO.2、DEF- RLY	140A
22	EPS	电动转向	80A
23	ST	起动系统	30A
24	RADIO NO.1	音响系统	20A
25	ECU-B NO.1	转向角传感器、仪表、时钟、空调系统、主车身EC-U、无线遥控、智能进入和起动系统、电动行李箱门、车载诊断系统	10A
26	DOME	梳妆灯、车顶阅读灯、车内灯、仪表、门控灯、发动机开关灯、电动行李箱门	10A
27	STR LOCK	转向器锁系统	20A
28	EFI MAIN	EFI NO.2、EFI NO.3	25A
29	HAZ	转向信号灯	15A

表4-11 汉兰达发动机舱继电器盒内的熔断器说明表 （续）

熔断器		保护的电路/部件	额定值	熔断器		保护的电路/部件	额定值
30	IG2	INJ NO.1、INJ NO.2	25A	39	H-LP RH LO	右侧前照灯（近光）	15A
31	FOG RR	后雾灯	7.5A	40	HORN	喇叭	10A
32	DEICER	风窗玻璃刮水器除冰器	15A	41	EFI NO.1	多点式燃油喷射系统/顺序多点式燃油喷射系统、智能进入和起动系统	10A
33	G/H	电动门锁系统、多路通信系统	10A				
34	ALT-S	充电系统	7.5A	42	ETCS	多点式燃油喷射系统/顺序多点式燃油喷射系统、电子节气门控制系统	10A
35	AM2	多路通信系统	7.5A				
36	H-LP LH HI	左侧前照灯（远光）	15A				
37	H-LP RH HI	右侧前照灯（远光）	15A	43	A/F	空燃比传感器	20A
38	H-LP LH LO	左侧前照灯（近光）	15A	44	S-HORN	喇叭	7.5A

（2）B型

汉兰达发动机舱内的B型熔断器分布如图4-14所示，熔断器相关说明见表4-12。

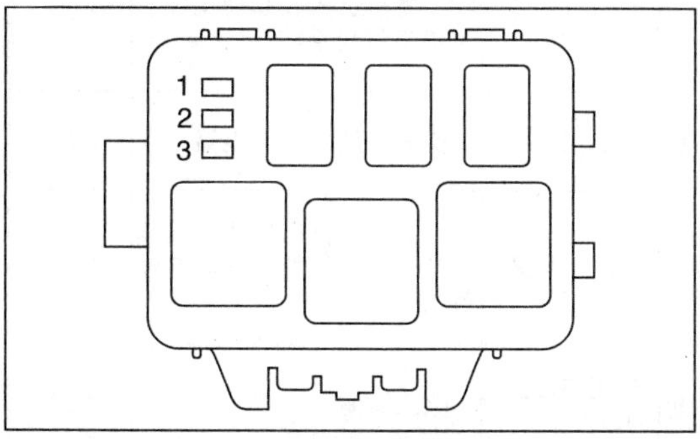

图4-14 汉兰达发动机舱内的B型熔断器分布图

表4-12 汉兰达发动机舱内的B型熔断器说明表

熔断器		保护的电路/部件	额定值
1	INV-W/P	无电路	15A
2	IGCT NO.2	无电路	7.5A
3	A/C-D	无电路	10A

2. 仪表板底部熔断器

汉兰达仪表板底部熔断器分布如图4-15所示，其相关说明见表4-13。

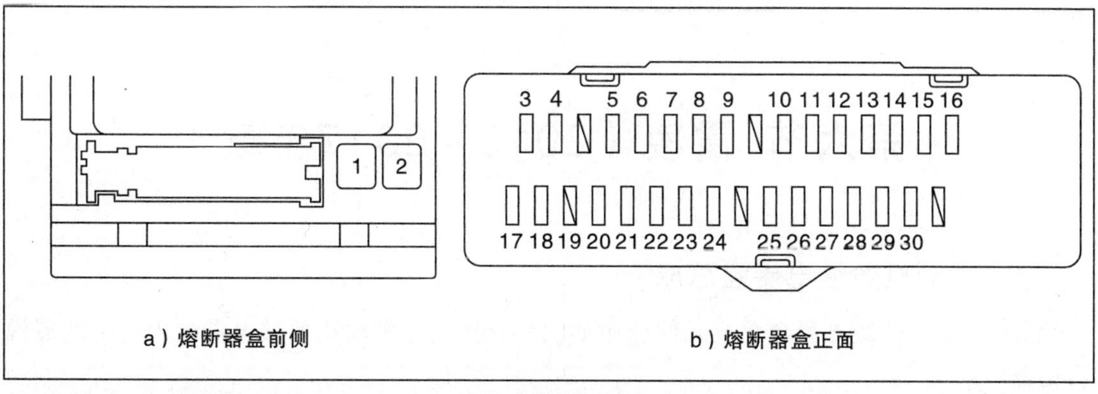

图4-15 汉兰达仪表板底部熔断器分布图

表4-13 汉兰达仪表板底部熔断器说明表

	熔断器	保护的电路/部件	额定值
1	P/SEAT	电动座椅	30A
2	POWER	电动车窗	30A
3	RR DOOR RH	电动车窗	25A
4	RR DOOR LH	电动车窗	25A
5	FR FOG	前雾灯	10A
6	OBD	车载诊断系统	7.5A
7	A/C W/PMP	无电路	7.5A
8	STOP	制动灯、车辆稳定控制系统	10A
9	DOOR NO.2	电动车窗（驾驶人侧）	25A
10	AM1	起动系统	7.5A
11	P/SEAT（PS）	电动座椅	30A
12	A/C NO.1	空调系统	10A
13	FUEL OPN	无电路	7.5A
14	S/ROOF	电动天窗	20A
15	TAIL	驻车灯、尾灯、牌照灯、前雾灯、后雾灯	15A
16	PANEL	杂物箱灯、危险警告灯、音响系统、外后视镜除雾器、时钟、电动门锁系统、座椅加热器、车辆稳定控制系统、仪表照明灯控制旋钮、电子控制变速器开关、自动变速器、下坡辅助控制系统、转向盘功能按钮	7.5A
17	ECU IG NO.1	多路通信系统、电动天窗、电子控制自动变速器系统、电动行李箱门、座椅加热器、电动转向、自动变速器	10A
18	ECU IG NO.2	车辆稳定控制系统	7.5A
19	A/C NO.2	空调系统	10A
20	WASH	风窗玻璃刮水器和喷洗器	20A
21	S-HTR	座椅加热器	20A
22	GAUGE NO.1	音响系统、外后视镜除雾器、倒车灯、充电系统、危险警告灯、牵引力控制系统、仪表照明灯控制旋钮、VSC/TRC 关闭开关、风窗玻璃刮水器除霜器	10A
23	FR WIP	风窗玻璃刮水器和喷洗器	30A
24	RR WIP	后窗刮水器和喷洗器	15A
25	IGN	多点式燃油喷射系统/顺序多点式燃油喷射系统、转向器锁系统、防抱死制动系统、智能进入和起动系统、SRS空气囊系统	10A
26	GAUGE NO.2	仪表、后视野监视器	7.5A
27	ECU-ACC	自动防眩目后视镜、换档锁定装置、智能进入和起动系统	7.5A
28	ACC SOCK NO.1	电源插座	15A
29	ACC SOCK NO.2	电源插座、点烟器	15A
30	RADIO NO.2	音响系统、时钟、充电系统、车内灯、车顶阅读灯	7.5A

第六节 雷凌（2015~2017年款）

1. 发动机舱继电器盒总成

雷凌发动机舱继电器盒总成元件分布如图4-16所示，发动机舱继电器盒内的熔断器说明见表4-14。

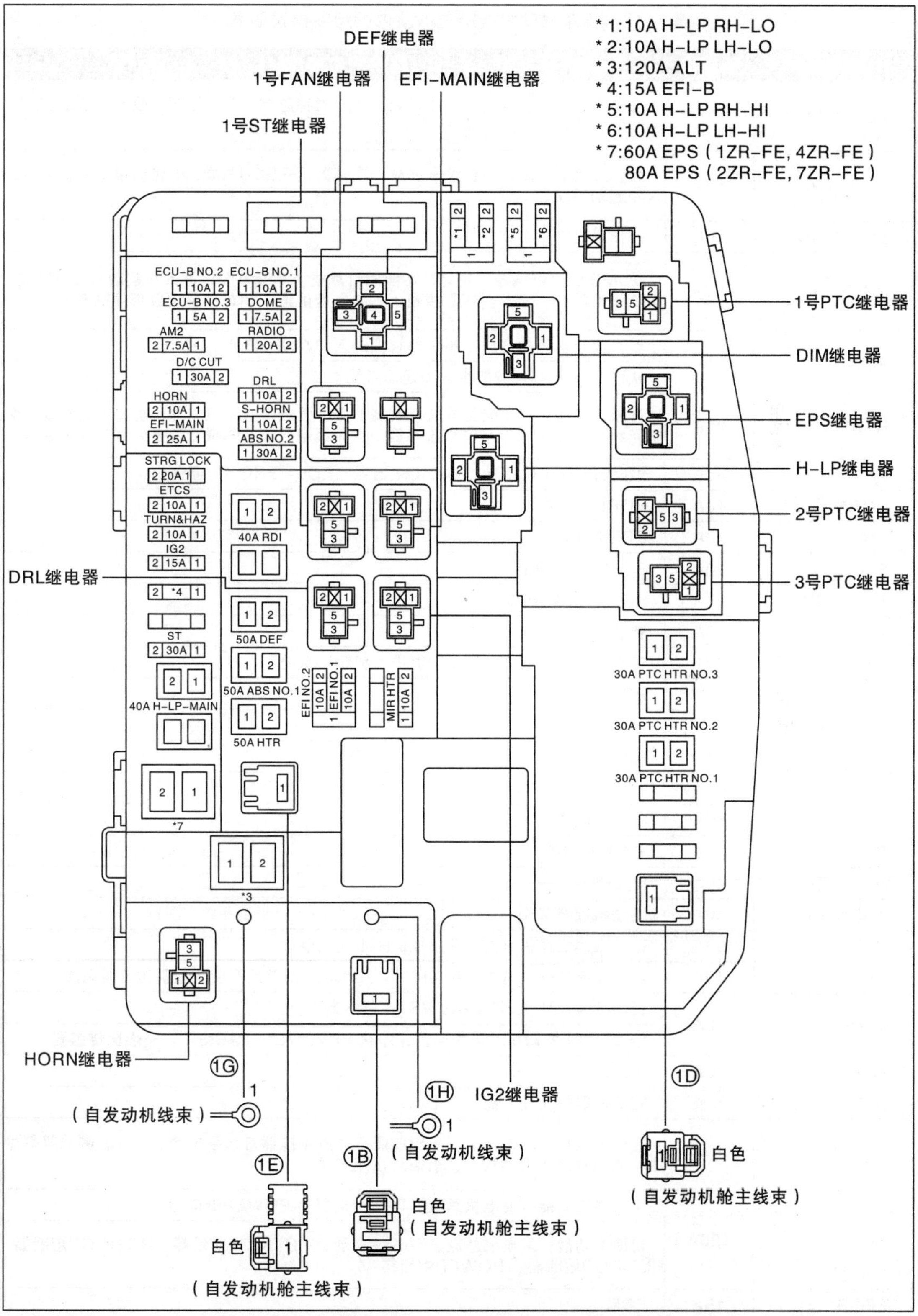

图4-16　雷凌发动机舱继电器盒总成元件分布图

表4-14　雷凌发动机舱继电器盒内的熔断器说明表

熔断器	额定值	保护的电路/部件
ECU-B NO.1	10A	主车身ECU、转向传感器（带VSC）、时钟总成、车门控制接收器、认证ECU（装备智能进入和起动系统）
ECU-B NO.2	10A	空调放大器总成、组合仪表总成、应答器钥匙ECU总成、ID代码箱（装备智能进入和起动系统）
ECU-B NO.3	5A	EPS继电器
DOME	7.5A	DOME CUT继电器、钥匙锁芯照明灯总成（不装备智能进入和起动系统且不装备停机系统）、收发器钥匙线圈（不装备智能进入和起动系统且带停机系统）
AM2	7.5A	点火或起动开关总成（不装备智能进入和起动系统）
		认证 ECU（装备智能进入和起动系统）
RADIO	20A	导航接收器总成（装备导航接收器型）、无线电收音机和显示屏接收器总成（装备无线电收音机和显示屏接收器型）、无线电收音机总成（装备无线电收音机型）
D/C CUT	30A	供电给DOME熔断器、RADIO熔断器、ECU-B NO.1熔断器
HORN	10A	HORN继电器
DRL	10A	DRL继电器
S-HORN	10A	S-HORN继电器
EFI-MAIN	25A	EFI-MAIN继电器
ABS NO.2	30A	制动执行器总成
STRG LOCK	20A	转向锁执行器总成（装备智能进入和起动系统）
ETCS	10A	ECM
TURN&HAZ	10A	组合仪表总成
IG2	15A	IG2继电器
RDI	40A	1号FAN继电器
DEF	50A	DEF继电器
ST	30A	1号ST继电器
H-LP-MAIN	40A	H-LP继电器
ABS NO.1	50A	制动执行器总成
HTR	50A	带风扇的鼓风机电动机分总成、HTR继电器
EFI NO.1	10A	离合器起动开关总成（装备M/T）、ECM、进气质量空气流量传感器总成
EFI NO.2	10A	带CVT和4ZR-FE发动机：VSV（喷射器）
		带4ZR-FE发动机：氧传感器、净化 VSV、VSV（ACIS）、空燃比传感器
MIR HTR	10A	ECM
H-LP RH-LO	10A	右侧前照灯总成（低）
H-LP LH-LO	10A	左侧前照灯总成（低）、左侧前照灯总成（前照灯水平电动机）、右侧前照灯总成（前照灯水平电动机）、前照灯水平开关
ALT	120A	不带防夹功能：发电机总成、TAIL继电器、POWER继电器
		带防夹功能：发电机总成、TAIL继电器、FR DOOR熔断器、RR DOOR熔断器、RL DOOR熔断器、POWER熔断器
EFI-B	15A	ECM
H-LP RH-HI	10A	右侧前照灯总成（高）

表4-14 雷凌发动机舱继电器盒内的熔断器说明表 （续）

熔断器	额定值	保护的电路/部件
H-LP LH-HI	10A	组合仪表总成、左侧前照灯总成（高）
EPS（1ZR-FE, 4ZR-FE）	60A	动力转向ECU总成
EPS（2ZR-FE, 7ZR-FE）	80A	EPS继电器
PTC HTR NO.3	30A	3号PTC继电器
PTC HTR NO.2	30A	2号PTC继电器
PTC HTR NO.1	30A	1号PTC继电器

2. 仪表接线器盒总成

雷凌仪表接线器盒总成元件分布如图4-17所示，熔断器相关说明见表4-15。

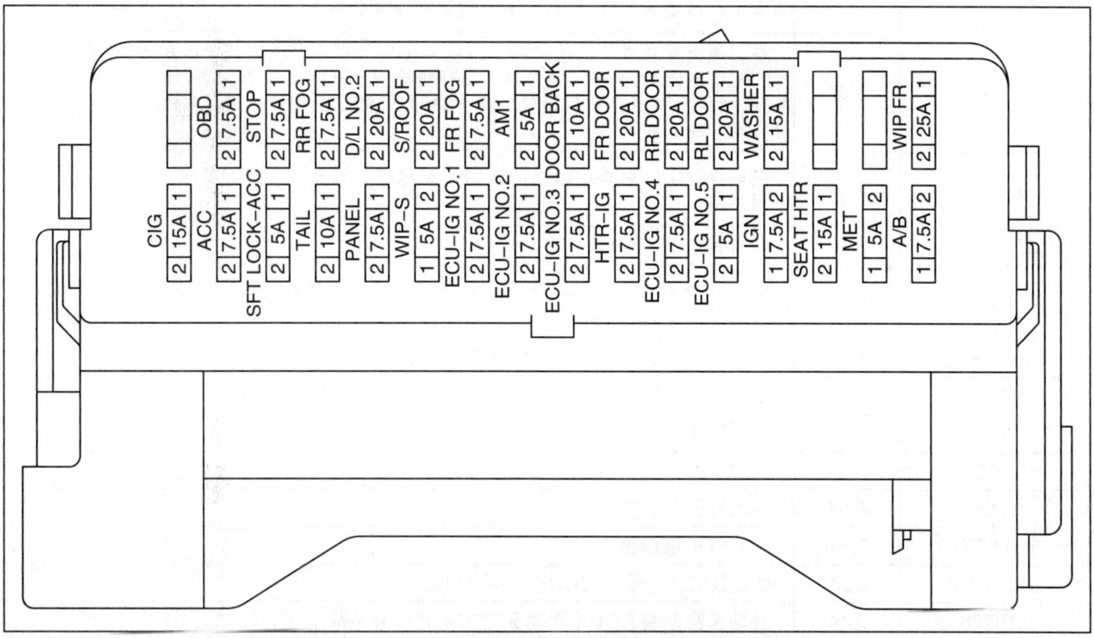

图4-17 雷凌仪表接线器盒总成元件分布图

表4-15 雷凌仪表接线器盒总成内的熔断器说明表

熔断器	额定值	保护的电路/部件
CIG	15A	点烟器总成
ACC	7.5A	主车身ECU、时钟总成、车外后视镜开关总成、导航接收器总成（装备导航接收器型）、无线电收音机和显示屏接收器总成（装备无线电收音机和显示屏接收器型）、无线电收音机总成（装备无线电收音机型）
SFT LOCK-ACC	25A	换档锁止控制ECU（变速器地板式换档总成）
TAIL	10A	FR FOG继电器、RR FOG继电器、左侧前照灯总成（示宽灯）、右侧前照灯总成（示宽灯）、左后组合灯总成（尾灯）、右后组合灯总成（尾灯）、左后灯总成（尾灯）、右后灯总成（尾灯）、左侧牌照灯总成、右侧牌照灯总成

表4-15　雷凌仪表接线器盒总成内的熔断器说明表　　（续）

熔断器	额定值	保护的电路/部件
PANEL	7.5A	危险警告信号开关总成、3号加热器控制装置分总成（手动空调）、空调控制总成（自动空调）、2号加热器控制装置分总成（手动空调）、1号加热器控制装置分总成（手动空调）、VSC OFF开关（VSC）、前照灯水平开关、时钟总成、螺旋电缆分总成（装备转向盘衬垫开关）、导航接收器总成（装备导航接收器型）、无线电收音机和显示屏接收器总成（装备无线电收音机和显示屏接收器型）、无线电收音机总成（装备无线电收音机型）、后声纳或侦测声纳开关总成（装备丰田驻车辅助传感器系统）、模式选择开关总成（CVT）、左侧座椅加热器开关、右侧座椅加热器开关（装备座椅加热器）、变速杆位置指示灯（CVT）、车内照明灯总成（装备2ZR-FE）、车外后视镜开关总成
WIP-S	5A	ECM
ECU-IG NO.1	7.5A	制动执行器总成、转向传感器（装备VSC）、1号FAN继电器
ECU-IG NO.2	7.5A	驻车/空档位置开关总成（CVT）、倒车灯开关总成（M/T）
ECU-IG NO.3	7.5A	变速器控制开关（变速器地板式换档总成/CVT）、导航接收器总成（装备导航接收器型）、无线电收音机和显示屏接收器总成（装备无线电收音机和显示屏接收器型）、滑动天窗控制 ECU（滑动天窗主动齿轮分总成）
HTR-IG	7.5A	空调放大器总成（自动空调）、空调控制总成（自动空调）、1号PTC继电器、2号PTC继电器、3号PTC继电器、DEF继电器、HTR继电器、1号加热器控制装置分总成、3号加热器控制装置分总成、1号风门伺服机构分总成、2号加热器控制装置分总成（手动空调）
ECU-IG NO.4	7.5A	主车身ECU、后声纳或侦测声纳开关总成、间隙警告ECU总成、后声纳和侦测声纳指示灯
ECU-IG NO.5	5A	动力转向ECU总成
IGN	7.5A	ECM、应答器钥匙ECU总成、认证ECU（装备智能进入和起动系统）、转向锁执行器总成（装备智能进入和起动系统）
SEAT HTR	15A	左侧座椅加热器开关、右侧座椅加热器开关
MET	5A	组合仪表总成
A/B	7.5A	气囊ECU总成
OBD	7.5A	DLC3
STOP	7.5A	制动灯开关总成
RR FOG	7.5A	RR FOG继电器
D/L NO.2	20A	D/LOCK继电器、D/UNLOCK继电器
S/ROOF	20A	滑动天窗控制 ECU（滑动天窗主动齿轮分总成）
FR FOG	7.5A	FR FOG继电器
AM1	5A	点火或起动开关总成（不装备智能进入和起动系统）
DOOR BACK	10A	LUG LOCK继电器
FR DOOR	20A	带防夹功能：左前电动窗升降器电动机总成
		不带防夹功能：右前电动窗升降器开关总成
RR DOOR	20A	右后电动窗升降器开关总成
RL DOOR	20A	左后电动窗升降器开关总成
WASHER	15A	风窗玻璃清洗器电动机和泵总成
WIP FR	25A	风窗玻璃刮水器开关总成、风窗玻璃刮水器电动机总成

第五章 本田车系

第一节 CR-V（2016年起）

1. 发动机舱内熔断器盒

东风本田CR-V轿车发动机舱内熔断器盒位于制动液储液罐附近，安装位置如图5-1所示。按压凸舌打开熔断器盒，在熔断器盒盖上有熔断器位置分布图，熔断器相关说明见表5-1。

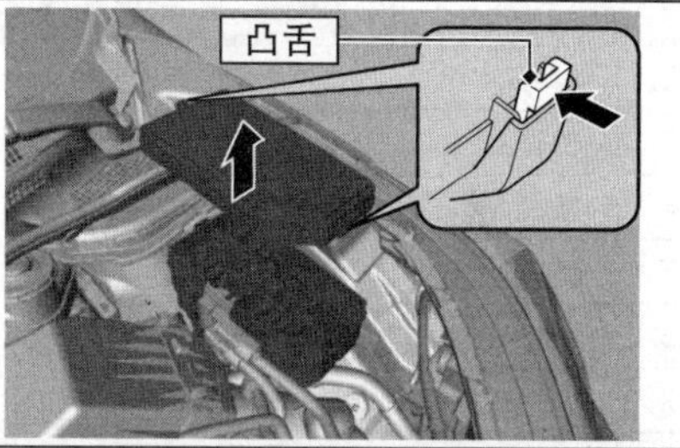

图5-1 CR-V轿车发动机舱内熔断器盒位置图

表5-1 CR-V轿车发动机舱内熔断器盒熔断器说明表

编号	受保护电路	额定值
1	EPS	70A
	–[*1]	30A[*1]
	电动行李箱门[**2]	40A[*2]
	ABS/VSA电动机[*1]	40A[*1]
	ABS/VSA FSR[*2]	20A[*2]
	ABS/VSA FSR[*1]	20A[*1]
	ABS/VSA 电动机[*2]	40A[*2]
	E-DPS[*]	30A
	主熔断器	100A[*1]
		120A[*2]
2	IG 主熔断器[*]	50A
	熔断器盒主熔断器	60A
	熔断器盒主熔断器2	60A
	前照灯主熔断器	30A
	St电磁开关	30A
	后窗除雾器	30A
	前照灯清洗器[*,*2]	30A[*1,*2]
	加热器电动机	40A
	前风窗刮水器主熔断器	30A
2	副风扇电动机	20A
	主风扇电动机	20A
3	DC/DC1	30A
	DC/DC2	30A
	IG 主熔断器[*]	30A
	IG 主熔断器2[*]	30A
6	起动机	7.5A
7	ST MG DIODE	7.5A
8	副风扇继电器离合器	7.5A
9	备用 2	7.5A
10	车门后视镜加热[*]	7.5A
11	STRLD	7.5A
12	前雾灯[*,*1]	20A
	喷油器[*,*2]	
14	喇叭	10A
15	危险	10A
16	停止	10A
17	IG线圈	15A
18	IGP 2	15A
19	日间行车灯[*]	10A
20	乘客侧电动座椅（倾斜装置）[*2]	20A
22	DBW	15A
23	IGP	15A
24	左前照灯近光	10A[*3]
		15A[*4]
25	右前照灯近光	10A[*3]
		15A[*4]
26	位置灯主熔断器	20A
27	MG 离合器	7.5A
28	车内照明灯	7.5A
注	编号4、5、13、21、29的熔断器未使用 *：并非所有型号 *1：不装备智能屏互联系统的车型 *2：装备智能屏互联系统的车型 *3：装备卤素型前照灯的车型 *4：装备高压放电式前照灯的车型	

2. 驾驶人侧室内熔断器盒

CR-V轿车驾驶人侧室内熔断器盒位于仪表板下方，熔断器位置显示在盖板的标签上，熔断器盒及标签位置如图5-2所示，熔断器说明见表5-2。

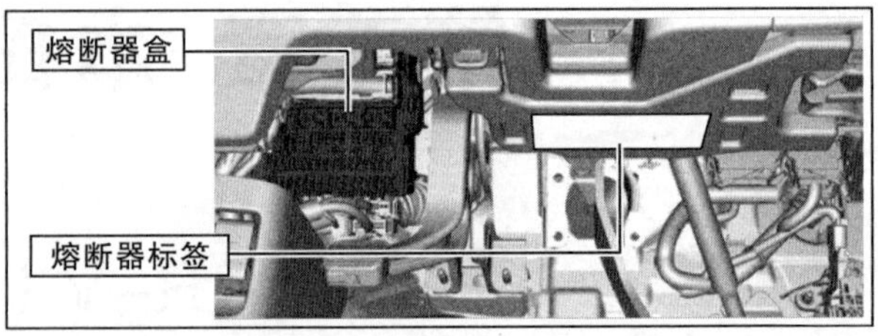

图5-2　CR-V轿车驾驶人侧室内熔断器盒及标签位置

表5-2　CR-V轿车驾驶人侧室内熔断器盒熔断器说明表

编号	受保护电路	额定值	编号	受保护电路	额定值	编号	受保护电路	额定值
2	ACG	10A	18	前排乘客侧电动座椅滑动装置*	20A	34	小灯	10A
3	SRS	10A	19	ACC*	7.5A	35	照明	7.5A
4	燃油泵	15A	20	ACC 钥匙锁止	7.5A	36	后窗刮水器主熔断器*	10A
5	继电器1	10A	21	日间行车灯*	7.5A	37	前雾灯*	20A
6	电动车窗*	7.5A	22	A/C	7.5A	38	左前照灯远光	10A
7	VB SOL*	7.5A	23	刮水器/清洗器继电器*	10A	39	右前照灯远光	10A
8	乘客侧车门锁止电动机（解锁）	15A	24	继电器2	7.5A	40	后雾灯	7.5A
9	驾驶人侧车门锁止电动机（解锁）	15A	25	音响*	10A	41	车门锁止	20A
11	天窗*	20A	26	电动行李箱门关闭*	20A	43	驾驶人侧电动车窗	20A
12	附件电源插座	20A	27	点烟器	20A	44	后排乘客侧电动车窗	20A
13	清洗器主熔断器*	15A	28	清洗器	15A	45	前排乘客侧电动车窗	20A
14	座椅加热器*	20A	29	SRS2*	7.5A	46	后排驾驶人侧电动车窗	20A
15	-	10A	30	-	10A	47	Start*	20A
16	驾驶人侧电动座椅滑动装置*	20A	31	Smart*	10A	48	STS*	7.5A
17	驾驶人侧电动座椅倾斜装置*	20A	32	乘客侧车门锁止电动机（锁止）	15A	49	UB ECU	7.5A
			33	驾驶人侧车门锁止电动机（锁止）	15A	注	编号1、10的熔断器未使用 *：并非所有型号	

3. 乘客侧室内熔断器盒

CR-V轿车乘客侧室内熔断器盒位于下侧面板附近，安装位置如图5-3所示，熔断器相关说明见表5-3。

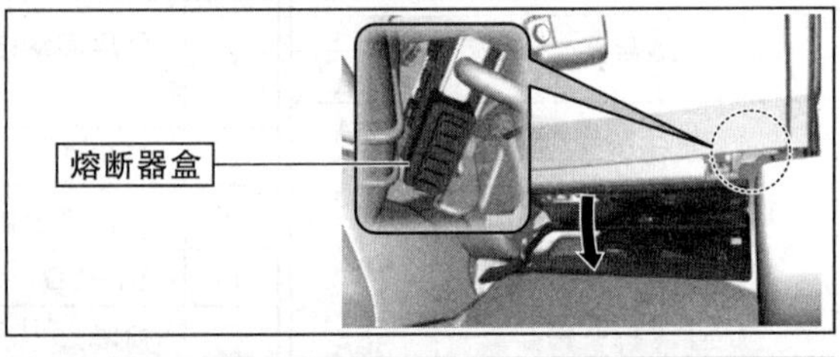

图5-3　CR-V轿车乘客侧室内熔断器盒安装位置

表5-3　CR-V轿车乘客侧室内熔断器盒熔断器说明表

编号	受保护电路	额定值	编号	受保护电路	额定值	编号	受保护电路	额定值
1	仪表	7.5A	3	MICU	7.5 A	5	ACC收音机	7.5A
2	VSA/ABS	7.5A	4	备用2主熔断器	15 A	6	EOP	20A

第二节 XR-V（2015~2017年款）

1. 发动机舱熔断器盒

（1）发动机舱熔断器盒A

东风本田XR-V轿车发动机舱内熔断器盒A位于制动液储液罐附近，安装位置如图5-4所示。按压凸舌打开熔断器盒，在熔断器盒盖上有熔断器位置分布图，熔断器相关说明见表5-4。

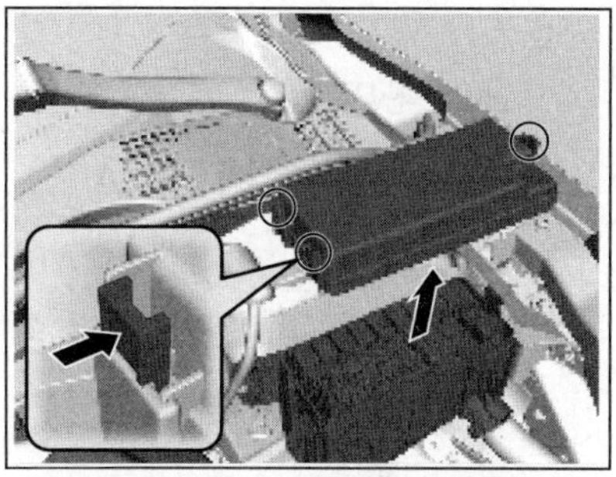

图5-4 XR-V轿车发动机舱熔断器盒A安装位置图

表5-4 XR-V轿车发动机舱熔断器盒A熔断器说明表

编号	受保护电路	额定值	编号	受保护电路	额定值	编号	受保护电路	额定值
1	前照灯近光主熔断器	20A	14	MG 离合器	7.5A	29	备用*2	30A
			15	蓄电池传感器	7.5A	29	FI_ 副继电器	7.5A
2	–	30A	16	小灯	10A	30	IGP2 副	7.5A
3	危险警告灯	10A	17	–	10A	31	右前照灯近光	10A
4	DBW	15A	18	喇叭	10A	32	左前照灯近光	10A
5	刮水器*	30A	19	前雾灯	10A	注	编号27、28的熔断器未使用 *：并非所有型号 *1：装备智能钥匙进入系统的车型具有起动/停止按钮，而非点火开关 *2：装备发动机节能自动起动/停止的车型 *3：不装备发动机节能自动起动/停止的车型	
6	停止	10A	20	–	10A			
7	IGP	15A	21	备用	10A			
8	IG 线圈	15A	22	音频*3	10A			
9	–	10A	23	副风扇	30A			
10	喷油器	20A	24	DCDC 转换器1*2	30A			
11	VST2*2	30A	25	起动机*2	7.5A			
12	主风扇	30A	26	ST MG*3	7.5A			
13	起动机开关*2	30A		起动机断电继电器*				

（2）发动机舱熔断器盒B

XR-V轿车发动机舱内熔断器盒B元件分布如图5-5所示，熔断器相关说明见表5-5。

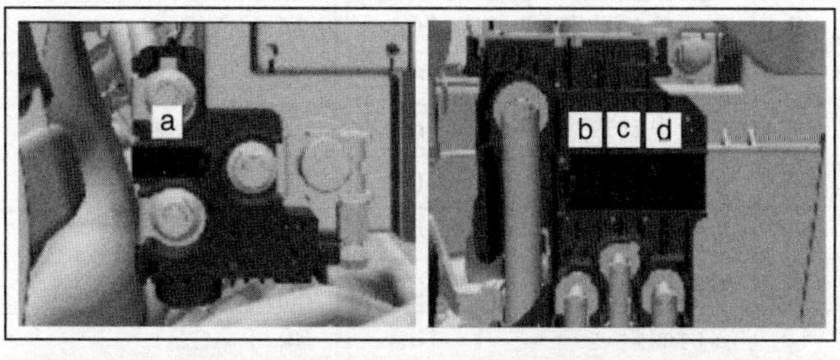

图5-5 XR-V轿车发动机舱熔断器盒B元件分布图

表5-5　XR-V轿车发动机舱内熔断器盒B熔断器说明表

编号	受保护电路	额定值	编号	受保护电路	额定值
a	蓄电池主熔断器	100A	c	RB主熔断器 2	80A
b	RB 主熔断器 1	70A	d	CAP主熔断器	70A

2. 室内熔断器盒

（1）室内熔断器盒A

XR-V轿车室内熔断器盒A位于仪表板下方，熔断器位置显示在转向柱的标签上。熔断器盒及标签位置如图5-6所示，熔断器相关说明见表5-6。

（2）室内熔断器盒B

XR-V轿车室内熔断器盒B安装位置如图5-7所示，熔断器说明见表5-7。

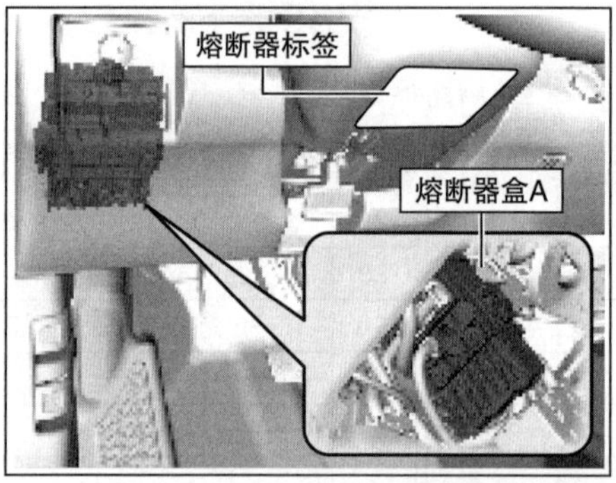

图5-6　XR-V轿车室内熔断器盒A位置图

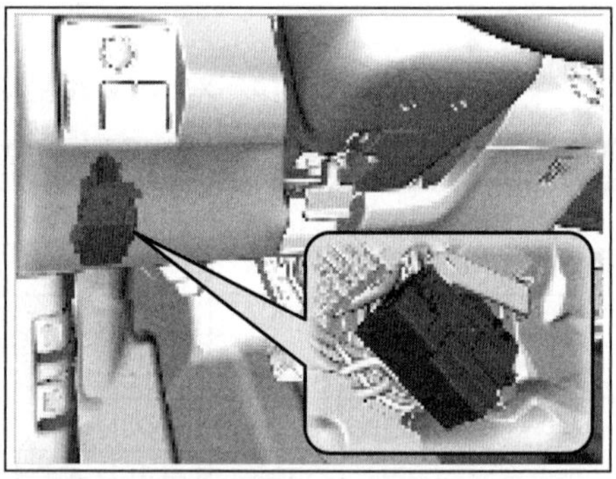

图5-7　XR-V轿车室内熔断器盒B位置图

表5-6　XR-V轿车室内熔断器盒A熔断器说明表

编号	受保护电路	额定值	编号	受保护电路	额定值	编号	受保护电路	额定值
1	车门锁止	20A	17	遮光罩*	20A	32	燃油泵	15A
3	智能钥匙进入系统*1	10A	18	全景天窗*	20A	33	–	7.5A
4	左侧车门解锁	10A	19	–	20A	34	仪表	7.5A
5	右侧车门解锁	10A	20	–	10A	35	Mission SOL	7.5A
6	–	10A	21	–	10A	36	前附件插座	20A
7	–	10A	22	清洗器	15A	37	ACC*	7.5A
8	驾驶人侧电动车窗	20A	23	后刮水器主熔断器*1	10A	38	ACC*	7.5A
9	乘客侧电动车窗	20A	24	A/C	7.5A	39	可选	10A
10	左后电动车窗	20A	25	–	7.5A	40	后窗刮水器	10A
11	右后电动车窗	20A	26	起动机*	7.5A	注	编号2、41、42的熔断器未使用 *：并非所有型号 *1：装备智能钥匙进入系统的车型 *2：不装备智能钥匙进入系统的车型	
12	左侧车门锁止	10A	27	ABS/VSA	7.5A			
13	右侧车门锁止	10A	28	SRS	10A			
14	后雾灯	10A	29	左前照灯远光	10A			
15	右前照灯远光	10A	30	ACG	10A			
16	STS*2	7.5A	31	继电器	10A			

表5-7 XR-V轿车室内熔断器盒B熔断器说明表

编号	受保护电路	额定值
1	电子助力转向系统（EPS）	70A
	IG 主熔断器	30A*1
		50A*2
	熔断器盒主熔断器2	50A
	ABS/VSA电动机	40A
	熔断器盒主熔断器	30A
2	熔断器盒主熔断器3	40A
	后窗除雾器	30A
	EPB L	30A
2	IG主熔断器2*1	30A
	–*2	
	HTR MTR	40A
	EPB R	30A
	–	30A
5	ABS/VSA 电动机	30A
6	–	10A
7	后辅助电源插座	20A
9	车内照明灯	7.5A
10	中央附件电源插座	20A
12	–*1	–
	ACC 外继电器*2	7.5A
12	ACC 钥匙锁止*2	7.5A
13	车门后视镜加热*1	10A
14	A/C鼓风机*2	7.5A
15	–*1	–
	前风窗刮水器*2	30A
注	编号3、4、8、11的熔断器未使用 *：并非所有型号 *1: 装备智能钥匙进入系统的车型 *2: 不装备智能钥匙进入系统的车型	

（3）室内熔断器盒C

XR-V轿车室内熔断器盒C位于转向柱下方，安装位置如图5-8所示，在熔断器盒盖上有熔断器位置分布图，熔断器相关说明见表5-8。

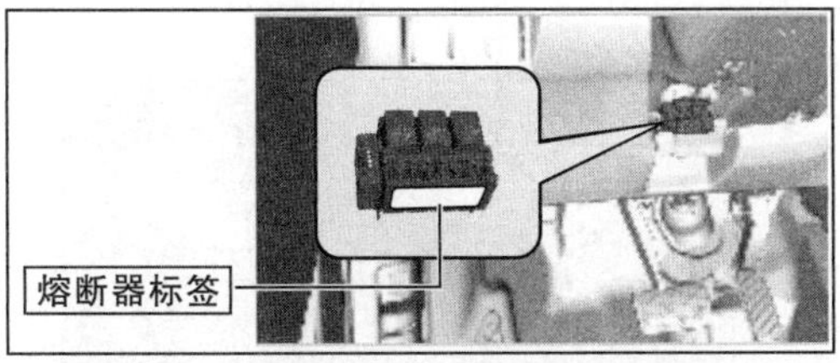

图5-8 XR-V轿车室内熔断器盒C安装位置图

表5-8 XR-V轿车室内熔断器盒C熔断器说明表

编号	受保护电路	额定值
2	IG1-2	7.5A
3	电子动力泵*	10A
5	附件	7.5A
6	IG1-1	7.5A
7	备用	15A
注	编号1、4的熔断器未使用 * 并非所有型号	

第三节 思域（2016年起）

1. 发动机舱熔断器盒

东风本田思域轿车发动机舱熔断器盒位于蓄电池附近，安装位置如图5-9所示。按压凸舌打开熔断器盒，在熔断器盒盖上有熔断器位置分布图，熔断器相关说明见表5-9。

图5-9 思域轿车发动机舱熔断器盒安装位置图

表5-9　思域轿车发动机舱熔断器盒熔断器说明表

编号	受保护电路	额定值
1	–	60A
	DC/DC	30A
	制冷风扇	50A
	高级AMP	30A
	IG 主熔断器	30A
	前照灯远光主熔断器	30A
	蓄电池	125A
2	EPS	70A
	IG主熔断器	30A
	熔断器盒可选项	40A
	熔断器盒	60A
	前风窗刮水器电动机	30A
	前照灯近光主熔断器	30A
3	后窗除霜器	40A
	起动电动机	30A
	熔断器盒	40A

编号	受保护电路	额定值
3	ABS/VSA电动机	40A
	ABS/VSA FSR	40A
	鼓风机电动机	40A
4	–	40A
	–	40A
	–	40A
	–	40A
5	制冷风扇	5A
6	清洗器	15A
7	FI主熔断器	15A
8	停车灯	10A
9	FI Sub	15A
10	喷油器	15A
11	LAF	5A
12	FI ECU	10A
13	危险警告灯	15A
14	–	15A
15	IG 线圈	15A

编号	受保护电路	额定值
16	变速器	15A
17	日间行车灯	10A
18	备用	10A
19	音响	15A
20	位置灯	10A
21	车内照明灯	10A
22	前雾灯	10A
23	空调压缩机	10A
24	喇叭	10A
25	音响	10A
26	左前照灯近光	10A
27	右前照灯近光	10A
28	备用2	30A
29	左前照灯远光	10A
30	右前照灯远光	10A
33	VB ACT*	5A
注	编号31、32的熔断器未使用 * 并非所有型号	

2. 室内熔断器盒

思域轿车室内熔断器盒位于仪表板下方，熔断器位置显示在侧板的标签上，熔断器盒及标签位置如图5-10所示，熔断器相关说明见表5-10。

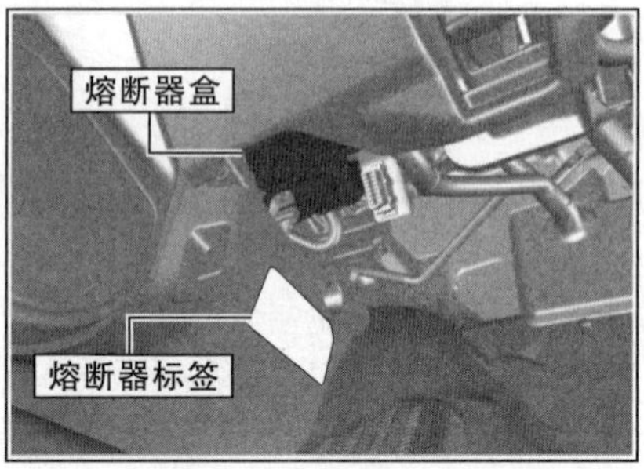

图5-10　思域室内熔断器盒安装位置图

表5-10　思域室内熔断器盒熔断器说明表

编号	受保护电路	额定值
1	附件	10A
2	钥匙锁止	5A
3	–	10A
4	前部传感器摄像头	5A
5	可选	10A
6	SRS指示灯	10A
7	仪表	10A
8	燃油泵	15A
9	空调	10A

编号	受保护电路	额定值
10	–	20A
11	发动机控制	5A
12	右侧车门锁止	10A
13	左侧车门解锁	10A
14	后左侧电动车窗	20A
15	前排乘客侧电动车窗	20A
16	门锁	20A
17	变速器	10A
18	–	10A

编号	受保护电路	额定值
19	天窗	20A
20	IG1 起动机	10A
21	ACG	10A
22	日间行车灯	10A
23	后雾灯	10A
24	前部传感器摄像头	5A
25	驾驶人门锁	10A
26	右侧车门解锁	10A
27	后右侧电动车窗	20A

表5-10 思域室内熔断器盒熔断器说明表 （续）

编号	受保护电路	额定值	编号	受保护电路	额定值	编号	受保护电路	额定值
28	驾驶人侧电动车窗	20A	32	–	20A	36	–	–
29	前排附件电源插座	20A	33	驾驶人侧电动座椅滑动装置	20A	37	–	10A
30	智能钥匙进入	10A				38	左侧车门锁止	10A
31	驾驶人侧电动座椅倾斜装置	20A	34	VSA/ABS	10A	39	驾驶人车门解锁	10A
			35	SRS	10A			

第四节 缤智（2015~2017年款）

1. 发动机舱熔断器盒

（1）发动机舱熔断器盒A

广汽本田缤智轿车发动机舱内熔断器盒A位于制动液储液罐附近，安装位置如图5-11所示。按压凸舌打开熔断器盒，在熔断器盒盖上有熔断器位置分布图，熔断器相关说明见表5-11。

（2）发动机舱熔断器盒B

缤智轿车发动机舱内熔断器盒B安装位置如图5-12所示，熔断器相关说明见表5-11。

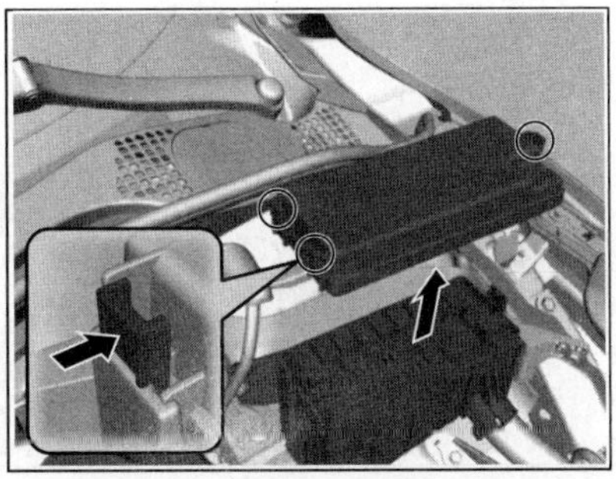

图5-11 缤智轿车发动机舱内熔断器盒A安装位置图

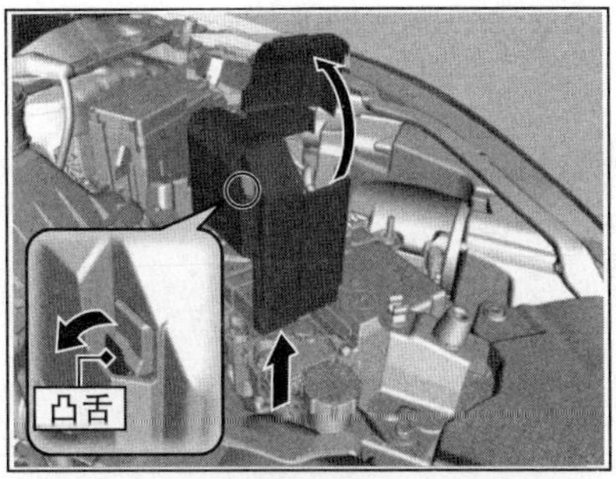

图5-12 缤智轿车发动机舱内熔断器盒B安装位置图

表5-11 缤智轿车发动机舱内熔断器盒A熔断器说明表

编号	受保护电路	额定值	编号	受保护电路	额定值	编号	受保护电路	额定值
1	前照灯近光主熔断器	20A	6	停止	10A	13	起动机SW*2	30A
			7	IGP	15A	14	MG离合器	7.5A
2	–	30A	8	IG线圈	15A	15	蓄电池传感器	7.5A
3	危险警告灯	10A	10	INJ	20A	16	小灯	10A
4	DBW	15A	11	VST2*2	30A	17	–	10A
5	刮水器*	30A	12	主风扇	30A	18	喇叭	10A

表5-11 缤智轿车发动机舱内熔断器盒A熔断器说明表 （续）

编号	受保护电路	额定值	编号	受保护电路	额定值	编号	受保护电路
19	前雾灯	10A	26	ST MG*3 起动机断电继电器*	7.5A	注	编号9、27、28的熔断器未使用 *1：装备智能无钥匙一键起动/进入系统的车型具有起动/停止按钮，而非点火开关 *2：装备发动机节能自动起动/停止的车型 *3：未装备发动机节能自动起动/停止的车型
20	-	10A					
21	备用熔断器	10A	29	备用熔断器*2	30A		
22	音响*3	10A	30	FI_副继电器	7.5A		
23	副风扇	30A	31	IGP2 副	7.5A		
24	DC/DC转换器1*2	30A	32	右前照灯近光	10A		
25	起动机*2	7.5A	33	左前照灯近光	10A		

表5-12 缤智轿车发动机舱内熔断器盒B熔断器说明表

编号	受保护电路	额定值	编号	受保护电路	额定值
a	蓄电池主继电器	100A	c	RB 主熔断器 2	80A
b	RB主熔断器1	70A	d	CAP 主熔断器	70A

2. 室内熔断器盒

（1）室内熔断器盒A

缤智轿车室内熔断器盒A位于仪表板后面，熔断器位置显示在转向柱下的标签上。熔断器盒及标签位置如图5-13所示，熔断器相关说明见表5-13。

（2）室内熔断器盒B

缤智轿车室内熔断器盒B安装位置如图5-14所示，熔断器说明见表5-14。

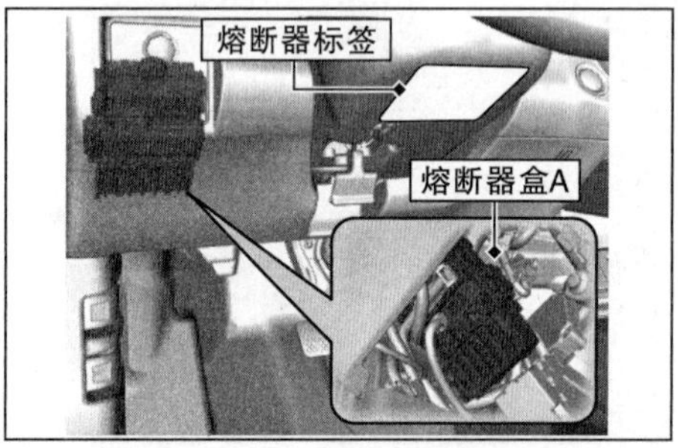

图5-13 缤智室内熔断器盒A安装位置图

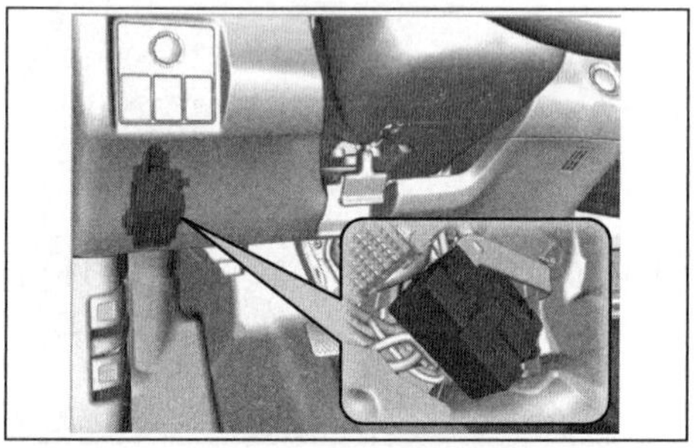

图5-14 缤智室内熔断器盒B安装位置图

表5-13 缤智室内熔断器盒A熔断器说明表

编号	受保护电路	额定值	编号	受保护电路	额定值	编号	受保护电路	额定值
1	门锁	20A	8	驾驶人侧电动车窗	20A	15	右前照灯远光	10A
3	智能无钥匙一键起动/进入系统*1	10A	9	乘客侧电动车窗	20A	16	STS*2	7.5A
			10	后排左侧电动车窗	20A	17	遮阳板*1	20A
4	左侧车门解锁	10A	11	后排右侧电动车窗	20A	18	全景玻璃天窗*1	20A
5	右侧车门解锁	10A	12	左侧车门锁止	10A	19	-	20A
6	-	10A	13	右侧车门锁止	10A	20	日间行车灯*1	10A
7	-	10A	14	后雾灯	10A	21	-	10A

表5-13 缤智室内熔断器盒A熔断器说明表 （续）

编号	受保护电路	额定值
22	清洗器	15A
23	后窗刮水器主熔断器*1	10A
24	A/C	7.5A
25	日间行车灯*1	7.5A
26	起动机*	7.5A
27	ABS/VSA	7.5A
28	SRS	10A

编号	受保护电路	额定值
29	左前照灯远光	10A
31	继电器	10A
32	燃油泵	15A
33	SRS2*	7.5A
34	仪表	7.5A
35	Mission SOL	7.5A
36	前排附件电源插座	20A
37	ACC*	7.5A

编号	受保护电路	额定值
38	ACC*2	7.5A
39	选项	10A
40	后窗刮水器	10A
注	编号2、41、42的熔断器未使用 *：并非适用于所有车型 *1：装备智能无钥匙一键起动/进入系统的车型 *2：未装备智能无钥匙一键起动/进入系统的车型	

表5-14 缤智室内熔断器盒B熔断器说明表

编号	受保护电路	额定值
1	电子助力转向（EPS）	70A
	IG 主熔断器	30A*1
		50A*2
	熔断器盒主熔断器2	50A
	ABS/VSA电动机	40A
	熔断器盒主熔断器	30A
	熔断器盒主熔断器3	40A
2	后窗除雾器	30A
	EPB L	30A

编号	受保护电路	额定值
2	IG主熔断器2*1	30A
	–*2	–
	HTR MTR	40A
	EPB R	30A
	E DPS*3	30A
5	ABS/VSA FSR	30A
6	–	10A
7	后排附件电源插座	20A
9	车内照明灯	7.5A
10	中间附件电源插座	20A
12	ACC输出继电器*2	7.5A
	ACC钥匙锁止*2	

编号	受保护电路	额定值
13	车门后视镜加热*1	10A
14	空调鼓风机*2	7.5A
15	–*1	–
	前风窗刮水器*2	30A
注	编号3、4、8、11的熔断器未使用 *1：装备智能无钥匙一键起动/进入系统的车型 *2：未装备智能无钥匙一键起动/进入系统的车型 *3：AWD车型	

（3）室内熔断器盒C

缤智轿车室内熔断器盒C位于转向柱后面，安装位置如图5-15所示，在熔断器盒盖上有熔断器位置分布图，熔断器相关说明见表5-15。

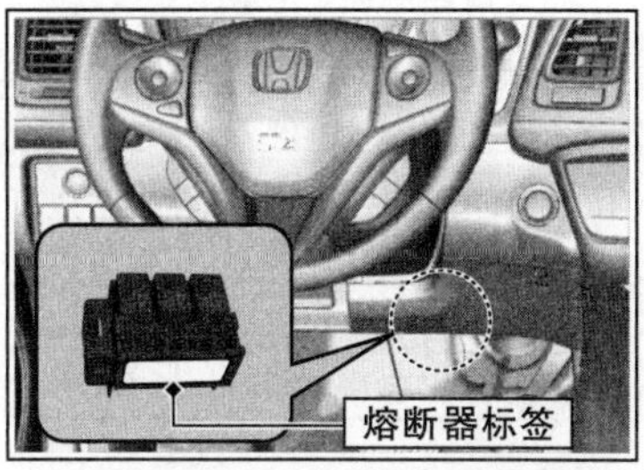

图5-15 缤智轿车室内熔断器盒C安装位置图

表5-15 缤智轿车室内熔断器盒C熔断器说明表

编号	受保护电路	额定值
2	IG1-2	7.5A
3	电动泵*	10A
5	附件	7.5A
6	IG1-1	7.5A

编号	受保护电路	额定值
7	备用	15A
注	编号1、4的熔断器未使用 * 并非所有型号	

第五节 雅阁（2017年起）

1. 发动机舱熔断器盒

广汽本田雅阁混合动力轿车发动机舱内熔断器盒位于12 V蓄电池附近，安装位置如图5-16所示。按压凸舌打开熔断器盒，在熔断器盒盖上有熔断器位置分布图，熔断器相关说明见表5-16。

图5-16 雅阁混合动力轿车发动机舱内熔断器盒安装位置图

表5-16 雅阁混合动力轿车发动机舱内熔断器盒熔断器说明表

编号	受保护电路	额定值
1	蓄电池	150A
2	EPS	70A
	ESB	40A
	右侧电子驻车制动电动机	30A
	熔断器盒可选熔断器1	40A
	SBW	30A
	RFC	40A
	IG主熔断器1	30A
3	前照灯近光主熔断器	30A
	发动机电动水泵	30A
	IG主熔断器2	30A
	刮水器电动机	30A
4	主FI	15A
5	PCU电动水泵	7.5A

编号	受保护电路	额定值
6	EVTC	20A
7	IG保持	10A
8	DBW	15A
9	IG线圈	15A
10	停车灯	10A
11	VBU	10A
12	熔断器盒主熔断器2	60A
	后窗除雾器	50A
	熔断器盒主熔断器1	60A
	ABS/VSA FSR	40A
	前照灯远光主熔断器	30A
	ABS/VSA电动机	30A
	加热器电动机	40A
	左侧电子驻车制动电动机	30A
	小灯	20A

编号	受保护电路	额定值
12	熔断器盒可选熔断器2	40A
13	A/C PTC 4	40A
14	A/C PTC 2	40A
15	前雾灯和DRL	10A
16	喇叭	10A
17	IG保持3-L/R	15A
18	车内照明灯	7.5A
19	-	-
20	高级放大器*	20A
21	备用熔断器	10A
22	音响	15A
23	P-ACT驱动器	7.5A
24	右前照灯近光	10A
25	左前照灯近光	10A
26	IGPS（LFA）	10A
注	*：并非适用于所有车型	

2. 室内熔断器盒

雅阁混合动力轿车室内熔断器盒位于仪表板下方，熔断器位置显示在侧面板的标签上，熔断器盒及标签位置如图5-17所示，熔断器相关说明见表5-17。

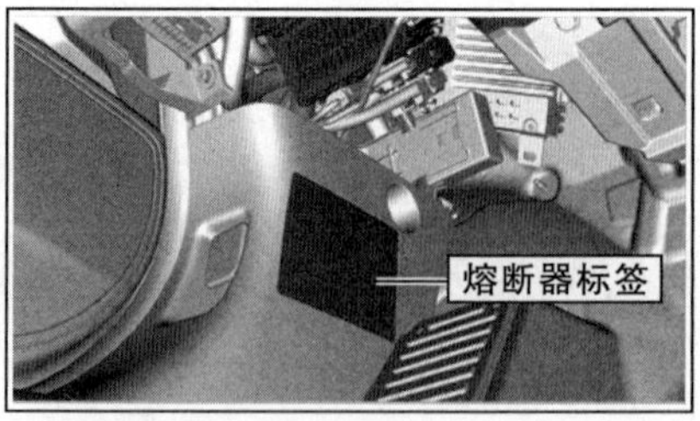

图5-17 雅阁混合动力轿车室内熔断器盒标签位置图

表5-17 雅阁混合动力轿车室内熔断器盒熔断器说明表

编号	受保护电路	额定值
1	空调	7.5A
2	DRL	7.5A
5	仪表	10A
7	选项	7.5A
9	燃油泵	20A
10	ABS/VSA	7.5A
11	VB SOL	10A
12	前风窗刮水器	7.5A
13	ACG	10A
14	附件电源插座	20A
15	驾驶人电动座椅倾斜*	20A
16	天窗	20A
17	座椅加热器	20A
18	后雾灯	7.5A
19	乘客侧车门解锁	10A
20	驾驶人侧车门解锁	10A
22	乘客侧车门锁止	10A
24	SRS	10A
25	照明	10A
26	钥匙锁止	7.5A
27	位置灯	10A
28	腰部支撑*	10A
29	右前照灯远光	10A
30	清洗器	15A
31	空调主熔断器	10A
32	驾驶人电动车窗	20A
33	前排乘客电动车窗	20A
34	驾驶人侧后方电动车窗	20A
35	乘客侧后方电动车窗	20A
36	驾驶人电动座椅滑动*	20A
37	附件	7.5A
39	左前照灯远光	10A
40	点烟器	20A
41	驾驶人侧车门锁止	10A
42	车门锁止	20A
a	智能钥匙遥控器	10A
b	换档器	7.5A
c	混合动力系统	10A
d	危险警告灯	15A
e	乘客电动座椅倾斜*	20A
f	乘客电动座椅滑动*	20A
g	后排座椅加热器*	15A
h	主动转向照明系统*	15A
j	IG MON	7.5A
注	编号3、4、6、8、21、23、38、i的熔断器未使用 *：并非适用于所有车型	

第六节 飞度（2014~2015年款）

1. 发动机舱内熔断器盒

（1）发动机舱内熔断器盒A

广汽本田飞度轿车发动机舱内熔断器盒A位于制动液储液罐附近，安装位置如图5-18所示。按压凸舌打开熔断器盒，在熔断器盒盖上有熔断器位置分布图，熔断器相关说明见表5-18。

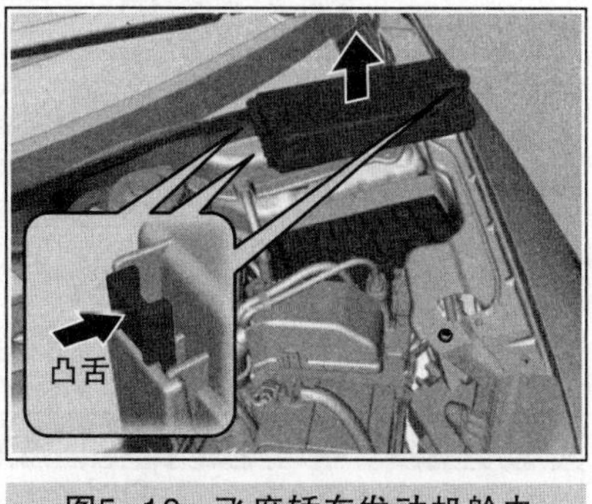

图5-18 飞度轿车发动机舱内熔断器盒A安装位置图

表5-18　飞度轿车发动机舱内熔断器盒A熔断器说明表

编号	受保护电路	额定值
1	前照灯近光主熔断器	20A
2	CDC*	30A
3	危险警告灯	10A
4	DBW	15A
5	刮水器	30A
6	停止	10A
7	IGP	15A
8	IG 线圈	15A
9	ECP*	10A
10	INJ	20A
11*2	DC/DC变流器2	30A
11*3	–	–
12	主风扇	30A

编号	受保护电路	额定值
13	起动机 SW	30A
14	MG 离合器	7.5A
15	蓄电池传感器	7.5A
18	喇叭	10A
19	前雾灯*	15A
21*2	倒车灯主熔断器	10A
21*3	倒车灯主熔断器	15A
22	车内照明灯	7.5A
23	副风扇	30A
24*2	DC/DC 变流器 1	30A
24*3	–	–
25	起动机	7.5A
26	–	7.5A
29*2	倒车灯	30A

编号	受保护电路	额定值
29*3	倒车灯	10A
30	IGP LAF	10A
31	IGPS	7.5A
32	右前照灯近光	10A
33	左前照灯近光	10A
注	编号16、17、20、27、28的熔断器未使用 *：并非适用于所有车型 *1：装备智能无钥匙一键起动/进入系统的车型具有起动/停止按钮，而非点火开关 *2：装备发动机节能自动起动/停止系统的车型 *3：未装备发动机节能自动起动/停止系统的车型	

（2）发动机舱内熔断器盒B

飞度轿车发动机舱内熔断器盒B安装位置如图5-19所示，熔断器分布如图5-20所示，熔断器相关说明见表5-19。

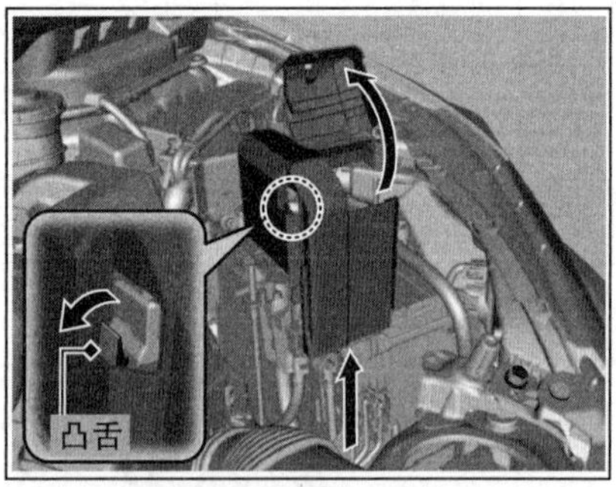

图5-19　飞度发动机舱内熔断器盒B安装位置图

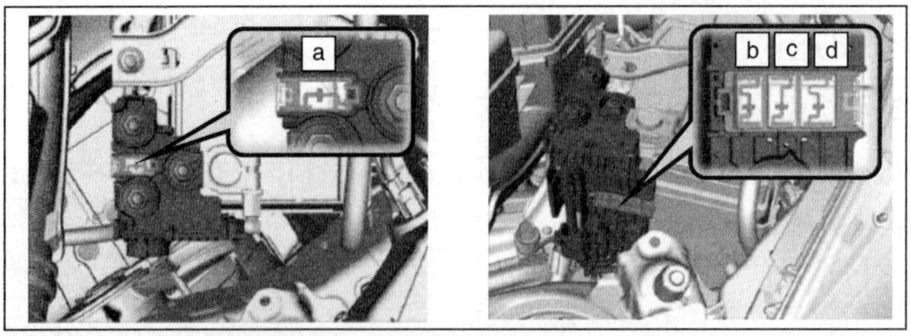

图5-20　飞度发动机舱内熔断器盒B熔断器分布图

表5-19　飞度发动机舱内熔断器盒B熔断器说明表

编号	受保护电路	额定值
a	蓄电池主继电器	100A
b	RB主熔断器1	70A
c	RB 主熔断器 2	80A
d	CAP 主熔断器	70A

2. 室内熔断器盒

（1）室内熔断器盒A

飞度轿车室内熔断器盒A位于仪表板后面，熔断器位置显示在转向柱下方的标签上。熔断器盒及标签位置如图5-21所示，熔断器相关说明见表5-20。

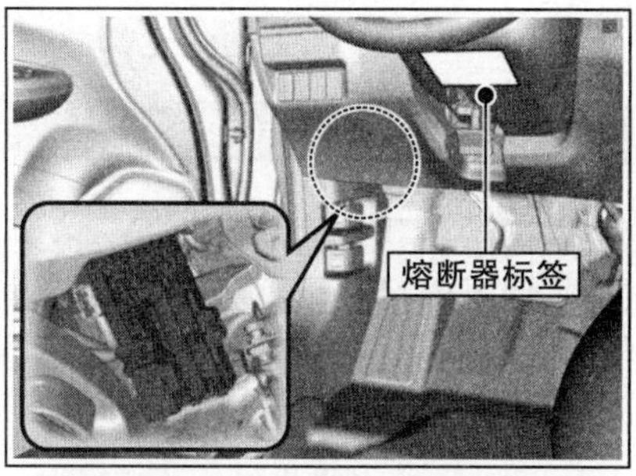

图5-21 飞度轿车室内熔断器盒A及标签位置图

表5-20 飞度轿车室内熔断器盒A熔断器说明表

编号	受保护电路	额定值
1	驾驶人侧电动车窗	20A
2	前照灯远光主熔断器	10A
3	ABS FSR	30A
4	刮水器	10A
5	小灯	10A
6	车门锁止	20A
8	前照灯远光	10A
9	天窗[*]	20A
10	清洗器	15A
12	HAC OP	20A
13	中央附件插座	20A
14	雾灯	10A
15	–	20A
16[*1]	IG 主熔断器	30A
16[*2]	–	–
19[*1]	智能无钥匙一键起动/进入系统	10A
19[*2]	–	–
22	ABS/VSA MTR	40A

编号	受保护电路	额定值
23	加热器电动机	30A
24	电动车窗主熔断器	40A
25[*1]	点火装置	30A
25[*2]	点火装置	50A
26	后窗除雾器	30A
27	电子助力转向系统（EPS）	60A
28	前风窗刮水器（低）	7.5A
29[*1]	–	–
29[*2]	STS	7.5A
30	IG2	7.5A
31	鼓风机	7.5A
34	右侧车门锁止	15A
35	左侧车门锁止	15A
36	右侧车门解锁	15A
37	左侧车门解锁	15A
38	ACC	7.5A
39	附件电源插座	20A
40	左后电动车窗	20A
41	右后电动车窗	20A

编号	受保护电路	额定值
42	前排乘客电动车窗	20A
43[*1]	–	–
43[*2]	ACC 主熔断器	7.5A
45	MISS SOL[*]	7.5A
46	仪表	7.5A
47	后窗刮水器	10A
48	SRS	10A
50[*1]	–	–
50[*2]	前风窗刮水器	30A
51	IG1	7.5A
52	IG1 选装	10A
53	ABS	7.5A
54	ACG	10A
55	燃油泵	15A
注	编号7、11、17、18、20、21、32、33、44、49的熔断器未使用 *：并非适用于所有车型 *1：装备智能无钥匙一键起动/进入系统的车型 *2：未装备智能无钥匙一键起动/进入系统的车型	

（2）室内熔断器盒B

飞度轿车室内熔断器盒B位于转向柱后面，安装位置如图5-22所示，熔断器相关说明见表5-21。

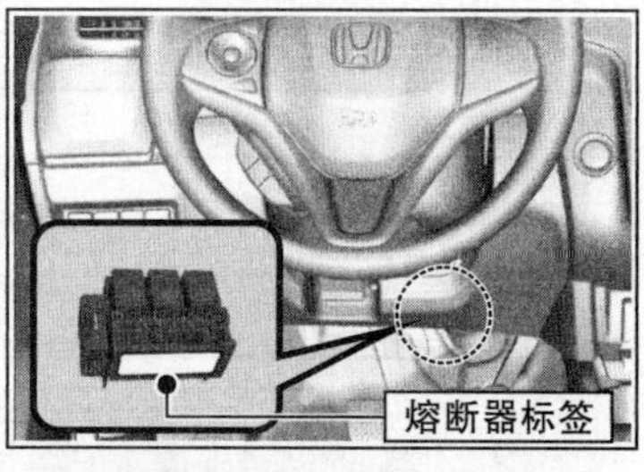

图5-22 飞度轿车室内熔断器盒B安装位置图

表5-21　飞度轿车室内熔断器盒B熔断器说明表

编号	受保护电路	额定值	编号	受保护电路	额定值
2	IG1-2	7.5A	7	备用熔断器	15A
3	电动泵	10A	注	编号1、4的熔断器未使用 * 并非适用于所有车型	
5	附件	7.5A			
6	IG1-1	7.5A			

第七节 凌派（2014~2015年款）

1. 发动机舱熔断器盒

广汽本田凌派轿车发动机舱内熔断器盒位于制动液储液罐附近，安装位置如图5-23所示。按压凸舌打开熔断器盒，在熔断器盒盖上有熔断器位置分布图，熔断器相关说明见表5-22。

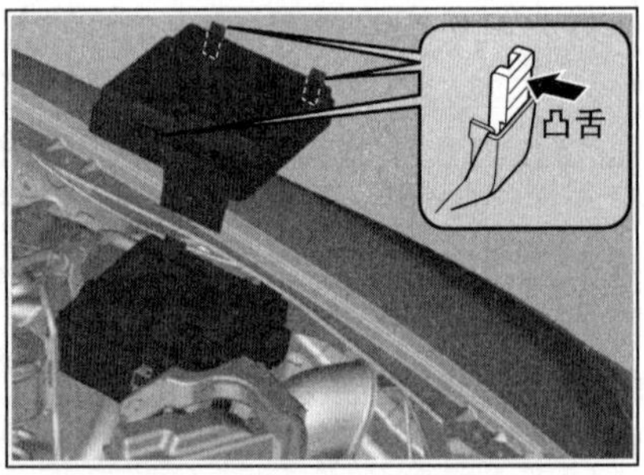

图5-23　凌派轿车发动机舱内熔断器盒安装位置图

表5-22　凌派轿车发动机舱内熔断器盒熔断器说明表

编号	受保护电路	编号	受保护电路	编号	受保护电路
1	主熔断器/EPS	12	刮水器	25	IGP（主FI）
2	IG 主熔断器 1	13	IG 线圈	26	主小灯
	熔断器盒主熔断器 2	14	停车/喇叭	27	IG 主熔断器 2
3	ABS/VSA* 电动机	15	FI Sub	28	DBW
4	ABS/VSA* FSR	16	危险警告灯	29	MG 离合器
		17	前雾灯	30	副风扇
5	熔断器盒主熔断器	20	车门后视镜加热*	31	起动机
6	标准磁性开关			注	编号7、18、19的熔断器未使用 *：并非适用于所有车型 *1：装备无钥匙进入系统的车型具有 起动/停止按钮，而非点火开关
8	后除雾器	21	左前照灯近光		
9	前照灯主电路	22	右前照灯近光		
10	主风扇	23	备用熔断器		
11	加热器电动机	24	音响		

2. 驾驶人侧室内熔断器盒

凌派轿车驾驶人侧室内熔断器盒位于仪表板下方，熔断器位置显示在侧面板的标签上，熔断器盒及标签位置如图5-24所示，熔断器相关说明见表5-23。

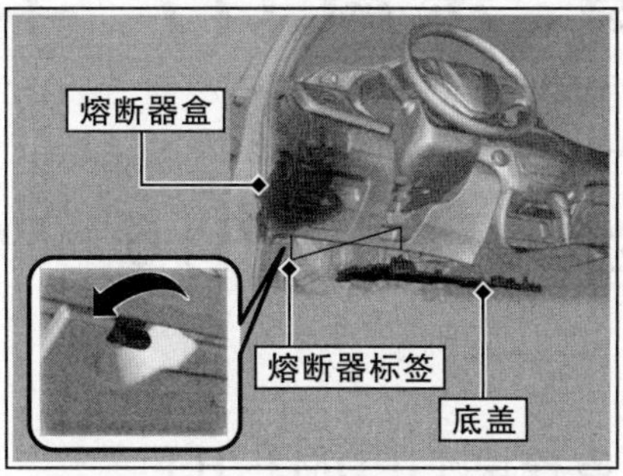

图5-24 凌派轿车驾驶人侧室内熔断器盒及标签位置图

表5-23 凌派轿车驾驶人侧室内熔断器盒熔断器说明表

编号	受保护电路	编号	受保护电路	编号	受保护电路
1	空调	19	右侧门解锁	34	后排左侧电动车窗
5	仪表	20	左侧门解锁	35	后排右侧电动车窗
6	SRS 2	22	右侧门锁	37	附件
7	选项	24	SRS	39	左前照灯远光
8	MISS SOL	25	照明	40	前排附件电源插座
9	燃油泵	26	ACC 钥匙锁止	41	左侧门锁
10	VSA*/ABS	27	小灯	42	门锁
12	前风窗刮水器	29	右前照灯远光	注	编号2、3、4、11、14、15、21、23、28、36、38的熔断器未使用 *：并非适用于所有车型
13	ACG	30	清洗器		
16	天窗*	31	智能*		
17	车内照明灯	32	驾驶人侧电动车窗		
18	后雾灯	33	前排乘客侧电动车窗		

第六章 东风日产车系

第一节 全新轩逸（2016~2017年款）

1. 发动机舱智能配电模块（IPDM E/R）

全新轩逸发动机舱智能配电模块元件分布如图6-1所示，熔断器相关说明见表6-1。

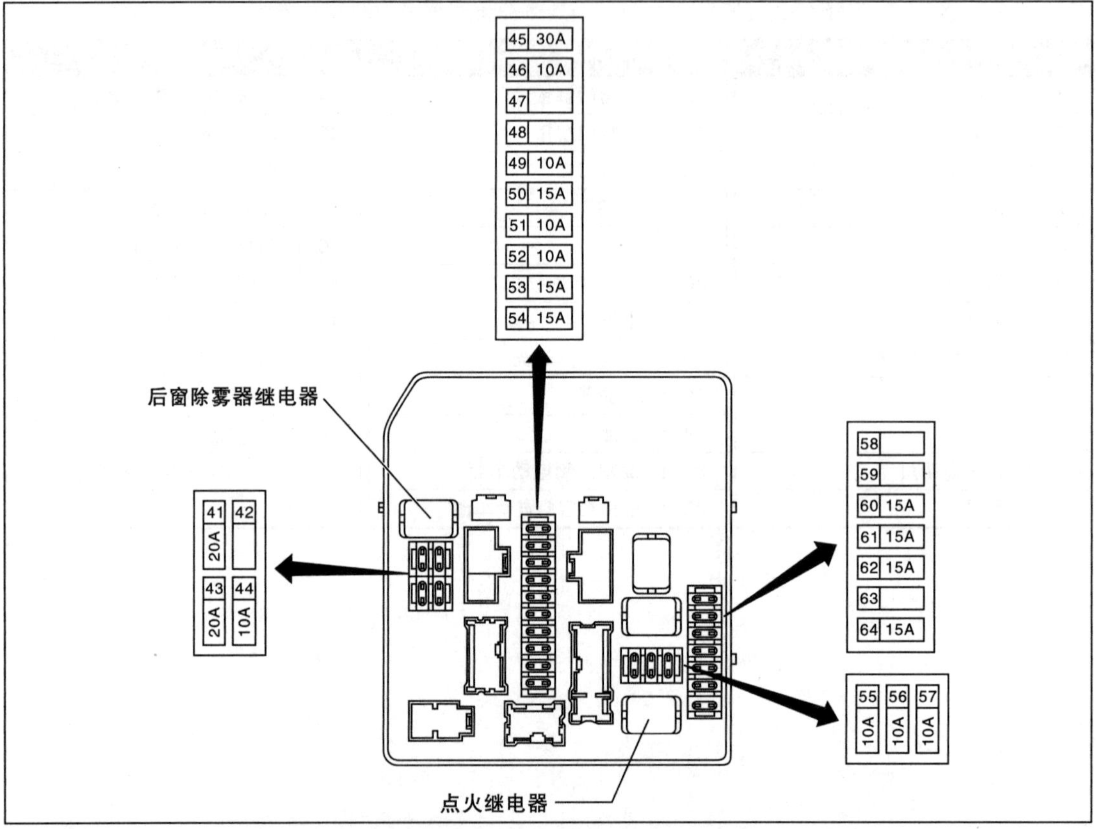

图6-1 全新轩逸发动机舱智能配电模块元件分布图

表6-1 全新轩逸发动机舱智能配电模块熔断器相关说明表

编号	额定值	保护的电路/部件
41	20A	后窗除雾器继电器、电容器、空调控制（配备手动空调）、空调自动放大器（配备自动空调）、熔断器盒（J/B）
43	20A	ECM继电器、ECM控制单元、质量型空气流量传感器、EVAP炭罐电磁阀、进气门正时控制电磁阀、排气门正时控制电磁阀、加热型氧传感器2、空燃比（A/F）传感器1
44	10A	配备智能钥匙的车型：转向锁继电器、转向锁单元

表6-1 全新轩逸发动机舱智能配电模块熔断器相关说明表 （续）

编号	额定值	保护的电路/部件
45	30A	前风窗刮水器继电器、前风窗刮水器HI/LO继电器、前风窗刮水器电动机
46	10A	右后组合灯、左侧牌照灯、右侧牌照灯、车门后视镜遥控开关、组合开关（螺旋电缆）、危险警告灯开关、空调自动放大器（配备手动空调）、照明控制开关、音响单元、CVT变速杆、左后组合灯、空调控制（配备自动空调）、右侧加热座椅开关、左侧加热座椅开关、ECO模块开关、VDC OFF开关（配备VDC）、行李箱盖开启器开关、左前组合灯、停车/起动 OFF开关、前照灯对光开关［配备前照灯对光控制系统（手动）］、右前组合灯、自动调平系统控制单元［配备前照灯对光控制系统（手动）］
49	10A	空调继电器、压缩机
50	15A	右前雾灯、左前雾灯
51	10A	右前组合灯、右前照灯（远光）
52	10A	左前组合灯、左前照灯（远光）
53	15A	左前组合灯
54	15A	右前组合灯
55	10A	配备CVT、不配备停车/起动系统的车型：变速器档位开关、TCM（变速器控制模块）、主速度传感器、辅助速度传感器、输出速度传感器
56	10A	配备M/T的车型：IPDM E/R（发动机舱智能配电模块）
	10A	配备CVT的车型：变速器档位开关
57	10A	ABS控制单元
60	15A	燃油泵继电器、燃油泵液位传感器单元和燃油泵
61	15A	电容器、点火线圈
62	15A	搭载HR发动机：ECM控制单元、燃油喷射器1前、燃油喷射器1后、燃油喷射器2前、燃油喷射器2后、燃油喷射器3前、燃油喷射器3后、燃油喷射器4前、燃油喷射器4后
		搭载MR发动机：ECM控制单元，燃油喷射器1、2、3、4#
64	15A	节气门控制电动机继电器、ECM控制单元、发动机重新起动继电器（配备智能钥匙）
注	编号42、47、48、58、59、63的熔断器未使用	

2. 熔断器盒（J/B）

全新轩逸熔断器盒（J/B）元件分布如图6-2所示，熔断器说明见表6-2。

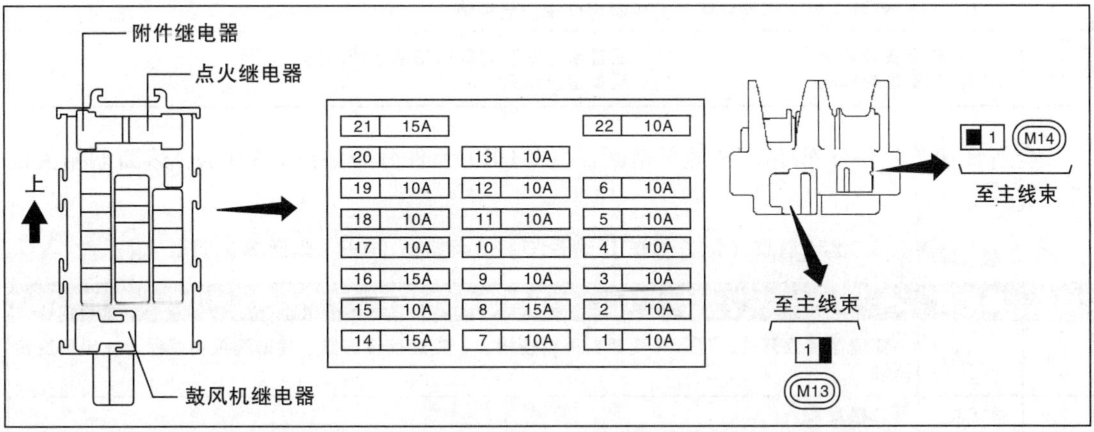

图6-2 全新轩逸熔断器盒（J/B）元件分布图

表6-2 全新轩逸熔断器盒（J/B）说明表

编号	额定值	保护的电路/部件
1	10A	安全气囊诊断传感器单元
2	10A	清洗器泵
3	10A	数据线接口、转向角传感器（配备VDC）、停车/起动 OFF开关（配备停车/ 起动系统）、制动灯开关、左前照灯对光电动机、右前照灯对光电动机、DC/DC转换器（配备停车/起动系统）、轮胎气压低警告控制单元（配备轮胎气压监测系统）、制动保持继电器（配备智能巡航控制系统ICC）、自动调平系统控制单元（配备前照灯自动对光系统）、右侧空气混合风门电动机（配备自动空调）、左侧空气混合风门电动机（配备自动空调）、模式风门电动机（配备自动空调）、空调自动放大器（配备自动空调）、空调控制（配备自动空调）、压缩机（配备自动空调）、空调放大器（配备手动空调）、加热座椅继电器、EPS控制单元
4	10A*1	BCM、IPDM E/R（发动机舱智能配电模块）
5	10A	组合仪表（未配备停车/起动系统）、二极管-1（配备停车/起动系统）
6	10A*2	高级驾驶辅助系统（ADAS）控制单元、前摄像头单元、左侧雷达、右侧雷达
7	10A	按钮式点火开关
8	15A*3	加热座椅继电器
9	10A	BCM、行李箱灯、车内灯、地图灯
10	–	未使用
11	10A	组合仪表
12	10A	数据接口
		轮胎压力低警告控制单元（配备胎压监测系统）
		钥匙开关（未配备智能钥匙）
		智能钥匙警告蜂鸣器（配备智能钥匙，但未配备停车/起动系统）
13	10A*4	智能钥匙警告蜂鸣器
14、16	15A	鼓风机电动机、功率晶体管（配备自动空调）
15	10A	空调自动放大器（配备自动空调）、发动机重新起动旁通继电器（配备停车/起动系统）
17	10A	IPDM E/R（发动机舱智能配电模块）
18	10A*1	组合仪表、BCM、音响单元（配备音响）、车门后视镜遥控开关
19	10A*4	组合仪表、BCM、音响单元（未配备停车/起动系统）、车门后视镜遥控开关
20	–	未使用
21	15A	控制台电源插座
22	10A	驾驶人侧车门后视镜、前排乘客侧车门后视镜
注	*1：未配备智能钥匙 *3：配备加热座椅	*2：配备预碰撞智能制动辅助系统FEB *4：配备智能钥匙

全新轩逸（配备停车/起动系统）熔断器盒（J/B）元件分布如图6-3所示，熔断器相关说明见表6-3。

表6-3 全新轩逸（配备停车/起动系统）熔断器盒（J/B）熔断器说明表

编号	额定值	保护的电路/部件
71	10A	变速器档位开关、TCM（变速器控制模块）、主速度传感器、辅助速度传感器、输出速度传感器
72	10A	二极管-2
73	10A	空调放大器

表6-3 全新轩逸（配备停车/起动系统）熔断器盒（J/B）熔断器说明表 （续）

编号	额定值	保护的电路/部件
75	10A	ABS执行器和电气（控制单元）、转向角传感器
77	15A	音响单元
87	10A	电动机油泵继电器
89	10A	音响单元
92	10A	TCM（变速器控制模块）
注	编号74、76、78、79、80、81、82、83、84、85、86、88、90、91的熔断器未使用	

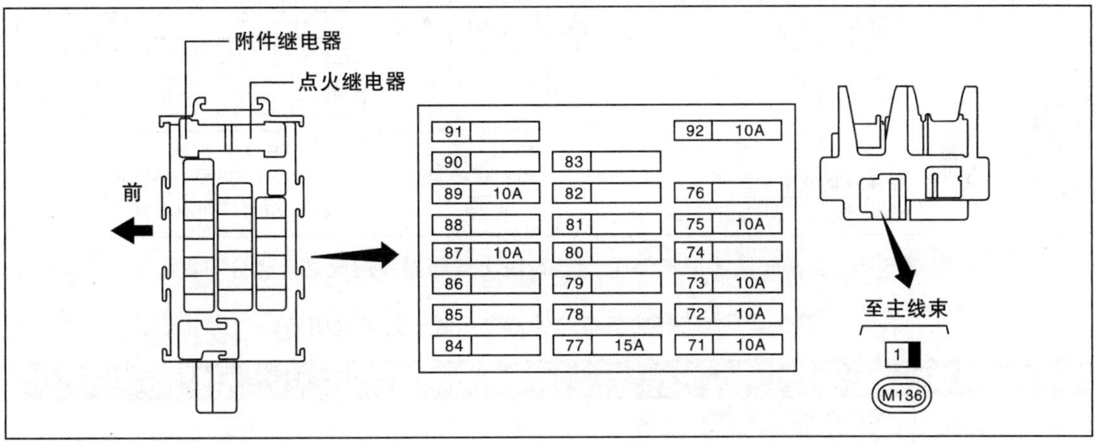

图6-3 全新轩逸（配备停车/起动系统）熔断器盒（J/B）元件分布图

3. 熔断器和熔丝盒

全新轩逸熔断器和熔丝盒元件分布如图6-4、图6-5所示，带熔丝的蓄电池端子熔丝说明见表6-4，熔断器和熔丝盒说明见表6-5。

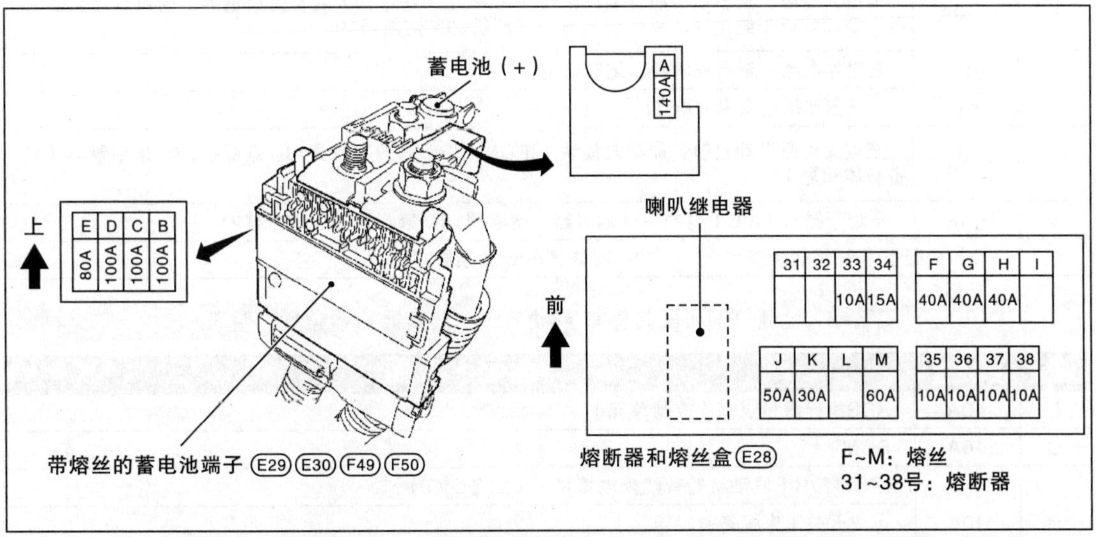

图6-4 全新轩逸（未配备停车/起动系统）熔断器和熔丝盒元件分布图

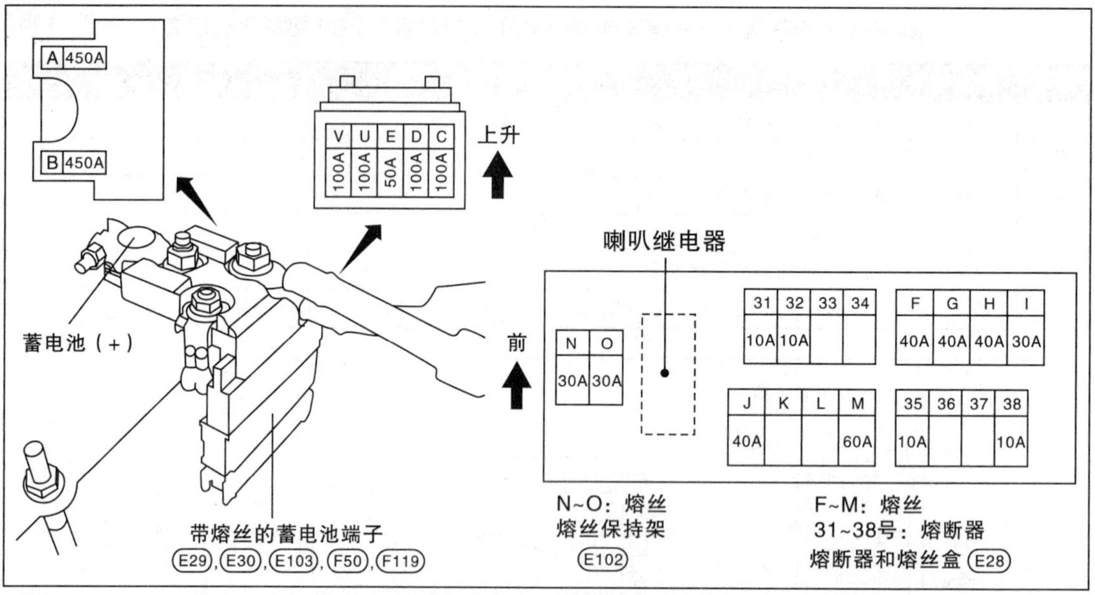

图6-5　全新轩逸（配备停车/起动系统）熔断器和熔丝盒元件分布图

表6-4　全新轩逸带熔丝的蓄电池端子熔丝说明表

编号	额定值	保护的电路/部件
A	140A*1	交流发电机、熔丝B、熔丝C
	450A*2	交流发电机
B	100A*1	熔断器和熔丝盒
	450A*2	发动机重新起动旁通继电器
C	100A	配备停车/起动系统：熔丝保持架内的熔丝O
		未配备停车/起动系统：发动机舱智能配电模块（IPDM E/R）内的熔断器43、熔断器64、熔断器44（配备智能钥匙），至点火电源
D	100A	至点火电源、至发动机舱智能配电模块（IPDM E/R）内的右雾灯继电器、前照灯远光继电器、前照灯近光继电器、尾灯继电器、熔断器45、熔断器49
E	80A*1	至附件电源、至点火电源、熔断器盒（J/B）
	50A*2	熔断器和熔丝盒内的熔丝I
U	100A*2	至点火电源发动机舱智能配电模块（IPDM E/R）内的熔断器43、熔断器64、熔断器44（配备智能钥匙）
V	100A*2	至熔断器盒（J/B）内的附件继电器、熔断器18、熔断器19、熔断器21
注	*1：未配备停车/起动系统　　*2：配备停车/起动系统	

表6-5　全新轩逸（配备停车/起动系统）熔断器和熔丝盒说明表

编号	额定值	保护的电路/部件
F	40A	ABS执行器和电气（控制单元）
G	40A	BCM
H	40A	IPDM E/R（发动机舱智能配电模块）（配备CVT）
		点火开关（未配备智能钥匙）
		点火继电器（配备停车/起动系统）

表6-5 全新轩逸（配备停车/起动系统）熔断器和熔丝盒说明表 （续）

编号	额定值	保护的电路/部件
I	30A[*2]	ABS执行器和电气（控制单元）
J	50A[*1*3]	IPDM E/R（发动机舱智能配电模块）内的冷却风扇继电器1、冷却风扇继电器2
	50A[*1*4]	
	40A[*2*5]	
K	30A[*1]	ABS执行器和电气（控制单元）
L	–	未使用
M	60A	EPS控制单元
N	30A	DC/DC转换器（配备停车/起动系统）
O	30A	DC/DC转换器（配备停车/起动系统）
31	10A	蓄电池传感器（配备停车/起动系统）
32	10A	蓄电池传感器（配备停车/起动系统）
33	10A	TCM（配备CTV及配备停车/起动系统）
34	15A	音响单元（未配备停车/起动系统）
35	10A	喇叭继电器、交流发电机
36	10A	TCM（配备CTV及配备停车/起动系统）
37	10A	日间行车灯继电器（配备LED前照灯）
38	10A	制动灯开关2（配备智能巡航控制系统ICC）
		制动灯开关
		BCM（配备智能钥匙）
		制动保持继电器（配备停车/起动系统）
注	*1：未配备停车/起动系统 *3：未配备智能钥匙 *5：配备智能钥匙及MR发动机	*2：配备停车/起动系统 *4：配备智能钥匙及HR发动机

第二节 新奇骏（2014～2017年款）

1. 发动机舱智能配电模块（IPDM E/R）

新奇骏发动机舱智能配电模块元件分布如图6-6所示，熔断器相关说明见表6-6。

表6-6 新奇骏发动机舱智能配电模块熔断器说明表

编号	额定值	保护的电路/部件
71	10A	ECM控制单元
72	15A	ECM继电器、ECM控制单元、质量型空气流量传感器（用于MR发动机）、EVAP炭罐电磁阀、电容器、点火线圈1～4#、燃油喷射器继电器（用于MR发动机）、进气门正时控制电磁阀（用于MR发动机）、排气门正时控制电磁阀（用于MR发动机）、燃油泵高压继电器（用于MR发动机）、燃油喷射器1～4#（用于QR发动机）

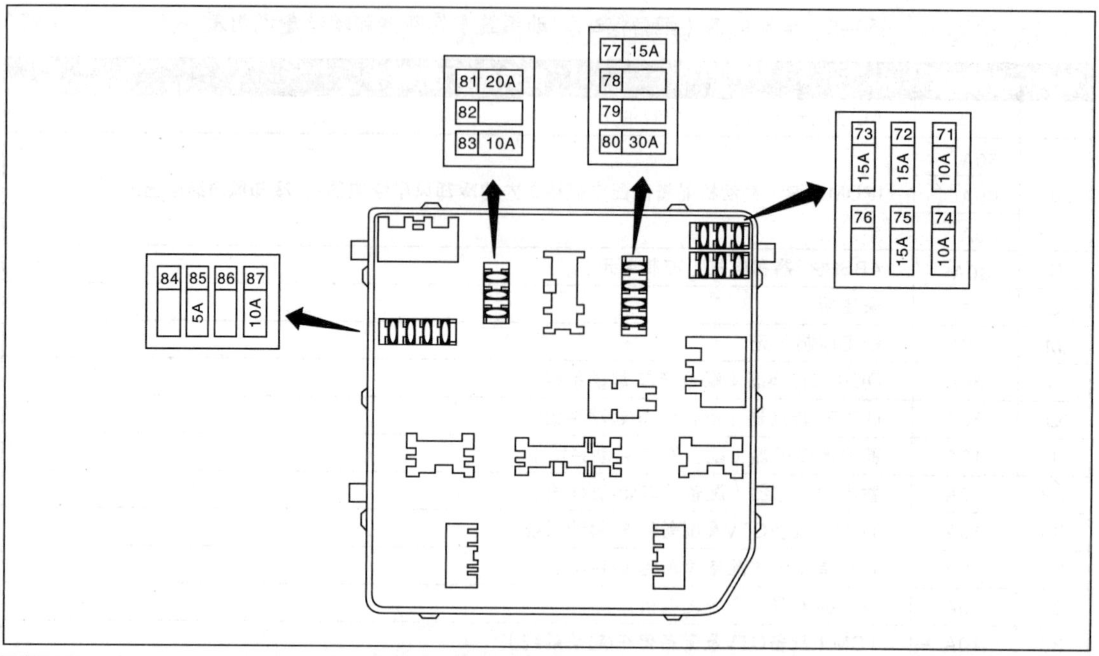

图6-6　新奇骏发动机舱智能配电模块元件分布图

表6-6　新奇骏发动机舱智能配电模块熔断器说明表　（续）

编号	额定值	保护的电路/部件
73	15A	节气门控制电动机继电器
74	10A	排气门正时控制电磁阀、进气门正时控制电磁阀、排气门正时中央锁控制电磁阀
75	15A	空燃比（A/F）传感器1、加热型氧传感器
77	20A	空调继电器
80	30A	前风窗刮水器高速/低速继电器
81	20A	燃油泵继电器
83	10A	变速器档位开关、变速器控制模块、主速度传感器、输入速度传感器、输出速度传感器
85	5A	ECM控制单元、转向锁单元
87	10A	压缩机、左前组合灯、右前组合灯、倒档/空档（PNP）开关（配备手动变速器）、变速器档位开关（配备CVT变速器）

2. 熔断器盒（J/B）

新奇骏熔断器盒（J/B）元件分布如图6-7所示，熔断器相关说明见表6-7。

表6-7　新奇骏熔断器盒（J/B）熔断器说明表

编号	额定值	保护的电路/部件
1	15A	BCM
2	5A	4WD控制单元
3	20A	BCM
4	15A	BCM
5	20A	BCM
6	10A	数据线接口、4WD控制单元（配备4WD）、驻车制动开关（配备电动驻车制动器）

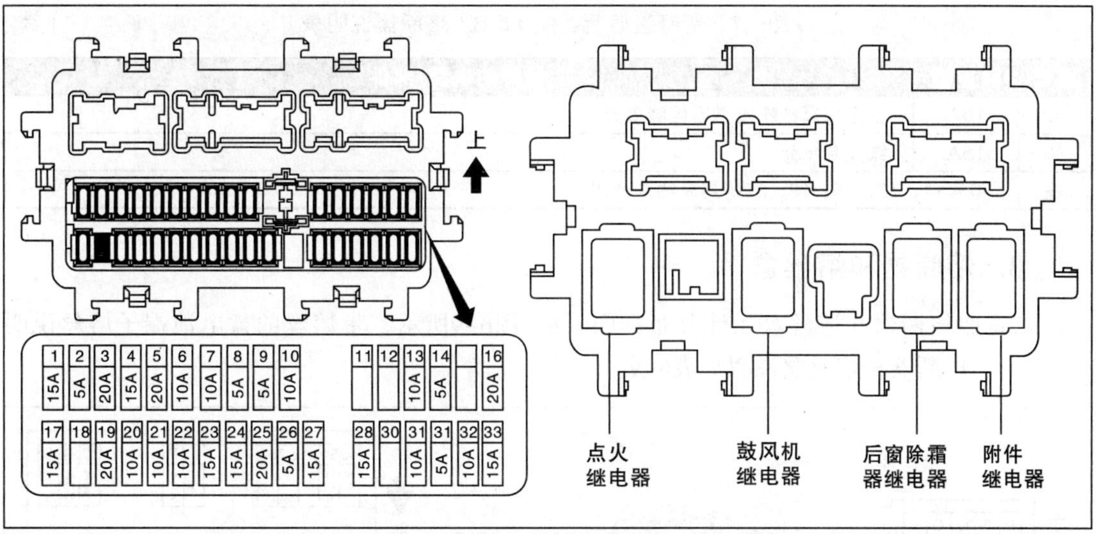

图6-7 新奇骏熔断器盒（J/B）元件分布图

表6-7 新奇骏熔断器盒（J/B）熔断器说明表 （续）

编号	额定值	保护的电路/部件
7	10A	BCM
8	5A	离合器互锁开关
9	5A	NATS天线放大器
10	10A	制动灯开关、BCM
13	10A	组合仪表
14	5A	BCM
16	20A	音响单元、全景监视器控制单元、导航控制单元（配备7in显示屏）、TCU、AV控制单元（配备5in显示屏）
17	15A	鼓风机控制功率晶体管
19	20A	电源插座、控制台电源插座
20	10A	空调自动放大器（配备自动空调）、空调放大器（配备手动空调）、制动踏板位置开关、空调开关（配备自动空调）、车门后视镜遥控开关
21	10A	ABS执行器和电气单元（控制单元）
22	10A	驾驶人侧车门后视镜、前排乘客侧车门后视镜
23	15A	电容器
24	15A	电容器
25	20A	车内灯继电器
26	5A	前照灯对光开关（配备手动前照灯对光控制系统）、音响单元、导航控制单元（配备7in显示屏）、AV控制单元（配备5in显示屏）
27	15A	鼓风机控制功率晶体管
28	15A	左前座椅加热开关、右前座椅加热开关
30	10A	声纳控制单元（声纳系统）、转向角传感器、制动灯开关、4WD控制单元（配备4WD）、EPS控制单元、数据接口、音响单元、导航控制单元（配备7in显示屏）、AV控制单元（配备5in显示屏）、全景监视控制单元、电动驻车制动控制模块（配备电动驻车制动器）、底盘控制模块、自动防眩车内后视镜（配备自动防眩车内后视镜）
31	5A	组合仪表

表6-7 新奇骏熔断器盒（J/B）熔断器说明表 （续）

编号	额定值	保护的电路/部件
32	10A	安全气囊诊断传感器控制单元
33	15A	泵控制单元
注	编号11、12、15、18、29的熔断器未使用	

3. 熔断器和熔丝盒

新奇骏熔断器和熔丝盒元件分布如图6-8、图6-9所示，带熔丝的蓄电池端子熔丝说明见表6-8，熔断器和熔丝盒说明见表6-9。

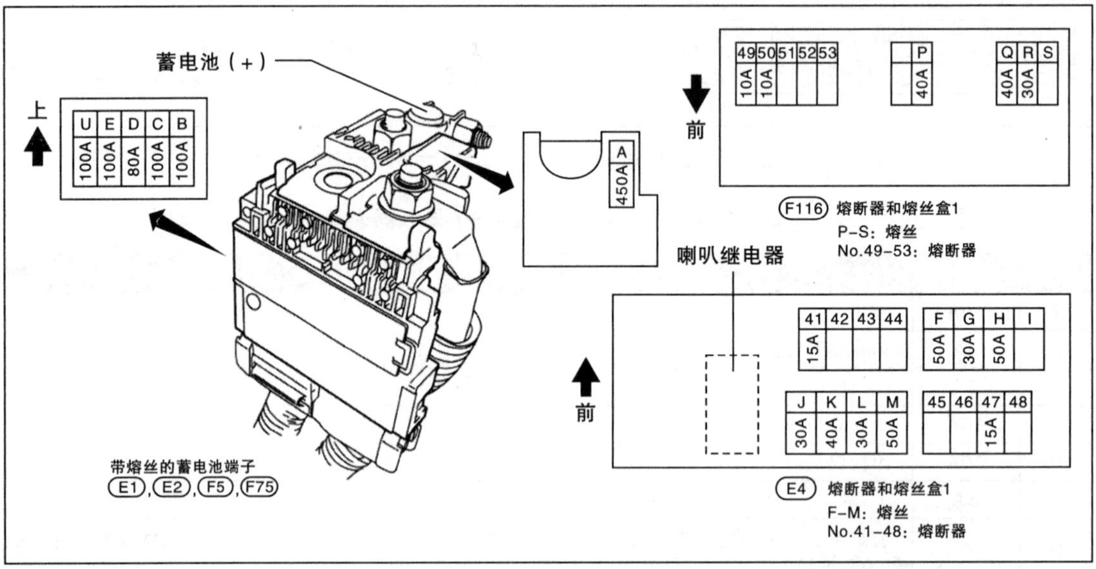

图6-8 新奇骏（配备QR发动机）熔断器和熔丝盒元件分布图

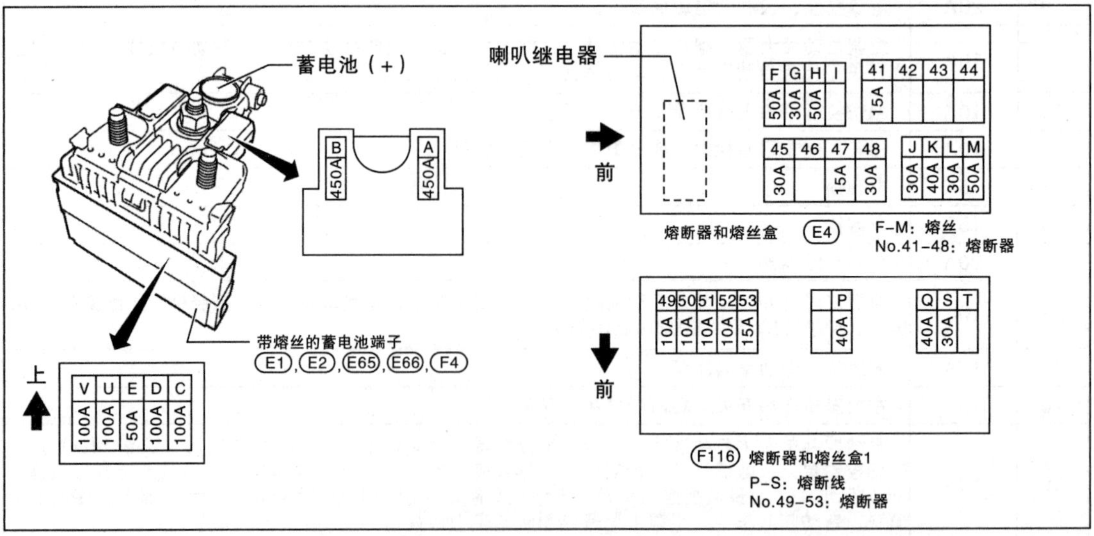

图6-9 新奇骏（配备MR发动机）熔断器和熔丝盒元件分布图

表6-8 新奇骏带熔丝的蓄电池端子熔丝说明表

编号	额定值	保护的电路/部件
A	450A	交流发电机、起动机（配备QR发动机的车型）
		交流发电机
B	450A	配备MR发动机车型：起动机
	100A	配备QR发动机车型：熔断器和熔丝盒内的F、G、H、K、J、L、M熔丝，熔断器41、45、47、48
C	100A	配备MR发动机车型：至点火电源、熔断器盒（J/B）
		配备QR发动机车型：至发动机舱智能配电模块（IPDM E/R）、至点火电源
D	100A[*1]	发动机舱智能配电模块（IPDM E/R）
	80A[*2]	
E	50A[*1]	至熔断器和熔丝盒-1
	100A[*2]	至附件电源、熔断器盒（J/B）
U	100A	配备MR发动机车型：至发动机舱智能配电模块（IPDM E/R）、点火电源
		配备QR发动机车型：至熔断器和熔丝盒-1
V	100A[*1]	至熔断器和熔丝盒内的F、G、H、K、J、L、M熔丝，熔断器41、45、47、48
注	*1：配备MR发动机的车型　　*2：配备QR发动机的车型	

表6-9 新奇骏熔断器和熔丝盒说明表

编号	额定值	保护的电路/部件
F	50A	EPS控制单元
G	30A	ABS执行器和电气（控制单元）
H	50A	EPS控制单元
J	30A	自动行李箱控制单元
K	40A	ABS执行器和电气（控制单元）
L	30A	起动机控制继电器、熔断器盒（J/B）
M	50A	电动车窗继电器、电动车窗主开关、天窗电动机总成（配备天窗）、遮阳板电动机总成（配备天窗）、驾驶人侧座椅（配备电动座椅）
P	40A	冷却风扇电动机-1
R	30A	发动机舱智能配电模块（IPDM E/R）内的熔断器73、ECM继电器
Q	40A	发动机舱智能配电模块（IPDM E/R）
41	15A	喇叭继电器1
45	30A	配备MR发动机：电动驻车制动控制单元（电动驻车制动器）
46	10A	未使用
47	15A	喇叭继电器2
48	30A	配备MR发动机：电动驻车制动控制单元（电动驻车制动器）
49	30A	TCM（配备CTV）
50	10A	冷却风扇电动机-2、冷却风扇电动机-3
51	10A	燃油泵高压继电器（配备MR发动机）
52	10A	燃油喷射器继电器（配备MR发动机）
53	15A	燃油喷射器继电器（配备MR发动机）
注	熔丝I、熔丝S、熔断器42、熔断器43、熔断器44未使用	

第三节 全新逍客（2016~2017年款）

1. 发动机舱智能配电模块（IPDM E/R）

全新逍客发动机舱智能配电模块元件分布如图6-10所示，熔断器相关说明见表6-10。

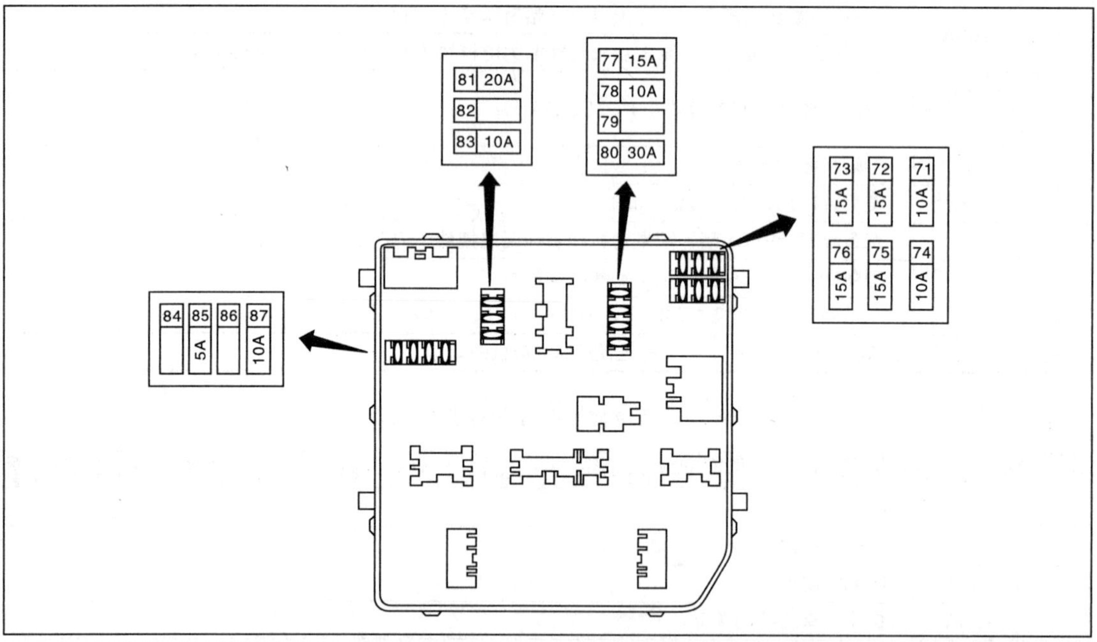

图6-10 全新逍客发动机舱智能配电模块元件分布图

表6-10 全新逍客（带智能钥匙）发动机舱智能配电模块熔断器说明表

编号	额定值	保护的电路/部件
71	10A	ECM
72	15A	冷凝器、点火线圈（带功率晶体管）1~4号
		配备MR发动机的车型：ECM、EVAP炭罐清洁控制电磁阀、质量型空气流量传感器、喷油器继电器、排气门正时控制电磁阀、进气门正时控制电磁阀、电动泵继电器
		配备HR发动机的车型：EVAP炭罐清洁控制电磁阀、涡轮增压器废气门控制电磁阀、空燃比（A/F）传感器1、加热型氧传感器2
73	15A	节气门控制电动机继电器
74	10A	配备HR发动机的车型：排气门正时控制电磁阀、进气门正时控制电磁阀、涡轮增压器旁通阀控制电磁阀、发动机机油压力控制电磁阀、发动机冷却液旁通阀控制电磁阀
75	15A	配备MR发动机的车型：加热型氧传感器2、空燃比（A/F）传感器1
		配备HR发动机的车型：节温器加热器控制电磁阀、ECM
76	15A	配备HR发动机的车型：ECM
77	15A	空调继电器

表6-10 全新逍客（带智能钥匙）发动机舱智能配电模块熔断器说明表 （续）

编号	额定值	保护的电路/部件
78	10A	发动机重新起动继电器
80	30A	前风窗刮水器HI/LO继电器
81	20A	燃油泵继电器
83	10A	配备CVT变速器未配备起动/停止系统的车型：TCM、主速度传感器、输出速度传感器、变速器档位开关
85	5A	配备MR发动机的车型：转向锁单元（配备转向锁单元）、ECM
87	10A	左前组合灯、右前组合灯、压缩机、变速器档位开关（配备CVT变速器）、倒档/空档位置开关（配备手动变速器）
注	编号79、82、84、86的熔断器未使用	

2. 熔断器盒（J/B）

全新逍客熔断器盒（J/B）元件分布如图6-11所示，熔断器相关说明见表6-11。

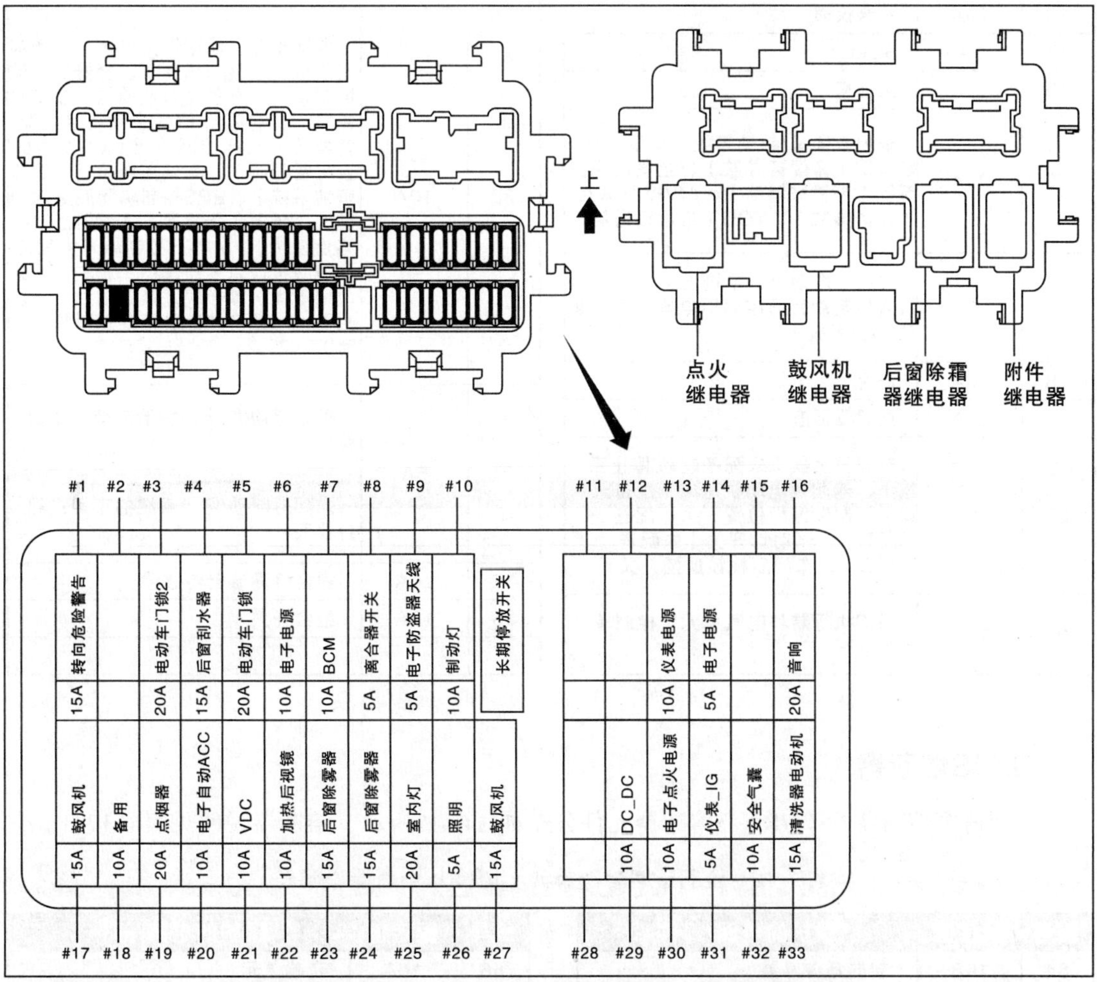

图6-11 全新逍客熔断器盒（J/B）元件分布图

表6-11　全新逍客熔断器盒（J/B）熔断器说明表

编号	额定值	保护的电路/部件
1	15A	BCM
2	–	未使用
3	20A	BCM
4	15A	BCM
5	20A	BCM
6	10A	数据线接口、电动车窗继电器
7	10A	BCM
8	5A	离合器互锁开关
9	5A	不配备智能钥匙的车型：NATS天线放大器
10	10A	制动灯开关、BCM
11	–	未使用
12	–	未使用
13	10A	组合仪表
14	5A	BCM
15	–	未使用
16	20A	未配备停车/起动系统的车型：音响系统（未配备导航）、全景监视器系统（带驻车辅助）、A/V控制单元（配备导航）、TCU（带远程通信）
17	15A	鼓风机电动机、空调放大器、发动机重新起动旁通控制继电器（配备起动/停止系统）
18	10A	备用
19	20A	点烟器插座
20	10A	空调放大器（未配备起动/停止系统）、遮阳板电动机总成（配备天窗）、制动踏板位置开关（配备ASCD）、制动灯开关（未配备ASCD）、车门后视镜遥控开关
21	10A	ABS执行器和电气单元（控制单元）
22	10A	配备MR发动机的车型：驾驶人侧车门后视镜、前排乘客侧车门后视镜
23	15A	后窗除雾器
24	15A	后窗除雾器
25	20A	车内灯继电器
26	5A	前照灯对光开关、杂物箱照明灯、音响单元（未配备导航）、NAVI控制单元（配备导航）
27	15A	空调放大器、鼓风机电动机
28	–	未使用
29	10A	配备起动/停止系统的车型：DC/DC转换器、熔断器盒（J/B）内点火继电器
30	10A	数据接口、前摄像头单元（配备加速踏板误踩紧急辅助）、全景监控器控制单元（配备全景监控器）制动灯开关、音响单元（MR发动机且未配备导航）、AV控制单元（MR发动机且配备导航）、声纳控制单元（配备声纳系统）、EPS控制单元底盘控制模块、转向角传感器（未配备起动/停止系统）、ADAS控制单元（配备加速踏板误踩紧急辅助）、右侧雷达（配备加速踏板误踩紧急辅助）、左侧雷达（配备加速踏板误踩紧急辅助）
31	5A	配备起动/停止系统的车型：二极管1
		未配备起动/停止系统的车型：组合仪表
32	10A	安全气囊诊断传感器
33	15A	组合开关

3. IS熔断器

全新逍客熔断器盒（J/B）IS熔断器元件分布如图6-12所示，熔断器说明见表6-12。

表6-12　全新逍客熔断器盒（J/B）IS熔断器说明表

编号	额定值	保护的电路/部件
54	10A	转向角传感器
55	10A	二极管-2
56	10A	音响单元

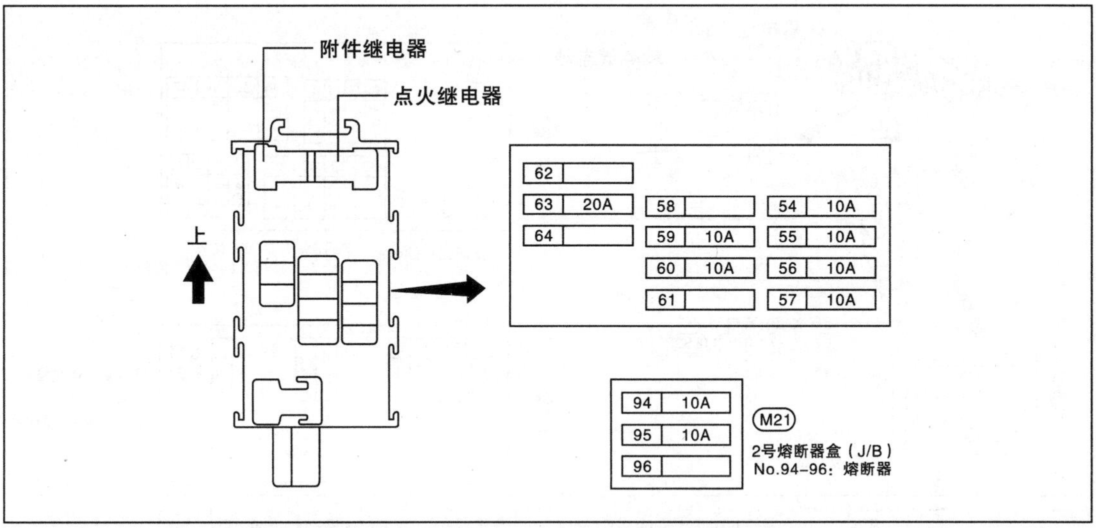

图6–12 全新逍客熔断器盒（J/B）IS熔断器元件分布图

表6–12 全新逍客熔断器盒（J/B）IS熔断器说明表（续）

编号	额定值	保护的电路/部件
57	10A	配备CVT变速器及起动/停止系统的车型：TCM（变速器控制模块）、主速度传感器、辅助速度传感器、输出速度传感器、变速器档位开关
58	–	未使用
59	10A	空调放大器（配备起动/停止系统）
60	10A	ABS执行器和电气单元（控制单元）（配备起动/停止系统）
61	–	未使用
62	–	未使用
63	20A	音响单元
64	–	未使用
94	10A	电动油泵继电器
95	10A	TCM
96	–	未使用

4. 熔断器和熔丝盒

全新逍客熔断器和熔丝盒元件分布如图6–13所示，蓄电池端子熔丝说明见表6–13，熔断器和熔丝盒说明见表6–14。

表6–13 全新逍客蓄电池端子熔丝说明表

编号	额定值	保护的电路/部件
A	450A	起动机（未配备停车/起动系统）、发动机重新起动旁通继电器（配备停车/起动系统）
B	450A	交流发电机
C	100A	发动机舱智能配电模块（IPDM E/R）
D	100A	熔断器和熔丝盒
E	50A	熔断器和熔丝盒–1
U	100A	至点火电源、附件电源、熔断器盒（J/B）
V	100A	至点火电源、发动机舱智能配电模块（IPDM E/R）

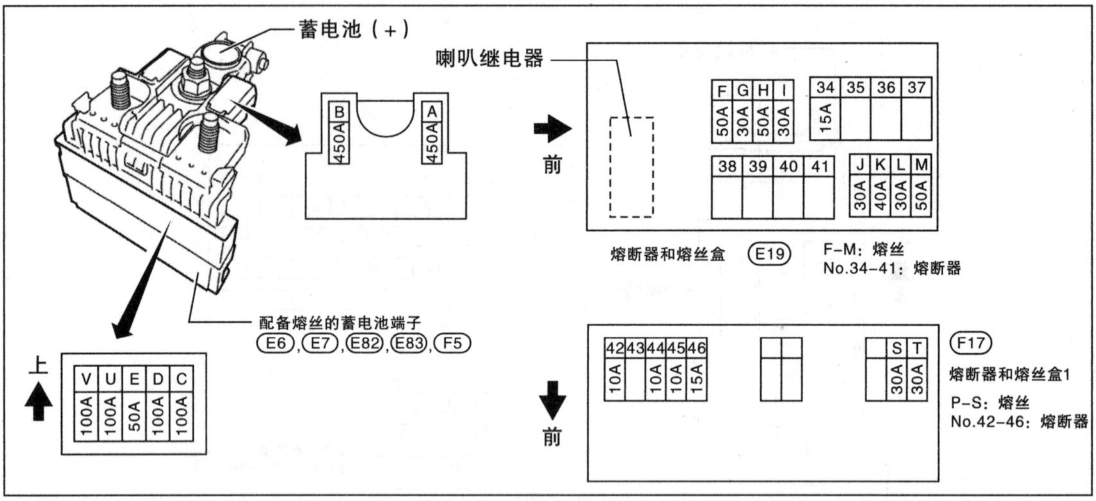

图6-13 全新逍客（MR发动机）熔断器和熔丝盒元件分布图

表6-14 全新逍客熔断器和熔丝盒说明表

编号	额定值	保护的电路/部件
F	50A	EPS控制单元
G	30A	ABS执行器和电气单元（控制单元）
H	50A	EPS控制单元
I	30A	冷却风扇继电器-2
J	30A	冷却风扇继电器-2
K	40A	ABS执行器和电气单元（控制单元）
L	30A	起动机控制继电器、熔断器盒（J/B）
M	50A	电动车窗继电器、电动车窗主开关、遮阳板电动机总成

编号	额定值	保护的电路/部件
S	30A	发动机舱智能配电模块（IPDM E/R）
T	30A	发动机舱智能配电模块（IPDM E/R）
34	15A	喇叭继电器
35～41	-	未使用
42	10A	TCM
43	-	未使用
44	10A	电动油泵继电器
45	10A	喷油器继电器
46	15A	喷油器继电器

第四节 新天籁（2016年起）

1. 发动机舱智能配电模块（IPDM E/R）

新天籁发动机舱熔断器盒元件分布如图6-14所示，熔断器相关说明见表6-15。

表6-15 新天籁发动机舱熔断器盒熔断器说明表

编号	额定值	保护的电路/部件
42	10A	右前组合灯
43	10A	左前组合灯

编号	额定值	保护的电路/部件
44	15A	右前组合灯
45	15A	左前组合灯

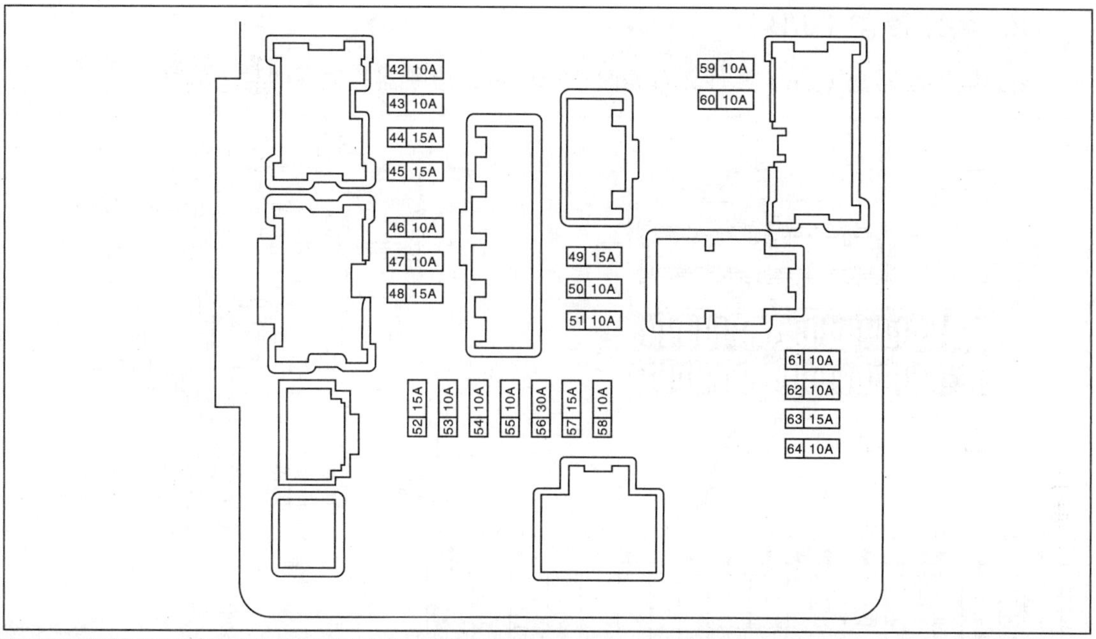

图6-14 新天籁发动机舱熔断器盒元件分布图

表6-15 新天籁发动机舱熔断器盒熔断器说明表

编号	额定值	保护的电路/部件
46	10A	ECM、质量型空气流量传感器（配备MR发动机的车型）、EVAP炭罐电磁阀
47	10A	进气门正时控制电磁阀、进气门正时锁定控制电磁阀（配备QR发动机的车型）、排气门正时控制电磁阀、ECM、喷油器继电器（配备MR发动机的车型）、高压燃油泵继电器（配备MR发动机的车型）
48	15A	空燃比（A/F）传感器1、加热型氧传感器2
49	30A	1号点火线圈、2号点火线圈、3号点火线圈、4号点火线圈、电容器
50	15A	ECM、1～4号燃油喷射器（配备QR发动机的车型）
51	10A	TCM、变速器档位开关、主速度转速传感器、输入速度传感器、输出速度传感器
52	15A	燃油泵继电器
53	10A	右侧前照灯对光电动机、左侧前照灯对光电动机、冷却风扇继电器2、冷却风扇继电器3
54	10A	ABS执行器和电气单元（控制单元）、转向角传感器、制动踏板位置开关、动力转向控制模块
55	10A	清洗器泵（不带全景监视器）、泵控制单元（带全景监视器）
56	30A	前风窗刮水器继电器
57	15A	前雾灯继电器
58	10A	日间行车灯继电器
59	10A	熔断器盒（J/B）内的26号熔断器、左后组合灯
60	10A	左前组合灯、右侧牌照灯、左侧牌照灯、右后组合灯、自动调平系统控制单元（带前照灯自动对光控制系统）、左侧后板照明（带后板LED）、左后烟灰缸照明（带烟灰缸）
61	10A	空调继电器、压缩机
62	10A	转向锁继电器
63	15A	节气门控制电动机继电器
64	10A	ECM

2. 熔断器盒（J/B）

新天籁熔断器盒（J/B）元件分布如图6-15所示，熔断器相关说明见表6-16。

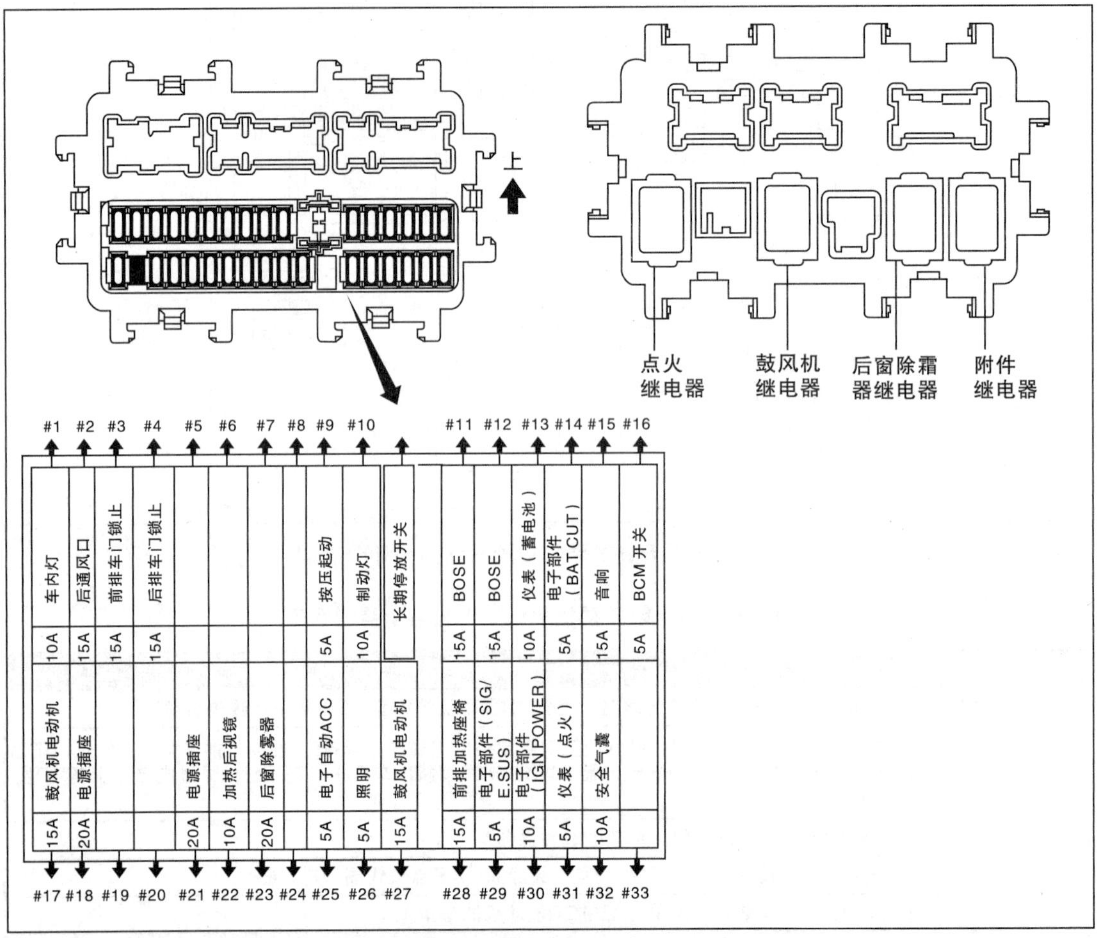

图6-15 新天籁熔断器盒（J/B）元件分布图

表6-16 新天籁熔断器盒（J/B）熔断器说明表

编号	额定值	保护的电路/部件
1	10A	BCM数据接口、座椅记忆开关（带自动驾驶座椅定位器）、选装接头（G传感器）[带选装接头（G传感器）的汽车]
2	15A	左后通风座椅控制单元、右后通风座椅控制单元
3	15A	BCM
4	15A	BCM
5~8	–	未使用
9	5A	遥控无钥匙进入接收器、按钮式点火开关
10	10A	制动灯开关、BCM、ICC制动保持继电器（装备FEB预碰撞智能制动辅助系统）
11	15A	BOSE放大器（装备FEB预碰撞智能制动辅助系统）
12	15A	BOSE放大器（装备FEB预碰撞智能制动辅助系统）
13	10A	组合仪表

表6-16 新天籁熔断器盒（J/B）熔断器说明表 （续）

编号	额定值	保护的电路/部件
14	5A	空调自动放大器、左侧后板照明（带后板LED）
15	15A	音响单元（装备显示屏音响或不带彩色显示屏的BASE音响）、TCU（装备远程通信）、AV控制单元（带导航）、警告系统开关（装备警告系统开关）、全景监控器控制单元（装备全景监控器）、RSE控制单元（装备后娱乐系统）、右侧头枕显示单元（装备后娱乐系统）、左侧头枕显示单元（装备后娱乐系统）
16	5A	BCM
17	15A	鼓风机电动机
18	20A	后电源插座（装备后电源插座）
19	–	未使用
20	–	未使用
21	20A	中控台电源插座、前电源插座
22	10A	车门后视镜除雾器（驾驶人侧）、车门后视镜除雾器（前排乘客侧）、空调自动放大器
23	20A	电容器、后窗除雾器
24	–	未使用
25	5A	空调自动放大器、组合仪表、音响单元、选装接头（G传感器）、远程通信开关（装备远程通信）、TCU（装备远程通信）、车门后视镜遥控开关、后控制开关（装备后控制开关）
26	5A	前照灯对光开关（装备手动前照灯对光控制系统）、VDC OFF开关（装备前照灯手动对光系统）、ECO模式开关、杂物箱灯、警告系统开关（装备警告系统开关）、行李箱盖开启器开关、组合开关（螺旋电缆）、危险警告开关、音响单元、空调控制、AV控制单元（带导航系统）、USB接头（带USB）、CVT变速杆、FEB/EAPM开关（装备FEB预碰撞智能制动辅助系统）、驾驶人座椅气候控制座椅开关、前排乘客气候控制座椅开关、驾驶人侧车门把手情景灯（带有情景灯的车门把手）、前排乘客侧车门把手情景灯（装备情景灯的车门把手）、车门后视镜遥控开关、仪表控制开关、远程通信开关（带远程通信）、驾驶人侧前排加热座椅开关、前排乘客侧加热座椅开关、后遮阳板开关（前/装备后遮阳板）、右后烟灰缸照明（带烟灰缸）、后遮阳板开关（后/装备后遮阳板）、后控制开关（带后控制开关）、左后通风座椅开关（带后通风座椅）、左后加热座椅开关（装备后通风座椅）、右后通风座椅开关（装备后通风座椅）、右后加热座椅开关（装备后通风座椅）、右侧后板照明（装备后板LED及空调）
27	15A	鼓风机电动机
28	15A	驾驶人侧前排加热座椅开关、乘客侧前排加热座椅开关
29	5A	数据线接口、AV控制单元（带导航系统）、TCU（带远程通信）、全景监控器控制单元（装备全景监控器）、排气/车外气味检测传感器（装备ACCS高级气候控制系统）
30	10A	自动调平系统控制单元（装备前照灯自动对光系统）、压缩机、空调自动放大器、空调控制、自动防眩目车内后视镜（装备车内后视镜）、声纳控制单元（装备声纳控制系统）、气候控制座椅继电器（装备气候座椅控制系统）、离子发生器（装备ACCS高级气候控制系统）、ICC制动保持继电器（装备FEB预碰撞智能制动辅助系统）、ADAS控制单元（装备FEB预碰撞智能制动辅助系统）、前摄像头单元（装备FEB预碰撞智能制动辅助系统）、左后通风座椅控制单元（装备后通风座椅）、左后加热座椅开关（装备后通风座椅）、左后通风座椅开关（装备后通风座椅）、右后通风座椅控制单元（装备后通风座椅）、右后加热座椅开关（装备后通风座椅）、右后通风座椅开关（装备后通风座椅）、后遮阳板控制单元（装备后遮阳板）、PTC继电器-1（装备MR发动机的车型）、PTC继电器-2（装备MR发动机的车型）、PTC继电器-3（装备MR发动机的车型）
31	5A	组合仪表、选装接头（G传感器）
32	10A	安全气囊诊断传感器单元
33	–	未使用

3. 熔断器、熔丝和继电器盒

新天籁熔断器、熔丝和继电器盒元件分布如图6-16所示，带熔丝的蓄电池端子熔丝说明见表6-17，熔断器和熔丝盒说明见表6-18。

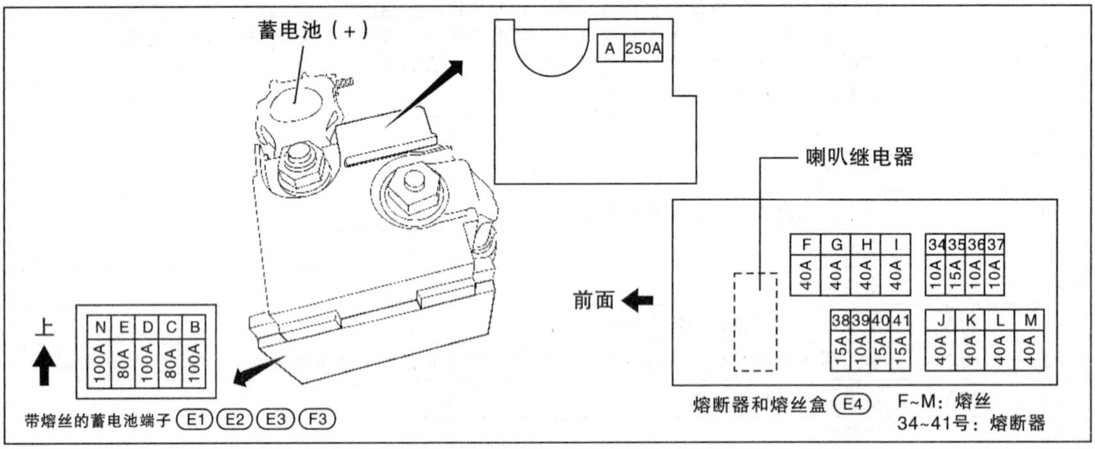

图6-16 新天籁熔断器、熔丝和继电器盒元件分布图

表6-17 新天籁带熔丝的蓄电池端子熔丝说明表

编号	额定值	保护的电路/部件
A	250A	起动机、交流发电机、熔丝B、熔丝C、熔丝D
B	100A	熔断器和熔丝盒
C	80A	至点火电源、发动机舱智能配电模块（IPDM E/R）
D	100A	动力转向模块
E	80A	至点火电源、发动机舱智能配电模块（IPDM E/R）
N	100A	至附件电源、至点火电源、熔断器盒(J/B)

表6-18 新天籁熔断器和熔丝盒说明表

编号	额定值	保护的电路/部件
F	40A	ABS执行器和电气单元（控制单元）
G	40A	ABS执行器和电气单元（控制单元）
H	40A	BCM、自动驾驶座椅定位器控制单元（装备自动驾驶座椅定位器）、驾驶人座椅控制单元（装备自动驾驶座椅定位器）、腰部支撑开关（装备自动驾驶座椅定位器）
I	40A	前照灯清洗器继电器-1（装备MR发动机的车型）
J	40A	前照灯清洗器继电器-2（装备MR发动机的车型）
K	40A	冷却风扇继电器-2、冷却风扇继电器-3
L	40A	IPDM E/R(发动机舱智能配电模块)、熔断器盒(J/B)
M	40A	冷却风扇继电器-1
34	10A	喷油器继电器
35	15A	喷油器继电器
36	10A	智能钥匙警告蜂鸣器
37	10A	TCM
38	15A	气候控制座椅继电器

表6-18 新天籁熔断器和熔丝盒说明表 （续）

编号	额定值	保护的电路/部件
39	10A	装备MR发动机的车型：交流发电机、车辆防盗喇叭继电器
		装备QR发动机的车型：车辆防盗喇叭继电器
40	15A	喇叭继电器
41	15A	气候控制座椅继电器

第五节 新骐达（2016年起）

1. 发动机舱智能配电模块（IPDM E/R）

新骐达发动机舱智能配电模块元件分布如图6-17所示，熔断器相关说明见表6-19。

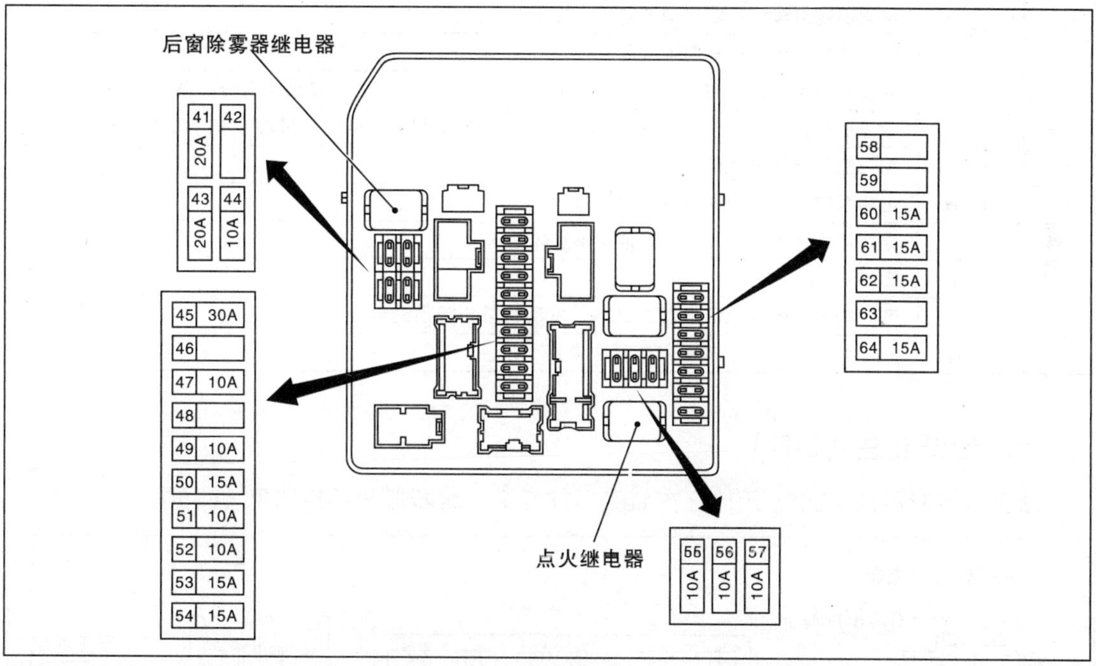

图6-17 新骐达发动机舱智能配电模块元件分布图

表6-19 新骐达发动机舱智能配电模块熔断器说明表

编号	额定值	保护的电路/部件
41	20A	后窗除雾器继电器、后窗除雾器、空调放大器（手动空调）、空调自动放大器（自动空调）、熔断器盒（J/B）内的熔断器22（装备车门后视镜除雾器）
43	20A	ECM继电器、ECM、质量型空气流量传感器、EVAP炭罐电磁阀、进气门正时控制电磁阀、空燃比（A/F）传感器1、加热型氧传感器2、排气门正时控制电磁阀、NATS天线放大器
44	10A	转向锁继电器（带智能钥匙）

表6-19　新骐达发动机舱智能配电模块熔断器说明表　（续）

编号	额定值	保护的电路/部件
45	30A	前风窗刮水器继电器、前风窗刮水器HI/LO继电器、前风窗刮水器电动机
47	10A	左后组合灯、右后组合灯（车身侧边）、危险警告灯开关、左侧牌照灯、右侧牌照灯、自动调平系统控制单元（装备自动前照灯对光控制）、照明控制开关、车门后视镜遥控开关、VDC OFF开关（带VDC）、组合开关（螺旋电缆）、空调放大器（手动空调）、前照灯对光开关（装备前照灯手动对光系统）、音响单元、CVT变速杆（装备CVT）、后雾灯、右侧尾灯（行李箱门侧）、ECO模式开关、左侧驻车灯（装备前照灯手动对光系统）、右侧驻车灯（装备前照灯手动对光系统）、左侧加热座椅开关（装备加热座椅）、右侧加热座椅开关（装备加热座椅）、停车/起动 OFF开关（带智能钥匙）、前空调控制（带智能钥匙）、左前组合灯（LED前照灯车型）、右前组合灯（LED前照灯车型）
49	10A	空调继电器、压缩机
50	15A	左前雾灯、右前雾灯
51	10A	右侧前照灯（远光）
52	10A	左侧前照灯（远光）
53	15A	卤素前照灯车型：左侧前照灯（近光）
		LED前照灯车型：左前组合灯
54	15A	卤素前照灯车型：右侧前照灯（近光）
		LED前照灯车型：右前组合灯
55	10A	变速器档位开关、TCM、主速度传感器、输出速度传感器、辅助速度传感器
56	10A	变速器档位开关（装备CVT）、IPDM E/R（发动机舱智能配电模块/装备手动变速器）
57	10A	ABS执行器和电气单元（控制单元）
60	15A	燃油泵继电器、燃油油位传感器单元
61	15A	电容器、点火线圈1～4号（带功率晶体管）
62	15A	ECM、喷油器
64	15A	节气门控制电动机继电器、ECM、发动机重新起动继电器
注	编号42、46、48、58、59、63的熔断器未使用	

2. 熔断器盒（J/B）

新骐达熔断器盒（J/B）元件分布如图6-18所示，熔断器相关说明见表6-20。

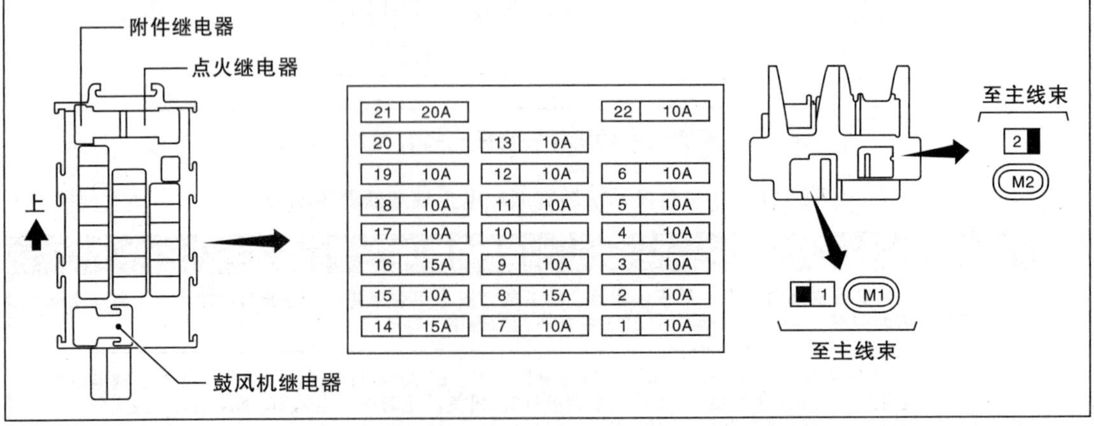

图6-18　新骐达熔断器盒（J/B）元件分布图

表6-20 新骐达熔断器盒（J/B）熔断器说明表

编号	额定值	保护的电路/部件
1	10A	安全气囊诊断传感器单元
2	10A	组合开关
3	10A	空调放大器（装备手动空调）、左前照灯对光电动机、右前照灯对光电动机、制动灯开关2/制动踏板位置开关（装备ASCD定速巡航系统）、DC/DC转换器（装备停车/起动系统）、加热座椅继电器（装备加热座椅）、ICC制动继电器（带智能钥匙）、数据线接口、制动灯开关（装备CVT）、停车/起动OFF开关（装备彩色信息显示器）、轮胎气压低警告控制单元（装备轮胎气压监测系统）、自动调平系统控制单元（装备前照灯对光控制系统）、前空调控制（装备自动空调）转向角传感器（装备VDC）
4	10A*1	BCM、IPDM E/R（发动机舱智能配电模块）
5	10A	组合仪表（装备黑白信息显示器）、驻车/空档位置开关（装备M/T）、二极管-1（装备彩色显示器及停车/启动系统）
6	10A	ADAS控制单元（带智能钥匙）、前摄像头单元（带智能钥匙）、EPS控制单元、左侧雷达（带智能钥匙）、右侧雷达（带智能钥匙）、
7	10A	按钮式点火开关（带智能钥匙）
8	15A	加热座椅继电器（装备加热座椅）
9	10A	BCM、行李箱灯、车内灯、地图灯
11	10A	组合仪表
13	10A	空调放大器（装备手动空调）、钥匙开关（不带智能钥匙）、空调自动放大器（装备自动空调）、智能钥匙警告蜂鸣器（带智能钥匙）
14	15A	鼓风机电动机、功率晶体管（装备自动空调）
15	10A	空调放大器（装备自动空调）、发动机重新起动旁通控制继电器（装备停车/起动系统）
16	15A	鼓风机电动机、功率晶体管（装备自动空调）
17	10A	IPDM E/R（发动机舱智能配电模块）
18	10A*1	车门后视镜遥控开关、组合仪表、BCM、音响单元
19	10A*2	车门后视镜遥控开关、组合仪表（带彩色信息显示器）、音响单元（未装备停车/起动系统）
21	15A	电源插座
22	10A	车门后视镜（驾驶人侧）、车门后视镜（前排乘客侧）
注	编号10、12、20的熔断器未使用 *1：不带智能钥匙　　*2：带智能钥匙	

新骐达（配备停车/起动系统）熔断器盒（J/B）元件分布如图6-19所示，熔断器相关说明见表6-21。

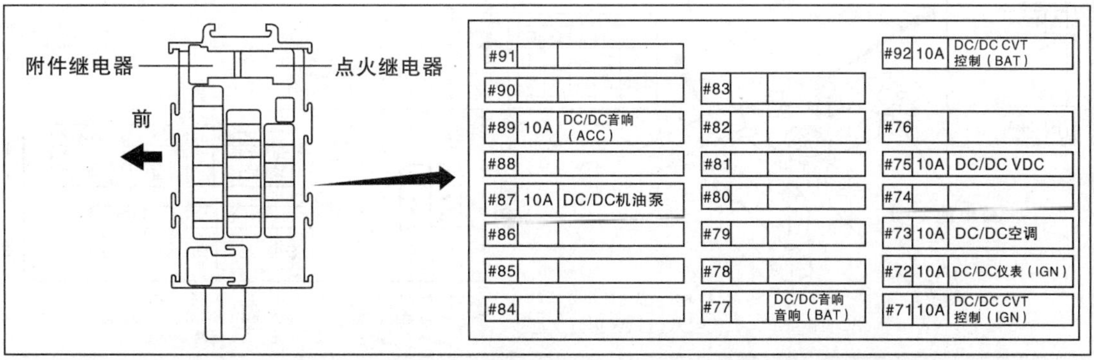

图6-19 新骐达（配备停车/起动系统）熔断器盒（J/B）元件分布图

表6-21　新骐达（配备停车/起动系统）熔断器盒（J/B）熔断器说明表

编号	额定值	保护的电路/部件
71	10A	变速器档位开关、TCM、主速度传感器、输出速度传感器、辅助速度传感器
72	10A	二极管-2
73	10A	空调自动放大器、模式风门电动机、左侧空气混合门电动机、右侧空气混合门电动机
75	10A	ABS执行器和电气单元（控制单元）、转向角传感器
77	15A	音响单元
87	10A	电动油泵继电器
89	10A	音响单元
92	10A	TCM（带智能钥匙）
注	编号74、76、78、79、80、81、82、83、84、85、86、88、90、91的熔断器未使用	

3. 熔断器和熔丝盒

新骐达（未装备停车/起动系统）熔断器和熔丝盒元件分布如图6-20所示，新骐达（配备停车/起动系统）熔断器和熔丝盒元件分布如图6-21所示，带熔丝的蓄电池端子熔丝说明见表6-22，熔断器和熔丝盒说明见表6-23。

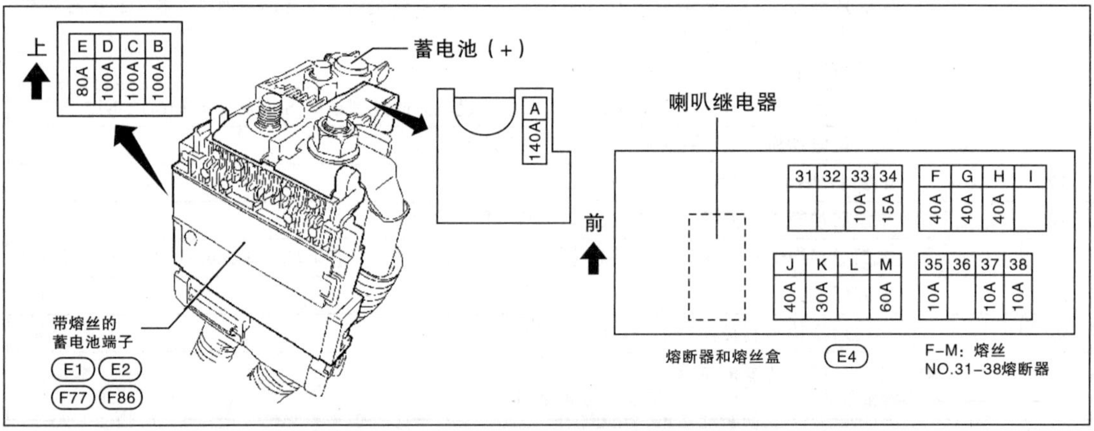

图6-20　新骐达（未装备停车/起动系统）熔断器和熔丝盒元件分布图

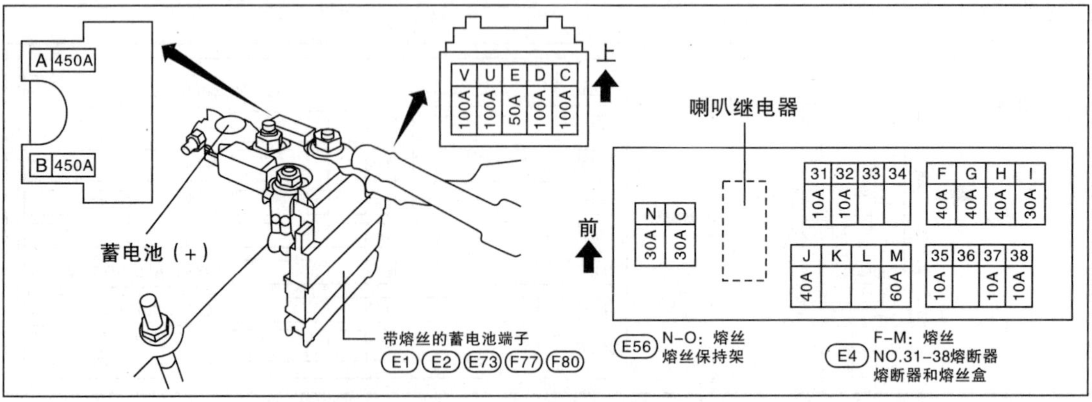

图6-21　新骐达（装备停车/起动系统）熔断器和熔丝盒元件分布图

表6-22 新骐达带熔丝的蓄电池端子熔丝说明表

编号	额定值	保护的电路/部件
A	450A[*1]	交流发电机
	140A[*2]	交流发电机、熔丝B、熔丝C
B	450A[*1]	发动机重新起动旁通继电器
	100A[*2]	熔断器和熔丝盒的熔丝F、熔丝G、熔丝H、熔丝J、熔丝K、熔丝M、熔断器33（配备CVT）、熔断器34、熔断器35、熔断器37（装备日间行车灯系统）、熔断器38
C	100A[*1]	熔断器和熔丝盒、熔断器保持架内的熔丝O
	100A[*2]	发动机舱智能配电模块（IPDM E/R）内的熔断器43、44、64，至点火电源
D	100A[*1]	发动机舱智能配电模块（IPDM E/R）内的熔断器43、44、64，至点火电源
	100A[*2]	至点火电源、发动机舱智能配电模块（IPDM E/R）内的前照灯远光继电器、前照灯近光继电器、尾灯继电器、前雾灯继电器（装备前雾灯）
E	50A[*1]	熔断器和熔丝盒的熔丝I
	80A[*2]	至附件电源、至点火电源、熔断器盒(J/B)内的熔断器7、熔断器8（装备加热座椅）、熔断器9、熔断器11、熔断器12、熔断器13
U	100A[*1]	至点火电源、发动机舱智能配电模块（IPDM E/R）内的前照灯远光继电器、前照灯近光继电器、尾灯继电器、前雾灯继电器（装备前雾灯）
V	100A[*1]	至附件电源、至点火电源、熔断器保持架内的熔丝N、熔断器盒(J/B)内的熔断器7、熔断器8（装备加热座椅）、熔断器9、熔断器11、熔断器12、熔断器13
注	*1：配备停车/起动系统　　*2：未配备停车/起动系统	

表6-23 新骐达熔断器和熔丝盒说明表

编号	额定值	保护的电路/部件
F	40A	ABS执行器和电气单元（控制单元）
G	40A	BCM
H	40A	IPDM E/R（发动机舱智能配电模块）（配备CVT）、发动机重新起动继电器（装备停车和起动系统）、点火开关（未配备智能钥匙）
I	30A	ABS执行器和电气单元（控制单元/装备停车和起动系统）
J	40A	IPDM E/R(发动机舱智能配电模块)
K	30A	ABS执行器和电气单元（控制单元/不装备停车和起动系统）
M	60A	EPS控制单元
N	30A	DC/DC转换器（装备停车和起动系统）
O	60A	DC/DC转换器（装备停车和起动系统）
31	10A	蓄电池传感器（装备停车和起动系统）
32	15A	蓄电池传感器（装备停车和起动系统）
33	10A	TCM（装备CVT/不装备停车和起动系统）
34	15A	音响单元（不装备停车和起动系统）
35	10A	喇叭继电器、交流发电机
37	10A	日间行车灯继电器（装备日间行车灯系统）
38	10A	制动灯开关、BCM（配备智能钥匙）、ICC制动保持继电器（配备智能钥匙）、制动灯开关2/制动踏板位置开关（装备ASCD定速巡航系统）
注	熔丝L、熔断器36未使用	

第七章 奔驰车系

第一节 奔驰C级W205/GLC级W253（2017年款）

1. 发动机熔断器和继电器模块

奔驰C级W205/GLC级W253车型发动机熔断器和继电器模块元件分布如图7-1所示，熔断器相关说明见表7-1，继电器相关说明见表7-2。

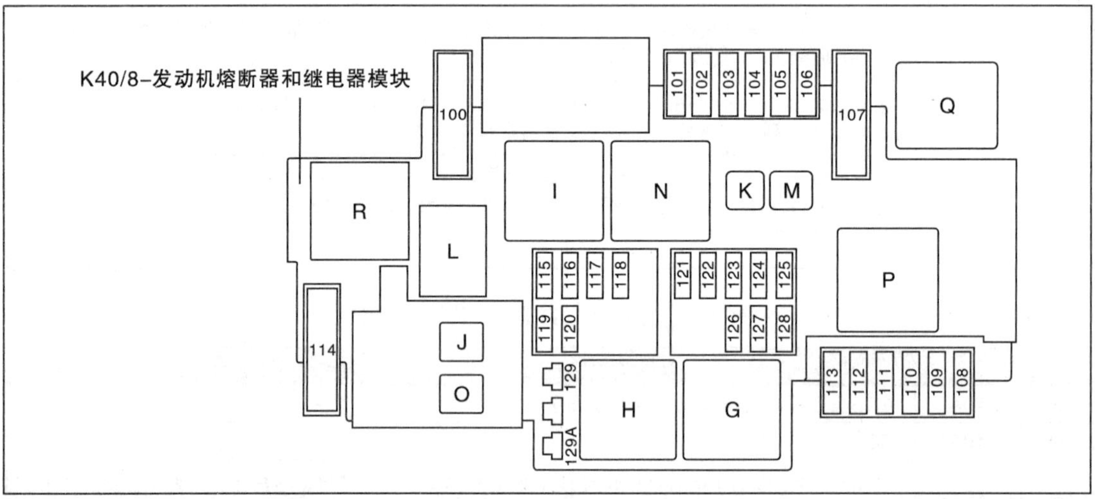

图7-1 奔驰C级W205/GLC级W253车型发动机熔断器和继电器模块元件分布图

表7-1 奔驰C级W205/GLC级W253车型发动机熔断器和继电器模块熔断器说明表

插槽	熔断器	电路	导线标识	带熔断器的部件	额定值
100	熔断器100（K40/8f100）	87	4.0 红绿	车型205.012/047/147/212/247，253.354/954：真空泵（M56）	40A
101	熔断器101（K40/8f101）	87M	1.5 红绿	车型205.086/087/286/287/386/387/486/487除外：电路87/2套管插接器（Z7/48z1）	15A
			2.5 红绿	车型205.086/087/286/287/386/387/486/487：电路87/2套管插接器（Z7/48z1）	20A
102	熔断器102（K40/8f102）	87M	2.5 红蓝	车型205.086/087/286/287/386/387/486/487除外：电路87/1套管插接器（Z7/47z1）	20A
				车型205.086/087/286/287/386/387/486/487：电路87/1套管插接器（Z7/47z1）	25A

表7-1 奔驰C级W205/GLC级W253车型发动机熔断器和继电器模块熔断器说明表 （续）

插槽	熔断器	电路	导线标识	带熔断器的部件	额定值
103	熔断器103（K40/8f103）	87M	1.5 红灰	车型205.086/087/286/287/386/387/486/487除外：电路87/4套管插接器（Z7/73z1）	15A
			2.5 红灰	车型205.086/087/286/287/386/387/486/487：电路87/4套管插接器（Z7/73z1）	20A
104	熔断器104（K40/8f104）	87M	1.5 红黄	车型205.086/087/286/287/386/387/486/487除外：电路87/3套管插接器（Z7/75z1）	15A
			2.5 红黄	车型205.086/087/286/287/386/387/486/487：电路87/3套管插接器（Z7/75z1）	20A
105	熔断器105（K40/8f105）	87	1.5 黑红	变速器722.9（722.930除外）：自动变速器油辅助油泵控制单元（N89）	15A
106	熔断器106（K40/8f106）	87	-	备用	-
107	熔断器107（K40/8f107）	87M	6.0 红色	发动机274.9：电动冷却液泵（M75/11）	60A
108	熔断器108（K40/8f108）	30	1.5 红蓝	装配左驾驶静态LED前照灯/代码（631）或右驾驶静态LED前照灯/代码（632）：左前灯组（E1）	20A
			2.5 红黄	装配高性能LED/代码（640）或左驾驶动态LED前照灯/代码（641）或右驾驶动态LED前照灯/代码（642）：左前灯组（E1）右前灯组（E2）	
109	熔断器109（K40/8f109）	30	1.5 红黑	刮水器电动机（M6/1）	30A
110	熔断器110（K40/8f110）	30	1.5 红黄	装配左驾驶静态LED前照灯/代码（631）或右驾驶静态LED前照灯/代码（632）：右前灯组（E2）	20A
			2.5 红蓝	装配高性能LED/代码（640）或动态左驾驶车辆LED前照灯/代码（641）或动态右驾驶车辆LED前照灯/代码（642）：左前灯组（E1）右前灯组（E2）	
111	熔断器111（K40/8f111）	50	2.5 紫色	起动机（M1）	30A
112	熔断器112（K40/8f112）	15	1.0 红色	车型205.012/047/147/212/247，253.354/954：加速踏板传感器（B37）	15A
113	熔断器113（K40/8f113）	15	-	备用	-
114	熔断器114（K40/8f114）	30	4.0 红白	车型205，装配操控进化套件/代码（483）和空气悬挂系统（AIRMATIC）/代码（489）：空气悬挂系统（AIRMATIC）压缩机（A9/1）	40A
				车型253，装配主动车身控制系统/代码（489）：主动车身控制系统压缩机（A9/1）	
115	熔断器115（K40/8f115）	87	1.0 黄色	左侧蜗牛喇叭（H2）右侧蜗牛喇叭（H2/1）	15A

表7-1 奔驰C级W205/GLC级W253车型发动机熔断器和继电器模块熔断器说明表 （续）

插槽	熔断器	电路	导线标识	带熔断器的部件	额定值
116	熔断器116（K40/8f116）	30	-	备用	-
117	熔断器117（K40/8f117）	30	-	备用	-
118	熔断器118（K40/8f118）	87	0.5 橙红	车型205.012/047/147/212/247，253.354/954：电控车辆稳定行驶系统（ESP）控制单元（N30/4）	5A
119	熔断器119（K40/8f119）	87C	1.5 粉白	电路87C2套管插接器（Z141/2z1）	15A
120	熔断器120（K40/8f120）	87C	0.5 红绿	车型205.086/087/286/287/386/387/486/487除外：电路87C1套管插接器（Z141/1z1）	5A
			1.0 0R红绿	车型205.086/087/286/287/386/387/486/487：电路87C1套管插接器（Z141/1z1）	15A
121	熔断器121（K40/8f121）	15	0.5 橙蓝	电控车辆稳定行驶系统（ESP）控制单元（N30/4）	5A
122	熔断器122（K40/8f122）	30	0.5 红黄	共用传动系控制器（CPC）继电器（K40/8kJ）	5A
123	熔断器123（K40/8f123）	15	-	备用	-
124	熔断器124（K40/8f124）	15	-	备用	-
125	熔断器125（K40/8f125）	15	0.5 黑红	前部信号采集及促动控制模组（SAM）控制单元（N10/6）	5A
126	熔断器126（K40/8f126）	15	0.5 粉红	传动系统控制单元（N127）	5A
				柴油发动机：共轨喷射系统柴油机（CDI）控制单元（N3/9）	
				汽油发动机：电控多端顺序燃料喷注/点火系统（ME-SFI）控制单元（N3/10）	
127	熔断器127（K40/8f127）	50	0.35 紫白	车型205.012/047/147/212/247，253.354/954除外：电压降限制器（R62）	5A
128	熔断器128（K40/8f128）	15	0.5 粉红	左驾驶静态LED前照灯/代码（631）和右驾驶静态LED前照灯/代码（632）和高性能LED/代码（640）和左驾驶动态LED前照灯/代码（641）和右驾驶动态LED前照灯/代码（642）除外：左前灯组（E1）外部照明开关（S1）	5A
129	熔断器129（K40/8f129）	15	-	车型205.012/047/147/212/247，253.354/954：起动机电路50继电器（K40/8kH）	30A
129A	熔断器129a（K40/8f129a）	15	-	车型205.012/047/147/212/247，253.354/954除外：起动机电路50继电器（K40/8kH）	30A

表7-2 奔驰C级W205/GLC级W253车型发动机熔断器和继电器模块继电器说明表

继电器	保护的电路/部件
G	发动机舱电路15继电器（K40/8kG）
H	起动机电路50继电器（K40/8kH）
I	车型205.012/047/147/212/247，253.354/954：真空泵继电器（+）（K40/8kI）
J	共用传动系控制器（CPC）继电器（K40/8kJ）
K	变速器722.9（722.930除外）：油泵继电器（K40/8kK）

表7-2 奔驰C级W205/GLC级W253车型发动机熔断器和继电器模块继电器说明表 （续）

继电器	保护的电路/部件
L	喇叭继电器（K40/8kL）
M	刮水器加热器继电器（K40/8kM）
N	电路87M继电器（K40/8kN）
O	车型205.012/047/147/212/247，253.354/954除外：起动机电路15继电器（K40/8kO）
P	发动机274.9：冷却液泵继电器（K40/8kP）
Q	车型205.012/047/147/212/247，253.354/954：真空泵继电器（–）（K40/8kQ）
R	车型205，装配操控进化套件/代码（483）和空气悬挂系统（AIRMATIC）/代码（489）：空气悬挂系统（AIRMATIC）继电器（K40/8kR）
	车型253，装配主动车身控制系统/代码（489）：主动车身控制系统继电器（K40/8）

2. 发动机舱中预熔熔断器盒

奔驰C级W205/GLC级W253车型发动机舱中预熔熔断器盒元件分布如图7-2所示，熔断器相关说明见表7-3。

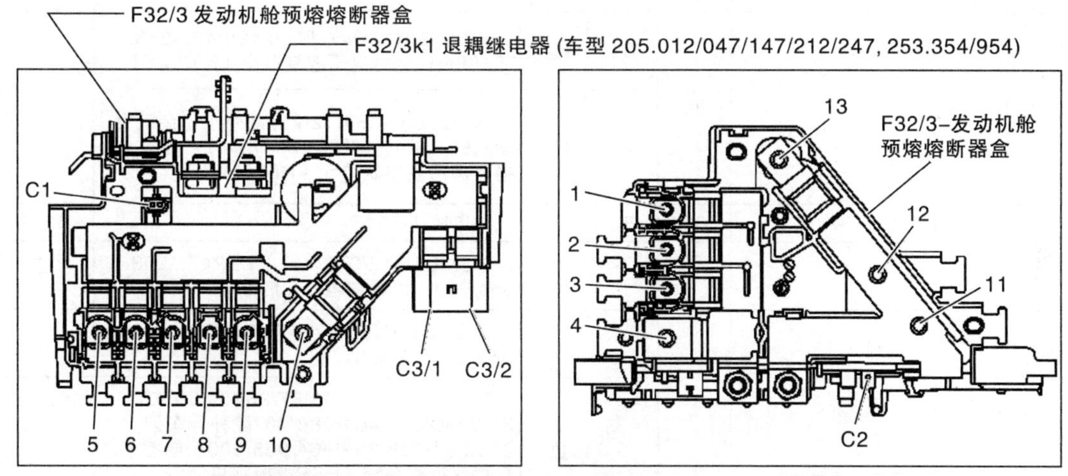

a）侧视图　　b）俯视图

图7-2 奔驰C级W205/GLC级W253车型发动机舱中预熔熔断器盒元件分布图

表7-3 奔驰C级W205/GLC级W253车型发动机舱中预熔熔断器盒熔断器说明表

插槽	熔断器	电路	导线标识	带熔断器的部件	额定值
1	熔断器1（F32/3f1）	30	6.0 红色	始自2016年12月1日：电控车辆稳定行驶系统（ESP）控制单元（N30/4）	60A
2	熔断器2（F32/3f2）	30	10.0 红黑	柴油发动机：预热输出控制装置（N14/3）	60A
3	熔断器3（F32/3f3）	30	6.0 红色	截至2016年11月30日，车型205：电动机熔断器和继电器模块（K40/8）	60A
			12.0 红色	车型253：电动机熔断器和继电器模块（K40/8）	
			4.0 红色	始自2016年12月1日，车型205.064/086/087/264/286/287/364/386/387/464/486/487，车型253.364/388/389/964/988/989：电控车辆稳定行驶系统（ESP）控制单元（N30/4）	60A

表7-3 奔驰C级W205/GLC级W253车型发动机舱中预熔熔断器盒熔断器说明表 （续）

插槽	熔断器	电路	导线标识	带熔断器的部件	额定值
4	-	30	35.0 红色	车载网络蓄电池连接（G1）	-
5	熔断器5（F32/3f5）	30	16.0 红色	电动机熔断器和继电器模块（K40/8）	150A
6	熔断器6（F32/3f6）	30	16.0 红色	左侧熔断器和继电器模块（K40/6）	125A
7	熔断器7（F32/3f7）	30	10.0 红色	风扇电动机（M4/7）（600W，特定型号）	80A
			12.0 红色	风扇电动机（M4/7）（850W，特定型号）	
8	熔断器8（F32/3f8）	30	12.0 红色	电动动力转向机构控制单元（N68）	125A
9	熔断器9（F32/3f9）	30	16.0 红色	车型205.064/086/087/264/286/287/364/386/387/464/486/487，车型253.364/388/389/964/988/989：风扇电动机（M4/7）（1000W，特定型号）	150A
			6.0 红色	始自2016年12月1日,车型205：电动机熔断器和继电器模块（K40/8）	60A
10	熔断器10（F32/3f10）	30	35.0 黑色	车内预熔熔断器盒（F32/4）	200A
11	-	30	-	备用	-
12	-	30	35.0 黑色	车型205.012/047/147/212/247，253.354/954：电力电子控制单元（N129/1）	-
			25.0 黑色	车型205（205.012/212除外），装配发动机651.9和美国版/代码（494）：催化转换器加热器控制单元（N33/3）	
13	熔断器13（F32/3f13）	30	50.0 红色	发电机（G2）	400A
C1	-	-	-	车型205.012/047/147/212/247，253.354/954：退耦继电器（F32/3k1）	-
C2	-	-	-	车型205.012/047/147/212/247，253.354/954：电路31	-
C3/1	熔断器C3/1（F32/3fC3/1）	30	6.0 红色	车型205.064/086/087/264/286/287/364/386/387/464/486/487除外，车型253.364/388/389/964/988/989：电控车辆稳定行驶系统（ESP）控制单元（N30/4）	40A
			6.0 红蓝	车型235（253.364/388/389/964/988/989除外）：电控车辆稳定行驶系统（ESP）控制单元（N30/4）	
			4.0 红色	车型205.064/086/087/264/286/287/364/386/387/464/486/487，车型253.364/388/389/964/988/989：电控车辆稳定行驶系统（ESP）控制单元（N30/4）	
C3/2	熔断器C3/2（F32/3fC3/2）	30	6.0 红色	车型205.064/086/087/264/286/287/364/386/387/464/486/487除外，车型253.364/388/389/964/988/989：电控车辆稳定行驶系统（ESP）控制单元（N30/4）	60A
			16.0 黑色	车型205.086/087/286/287/386/387/486/487，车型253.388/389/988/989，加拿大版/代码（460）或美国版/代码（494）：自动起动/停止电气继电器（K98）	

3. 车内空间预熔熔断器盒

奔驰C级W205/GLC级W253车型车内空间预熔熔断器盒元件分布如图7-3所示，熔断器相关说明见表7-4。

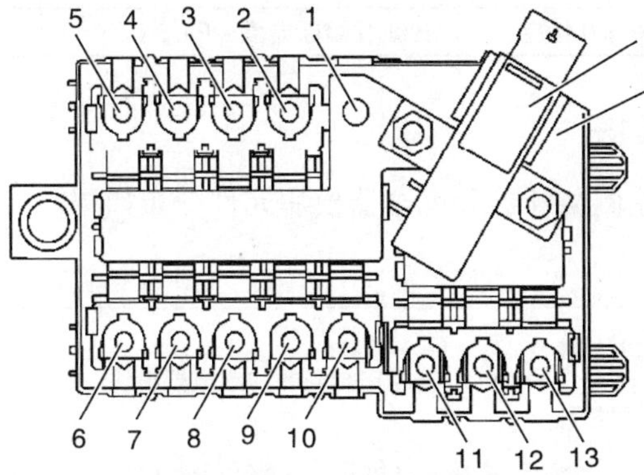

图7-3 奔驰C级W205/GLC级W253车型车内空间预熔熔断器盒元件分布图

表7-4 奔驰C级W205/GLC级W253车型车内空间预熔熔断器盒熔断器说明表

插槽	熔断器	电路	导线标识	带熔断器的部件	额定值
1	-	30	35.0 红色	发动机舱预熔熔断器盒（F32/3）	-
2	熔断器2（F32/4f2）	30	16.0 黑色	车型205.012/047/147/212/247，253.354/954：ECO起动/停止功能附加蓄电池继电器（K114）	150A
3	熔断器3（F32/4f3）	30	4.0 红色	空调外壳（A32）	40A
4	熔断器4（F32/4f4）	30	-	备用	-
5	熔断器5（F32/4f5）	30	16.0 红色	装配柴油发动机的车型205、253，装配固定加热器/代码（228）和平视显示屏/代码（463）的车型274、364，装配驾驶人和前排乘客座椅智能气候控制/代码（401）或驾驶人和前排乘客座椅加热器/代码（873）：正温度变化系数（PTC）暖气增压器（R22/3）	150A
6	熔断器6（F32/4f6）	30	10.0 黑色	右侧A柱熔断器盒（F1/3）	80A
7	熔断器7（F32/4f7）	30	27.0 红色	后部熔断器和继电器模块（K40/5）	150A
8	熔断器8（F32/4f8）	30	-	备用	-
9	熔断器9（F32/4f9）	30	6.0 红色	车型205，装配警用紧急救援车/代码（970），消防部门紧急救援车预留装置/代码（974）或医用紧急救援车预留装置/代码（975）：专用车辆熔断器盒1（F80/1）	60A
10	熔断器10（F32/4f10）	30	6.0 红色	车型205（205.012/047/147/212/247除外），装配变速器722、725或车型253（253.354/954除外），装配变速器725：完全集成式变速器控制系统控制单元（Y3/8）	60A
				车型205.012/047/147/212/247，253.354/954,装配变速器724：完全集成式变速器控制系统控制单元（Y3/8）	100A

表7-4　奔驰C级W205/GLC级W253车型车内空间预熔熔断器盒熔断器说明表　（续）

插槽	熔断器	电路	导线标识	带熔断器的部件	额定值
11	熔断器11（F32/4f11）	30g	–	备用	–
12	熔断器12（F32/4f12）	30g	10.0 红色	后部熔断器和继电器模块（K40/5）	40A
13	熔断器13（F32/4f13）	30g	6.0 红色	右侧A柱熔断器盒（F1/3）	50A

4. 左侧熔断器和继电器模块

奔驰C级W205/GLC级W253车型左侧熔断器和继电器模块元件分布如图7-4所示，熔断器相关说明见表7-5。

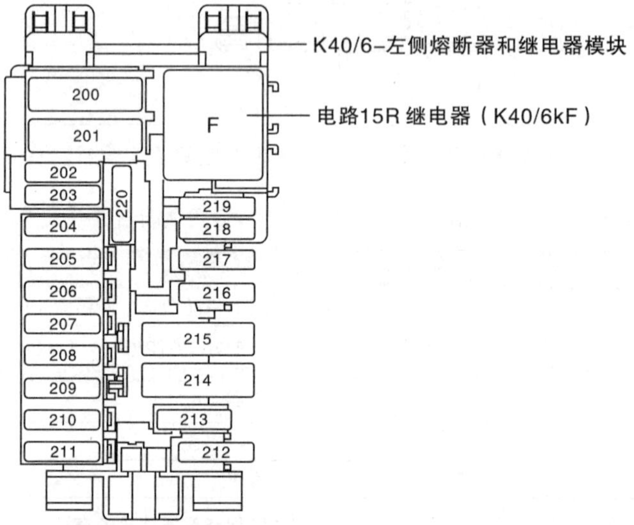

图7-4　奔驰C级W205/GLC级W253车型左侧熔断器和继电器模块元件分布图

表7-5　奔驰C级W205/GLC级W253车型左侧熔断器和继电器模块熔断器说明表

插槽	熔断器	电路	导线标识	带熔断器的部件	额定值
200	熔断器200（K40/6f200）	30	4.0 红色	前部信号采集及促动控制模组（SAM）控制单元（N10/6）	50A
201	熔断器201（K40/6f201）	30	4.0 红色	前部信号采集及促动控制模组（SAM）控制单元（N10/6）	40A
202	熔断器202（K40/6f202）	30	0.35 红色	装配内部监控/代码（882）：警笛（H3/1） 车型205.4，装配内部监控/代码（882）：防盗报警系统（EDW）/防拖车保护/车内保护系统控制单元（N26/3）	5A
203	熔断器203（K40/6f203）	30	1.5 红白	变速器716：电动转向锁控制单元（N26/5）	20A
204	熔断器204（K40/6f204）	30	0.5 红绿	诊断插接器（X11/4）	5A
205	熔断器205（K40/6f205）	30	0.5 红绿	电子点火开关控制单元（N73）	7.5A
206	熔断器206（K40/6f206）	30	0.5 红黄	模拟时钟（A70/1）	5A
207	熔断器207（K40/6f207）	30	1.5 红黑	智能气候控制系统控制单元（N22/1）	15A

表7-5 奔驰C级W205/GLC级W253车型左侧熔断器和继电器模块熔断器说明表 （续）

插槽	熔断器	电路	导线标识	带熔断器的部件	额定值
208	熔断器208（K40/6f208）	30	0.75 红黄	仪表板（A1）	7.5A
209	熔断器209（K40/6f209）	30	0.5 红白	智能气候控制操控单元（N58/1）、车顶控制板控制单元（N72/1）	5A
210	熔断器210（K40/6f210）	30	0.5 红黑	车型205，装配主动式车道保持辅助系统/代码（238）或装配车道保持辅助系统/代码（476）：转向柱管模块控制单元（N80）	5A
			1.0 红黑	车型253，装配主动式车道保持辅助系统/代码（238）或装配车道保持辅助系统/代码（476）：转向柱管模块控制单元（N80）	10A
211	熔断器211（K40/6f211）	30	2.5 红色	车型205.064/086/087/264/286/287/364/386/387/464/486/487，车型253.364/388/389/964/988/989：电控车辆稳定行驶系统（ESP）控制单元（N30/4）	25A
212	熔断器212（K40/6f212）	87	0.5 红橙	截至2016年5月31日，车型205，装配出租车天线预留装置/代码（344），车型205，车型253，装配HERMES UMTS/代码（360）,HERMES LTE/代码（362），舒适型电话/代码（386）和固定加热器遥控装置/代码（B24）：电话和固定加热器天线转换开关（A2/155）	5A
213	熔断器213（K40/6f213）	30	0.5 红色	电控车辆稳定行驶系统（ESP）控制单元（N30/4）	5A
214	熔断器214（K40/6f214）	30	2.5 红黄	车型205.086/087/286/287/386/387/486/487，车型253.388/389/988/989：电动驻车制动器控制单元（N128）	30A
215	熔断器215（K40/6f215）	15R	−	备用	−
216	熔断器216（K40/6f216）	15R	0.5 黑色	杂物箱灯（E13/1）	7.5A
217	熔断器217（K40/6f217）	15R	0.5 黑红	日本版/代码（498）：专用近距离通信控制单元（A50/6）	5A
			0.75 黑红	车型205，装配电子接口/代码（Z97）：车顶发光条分离点（X41/2）	
			1.5 绿色	车型205，装配警用紧急救援车/代码（970）：专用车辆熔断器盒1（F80/1）	
218	熔断器218（K40/6f218）	15R	0.5 粉红	辅助防护系统控制单元（N2/10）	7.5A
219	熔断器219（K40/6f219）	15R	0.5 粉绿	带前排乘客气囊自动关闭功能/代码（U10）：重量传感系统（WSS）控制单元（N110）	5A
220	熔断器220（K40/6f220）	30	0.35 红色	装配俄罗斯版ECALL（GLONASS）预留装置/代码（9U1）或俄罗斯版ECALL（GLONASS）/代码（E64）：俄罗斯版eCall控制单元（GLONASS）（N167）	5A
			0.5 红橙	始自2016年6月1日，车型205，装配出租车天线预留装置/代码（344），车型205，车型253，装配HERMESUMTS/代码（360），HERMESLTE/代码（362），舒适型电话/代码（386）和固定加热器遥控装置/代码（B24）：电话和固定加热器天线转换开关（A2/155）	

5. 右侧A柱熔断器盒

奔驰C级W205/GLC级W253车型右侧A柱熔断器盒元件分布如图7-5所示，熔断器相关说明见表7-6。

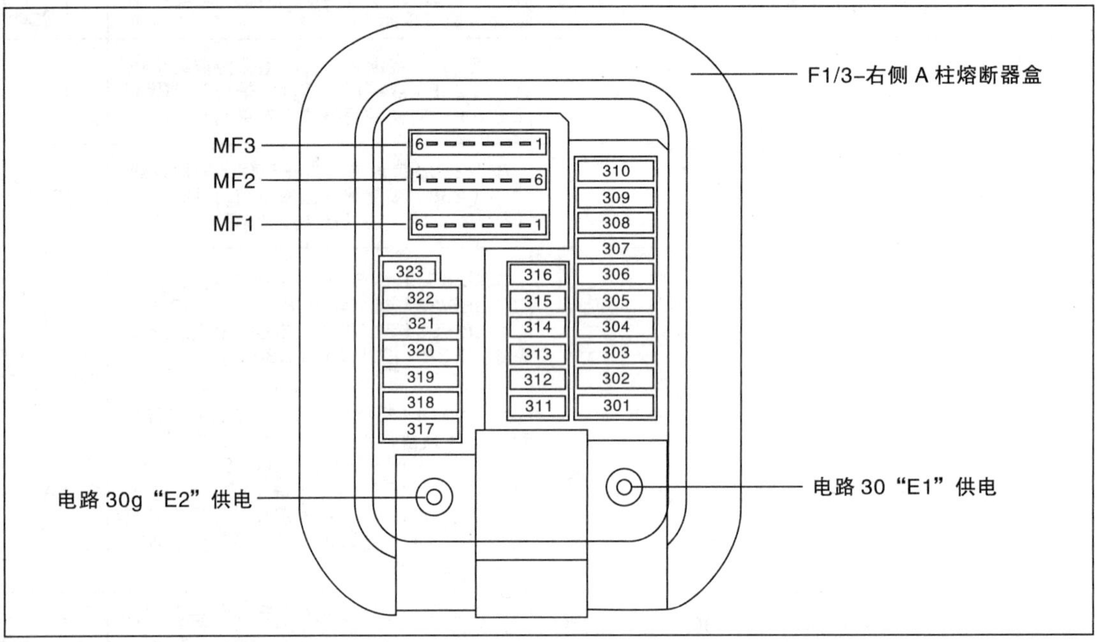

图7-5 奔驰C级W205/GLC级W253车型右侧A柱熔断器盒元件分布图

表7-6 奔驰C级W205/GLC级W253车型右侧A柱熔断器盒熔断器说明表

插槽	熔断器	电路	导线标识	带熔断器的部件	额定值
301	熔断器301（F1/3f301）	30	0.5 红色	车型205.012/047/147/212/247，253.354/954：热敏熔丝（F63），通过高压断开装置（S7）	5A
302	熔断器302（F1/3f302）	30	2.5 红色	右前车门控制单元（N69/2）	30A
303	熔断器303（F1/3f303）	30	2.5 红色	车型205.0/1/2，253：左后车门控制单元（N69/3）	30A
				车型205.3，装配电动安全带延长器/代码（U02），车型205.4：后排控制单元（N22/6）	
304	熔断器304（F1/3f304）	30	2.5 红绿	变速器722：直接选档（DIRECTS ELECT）智能伺服模块（A80）	20A
305	熔断器305（F1/3f305）	30	2.5 红色	记忆组件/代码（275）或左侧电动调节式驾驶人座椅/代码（221）：驾驶人座椅控制单元（N32/1）	30A
				截至2015年5月31日，装配驾驶人和前排乘客座椅加热器/代码（873）或驾驶人和前排乘客座椅智能气候控制/代码（401），记忆组件/代码（275）除外，左侧电动调节式驾驶人座椅/代码（221）除外：驾驶人座椅加热器控制单元（N25/5）	

表7-6 奔驰C级W205/GLC级W253车型右侧A柱熔断器盒熔断器说明表 （续）

插槽	熔断器	电路	导线标识	带熔断器的部件	额定值
305	熔断器305（F1/3f305）	30	2.5 红色	右驾驶车辆，始自2015年6月1日，装配驾驶人和前排乘客座椅加热器/代码（873）或驾驶人和前排乘客座椅智能气候控制/代码（401），记忆组件/代码（275）除外，左侧电动调节式驾驶人座椅/代码（221）除外：前排座椅加热器控制单元（N25/17）	30A
306	熔断器306（F1/3f306）	30	2.5 红色	装配带记忆功能的电动调节式前排乘客座椅/代码（242）或右侧电动调节式前排座椅/代码（222）：前排乘客座椅控制单元（N32/2）	30A
				截至2015年5月31日，装配驾驶人和前排乘客座椅加热器/代码（873）或驾驶人和前排乘客座椅智能气候控制/代码（401），带记忆功能的电动调节式前排乘客座椅/代码（242）除外，右侧电动调节式前排座椅/代码（222）除外：前排乘客座椅加热器控制单元（N25/4）	
				左驾驶车辆，始自2015年6月1日，装配驾驶人和前排乘客座椅加热器/代码（873）或驾驶人和前排乘客座椅智能气候控制/代码（401），记忆组件/代码（275）除外，左侧电动调节式驾驶人座椅/代码（221）除外：前排座椅加热器控制单元（N25/17）	
307	熔断器307（F1/3f307）	30	0.5 红白	装配主动式发动机支座/代码（466）：主动式发动机支座控制单元（N3/42）	5A
308	熔断器308（F1/3f308）	30	2.5 红蓝	车型253，加拿大版/代码（460）或美国版/代码（494），且装配挂车挂钩/代码（550）：电动制动控制电气插接器（X58/28）	30A
309	熔断器309（F1/3f309）	30	0.75 红色	装配紧急呼叫/救援系统/代码（348）：紧急呼叫系统控制单元（N123/4）	10A
			0.35 红色	装配HERMESUMTS/代码（360）或HERMESLTE/代码（362）：HERMES控制单元（N112/9）	5A
				装配梅赛德斯智能互联基本服务/代码（06U）或欧洲版Ecall紧急呼叫系统/代码（350）或车型205，装配实时交通信息/代码（B54）或COM模块蓄电池等级/代码（B57）：车载智能信息服务通信模块（N112/1）	
				装配俄罗斯版ECALL（GLONASS）预留装置/代码（9U1）或俄罗斯版ECALL（GLONASS）/代码（E64）：俄罗斯版eCall控制单元（GLONASS）（N167）	
310	熔断器310（F1/3f310）	30	2.5 红棕	车型205.086/087/286/287/386/387/486/487主动式发动机支座控制单元（N3/42）	20A
311	熔断器311（F1/3f311）	30	0.75 红白	装配自动空调/代码（581）：升压鼓风机电动鼓风机调节器（N29/8）	10A
312	熔断器312（F1/3f312）	30	1.0 红色	车顶控制板控制单元（N70）	10A

表7-6　奔驰C级W205/GLC级W253车型右侧A柱熔断器盒熔断器说明表　（续）

<table>
<tr><th>插槽</th><th>熔断器</th><th>电路</th><th>导线标识</th><th>带熔断器的部件</th><th>额定值</th></tr>
<tr><td rowspan="2">313</td><td rowspan="2">熔断器313（F1/3f313）</td><td rowspan="2">30</td><td rowspan="2">0.75 红色</td><td>车型205.012/047/147/212/247：电力电子控制单元（N129/1）</td><td rowspan="2">10A</td></tr>
<tr><td>车型253.354/954：直流/直流转换器控制单元（N83/1）</td></tr>
<tr><td>314</td><td>熔断器314（F1/3f314）</td><td>30</td><td>0.5 红黄</td><td>车型205.086/087/286/287/386/387/486/487电子差速器控制单元（N3/2）</td><td>5A</td></tr>
<tr><td rowspan="3">315</td><td rowspan="3">熔断器315（F1/3f315）</td><td rowspan="3">30</td><td rowspan="3">0.5 红白</td><td>传动系统控制单元（N127）</td><td rowspan="3">5A</td></tr>
<tr><td>柴油发动机：共轨喷射系统柴油机（CDI）控制单元（N3/9）</td></tr>
<tr><td>汽油发动机：电控多端顺序燃料喷注/点火系统（ME-SFI）控制单元（N3/10）</td></tr>
<tr><td>316</td><td>熔断器316（F1/3f316）</td><td>30</td><td>0.5 红白</td><td>辅助防护系统控制单元（N2/10）</td><td>7.5A</td></tr>
<tr><td rowspan="2">317</td><td rowspan="2">熔断器317（F1/3f317）</td><td rowspan="2">30g</td><td rowspan="2">2.5 红白</td><td>车型205.0/1/2/3，车型253，装配全景式滑动天窗/代码（413）：全景式滑动天窗控制模块（A98）</td><td rowspan="2">30A</td></tr>
<tr><td>车型205.0/1/2，车型253，装配滑动天窗/代码（414）：滑动天窗控制模块（A98/1）</td></tr>
<tr><td>318</td><td>熔断器318（F1/3f318）</td><td>30g</td><td>2.5 红色</td><td>装配固定加热器/代码（228）：固定加热器控制单元（A6n1）</td><td>20A</td></tr>
<tr><td rowspan="2">319</td><td rowspan="2">熔断器319（F1/3f319）</td><td rowspan="2">30g</td><td>0.35 红色</td><td>车型205.047/147/247，253.354/954：高电压正温度变化系数（PTC）加热器（N33/5）</td><td>5A</td></tr>
<tr><td>1.0 红黑</td><td>车型253，装配运动型发动机音响/代码（B63）：发动机音响控制单元（N40/1）</td><td>15A</td></tr>
<tr><td rowspan="3">320</td><td rowspan="3">熔断器320（F1/3f320）</td><td rowspan="3">30g</td><td rowspan="2">1.5 红白</td><td>车型205，装配操控进化套件/代码（483）和空气悬挂系统（AIRMATIC）/代码（489）：空气悬挂系统（AIRMATIC）控制单元（N51/3）</td><td rowspan="2">25A</td></tr>
<tr><td>车型205，装配钢制/空气悬挂/代码（488）或AMG高性能悬挂/代码（492）：自适应减震系统控制单元（N51/5）</td></tr>
<tr><td>1.0 红白</td><td>车型253，装配主动车身控制系统/代码（489）：主动车身控制系统（ABC）控制单元（N51/3）</td><td>15A</td></tr>
<tr><td>321</td><td>熔断器321（F1/3f321）</td><td>30g</td><td>0.5 红色</td><td>日本版/代码（498）：专用近距离通信控制单元（A50/6）</td><td>5A</td></tr>
<tr><td>322</td><td>熔断器322（F1/3f322）</td><td>30g</td><td>1.5 红色</td><td>主机（A26/17）</td><td>20A</td></tr>
<tr><td>323</td><td>熔断器323（F1/3f323）</td><td>30g</td><td>0.5 红白</td><td>装配带驻车定位系统（PARKTRONIC）的主动式驻车辅助系统/代码（235）：驻车系统控制单元（N62）</td><td>5A</td></tr>
<tr><td rowspan="2">MF1/针脚1</td><td rowspan="2">熔断器324（F1/3f324）</td><td rowspan="2">30g</td><td rowspan="2">0.5 红色</td><td>音频/驾驶舱管理及数据系统（COMAND）显示屏（A40/8）</td><td rowspan="2">7.5A</td></tr>
<tr><td>装配驾驶舱管理和数据系统以及自动导航系统（COMANDAPS）/代码（531）：音频装置风扇电动机（M4/12）</td></tr>
</table>

表7-6 奔驰C级W205/GLC级W253车型右侧A柱熔断器盒熔断器说明表 （续）

插槽	熔断器	电路	导线标识	带熔断器的部件	额定值
MF1/针脚2	熔断器325（F1/3f325）	30g	0.5 红黄	装配交通标志辅助系统/代码（513）和高性能LED/代码（640）或左驾驶动态LED前照灯/代码（641）或右驾驶动态LED前照灯/代码（642）和车道组件/代码（22P）：平面探测多功能摄像头（A40/11）	7.5A
				装配交通标志辅助系统/代码（513）和高性能LED/代码（640）或左驾驶动态LED前照灯/代码（641）或右驾驶动态LED前照灯/代码（642）和车道组件/代码（23P）：立体探测多功能摄像头（A40/13）	
MF1/针脚3	熔断器326（F1/3f326）	30g	0.35 红白	装配附加功能的雨量/光线传感器(B38/2)	7.5A
			0.5 红绿	车型205.0/1/2/3，253：车顶控制板控制单元（N70）	
MF1/针脚4	熔断器327（F1/3f327）	30g	0.5 红蓝	记忆组件/代码（275）或左侧电动调节式驾驶人座椅/代码（221）：驾驶人座椅控制单元（N32/1）	7.5A
			0.5 红白	截至2015年5月31日，装配驾驶人和前排乘客座椅加热器/代码（873）或驾驶人和前排乘客座椅智能气候控制/代码（401），记忆组件/代码（275）除外，左侧电动调节式驾驶人座椅/代码（221）除外：驾驶人座椅加热器控制单元（N25/5）	
				右驾驶车辆，始自2015年6月1日，装配驾驶人和前排乘客座椅加热器/代码（873）或驾驶人和前排乘客座椅智能气候控制/代码（401），记忆组件/代码（275）除外，左侧电动调节式驾驶人座椅/代码（221）除外：前排座椅加热器控制单元（N25/17）	
MF1/针脚5	熔断器328（F1/3f328）	30g	0.5 红白	带记忆功能的电动调节式前排乘客座椅/代码（242）或右侧电动调节式前排座椅/代码（222）：前排乘客座椅控制单元（N32/2）	7.5A
				截至2015年5月31日，装配驾驶人和前排乘客座椅加热器/代码（873）或驾驶人和前排乘客座椅智能气候控制/代码（401），带记忆功能的电动调节式前排乘客座椅/代码（242）除外，右侧电动调节式前排座椅/代码（222）除外：前排乘客座椅加热器控制单元（N25/4）	
				左驾驶车辆，始自2015年6月1日，装配驾驶人和前排乘客座椅加热器/代码（873）或驾驶人和前排乘客座椅智能气候控制/代码（401），记忆组件/代码（275）除外，左侧电动调节式驾驶人座椅/代码（221）除外：前排座椅加热器控制单元（N25/17）	
MF1/针脚6	熔断器329（F1/3f329）	30g	0.5 红色	转向柱管模块控制单元（N80）	7.5A
MF2/针脚1	熔断器330（F1/3f330）	30g	0.5 红绿	装配预防性安全系统（PRE-SAFE®）/代码（299）：左前可逆式安全带紧急收紧器（A76）	5A

表7-6　奔驰C级W205/GLC级W253车型右侧A柱熔断器盒熔断器说明表　（续）

插槽	熔断器	电路	导线标识	带熔断器的部件	额定值
MF2/针脚2	熔断器331（F1/3f331）	30g	0.35 红白	音频/驾驶舱管理及数据系统（COMAND）控制面板（A40/9）	5A
				装配Audio20收音机/代码（522）或驾驶舱管理和数据系统以及自动导航系统（COMANDAPS）/代码（531）：触摸板（A105）	
MF2/针脚3	熔断器332（F1/3f332）	30g	0.5 红色	装配预防性安全系统（PRE-SAFE ®）/代码（299）：右前可逆式安全带紧急收紧器（A76/1）	5A
MF2/针脚4	熔断器333（F1/3f333）	30g	0.5 红色	装配平视显示屏/代码（463）：平视显示屏（A40/12）	5A
MF2/针脚5	熔断器334（F1/3f334）	30g	0.5 红色	多媒体连接单元（A90/5）	5A
MF2/针脚6	熔断器335（F1/3f335）	30g	0.5 红黄	车型205.012/047/147/212/247，253.354/954：电动制冷剂压缩机（A9/5）	5A
MF3/针脚1	熔断器336（F1/3f336）	30g	0.35 红黄	反馈线路，电路30g，前部信号采集及促动控制模组（SAM）控制单元（N10/6）	5A
MF3/针脚2	熔断器337（F1/3f337）	30g	0.5 红白	车型205，装配驾驶辅助组件/代码（23P）：雷达传感器控制单元（N62/1）	
			0.35 红白	车型253，装配驾驶辅助组件/代码（23P）：雷达传感器控制单元（N62/1）	5A
MF3/针脚3	熔断器338（F1/3f338）	30g	0.35 红色	装配中国版车辆附加配件/代码（830）：后排通用串行总线（USB）电气插接器（X39/75）	5A
MF3/针脚4	熔断器339（F1/3f339）	30g	0.5 红黄	装配带驻车定位系统（PARKTRONIC）的主动式驻车辅助系统/代码（235）或主动式车道保持辅助系统/代码（238）或带转向辅助和停走向导的限距控制系统增强版（DISTRONICPLUS）/代码（266）或平视显示屏/代码（463）或360° 摄像头/代码（501）：驾驶人侧仪表板按钮组（S6/1）	5A
MF3/针脚5	熔断器340（F1/3f340）	30g	0.5 红紫	装配自动空调/代码581：后排空调系统操纵单元（N22/4）	5A
MF3/针脚6	熔断器341（F1/3f341）	30g	0.5 红白	装配轮胎压力监测器/代码（475）：轮胎压力监测器控制单元（N88）	5A

6. 后排熔断器和继电器模块

奔驰C级W205/GLC级W253车型后排熔断器和继电器模块元件分布如图7-6所示，熔断器相关说明见表7-7，继电器相关说明见表7-8。

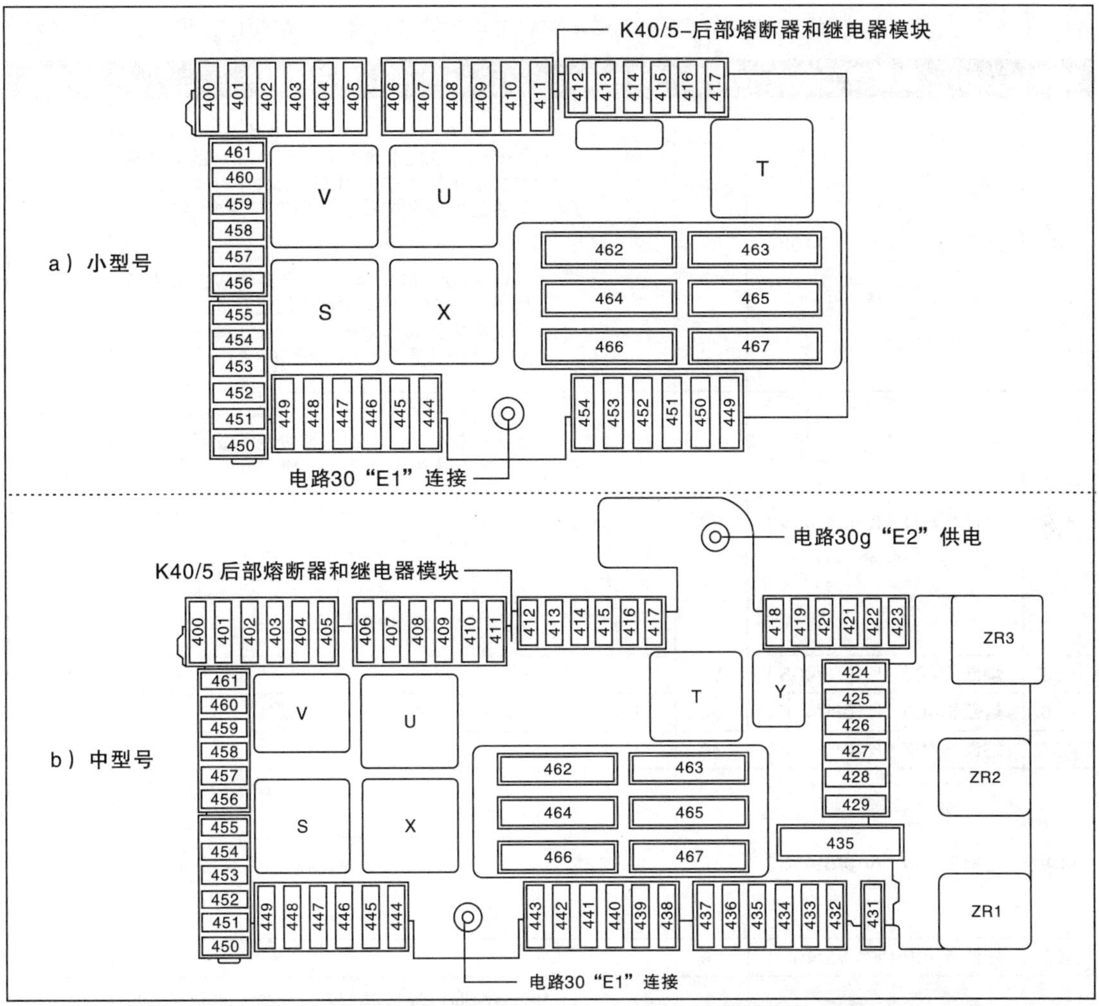

图7-6 奔驰C级W205/GLC级W253车型后排熔断器和继电器模块元件分布图

表7-7 奔驰C级W205/GLC级W253车型后排熔断器和继电器模块熔断器说明表

插槽	熔断器	电路	导线标识	带熔断器的部件	额定值
400	熔断器400（K40/5f400）	87	1.5 红白	采用BlueTEC（选择性催化还原SCR）柴油机排气处理技术/代码（U77）：AdBlue ® 雾状尿素水溶液控制单元（N118/5）	25A
401	熔断器401（K40/5f401）	87	1.5 红绿	采用BlueTEC（选择性催化还原SCR）柴油机排气处理技术/代码（U77）：AdBlue ® 雾状尿素水溶液控制单元（N118/5）	15A
			1.5 红黄	采用BlueTEC（选择性催化还原SCR）柴油机排气处理技术/代码（U77）：AdBlue ® 雾状尿素水溶液控制单元（N118/5）	
402	熔断器402（K40/5f402）	87	1.5 红色	采用BlueTEC（选择性催化还原SCR）柴油机排气处理技术/代码（U77）：AdBlue ® 雾状尿素水溶液控制单元（N118/5）	20A

表7-7　奔驰C级W205/GLC级W253车型后排熔断器和继电器模块熔断器说明表　（续）

插槽	熔断器	电路	导线标识	带熔断器的部件	额定值
403	熔断器403（K40/5f403）	87	2.5 红绿	截至2015年11月30日，电动调节式右前座椅/代码（222）除外且带记忆功能的电动调节式前排乘客座椅/代码（242）除外：前排乘客座椅部分电动座椅调节开关（S23/1）	30A
				始自2015年12月1日，电动调节式右前座椅/代码（222）除外且带记忆功能的电动调节式前排乘客座椅/代码（242）除外：前排乘客座椅部分电动座椅调节开关（S23/1）	25A
404	熔断器404（K40/5f404）	87	2.5 红绿	截至2015年11月30日，左侧电动调节式驾驶人座椅/代码（221）除外且记忆组件/代码（275）除外：驾驶人座椅部分电动座椅调节开关（S22/1）	30A
				始自2015年12月1日，电动调节式右前座椅/代码（222）除外且带记忆功能的电动调节式前排乘客座椅/代码（242）除外：驾驶人座椅部分电动座椅调节开关（S22/1）	25A
405	熔断器405（K40/5f405）	87	–	备用	–
406	熔断器406（K40/5f406）	30	2.5 红色	左前车门控制单元（N69/1）	30A
407	熔断器407（K40/5f407）	30	–	备用	–
408	熔断器408（K40/5f408）	30	2.5 红色	车型205.0/1/2，253：右后车门控制单元（N69/4）	30A
				车型205.3，装配电动安全带延伸臂/代码（U02），车型205.4：后排控制单元（N22/6）	
409	熔断器409（K40/5f409）	30	–	备用	–
410	熔断器410（K40/5f410）	30	0.5 红色	装配固定加热器/代码（228）和固定加热器遥控器/代码（B24）：固定加热器无线电遥控器接收器（A6/1）	5A
				车型253，装配舒适型电话/代码（386）和固定加热器遥控器/代码（B24），始自2016年6月1日：电话和固定加热器天线转换开关（A2/155）	
411	熔断器411（K40/5f411）	30	4.0 红色	装配预防性安全系统（PRE-SAFE®）/代码（299）：左前可逆式安全带紧急收紧器（A76）	30A
412	熔断器412（K40/5f412）	30	0.5 红色	车型205.012/212：蓄电池管理系统控制单元（N82/2）	7.5A
			0.75 红色	车型253.354/954：蓄电池管理系统控制单元（N82/2）	
			1.0 红色	车型205.047/147/247：蓄电池管理系统控制单元（N82/2）	
413	熔断器413（K40/5f413）	30g	0.35 红黑	带行李箱盖遥控关闭功能/代码（881）的车型205：行李箱盖控制系统控制单元（N121）	5A

表7-7 奔驰C级W205/GLC级W253车型后排熔断器和继电器模块熔断器说明表 （续）

插槽	熔断器	电路	导线标识	带熔断器的部件	额定值
414	熔断器414（K40/5f414）	30g	0.5 红白	装配电视调谐器/代码（865），数字收音机（DAB）/代码（537）或SIRIUS卫星收音机/代码（536）：调谐器装置（A90/4）	5A
415	熔断器415（K40/5f415）	30g	0.5 红色	装配后视摄像头/代码（218）或360° 摄像头/代码（501）：摄像头护盖控制单元（N42）	5A
			0.5 红黄	装配空气质量组件/代码（P21）：香氛喷雾装置发生器（N59）	
416	熔断器416（K40/5f416）	30g	0.5 红色	装配舒适型电话/代码（386）：蜂窝制式电话系统天线放大器/补偿器（A28/15）移动电话接触板（X237/1）	7.5A
417	熔断器417（K40/5f417）	30g	0.5 红色	装配360° 摄像头/代码（501）：360° 摄像头控制单元（N148）	5A
				装配后视摄像头/代码（218）：后视摄像头（B84/3）	
418	熔断器418（K40/5f418）	30g	0.35 红白	车型205.1，253，装配后排座椅加热器/代码（872）：后排座椅加热器控制单元（N25/6）	5A
				车型205.4，装配头颈暖风系统（AIRSCARF）/代码（403）：头颈暖风系统（AIRSCARF）控制单元（N25/7）	
419	熔断器419（K40/5f419）	30g	0.5 红白	装配电动调节式右前座椅/代码（222）或电动调节式左侧驾驶人座椅的记忆开关/代码（241）或带记忆功能的电动调节式前排乘客座椅/代码（242）或座椅舒适组件/代码（P65）：前排乘客座椅腰部支撑调节控制单元（N32/24）	5A
420	熔断器420（K40/5f420）	30g	0.5 红白	装配电动调节式左侧驾驶人座椅/代码（221）或记忆组件/代码（275）或座椅舒适组件/代码（P65）：驾驶人座椅腰部支撑调节控制单元（N32/23）	5A
421	熔断器421（K40/5f421）	87	–	备用	–
422	熔断器422（K40/5f422）	30g	–	备用	–
423	熔断器423（K40/5f423）	30g	0.35 红色	装配音响系统/代码（810）：音响系统放大器控制单元（N40/3）	5A
424	熔断器424（K40/5f424）	30g	1.0 红白	车型253，装配主动车身控制系统/代码（489）：主动车身控制系统（ABC）增强版控制单元（N51/8）	15A
			1.0 红黑	装配运动型发动机音响/代码（B63）：发动机音响控制单元（N40/1）	
425	熔断器425（K40/5f425）	30	–	备用	–
426	熔断器426（K40/5f426）	30	2.5 红蓝	车型205.086/087/286/287/386/387/486/487，车型253.388/389/988/989：电动驻车制动器控制单元（N128）	30A
427	熔断器427（K40/5f427）	30	–	备用	–

表7–7　奔驰C级W205/GLC级W253车型后排熔断器和继电器模块熔断器说明表　　（续）

插槽	熔断器	电路	导线标识	带熔断器的部件	额定值
428	熔断器428（K40/5f428）	30	2.5 红白	车型205，装配主动式发动机支座/代码（466）：电子差速器控制单元（N3/2）	–
429	熔断器429（K40/5f429）	30	–	备用	–
430	熔断器430（K40/5f430）	30	–	备用	–
431	熔断器431（K40/5f431）	30	2.5 红色	车型205，装配出租车/租赁汽车预留装置/代码（965）：专用车辆多功能控制单元（N26/9）	25A
			2.5 红绿	车型205，装配警用紧急救援车/代码（970），消防部门紧急救援车预留装置/代码（974）或医用紧急救援车预留装置/代码（975）：特种车辆多功能控制模组控制单元（SVMCU）（N26/14）	
432	熔断器432（K40/5f432）	30	2.5 红紫	车型205，装配出租车/租赁汽车预留装置/代码（965）：专用车辆多功能控制单元（N26/9）	25A
			2.5 红白	车型205，装配警用紧急救援车/代码（970），消防部门紧急救援车预留装置/代码（974）或医用紧急救援车预留装置/代码（975）或电子接口/代码（Z97）：特种车辆多功能控制模组控制单元（SVMCU）（N26/14）	
433	熔断器433（K40/5f433）	30	1.5 红蓝	车型205，装配挂车挂钩/代码（550）：挂车识别控制单元（N28/1）	15A
				车型253，装配挂车挂钩/代码（550）：挂车识别控制单元（N28/1）	20A
434	熔断器434（K40/5f434）	30	1.5 红蓝	车型205，装配挂车挂钩/代码（550）：挂车识别控制单元（N28/1）	15A
			2.5 红灰	车型253，装配挂车挂钩/代码（550），美国版/代码（494）除外：挂车识别控制单元（N28/1）	30A
435	熔断器435（K40/5f435）	30	2.5 红色	装配挂车挂钩/代码（550）：挂车识别控制单元（N28/1）	25A
436	熔断器436（K40/5f436）	30	1.5 红白	装配挂车挂钩/代码（550），美国版/代码（494）除外：挂车识别控制单元（N28/1）	15A
437	熔断器437（K40/5f437）	30	2.5 红黄	装配挂车挂钩/代码（550）：挂车识别控制单元（N28/1）	25A
438	熔断器438（K40/5f438）	30	2.5 红色	车内装配230V插座/代码（U67）或115V插座/代码（U80）：交直流转换器控制单元（N24/3）	30A
439	熔断器439（K40/5f439）	30	0.5 红绿	车型205，装配出租车/租赁汽车预留装置/代码（965）：出租车自动计费器（A50）/组合式车内后视镜出租车自动计费器（A50/1）	5A
			2.5 红蓝	车型205，装配警用紧急救援车/代码（970），消防部门紧急救援车预留装置/代码（974）或医用紧急救援车预留装置/代码（975）：车辆插座电气连接（X4/36）	20A
			2.5 红色	车型205.3/4：后排控制单元（N22/6）	25A

表7-7 奔驰C级W205/GLC级W253车型后排熔断器和继电器模块熔断器说明表 （续）

插槽	熔断器	电路	导线标识	带熔断器的部件	额定值
440	熔断器440（K40/5f440）	30	2.5 红白	车型205.1，253，装配后排座椅加热器/代码（872）：后排座椅加热器控制单元（N25/6）	30A
				车型205.4，装配头颈暖风系统（AIRSCARF）/代码（403）：头颈暖风系统（AIRSCARF）控制单元（N25/7）	
441	熔断器441（K40/5f441）	30	2.5R 红黑	车型205.4，装配头颈暖风系统（AIRSCARF）/代码（403）：头颈暖风系统（AIRSCARF）控制单元（N25/7）	30A
442	熔断器442（K40/5f442）	30	2.5 红色	燃油系统控制单元（N118）	25A
443	熔断器443（K40/5f443）	30	4.0 红黑	装配预防性安全系统（PRE-SAFEⓇ）/代码（299）：右前可逆式安全带紧急收紧器（A76/1）	30A
444	熔断器444（K40/5f444）	87	1.0 红蓝	车型205.0/1/2，253，装配后排娱乐系统预留装置/代码（866）：左侧平板电脑电气插接器（X99x1）右侧平板电脑电气插接器（X99x2）	15A
445	熔断器445（K40/5f445）	87	1.5 红色	车型205.2，253：行李箱插座（X58/12）	15A
446	熔断器446（K40/5f446）	87	1.5 红黑	装配烟具组件/代码（301）：带烟灰缸照明的前部点烟器（R3）	15A
				烟具组件/代码（301）除外：车内电源插座（X58/1）	
447	熔断器447（K40/5f447）	87	1.5 红黑	右后中央控制台插座12V（X58/18）	15A
448	熔断器448（K40/5f448）	15	0.75 红色	变速器722，725：驻车止动爪电容器（C8）	10A
449	熔断器449（K40/5f449）	15	0.5 红白	发动机626：燃油滤清器加热器继电器（K40/5kZR1）	5A
			0.5 粉红	车型205.086/087/286/287/386/387/486/487，车型253.388/389/988/989：电动驻车制动器控制单元（N128）	
			0.35 红绿	装配声环境保护/代码（B53）：声音发生器（H4/16）	
450	熔断器450（K40/5f450）	15	0.35 黑色	后部信号采集及促动控制模组（SAM）控制单元（N10/8）	5A
451	熔断器451（K40/5f451）	15	0.35 粉黑	燃油系统控制单元（N118）	5A
			0.5 粉蓝	采用BlueTEC[选择性催化还原（SCR）]柴油机排气处理技术/代码（U77）：AdBlue Ⓡ 雾状尿素水溶液控制单元（N118/5）	5A
452	熔断器452（K40/5f452）	15	0.35 红蓝	装配车道组件/代码（22P）： 外部右后保险杠集成式雷达传感器（B92/6） 外部左后保险杠集成式雷达传感器（B92/11）	5A
			0.5 红蓝	装配驾驶辅助组件/代码（23P）： 后部中央保险杠雷达传感器（B92/1） 外部右后保险杠雷达传感器（B92/7） 外部左后保险杠雷达传感器（B92/10）	

表7-7 奔驰C级W205/GLC级W253车型后排熔断器和继电器模块熔断器说明表 （续）

插槽	熔断器	电路	导线标识	带熔断器的部件	额定值
453	熔断器453（K40/5f453）	15	0.5 红蓝	装配驾驶辅助组件/代码（23P）：左前保险杠雷达传感器（B92/3）/右前保险杠雷达传感器（B29/4）	5A
				装配碰撞预防辅助系统/代码（258）：碰撞预防辅助系统控制单元（A90）	
454	熔断器454（K40/5f454）	15	1.0 红色	车型205.0/1/2，装配变速器722：完全集成式变速器控制系统控制单元（Y3/8）	5A
				车型205.3/4，装配变速器722：完全集成式变速器控制系统控制单元（Y3/8）	7.5A
			0.5 红蓝	车型205.0/1/2，装配驾校组件/代码（U63）：脚部位置照明开关（S18/7）/踏板操作监控开关（S146）	5A
			0.5 粉蓝	采用BlueTEC（选择性催化还原SCR）柴油机排气处理技术/代码（U77）：AdBlue®雾状尿素水溶液控制单元（N118/5）	7.5A
455	熔断器455（K40/5f455）	15	0.35 粉绿	车内装配230V插座/代码（U67）：交直流转换器控制单元（N24/3）	5A
				装配115V插座/代码（U80）：115V插座（X58/34）	
456	熔断器456（K40/5f456）	15	0.5 红绿	装配驾驶辅助组件/代码（23P）：前部远距离雷达传感器（B92）	5A
				装配限距控制系统增强版（DISTRONICPLUS）/代码（239）：限距控制系统（DISTRONIC）电控单元（A89）	
457	熔断器457（K40/5f457）	15	0.75 黑色	车型205.012/047/147/212/247，253.354/954：电力电子控制单元（N129/1）	5A
			0.5 黑色	车型205.012/212：蓄电池管理系统控制单元（N82/2）	
			1.0 黑色	车型205.047/147/247：蓄电池管理系统控制单元（N82/2）	
			0.35 黑色	车型253.354/954：直流/直流转换器控制单元（N83/1）/电力电子控制单元（N129/1）	
			0.35 粉红	车型205，装配主动式发动机支座/代码（466）：电子差速器控制单元（N3/2）主动式发动机支座控制单元（N3/42）	
458	熔断器458（K40/5f458）	30	0.35 红色	装配免提开启功能（HANDS-FREE ACCESS）/代码（871）：后部开关模块（N38）	5A
459	熔断器459（K40/5f459）	30	0.5 红色	车型205.047/147/247，253.354/954：充电器（N83/5）	5A
				车型205，装配主动式发动机支座/代码（466）：AMG悬挂控制单元（N3/43）	
460	熔断器460（K40/5f460）	30	0.75 红色	装配无钥匙起动（KEYLESS-GO）/代码（889）或无钥匙起动（KEYLESS-GO）的启动功能/代码（893）：无钥匙起动（KEYLESS-GO）控制单元（N69/5）	10A

表7-7 奔驰C级W205/GLC级W253车型后排熔断器和继电器模块熔断器说明表 （续）

插槽	熔断器	电路	导线标识	带熔断器的部件	额定值
461	熔断器461（K40/5f461）	30	0.35 红色	调频（FM）1、调幅（AM）、中央锁止系统［CL（ZV）］和无钥匙起动（KEYLESS-GO）天线放大器（A2/18）	5A
462	熔断器462（K40/5f462）	30	4.0 红色	装配音响系统/代码（810）：音响系统放大器控制单元（N40/3）	40A
463	熔断器463（K40/5f463）	87	2.5 红蓝	车型205.0/1/2、253：后窗加热器（R1），通过后窗干扰抑制电容器（C3）	30A
				车型205.3/4：软顶篷/车内电气插接器（X23/3）	
464	熔断器464（K40/5f464）	30	4.0 红色	车型205.0/1/3/4、带行李箱盖遥控关闭功能/代码（881）：行李箱盖控制系统控制单元（N121）	40A
				车型205.2、253，装配便捷装载（Easy-Pack）掀开式尾门/代码（890）：掀开式尾门控制单元（N121/1）	
465	熔断器465（K40/5f465）	30	4.0 红色	后部信号采集及促动控制模组（SAM）控制单元（N10/8）	40A
466	熔断器466（K40/5f466）	30	4.0 红色	后部信号采集及促动控制模组（SAM）控制单元（N10/8）	40A
467	熔断器467（K40/5f467）	30	4.0 蓝色	发动机626：带集成式加热器的燃油滤清器滤芯（B20）	40A
			4.0 红色	车型205.4：后排控制单元（N22/6）	

表7-8 奔驰C级W205/GLC级W253车型后排熔断器和继电器模块继电器说明表

继电器	保护的电路/部件
S	车内电路15继电器（K40/5kS）
T	后窗加热器继电器（K40/5kT）
U	第2排座椅杯座和插座继电器（K40/5kU）
V	采用BlueTEC（选择性催化还原SCR）柴油机排气处理技术/代码（U77）：AdBlue®雾状尿素水溶液继电器（K40/5kV）
X	第1排座椅/行李箱冷藏箱和插座继电器（K40/5kX）
Y	备用继电器（K40/5kY）
ZR1	发动机626：燃油滤清器加热器继电器（K40/5kZR1）
ZR2	备用继电器（（K40/5kZR2）
ZR3	备用继电器（（K40/5kZR3）

第二节 奔驰E级W213（2016年起）

1. 发动机熔断器和继电器模块

奔驰E级W213发动机熔断器和继电器模块元件分布如图7-7所示，熔断器相关说明见表7-9，继电器相关说明见表7-10。

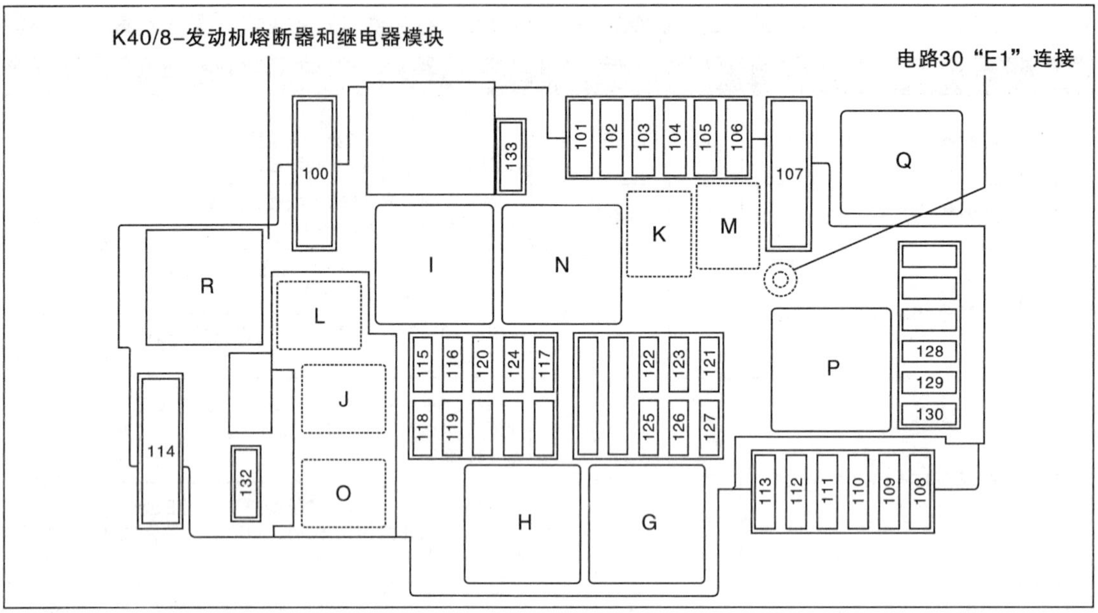

图7-7　奔驰E级W213发动机熔断器和继电器模块元件分布图

表7-9　奔驰E级W213发动机熔断器和继电器模块熔断器说明表

插槽	熔断器	电路	导线标识	带熔断器的部件	额定值
100	熔断器 100（K40/8f100）	87	4.0 红色	用于车型213.050：电子真空泵（M56）	40A
101	熔断器 101（K40/8f101）	87M	1.5 红绿	电路87/2套管插接器（Z7/48z1）	15A
102	熔断器 102（K40/8f102）	87M	2.5 红蓝	用于发动机274、276、642：发动机线束/发动机舱电气连接（X26）	20A
				用于发动机642、654：共轨喷射系统柴油机（CDI）控制单元（N3/9）	
103	熔断器 103（K40/8f103）	87M	1.5 红黄	用于发动机274：电控多端顺序燃料喷注/点火系统（ME-SFI）控制单元（N3/10）	15A
				用于发动机 654：共轨喷射系统柴油机（CDI）控制单元（N3/9）	
				用于Blue TEC（选择性催化还原SCR）柴油机排气处理技术/代码（U77）：柴油氧化催化转换器上游的氮氧化物（NOx）传感器控制单元（N37/7）、选择性催化还原（SCR）催化转换器下游的氮氧化物（NOx）传感器控制单元（N37/8）	
104	熔断器 104（K40/8f104）	87M	0.5 红黑	用于发动机274：发动机线束/发动机舱电气连接（X26）	15A
			1.5 红黑	用于发动机642：发动机线束/发动机舱电气连接（X26）	
			1.5 红黑	用于发动机654：共轨喷射系统柴油机（CDI）控制单元（N3/9）	

表7-9 奔驰E级W213发动机熔断器和继电器模块熔断器说明表 （续）

插槽	熔断器	电路	导线标识	带熔断器的部件	额定值
105	熔断器 105（K40/8f105）	87	–	备用	–
106	熔断器 106（K40/8f106）	87M	–	备用	–
107	熔断器 107（K40/8f107）	87	–	备用	–
108	熔断器 108（K40/8f108）	15	1.0 红色	用于车型213.050：加速踏板模块控制单元（B37n1）	15A
109	熔断器 109（K40/8f109）	15	0.5 红绿	用于车型213.050：声音发生器（H4/16）	10A
110	熔断器 110（K40/8f110）	30t	1.5 粉红	用于静态左驾驶车辆LED前照灯/代码（631）或静态右驾驶车辆LED前照灯/代码（632）或照明组件/代码（P35）：右侧前照灯控制单元（E2n9）	20A
			1.5 绿红	用于照明组件/代码（P35）：左前LED矩阵灯组控制单元（E1n11）	
111	熔断器 111（K40/8f111）	30t	2.5R 红黑	刮水器电动机（M6/1）	30A
112	熔断器 112（K40/8f112）	30t	–	备用	–
113	熔断器 113（K40/8f113）	50	2.5 紫白	起动机（M1）	30A
114	熔断器 114（K40/8f114）	87	4.0 红白	用于车型213.0/1，装配主动车身控制系统（ABC）/代码（489）或适用于车型213.2：主动车身控制系统压缩机（A9/1）	40A
115	熔断器 115（K40/8f115）	87	–	备用	–
116	熔断器 116（K40/8f116）	87	0.35 橙红	用于车型213.050：电控车辆稳定行驶系统（ESP）控制单元（N30/4）	5A
117	熔断器 117（K40/8f117）	30t	–	备用	7.5A
118	熔断器 118（K40/8f118）	87C	1.0 红绿	电路87 C2套管插接器（Z141/2z1）	15A
119	熔断器 119（K40/8f119）	87C	1.0 红蓝	电路87 C1套管插接器（Z141/1z1）	15A
120	熔断器 120（K40/8f120）	30t	–	备用	–
121	熔断器 121（K40/8f121）	15	0.75 红色	用于变速器725：驻车止动爪电容器（C8）	10A
122	熔断器 122（K40/8f122）	15	–	备用	–
123	熔断器 123（K40/8f123）	15	0.5 黑红	前部信号采集及促动控制模组（SAM）控制单元（N10/6）	5A
124	熔断器 124（K40/8f124）	30t	–	备用	–
125	熔断器 125（K40/8f125）	15	–	备用	–
126	熔断器 126（K40/8f126）	15	0.5 粉红	用于未装配静态左驾驶车辆LED前照灯/代码（631）或静态右驾驶车辆LED前照灯/代码（632）和照明组件/代码（P35）的车辆： 左前灯组（E1） 右前灯组（E2） 外部照明开关（S1）	5A
127	熔断器 127（K40/8f127）	50	0.5 紫白	用于车型213.050以外的车型：电压降限制器（R62）	5A
128	熔断器 128（K40/8f128）	15	0.35 粉红	外部照明开关（S1）	5A
129	熔断器 129（K40/8f129）	15	0.5 红色	电控车辆稳定行驶系统（ESP）控制单元（N30/4）	5A

表7-9　奔驰E级W213发动机熔断器和继电器模块熔断器说明表　（续）

插槽	熔断器	电路	导线标识	带熔断器的部件	额定值
130	熔断器 130（K40/8f130）	15	–	备用	–
132	熔断器 132（K40/8f132）	87	0.35 橙色	用于主动车身控制系统（ABC）/代码（489）：主动车身控制系统（ABC）控制单元（N51/3）	5A
133	熔断器 133（K40/8f133）	30t	1.5 粉红	用于静态左驾驶车辆LED前照灯/代码（631）或静态右驾驶车辆LED前照灯/代码（632）或照明组件/代码（P35）：左侧前照灯控制单元（E1n9）	20A
				用于照明组件/代码（P35）：右前LED矩阵灯组控制单元（E2n11）	

表7-10　奔驰E级W213发动机熔断器和继电器模块继电器说明

继电器	保护的电路/部件	继电器	保护的电路/部件
G	发动机舱电路15继电器（K40/8kG）	O	用于车型213.050：起动机电路15继电器（K40/8kO）
H	起动机电路50继电器（K40/8kH）	P	用于发动机274.9：冷却液泵继电器（K40/8kP）
I	用于车型213.050：真空泵机械继电器（–）（K40/8kI）	Q	用于车型213.050：真空电子继电器（+）（K40/8kQ）
J	共用传动系统控制器（CPC）继电器（K40/8kJ）	R	用于车型213.0/1，装配主动车身控制系统（ABC）/代码（489）或适用于车型213.2：主动车身控制系统继电器（K40/8）
K–M	备用		
N	电路87M继电器（K40/8kN）		

2. 发动机舱中预熔熔断器盒

奔驰E级W213车型发动机舱中预熔熔断器盒元件分布如图7-8所示，熔断器相关说明见表7-11。

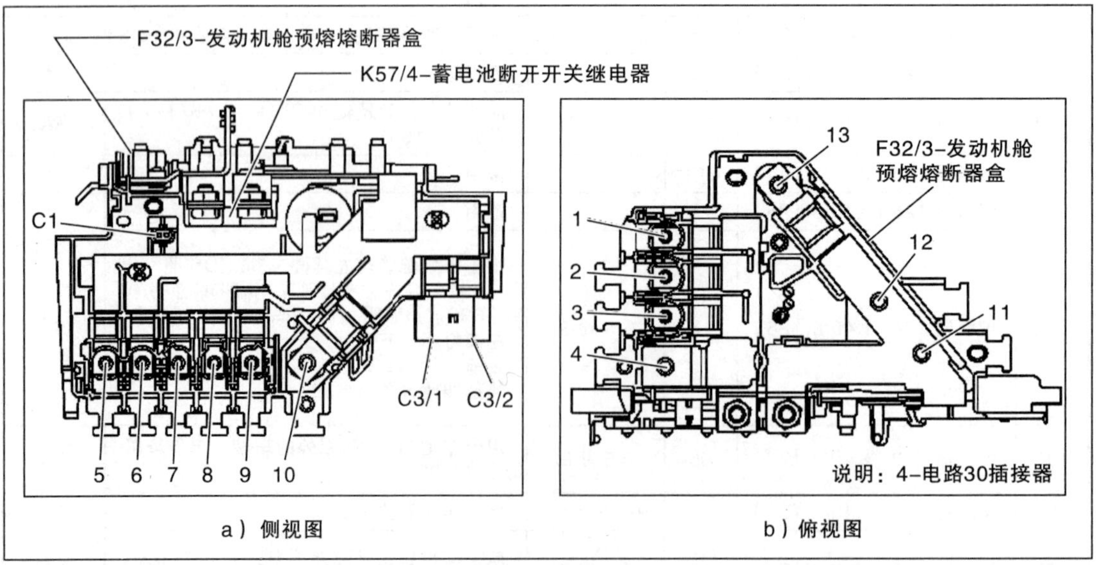

图7-8　奔驰E级W213发动机舱中预熔熔断器盒元件分布图

表7-11 奔驰E级W213发动机舱中预熔熔断器说明表

插槽	熔断器	电路	导线标识	带熔断器的部件	额定值
1	熔断器1（F32/3f1）	30t	12.0 红色	电动动力转向机构控制单元（N68）	100A
2	熔断器2（F32/3f2）	30t	10.0 红色	用于柴油发动机：预热输出级（N14/3）	100A
3	熔断器3（F32/3f3）	30	4.0 红色	右侧A柱熔断器盒（F1/3）	30A
5	熔断器5（F32/3f5）	30t	10.0 红色	用于主动车身控制系统（ABC）/代码（489）除外的情况或车型213（213.050除外）：发动机熔断器和继电器模块（K40/8）	80A
			16.0 红色	用于主动车身控制系统（ABC）/代码（489）或车型213.050：发动机熔断器和继电器模块（K40/8）	150A
6	熔断器6（F32/3f6）	30t	10.0 红色	用于主动车身控制系统（ABC）/代码（489）除外的情况或车型213（213.050除外）：左侧熔断器和继电器模块（K40/6）	80A
			16.0 红色	用于主动车身控制系统（ABC）/代码（489）或车型213.050：左侧熔断器和继电器模块（K40/6）	150A
7	熔断器7（F32/3f7）	30t	10.0 红色	用于600W风扇电动机：风扇电动机（M4/7）	80A
			12.0 红色	用于850W风扇电动机：风扇电动机（M4/7）	
8	熔断器8（F32/3f8）	30t	未知	用于1000W风扇电动机：风扇电动机（M4/7）	100A
9	熔断器9（F32/3f9）	30	25.0 红色	用于美国版/代码（494）发动机654：催化转换器加热器控制单元（N33/3）	150A
10	熔断器10（F32/3f10）	30t	35.0 黑色	车内预熔熔断器盒（F32/4）	300A
11	熔断器11（F32/3f11）	30t	–	备用	–
12	熔断器12（F32/3f12）	30t	–	备用	–
13	熔断器13（F32/3f13）	30t	50.0 红色	用于车型213（213.050除外）：发电机（G2）	400A
				用于车型213.050：电力电子控制单元（N129/1）	
C1	–	–	–	蓄电池断开开关继电器（K57/4）	–
C3/1	熔断器C3/1（F32/3fC3/1）	30t	4.0 红黑	电控车辆稳定行驶系统（ESP）控制单元（N30/4）	40A
C3/2	熔断器C3/2（F32/3fC3/2）	30t	6.0 红色	电控车辆稳定行驶系统（ESP）控制单元（N30/4）	60A

3. 车内空间预熔熔断器盒

奔驰E级W213车内空间预熔熔断器盒元件分布如图7-9所示，熔断器相关说明见表7-12。

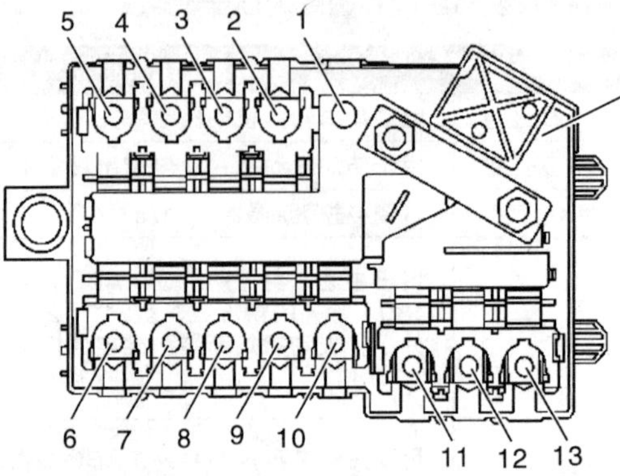

图7–9　奔驰E级W213车内空间预熔熔断器盒元件分布图

表7–12　奔驰E级W213车内空间预熔熔断器盒熔断器说明表

插槽	熔断器	电路	导线标识	带熔断器的部件	额定值
2	熔断器2（F32/4f2）	30t	16.0 红色	用于车型213.050：ECO起动/停止功能附加蓄电池继电器（K114）	150A
3	熔断器3（F32/4f3）	30t	4.0 红色	电动鼓风机电动机（A32m1）	40A
4	熔断器4（F32/4f4）	30t	–	备用	–
5	熔断器5（F32/4f5）	30t	未知	用于发动机654、642或274，装配驾驶人和前排乘客座椅智能气候控制/代码（401）或气候寒冷国家的附加配件/代码（824）或驾驶人和前排乘客座椅加热器/代码（873）或驾驶人和前排乘客座椅加热器增强版/代码（902），固定加热器/代码（228）或气候温暖国家版/代码（913）或车型213.050：正温度变化系数（PTC）暖气增压器（R22/3）	150A
6	熔断器6（F32/4f6）	30t	10.0 红色	用于车型213（213.050除外）或未装配特殊装备的车型：右侧A柱熔断器盒（F1/3）	80A
			16.0 红色	用于车型213.050或装配特殊装备的车型：右侧A柱熔断器盒（F1/3）	150A
7	熔断器7（F32/4f7）	30t	16.0 红色	不用于特殊装备：后部熔断器和继电器模块（K40/5）	150A
			25.0 红色	用于特殊装备：后部熔断器和继电器模块（K40/5）	200A
8	熔断器8（F32/4f8）	30t	未知	用于可加热风窗玻璃/代码（597）：风窗玻璃加热器控制单元（N61）	125A
9	熔断器9（F32/4f9）	30t	–	备用	–
10	熔断器10（F32/4f10）	30t	6.0 红色	用于柴油发动机和变速器725：完全集成式变速器控制单元（Y3/8n4）	60A
			6.0 黑色	用于车型213（213.050除外），装配汽油发动机和变速器725：完全集成式变速器控制单元（Y3/8n4）	
			10.0 黑色	用于车型213.050，装配发动机725：完全集成式变速器控制单元（Y3/8n4）	100A

表7-12 奔驰E级W213车内空间预熔熔断器盒熔断器说明表 （续）

插槽	熔断器	电路	导线标识	带熔断器的部件	额定值
11-13	熔断器11（F32/4f11） 至熔断器13（F32/4f13）	30t	-	备用	-

4. 左侧熔断器和继电器模块

奔驰E级W213左侧熔断器和继电器模块元件分布如图7-10所示，熔断器相关说明见表7-13。

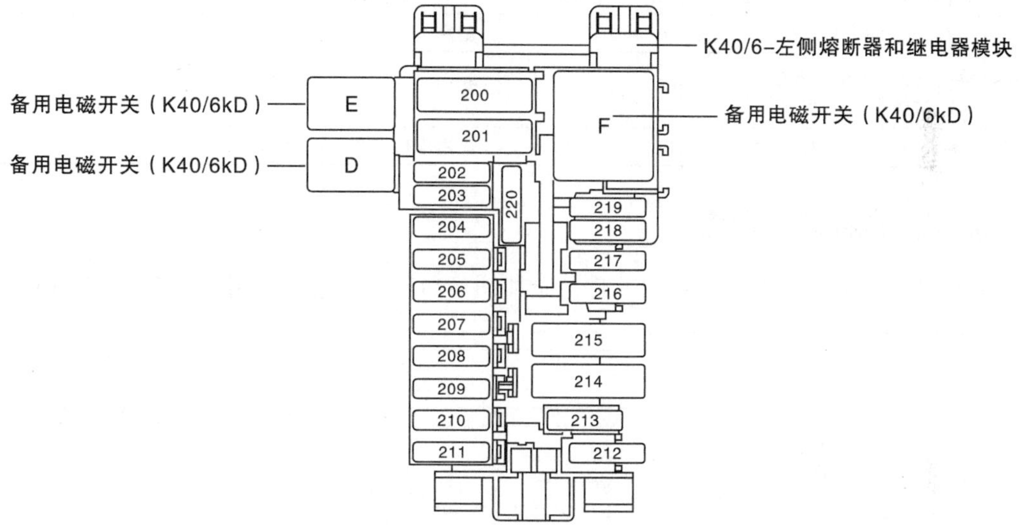

图7-10 奔驰E级W213左侧熔断器和继电器模块元件分布图

表7-13 奔驰E级W213左侧熔断器和继电器模块熔断器说明表

插槽	熔断器	电路	导线标识	带熔断器的部件	额定值
200	熔断器200（K40/6f200）	30t	4.0 红色	前部信号采集及促动控制模组（SAM）控制单元（N10/6）	40A
201	熔断器201（K40/6f201）	30t	4.0 红白	前部信号采集及促动控制模组（SAM）控制单元（N10/6）	40A
202	熔断器202（K40/6f202）	30t	-	备用	-
203	熔断器203（K40/6f203）	30t	2.5 红色	左前车门控制单元（N69/1）	30A
204	熔断器204（K40/6f204）	30t	0.5 黑红	用于日本版/代码（498）：专用短程通信控制单元（A50/6），通过驾驶室熔断器丝盒（F11/1）连接	5A
205	熔断器205（K40/6f205）	30t	0.5 红色	转向柱管模块控制单元（N80）	7.5A
206	熔断器206（K40/6f206）	30t	0.35 红黄	模拟时钟（A70/1） 车顶控制板控制单元（N72/1）	5A
207	熔断器207（K40/6f207）	30t	1.5 红白	用于变速器716：电动转向锁控制单元（N26/5）	20A
208	熔断器208（K40/6f208）	30t	0.5 红色	音频/驾驶室管理及数据系统（COMAND）显示屏（A40/8） 音频装置风扇电动机（M4/12）	7.5A

表7-13 奔驰E级W213左侧熔断器和继电器模块熔断器说明表 （续）

插槽	熔断器	电路	导线标识	带熔断器的部件	额定值
209	熔断器209（K40/6f209）	30t	0.5 红白	智能气候控制操控单元（N58/1）	5A
210	熔断器210（K40/6f210）	30t	1.5 红黑	智能气候控制系统控制单元（N22/1）	15A
211	熔断器211（K40/6f211）	30t	1.0 红色	用于主动式车道保持辅助系统/代码（238），车道保持辅助系统/代码（476）或转向盘加热器/代码（443）：转向柱管模块控制单元（N80）	15A
212	熔断器212（K40/6f212）	87	–	备用	–
213	熔断器213（K40/6f213）	30t	4.0 红绿	左前可逆式安全带紧急收紧器（A76）	30A
214	熔断器214（K40/6f214）	30t	–	备用	–
215–219	熔断器215（K40/6f215）至熔断器219（K40/6f219）	87	–	备用	–
220	熔断器220（K40/6f220）	30t	–	备用电磁开关（K40/6kD）	25A

5. 右侧A柱熔断器盒

奔驰E级W213右侧A柱熔断器盒元件分布如图7-11所示，熔断器相关说明见表7-14。

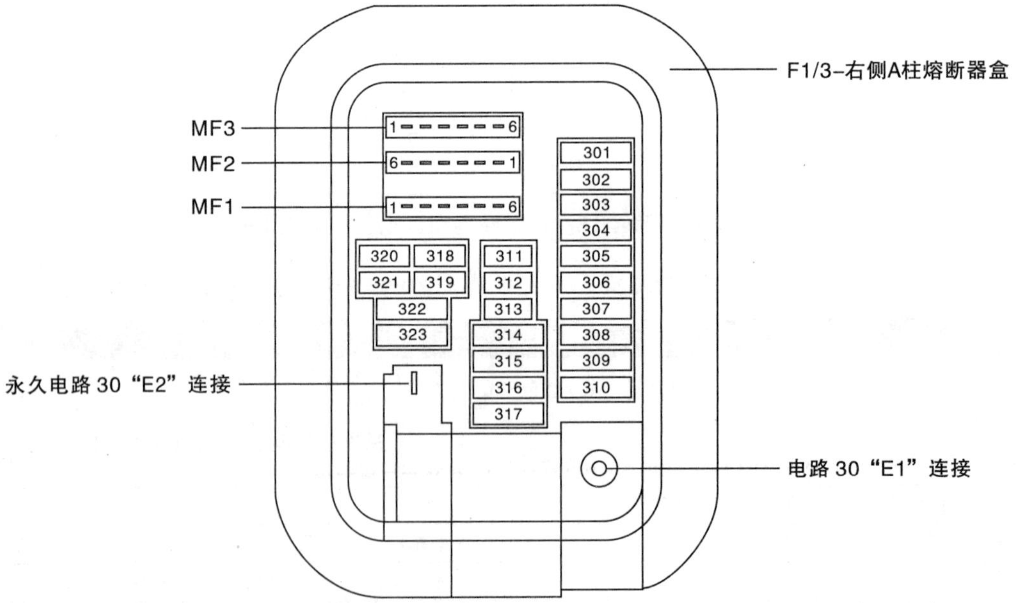

图7-11 奔驰E级W213右侧A柱熔断器盒元件分布图

表7-14 奔驰E级W213右侧A柱熔断器盒熔断器说明表

插槽	熔断器	电路	导线标识	带熔断器的部件	额定值
301	熔断器301（F1/3f301）	30t	2.5 红蓝	左后车门控制单元（N69/3）	30A
302	熔断器302（F1/3f302）	30t	2.5 红色	右前车门控制单元（N69/2）	30A

表7-14 奔驰E级W213右侧A柱熔断器盒熔断器说明表 （续）

插槽	熔断器	电路	导线标识	带熔断器的部件	额定值
303	熔断器303（F1/3f303）	30t	2.5 红绿	用于左侧电动调节式驾驶人座椅/代码（221）或记忆组件/代码（275）：驾驶人座椅控制单元（N32/1）	30A
304	熔断器304（F1/3f304）	30t	2.5 红黄	用于电动调节式右前座椅/代码（222）或记忆组件/代码（275）：前排乘客座椅控制单元（N32/2）	30A
305	熔断器305（F1/3f305）	30t	0.35 红黄	带附加功能的雨量/光线传感器（B38/2）	5A
306	熔断器306（F1/3f306）	30t	2.5 红灰	用于驾驶人和前排乘客座椅智能气候控制系统/代码（401）或驾驶人和前排乘客座椅加热器/代码（873），左侧电动调节式驾驶人座椅/代码（221）除外，电动调节式右前座椅/代码（222）除外和记忆组件/代码（275）除外：前排座椅加热器控制单元（N25/17）	30A
			2.5 红色	用于驾驶人和前排乘客座椅加热器增强版/代码（902）：前排乘客座椅加热器控制单元（N25/4）	
307	熔断器307（F1/3f307）	30t	0.35 红色	用于HERMES UMTS/代码（360）或HERMES LTE/代码（362）：HERMES控制单元（N112/9）	5A
308	熔断器308（F1/3f308）	30t	-	备用	-
309	熔断器309（F1/3f309）	30t	2.5 红白	装配滑动天窗/代码（414）：滑动天窗控制模块（A98/1）	30A
				用于全景式滑动天窗/代码（413）：全景式滑动天窗控制单元（A98n1）	
310	熔断器310（F1/3f310）	30t	4.0 红黑	右前可逆式安全带紧急收紧器（A76/1）	30A
311	熔断器311（F1/3f311）	30t	1.0 红色	传动系统控制单元（N127）	5A
				用于柴油发动机：共轨喷射系统柴油机（CDI）控制单元（N3/9）	
				用于汽油发动机：电控多端顺序燃料喷注/点火系统（ME-SFI）控制单元（N3/10）	
312	熔断器312（F1/3f312）	30t	0.75 红蓝	辅助防护系统控制单元（N2/10）	7.5A
313	熔断器313（F1/3f313）	30t	0.5 红绿	多媒体连接单元（A90/5）	7.5A
314	熔断器314（F1/3f314）	30t	2.5R 红黑	用于固定加热器/代码（228）：固定加热器控制单元（A6n1）	20A
			0.5 红黑	用于车型213.050：高电压正温度变化系数（PTC）加热器（N33/5）	5A
315	熔断器315（F1/3f315）	30t	-	备用	-
316	熔断器316（F1/3f316）	30t	1.5 红白	车顶控制板控制单元（N70）	10A
317	熔断器317（F1/3f317）	30t	1.5 红蓝	主机（A26/17）	15A
318	熔断器318（F1/3f318）	30	0.5 红色	用于防盗报警系统（ATA）/代码（551）和车内保护系统和防拖车保护系统/代码（882）：警笛（H3/1）	5A
319	熔断器319（F1/3f319）	30	0.75 红黑	无钥匙起动（KEYLESS-GO）控制单元（N69/5）	10A

表7-14　奔驰E级W213右侧A柱熔断器盒熔断器说明表　　（续）

插槽	熔断器	电路	导线标识	带熔断器的部件	额定值
320	熔断器320（F1/3f320）	30	0.5 红灰	调频（FM）、调幅（AM）、中央锁止系统（CL）、数字音频广播（DAB）和无钥匙起动系统（KEYLESS-GO）天线放大器（A2/18）	5A
321	熔断器321（F1/3f321）	30	0.75 红黄	电子点火开关控制单元（N73）	10A
322	熔断器322（F1/3f322）	30	0.5 红白	仪表板（A1）	7.5A
323	熔断器323（F1/3f323）	30	0.5 红紫	诊断插接器（X11/4）	5A
MF1/针脚1	熔断器324（F1/3f324）	30t	-	备用	-
MF1/针脚2	熔断器325（F1/3f325）	30t	0.75 红色	用于车道组件/代码（22P），交通标志辅助系统/代码（513）或照明组件/代码（P35），并且驾驶辅助组件增强版/代码（23P）除外：平面探测多功能摄像头（A40/11）	7.5A
				用于驾驶辅助组件增强版/代码（23P）：立体探测多功能摄像头（A40/13）	
MF1/针脚3	熔断器326（F1/3f326）	30t	0.5 红黄	用于无线移动电话充电系统/代码（379）：蜂窝制式电话系统天线放大器/补偿器（A28/15） 移动电话托座控制单元（N123/8）	7.5A
MF1/针脚4	熔断器327（F1/3f327）	30t	0.5 红白	用于左侧电动调节式驾驶人座椅/代码（221），电动调节式右前座椅/代码（222），座椅舒适组件/代码（P65）或记忆组件/代码（275），左侧和右侧动态多仿形座椅/代码（432）除外：驾驶人座椅腰部支撑调节控制单元（N32/23）	7.5A
			0.35 红白	用于左侧和右侧动态多仿形座椅/代码（432）：左前多仿形座椅控制单元（N32/15）	
MF1/针脚5	熔断器328（F1/3f328）	30t	0.5 红蓝	用于左侧电动调节式驾驶人座椅/代码（221），电动调节式右前座椅/代码（222），座椅舒适组件/代码（P65）或记忆组件/代码（275），左侧和右侧动态多仿形座椅/代码（432）除外：前排乘客座椅腰部支撑调节控制单元（N32/24）	7.5A
			0.35 红白	用于左侧和右侧动态多仿形座椅/代码（432）：右前多仿形座椅控制单元（N32/16）	
MF1/针脚6	熔断器329（F1/3f329）	30t	0.5 红黑	用于限距控制系统增强版（DISTRO-NICPLUS）/代码（239）：限距控制系统（DISTRONIC）距离向导控制单元（A108/1）	7.5A
				用于驾驶辅助组件增强版/代码（23P）：短距离和远距离雷达传感器（B92/12）	
MF2/针脚1	熔断器330（F1/3f330）	30t	-	备用	-
MF2/针脚2	熔断器331（F1/3f331）	30t	0.35 红黑	仅用于触摸板/代码（446）除外：音频/驾驶舱管理及数据系统（COMAND）控制面板（A40/9）	5A
				仅用于触摸板/代码（446）：触摸板（A105）	

表7-14 奔驰E级W213右侧A柱熔断器盒熔断器说明表 （续）

插槽	熔断器	电路	导线标识	带熔断器的部件	额定值
MF2/针脚3	熔断器332（F1/3f332）	30t	–	备用	–
MF2/针脚4	熔断器333（F1/3f333）	30t	0.5 红色	用于平视显示屏/代码（463）：平视显示屏（A40/12）	5A
MF2/针脚5	熔断器334（F1/3f334）	30t	0.5 红黄	用于车型213.050：电动制冷剂压缩机（A9/5）	5A
MF2/针脚6	熔断器335（F1/3f335）	30t	0.35 红蓝	用于空气质量组件/代码（P21）：香氛喷雾装置发生器（N59）	5A
MF3/针脚1	熔断器336（F1/3f336）	30t	0.5 红蓝	用于车型213.050：热敏熔丝（F63）、通过高压断开装置（S7）	5A
MF3/针脚2	熔断器337（F1/3f337）	30t	–	备用	–
MF3/针脚3	熔断器338（F1/3f338）	30t	0.35 红色	用于触控板/代码（448）：触摸板（A105）	5A
MF3/针脚4	熔断器339（F1/3f339）	30t	0.35 红白	用于驻车-向导系统/代码（235）和主动式车身控制系统/代码（489）或主动式车道保持辅助系统/代码（238），带转向辅助和停走向导的限距控制系统增强版（DISTRONIC PLUS）/代码（266），平视显示屏/代码（463）或车道保持辅助系统/代码（476）：驾驶人侧仪表板按钮组（S6/1）	5A
MF3/针脚5	熔断器340（F1/3f340）	30t	0.35 红紫	用于自动空调/代码（581）：后排空调系统操纵单元（N22/4）	5A
MF3/针脚6	熔断器341（F1/3f341）	30t	–	备用	–

6. 后排熔断器和继电器模块

奔驰E级W213后排熔断器和继电器模块元件分布如图7-12所示，熔断器相关说明见表7-15，继电器相关说明见表7-16。

a）类型1

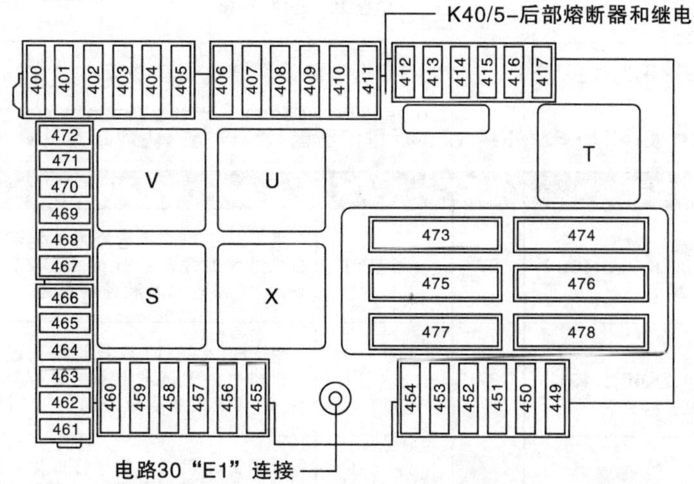

图7-12 奔驰E级W213后排熔断器和继电器模块元件分布图

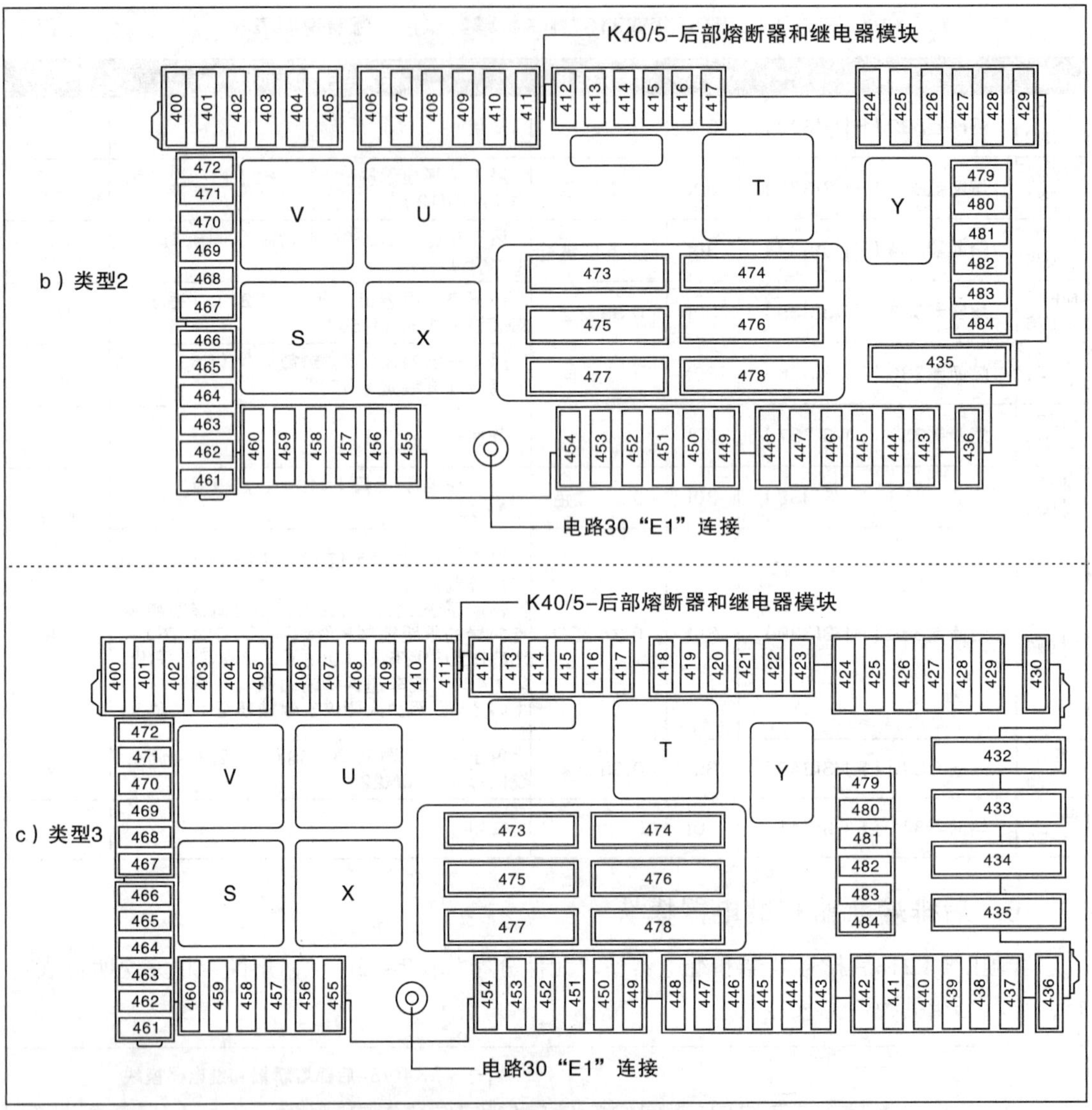

图7-12　奔驰E级W213后排熔断器和继电器模块元件分布图（续）

表7-15　奔驰E级W213后排熔断器和继电器模块熔断器说明表

插槽	熔断器	电路	导线标识	带熔断器的部件	额定值
400	熔断器400（K40/5f400）	87	1.5 红白	用于BlueTEC（选择性催化还原SCR）柴油机排气处理技术/代码（U77）：AdBlue®雾状尿素水溶液控制单元（N118/5）	15A
401	熔断器401（K40/5f401）	87	1.5 红黑	用于BlueTEC（选择性催化还原SCR）柴油机排气处理技术/代码（U77）：AdBlue®雾状尿素水溶液控制单元（N118/5）	20A
402	熔断器402（K40/5f402）	87	1.5 红蓝	用于BlueTEC（选择性催化还原SCR）柴油机排气处理技术/代码（U77）：AdBlue®雾状尿素水溶液控制单元（N118/5）	25A

表7-15 奔驰E级W213后排熔断器和继电器模块熔断器说明表 （续）

插槽	熔断器	电路	导线标识	带熔断器的部件	额定值
403	熔断器403（K40/5f403）	87	2.5 红黄	用于电动可调式右侧驾驶人座椅/代码（222）除外的情况以及记忆组件/代码（275）除外的情况：前排乘客座椅部分电动座椅调节开关（S23/1）	15A
404	熔断器404（K40/5f404）	87	2.5 红绿	用于电动可调式左侧驾驶人座椅/代码（221）除外的情况以及记忆组件/代码（275）除外的情况：驾驶人座椅部分电动座椅调节开关（S22/1）	30A
405	熔断器405（K40/5f405）	87	0.5 红色	用于车型213.1,装配控温杯座/代码（311）：前部杯座（R5/1）	15A
406	熔断器406（K40/5f406）	30t	2.5 红黄	右后车门控制单元（N69/4）	30A
407	熔断器407（K40/5f407）	30t	2.5 红白	用于左侧和右侧动态多仿形座椅/代码（432）或后排多仿形座椅/代码（406）：多仿形座椅气动泵（M40）	30A
408	熔断器408（K40/5f408）	30t	2.5 红蓝	用于高级音响系统/代码（811）：后部低音扬声器放大器（N40/14）	30A
409	熔断器409（K40/5f409）	30t	1.0 红黑	用于采用第3代BlueTEC（选择性催化还原SCR）柴油机排气处理技术/代码（U79）：AdBlue ® 雾状尿素水溶液控制单元（N118/5）	15A
410	熔断器410（K40/5f410）	30t	–	备用	–
411	熔断器411（K40/5f411）	30t	2.5 红色	燃油系统控制单元（N118）	25A
412	熔断器412（K40/5f412）	30t	–	备用	–
413	熔断器413（K40/5f413）	30t	0.5 红黄	用于车型213.050： 高电压蓄电池模块（A100） 电力电子控制单元（N129/1）	5A
414	熔断器414（K40/5f414）	30t	0.5 红白	用于电视调谐器/代码（865）：电视调谐器控制单元（N143） 用于SIRIUS卫星收音机/代码（536）或数字收音机（DAB）/代码（537）：调谐器装置（A90/4）	5A
415	熔断器415（K40/5f415）	30t	0.5 红绿	用于驾驶辅助组件增强版/代码（23P）：智能行驶控制单元（N62/4）	5A
416	熔断器416（K40/5f416）	30t	0.5 红色	用于固定加热器/代码（228）：固定加热器无线电遥控器接收器（A6/1） 用于车型213.050：电动机（A79/1）	5A
417	熔断器417（K40/5f417）	30t	0.75 红色	用于环境照明灯/代码（877）：环境照明灯控制单元（N162）	7.5A
418–420	熔断器418（K40/5f418）至熔断器420（K40/5f420）	30t	–	备用	–
421	熔断器421（K40/5f421）	30t	–	备用	–
422	熔断器422（K40/5f422）	30t	–	备用	–
423	熔断器423（K40/5f423）	30t	–	备用	–
424	熔断器424（K40/5f424）	30t	–	备用	–
425	熔断器425（K40/5f425）	30t	2.5 红色	用于前排扶手加热器/代码（906）或后排扶手加热器/代码（907）：扶手加热器控制单元（N5）	30A

表7-15　奔驰E级W213后排熔断器和继电器模块熔断器说明表　（续）

插槽	熔断器	电路	导线标识	带熔断器的部件	额定值
426	熔断器426（K40/5f426）	30t	2.5 红色	用于出租车/租用车辆-预留装置/代码（965）：专用车辆多功能控制单元（N26/9）	25A
427	熔断器427（K40/5f427）	30t	–	备用	–
428	熔断器428（K40/5f428）	30t	1.5 红白	用于主动车身控制系统/代码（489）：主动车身控制系统（ABC）增强版控制单元（N51/8）	15A
429	熔断器429（K40/5f429）	30t	0.5 红白	用于后排多仿形座椅/代码（406）：右后多仿形座椅控制单元（N32/21）	7.5A
430–434	熔断器430（K40/5f430）至熔断器434（K40/5f434）	30t	–	备用	–
435	熔断器435（K40/5f435）	30t	4.0 红紫	用于车型213.0/1，装配行李箱盖遥控关闭装置/代码（881）：行李箱盖控制装置（KDS）控制单元（N121） 用于车型213.2，装配便捷装载（EASY-PACK）举升门/代码（890）：掀开式尾门控制单元（N121/1）	40A
436	熔断器436（K40/5f436）	30t	2.5 红色	用于出租车/租用车辆-预留装置/代码（965）：专用车辆多功能控制单元（N26/9）	20A
437	熔断器437（K40/5f437）	30t	0.35 红色	用于通过移动电话进行的车辆进入与驾驶许可/代码（896）或无线移动电话收费/代码（897）或多功能电话/代码（899）：USB插接器0（X115/5）	5A
438	熔断器438（K40/5f438）	30t	未知	用于电动调节式后排长座椅/代码223：左后排座椅控制单元（N32/6）	30A
439	熔断器439（K40/5f439）	30t	未知	用于电动调节式后排长座椅/代码223：右后排座椅控制单元（N32/5）	30A
440	熔断器440（K40/5f440）	30t	0.5 红黄	用于通过移动电话进行的车辆进入与驾驶许可/代码（896）或无线移动电话收费/代码（897）或多功能电话/代码（899）：移动电话托座控制单元（N123/8）	7.5A
441	熔断器441（K40/5f441）	30t	未知	用于后排外侧座椅加热器增强版/代码（903）：左后座椅加热器控制单元（N25/11）	30A
442	熔断器442（K40/5f442）	30t	–	备用	–
443	熔断器443（K40/5f443）	30t	2.5 红紫	用于出租车/租用车辆-预留装置/代码（965）：专用车辆多功能控制单元（N26/9）	25A
444	熔断器444（K40/5f444）	30t	1.5 红白	用于挂车挂钩/代码（550）：挂车识别控制单元（N28/1）	20A
445	熔断器445（K40/5f445）	30t	2.5 红灰	用于挂车挂钩/代码（550）：挂车识别控制单元（N28/1）	30A
446	熔断器446（K40/5f446）	30t	2.5 红色	用于挂车挂钩/代码（550）：挂车识别控制单元（N28/1）	30A
447	熔断器447（K40/5f447）	30t	1.5 红蓝	用于挂车挂钩/代码（550）：挂车识别控制单元（N28/1）	20A

表7-15 奔驰E级W213后排熔断器和继电器模块熔断器说明表 （续）

插槽	熔断器	电路	导线标识	带熔断器的部件	额定值
448	熔断器448（K40/5f448）	30t	2.5 红黄	用于挂车挂钩/代码（550）：挂车识别控制单元（N28/1）	30A
449	熔断器449（K40/5f449）	30t	2.5 红灰	用于后部230V插座/代码（U67）或115V插座/代码（U80）:交直流转换器控制单元（N24/3）	25A
450	熔断器450（K40/5f450）	30t	未知	用于后排多仿形座椅/代码（406）：左后多仿形座椅控制单元（N32/20）	7.5A
451	熔断器451（K40/5f451）	30t	2.5 红蓝	用于后排外侧座椅加热器增强版/代码（903）：右后座椅加热器控制单元（N25/12） 用于后排座椅加热器/代码（872），电动调节式后排长座椅/代码（223）除外：后排座椅加热器控制单元（N25/6）	30A
452	熔断器452（K40/5f452）	30t	–	备用	–
453	熔断器453（K40/5f453）	30t	2.5 红色	用于驾驶人和前排乘客座椅加热器增强版/代码（902）：驾驶人座椅加热器控制单元（N25/5）	30A
454	熔断器454（K40/5f454）	30t	1.5 红白	用于主动车身控制系统（ABC）/代码（489）：主动车身控制系统（ABC）控制单元（N51/3） 用于车型213.2，装配主动车身控制系统（ABC）/代码（489）除外：后轴电子水平高度控制系统控制单元（N97）	15A
455	熔断器455（K40/5f455）	87	0.5 红色	用于后部230V插座/代码（U67）或115V插座/代码（U80）：交直流转换器控制单元（N24/3）	5A
456	熔断器456（K40/5f456）	87	1.5 红白	行李箱插座（X58/12）	15A
457	熔断器457（K40/5f457）	87	1.5 红黑	用于烟具组件/代码（301）：带烟灰缸照明的前部点烟器（R3） 用于烟具组件/代码（301）除外的情况：前部车内插座（X58/17）	15A
458	熔断器458（K40/5f458）	87	1.5 红棕	后部中央控制台插座（X58/18）	15A
459	熔断器459（K40/5f459）	87	–	备用	–
460	熔断器460（K40/5f460）	87	–	备用	–
461	熔断器461（K40/5f461）	30t	1.0 红色	用于自动空调/代码（581）：左侧升压鼓风机（M2/23）/右侧升压鼓风机（M2/24）	10A
462–464	熔断器462（K40/5f462）至熔断器464（K40/5f464）	30t	–	备用	–
465	熔断器465（K40/5f465）	87	–	备用	–
466	熔断器466（K40/5f466）	87	–	备用	–
467	熔断器467（K40/5f467）	30t	0.5 红绿	用于轮胎压力监测器/代码（475）：轮胎压力监测器控制单元（N88）	5A
468	熔断器468（K40/5f468）	30t	0.5 红白	用于驻车引导装置/代码（235）或驻车组件/代码（P44）：驻车系统控制单元（N62） 用于后视摄像头/代码（218）：后视摄像头（B84/3）	7.5A

表7-15 奔驰E级W213后排熔断器和继电器模块熔断器说明表 （续）

插槽	熔断器	电路	导线标识	带熔断器的部件	额定值
469	熔断器469（K40/5f469）	30t	0.5 红蓝	用于免提开启功能（HANDS-FREE ACCESS）/代码（871）：后部开关模块（N38）	5A
470	熔断器470（K40/5f470）	30t	0.75 红色	用于车型213.050：充电器（N83/5）	5A
471	熔断器471（K40/5f471）	30t	–	备用	–
472	熔断器472（K40/5f472）	30t	–	备用	–
473	熔断器473（K40/5f473）	30t	4.0 红白	用于采用第3代BlueTEC（选择性催化还原SCR）柴油机排气处理技术/代码（U79）：AdBlue ®雾状尿素水溶液控制单元（N118/5）	40A
474	熔断器474（K40/5f474）	87	4.0 红蓝	后窗干扰抑制电容器（C3）	50A
475	熔断器475（K40/5f475）	30t	4.0 红色	用于音响系统/代码（810）：音响系统放大器控制单元（N40/3） 用于高级音响系统/代码（811）：高级音响系统放大器控制单元（N40/7）	40A
476	熔断器476（K40/5f476）	30t	4.0 红蓝	后部信号采集及促动控制模组（SAM）控制单元（N10/8）	40A
477	熔断器477（K40/5f477）	30t	4.0 红灰	后部信号采集及促动控制模组（SAM）控制单元（N10/8）	40A
478	熔断器478（K40/5f478）	30t	4.0 红绿	用于高级音响系统/代码（811）：高级音响系统放大器控制单元（N40/7）	40A
479	熔断器479（K40/5f479）	30t	–	备用	–
480	熔断器480（K40/5f480）	30t	未知	用于后排触摸屏/代码（447）：触摸屏（A105/3）	5A
481	熔断器481（K40/5f481）	87	–	备用	–
482	熔断器482（K40/5f482）	87	–	备用	–
483	熔断器483（K40/5f483）	30t	–	备用	–
484	熔断器484（K40/5f484）	30t	–	备用	–

表7-16 奔驰E级W213后排熔断器和继电器模块继电器说明表

继电器	保护的电路/部件	继电器	保护的电路/部件
S	备用	X	第1排座椅/行李箱冷藏箱和插座继电器（K40/5kX）
T	后窗加热器继电器（K40/5kT）		
U	第2排座椅杯座和插座继电器（K40/5kU）	Y	备用继电器（K40/5kY）
V	用于BlueTEC（选择性催化还原SCR）柴油机排气处理技术/代码（U77）：AdBlue ®雾状尿素水溶液继电器（K40/5kV）		

第八章 长安福特车系

第一节 福睿斯（2015~2017年款）

1. 发动机舱熔断器盒

福睿斯发动机舱熔断器盒元件分布如图 8-1所示，熔断器与继电器说明见表8-1。

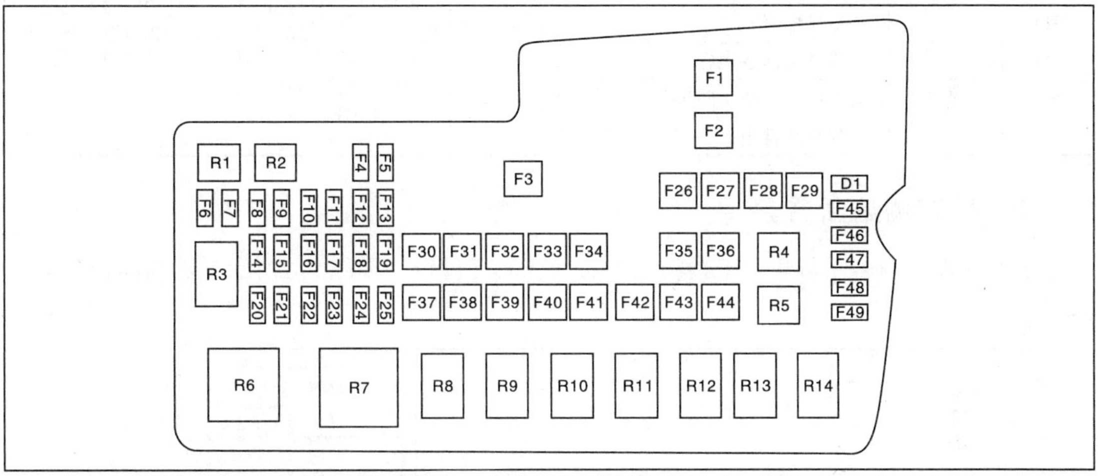

图8-1 福睿斯发动机舱熔断器盒元件分布图

表8-1 福睿斯发动机舱熔断器与继电器说明表

编号	额定值	保护电路
D1	二极管	未使用
F1	125A[*1]	车身控制模块
F2	70A[*1]	电动助力转向系统（EPAS）
F3	450A[*1]	发电机/起动机（ALT/START）
F4	10A[*1]	导航支架
F5	10A[*1]	收音机/起动机控制检测
F6	20A[*1]	动力控制模块（ECM/PCM）电源
F7	15A[*1]	氧传感器（HEGO）、凸轮轴位置传感器（CMS）、曲轴位置（CPV）、可变正时（VCT）
F8	10A[*1]	空调离合器、风扇控制器线圈、变排量压缩机
F9	15A[*1]	点火线圈
F11	10A[*1]	喷油器

编号	额定值	保护电路
F13	10A[*1]	燃油泵监测
F17	20A[*1]	喇叭、喇叭继电器线圈
F18	10A[*1]	空调压缩机
F19	20A[*1]	燃油泵
F23	10A[*1]	制动开关
F25	10A[*1]	动力模块控制（仅用于M/T）
F28	20A[*2]	点烟器
F29	20A[*2]	电源插座
F31	40A[*2]	鼓风机
F32	40A[*2]	点烟器和电源插座（电源插座）
	20A[*2]	点烟器（不带电源插座）
F33	40A[*2]	低速冷却风扇
F34	60A[*2]	高速冷却风扇
F37	20A[*2]	ABS阀总成（ABS带ESP）
F38	40A[*2]	ABS泵

表8-1 福睿斯发动机舱熔断器与继电器说明 （续）

编号	额定值	保护电路	编号	额定值	保护电路
F39	30A*2	加热后窗玻璃	R5	–	运转/起动继电器
F41	30A*2	起动机线圈	R6	–	低速冷却风扇继电器
F42	20A*2	刮水器	R7	–	高速冷却风扇继电器
F44	40A*2	电子真空泵模块（带A/T）	R8	–	起动机继电器
F46	10A*1	后除雾继电器线圈	R10	–	鼓风机继电器
F47	10A*1	前照灯水平调节，ABS运转、起动信号	R11	–	刮水器继电器
			R12	–	点烟器和电源插座继电器
F49	10A*1	动力控制模块（PCM）、电子真空泵运转、起动信号	R14	–	加热后风窗玻璃继电器
R1	–	喇叭继电器	注	编号10、12、14、15、16、20、21、22、24、26、27、30、35、36、40、43、45、48的熔断器与编号R9、R13的继电器未使用 *1：M型熔断器 *2：J型熔断器	
R2	–	空调离合器继电器			
R3	–	动力控制模块（PCM）继电器			
R4	–	燃油系统继电器			

2. 乘客侧熔断器盒

福睿斯乘客侧熔断器盒位于杂物箱的后面，其元件分布如图8-2所示，熔断器说明见表8-2。

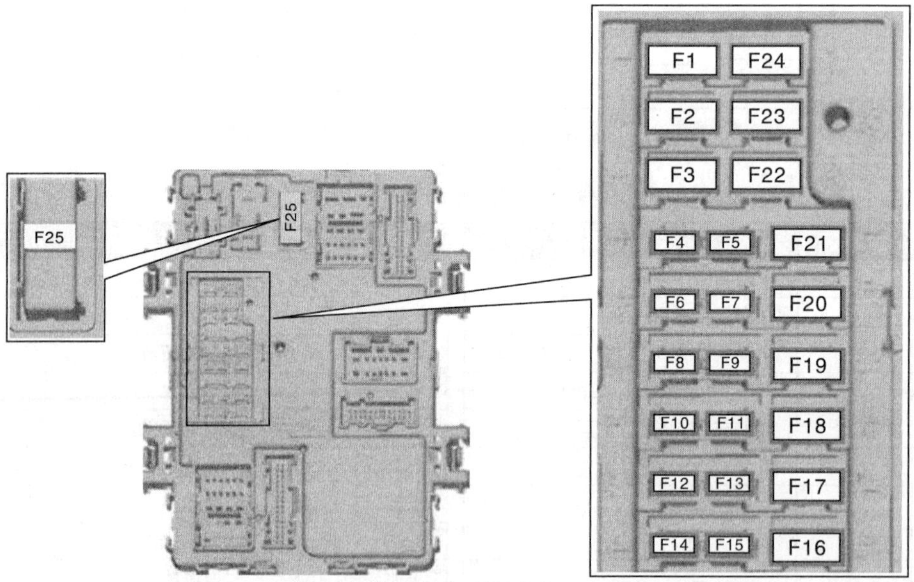

图8-2 福睿斯乘客侧熔断器盒元件分布图

表8-2 福睿斯乘客侧熔断器盒熔断器说明表

编号	额定值	保护电路	编号	额定值	保护电路
F1	10A*1	电动后视镜/电动车窗启用/天窗/音响控制模块	F2	30A*1	左前电动车窗微动开关
			F3	20A*1	未使用

表8-2 福睿斯乘客侧熔断器盒熔断器说明表 （续）

编号	额定值	保护电路	编号	额定值	保护电路
F4	7.5A*2	未使用	F17	20A*1	收音机
F5	7.5A*2	未使用	F18	10A*1	诊断接口
F6	10A*2	空调	F19	10A*1	点火开关
F7	10A*2	未使用	F20	15A*1	未使用
F8	7.5A*2	仪表	F21	10A*1	警告喇叭继电器控制
F9	7.5A*2	未使用	F22	10A*1	驻车辅助模块（PAM）
F10	5A*2	室内温度传感器	F23	20A*1	中控锁继电器控制
F11	5A*2	电动助力转向系统运转/起动信号	F24	25A*1	天窗
F12	10A*2	约束控制模块（RCM）	F25	30A*3	前排乘客侧/后排电动车窗
F13	10A*2	清洗泵	注		*1：微型熔断器 *2：双层微型熔断器 *3：断路器
F14	5A*2	未使用			
F15	5A*2	未使用			
F16	30A*1	BCM运转/起动内部电源			

第二节 锐界（2015～2017年款）

1. 配电盒

锐界配电盒位于发动机舱，配电盒元件分布如图 8-3所示，配电盒熔断器与继电器说明见表8-3。

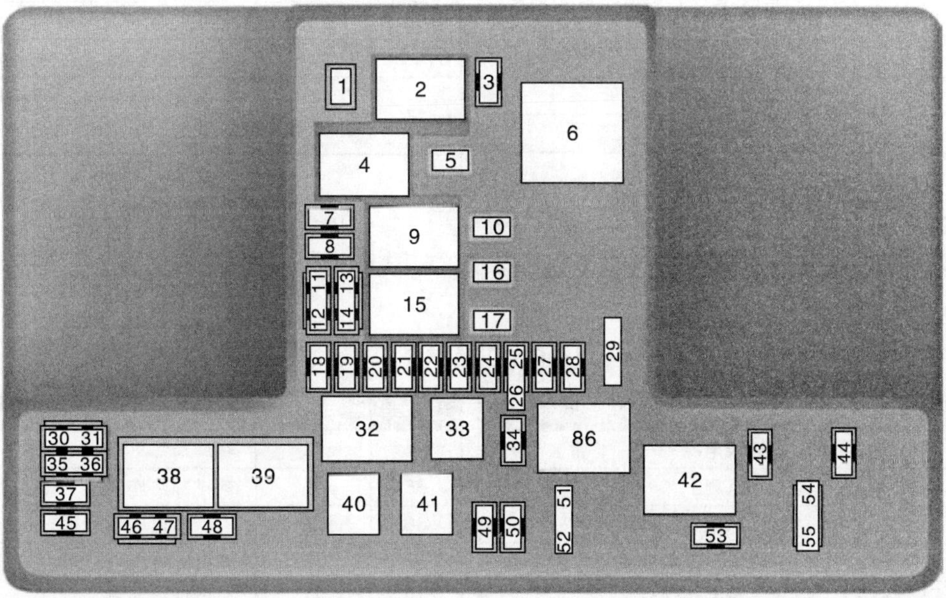

图8-3 锐界配电盒元件分布图

表8-3 锐界配电盒熔断器与继电器说明表

编号	额定值	保护电路
1	25A*3	刮水器电动机
2	–	起动机继电器
3	15A*1	后窗刮水器/雨量传感器
4	–	鼓风机电动机继电器
5	20A*3	点烟器2–中控台后部
6	–	未使用
7	20A*1	动力系统控制模块–车辆电源1
8	20A*1	动力系统控制模块–车辆电源2
9	–	动力系统控制模块继电器
10	20A*3	点烟器1–中控台前
11	15A*2	动力系统控制模块–车辆电源4
12	15A*2	动力系统控制模块–车辆电源3
13	–	未使用
14	–	未使用
15	–	运转/起动继电器
16	20A*3	电源插座–中控台扶手内
17	20A*3	电源插座–行李箱
18	–	未使用
19	10A*1	电子助力转向系统
20	10A*1	运转/起动指示灯
21	15A*1	运转/变速器控制
22	10A*1	空调离合器电磁线圈
23	15A*1	运转/起动/盲区监测系统/倒车影像系统/自适应巡航控制/信息和娱乐显示屏/电压稳定单元
24	10A*1	运转/起动7
25	10A*2	防抱死制动系统

编号	额定值	保护电路
26	10A*2	动力系统控制模块
27	–	未使用
28	10A*1	清洗器泵
29	–	未使用
30	–	未使用
31	–	未使用
32	–	电子风扇1继电器
33	–	空调离合器继电器
34	15A*1	电动转向柱锁
35	–	未使用
36	–	未使用
37	–	未使用
38	–	电子风扇2继电器
39	–	电子风扇3继电器
40	–	前照灯清洗继电器
41	–	喇叭继电器
42	–	燃油泵继电器
43	–	未使用
44	5A*1	清洗喷嘴
46	10A*2	交流发电机传感器
47	10A*2	电子驻车制动开关
48	20A*1	喇叭
49	–	未使用
50	10A*1	动力分配单元风扇
51～55	–	未使用
注	编号86的熔断器未使用 *1：微型熔断器 *2：双微型熔断器 *3：M型熔断器	

2. 配电盒底部的熔断器

锐界配电盒的底部装有熔断器，其元件分布如图 8-4所示，配电盒底部熔断器与继电器说明见表8-4。

表8-4 锐界配电盒底部的熔断器与继电器说明表

编号	额定值	保护电路	编号	额定值	保护电路
58	30A*1	燃油泵电源	64	30A*1	辅助加热3
59	40A*2	电子风扇3	65	20A*1	前排加热座椅
60	40A*2	电子风扇1	66	40A*1	右侧风窗玻璃除霜
61	40A*2	左侧风窗玻璃除霜	67	50A*2	车身控制模块2
62	50A*2	车身控制模块1	68	40A*1	后窗玻璃加热
63	25A*1	电子风扇2	69	30A*1	ABS电磁阀

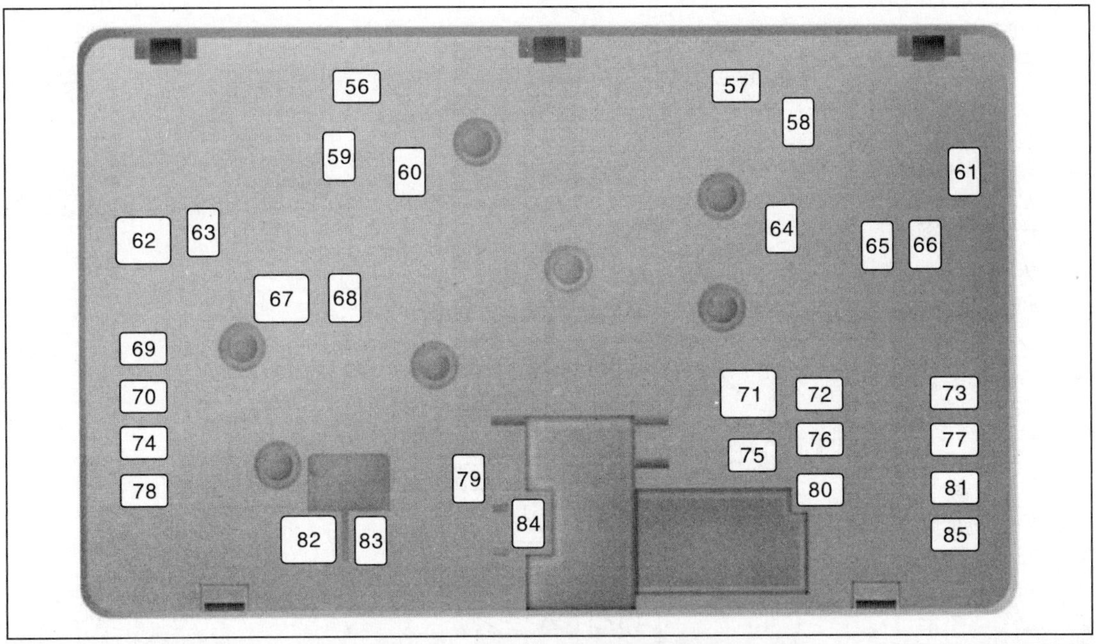

图8-4 锐界配电盒底部的熔断器元件分布图

表8-4 锐界配电盒底部的熔断器与继电器说明表 （续）

编号	额定值	保护电路
70	30A*1	乘客座椅
72	30A*1	后排电动座椅
73	20A*1	后排加热式座椅
74	30A*1	驾驶人座椅模块
76	20A*1	变速器油泵
77	30A*1	通风座椅模块
79	40A*2	鼓风机电动机
80	30A*1	电动行李箱模块

编号	额定值	保护电路
81	40A*1	逆变器
82	60A*2	ABS泵
83	25A*1	刮水器电动机1
84	30A*1	起动机电磁线圈
87	30A*2	辅助鼓风机电动机
注	编号56、57、71、75、78、85的熔断器未使用 *1：M型熔断器 *2：J型熔断器	

3. 车内熔断器盒

锐界车内熔断器盒在仪表板下部，位于转向柱左侧位置，车内熔断器盒熔断器分布如图8-5所示，熔断器相关说明见表8-5。

表8-5 锐界车内熔断器盒熔断器说明表

编号	额定值	保护电路
1	10A*1	照明（氛围灯、杂物箱、车内、车顶、行李箱）
2	7.5A*1	记忆座椅、腰靠、电动后视镜
3	20A*1	驾驶人车门解锁
4	5A*1	未使用（备用）
5	20A*1	点火装置

编号	额定值	保护电路
6	10A*2	座椅加热继电器线圈
7	10A*2	未使用（备用）
8	10A*2	未使用（备用）
9	10A*2	未使用（备用）
10	5A*2	电动行李箱模块
11	5A*2	未使用

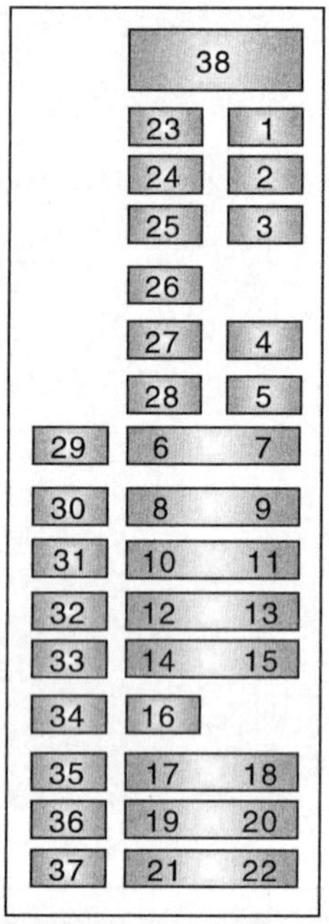

图8-5 锐界车内熔断器盒熔断器分布图

表8-5 锐界车内熔断器盒熔断器说明表 （续）

编号	额定值	保护电路
12	7.5A[*2]	空调控制
13	7.5A[*2]	转向柱锁、仪表、数据通信
14	10A[*2]	未使用
15	10A[*2]	数据通信模块
16	15A[*1]	儿童锁、行李箱开启
17	5A[*2]	未使用（备用）
18	5A[*2]	点火装置
19	7.5A[*2]	变速器转速传感器
20	7.5A[*2]	未使用（备用）
21	5A[*2]	车内温度/湿度传感器、盲区监测系统、后视摄像头、自适应巡航控制
22	5A[*2]	乘客分类感应器
23	10A[*1]	附件延迟（功率变换器逻辑电路、天窗逻辑电路）
24	20A[*1]	中控锁解锁
25	30A[*1]	驾驶人车门（车窗、后视镜）
26	30A[*1]	前排乘客车门（车窗、后视镜）
27	30A[*1]	天窗
28	20A[*1]	放大器
29	30A[*1]	驾驶人侧后车门（车窗）
30	30A[*1]	乘客侧后车门（车窗）
31	15A[*1]	未使用（备用）
32	10A[*1]	导航系统、显示屏、语音控制、自适应巡航控制、无线电频率接收器
33	20A[*1]	收音机
34	30A[*1]	运转/起动总线（熔断器19、20、21、22、35、36、37和断路器）
35	5A[*1]	约束控制模块
36	15A[*1]	防眩目后视镜、加热座椅、四轮驱动
37	15A[*1]	电压稳定模块逻辑电源
38	30A	未使用（备用）
注		*1：微型熔断器 *2：双微型熔断器

第三节 翼虎（2013~2017年款）

1. 发动机舱熔断器盒

翼虎发动机舱熔断器盒位于发动机舱蓄电池正极处，其元件分布如图8-6所示，熔断器与继电器说明见表8-6。

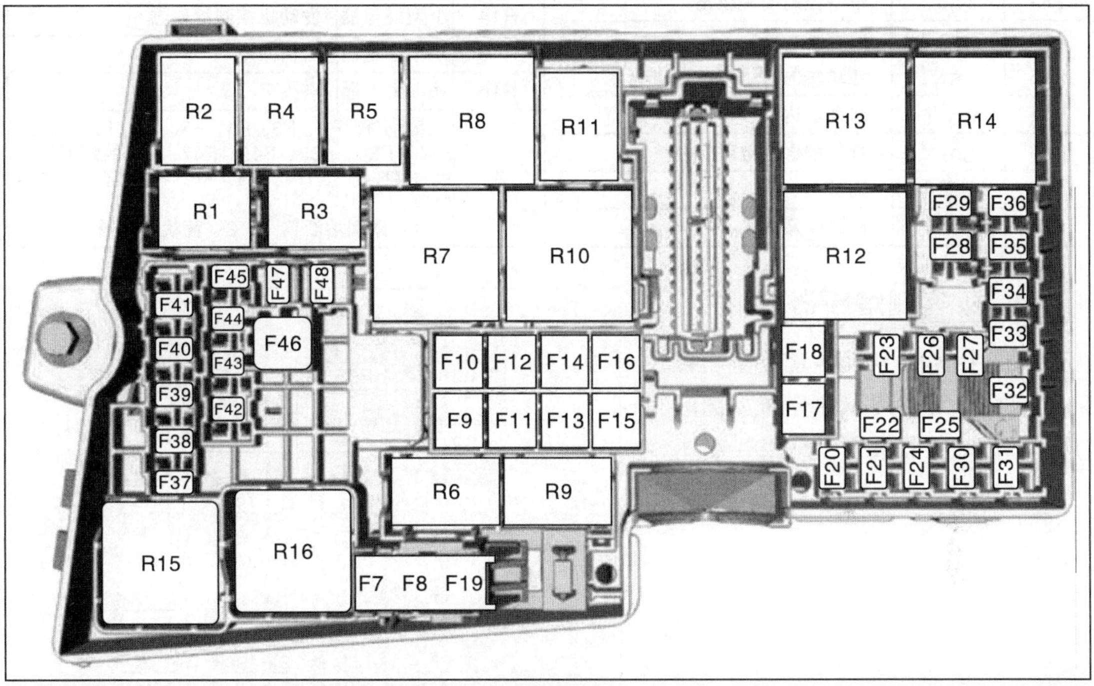

图8-6 翼虎发动机舱熔断器盒元件分布图

表8-6 翼虎发动机舱熔断器盒熔断器与继电器说明表

编号	额定值	保护电路
F7	40A*2	防抱死制动系统、电子稳定程序泵
F8	30A*2	电子稳定程序阀
F9	20A*2	前照灯清洗
F10	40A*2	暖风鼓风机
F11	30A*2	车身控制模块供电
F12	30A*2	动力总成控制模块继电器熔断器
F13	30A*2	起动继电器
F14	40A*2	前风窗除霜（右）
F15	20A*2	前点烟器、电源插座
F16	40A*2	前风窗除霜（左）
F17	20A*2	后部电源插座
F18	20A*2	中部电源插座

编号	额定值	保护电路
F19	5A*1	防抱死制动系统、电子稳定程序供电
F20	15A*1	喇叭
F21	5A*1	制动灯开关
F22	15A*1	蓄电池监控系统
F23	5A*1	继电器线圈
F24	5A*1	照明开关模块
F26	5A*1	继电器供电
F27	15A*1	空调离合器
F29	25A*1	后窗除霜
F32	15A*1	汽车电源
F33	10A*1	汽车电源2
F34	10A*1	汽车电源3

表8-6 翼虎发动机舱熔断器盒熔断器与继电器说明表 （续）

编号	额定值	保护电路
F35	15A[*1]	汽车电源4
F36	5A[*1]	进气格栅主动关闭系统
F38	5A[*1]	发动机控制模块
F39	5A[*1]	前照灯水平调节
F40	5A[*1]	电子动力辅助转向供电
F41	20A[*1]	车身控制模块供电
F42	15A[*1]	后窗刮水器
F43	15A[*1]	随动转向灯供电
F44	5A[*1]	前视雷达
F46	50A[*2]	智能刮水器电动机模块
R2	微型继电器	喇叭
R7	功率继电器	前风窗除霜
R9	微型继电器（5T）	前照灯清洗
R10	小型继电器	起动继电器
R11	微型继电器	空调离合器
R12	功率继电器	冷却风扇
R13	小型继电器	暖风机
R14	小型继电器	发动机控制继电器
R15	功率继电器	后窗除霜
R16	功率继电器	点火
注	编号F1、F2、F3、F4、F5、F6、F25、F28、F30、F31、F37、F45、F47、F48的熔断器与编号R1、R3、R4、R5、R6、R8的继电器未使用 *1：微型熔断器 *2：管状熔断器	

2. 乘客侧熔断器盒

翼虎乘客侧熔断器盒位于右侧杂物箱的下面，其元件分布如图8-7所示，熔断器相关说明见表8-7。

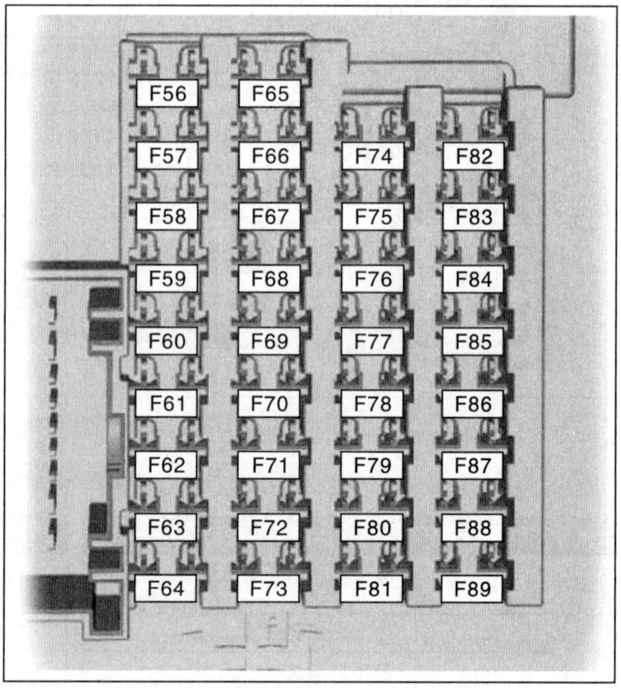

图8-7 翼虎乘客侧熔断器盒元件分布图

表8-7 翼虎乘客侧熔断器盒熔断器说明表

编号	额定值	保护电路
F56	20A	燃油泵
F59	5A	被动防盗系统
F60	10A	内饰灯
F61	20A	点烟器
F62	5A	自动防眩目内后视镜
F63	10A	前视雷达
F65	10A	尾门开继电器
F66	20A	驾驶人车门解锁
F67	7.5A	SYNC、多功能显示器、全球定位系统模块

表8-7 翼虎乘客侧熔断器盒熔断器说明表 （续）

编号	额定值	保护电路
F68	15A	电子转向柱锁
F69	5A	仪表
F70	20A	中控锁
F71	10A	空调控制器
F72	7.5A	转向盘模块
F73	5A	数据传输接口（OBD Ii）
F74	15A	前照灯远光
F75	15A	前雾灯
F76	10A	倒车灯
F77	20A	风窗玻璃清洗器
F78	5A	点火开关、起动按钮
F79	15A	收音机、导航显示屏、危险警告灯开关、门锁开关
F80	20A	天窗
F81	5A	无线电频率接收器
F82	20A	风窗玻璃清洗继电器
F83	20A	中控锁
F84	20A	驾驶人车门解锁
F85	7.5A	电源供电
F86	10A	气囊模块
注	编号57、58、64、87、88、89的熔断器未使用	

3. 行李箱熔断器盒

翼虎行李箱熔断器盒位于行李箱内乘客一侧的侧壁上，行李箱熔断器盒元件分布如图8-8所示，熔断器与继电器说明见表8-8。

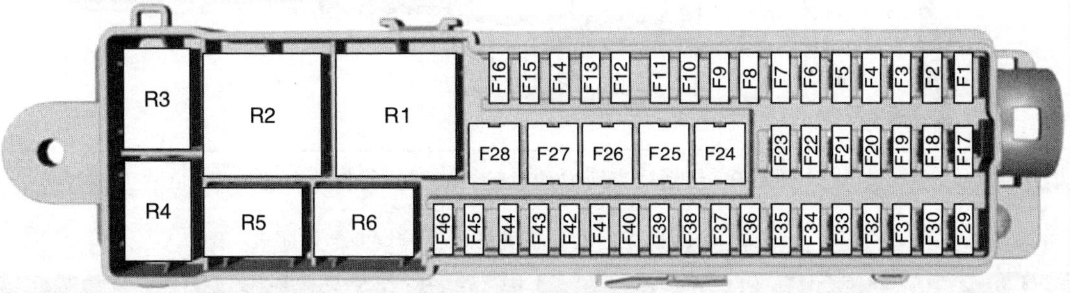

图8-8 翼虎行李箱熔断器盒元件分布图

表8-8 翼虎行李箱熔断器盒熔断器与继电器说明表

编号	额定值	保护电路
F1	5A	电动行李箱门模块
F2	10A	无钥匙汽车模块
F3	5A	无钥匙车门把手
F4	25A	左前车门控制单元
F5	25A	右前车门控制单元
F6	25A	左后车门控制单元
F7	25A	右后车门控制单元
F9	25A	驾驶人座椅电动机
F11	5A	后点火线圈供电
F25	25A	电动尾门模块
F27	20A	后电源插座
F29	5A	盲点检测系统、后视摄像头
F30	5A	泊车辅助模块
F34	20A	驾驶人座椅加热
F35	20A	前排乘客座椅加热
R1	功率继电器	电源供电
注	编号F8、F10、F12、F13、F14、F15、F16、F17、F18、F19、F20、F21、F22、F23、F24、F26、F28、F31、F32、F33、F36、F37、F38、F39、F40、F41、F42、F43、F44、F45、F46的熔断器与编号R2、R3、R4、R5、R6的继电器未使用	

第四节 全新福克斯（2015年款）

1. 发动机舱熔断器盒

全新福克斯发动机舱熔断器盒元件分布如图8-9所示，熔断器相关说明见表8-9。

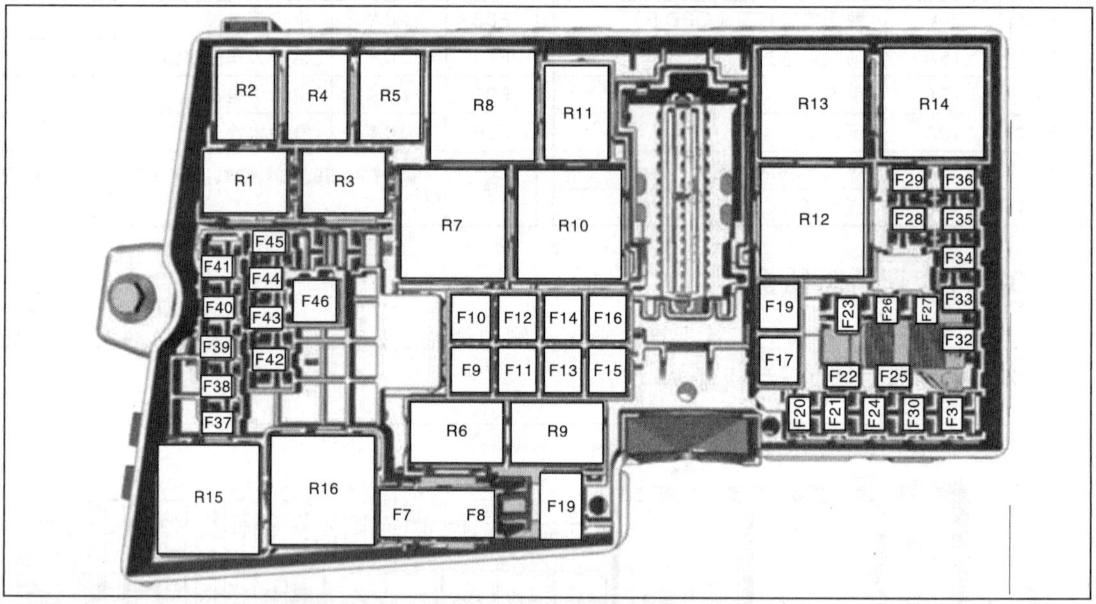

图8-9 全新福克斯发动机舱熔断器盒元件分布图

表8-9 全新福克斯发动机舱熔断器盒熔断器说明表

编号	额定值	保护电路
F7	40A	ABS泵、电子稳定程序（ESP）泵
F8	30A	电子稳定程序（ESP）阀
F9	30A	加热式后车窗
F10	40A	暖风鼓风机
F12	30A	发动机管理系统
F13	30A	起动机继电器
F14	40A	加热风窗玻璃（右侧）
F15	25A	变速器控制模块
F16	40A	加热风窗玻璃（左侧）
F18	20A	风窗玻璃刮水器
F19	5A	ABS、电子稳定程序（ESP）模块
F20	15A	喇叭
F21	5A	制动灯开关
F22	15A	蓄电池监测系统
F23	5A	继电器线圈
F24	20A	后部电源插座
F25	10A	电动外后视镜
F26	15A	变速器控制模块
F27	15A	空调离合器
F28	5A	辅助巡航控制
F29	20A	前照灯清洗器
F30	5A	动力总成控制模块（PCM）
F32	10A	EGR阀、涡流控制阀、HEGO传感器（发动机管理系统）
F33	10A	发动机控制阀
F34	10A	喷油器
F35	5A	主动关闭水箱护罩系统
F36	10A	动力控制模块（PCM）
F38	15A	动力控制模块（PCM）、变速器控制模块

表8-9 全新福克斯发动机舱熔断器盒熔断器说明表 （续）

编号	额定值	保护电路	编号	额定值	保护电路
F39	5A	前照灯控制模块	F45	10A	加热清洗器喷嘴
F40	5A	电动助力转向	F46	25A	电动车窗（前）
F41	20A	车身控制模块	F47	7.5A	外后视镜加热
F42	15A	后窗玻璃刮水器	注	编号11、17、31、37、44的熔断器未使用	
F43	15A	前照灯水平调节			

2. 中央熔断器盒

全新福克斯中央熔断器盒元件分布如图8-10所示，熔断器相关说明见表8-10。

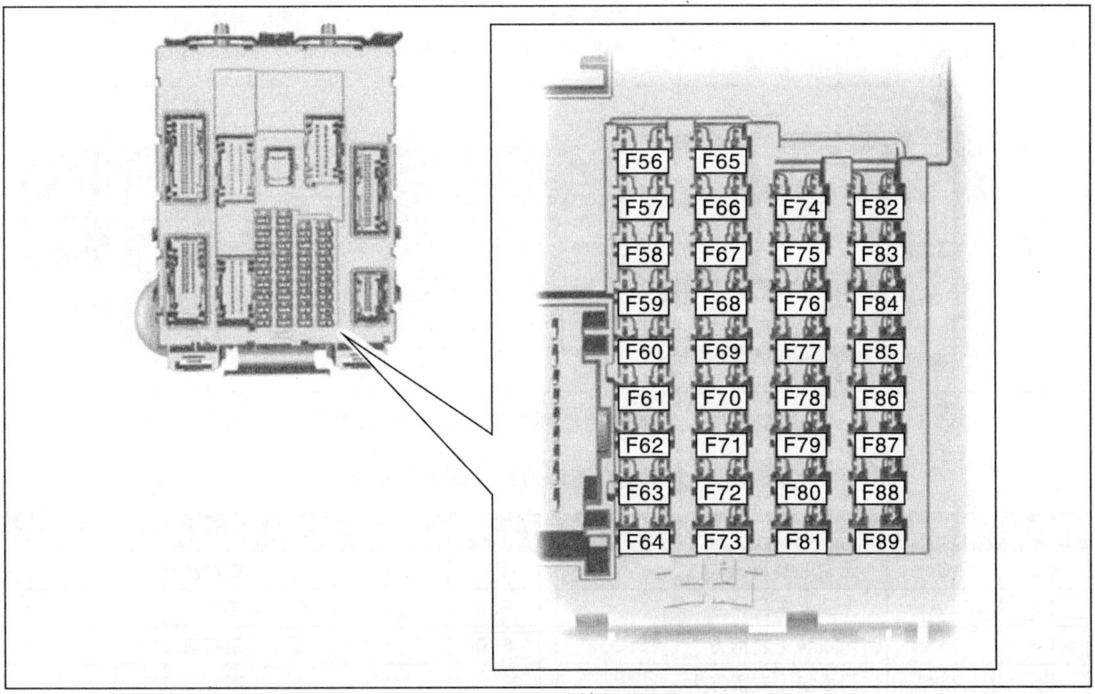

图8-10 全新福克斯中央熔断器盒元件分布图

表8-10 全新福克斯中央熔断器盒熔断器说明表

编号	额定值	保护电路	编号	额定值	保护电路
F56	20A	供应燃油泵	F67	7.5A	信息和娱乐显示、GPS、BVC
F59	5A	被动防盗系统（PATS）供应	F68	15A	转向柱锁
F60	10A	室内灯、驾驶人车门开关、杂物箱、环境照明、电动天窗	F69	5A	组合仪表
			F70	20A	中控锁
F61	20A	点烟器、后部的电源插座	F71	10A	空调系统
F62	5A	内饰灯	F72	7.5A	转向盘控制模块
F63	10A	巡航系统	F73	5A	车载诊断系统
F65	10A	行李箱释放	F74	15A	远光灯
F66	20A	驾驶人车门锁	F75	15A	前雾灯

表8-10　全新福克斯中央熔断器盒熔断器说明表　（续）

编号	额定值	保护电路	编号	额定值	保护电路
F76	10A	倒车灯	F83	20A	中控锁接地
F77	20A	清洗器电动机	F84	20A	驾驶人车门锁接地
F78	5A	点火开关或起动按钮	F85	7.5A	空调控制模块和电动天窗
F79	15A	收音机、集成控制面板	F86	10A	乘员安全保护系统
F80	20A	电动天窗	注	编号57、58、64、87、88、89的熔断器未使用	
F81	5A	Rf接收器			
F82	20A	清洗泵接地			

3. 后熔断器盒

全新福克斯后熔断器盒元件分布如图8-11所示，熔断器相关说明见表8-11。

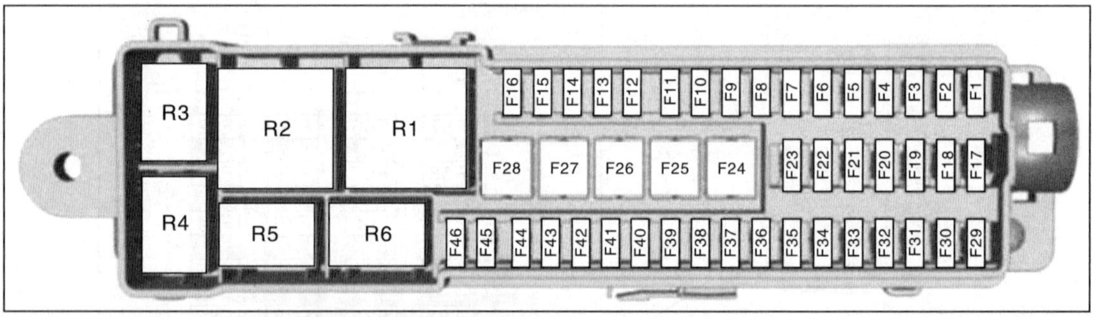

图8-11　全新福克斯后熔断器盒元件分布图

表8-11　全新福克斯后熔断器盒熔断器说明表

编号	额定值	保护电路	编号	额定值	保护电路
F2	10A	无钥匙模块	F9	25A	驾驶人电动座椅
F3	5A	无钥匙车门把手	F29	5A	盲点监控
F4	25A	门模块（左前方）	F30	5A	驻车辅助模块
F5	25A	门模块（右前方）	注	编号1、10、11、12、13、14、15、16、17、18、19、20、21、22、23、24、25、26、27、28、31、32、33、34、35、36、37、38、39、40、41、42、43、44、45、46的熔断器未使用	
F6	25A	车门模块（左后方）			
F7	25A	门模块（右后方）			
F8	10A	报警系统			

第五节　新蒙迪欧（2013~2016年款）

1. 配电盒

新蒙迪欧配电盒位于发动机舱，配电盒元件分布如图8-12所示，熔断器与继电器相关说明见表8-12。

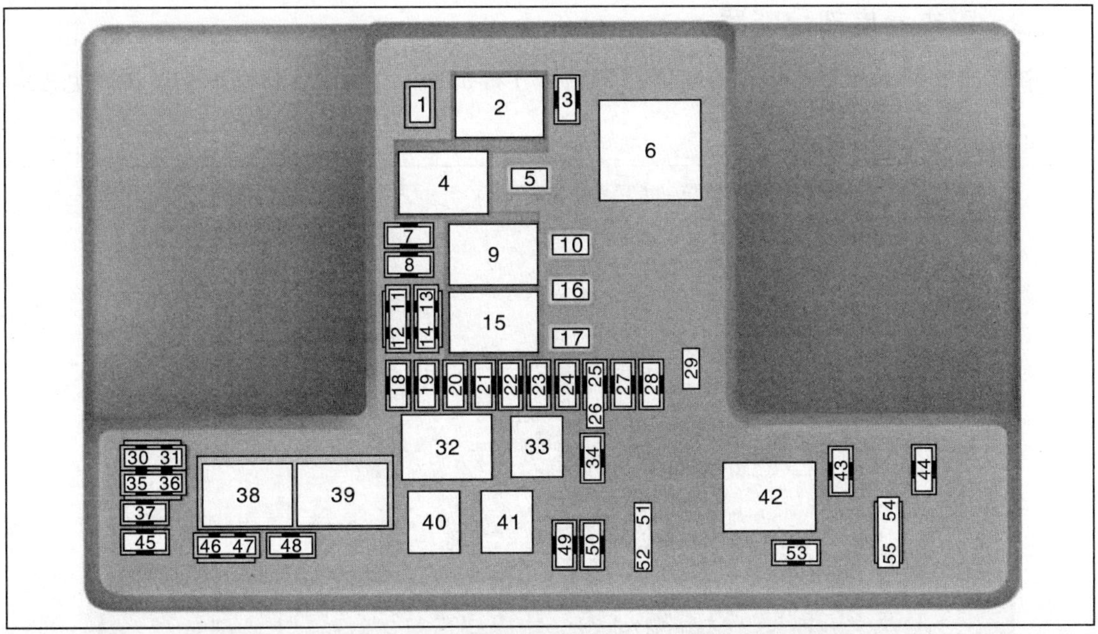

图8-12 新蒙迪欧配电盒元件分布图

表8-12 新蒙迪欧配电盒熔断器与继电器说明表

编号	额定值	保护电路
1	25A*3	刮水器电动机#2
2	–	起动继电器
3	15A*1	自动刮水器
4	–	鼓风电动机继电器
5	20A*3	电源12V–中控台后部
7	20A*1	动力系统控制模块–车辆电源1
8	20A*1	动力系统控制模块–车辆电源2
9	–	动力系统控制模块继电器
10	20A*3	点烟器–中控台前部
11	15A*2	动力系统控制模块–车辆电源4
12	15A*2	动力系统控制模块–车辆电源3
13	10A*2	动力系统控制模块–车辆电源5
14	10A*2	动力系统控制模块–车辆电源6
16	20A*3	电源12V–中控台杂物箱内
18	10A*1	动力系统控制模块–保持电源
19	10A*1	运行/起动电动助力转向系统（备用）
20	10A*1	运行/起动照明系统
21	15A*1	运行/起动变速器控制装置、变速器油泵起动/停止
22	10A*1	空调离合器电磁线圈
23	15A*1	运转/起动：盲区信息系统、后视摄像头、自适应巡航控制、风窗玻璃映像提示器
25	10A*2	运行/起动防抱死制动系统
26	10A*2	运行/起动动力系统控制模块
27	–	未使用（备用品）
32	–	电动风扇#1继电器
33	–	空调离合器继电器
34	15A*1	防眩目后视镜
38	–	电动风扇#2继电器
39	–	电动风扇#3继电器
40	–	燃油泵继电器
41	–	喇叭继电器
44	5A*1	备用
46	10A*2	交流发电机
47	10A*2	制动器开启/关闭开关
48	20A*1	喇叭
49	5A*1	质量空气流量监控器
53	10A*1	电动座椅
注	编号6、15、17、24、28、29、30、31、35、36、37、42、43、45、50、51、52、54、55的熔断器未使用 *1：微型熔断器 *2：双层微型熔断器 *3：M型熔断器	

2. 配电盒底部熔断器

新蒙迪欧配电盒底部装有熔断器，其元件分布如图8-13所示，熔断器相关说明见表8-13。

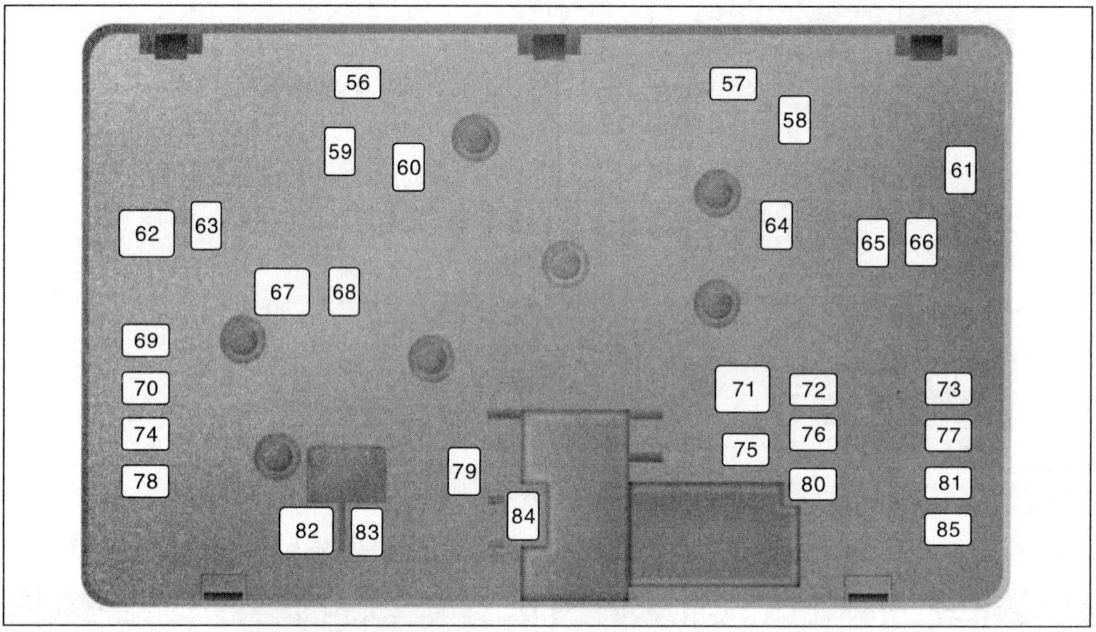

图8-13 新蒙迪欧配电盒底部熔断器元件分布图

表8-13 新蒙迪欧配电盒底部熔断器说明表

编号	额定值	保护电路
56	30A[*1]	燃油泵供油
59	30A[*1]	500W电动风扇3
60	30A[*1]	500W电动风扇1
61	40A[*1]	前风窗玻璃加热（左侧）
62	50A[*2]	车身控制模块1
63	20A[*1]	500W电动风扇2
65	20A[*1]	前排加热座椅
66	40A[*1]	前风窗玻璃加热（右侧）
67	50A[*2]	车身控制模块2
68	40A[*1]	加热后车窗
69	30A[*1]	防抱死制动系统阀门
70	30A[*1]	乘客座椅
72	–	未使用（备用品）
73	20A[*1]	后排加热座椅
74	30A[*1]	驾驶人座椅模块
77	30A[*1]	座椅空调控制
79	40A[*1]	鼓风电动机
80	–	未使用（备用品）
82	60A[*2]	防抱死制动系统泵
83	25A[*1]	刮水器电动机#1
84	30A[*1]	起动机电磁线圈
85	30A[*1]	未使用（备用品）
注	编号57、58、64、71、75、76、78、81的熔断器未使用 *1：M型熔断器 *2：J型熔断器	

3. 乘客侧熔断器盒

新蒙迪欧乘客侧熔断器盒在仪表板上，位于转向柱左侧位置，乘客侧熔断器盒熔断器分布如图8-14所示，熔断器相关说明见表8-14。

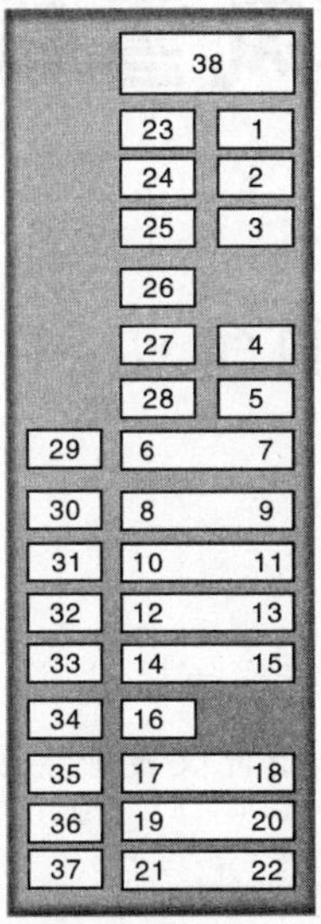

图8-14 新蒙迪欧乘客侧熔断器盒分布图

表8-14 新蒙迪欧乘客侧熔断器盒熔断器说明表

编号	额定值	保护电路
1	10A[*1]	照明系统（环境、杂物箱、梳妆镜、顶盖、行李箱）
2	7.5A[*1]	记忆座椅、腰靠、电动后视镜
3	20A[*1]	驾驶人侧车门解锁
4	5A[*1]	未使用（备用）
5	20A[*1]	超低音音箱放大器
6	10A[*2]	未使用（备用）
7	10A[*2]	未使用（备用）
8	10A[*2]	未使用（备用）
9	10A[*2]	未使用（备用）
10	5A[*2]	未使用（备用）
11	5A[*2]	未使用
12	7.5A[*2]	气候控制、换档机构
13	7.5A[*2]	转向盘柱、仪表板、数据链路逻辑电路
14	10A[*2]	未使用
15	10A[*2]	数据链路/网关模块
16	15A[*1]	未使用（备用）
32	10A[*1]	卫星导航系统（GPS）、语音控制装置、显示器、自适应巡航控制系统、无线电频率接收器
33	20A[*1]	无线电
34	30A[*1]	运行/起动总线（熔断器#19、20、21、22、35、36、37和电路断电器）

编号	额定值	保护电路
17	5A[*2]	未使用（备用）
18	5A[*2]	点火开关、按下免钥匙起动按钮
19	5A[*2]	乘客侧安全气囊禁用指示器、变速器档位
20	5A[*2]	未使用（备用）
21	5A[*2]	湿度与车内温度
22	5A[*2]	未使用（备用）
23	10A[*1]	附件延迟（功率变换器逻辑电路、天窗逻辑电路）
24	30A[*1]	中控锁/解锁
25	30A[*1]	驾驶人侧车门（车窗、后视镜）
26	30A[*1]	前排乘客侧车门（车窗、后视镜）
27	30A[*1]	天窗
28	20A[*1]	索尼放大器
29	30A[*1]	驾驶人侧后车门（车窗）
30	30A[*1]	乘客侧后车门（车窗）
31	15A[*1]	未使用（备用）
35	5A[*1]	乘客安全保护系统控制模块
36	15A[*1]	自动防眩后视镜
37	15A[*1]	未使用（备用）
38	30A	未使用（备用）
注	*1：微型熔断器 *2：双层微型熔断器	

第九章 东风雪铁龙车系

第一节 全新爱丽舍（2014～2017年款）

1. 仪表板熔断器

全新爱丽舍仪表板熔断器位于仪表板的下部（左侧），熔断器盒1元件分布如图9-1所示，熔断器相关说明见表9-1。全新爱丽舍仪表板熔断器盒2元件分布如图9-2所示，熔断器相关说明见表9-2。

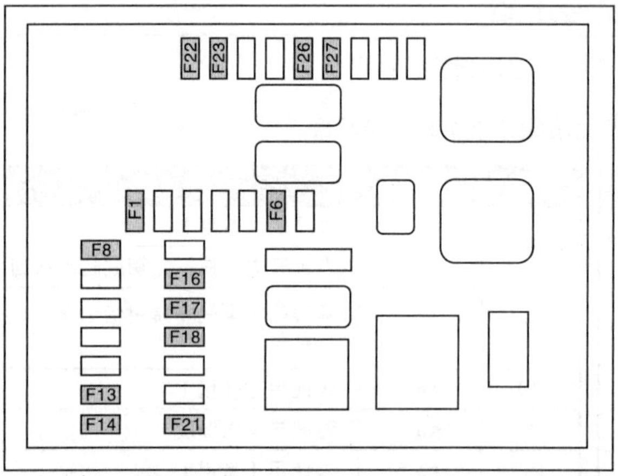

图9-1 全新爱丽舍仪表板熔断器盒1元件分布图

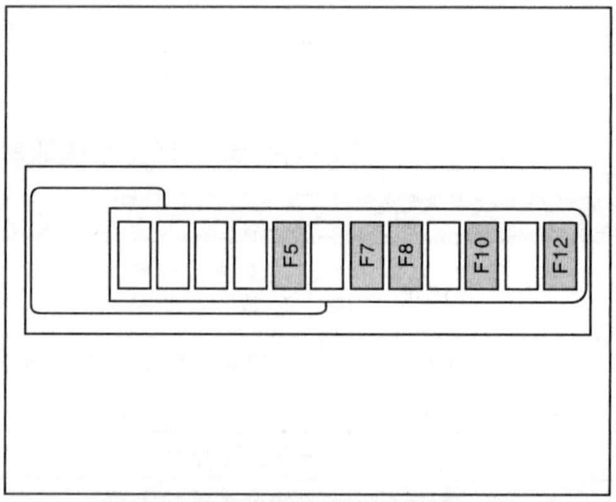

图9-2 全新爱丽舍仪表板熔断器盒2元件分布图

表9-1 全新爱丽舍仪表板熔断器盒1熔断器说明表

编号	保护的电路/部件	额定值	编号	保护的电路/部件	额定值
F1	制动灯开关	10A	F17	收放机	15A
F6	制动灯开关	10A	F18	汽车音响	20A
F8	COM2010	5A	F21	组合仪表	5A
F13	倒车雷达控制盒/倒车摄像头	5A	F22	门锁电动机供电	30A
F14	多功能显示屏/空调控制面板/MRN控制旋钮	15A	F23	前/后顶灯	5A
			F26	行车喇叭继电器供电	15A
F16	12V供电插座	15A	F27	前玻璃清洗泵供电	15A

表9-2 全新爱丽舍仪表板熔断器盒2熔断器说明表

编号	保护的电路/部件	额定值	编号	保护的电路/部件	额定值
F5	天窗	25A	F10	左前电动车窗	30A
F7	右前电动车窗	30A	F12	后窗加热	25A
F8	后门电动车窗	30A			

2. 发动机舱熔断器

全新爱丽舍发动机舱熔断器盒位于发动机舱中的蓄电池旁边（右边），其安装位置及元件分布如图9-3所示，熔断器相关说明见表9-3。

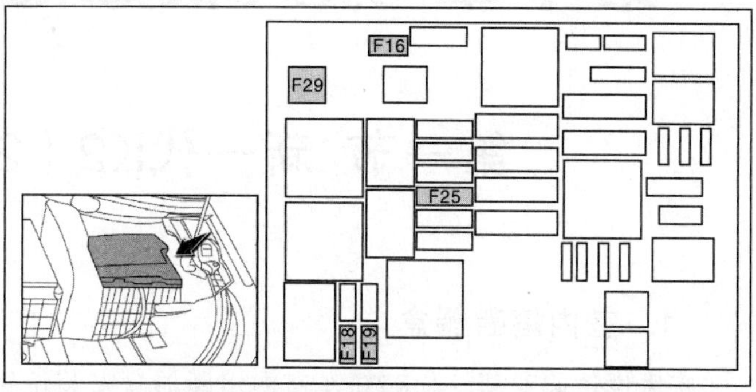

图9-3 全新爱丽舍发动机舱熔断器盒安装位置及元件分布

表9-3 全新爱丽舍发动机舱熔断器盒熔断器说明表

编号	保护的电路/部件	额定值	编号	保护的电路/部件	额定值
F16	左前和右前雾灯	15A	F25	电热后车窗继电器	30A
F18	右前照灯	10A	F29	风窗玻璃刮水器电动机	40A
F19	左前照灯	10A			

第二节 C3-XR（2015~2017年款）

1. 仪表板熔断器

C3-XR仪表板熔断器位于仪表板的下部（左侧），熔断器盒1元件分布及熔断器说明与全新爱丽舍相同，可参见图9-1、表9-1。

C3-XR仪表板熔断器盒2元件分布如图9-4所示，熔断器相关说明见表9-4。

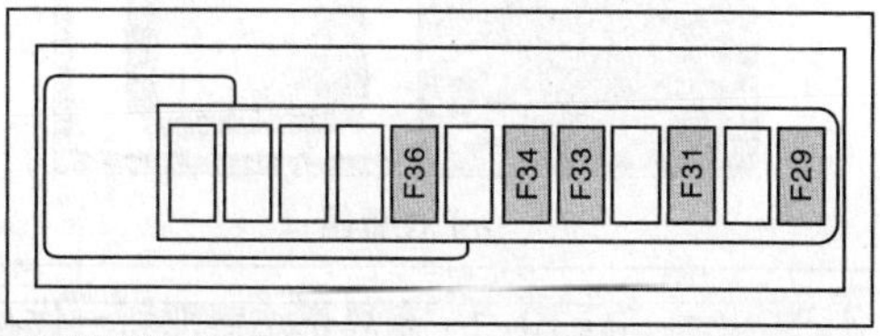

图9-4 C3-XR仪表板熔断器盒2元件分布

表9-4 C3-XR仪表板熔断器盒2熔断器说明表

编号	保护的电路/部件	额定值	编号	保护的电路/部件	额定值
F36	电控遮阳帘	25A	F31	左前电动车窗	30A
F34	右前电动车窗	30A	F29	后窗加热	25A
F33	后门电动车窗	30A			

2. 发动机舱熔断器

C3-XR发动机舱熔断器盒位于发动机舱中的蓄电池旁边（右边），其安装位置、元件分布、熔断器说明与全新爱丽舍相同，可参见图9-3、表9-3。

第十章 东风悦达起亚车系

第一节 新一代K2（2017年起）

1. 室内熔断器盒

东风悦达起亚新一代K2轿车室内熔断器盒安装位置及元件分布如图10-1所示，其相关说明见表10-1。

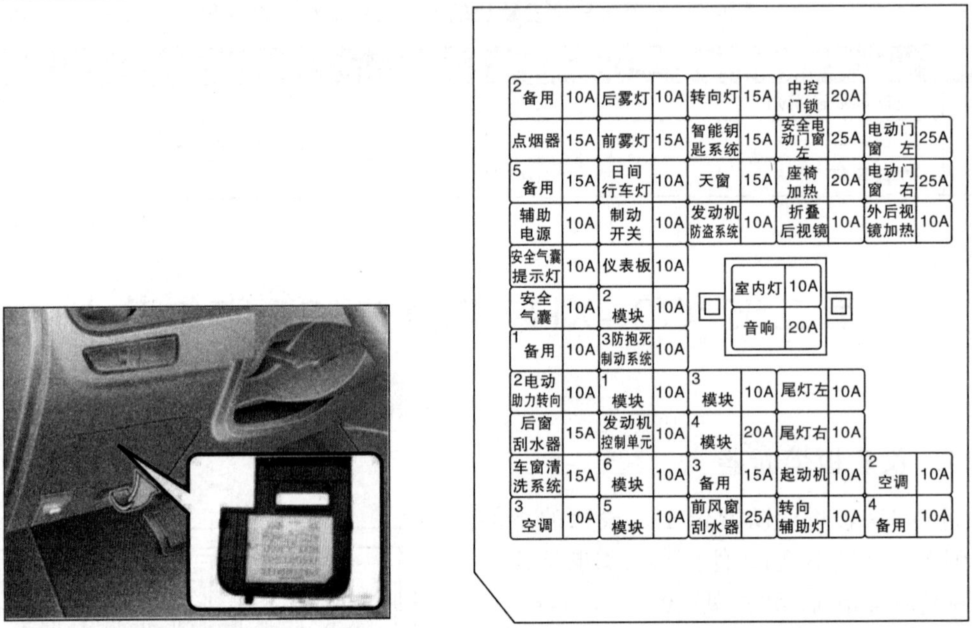

a）位置图　　b）元件分布图

图10-1　东风悦达起亚新一代K2轿车室内熔断器盒安装位置及元件分布图

表10-1　东风悦达起亚新一代K2轿车室内熔断器盒熔断器说明表

熔断器名称	熔断器容量	受保护的部件
点烟器	15A	点烟器
辅助电源	10A	车身控制模块、智能钥匙控制模块、电动室外后视镜开关、音频/视频及导航控制器、电源插座继电器
安全气囊警告灯	10A	仪表板（气囊警告灯）
安全气囊	10A	辅助保护系统控制模块（SRSCM）
电动助力转向2	10A	电动机驱动动力转向MDPS（MDPS）模块
后窗刮水器	15A	后窗刮水器继电器、后窗刮水器电动机
车窗清洗系统	15A	组合开关
空调3	10A	发动机舱接线盒（鼓风机继电器）、空调控制器

表10-1 东风悦达起亚新一代K2轿车室内熔断器盒熔断器说明表 （续）

熔断器名称	熔断器容量	受保护的部件
后雾灯	10A	后雾灯继电器
前雾灯	15A	前雾灯继电器
日间行车灯	10A	日间行车灯（DRL）继电器
制动开关	10A	制动灯开关、智能钥匙控制模块
仪表板	10A	仪表板
模块2	10A	直流/直流转换器、空调控制器、音频/视频及导航控制器、仪表板开关、座椅加热器开关、自动变速器变速杆指示灯、前照灯水平调整装置执行器-左/右、驾驶人/前排乘客座椅加热器控制模块
防抱死制动系统3	10A	发动机舱接线盒（多功能检查插接器）、ABS控制模块、SP控制模块
模块1	10A	制动灯开关、运动模式开关、车身控制模块
发动机控制单元4	10A	发动机控制模块、动力传动控制模块、智能钥匙控制模块、钥匙防盗模块
模块6	10A	驾驶人/前排乘客座椅加热器控制模块
模块5	10A	车身控制模块、智能钥匙控制模块
转向灯	15A	车身控制模块
智能钥匙系统	15A	智能钥匙控制模块
天窗	15A	天窗电动机
发动机防盗系统	10A	钥匙防盗系统模块
模块3	10A	车身控制模块、TPMS模块
模块4	20A	发动机舱接线盒（熔断器-TCU1 15A、倒车灯1 10A）
前风窗刮水器	25A	发动机舱接线盒（前风窗刮水器低速继电器）、前风窗刮水器电动机
中控门锁	20A	门锁闭锁/开锁继电器、行李箱盖/行李箱箱门开锁继电器
安全电动门窗-左	25A	驾驶人安全电动门窗模块
座椅加热器	20A	驾驶人/前排乘客座椅加热器控制模块
折叠后视镜	10A	电动室外后视镜开关
室内灯	10A	前室内灯、行李箱灯、空调控制器、车身控制模块、仪表板、行李箱灯、诊断插接器、TPMS模块、危险警告灯开关、车顶控制台灯
音响	20A	音响、直流 直流转换器、音频/视频及导航控制器
尾灯-左	10A	前照灯-左、牌照灯-左、牌照灯、后组合灯（内侧/外侧）-左、日间行车灯（DRL）-左
尾灯-右	10A	前照灯-右、后组合灯-右、音响、时钟弹簧、危险警告灯开关、自动变速器变速杆指示灯、日间行车灯(DRL)-右、空调控制器、牌照灯-右、仪表板开关、音频/视频及导航控制器、座椅加热器开关、AUX 及USB
起动	10A	变速器档位开关、点火锁止开关、发动机控制模块、智能钥匙控制模块、发动机舱接线盒（起动继电器）
转向辅助灯	10A	车身控制模块
电动门窗-左	25A	电动门窗主开关
电动门窗-右	25A	电动门窗主开关，前排乘客电动门窗开关
外后视镜加热	10A	空调控制器、驾驶人/前排乘客电动室外后视镜
空调2	10A	空调控制器、鼓风机电动机

2. 发动机舱熔断器盒

东风悦达起亚新一代K2轿车发动机舱熔断器盒安装位置及元件分布如图10-2所示，其相关说明见表10-2。

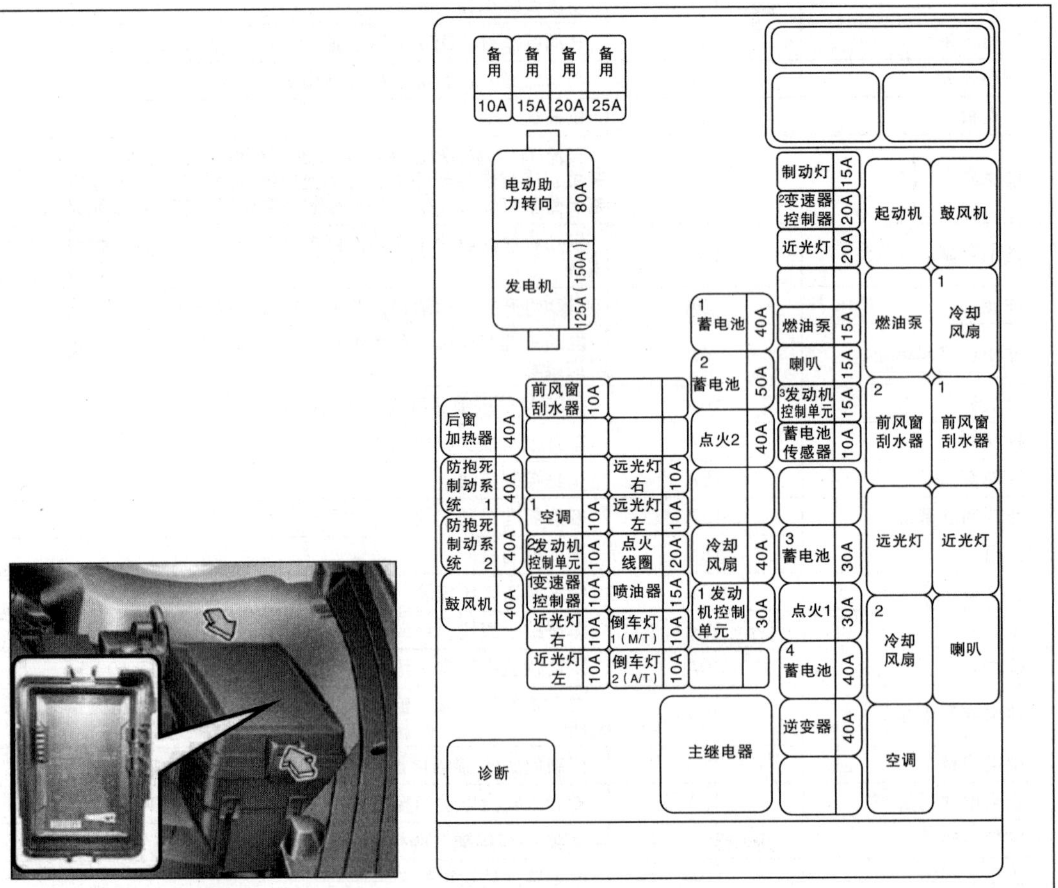

a）位置图　　b）元件分布图

图10-2　东风悦达起亚新一代K2轿车发动机舱熔断器盒安装位置及元件分布图

表10-2　东风悦达起亚新一代K2轿车发动机舱熔断器盒熔断器说明表

熔断器名称		熔断器容量	受保护的部件
组合熔断器	电动助力转向	80A	MDPS模块
	交流发电机	125A（150A）	交流发电机、熔断器（MDPS 80A、ABS1 40A、ABS2 40A、后窗除霜器40A、鼓风机40A）
熔断器	防抱死制动系统1	40A	ABS控制模块，ESP控制模块
	防抱死制动系统2	40A	ABS控制模块，ESP控制模块
	后窗加热器	40A	仪表板接线盒（后窗除霜器继电器）
	鼓风机	40A	鼓风机继电器
	蓄电池1	80A	仪表板接线盒（尾灯继电器、熔断器-室内灯10A、音响20A、前雾灯15A、后雾灯10A、制动开关10A、DRL10A）
	蓄电池4	40A	空调10A、仪表板接线盒（电源插座继电器）
	点火1	30A	点火开关、点火开关1继电器、ACC继电器

表10-2 东风悦达起亚新一代K2轿车发动机舱熔断器盒熔断器说明表 （续）

熔断器名称		熔断器容量	受保护的部件
熔断器	蓄电池2	50A	仪表板接线盒（电动门窗继电器、熔断器-左安全电动门窗25A、折叠后视镜10A、座椅加热器20A）
	蓄电池3	50A	仪表板接线盒（熔断器-门锁20A、天窗15A、SMK 15A、钥匙防盗10A、转向信号灯15A）
	前照灯近光	20A	前照灯远光继电器、前照灯近光继电器
	点火2	40A	起动继电器、PDM继电器盒（IGN2继电器）、点火开关
	蓄电池传感器	10A	蓄电池传感器
	制动灯	15A	制动信号电子模块
	变速器控制器2	20A	PCM（动力传动控制模块）
	发动机控制单元3	15A	动力传动控制模块/发动机控制模块
	逆变器	40A	油泵逆变器
	喇叭	15A	喇叭继电器
	燃油泵	15A	燃油泵继电器
	发动机控制单元1	30A	主继电器
	冷却风扇	40A	冷却风扇低速继电器、冷却风扇高速继电器
	喷油器	15A	发动机控制模块、动力传动控制模块、喷油器#1/#2/#3/#4
	发动机控制单元2	10A	燃油泵继电器、冷却风扇1继电器、冷却风扇2继电器、空调继电器、发动机控制模块、动力传动控制模块、机油控制阀#1/#2、凸轮轴位置传感器#1/#2、可变进气电磁阀、净化控制电磁阀、活性炭罐关闭阀、氧传感器（上/下）
	点火线圈	20A	电容器、点火线圈#1/#2/#3/#4
	变速器控制器1	15A	油泵逆变器、变速器档位开关
	倒车灯1（M/T）	10A	KAPPA 1.4L MPI M/T：倒车灯开关
	倒车灯2（A/T）	10A	变速器档位开关、动力传动控制模块、后组合灯（内侧）-左/右、音频/视频及导航控制模块
	前照灯近光-左	10A	前照灯近光-左
	前照灯近光-右	10A	前照灯近光-右
	前照灯远光-左	10A	前照灯远光-左
	前照灯远光-右	10A	前照灯远光-右
	空调	10A	空调继电器
	前窗刮水器	10A	前风窗刮水器低速继电器、前风窗刮水器电动机

第二节 新K3（2016年起）

1. 室内熔断器盒

东风悦达起亚新K3轿车室内熔断器盒元件分布如图10-3所示，熔断器相关说明见表10-3。

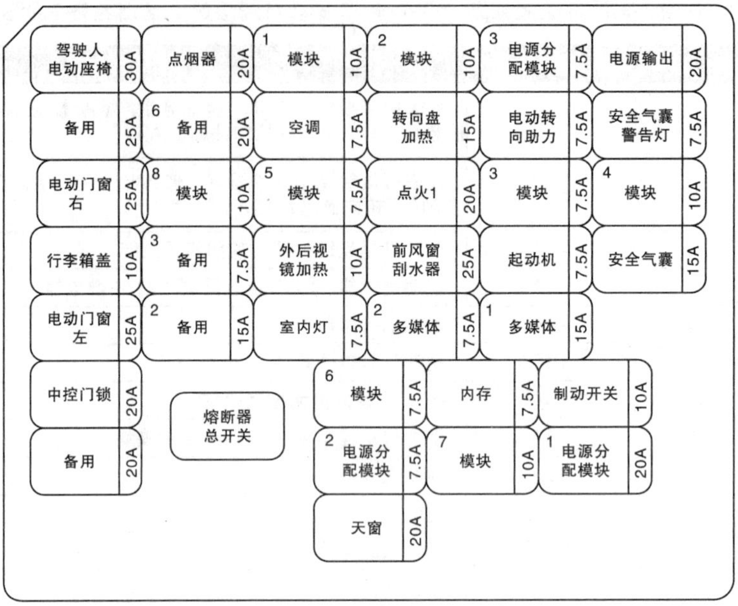

图10-3　东风悦达起亚新K3轿车室内熔断器盒元件分布图

表10-3　东风悦达起亚新K3轿车室内熔断器盒熔断器说明表

熔断器名称	熔断器容量	受保护的部件
驾驶人电动座椅	30A	驾驶人IMS模块、驾驶人座椅手动开关
备用	25A	未使用
右电动门窗	25A	智能接线盒（右电动门窗继电器）
行李箱盖	10A	智能接线盒（行李箱盖继电器）
左电动门窗	25A	智能接线盒（左电动门窗继电器）
中控门锁	20A	智能接线盒（门锁闭锁继电器、门锁开锁继电器）
备用	20A	未使用
点烟器	15A	点烟器及电源插座
备用6	20A	–
模块8	10A	BCM、智能钥匙控制模块
备用3	7.5A	–
备用2	15A	–
模块1	10A	智能钥匙控制模块、BCM、数字时钟、音响、音频/视频及导航控制器、电动室外后视镜开关、远程信息处理模块、直流/直流转换器（音响）
空调	7.5A	空调控制器、组合离子发生器、发动机舱接线盒（鼓风机继电器）
模块5	7.5A	天窗、驾驶人通风座椅加热器、驾驶人/前排乘客座椅加热器模块
外后视镜加热	10A	空调控制器、驾驶人/前排乘客电动室外后视镜 G4FG：[M/T] ECM、[A/T] PCM，G4LD：ECM、后窗除霜器
室内灯	7.5A	行李箱灯、驾驶人/前排乘客聚光灯、（未配备智能钥匙）钥匙插入开关、杂物箱灯、化妆镜灯（左/右）、车顶控制台灯、室内灯
模块6	7.5A	未使用

表10-3 东风悦达起亚新K3轿车室内熔断器盒熔断器说明表 （续）

熔断器名称	熔断器容量	受保护的部件
电源分配模块2	7.5A	配备智能钥匙：智能钥匙控制模块 未配备智能钥匙：钥匙防盗系统模块
天窗	20A	天窗
模块2	10A	电动后视镜、多功能检查插接器、前照灯水平调整开关、空调控制器、前照灯水平调整执行器（左/右）、驾驶人通风座椅加热器、驾驶人IMS模块、驾驶人/前排乘客座椅加热器模块、变速杆档位指示灯、控制台开关（左、短/长）、远程信息处理模块、直流/直流转换器（音响）
转向盘加热器	15A	转向盘加热器
点火1	20A	未配备智能钥匙：发动机舱接线盒（熔断器-TCU 1、ECU 3、ABS 3）
前风窗刮水器	25A	刮水器电动机、发动机舱接线盒（刮水器继电器）、组合开关
多媒体2	7.5A	远程信息处理模块
内存	7.5A	驾驶人IMS模块、驾驶人智能钥匙外侧手柄、前排乘客智能钥匙外侧手柄、BCM、轮胎压力监测模块、自动灯光及光照度传感器、仪表板、诊断插接器、多功能检查插接器、数字时钟、空调控制器、ICM继电器盒（折叠继电器）
模块7	10A	ICM继电器盒（转向信号灯工作音继电器）
电源分配模块3	7.5A	配备智能钥匙：智能钥匙控制模块 未配备智能钥匙：钥匙防盗系统模块
电动助力转向	7.5A	MDPS模块
模块3	7.5A	仪表板
起动机	7.5A	变速器档位开关（AT/DCT）、发动机舱接线盒（起动继电器）、点火锁止开关（MT）
多媒体1	15A	音响、音频/视频及导航控制器、直流/直流转换器（音响）
制动开关	10A	制动灯开关、智能钥匙控制模块
PDM1	20A	智能钥匙控制模块
电源输出	15A	点烟器及电源插座
安全气囊警告灯	7.5A	仪表板
模块4	10A	仪表板开关、轮胎压力监测模块、制动灯开关、数字时钟、BCM、后驻车辅助传感器（左、外侧/内侧）、运动模式开关、后驻车辅助传感器（右、外侧/内侧）、前驻车辅助传感器（左/右）、后侧方盲区监测雷达（左/右）
安全气囊	15A	辅助保护系统控制模块

2. 发动机舱熔断器盒

东风悦达起亚新K3轿车发动机舱熔断器盒元件分布如图10-4所示，熔断器相关说明见表10-4。

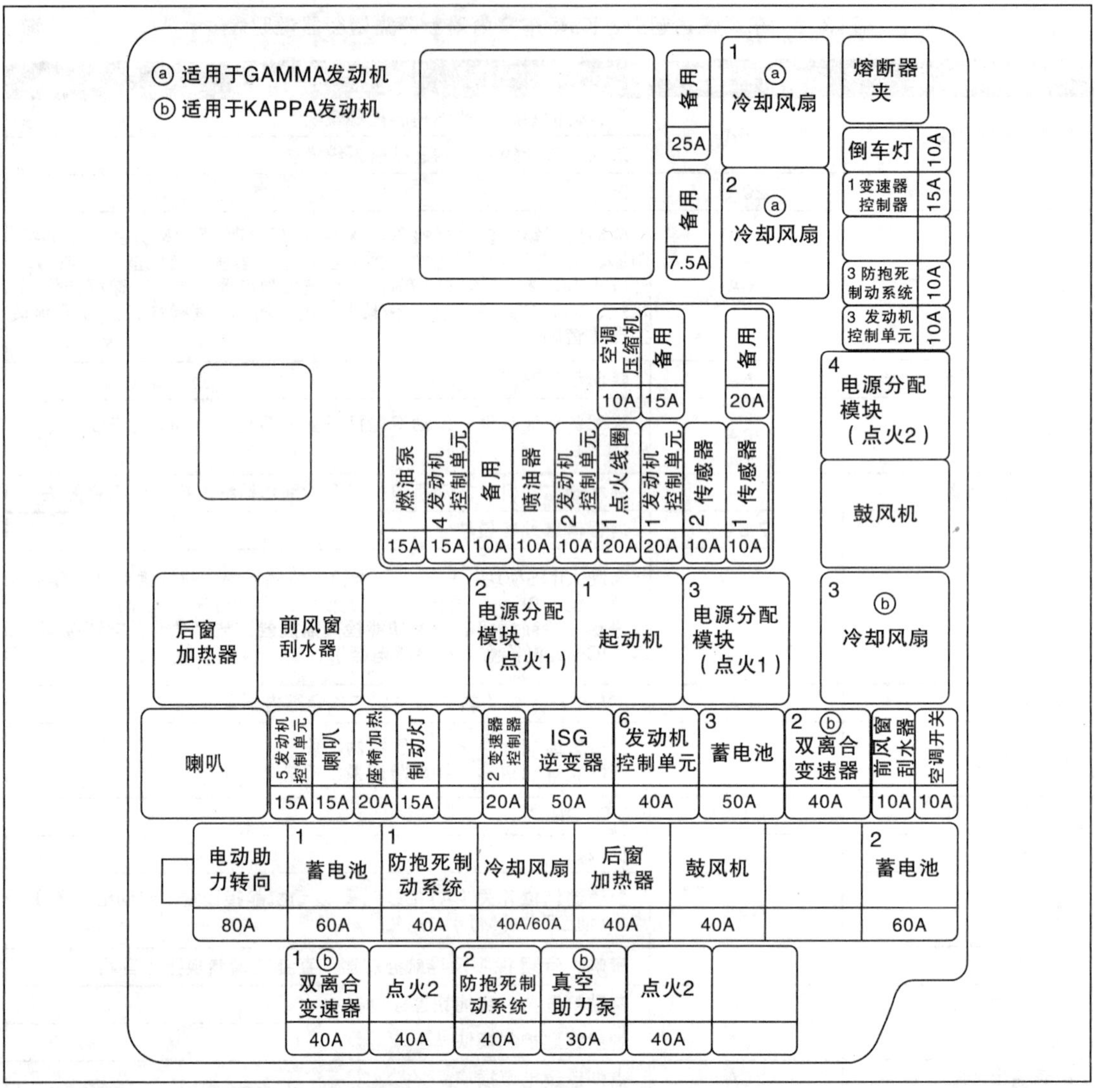

图10-4　东风悦达起亚新K3轿车发动机舱熔断器盒元件分布图

表10-4　东风悦达起亚新K3轿车发动机舱熔断器盒熔断器说明表

	熔断器名称	熔断器容量	受保护的部件
组合熔断器	电动助力转向	80A	MDPS模块
	蓄电池1	60A	智能接线盒［ARISU-LT1 IPS1（4CH）、ARISU-LT1 IPS2（4CH）、熔断器-模块7、左电动门窗、右电动门窗、行李箱盖］
	冷却风扇	G4FG=40A，G4LD=60A	（G4FG）冷却风扇低速继电器、冷却风扇继电器、冷却风扇高速继电器（G4LD）
	防抱死制动系统1	40A	ABS控制模块、ESP控制模块
	后窗加热器	40A	后窗除霜器继电器
	鼓风机	40A	鼓风机继电器
	蓄电池2	60A	智能接线盒［ARISU-LT IPS4（4CH）、ARISU-LT2 IPS3（4CH）、IPS 5（2CH）、熔断器-驾驶人电动座椅、PDM 1、制动开关］

表10-4 东风悦达起亚新K3轿车发动机舱熔断器盒熔断器说明表 （续）

熔断器名称		熔断器容量	受保护的部件
熔断器	倒车灯	10A	AT：电动后视镜、音频/视频及导航控制模块、后组合灯（内侧、左/右）、后视摄像头 MT：智能接线盒（IPS控制模块）、倒车灯开关
	变速器控制器 1	15A	TCM、变速器档位开关、电动油泵逆变器、发动机舱接线盒（熔断器-倒车灯）
	防抱死制动系统 3	10A	ABS：ABS控制模块 ESP：ESP控制模块、横摆率传感器
	发动机控制单元 3	10A	G4FG：（AT）PCM、（MT）ECM，G4LD：ECM、真空泵
	空调开关	10A	空调控制器
	前风窗刮水器	10A	前刮水器电动机、发动机舱接线盒（刮水器继电器），G4FG：（AT）PCM、（MT）ECM，G4LD：（DCT）ECM
组合熔断器	蓄电池3	50A	智能接线盒（漏电自动切断装置、熔断器-PDM 2、门锁、天窗）
	发动机控制单元 6	40A	EMS接线块（发动机控制继电器、熔断器-ECU 4、空调压缩机、燃油泵）
	变速器控制器 2	20A	G4LD：TCM
	双离合变速器 1	40A	G4LD：TCM
	双离合变速器 2	40A	G4LD：TCM
	发动机控制单元 5	15A	G4FG：（AT）PCM，G4LD：（DCT）TCM
	点火 2	40A	未配备智能钥匙：点火开关、起动继电器 配备智能钥匙：PDM 4（IG2）继电器、起动继电器
	防抱死制动系统 2	40A	ABS控制模块、ESP控制模块
	点火 1	40A	未配备智能钥匙：点火开关 配备智能钥匙：PDM 3（IG1）继电器、PDM 2（ACC）继电器
	真空助力泵	30A	真空助力泵
	ISG逆变器	50A	电动油泵逆变器
	制动灯	15A	制动灯开关
	座椅加热器	20A	驾驶人通风座椅加热器、驾驶人座椅加热器模块、前排乘客座椅加热器模块
	喇叭	15A	喇叭继电器、ICM继电器盒（报警喇叭继电器）
	燃油泵	15A	燃油泵继电器
	发动机控制单元 4	15A	G4FG：（MT）ECM、（AT）PCM，G4LD：ECM
	备用	10A	–
	喷油器	10A	燃油泵继电器，空调压缩机继电器，G4FG：喷油器#1/#2/#3/#4
	发动机控制单元 2	10A	ECM
	点火线圈1	20A	点火线圈#1/#2/#3/#4，G4FG：电容器
	发动机控制单元 1	20A	G4FG：（MT）ECM、（AT）PCM，G4LD：ECM
	传感器2	10A	（G4FG）氧传感器（上/下）、机油控制阀#1/#2、可变进气电磁阀、净化控制电磁阀、活性炭罐关闭阀、凸轮轴位置传感器#1/#2、（G4LD）发动机舱接线盒（冷却风扇继电器）、净化控制电磁阀、氧传感器（上/下）、机油控制阀#1/#2、RCV净化控制电磁阀
	传感器1	10A	（G4FG）发动机舱接线盒（冷却风扇高速继电器）
	空调压缩机	10A	空调压缩机继电器
	备用	15A	–
	备用	20A	–

第三节 新智跑（2014~2017年款）

1. 室内熔断器盒

新智跑室内接线盒安装位置如图10-5所示，熔断器相关说明见表10-5。

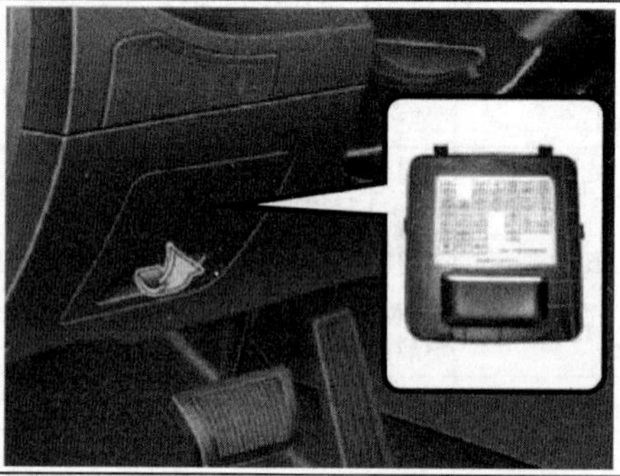

图10-5 新智跑室内接线盒安装位置图

表10-5 新智跑室内接线盒熔断器说明表

编号	熔断器名称	熔断器容量	受保护的部件
1	音频	20A	音响
2	射频天线	7.5A	无线电接收器
3	安全电动车窗	20A	驾驶人安全电动门窗模块
4	驾驶人侧座椅	20A	驾驶人座椅手动开关
5	模块B+	10A	多功能检查插接器、驾驶人侧CCS开关，诊断插接器、后倒车辅助蜂鸣器、电动室外后视镜开关
6	天窗	15A	天窗电动机、天窗控制模块
7	放大器	25A	放大器
8	ATM钥匙锁	7.5A	ATM变速杆、钥匙电磁阀
9	座椅加热	15A	驾驶人CCS座垫加热器
10	右电动车窗	25A	电动车窗主开关、右后电动车窗开关、前排乘客车窗开关
11	左电动车窗	25A	电动车窗主开关、左后电动车窗开关
12	室内灯	10A	BCM、空调控制模块、数字钟、仪表板（IND）、行李箱灯、点火开关照明灯与钥匙插入开关、室内灯、驾驶人/前排乘客化妆镜灯、车顶控制台（阅读灯开关）
13	PDMB	10A	智能钥匙控制模块、FOB钥匙锁筒、起动停止按钮开关
14	中控门锁	15A	车门闭锁/开锁继电器、行李箱门继电器、ICM继电器盒（锁死继电器）
15	危险警告灯	15A	BCM
16	后雾灯	10A	ICM继电器盒（后雾灯继电器）
17	智能钥匙	25A	智能钥匙控制模块
18	起动	10A	发动机舱熔断器与继电器盒（继电器#4-起动）、防盗继电器、智能钥匙控制模块

表10-5 新智跑室内接线盒熔断器说明表 （续）

编号	熔断器名称	熔断器容量	受保护的部件
19	点火模块1	10A	制动灯开关（G4KD/G4KE）、EPS控制模块、变速杆照明、4WD ECM、左/右前照灯水平调整装置、左/右前照灯水平调整执行器、IPS控制模块（ON/START输入）
20	E/R熔断器及继电器盒	20A	发动机舱熔断器与继电器盒（熔断器-F23、F24、F25）
21	安全气囊	10A	仪表板（IND）
22	智能钥匙 2	10A	智能钥匙控制模块
23	前风窗刮水器	25A	前风窗刮水器电动机、组合开关（刮水器）、发动机舱熔断器与继电器盒［继电器#12-前风窗刮水器（低速）、继电器#13-刮水器（雨量传感器）］继电器
24	电源插座1	15A	右前电源插座
25	智能钥匙1	10A	智能钥匙控制模块、BCM
26	附件	10A	空调控制模块、数字钟、音响、放大器、电动室外后视镜开关、鼓风机电动机、天窗控制模块
27	仪表板	10A	仪表板（指示灯）、交流发电机、警告灯、BCM、数字钟、空调控制模块、驾驶人CCS控制模块、驾驶人/前排乘客座椅加热器开关、
28	点火 2A	10A	智能钥匙控制模块、BCM
29	后窗刮水器	15A	ICM继电器盒（后窗刮水器继电器）、后窗刮水器电动机、组合开关（刮水器）
30	点火 2B	10A	空调控制模块、组合离子发生器、雨量传感器、天窗电动机、电动后视镜、柴油盒（PTC加热器继电器#2、#3）、发动机舱熔断器与继电器盒(继电器#1-鼓风机继电器)
31	电源插座2	20A	左前电源插座、后电源插座、左前点烟器
32	安全气囊	15A	SRS控制模块
33	前排座椅加热	15A	驾驶人/前排乘客座椅加热器开关
34	空调	7.5A	空调控制模块（自动）
35	后加热	7.5A	驾驶人/前排乘客电动室外后视镜、空调控制模块

2. 发动机舱熔断器盒

新智跑轿车发动机舱熔断器盒安装位置如图10-6所示，熔断器相关说明见表10-6。

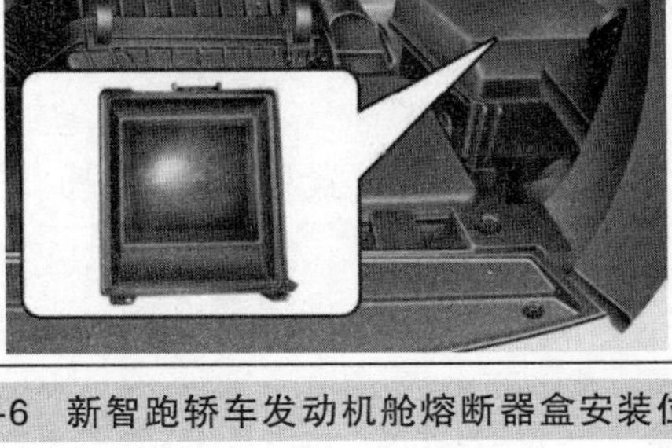

图10-6 新智跑轿车发动机舱熔断器盒安装位置图

表10-6　新智跑轿车发动机舱熔断器盒熔断器说明表

编号		熔断器名称	熔断器容量	受保护的部件
多功能熔断器	1	MDPS	80A	EPS控制模块
	2	B+1	60A	室内接线盒（熔断器-F15/F16/F17/F19、IPS控制模块-IPS4/IPS5/IPS6/IPS7）
	3	ABS 2	40A	ESP控制模块、ABS控制模块
	4	EMS	40A	EMS盒（熔断器-F1/F2/F3/F6）
	5	ABS 1	40A	ESP控制模块、ABS控制模块
	6	鼓风机	40A	继电器#1（鼓风机继电器）
	7	B+3	60A	室内接线盒（熔断器-F3/F4/F8/F10/F13/F14、电源插接器-F1/F2）
	8	B+2	60A	室内接线盒（电动门窗继电器、熔断器-F5/F6/F7、IPS控制模块-IPS0/IPS1/IPS2/IPS3/IPS8）
熔断器	9	冷却风扇	40A	继电器#3（冷却风扇低速继电器）、继电器#9（冷却风扇高速继电器）
	10	后加热玻璃	40A	继电器#6（后窗除霜器继电器）
	11	点火 1	30A	未配备智能钥匙：点火开关 配备智能钥匙：PDM继电器盒（IGN1继电器）
	12	点火 2	40A	继电器#4（起动继电器），未配备智能钥匙：点火开关，配备智能钥匙：PDM继电器盒（IGN2继电器）
	13	喇叭	15A	继电器#2（喇叭继电器）、继电器#5（防盗继电器）
	14	制动灯	10A	制动灯开关、ICM继电器盒（DBC继电器）、智能钥匙控制模块
	15	4WD	20A	4WD ECM
	16	ECU 2	7.5A	继电器#11（ATMP/N继电器）、G4KD/G4KE-PCM、组合开关D4HA-ECM、空气流量传感器
	17	ABS	7.5A	预热继电器、柴油盒（继电器#4-燃油滤清器加热器继电器）、燃油滤清器警告传感器（D4HA）、ESP控制模块、ABS控制模块、ICM继电器盒（DBC继电器）、组合开关
	18	TCU 2	7.5A	TCM（D4HA）、变速器档位开关
	19	前照灯洗涤器	30A	前照灯清洗电动机
	20	AMS	10A	蓄电池传感器
	21	电动助力转向	10A	MDPS ECU（IG1）
	22	倒车灯	10A	倒车灯
	23	ECU3	10A	ECU（主继电器后电压）

3. 主熔断器盒（EMS盒）

新智跑轿车主熔断器盒（EMS盒）安装位置如图10-7所示，熔断器相关说明见表10-7。

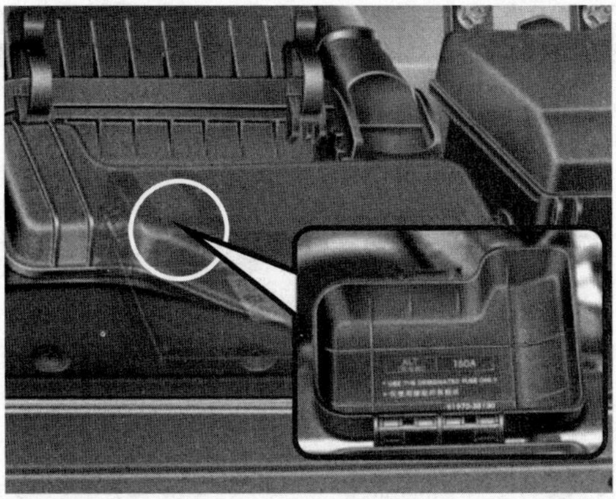

图10-7 新智跑轿车主熔断器盒（EMS盒）安装位置图

表10-7 新智跑轿车主熔断器盒（EMS盒）熔断器说明表

编号	熔断器名称	熔断器容量	受保护的部件	
1	ECU	30A	汽油	继电器#1（发动机控制继电器）
			柴油	继电器#1（发动机控制继电器）
2	TCU 1	15A	PCM	
3	空调	10A	继电器#3（空调继电器）	
4	传感器 1	10A	汽油	钥匙防盗系统控制模块、曲轴位置传感器、凸轮轴位置传感器#1/2、机油控制阀#1/2、活性炭罐净化控制电磁阀、可变进气歧管阀
			柴油	EGR冷却旁通电磁阀、柴油盒（继电器#1-PTC加热器继电器#1）、电子VGT执行器、发动机舱熔丝与继电器盒（继电器#3-冷却风扇低速继电器、继电器#9-冷却风扇高速继电器）
5	ECU 1	20A	汽油	点火线圈#1/2/3/4、电容器
			柴油	ECM
6	燃油泵	15A	继电器#2（燃油泵继电器）	
7	传感器 4	15A	汽油	继电器#2（燃油泵继电器）、发动机舱熔断器与继电器盒（继电器#3-冷却风扇低速继电器）、PCM、上/下氧传感器
			柴油	钥匙防盗系统控制模块、共轨压力调节阀、燃油压力调节阀继电器#2（燃油泵继电器）
8	传感器 3	10A	汽油	继电器#3（空调继电器）、喷油器#1/2/3/4
			柴油	继电器#3（空调继电器）、曲轴位置传感器、空燃比传感器
9	传感器 2	10A	汽油	–
			柴油	制动灯开关

第十一章 长城车系

第一节 哈弗H6（2016年起）

1. 仪表板内熔断器盒

哈弗H6（升级版）仪表板内熔断器盒位于驾驶人侧的仪表板内，仪表板内熔断器盒元件分布如图11-1所示，熔断器相关说明见表11-1。

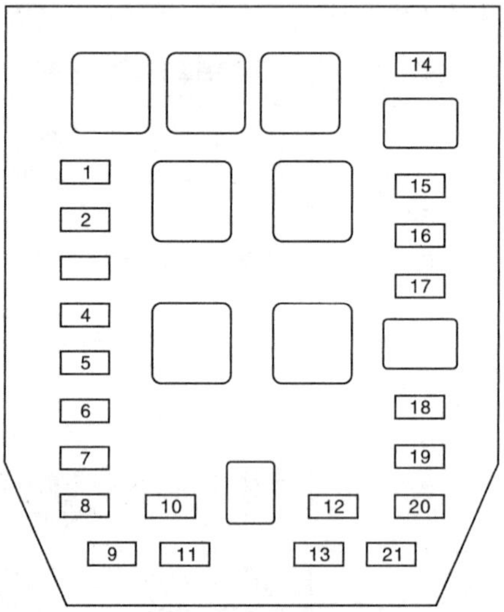

图11-1 哈弗H6（升级版）仪表板内熔断器盒元件分布图

表11-1 哈弗H6（升级版）仪表板内熔断器盒的熔断器说明表

编号	熔断器	保护的电路/部件	额定值
2	四驱	四驱控制器	20A
4	BCM1	BCM	15A
5	除霜	左/右外后视镜除霜器、后窗除霜器	20A
6	后门窗	左/右后车窗升降电动机	30A
7	前门窗	左/右前车窗升降电动机	20A
8	制动灯	制动开关、BCM	10A
12	中控锁	左/右前门锁、左/右后门锁	20A
14	前刮水器	前风窗刮水器继电器、前风窗刮水器电动机	20A
15	后刮水器	后窗刮水器继电器、后窗刮水器电动机	10A
16	空调	空调控制器	10A
17	气囊	安全气囊电控模块	15A
18	组合仪表	组合仪表	10A
19	后背门锁	后背门锁电动机	15A
20	音响	MP5（多媒体播放器）、左/右后视镜折叠电动机、左/右镜面调整电动机	10A
注	编号1、3、9、10、11、13、21的熔断器未使用		

2. 发动机舱熔断器盒

哈弗H6（升级版）发动机舱熔断器盒元件分布如图11-2所示，对于搭载GW4G15B/GW4G15E发动机的车型来说，熔断器相关说明见表11-2。

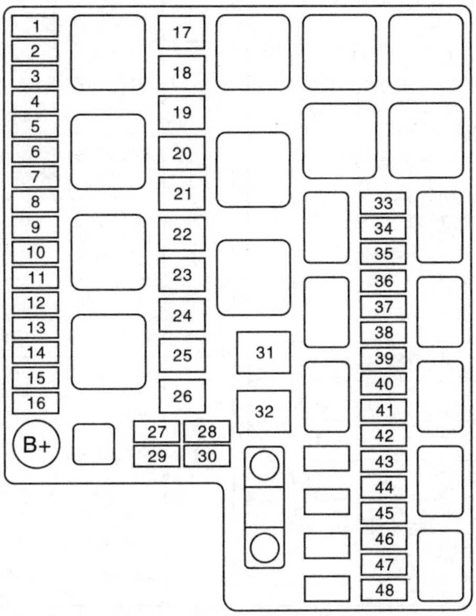

图11-2 哈弗H6（升级版）发动机舱熔断器盒元件分布图

表11-2 哈弗H6（升级版）发动机舱熔断器盒熔断器说明表

编号	熔断器	保护的电路/部件	额定值
1	门灯	门灯继电器、左前门/右前门发光迎宾踏板	5A
2	PEPS	PEPS ECU、驾驶人侧车门把手、前排乘客侧车门把手、PEPS蜂鸣器、点火开关	15A
3	ECU常电	空调控制器、网关、防盗器	15A
6	DC-DC转换器/MP5（GW4-G15B）	MP5（多媒体播放器）	20A
	音响常电（GW4-G15E）	MP5（多媒体播放器）	20A
7	天窗	天窗电动机模块、CPU、左前门防夹电动机	20A
8	ABS2	ABS防抱死制动电控模块	25A
10	电喇叭	喇叭继电器、电喇叭	10A
11	前雾灯	左/右前雾灯继电器、前雾灯	15A
12	压缩机	压缩机继电器、压缩机离合器	10A
15	燃油泵	燃油泵继电器、燃油泵	15A
16	前排乘客电动座椅	四向控制开关、前排乘客座椅水平调节电动机、前排乘客椅靠背调角电动机	20A
17	真空泵（GW4-G15B）	真空助力泵	20A
	电子真空泵（GW-4515E）	真空助力泵	20A
18	风扇1	风扇继电器1、大风扇	25A
19	风扇2	风扇继电器2、小风扇	20A
21	1#保险电源、启动	起动继电器、起动机、车载电源	30A
22	鼓风机低速	鼓风机继电器、鼓风机、空调控制器	40A

表11-2 哈弗H6（升级版）发动机舱熔断器盒熔断器说明表 （续）

编号	熔断器	保护的电路/部件	额定值
23	节电继电器电源	节电继电器	50A
24	驾驶人电动座椅	八向控制开关	30A
25	1#保险电源	点火开关、BCM	30A
26	1#保险电源	IG2继电器、制动灯熔断器、后窗刮水器熔断器、后背门锁熔断器、前风窗刮水器熔断器、防夹玻璃升降系统熔断器	30A
31	ABS	ABS防抱死制动电控模块	40A
33	左近光	左近光灯	15A
34	右近光	右近光灯	15A
35	远光灯	左/右远光灯	15A
37	室内灯	阅读灯、中顶灯、储物箱灯、后顶灯、左/右后视镜照地灯	5A
38	ECU IG电源	巡航控制开关、发动机ECU、制动开关、ABS防抱死制动模块、SAS、ESC开关、4WD控制器	15A
39	倒车灯	倒车灯开关、左/右倒车灯、倒车雷达开关、倒车雷达ECU	10A
40	电加热座椅	驾驶人/前排乘客座椅加热开关、加热器	20A
41	BCM 2	BCM	15
42	BCM 3	BCM	15A
43	点烟器	点烟器	15A
44	备用电源	车载电源	15A
45	220V电源	220V逆变电源	25A
46	主继电器	空气流量传感器、VGT、巡航控制开关、电子节气门、油水分离器、高压油泵、发动机ECU	30A
注	编号4、5、9、13、14、20、27、28、29、30、32、36、47、48的熔断器未使用		

第二节 哈弗H2（2014~2017年款）

1. 仪表板内熔断器盒

哈弗H2仪表板内熔断器盒位于驾驶人侧的仪表板内，仪表板内熔断器盒元件分布如图11-3所示，熔断器相关说明见表11-3。

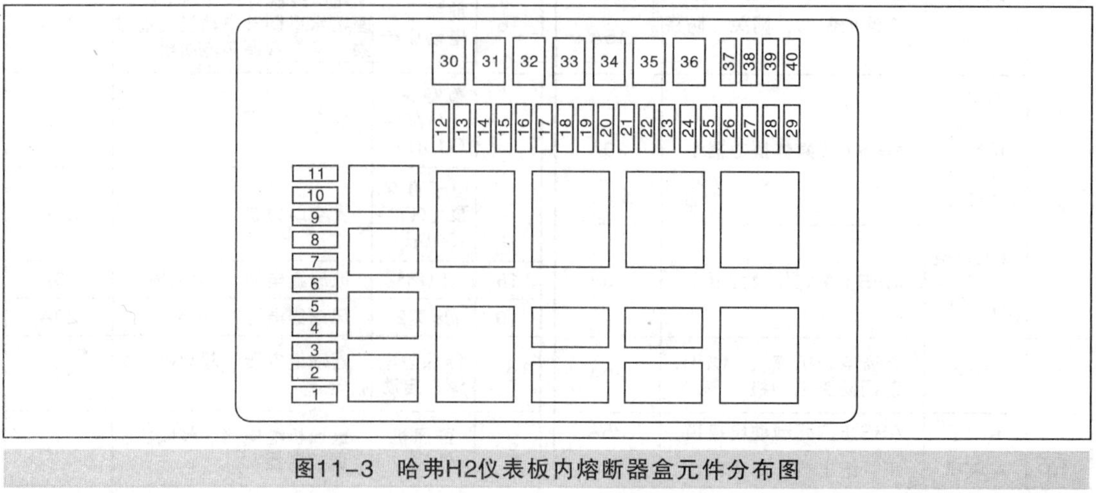

图11-3 哈弗H2仪表板内熔断器盒元件分布图

表11-3 哈弗H2仪表板内熔断器盒的熔断器说明表

编号	熔断器	保护的电路/部件	额定值
1	安全气囊	安全气囊	15A
2	发动机	发动机ECU、N档开关、制动开关、ESP、ABS、4WD、EPS	15A
3	组合仪表	组合仪表、PEPS、后视摄像头、网关、BCM、天窗	10A
4	点烟器备用电源	点烟器备用电源	25A
5	ACC熔断器	MP5、BCM、PEPS、电动后视镜、空调	10A
6	升降器1	驾驶人侧门窗玻璃升降器	20A
7	倒车	倒车灯、内后视镜、倒车雷达、BCM	10A
8	前刮水器	前风窗刮水器	20A
9	除霜	后窗除霜、外后视镜除霜	25A
10	后刮水器	后窗刮水器	
11	空调	空调、鼓风机继电器、BCM、PEPS、ALS、除霜继电器	10A 10A
12	常电	发动机ECU、网关、蓄电池传感器、OBD、组合仪表	10A
13	BCM	车身控制器	20A

编号	熔断器	保护的电路/部件	额定值
14	BCM-P1	车身控制器	20A
15	BCM-P2	车身控制器	20A
16	BCM-P3	车身控制器	20A
17	BCM-P4	车身控制器	20A
18	BCM-P5	车身控制器	20A
19	BCM-P6	车身控制器	20A
20	MP5/CD	MP5/CD	20A
21	PEPS	PEPS	15A
22	内灯	阅读灯、顶灯、后视镜、照地灯、脚窝灯	10A
23	电动座椅	电动座椅	30A
24	天窗	天窗	25A
30	鼓风机	鼓风机	40A
31	升降器2	前排乘客侧门窗玻璃升降器、两后门玻璃升降器	30A
32	IG2继电器	IG2电源电路总熔断器	30A
33	IG1和ACC继电器	IG1、ACC电源电路总熔断器	40A
34	除霜继电器	后窗除霜、外后视镜除霜、天窗	40A
注	编号25、26、27、28、29、35、36、37、38、39、40的熔断器未使用		

2. 发动机舱熔断器盒

哈弗H2发动机舱熔断器盒元件分布如图11-4所示，熔断器相关说明见表11-4。

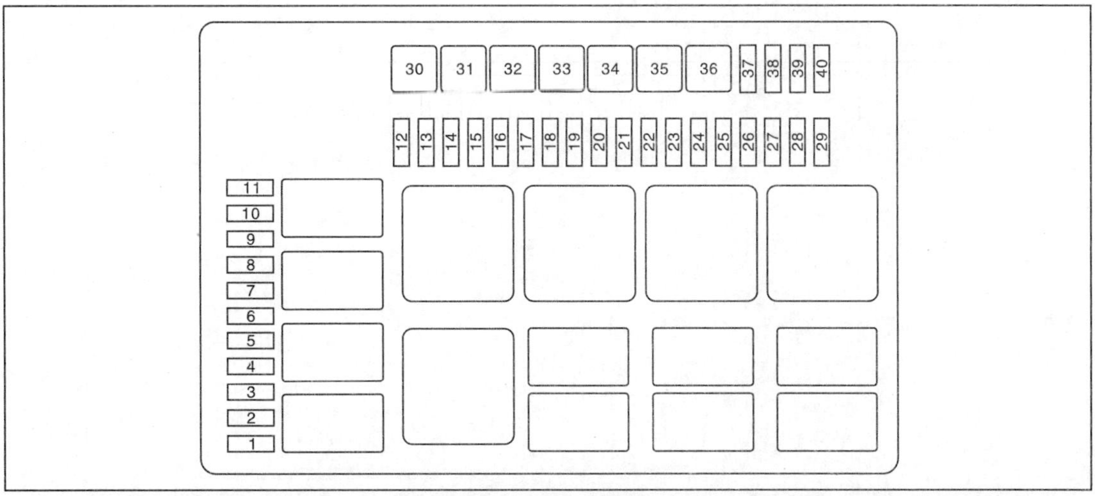

图11-4 哈弗H2发动机舱熔断器盒元件分布图

表11-4　哈弗H2发动机舱熔断器盒熔断器说明表

编号	熔断器	保护的电路/部件	额定值
6	TCU	TCU控制器、抑制器开关、换档电磁阀电源熔断器	20A
7	点火系统	发动机ECU、点火线圈、喷油器、炭罐控制阀、废气控制阀、可变凸轮正时、油泵、压缩机、高低速风扇、真空泵继电器线圈端	15A
8	前氧/后氧	前/后氧传感器	10A
9	远光	远光灯	15A
10	左近光	左近光灯、左近光调节电动机	10A
11	右近光	右近光灯、右近光调节电动机	10A
12	发动机ECU	ECU、网关、OBD、蓄电池传感器、仪表	10A
13	4WD	4WD	20A
14	压缩机	压缩机	10A
15	喇叭	喇叭	10A
16	燃油泵	燃油泵	15A
17	ABS	ABS	25A
18	制动灯	BCM、ABS、ESP、ECU	10A
19	电子真空泵	电子真空泵	20A
20	主继电器	前/后氧传感器、发动机ECU、点火线圈等点火系统总熔断器	20A
21	前照灯清洗	前照灯清洗电动机电源熔断器	20A
22	TCU	TCU控制器电源熔断器	20A
30	低速风扇	低速风扇	30A
31	高速风扇	高速风扇	40A
32	ABS/ESP	ABS/ESP控制器	40A
33	远近光继电器	远光灯、近光灯电源总熔断器	30A
34	起动继电器	起动机电磁线圈电源熔断器	30A
35	ESP	ESP控制器	40A
注	编号1、2、3、4、5、23、24、25、26、27、28、29、36、37、38、39、40的熔断器未使用		

第十二章 吉利车系

第一节 帝豪（2013~2017年款）

1. 发动机舱熔断器盒

帝豪EC7发动机舱熔断器盒元件分布如图12-1所示，熔断器相关说明见表12-1、12-2。

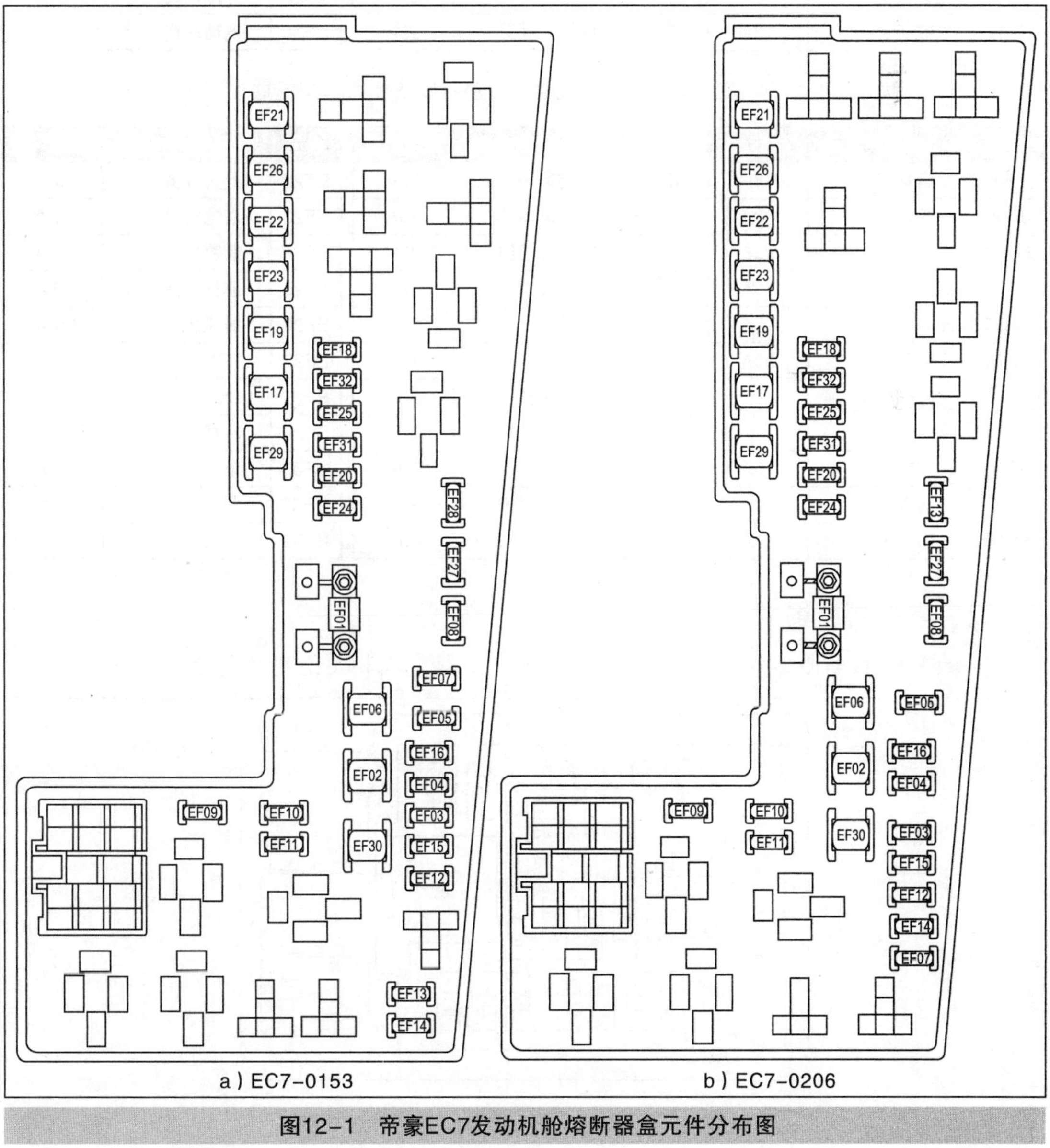

图12-1 帝豪EC7发动机舱熔断器盒元件分布图

表12-1　帝豪EC7（EC7-0153）发动机舱熔断器盒熔断器说明表

编号	电路图中名称	额定值
EF01	主熔丝	100A
EF02	主熔丝	60A
EF03	发动机	10A
EF04	ECM	10A
EF05	油泵	15A
EF06	主熔丝	30A
EF07	备用	—
EF08	左前远光	10A
EF09	右前远光	10A
EF10	左前近光	10A

编号	电路图中名称	额定值
EF11	右前近光	10A
EF12	主继电器	30A
EF13	前氧传感器	5A
EF14	后氧传感器	5A
EF15	起动机	30A
EF16	日行灯	15A
EF17	电动座椅	30A
EF18	点火开关	30A
EF19	后除霜	30A
EF20	ABS电磁阀	25A

编号	电路图中名称	额定值
EF21	ABS回液泵	40A
EF22	点火开关	40A
EF23	发电机	60A
EF24	前雾灯	15A
EF25	座椅加热	15A
EF26	鼓风机	40A
EF27	备用	5A
EF28	备用	10A
EF29	冷却风扇	40A
EF30	电动车窗	30A

表12-2　帝豪EC7（EC7-0206）发动机舱熔断器盒熔断器说明表

编号	电路图中名称	额定值
EF01	主熔丝	100A
EF02	主熔丝	60A
EF03	发动机	10A
EF04	ECM	10A
EF05	油泵	15A
EF06	主熔丝	30A
EF07	CNG燃气控制单元	15A
EF08	左前远光	10A
EF09	右前远光	10A
EF10	左前近光	10A

编号	电路图中名称	额定值
EF11	右前近光	10A
EF12	主继电器	30A
EF13	前氧传感器	5A
EF14	后氧传感器	5A
EF15	起动机	30A
EF16	日行灯	15A
EF17	电动座椅	30A
EF18	点火开关	30A
EF19	后除霜	30A
EF20	ABS 电磁阀	25A
EF21	ABS 回液泵	40A

编号	电路图中名称	额定值
EF22	点火开关	40A
EF23	发电机	60A
EF24	前雾灯	15A
EF25	座椅加热	15A
EF26	鼓风机	40A
EF27	TCU1	20A
EF28	BMCS	5A
EF29	冷却风扇	40A
EF30	电动车窗	30A
EF31	备用	—
EF32	TCU2	20A

2. 室内熔断器盒

帝豪EC7室内熔断器盒元件分布如图12-2所示，熔断器相关说明见表12-3。

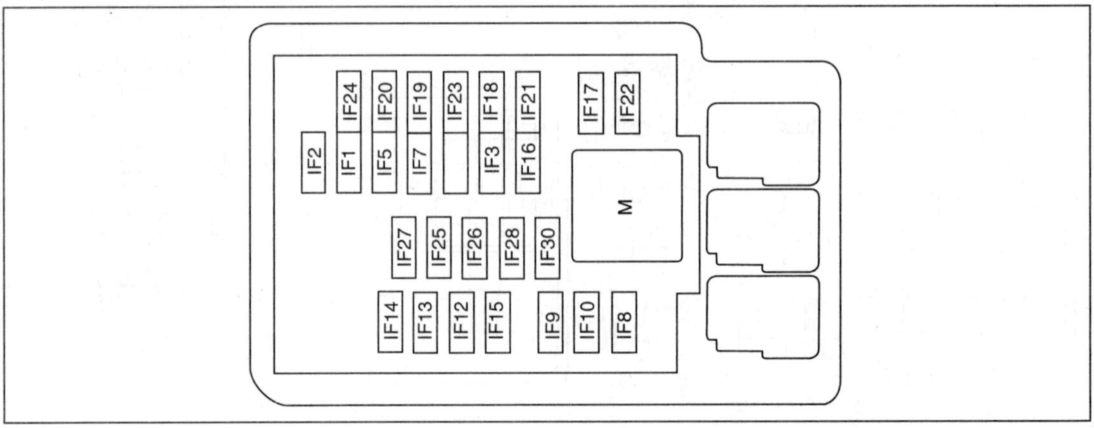

图12-2　帝豪EC7室内熔断器盒元件分布图

表12-3 帝豪EC7室内熔断器盒熔断器说明表

编号	电路图中名称	额定值	编号	电路图中名称	额定值
IF1	后雾灯	10A	IF17	转向/报警	10A
IF2	音响主机	15A	IF18	门锁	20A
IF3	天窗	30A	IF19	空调	5A
IF5	防盗器	10A	IF20	制动灯	10A
IF7	空调压缩机	10A	IF21	诊断接口	10A
IF8	音响主机/天窗	10A	IF22	前照灯开关	10A
IF9	备用电源	15A	IF23	位置灯	10A
IF10	点烟器	15A	IF24	喇叭	10A
IF12	ECM	10A	IF25	发电机	10A
IF13	ABS	10A	IF26	BCM	10A
IF14	倒车灯	10A	IF27	刮水器	20A
IF15	ACU	10A	IF28	后窗刮水器	10A
IF16	后视镜加热	10A	IF30	点火线圈	15A

第二节 新远景（2015~2017年款）

1. 发动机舱熔断器盒

新远景发动机舱熔断器盒元件分布如图12-3所示，熔断器相关说明见表12-4。

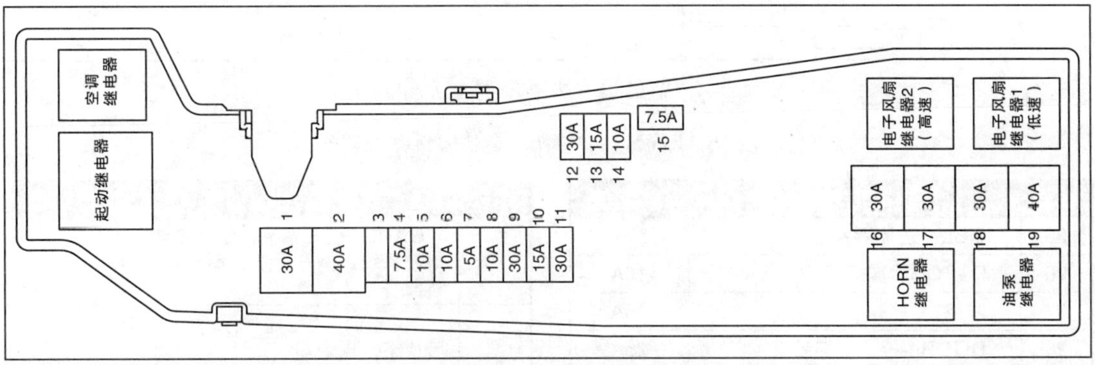

图12-3 新远景发动机舱熔断器盒元件分布图

表12-4 新远景发动机舱熔断器盒熔断器说明表

编号	保护的电路/部件	额定值	编号	保护的电路/部件	额定值
1	ST起动系统	30A	5	HORN喇叭	10A
2	HEAD MAIN前照灯系统	40A	6	HAZARD转向灯、警告灯	10A
3	备用	–	7	ALT-S充电系统	5A
4	ECU仪表旅途电脑（豪华型）	7.5A	8	KOS空调系统	10A

表12-4　新远景发动机舱熔断器盒熔断器说明表　（续）

编号	保护的电路/部件	额定值
9	EFI电喷系统	30A
10	DOME音响系统、空调系统、仪表室内灯、行李箱灯、门灯	15A
11	AM2起动系统	30A
12	备用熔断器	30A
13	备用熔断器	15A
14	备用熔断器	10A
15	备用熔断器	7.5A
16	P/SEAT电动座椅（豪华型）	30A
17	RDI FAN电子风扇	30A
18	ABS系统	30A
19	ABS系统	40A

2. 室内熔断器盒

新远景室内熔断器盒位于仪表板内，其元件分布如图12-4所示，熔断器相关说明见表12-5。

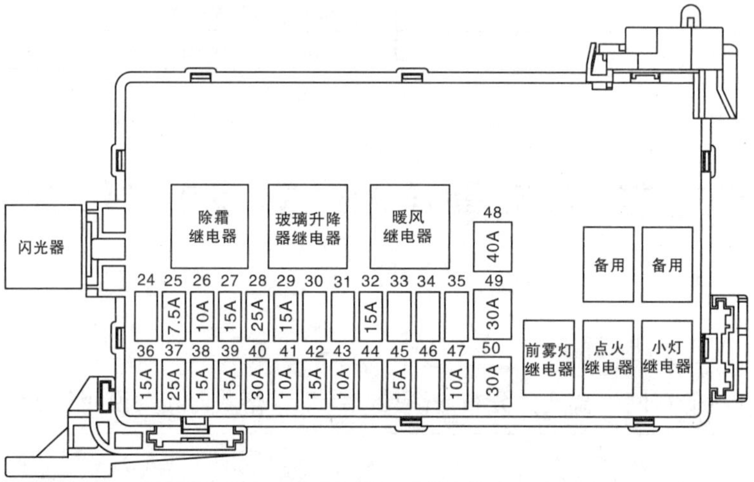

图12-4　新远景室内熔断器盒元件分布图

表12-5　新远景室内熔断器盒熔断器说明表

编号	保护的电路/部件	额定值
25	OBD排放监测系统	7.5A
26	R-FOG后雾灯	10A
27	防盗	15A
28	DOOR中控、灯控系统	25A
29	除霜负载	15A
32	IG2电喷系统、安全气囊系统、防盗系统、仪表系统	15A
36	FOG前雾灯	15A
37	AM1点火系统	25A
38	TAIL位置灯、牌照灯	15A
39	STOP制动灯	15A
40	POWER电动天窗	30A
41	GAUGE仪表系统、空调系统、除霜系统、倒车雷达、倒车灯、转向灯	10A
42	CIG空调系统、音响系统、电动后视镜、点烟器	15A
43	WASH清洗器	10A
45	WIPER刮水器	15A
47	ECU-IG中控、灯控系统、防盗系统、ABS系统	10A
48	HEATER空调系统	40A
49	DEFOG后窗除霜系统	30A
50	POWER电动玻璃升降器	30A
注	编号24、30、31、33、34、35、44、46未使用	

第三节 博越（2016年起）

1. 发动机舱熔断器盒

博越发动机舱熔断器盒元件分布如图12-5所示，熔断器相关说明见表12-6。

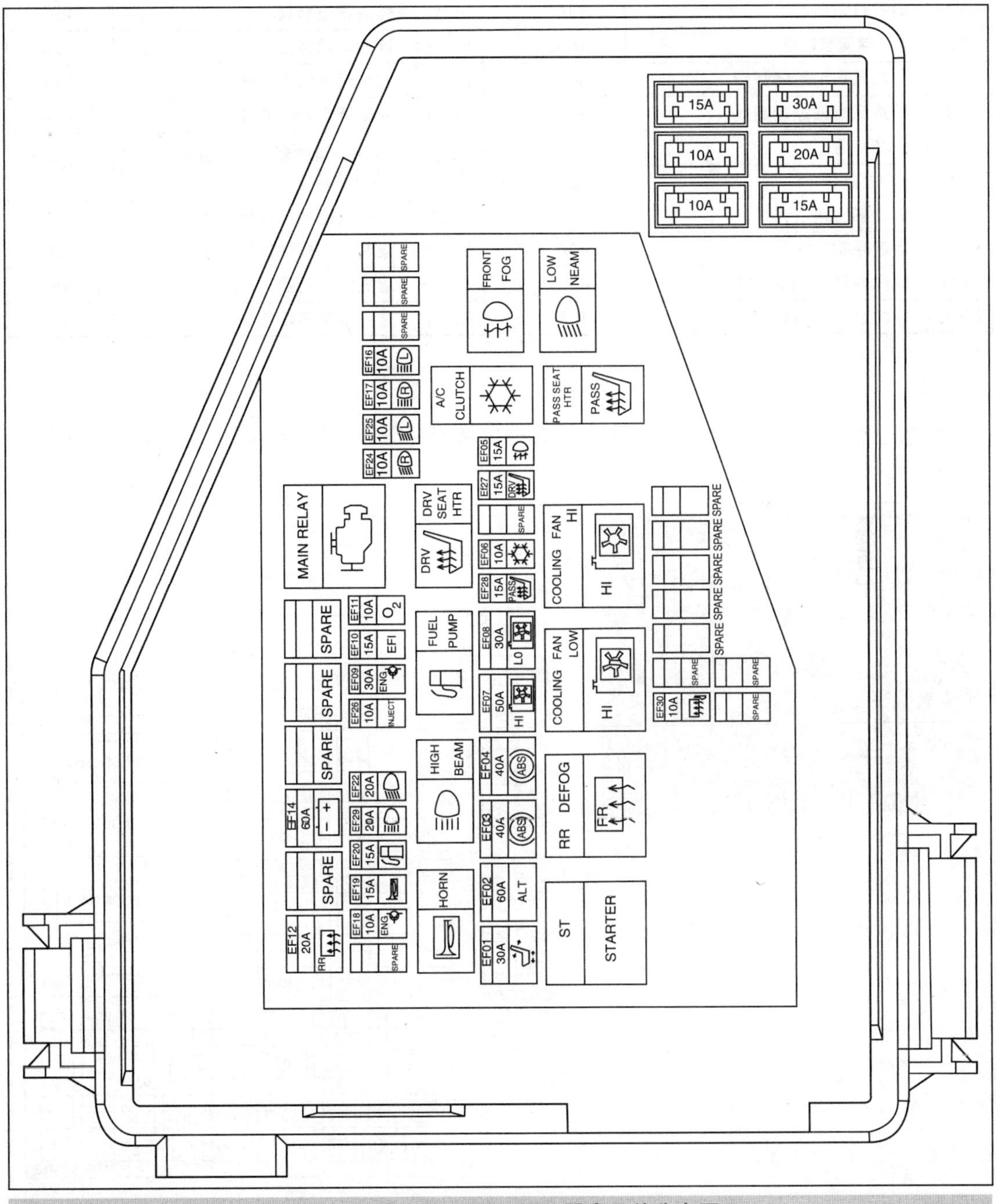

图12-5 博越发动机舱熔断器盒元件分布图

表12-6　博越发动机舱熔断器盒熔断器说明表

编号	电路图中名称	额定值
EF01	电动座椅熔断器	30A
EF02	室内电器盒ALT总熔丝	60A
EF03	ABS熔断器	40A
EF04	ABS熔断器	40A
EF05	前雾灯熔断器	15A
EF06	A/C空调熔断器	10A
EF07	散热风扇高速熔断器	50A
EF08	散热风扇低速熔断器	30A
EF09	EMS熔断器	30A
EF10	EFI熔断器	15A
EF11	氧传感器熔断器	10A
EF12	后窗除霜熔断器	20A
EF14	室内电器盒B+总熔断器	60A
EF16	左前远光灯熔断器	10A
EF17	右前远光灯熔断器	10A
EF18	EMS熔断器（用于JLD-4G20发动机车型）	10A
EF19	喇叭熔断器	15A
EF20	燃油泵熔断器	15A
EF22	近光灯熔断器	20A
EF24	右前近光灯熔断器	10A
EF25	左前近光灯熔断器	10A
EF26	喷油器熔断器（用于JLD-4G20发动机车型）	10A
EF27	驾驶侧座椅加热熔断器	15A
EF28	乘客侧座椅加热熔断器	15A
EF29	远光灯熔断器	20A
EF30	后视镜除霜熔断器	10A

2. 中央配电盒

博越中央配电盒位于仪表板左侧，安装位置及元件分布如图12-6所示，熔断器相关说明见表12-7。

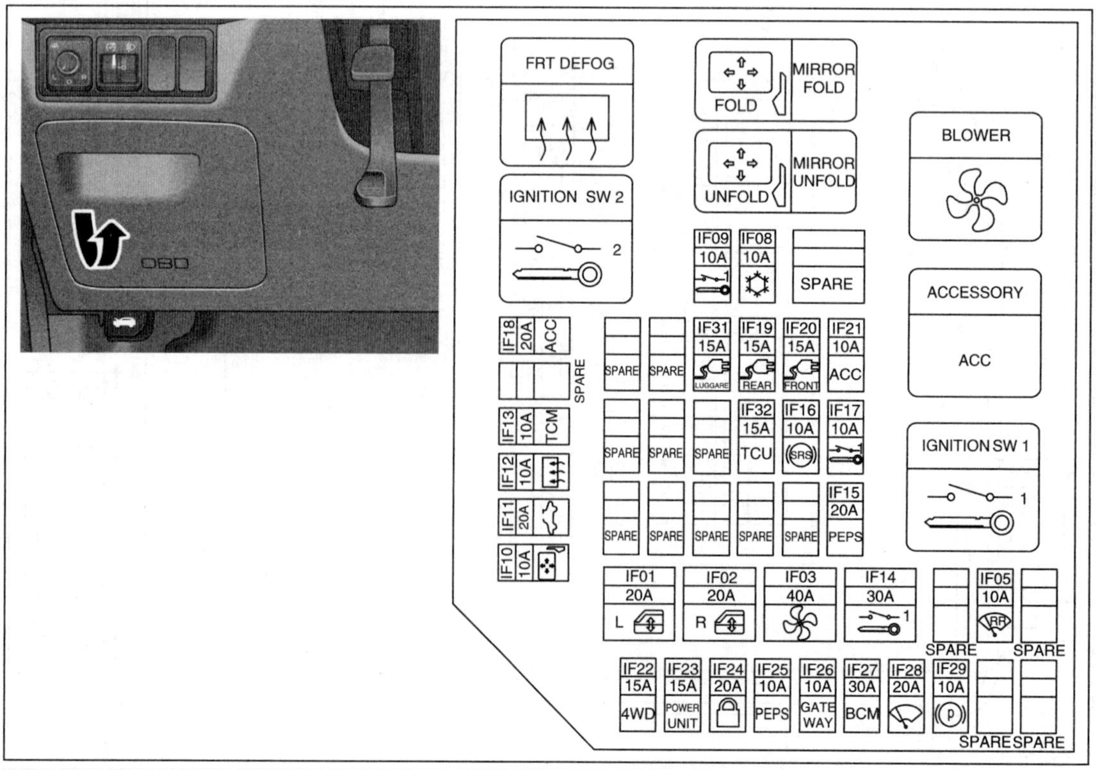

图12-6　博越中央配电盒安装位置及元件分布图

表12-7 博越中央配电盒熔断器说明表

编号	电路图中名称	额定值	编号	电路图中名称	额定值
IF01	左侧电动车窗熔断器	20A	IF18	ACC总熔断器	20A
IF02	右侧电动车窗熔断器	20A	IF19	后备用电源熔断器	15A
IF03	鼓风机熔断器	40A	IF20	前备用电源熔断器	15A
IF05	后刮水器电动机熔断器	10A	IF21	ACC熔断器	10A
IF08	空调控制模块熔断器	10A	IF22	4WD熔断器	15A
IF09	IG2熔断器	10A	IF23	ECU熔断器	15A
IF10	电动后视镜熔断器	10A	IF24	中控锁熔断器	20A
IF11	电动天窗熔断器	20A	IF25	PEPS熔断器	10A
IF12	前风窗除霜熔断器	10A	IF26	网关熔断器	10A
IF13	转向管柱组合开关熔断器	10A	IF27	BCM熔断器	30A
IF14	IG1总熔断器	30A	IF28	前风窗刮水器电动机熔断器	20A
IF15	PEPS熔断器	20A	IF29	制动灯熔断器	10A
IF16	安全气囊控制单元熔断器	10A	IF31	行李箱备用电源熔断器	15A
IF17	IG1熔断器	10A	IF32	TCU熔断器	15A

第十三章 长安车系

第一节 长安CS75（2014~2017年款）

1. 发动机舱电器中心C01

长安CS75发动机舱电器中心C01元件分布如图13-1所示，熔断器相关说明见表13-1，继电器相关说明见表13-2。

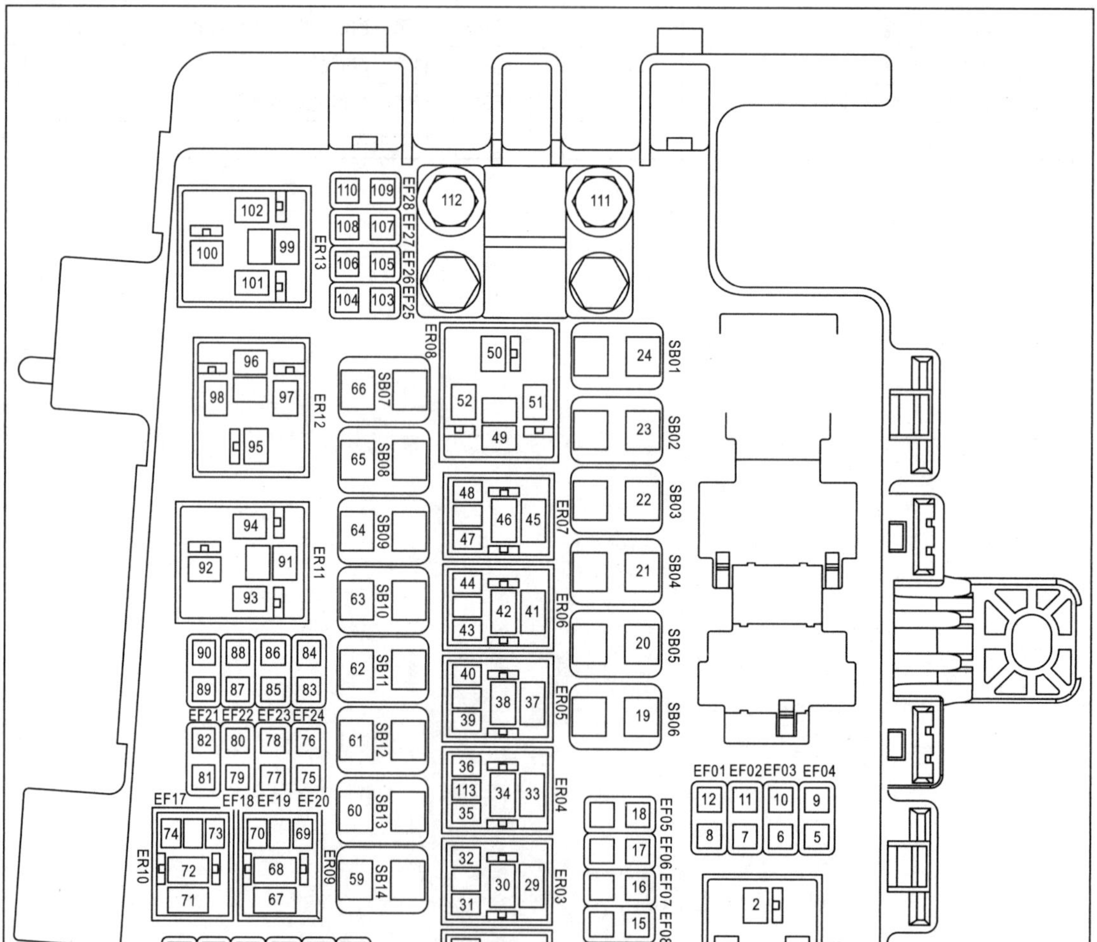

图13-1 长安CS75发动机舱电器中心C01元件分布图

表13-1 长安CS75发动机舱电器中心C01熔断器说明表

编号	熔断器名称	熔断器容量	编号	熔断器名称	熔断器容量
EF01	点火线圈	15A	SB01	高速风扇	40A
EF02	喷油器/电喷控制阀、ECU	15A	SB02	制动控制器ABS/ESP（2）	40A
EF03	氧传感器/炭罐控制阀	15A	SB03	驻车制动控制器EPB（15）	30A
EF04	蓄电池传感器（MT领先）	5A	SB04	驻车制动控制器EPB（13）	30A
EF06	制动控制器 ABS/ESP（25）	20A	SB05	电动座椅	30A
EF07	制动控制器ABS/ESP（2）	10A	SB06	仪表常电	60A
EF08	自动变速器TCU（AT）	15A	SB07	鼓风机	40A
EF09	燃油泵	15A	SB08	起动机	40A
EF10	主继电器	30A	SB09	低速风扇	30A
EF11	电喷控制器ECU 12	10A	SB10	后窗除霜（MT豪华/MT舒适）	30A
EF12	近光灯	20A	SB11	车窗电动机（2）（FL/RR）（MT领先、AT）	30A
EF13	远光灯	20A			
EF14	电喇叭	15A	SB12	车窗电动机（1）（FR/RL）（MT领先、AT）	30A
EF16	压缩电动机	10A			
EF17	左前近光灯	15A		车窗电动机（2）（MT豪华、MT舒适）	30A
EF18	右前近光灯	15A			
EF21	后视镜加热（MT豪华、MT舒适）	10A	SB13	车窗电动机（1）（MT豪华、MT舒适）	30A
EF22	鼓风机信号（MT领先、AT）	10A	SB14	ACC、IG1	40A
EF23	后窗刮水器（MT领先、AT）	15A	注	编号EF05、EF15、EF19、EF20、EF25、EF26、EF27、EF28的熔断器未使用	
EF24	车身控制器/BCM 16（MT领先、AT）	20A			

表13-2 长安CS75发动机舱电器中心C01继电器说明表

编号	继电器名称	编号	继电器名称
ER01	主继电器MAIN RLY	ER07	低速风扇继电器FAN RLY
ER02	油泵继电器FUEL RLY	ER08	传动链继电器（MT领先）
ER03	压缩机继电器COMPRESSOR RLY		中速风扇继电器FAN RLY M（AT）
ER04	喇叭继电器HORN RLY（MT豪华、MT舒适）	ER09	远光灯继电器HIGH-LP RLY
	后窗刮水器继电器RR WIPER（MT领先、AT）	ER10	近光灯继电器LOW-LP RLY
ER05	后窗刮水器继电器（MT豪华、MT舒适）	ER11	高速风扇继电器1 FAN RLY H1（MT）
	ACC RLY（MT领先、AT）		高速风扇继电器FAN RLY H（AT）
ER06	后窗除霜继电器R DEF RLY（MT豪华、MT舒适）	ER12	起动继电器ST RLY
	IG2 RLY（MT领先、AT）	ER13	鼓风机继电器BLOWER RLY（MT豪华、MT舒适）
			IG1 RLY（MT领先、AT）

2. 发动机舱电器中心C02

长安CS75发动机舱电器中心C02元件分布如图13-2所示，继电器相关说明见表13-3。

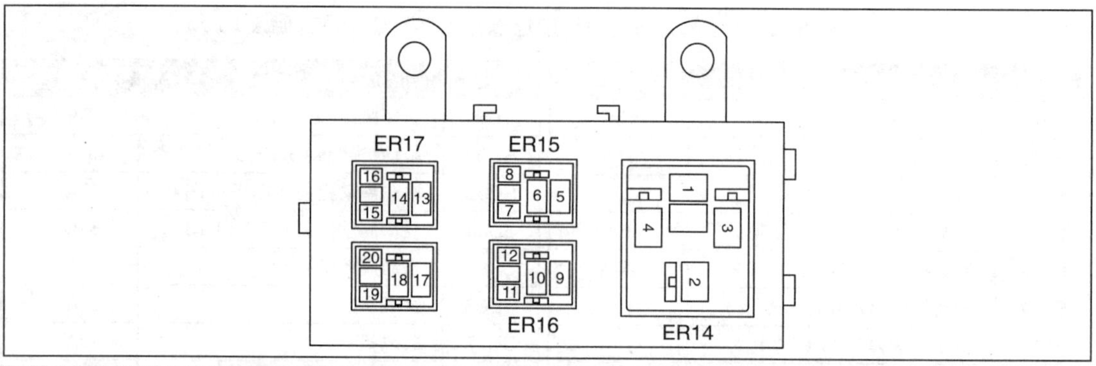

图13-2　长安CS75发动机舱电器中心C02元件分布图

表13-3　长安CS75发动机舱电器中心C02继电器说明表

编号	继电器名称	编号	继电器名称
ER14	鼓风机继电器BLOWER RLY（MT领先、AT）	ER16	换档继电器SHIFT RLY（AT）
ER15	倒车雷达继电器REVERSING RLY（AT）	ER17	喇叭继电器HORN RLY L（MT领先、AT）

3. 室内电器中心

长安CS75室内电器中心元件分布如图13-3所示，熔断器相关说明见表13-4，继电器相关说明见表13-5。

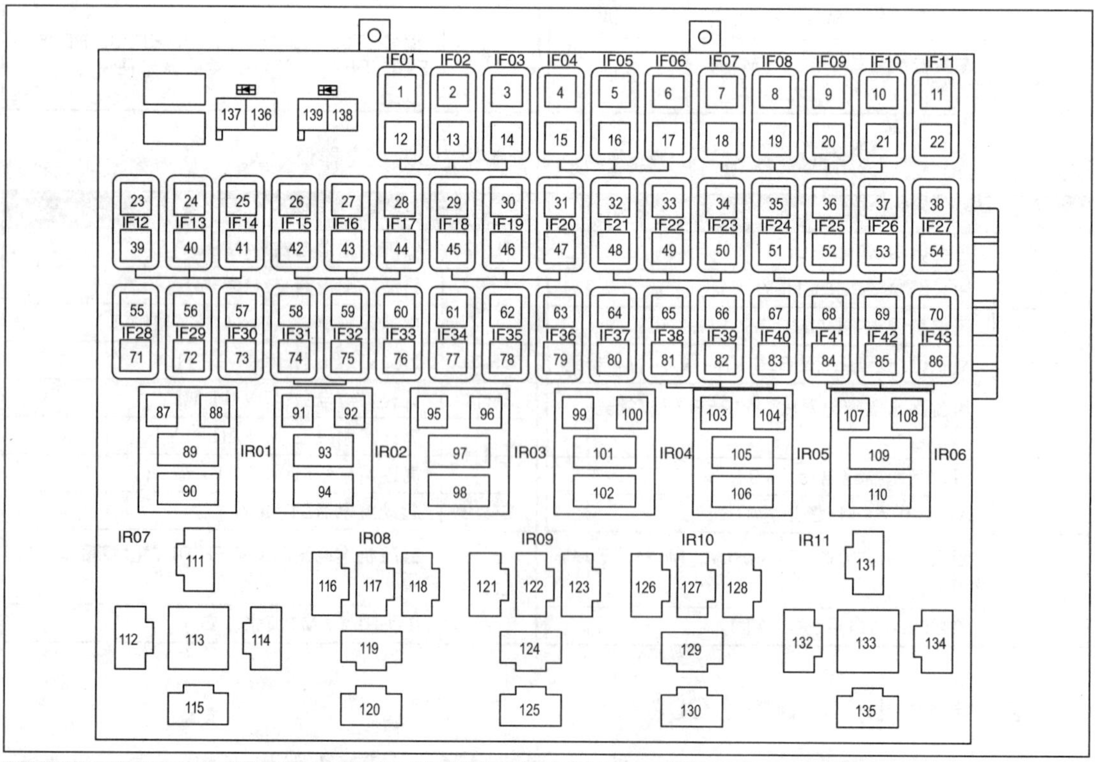

图13-3　长安CS75室内电器中心元件分布图

表13-4 长安CS75室内电器中心熔断器说明表

编号	熔断器名称	熔断器容量	编号	熔断器名称	熔断器容量
IF01	ESCL	10A	IF23	后雾灯	10A
IF02	ECU	10A	IF24	ESCT	10A
IF03	EPB	10A	IF25	座椅加热	25A
IF04	仪表	10A	IF26	前照灯继电器	20A
IF05	SAS	10A	IF27	天窗	20A
IF06	TCU（AT）	10A	IF28	后窗除霜	30A
IF07	PAS	10A	IF29	右前照灯	10A
IF08	GW	10A	IF30	左前照灯	10A
IF09	防抱死制动	10A	IF31	后窗刮水器	30A
IF10	安全气囊	10A	IF32	-	10A
IF12	PEPS	10A	IF33	ESP	10A
IF13	仪表/ECC	10A	IF34	前风窗刮水器	10A
IF14	GW	10A	IF35	鼓风机	10A
IF15	转向灯	15A	IF36	后视镜加热	10A
IF16	喇叭	15A	IF38	OUTLET 3	15A
IF17	门锁	15A	IF39	电动后视镜	10A
IF18	BCM	15A	IF40	OUTLET 1	15A
IF19	停车开关	10A	IF41	点烟器	15A
IF20	诊断	10A	IF42	BCM	10A
IF21	DVD/CD	15A	IF43	OUTLET 2	15A
IF22	前雾灯	15A			

表13-5 长安CS75室内电器中心继电器说明表

编号	继电器名称	编号	继电器名称
IR01	后窗除霜继电器（MT领先/AT）	IR09	后视镜继电器2（MT舒适）
IR03	前雾灯继电器	IR10	IGN2 继电器（MT舒适）
IR04	尾灯继电器（位置灯）	IR11	IGN1 继电器（MT舒适）
IR05	后雾灯继电器	注	编号IR02、IR06、IR07的继电器未使用
IR08	后视镜继电器1（MT领先）		

第二节 长安CS35（2012~2015年款）

1. 发动机舱电器中心

长安CS35发动机舱电器中心元件分布如图13-4所示，熔断器相关说明见表13-6。

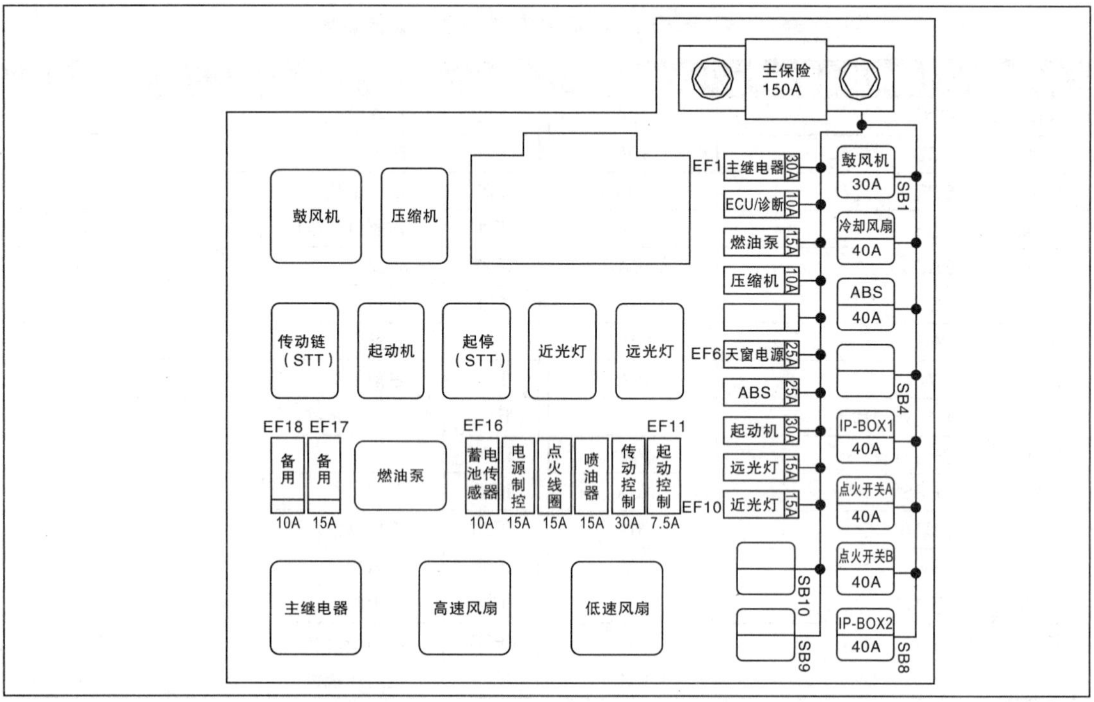

图13-4　长安CS35发动机舱电器中心元件分布图

表13-6　长安CS35发动机舱电器中心熔断器说明表

编号	熔断器名称		熔断器容量
EF01	主继电器电源		30A
FF02	ECU-12		15A
	诊断接口		
EF03	燃油泵		15A
EF04	压缩机		10A
EF06	天窗电源		25A
EF07	ABS电磁阀		25A
EF08	起动机		30A
EF09	远光灯		15A
FF10	近光灯		15A
EF11	起动控制（起动继电器线圈电源）		7.5A
EF12	传动控制（传动链继电器电源）-（STT配置专用）		30A
EF13	喷油器（1、2、3、4）		15A
	前/后氧传感器		
	可变进/出气凸轮轴位置传感器		
EF14	点火线圈		15A
	ECU-（44、45、63）		
EF15	控制电源	油泵继电器线圈	15A
		起停继电器线圈（STT配置专用）	
		怠速起停主开关电源（STT配置专用）	
		高/低速风扇继电器线圈	
		压缩机继电器线圈	
EF16	蓄电池传感器		10A
SB1（慢熔）	鼓风机		30A
SB2（慢熔）	冷却风扇（高）		30A
	冷却风扇（低）		
SB3（慢熔）	ABS		40A
SB5（慢熔）	IP-BOX（仪表电器盒B+电源）		40A
SB6（慢熔）	点火开关A		40A
SB7（慢熔）	点火开关B		40A
SB8（慢熔）	IP-BOX（仪表电器盒B+电源）		40A

2. 室内电器中心

长安CS35室内电器中心元件分布如图13-5所示，熔断器相关说明见表13-7。

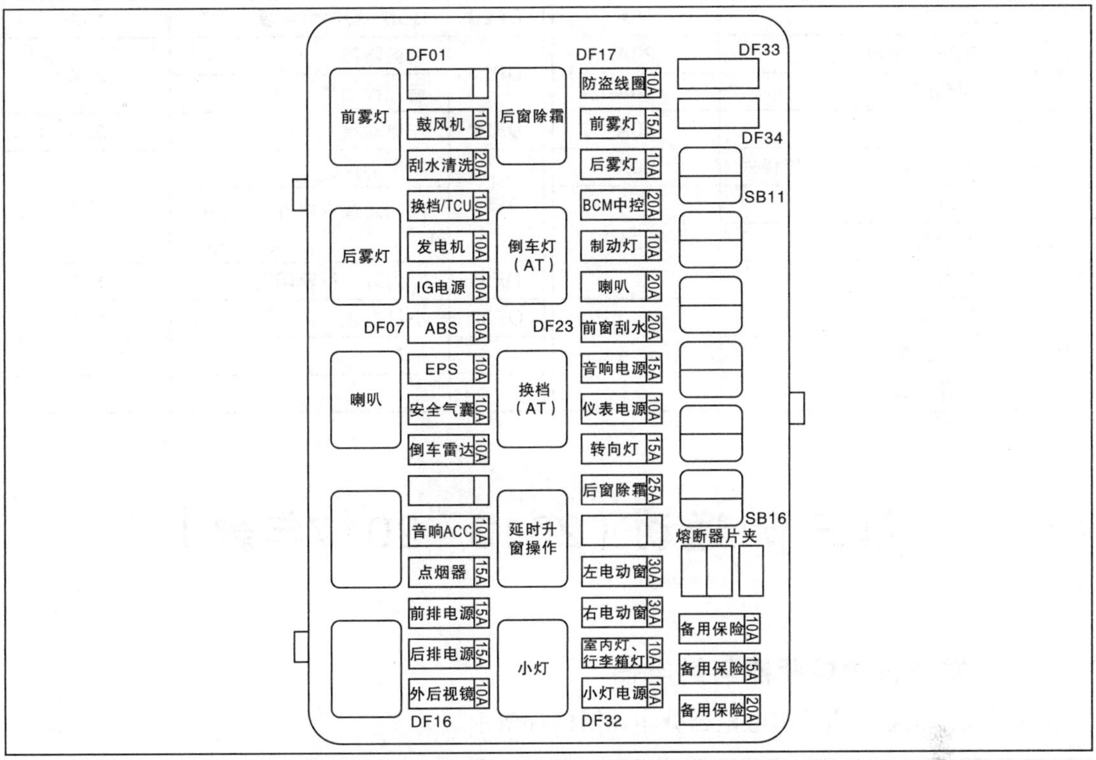

图13-5 长安CS35室内电器中心元件分布图

表13-7 长安CS35室内电器中心熔断器说明表

编号	熔断器名称		熔断器容量
DF02	鼓风机、鼓风机继电器控制电路		10A
	前照灯调节电路IG信号		
	后除霜继电器线圈控制电源		
DF03	后窗刮水器电动机		20A
	前后窗清洗电动机		
DF04	换档继电器线圈控制电源（AT配置）		10A
	TCU（AT配置）		
DF05	发电机励磁信号		10A
	ECU（制动信号）		
	空档传感器（AT配置）		
DF06	IG点火信号	组合仪表	10A
		空调	
		ECU	
		BCM	

编号	熔断器名称	熔断器容量
DF07	ABS	10A
DF08	EPS	10A
DF09	安全气囊	10A
DF10	倒车雷达	10A
	后雾灯继电器控制回路IG电源	
DF12	音响ACC	30A
DF13	点烟器	15A
DF14	前排电源	15A
DF15	后排电源	15A
DF16	电动后视镜	10A
	点火开关电磁阀（AT配置）	
DF17	防盗线圈	10A
	BCM	
	点火锁警告开关	
DF18	前雾灯	15A

表13-7　长安CS35室内电器中心熔断器说明表　　（续）

编号	保险丝名称	保险丝容量
DF19	后雾灯	10A
DF20	BCM（中控锁）	20A
DF21	制动灯	10A
DF22	喇叭	20A
DF20	前刮水器（刮水维修模式）	20A
DF24	音响电源	15A
	室内灯	
	礼貌灯	
DF25	仪表电源	10A
	空调控制器	
	诊断接口	
DF26	BCM-转向灯电源	15A
DF27	后窗除霜	25A
	后视镜加热	
DF29	左电动窗	29A
DF30	右电动窗	30A
	四门玻璃升降开关控制电源	
DF31	室内灯、行李箱灯	10A
DF32	小灯电源	10A

第三节　逸动（2013~2017年款）

1. 发动机舱熔断器与继电器

逸动发动机舱熔断器与继电器分布如图13-6所示。

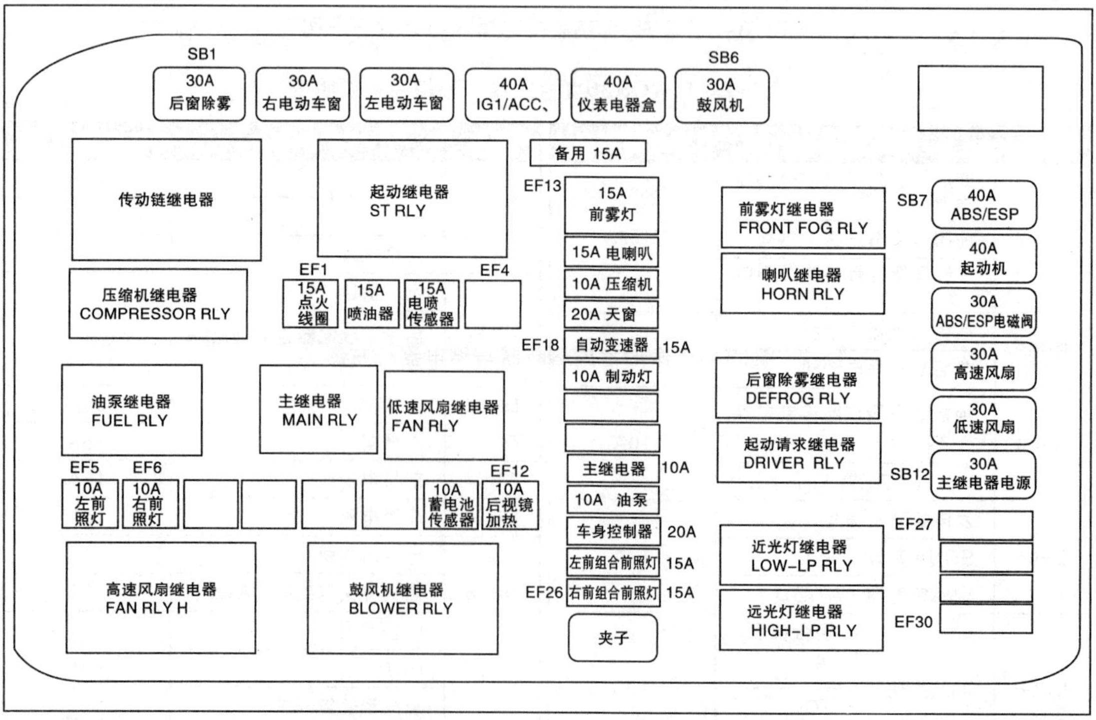

图13-6　逸动发动机舱熔断器与继电器分布图

2. 室内熔断器与继电器

逸动室内熔断器与继电器分布如图13-7所示。

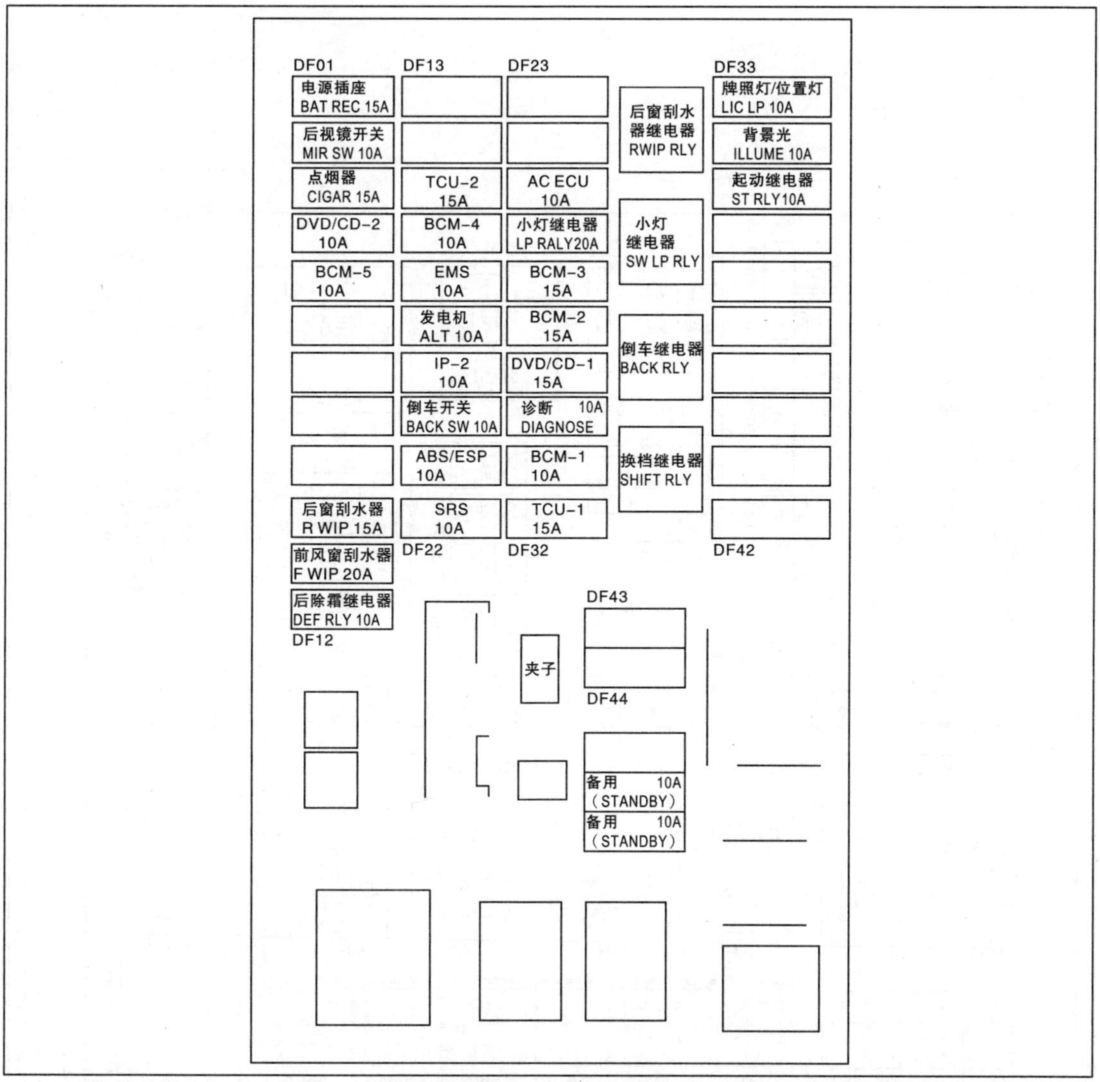

图13-7 逸动室内熔断器与继电器分布图

第四节 悦翔V7（2015~2016年款）

1. 发动机舱电器中心C01

长安悦翔V7发动机舱电器中心C01元件分布如图13-8所示，熔断器相关说明见表13-8，继电器相关说明见表13-9。

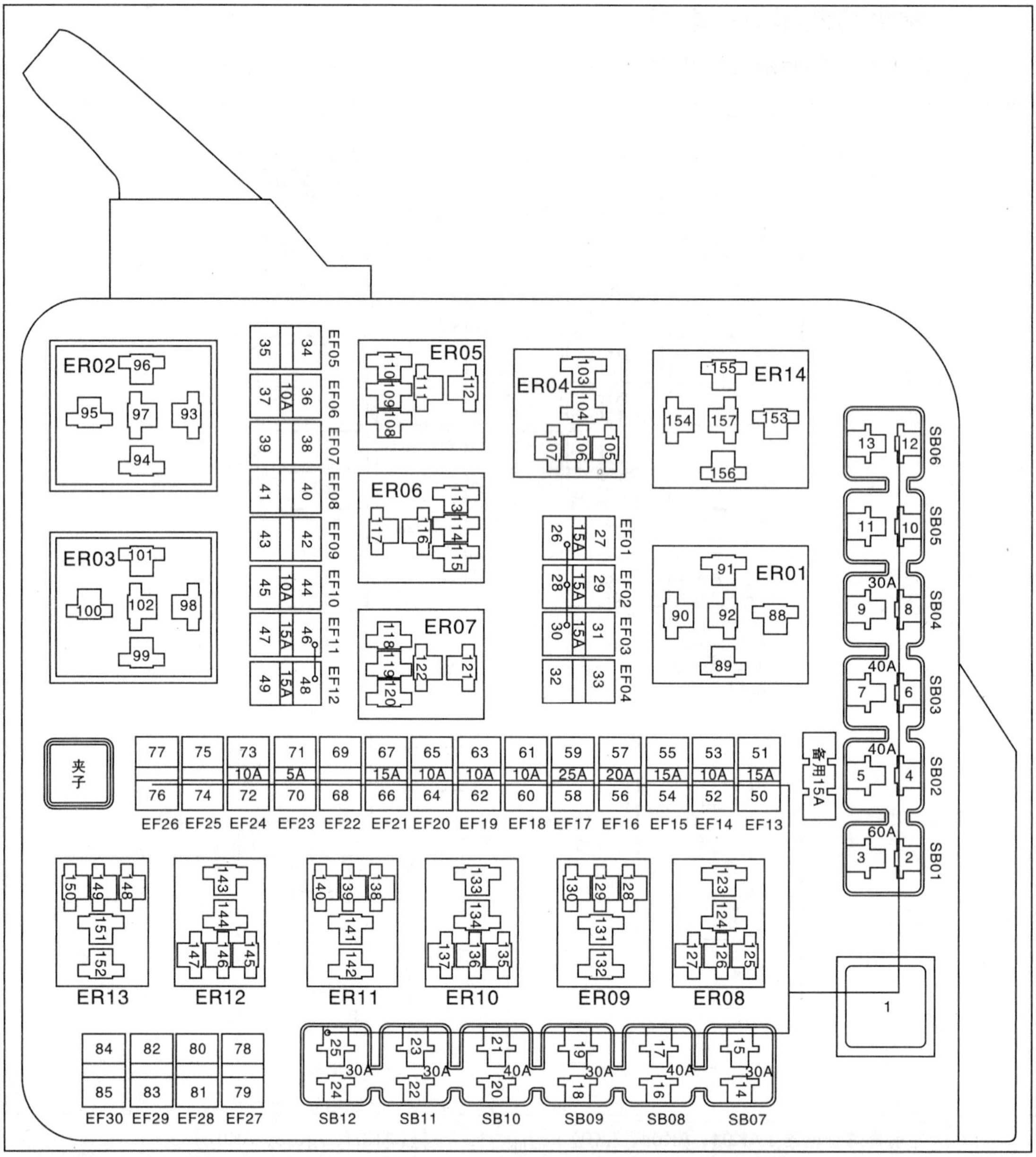

图13-8　长安悦翔V7发动机舱电器中心C01元件分布图

表13-8　长安悦翔V7发动机舱电器中心C01熔断器说明表

编号	熔断器名称	熔断器容量
EF01	点火线圈	15A
EF02	ECU/电喷传感器	15A
EF03	喷油器/风扇	15A
EF06	起动继电器（AK01、AK03）	10A
	–（AK04、AK07）	–
EF10	后视镜/加热（AK01、AK04、AK07）	10A
	–（AK03）	–
EF11	近光左	15A
EF12	近光右	15A

表13-8 长安悦翔V7发动机舱电器中心C01熔断器说明表 （续）

编号	熔断器名称	熔断器容量
EF13	前雾灯（AK01、AK04、AK07）	15A
	–（AK03）	–
EF14	油泵	10A
EF15	远光	15A
EF16	近光	20A
EF17	ESP（AK01、AK03、AK07）	25A
	ABS/ESP（AK04）	25A
EF18	制动灯	10A
EF19	压缩机	10A
EF20	ECU	10A
EF21	电喇叭	15A
EF23	–（AK01、AK03、AK07）	–
	蓄电池传感器（AK04）	5A
EF24	–（AK01、AK03、AK04）	10A
	TCU（4AT）（AK07）	
SB01	室内常电	60A
SB02	IG1/ACC	40A
SB03	IG2/ST	40A
SB04	后窗除雾（AK01、AK04、AK07）	30A
	–（AK03）	–
SB07	主继电器	30A
SB08	ESP（AK01）	40A
	EPS/ABS（AK03、AK04、AK07）	40A
SB09	散热风扇	30A
SB10	鼓风机	40A
SB11	右电动车窗	30A
SB12	左电动车窗	30A
SB15	主熔断器	150A
SB16	EPS电源（AK04、AK07）	60A
	–（AK01、AK03）	–
注	编号EF04、EF05、EF07、EF08、EF09、EF22、EF25、EF26、EF27、EF28、EF29、EF30、SB05、SB06的熔断器未使用	

表13-9 长安悦翔V7发动机舱电器中心C01继电器说明表

编号	继电器名称
ER01	起动继电器
ER02	高速风扇继电器
ER03	鼓风机继电器
ER04	压缩机继电器
ER05	油泵继电器
ER06	主继电器
ER07	低速风扇继电器
ER08	左前雾灯继电器（AK01、AK04、AK07）
	–（AK03）
ER09	右前雾灯继电器（AK01、AK04、AK07）
	–（AK03）
ER10	喇叭继电器
ER11	后窗除雾继电器（AK01、AK04、AK07）
	–（AK03）
ER12	远光继电器
ER13	近光继电器
ER14	–（AK01、AK03、AK07）
	传动链继电器（AK04）

2. 发动机舱电器中心C02

长安悦翔V7发动机舱电器中心C02元件分布如图13-9所示，继电器相关说明见表13-10。

表13-10 长安悦翔V7发动机舱电器中心C02继电器说明表

编号	继电器名称
ER15	换档继电器（AK07）
ER16	倒车灯继电器（AK07）
ER17	IG1继电器（AK07）
ER18	ACC继电器（AK07）
ER19	IG2继电器（AK07）

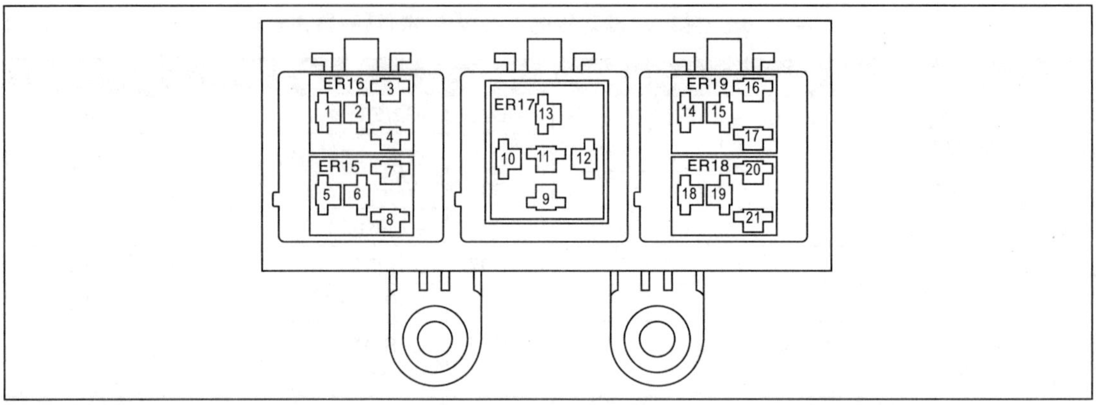

图13-9 长安悦翔V7发动机舱电器中心C02元件分布图

3. 室内电器中心

长安悦翔V7室内电器中心元件分布如图13-10所示，熔断器相关说明见表13-11，继电器相关说明见表13-12。

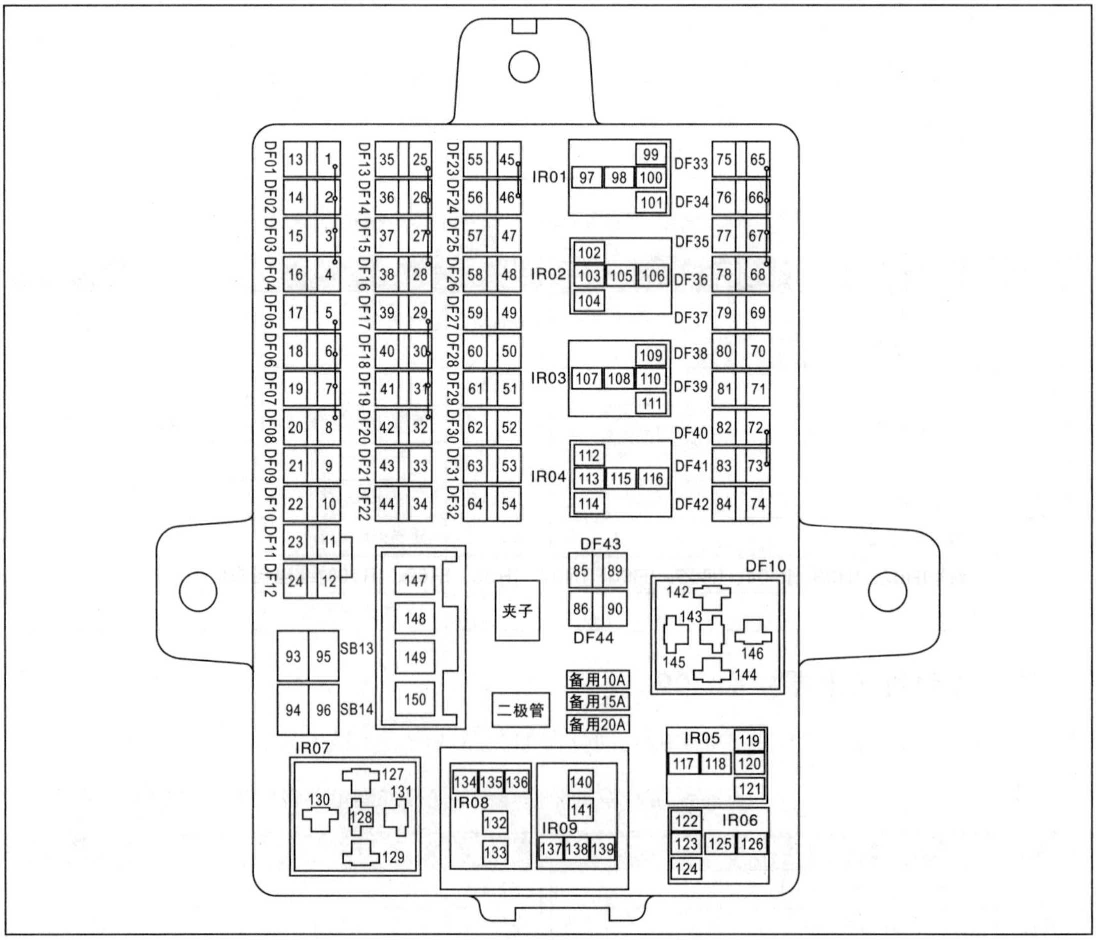

图13-10 长安悦翔V7室内电器中心元件分布图

表13-11 长安悦翔V7室内电器中心熔断器说明表

编号	熔断器名称	熔断器容量
DF01	气囊	10A
DF02	仪表/空调	10A
DF03	ABS/ESP	10A
DF04	ECU/制动灯开关（AK01）	10A
	ECU/制动灯开关/换档开关（AK02、AK03、AK04、AK05）	10A
DF05	BCM/车窗/SAS	10A
DF06	EPS	10A
DF07	倒车灯	10A
DF08	发电机	10A
DF09	电子转向锁	10A
DF10	网关	10A
DF13	诊断	10A
DF14	仪表/空调	10A
DF15	BCM	10A
DF16	后雾灯	10A
DF17	转向灯/门灯	15A
DF18	喇叭	15A
DF19	中控锁	20A
DF20	小灯	15A
DF21	天窗	20A
DF22	DVD（AK01、AK02、AK03、AK05）	15A
	CD（AK04）	15A
DF23	右前小灯/左后小灯（AK01）	10A
	小灯（左）（AK02、AK03、AK04、AK05）	10A
DF24	左前小灯/右后小灯（AK01）	10A
	小灯（右）（AK02、AK03、AK04、AK05）	10A
DF29	PEPS（AK02、AK04）	10A
DF30	电子转向锁（AK02、Ak04）	10A
DF31	网关（AK02、AK04）	10A
DF33	BCM/CD	10A
DF34	点烟器	15A
DF35	电源插座	15A
DF36	后视镜	10A
DF40	鼓风机	10A
DF41	前风窗刮水器	20A
SB13	慢熔	–
注	编号DF11、DF12、DF25、DF26、DF27、DF28、DF32、DF37、DF38、DF39、DF42、DF43、DF44、SB14的熔断器未使用	

表13-12 长安悦翔V7室内电器中心继电器说明表

编号	继电器名称
IR01	小灯继电器
注	编号IR02、IR03、IR04、IR05、IR06、IR07、IR08、IR09、IR10的继电器未使用

第十四章 其他车系

第一节 奇瑞

一、艾瑞泽5（2016年起）

1. 发动机舱电器盒

奇瑞艾瑞泽5发动机舱电器盒元件分布如图14-1所示，熔断器相关说明见表14-1。

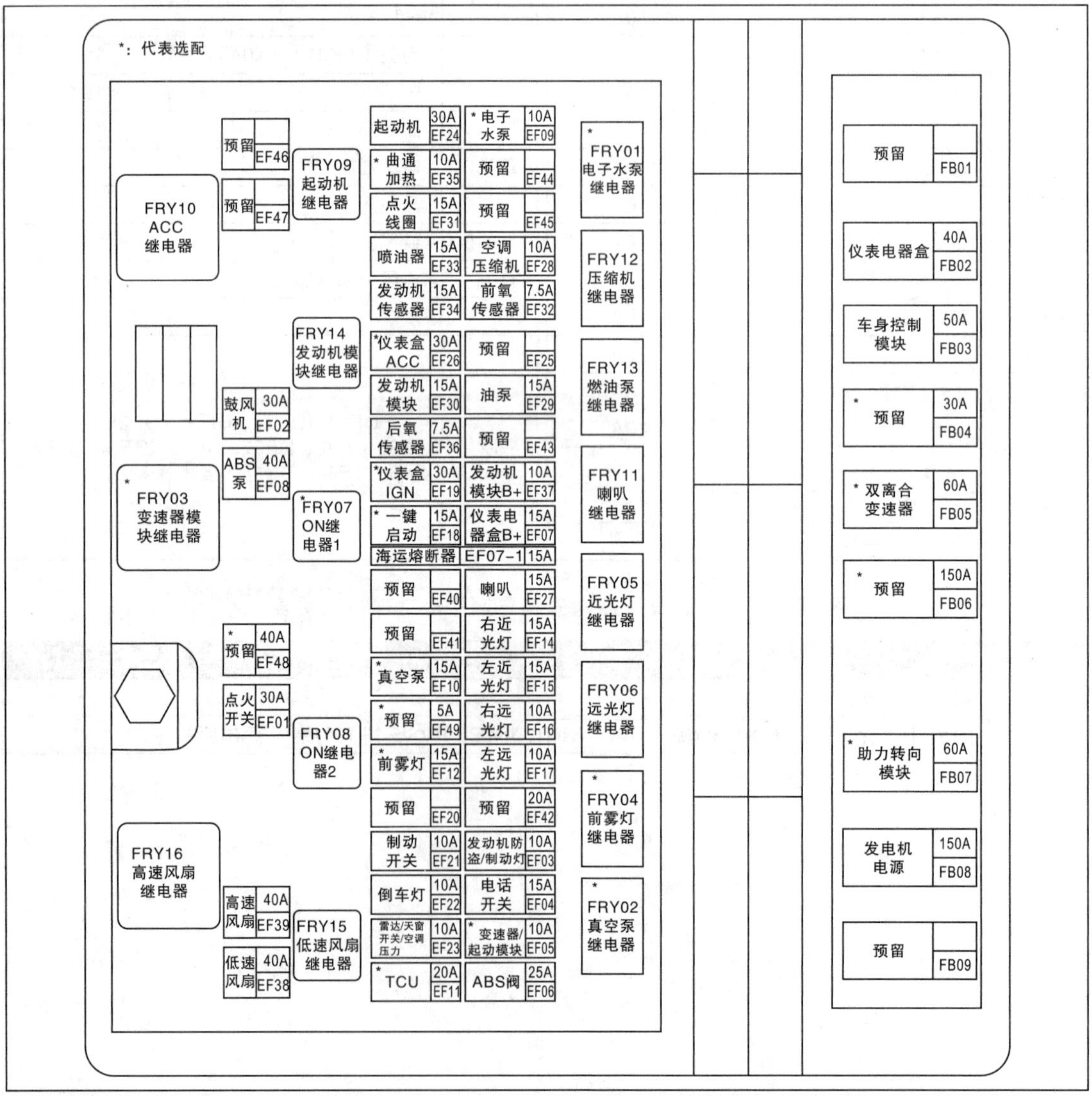

图14-1 奇瑞艾瑞泽5发动机舱电器盒元件分布图

表14-1 奇瑞艾瑞泽5发动机舱电器盒熔断器说明表

编号	名称	额定值	保护的电路/部件
1	FB02	40A	仪表电器盒电源
2	FB03	50A	BCM电源
3	FB07	60A	EPS电源
4	FB08	150A	发电机电源
5	FB09	50A	预留
6	EF01	30A	点火开关1#
7	EF02	30A	鼓风机继电器30#
8	EF03	10A	制动开关1#、防盗基站1#
9	EF04	10A	点火开关5#
10	EF05	10A	TCU 56#/中央电器盒G21#/蓄电池传感器2#（用于蓝驱车型）
			PEPS J1-1#/TCU 56#/中央电器盒G21#（用于非蓝驱车型）
11	EF06	25A	ABS模块25#
12	EF07	15A	仪表电器盒熔断器RF20/RF21/RF22
13	EF08	40A	ABS模块1#
14	EF09	10A	空
15	EF10	15A	空
16	EF11	20A	接换档机构6#、变速器插件9#/10#、TCU 3#
17	EF12	15A	预留
18	EF13	10A	空
19	EF14	15A	右前照灯7#/4#
20	EF15	15A	左前照灯7#/4#
21	EF16	10A	右前照灯9#
22	EF17	10A	左前照灯9#
23	EF18	15A	预留（用于蓝驱车型）
			（PEPS模块J4-10#）（用于非蓝驱车型）
24	EF19	30A	预留（用于蓝驱车型）
			RF02/RF03/RF04/RF05/RF11/RF12熔断器（用于非蓝驱车型）
25	EF20	20A	预留
26	EF21	10A	制动开关4#
27	EF22	10A	倒车灯1#（手动档车型）（用于蓝驱车型）
			倒车灯1#（用于非蓝驱车型）
28	EF23	10A	倒车雷达模块3#、空调高低压开关1#/2#、前顶灯8#（用于蓝驱车型）
			倒车雷达模块3#、空调高低压开关1#/2#、前顶灯8#、天窗电动机3#（用于非蓝驱车型）
29	EF24	30A	起动机1#
30	EF25	15A	预留
31	EF26	30A	预留（用于蓝驱车型）
			RF07/RF08/RF09熔断器（用于非蓝驱车型）
32	EF27	15A	喇叭1#
33	EF28	10A	压缩机1#
34	EF29	15A	燃油泵插件5#
35	EF30	15A	ECU15#/16#、起动机继电器86#（用于蓝驱车型）
			ECU15#/16#（用于非蓝驱车型）
36	EF31	15A	点火线圈1-1#/2-1#
37	EF32	7.5A	前氧传感器D#
38	EF33	15A	喷油器1-1#/2-1#/3-1#/4-1#
39	EF34	15A	炭罐电磁阀1#、可变进气电磁阀1#、可变排气电磁阀1#、可变进气阀2#
40	EF35	10A	预留
41	EF36	7.5A	后氧传感器D#
42	EF37	10A	ECU 20#
43	EF38	40A	冷却风扇电动机2#
44	EF39	40A	冷却风扇电动机3#
45	EF42	20A	预留（用于蓝驱车型）
			天窗电动机#（用于非蓝驱车型）

2. 仪表电器盒

奇瑞艾瑞泽5仪表电器盒元件分布如图14-2所示，熔断器相关说明见表14-2。

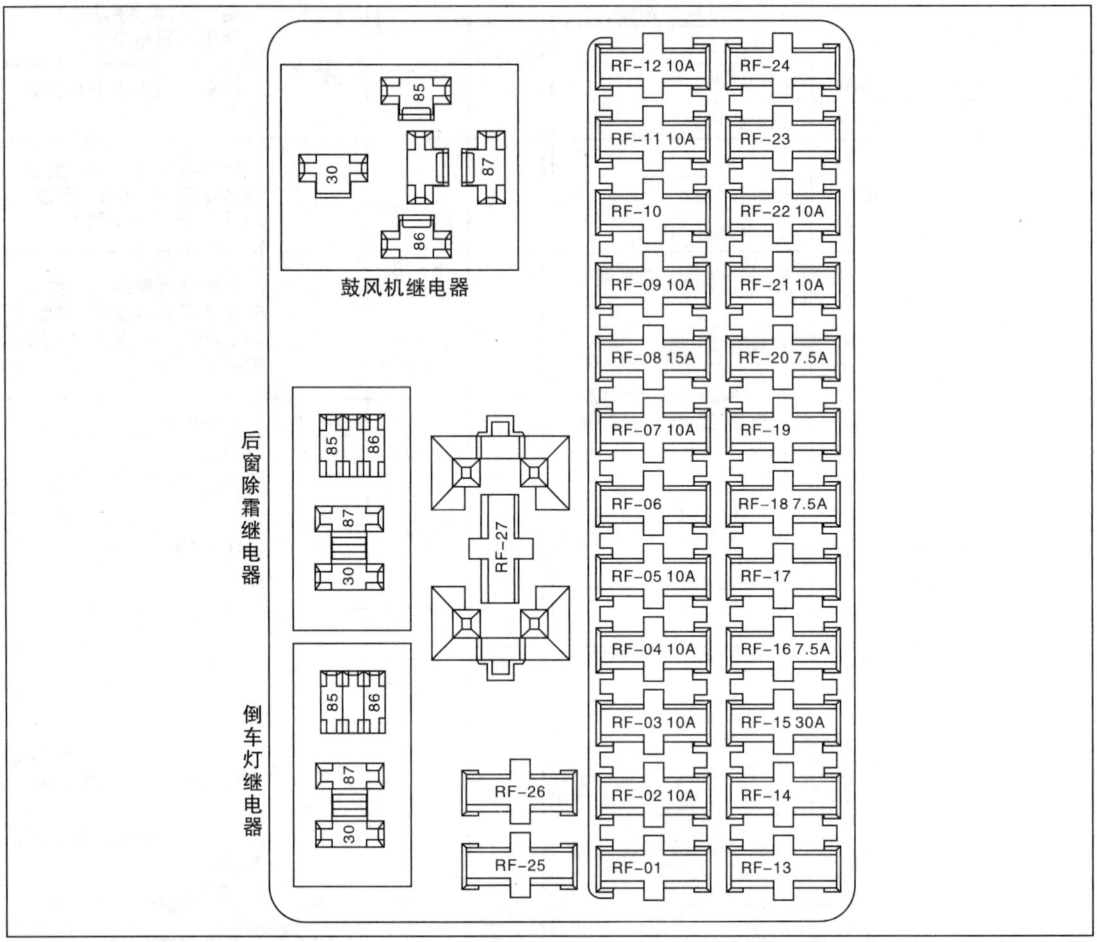

图14-2 奇瑞艾瑞泽5仪表电器盒元件分布图

表14-2 奇瑞艾瑞泽5仪表电器盒熔断器说明表

编号	名称	额定值	保护的电路/部件
2	RF-02	10A	角度传感器、ABS（EPS）28#
3	RF-03	10A	组合仪表13#
4	RF-04	10A	安全气囊模块B-1#
5	RF-05	10A	BCM 2-25#、EPS模块B1#（用于蓝驱车型）
			BCM 2-25#（用于非蓝驱车型）
7	RF-07	10A	BCM 2-09#、音响插件B13#
8	RF-08	15A	点烟器2#
9	RF-09	10A	后视镜调节开关7#、鼓风机继电器85#（用于蓝驱车型）
			手动空调面板B1#、后视镜调节开关7#、鼓风机继电器85#（用于非蓝驱车型）
11	RF-11	10A	前照灯高度调节开关6#、电动空调面板A14#、倒车灯继电器30#和85#、中央电器盒G36#、音响插件C8#

表14-2 奇瑞艾瑞泽5仪表电器盒熔断器说明表 （续）

编号	名称	额定值	保护的电路/部件
12	RF-12	10A	ECU35#、TCU46#/28#（用于蓝驱车型）
			ECU35#、PEPS模块、J1-11#、TCU46#/28#（用于非蓝驱车型）
15	RF-15	30A	后窗除霜继电器30#
16	RF-16	7.5A	后窗除霜继电器85#
18	RF-18	7.5A	中控集成面板B11#、左前后视镜6#、右前后视镜6#（用于蓝驱车型）
			中控集成面板B11#、手动空调面板B8#、左前后视镜6#、右前后视镜6#（用于非蓝驱车型）
20	RF-20	7.5A	电动空调面板A13#、钥匙接触开关2#、诊断接口16#
21	RF-21	10A	组合仪表11#
22	RF-22	10A	音响插件B14#（自动档）、直流稳压器1#（手动档）（用于蓝驱车型）
			音响插件B14#（用于非蓝驱车型）
注	编号RF-01、RF-06、RF-10、RF-13、RF-14、RF-17、RF-19、RF-23、RF-24、RF-25、RF-26、RF-27的熔断器未使用		

二、瑞虎3（2014～2016年款）

1. 正极保险盒

奇瑞瑞虎3正极保险盒熔断器分布如图14-3所示，熔断器相关说明见表14-3。

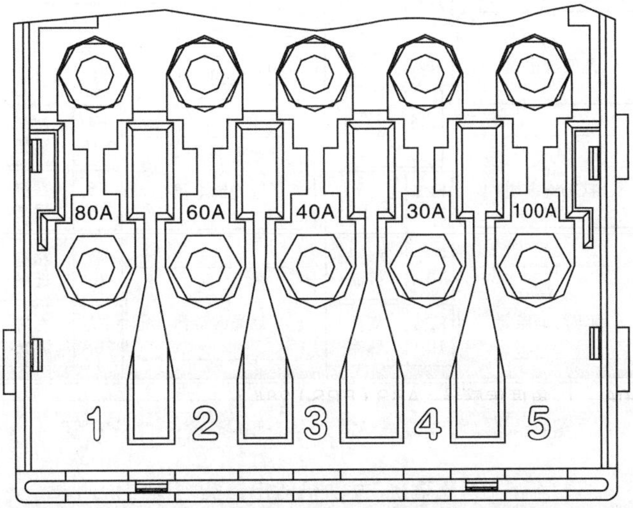

图14-3 奇瑞瑞虎3正极保险盒分布图

表14-3 奇瑞瑞虎3正极保险盒熔断器说明表

编号	额定值	保护的电器或电路
1	80A	发动机舱电器盒电源E#端子
2	60A	发动机舱电器盒电源D#端子
3	40A	ABS模块1#（电动机电源）
4	30A	ABS 25#（阀电源）
5	100A	仪表电器盒C端子

2. 发动机舱电器盒

奇瑞瑞虎3发动机舱电器盒元件分布如图14-4所示，熔断器相关说明见表14-4。

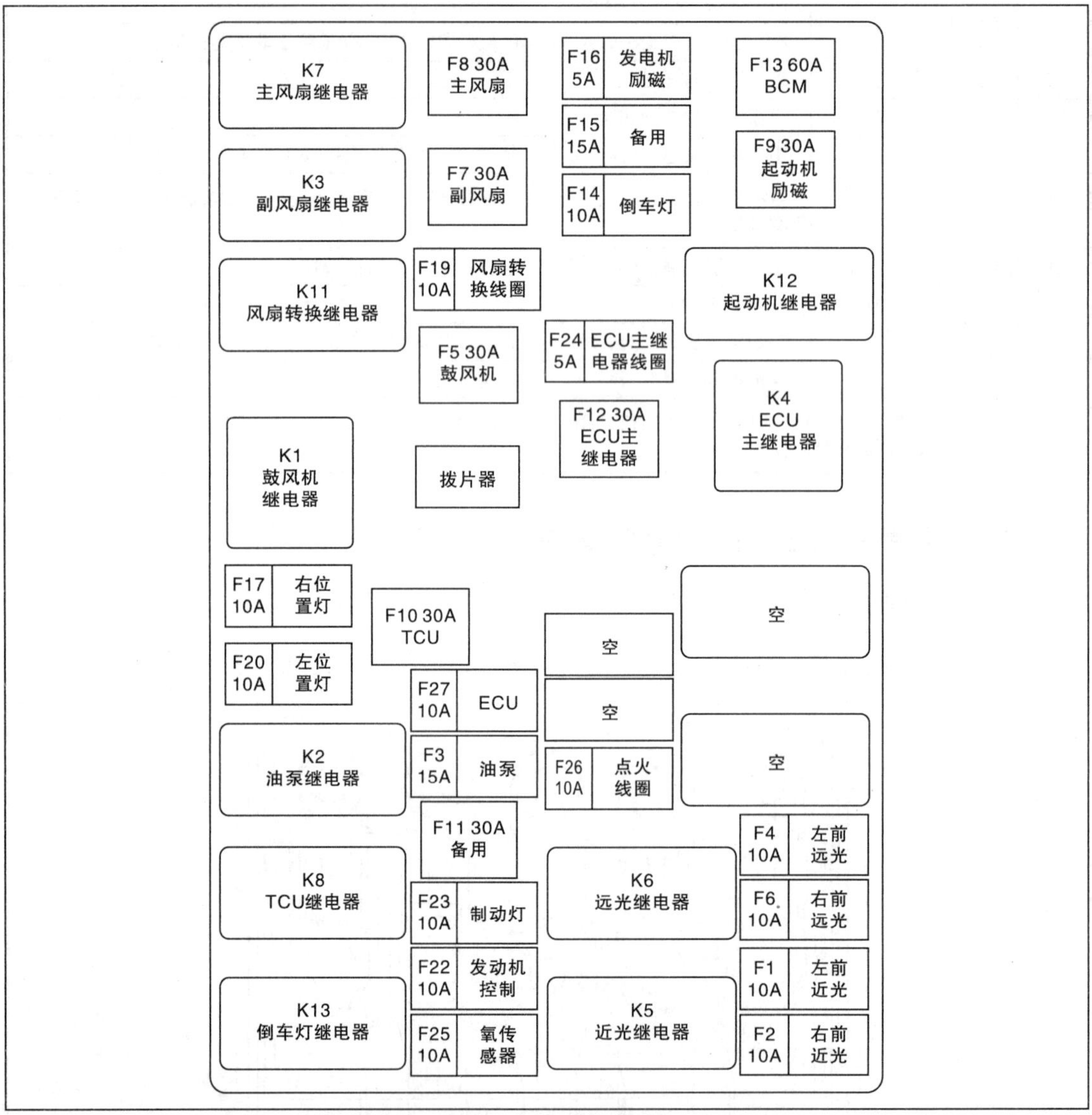

图14-4 奇瑞瑞虎3发动机舱电器盒元件分布图

表14-4 奇瑞瑞虎3发动机舱电器盒熔断器说明表

编号	额定值	保护的电器或电路
F1	10A	左组合前照灯7#（左近光）、左前照灯调节电动机1#
F2	10A	右组合前照灯7#（左近光）、右前照灯调节电动机1#
F3	15A	燃油泵继电器、燃油泵油位传感器B#（燃油泵电动机）
F4	10A	左组合前照灯9#（左远光）
F5	30A	鼓风机继电器
F6	10A	ECU77#（前照灯补偿）、右组合前照灯9#（右远光）、仪表25#
F7	30A	副风扇继电器
F8	30A	主风扇继电器

表14-4 奇瑞瑞虎3发动机舱电器盒熔断器说明表 （续）

编号	额定值	保护的电器或电路
F9	30A	接发动机舱电器盒A12
F10	30A	接发动机舱电器盒H8#
F11	30A	空
F12	30A	主继电器、喷油器、发动机舱电器盒G13/H2、ECU44#/45#/63#
F13	60A	BCM供电
F14	10A	接发动机舱电器盒H1#、C14#
F15	15A	空
F16	5A	发电机2#（励磁线）
F17	10A	右组合前照灯3#（右前照灯）、右后尾灯6#（右后小灯）、牌照灯2#
F18	15A	备用继电器
F19	10A	风扇转换继电器
F20	10A	左组合前照灯3#（左前小灯）、左后尾灯6#（左后小灯）
F21	10A	备用继电器
F22	10A	可变进气阀1#、炭罐电磁阀1#、可变凸轮轴进气正时阀1#、可变凸轮轴排气正时阀1#
F23	10A	制动开关1#
F24	5A	主继电器线圈
F25	10A	前氧传感器D#、后氧传感器D#
F26	10A	点火线圈1-1#/2-1#
F27	10A	ECU12#、发动机舱电器盒G5#/H6#、TCU56#

3. 仪表电器盒

奇瑞瑞虎3仪表电器盒元件分布如图14-5所示，熔断器相关说明见表14-5。

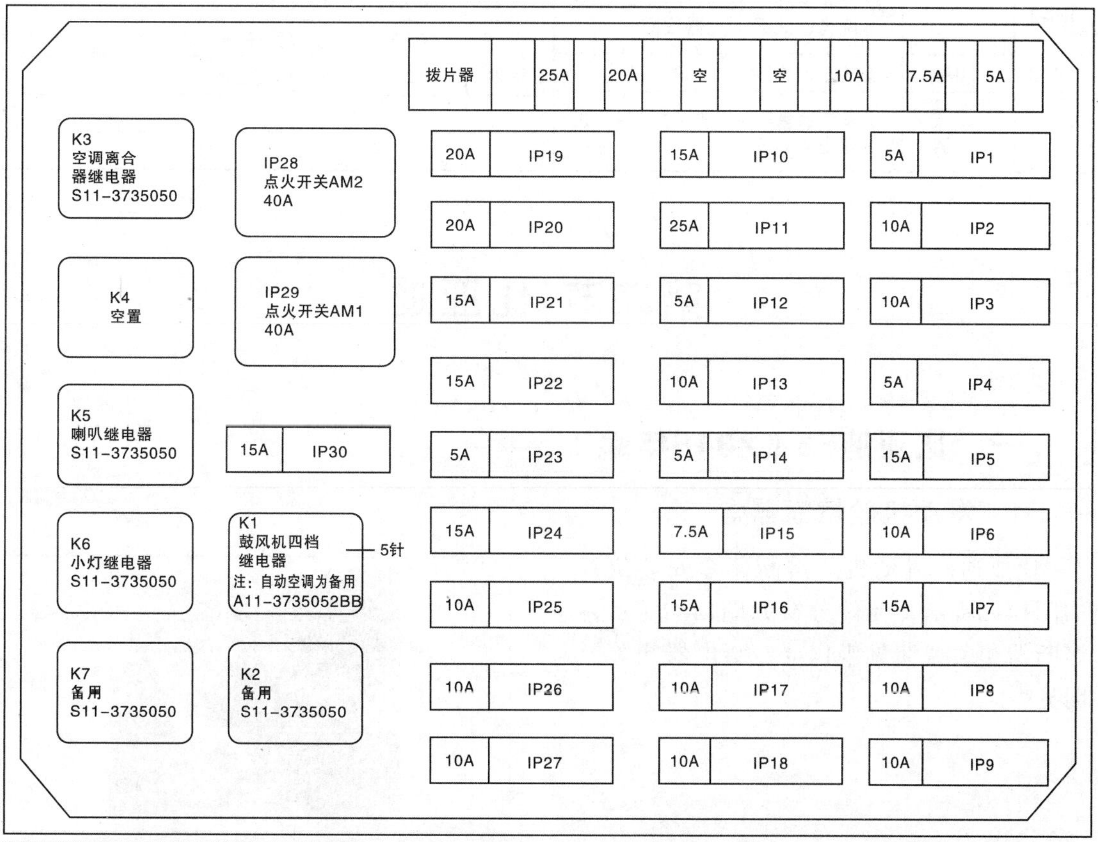

图14-5 奇瑞瑞虎3仪表电器盒元件分布图

表14-5　奇瑞瑞虎3仪表电器盒熔断器说明表

编号	额定值	保护的电器或电路
IP1	5A	仪表A28#、接前舱熔断器盒、G14#、前照灯调节开关3#
IP2	10A	制动开关2#
IP3	10A	ABS控制器29#
IP4	5A	接AC开关（用于舒适型）
IP5	15A	点烟器2#
IP6	10A	仪表A13#
IP7	15A	B13收放机16#
IP8	10A	前雾灯开关9#、后雾灯开关9#、警告灯开关4#、组合开关13#、诊断口16#
IP9	10A	仪表A11#
IP10	15A	后窗刮水器电动机3#、后清洗电动机1#
IP11	25A	前风窗刮水器电动机2#、刮水器开关8#、前清洗电动机1#
IP12	5A	组合开关2#、发动机舱电器盒G8（远近光、油泵继电器线圈）
IP13	10A	接气囊模块5#
IP14	5A	仪表电器盒F6#、收放机15#、发动机舱电器盒G6#
IP15	7.5A	后视镜调节开关5#
IP16	15A	左座椅加热开关1#、右座椅加热开关1#
IP17	10A	ECU13#、防盗模块4#、空调压力开关3#、TCU28#/46#
IP18	10A	BCM A1#
IP19	20A	空调压缩机继电器
IP20	20A	天窗控制器1#
IP21	15A	钥匙行程开关4#
IP22	15A	未使用
IP23	5A	前顶灯5#、多功能显示器2#
IP24	15A	高音喇叭1#、低音喇叭1#
IP25	10A	内外循环电动机、空调面板
IP26	10A	防盗指示灯3#、防盗模块1#
IP27	10A	接左后视镜1#、右后视镜1#、后除雾指示灯
IP28	40A	点火开关
IP29	40A	点火开关
IP30	15A	备用电源2#

第二节　比亚迪

一、比亚迪F3（2016年起）

1. 发动机舱熔断器盒

比亚迪F3发动机舱熔断器盒安装位置如图14-6所示，元件分布如图14-7所示，熔断器相关说明见表14-6，继电器相关说明见表14-7。

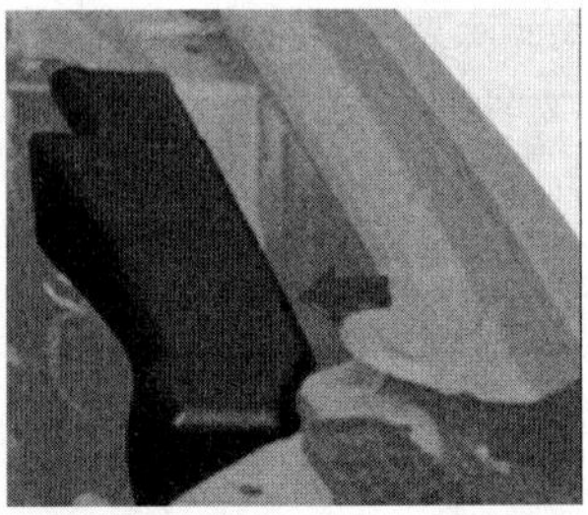

图14-6　比亚迪F3发动机舱熔断器盒安装位置

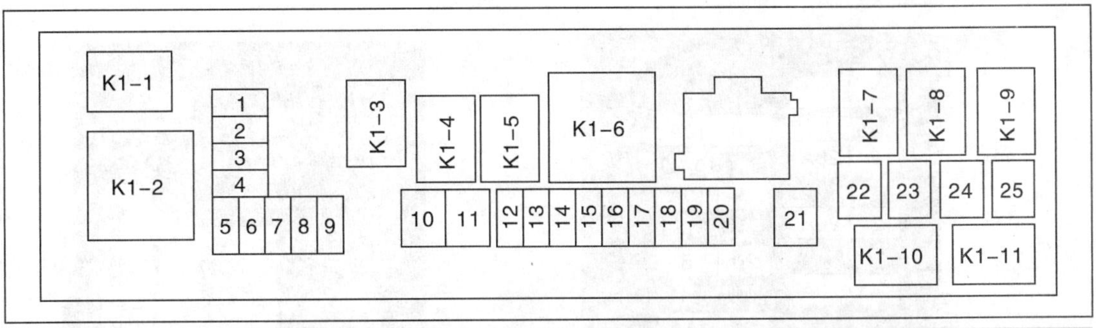

图14-7 比亚迪F3发动机舱熔断器盒元件分布图

表14-6 比亚迪F3发动机舱熔断器盒熔断器说明表

编号	额定值	保护的电器或电路	编号	额定值	保护的电器或电路
1	15A	电磁阀	14	15A	喇叭
2	20A	点火线圈	15	10A	制动灯
3	7.5A	氧传感器	16	15A	警告灯
4	7.5A	起动检测	17	30A	电喷
5	5A	蓄电池传感器	19	7.5A	压缩机
6	10A	右前近光灯	20	15A	前雾灯
7	10A	左前近光灯	22	60A	EPS（选装）
8	10A	右前远光灯	23	30A	电子风扇
9	10A	左前远光灯	24	25A	ABS-ECU
10	40A	前照灯	25	40A	ABS-ECU
11	30A	DCT-TCU	注	编号13、18、21的熔断器未使用	
13	30A	起动机			

表14-7 比亚迪F3发动机舱熔断器盒继电器说明表

编号	继电器名称	编号	继电器名称	编号	继电器名称
K1-1	起动机继电器	K1-5	近光灯继电器	K1-9	风扇1#继电器
K1-2	电喷主继电器	K1-6	起停继电器	K1-10	前雾灯继电器
K1-3	远光灯继电器	K1-7	风扇3#继电器	K1-11	电喇叭继电器
K1-4	风扇2#继电器	K1-8	A/C离合继电器		

2. 车内熔断器盒

比亚迪F3车内熔断器盒安装在仪表板侧，如图14-8所示，元件分布如图14-9所示。

图14-8 比亚迪F3车内熔断器盒安装位置图

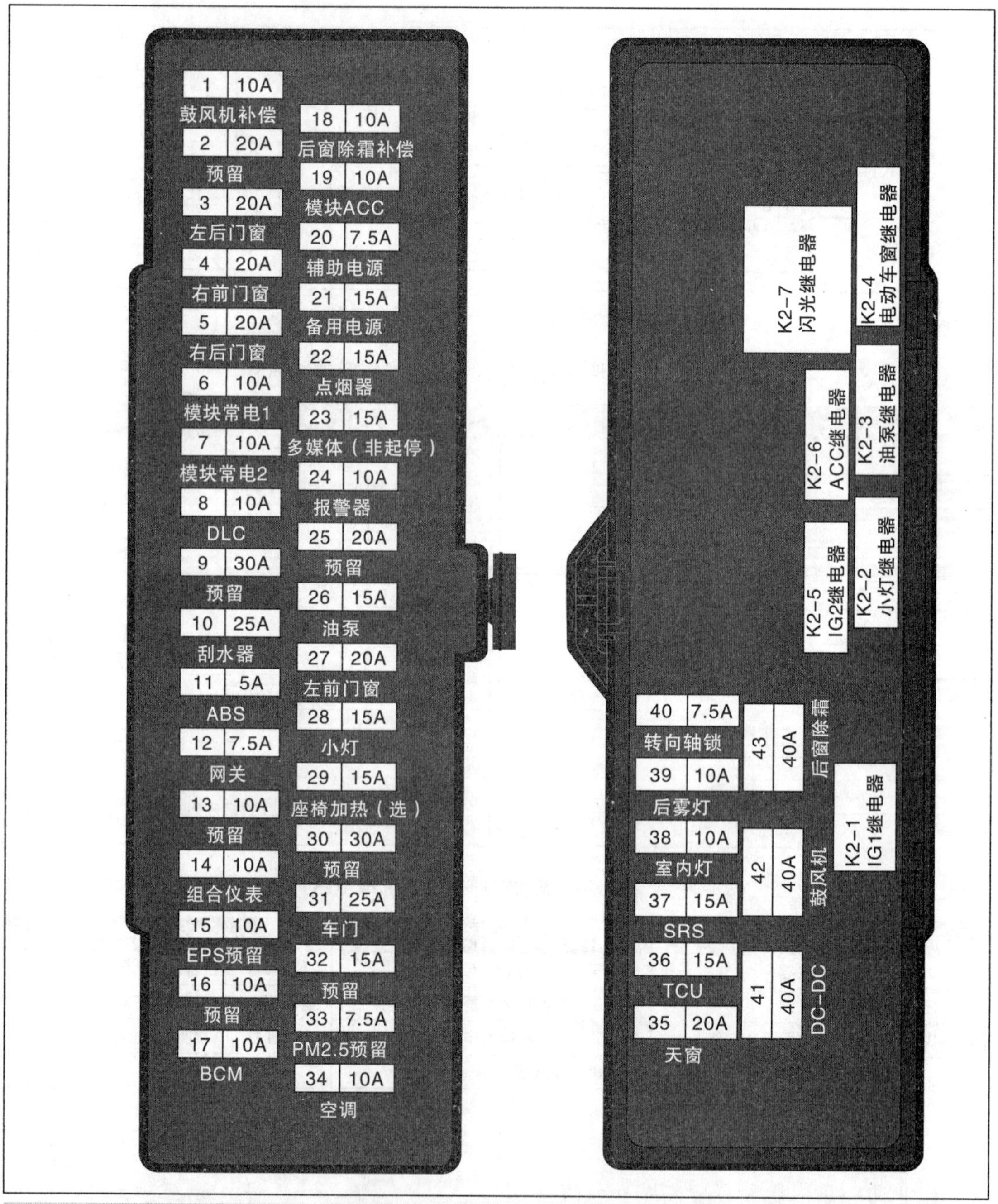

图14-9 比亚迪F3车内熔断器盒元件分布图

二、比亚迪宋（2016年起）

1. 发动机舱熔断器盒

比亚迪宋发动机舱熔断器盒位于发动机舱左侧，1.5T/2.0T车型熔断器盒元件分布如图14-10所示，熔断器相关说明见表14-8，继电器相关说明见表14-9。

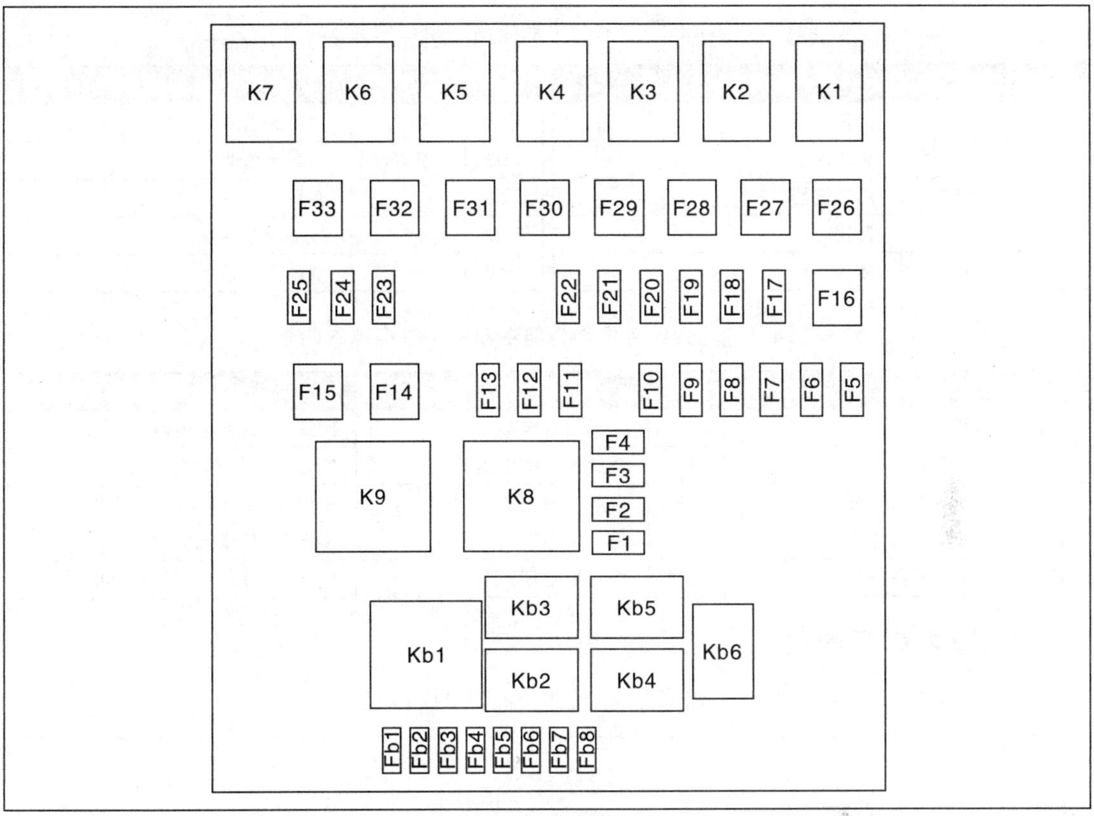

图14-10 比亚迪宋发动机舱熔断器盒元件分布图

表14-8 比亚迪宋发动机舱熔断器盒熔断器说明表

编号	额定值	保护的电器或电路
F1	7.5A	氧传感器
F2	20A	阀体
F3	20A	点火线圈
F4	15A	燃油压力调节阀
F5	7.5A	ECM
F6	15A	EMS
F7	15A	喇叭
		警告器
F8	7.5A	网关
		I-KEY
F9	15A	转向灯
F10	10A	制动灯
F11	10A	左远光灯
F12	10A	右远光灯
F13	7.5A	起动检测
F14	40A	ESP
F15	25A	ESP

编号	额定值	保护的电器或电路
F16	–	备用
F17	10A	左前雾灯
		日间行车灯
F18	15A	小灯
F19	30A	低速风扇
F20	7.5A	压缩机
F21	15A	前清洗器
F22	10A	右前雾灯
F23	7.5A	起动机
F24	10A	右近光灯
F25	10A	左近光灯
F26	40A	鼓风机
F27	30A	TCU
F28	40A	备用
F29	40A	EMS
F30	30A	前风窗刮水器
F31	40A	后窗除霜

表14-8　比亚迪宋发动机舱熔断器盒熔断器说明表　（续）

编号	额定值	保护的电器或电路	编号	额定值	保护的电器或电路
F32	-	备用	Fb4	20A	全景天窗Ⅰ
F33	30A	高速风扇	Fb5	20A	全景天窗Ⅱ
Fb1	15A	后清洗器	Fb6	-	备用
Fb2	-	备用	Fb7	15A	冷却液循环泵
Fb3	-	备用	Fb8	15A	制动真空泵

表14-9　比亚迪宋发动机舱熔断器盒继电器说明表

编号	保护的电器或电路	编号	保护的电器或电路	编号	保护的电器或电路
K1	鼓风机继电器	K6	起动机继电器	Kb2	备用继电器
K2	左前雾灯继电器	K7	高速风扇继电器	Kb3	风扇模式继电器
K3	低速风扇继电器	K8	电喷主继电器	Kb4	制动真空泵继电器
K4	右前雾灯继电器	K9	备用继电器	Kb5	后清洗继电器
K5	后窗除霜继电器	Kb1	备用继电器	Kb6	冷却液循环泵继电器

2. 车内熔断器盒

比亚迪宋1.5T/2.0T车型车内熔断器盒元件分布如图14-11所示。

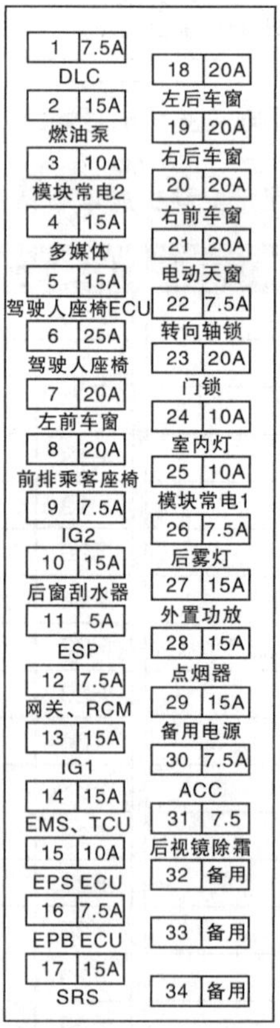

图14-11　比亚迪宋车内熔断器盒元件分布图

第三节 长安马自达3昂克赛拉（2014~2017年款）

1. 发动机舱熔断器盒

长安马自达3昂克赛拉发动机舱熔断器盒元件分布如图14-12所示，熔断器与继电器相关说明见表14-10。

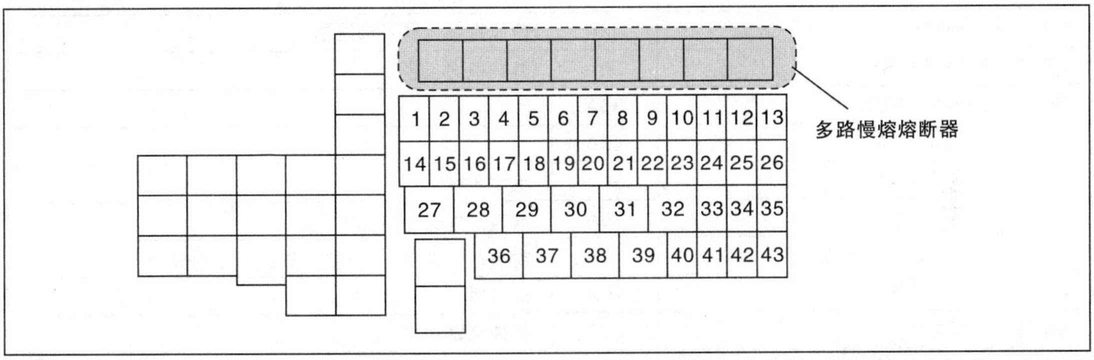

图14-12 长安马自达3昂克赛拉发动机舱熔断器盒元件分布图

表14-10 长安马自达3昂克赛拉发动机舱熔断器盒熔断器与继电器说明表

编号	电路图中名称	额定值	保护的电路/部件
1	FOG	15A	前雾灯*1
2	H/L HI	20A	前照灯远光
3	H/CLEAN	20A	前照灯清洗器*1
4	STOP	10A	制动灯、后雾灯*1
5	ROOM	15A	车顶灯
6	ENG+B	7.5A	发动机控制系统*1
7	FUEL WARM	15A	-
8	HAZARD	25A	危险警告灯、转向信号灯
9	ABS/DCS	30A	ABS、动态稳定控制系统
10	METER2	7.5A	仪表板
11	AUDIO	7.5A	音响系统
12	BOSE	25A	-
13	AUDIO1	15A	音响系统
14	FUEL PULP	15A	燃油系统
15	HID R DRL	15A	前照灯（右侧）*1
16	AT PUMP	15A	变速器控制系统*1
17	HORN	15A	喇叭
18	TAIL	15A	尾灯、牌照灯
19	CNG	15A	-
20	AT	15A	变速器控制系统*1、点火开关
21	R.WIPER	15A	后窗刮水器*1

表14-10　长安马自达3昂克赛拉发动机舱熔断器盒熔断器与继电器说明表　（续）

编号	电路图中名称	额定值	保护的电路/部件
22	A/C	7.5A	空调装置
23	ENGINE3	15A	发动机控制系统
24	ENGINE2	15A	发动机控制系统
25	ENGINEI	15A	发动机控制系统
26	GLOW SIG	5A	–
27	EVVT	20A	发动机控制系统
28	WIPER	20A	前风窗刮水器及清洗器
29	DCDC REG	30A	各种电路保护*1
30	FUEL PUMP2	30A	–
31	ADD FAN DE	40A	–
32	P.WINDOW1	30A	电动车窗
33	H/L LOW R	15A	前照灯近光（右侧）*3
34	H/L LOW L HID L	15A	前照灯（左侧）*2、前照灯近光（左侧）*3
35	METER1	10A	仪表板
36	IG2	30A	各种电路保护
37	LPG	30A	–
38	FAN DE	40A	–
39	DCDC DE	40A	–
40	SRS1	7.5A	安全气囊
41	ENGINE、IG1	15A	发动机控制系统
42	C/U IGI	15A	各种电路保护
43	–	–	–
注	*1：某些车型　　*2：配备氙气前照灯　　*3：配备卤素前照灯		

2. 车内熔断器盒

长安马自达3昂克赛拉车内熔断器盒元件分布如图14-13所示，熔断器相关说明见表14-11。

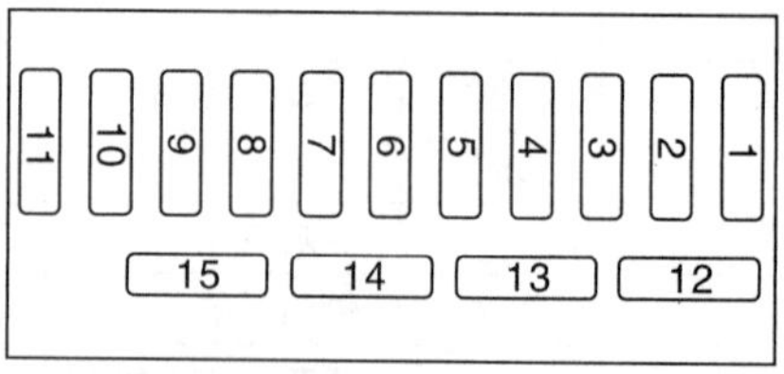

图14-13　长安马自达3昂克赛拉车内熔断器盒元件分布图

表14-11　长安马自达3昂克赛拉车内熔断器盒熔断器说明表

编号	电路图中名称	额定值	保护的电路/部件
1	P.WINDOW3，P.SEAT D	30A	–
2	D.LOCK	25A	电动门锁

表14-11 长安马自达3昂克赛拉车内熔断器盒熔断器说明表 （续）

编号	电路图中名称	额定值	保护的电路/部件
3	P.WINDOW2	25A	电动车窗
4	SEAT WARM	20A	-
5	R.OUTLET3	15A	-
6	SRS2/ESCL	15A	电子转向盘
7	SUNROOF	10A	天窗*
8	M.DEF	7.5A	车外后视镜除雾器*
9	R.OUTLET1	15A	附件插座*
10	MIRROR	7.5A	电动控制车外后视镜
11	F.OUTLET	15A	附件插座
12	ABS IG AT IND	7.5A	自动换档指示灯*
13	SRS1	7.5A	-
14	METER1	10A	-
15	C/U IG1	15A	-
注	*：某些车型		

第四节 东风标致408（2015~2017年款）

1. 发动机舱熔断器盒

东风标致408发动机舱熔断器盒位于发动机舱左侧的蓄电池附近，熔断器盒元件分布如图14-14所示，熔断器相关说明见表14-12。

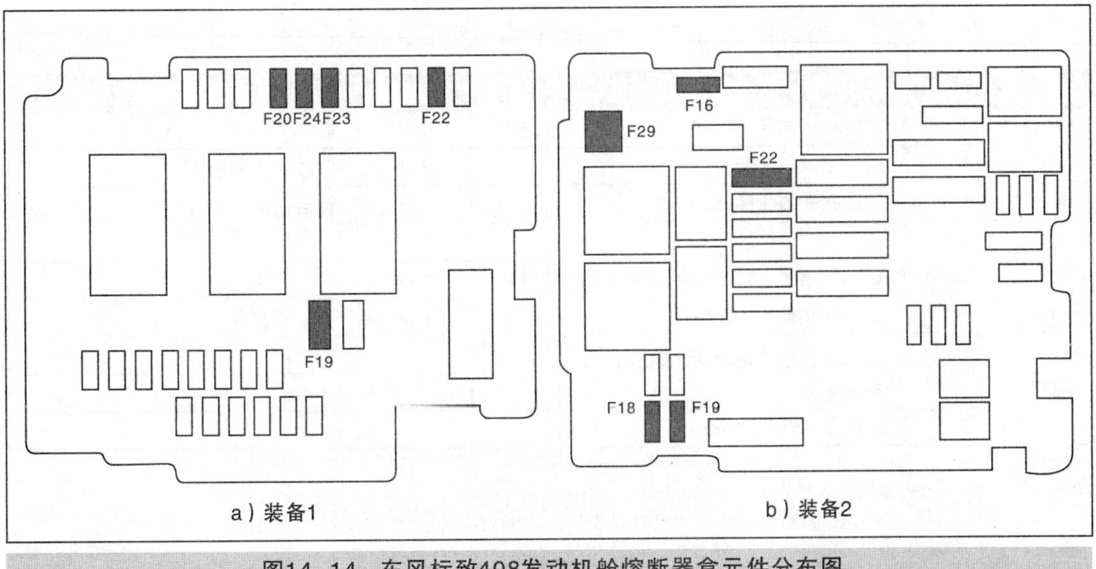

图14-14 东风标致408发动机舱熔断器盒元件分布图

图14-12　东风标致408发动机舱熔断器盒熔断器说明表

编号	额定值	保护的电器或电路
F16	15A	前雾灯（装备2）
F18	10A	右前远光灯（装备2）
F19	30A	前风窗刮水器（装备1）
	10A	左前远光灯（装备2）
F20	15A	前后风窗清洗器（装备1）
F22	15A	喇叭
F23	15A	右前远光灯（装备1）
F24	15A	左前远光灯（装备1）
F29	30A	前风窗刮水器（装备2）

2. 车内熔断器盒

东风标致408车内熔断器盒位于仪表板下部（左侧），熔断器盒元件分布如图14-15所示，熔断器相关说明见表14-13。

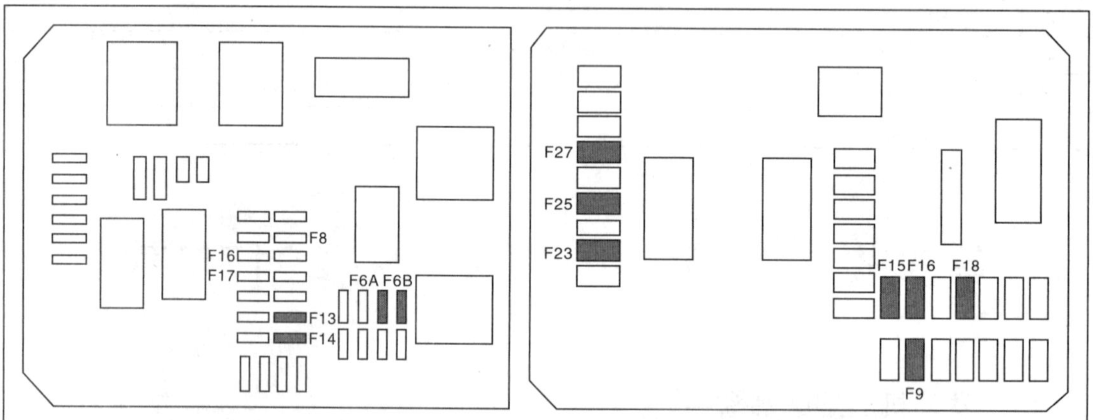

a）装备1　　b）装备2

图14-15　东风标致408车内熔断器盒元件分布图

图14-13　东风标致408车内熔断器盒熔断器说明表

编号	额定值	保护的电器或电路
F6A或B	15A	收放机（装备1）
F8	3A	防盗报警器（装备1）
F9	5A	防盗报警器（装备2）
F13	10A	前排点烟器（装备1）
F14	10A	后排点烟器、12V 电源（装备1）
F15	15A	后排12V 电源（装备2）
F16	3A	前顶灯、杂物箱照明（装备1）、化妆镜
	15A	前排点烟器（装备2）
F17	3A	后排顶灯和阅读灯（装备1）
F18	20A	收放机（装备2）
F23	5A	前后顶灯、阅读灯、化妆镜 、杂物盒照明（装备2）
F25	15A	前风窗清洗器
F27	15A	后窗清洗器

第五节 北汽幻速H3（2015~2017年款）

1. 发动机舱熔断器盒

北汽幻速H3发动机舱熔断器盒元件分布如图14-16所示。

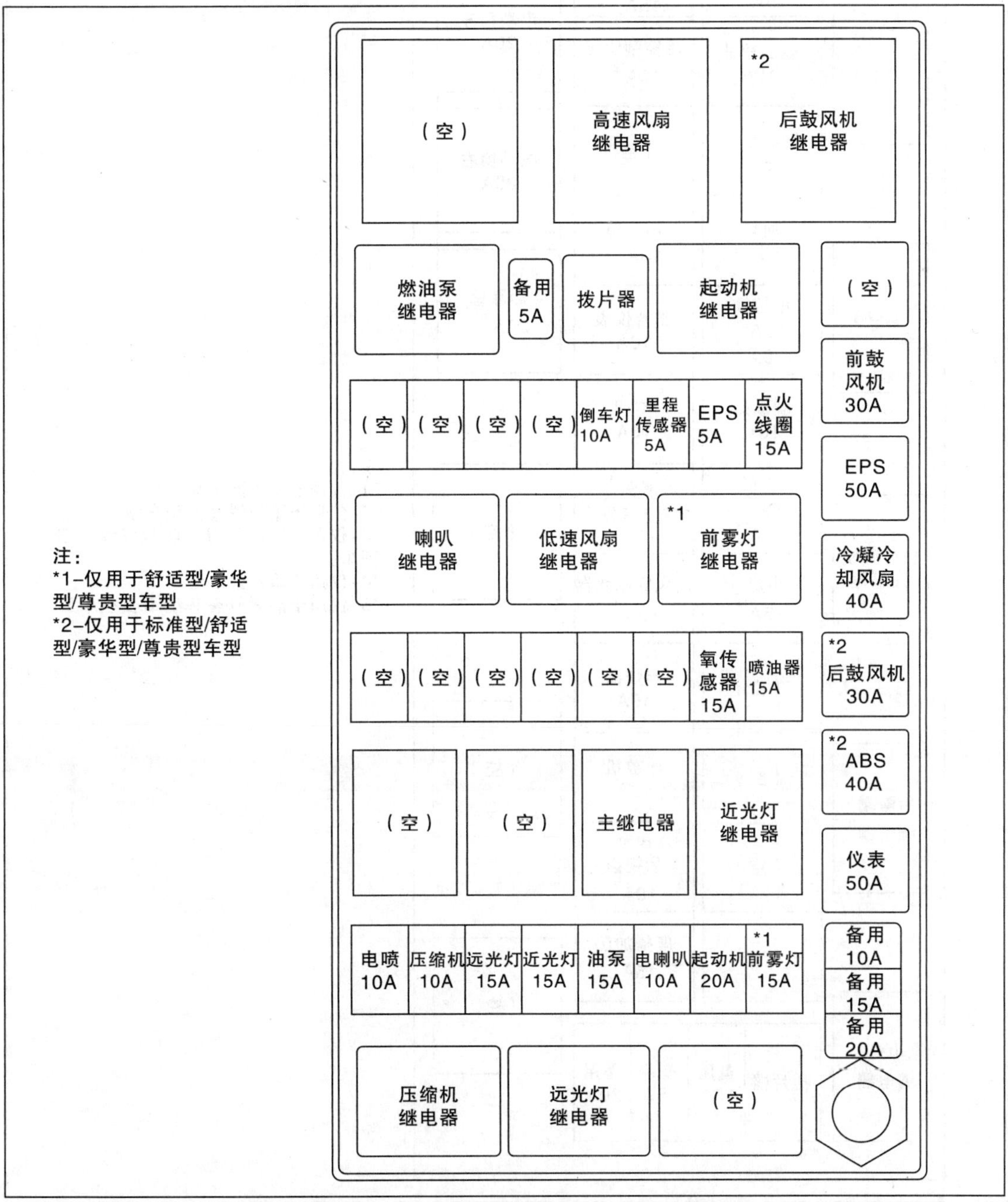

图14-16 北汽幻速H3发动机舱熔断器盒元件分布图

2. 车内熔断器盒

北汽幻速H3车内熔断器盒元件分布如图14-17所示。

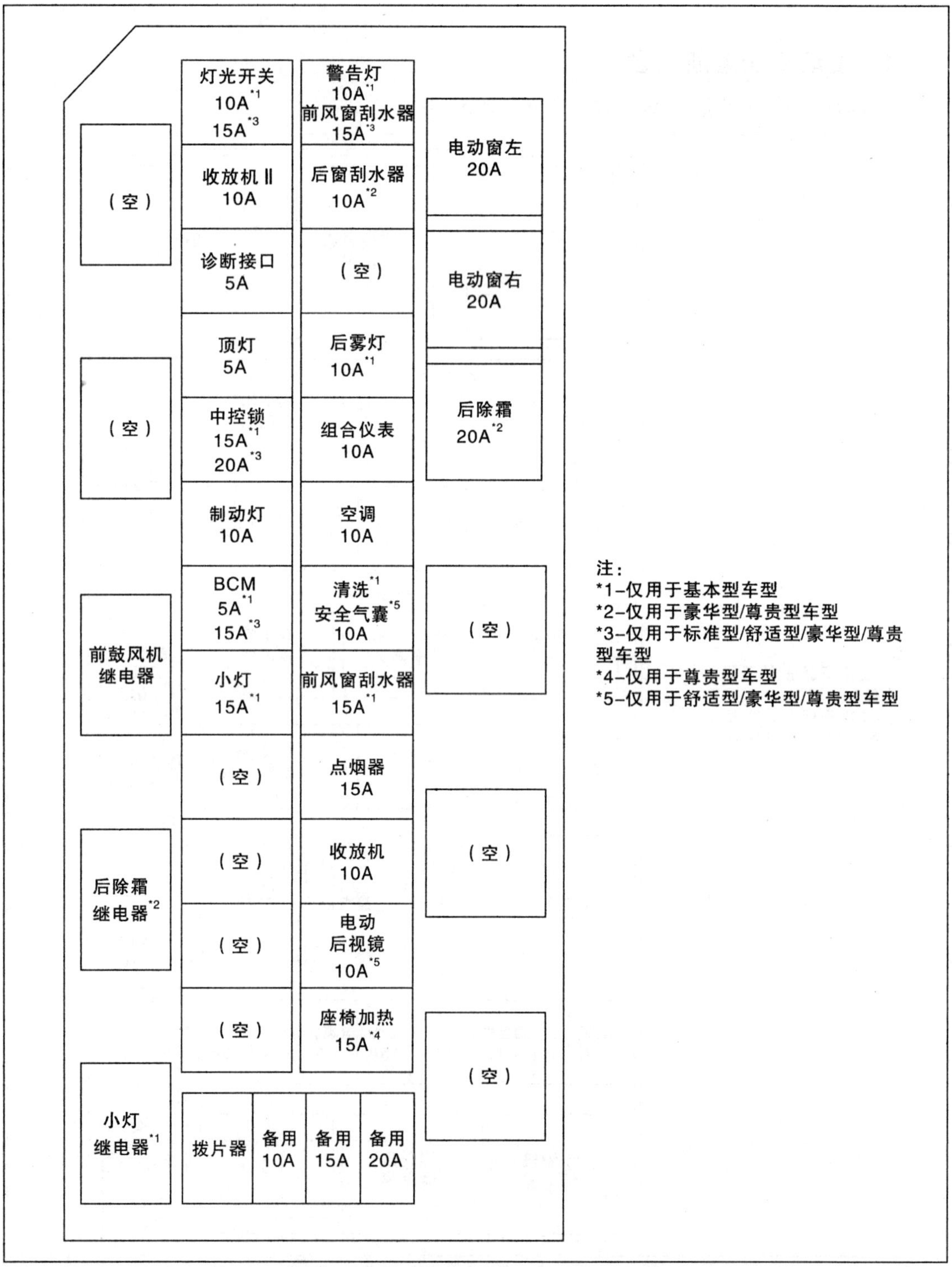

图14-17 北汽幻速H3车内熔断器盒元件分布图

第六节 荣威RX5（2016年起）

1. 熔断器盒位置分布

荣威RX5熔断器盒位置分布如图14-18所示。

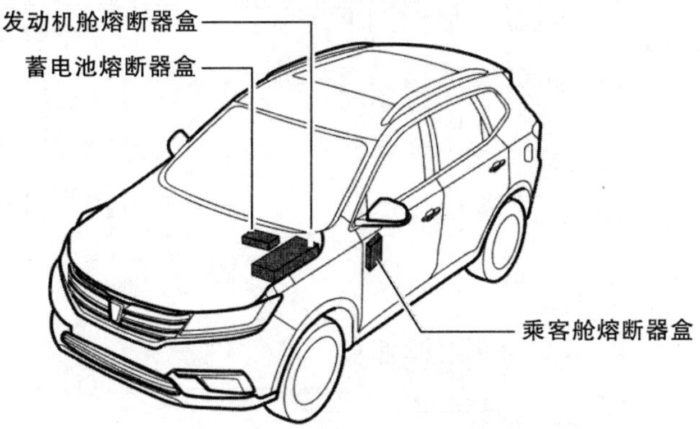

图14-18 荣威RX5熔断器盒位置分布图

2. 蓄电池熔断器盒

荣威RX5蓄电池熔断器盒元件分布如图14-19所示，熔断器相关说明见表14-14。

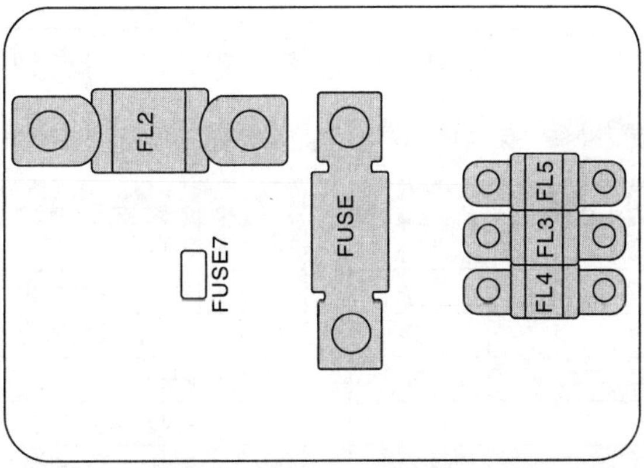

图14-19 荣威RX5蓄电池熔断器盒元件分布图

表14-14 荣威RX5蓄电池熔断器盒熔断器说明表

编号	电路图中名称	额定值	编号	电路图中名称	额定值
FUSE	—	—	FL3	电动助力转向系统	60A
FUSE7	带电源管理的直流/直流转换器（2.0T）	5A	FL4	发动机舱熔断器盒	200A
			FL5	乘客舱熔断器盒	50A
FL2	发电机	200A			

3. 发动机舱熔断器盒

荣威RX5发动机舱熔断器盒安装在发动机舱左前侧，元件分布如图14-20所示，熔断器相关说明见表14-15。

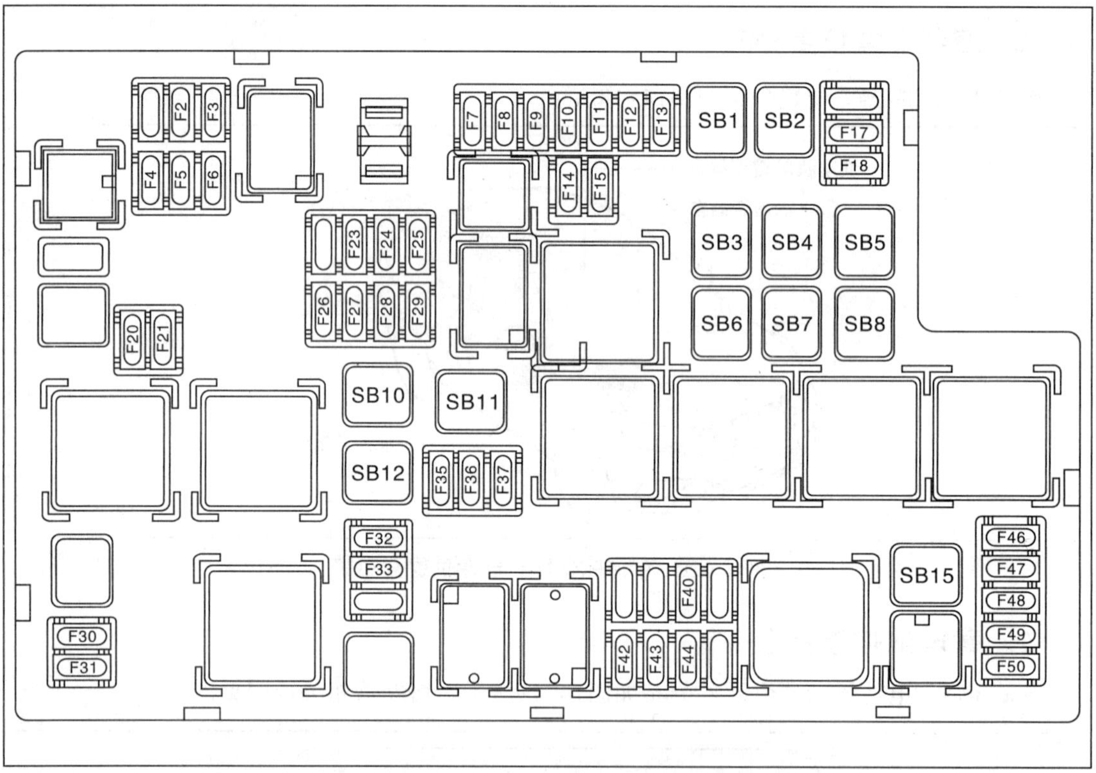

图14-20 荣威RX5发动机舱熔断器盒元件分布图

表14-15 荣威RX5发动机舱熔断器盒熔断器说明表

编号	电路图中名称	额定值
F2	左前照灯	10A
F3	右前照灯	10A
F4	前雾灯	15A
F5	前风窗清洗器继电器	20A
F6	后窗刮水器继电器	20A
F7	左后车窗升降开关	30A
F8	车身控制模块	25A
F9	车身控制模块	25A
F10	前排乘客电动座椅调节开关	20A
F11	右后车窗升降开关	30A
F12	驾驶人电动座椅调节开关	20A
F13	天窗电动机	20A
F14	燃油泵继电器	15A
F15	空调压缩机	10A

编号	电路图中名称	额定值
F17	天窗电动遮阳帘	20A
F18	发动机控制模块	10A
F20	风窗清洗器电动机	20A
F21	喇叭	15A
F23	7速双离合变速器控制模块	25A
F24	驾驶人车窗升降电动机	30A
F25	后窗加热元件	30A
F26	前风窗刮水器速度控制继电器	25A
F27	车身控制模块	25
F28	车身控制模块	25A
F29	外后视镜加热元件	7.5A
F30	驾驶人座椅加热继电器	7.5A
F31	前排乘客座椅加热继电器	7.5A
F32	发动机控制模块	5A

表14-15 荣威RX5发动机舱熔断器盒熔断器说明表 （续）

编号	电路图中名称	额定值
F33	车身控制模块	25A
F35	乘客舱熔断器盒熔断器FUSE18、19、20、24	30A
F36	前照灯水平调节开关、左前照灯，右前照灯、内后视镜、USB充电接口2	5A
F37	行李箱辅助电源插座	15A
F40	6速双离合变速器控制模块	15A
F42	变速器控制模块、发动机控制模块、换档控制单元	10A
F43	安全气囊控制单元	5A
F44	倒车灯开关（6MT）、车身控制模块、组合仪表、带电源管理的直流/直流转换器（2.0T）	10A
F46	发动机控制模块	15A
F47	上游氧传感器、下游氧传感器、可变气门正时阀-进气（1.5T）、可变气门正时阀-排气（1.5T）、电子节温器（1.5T）、主缸行程传感器（6MT）	20A
F48	空气流量传感器（1.5T）、点火线圈1/2/3/4	15A
F49	炭罐控制阀、可变气门正时阀-进气（2.0T）、可变气门正时阀-排气(2.0T)、废气控制阀、离合器水泵、电子节温器（2.0T）、空气流量传感器（2.0T）、进气泄流阀、制动灯信号传感器、发动机控制模块、空档位置传感器（6MT）、机油控制阀（1.5T）	10A
F50	电子水泵继电器	10A
SB1	电子驻车制动模块	40A
SB2	鼓风机	40A
SB3	动态稳定控制系统-泵	20A
SB4	动态稳定控制系统-阀	40A
SB5	车身控制模块	25A
SB6	电动尾门控制模块	30A
SB7	冷却风扇-中速	50A
SB8	冷却风扇-高速	60A
SB10	7速双离合变速器控制模块继电器	40A
SB11	起动电机继电器	40A
SB12	乘客舱熔断器盒	40A
SB15	冷却风扇-低速	40A
注	编号F1、F16、F22、F34、F38、F39、F41、F45、SB9、SB13、SB14的熔断器未使用	

3. 乘客舱熔断器盒

荣威RX5乘客舱熔断器盒安装在驾驶人侧仪表板左侧，元件分布如图14-21所示，熔断器相关说明见表14-16。

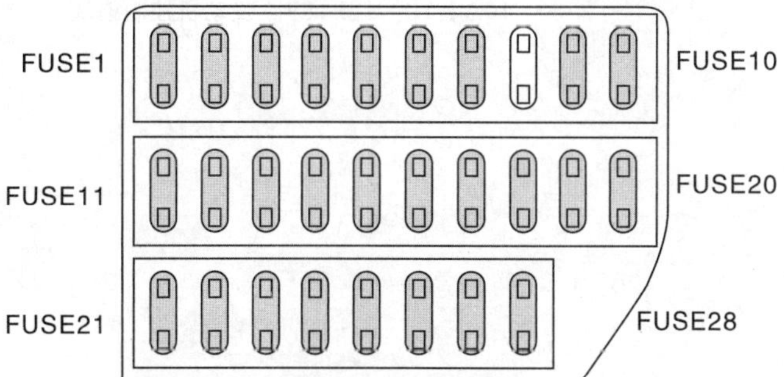

图14-21 荣威RX5乘客舱熔断器盒元件分布图

表14-16　荣威RX5乘客舱熔断器盒熔断器说明表

编号	电路图中名称	额定值
FUSE1	动态稳定控制系统	5A
FUSE2	导航显示器总成（10.4in屏幕）	5A
FUSE3	前排乘客车窗升降开关	30A
FUSE4	无钥匙进入与起动系统控制单元	10A
FUSE5	换档控制单元、PRND档位显示、无钥匙进入与起动系统备用线圈、外后视镜调节开关、电子驻车开关	7.5A
FUSE6	安全气囊控制单元	10A
FUSE7	四驱控制模块	7.5A
FUSE9	带电源管理的直流/直流转换器（2.0T）	5A
FUSE10	通信模块总成	5A
FUSE11	驾驶人侧车窗组合开关	5A
FUSE12	网关	15A
FUSE13	泊车辅助控制单元、车道偏离警示系统、雨量传感器	5A
FUSE14	左前照灯、右前照灯、前照灯动态水平调节控制模块	10A
FUSE15	点火开关（机械钥匙）	2A
FUSE16	低频防盗线圈（机械钥匙）	5A
FUSE17	诊断接口	10A
FUSE19	收音机、USB充电接口1、前阅读灯、左后阅读灯、右后阅读灯、杂物箱灯、左化妆镜灯、右化妆镜灯	7.5A
FUSE20	前排12V电源插座	15A
FUSE24	中控台背部电源插座	15A
FUSE25	组合仪表	5A
FUSE26	空调控制器	10A
FUSE27	娱乐面板开关/空调控制头	5A
FUSE28	收音机/导航	15A
注	编号FUSE8、FUSE18、FUSE21、FUSE22、FUSE23、FUSE29、FUSE30、FUSE31、FUSE32、FUSE33、FUSE34、FUSE35的熔断器未使用	